U0094351

宗教文化译丛

犹太教系列　主编　傅有德

# 回应现代性
## 犹太教改革运动史

〔美〕迈克尔·A.迈耶　著

于杰　译

商务印书馆
创于1897
The Commercial Press

Michael A. Meyer

**RESPONSE TO MODERNITY**

**A History of the Reform Movement in Judaism**

Copyright © 1988 by Oxford University Press

根据美国牛津大学出版社 1988 年版译出

# "宗教文化译丛"总序

　　遥想远古，文明伊始。散居在世界各地的初民，碍于山高水险，路途遥远，彼此很难了解。然而，天各一方的群落却各自发明了语言文字，发现了火的用途，使用了工具。他们在大自然留下了印记，逐渐建立了相对稳定的家庭、部落和族群。人们的劳作和交往所留下的符号，经过大浪淘沙般的筛选和积淀后，便形成了文化。

　　在纷纭复杂的文化形态中，有一种形态叫"宗教"。如果说哲学源于人的好奇心和疑问，那么宗教则以相信超自然力量的存在为前提。如果说哲学的功用是教人如何思维，训练的是人的理性认知能力，那么宗教则是教人怎样行为。即把从信仰而来的价值与礼法落实于生活，教人做"君子"，让社会有规范。信而后行，是宗教的一大特点。

　　宗教现象，极为普遍。亚非拉美，天涯海角，凡有人群的地方，大都离不开宗教生活。自远古及今，宗教虽有兴衰嬗变，但从未止息。宗教本身形式多样，如拜物图腾、万物有灵、通神巫术、多神信仰、主神膜拜、唯一神教，林林总总，构成了纷纭复杂、光怪陆离的宗教光谱。宗教有大有小，信众多者为大，信众寡者为小。宗教有区域性的，也有跨区域性的或世界性的。世界性宗教包括基督教、伊斯兰教、佛教等大教。还有的宗教，因为信众为单一民族，被视为民族性宗教，如犹太教、印度教、祆教、神道教等。宗教犹如一面硕大无朋的神圣之网，笼罩着全世界大大小小的民族和亿万信众，其影响既广泛又久远。

宗教的功能是满足人的宗教生活需要。阶级社会，人有差等，但无人不需精神安顿。而宗教之于酋长与族人、君主与臣民、贵族与平民、总统与公民，皆不分贵贱，一视同仁地慰藉其精神。有时，人不满足于生活的平淡无奇，需要一种仪式感，这时，宗教便当仁不让。个人需要内在的道德，家庭、社会、国家需要伦理和秩序，宗教虽然不能"包打天下"，却可以成为不可多得的选项。人心需要温暖，贫民需要救济，宗教常常能够雪中送炭，带给需要者慈爱、关怀、衣食或资金。人是社会的动物，宗教恰巧有团体生活，方便社交，有利于人们建立互信和友谊。

"太阳照好人，也照歹人。"宗教劝人积德行善，远离邪恶，但并非所有的"善男信女"都是仁人君子，歹徒恶人也不乏其例。宗教也不总是和平的使者。小到个人权斗、"人肉炸弹"，大到"9·11"空难，更大的还有"十字军东征""三十年战争""纳粹大屠杀"。凡此种种大小纷争、冲突、战争和屠戮，都有宗教如影随形。美国学者亨廷顿早在1993年就曾预言：未来的冲突将发生在几大宗教文明之间。姑且不说"文明"之间是否"应该"发生冲突，宗教冲突或与之相关的各种"事件"时有发生，却是一个不争的事实。

既然宗教极其既深且广的影响是事实存在，那么介绍和诠释宗教经典，阐释教义学说，研究宗教历史，宗教与政治经济，以及宗教间的关系等理论和现实问题，就有了"充足的理由"和"必要"。

1873年，马克斯·缪勒出版了《宗教学导论》，其中首次使用了"宗教学"概念。从此，宗教研究成了一门学科，与文学、历史学、哲学、社会学、心理学、民族学等并驾齐驱。在宗教学内部，宗教哲学、宗教人类学、宗教社会学、宗教心理学等分支也随之出现，成就了泰勒、韦伯、蒂利希、詹姆斯、布伯、巴特、莫尔特曼、尼布尔、汉斯·昆等一大批宗教思想家。1964 年，根据毛泽东主席批示的精神，中国科学院哲学社会科学学部组建了世界宗教研究所。从此以后，宗教学和更广意义的宗教研究也渐次在社会主义中国生根、开花、结果，在学术界独树一帜，为世人所瞩目。

宗教经典的翻译、诠释与研究，自古有之，时盛时衰，绵延不绝。中国唐代的玄奘、义净，历经千辛万苦西行取经，而后毕生翻译佛典，成为佛教界的佳话；葛洪、寇谦之、陶弘景承续、改革道教，各成一时之盛；早期的犹太贤哲研讨《托拉》、编纂《塔木德》，开启了《圣经》之后的拉比犹太教；奥利金、德尔图良、奥古斯丁等教父，解经释经，对于厘定基督教教义，功莫大焉；斐洛、迈蒙尼德等犹太哲人诠释《圣经》，调和理性与信仰，增益了犹太教；托马斯·阿奎那、邓斯·司各脱、威廉·奥康等神学大师，建立并发展了宏大深邃的经院哲学，把基督教神学推到了顶峰。还须指出，传教士们，包括基督教教士和佛教高僧大德，致力于各自宗教的本土化，著书立说，融通异教，铺设了跨宗教和多元文化对话的桥梁。

学生的学习，学者的研究，都离不开书。而在某个特定的历史时期，外著移译，显得尤为必要和重要。试想，假如没有严复译的《天演论》《法意》，没有陈望道译的《共产党宣言》、傅雷译的法国小说、朱生豪译的莎士比亚诗歌与戏剧，等等，中国的思想文化界乃至政治、经济、社会等各个领域，是一个什么景象？假如没有贺麟、蓝公武、王太庆、苗力田、陈修斋、梁志学、何兆武等前辈学者翻译的西方哲学名著，中国的哲学界将是什么状态？假如没有宗教学以及犹太教、基督教、伊斯兰教、佛教等宗教经典或研究性著作的翻译出版，我们的宗教学研究会是何等模样？虽说"试想"，但实际上根本"无法设想"。无疑，中国自古以来不乏学问和智慧，但是古代中国向来缺少严格意义上的学科和学术方法论。近现代以来中国分门别类的学科和学术研究是"西学东渐"的结果，而"西学东渐"是与外籍汉译分不开的。没有外籍的汉译，就没有现代中国的思想文化和学术。此论一点也不夸张。

众所周知，在出版界商务印书馆以出版学术著作著称，尤其以出版汉译名著闻名于世。远的不说，"文革"后上大学的文科学子，以及众多的人文社科爱好者，无不受益于商务印书馆的"汉译世界学术名著丛书"，我本人就是在这套丛书的滋养熏陶下走上学术之路的。

为了满足众多宗教研究者和爱好者的需要，商务印书馆对以前出版过的"宗教文化译丛"进行了改版，并扩大了选题范围。此次出版的译丛涵盖了宗教研究的诸多领域，所选原作皆为各教经典或学术力作，译者多为行家里手，译作质量堪属上乘。

宗教文化，树大根深，名篇巨制，浩如烟海，非几十本译作可以穷尽。因此，我们在为商务印书馆刊行"宗教文化译丛"而欢欣鼓舞的同时，也期待该丛书秉持开放原则，逐渐将各大宗教和宗教学研究的经典、权威性论著尽收囊中，一者泽被学林，繁荣学术；二者惠及普通读者，引导大众正确认识宗教。能否如愿以偿？是所望焉。谨序。

傅有德

2019 年 9 月 22 日

# 译者前言

犹太教与基督教和伊斯兰教并称为世界三大一神教，虽然信徒不足两千万，但在世界上的影响非常大。长期以来，犹太教是一个相对统一的宗教。近现代以来，出现了诸多教派：正统派、改革派、保守派和重建派。犹太教改革派是近现代犹太教中的一个重要派别，诞生于19世纪初的德国，后来又蔓延至欧洲多国。19世纪后期，改革派的运动中心由德国转移到了美国。

迈克尔·A. 迈耶教授的著作《回应现代性——犹太教改革运动史》从史学角度回顾了犹太教在现代主义环境下所进行的改革。首先，迈耶教授使用"运动"这一术语，恰当地反映了改革的"动态性"，折射出改革运动从德国起源、在欧洲传播，以及中心转移到美国这一连串的发展变化。其次，迈耶教授使用"历史"这一名称，涵盖了改革运动的方方面面，包括改革派的不同分支：保守派、自由派、激进派、古典派以及进步派，改革运动各个时期的关键性领导人物以及他们所做的努力，改革者对犹太教传统派的信仰、律法、习俗以及礼拜仪式方面进行的具体改革内容。迈耶教授的这部巨作引经据典、叙述详细、内容丰富，还带有自己的批判性评价，对于研究犹太教改革运动的学者来说，本书是一部非常有价值的参考书。

　　该书的翻译工作历时十年有余，我个人在学术上也得到了成长，从一个翻译理论和实践的爱好者历练成一名对犹太文化和历史的欣赏者。著名的翻译理论家奈达指出，翻译不仅是语言上的转化，更是深层的文化传递。在翻译过程中，我遇到了诸多的困惑和难题，通过查阅相关资料和咨询犹太研究领域的专家，这些问题一一得到了解决。山东大学犹太教与跨宗教研究中心的傅有德教授帮助与指导了本书的翻译，并不辞劳苦地校订了部分译稿。盖逊教授为我提供了很多有参考价值的资料。我的硕士研究生陈开燕翻译了注释中的德语内容。北京大学的曲翔前硕士翻译了文中希伯来语部分。更重要的是，美国弗吉尼亚大学的加布里埃尔·芬德（Gabriel N. Finder）教授给予了我九种语言的翻译帮助与注解。在此表示真挚的谢意。由于本人水平有限，译文中难免出现错误或不贴切的表达，欢迎专家和学者提出批评和改进性建议。

于　杰

2020年6月于美国俄亥俄州蒂芬市

# 汉译版作者序言

我出生于纳粹统治时期的柏林，当时父母正竭力寻求庇护以逃避肆虐的迫害。直到1941年，他们终于取得了美国的签证。二战时期，犹太人躲避纳粹迫害的另一个选择就是逃亡到中国的上海。如果当时父母选择了后者，我会更早地接触中国，作为历史学家的我也会拓展自己的视野。而现在，此书的中文译者帮我完成了这一夙愿，为此我深表感激，感谢山东大学和译者所付出的一切努力，让我有缘与中国相识。

本书完成于20世纪70年代中期，距今已有半个世纪。在此期间，犹太教改革派有了新的变化，我将对其进行简要的叙述。在做礼拜方面，改革派延续了传统主义的趋势。几乎在所有的改革派犹太圣堂中，男人在祈祷时都会戴上帽子，也有许多人会戴上披巾，不仅男人如此，一部分女人也这样做。宗教仪式在更大程度上使用希伯来语进行，其中还增加了治愈病人的祷文，原因是这些人在早期激进时期没有参加圣堂的礼拜仪式。此外，新版的改革派祈祷书问世，书中均反映了传统复苏的趋势。在神学方面，犹太教改革派进一步强调了上帝和犹太子民之间的永恒契约。

自1972年美国的首位女拉比被授职以来，女性在犹太教改革派中占据了越来越重要的地位。现在，女拉比的数量与男拉比的数量几乎相等，这种情况在年轻一代的拉比中尤为明显；犹太神学院的班级里，女生的数量往往会超过男生。有的女士担任过美国拉比中央会议的主席职位，有的女士在我们的犹太教神学院、希伯来联合学院和犹太宗教学院担任过高级行政职务或者在校任职的情况也屡见不鲜。然而，在圣会组织以及犹太教改革派联盟或者希伯来联合学院和犹太宗教学院中，迄今没有女士担任过主席或校长的职位。

在数量方面，犹太教改革派是美国众多犹太教派中拥有人数最多的教派，约有30%的美国犹太人宣称自己隶属犹太教改革派。犹太教改革派在美国设立的圣会大约有900个，还有少数圣会设立在英国、法国及其他国家。犹太教改革派夏令营在美国各地相继开办，其宗教活动中心设立在华盛顿特区，这一组织广受欢迎。曾经一度在美国政府立场较保守的时期，宗教活动中心向政府提出了自由主义的观点。

如今，许多美国改革派圣会具有了多种族的特点，亚裔和非裔成员加入集会，这一点在加利福尼亚州尤为明显。如今，几乎所有的改革派拉比都按照俗规主持跨宗教婚礼，即夫妻两人的孩子将具有犹太身份。为了充分保证后代的犹太性，犹太教改革派还引进了父系制的准则，这样一来，具有犹太身份的男方与异邦身份的女方所生的孩子被认定为犹太人，与犹太母亲和异邦父亲的子女身份别无二样。

20世纪70年代中期，改革派高度关注以色列问题。此后，下一代人对以色列的关注度有所减少，他们更加关注离散区犹太教的巩固问题。造成这种改变的原因有多种。首先，年轻的一代人没有亲身经历过1948年以色列成立和1967年六日战争的重大事件；其次，在以色列存在对各种犹太教非正统派的歧视现象；此外，以色列政府对政治权力的追求越来越强烈，而改革派犹太人赞同更加真诚的普救信念，因此，二者之间的意识形态差距越来越大。然而，在以色列国家内部，改革派圣会的数量约50个，重大节日的庆祝和成人礼仪式更加受到世俗的青睐。改革派拉比不断地被邀请主持犹太男子的成年礼和婚礼，按常规来说，夫妻二人首先应该到国外旅行（通常是塞浦路斯），然后取得公民结婚证，最后才能申请宗教婚礼仪式。最近，改革派运动的目标是希望在耶路撒冷的古圣殿城墙附近得到尊贵的一席之地，以此获得平等的祭拜机会。

进步派世界联盟是改革派运动的国际性组织，联盟宣称当今已有1200个集会和180万名成员，分布在50多个国家。东欧的犹太教改革派尤为活跃，参加犹太圣堂的通婚夫妇大有人在。

最后，我想表达自己的心愿，希望此书能够拓宽中国读者的视野；我们拥有共同的目标——建设虔诚、充满希望的社会，我们都关注世界和平，在通往理想的道路上，希望此书能够帮助中国读者更多地了解犹太教的改革运动历程。

迈克尔·A.迈耶

2018年10月于美国俄亥俄州辛辛那提市

献给拉比玛吉（Margie），
以色列的丹尼尔（Daniel）、
乔纳森（Jonathan）和丽贝卡（Rebecca）。

# 目　录

# 序言：史学思考

当今世界约有100多万犹太人将自己认定为改革派、自由派或
者进步派。绝大部分犹太人居住在美国，但在主要的犹太离散区
和以色列国家仍有犹太人的足迹。这部分人代表了犹太教内的中
间派别，他们一方面接受现代批判态度，同时还在尽力恪守犹太
教的传统信仰和实践。

19世纪伟大的犹太历史学家海因里希·格雷茨（Heinrich
Graetz）在其事业早期指出，理解犹太教一方面要依靠历史研究，
但仅靠分析其信仰哲学并不足够。事实上，犹太教屡次陷入分歧
矛盾的思想体系中；现代社会对于犹太教的界定莫衷一是，甚至
有时会面目全非，幸好延续意识没有被破坏。另一方面也与历史
相关，如果仅参照当今的信仰实践范围，人们也无法理解犹太教
改革派。犹太教内部发动的历史变革向传统提出了挑战并以此为
荣，在研究这部分内容时我们需要借助历史学家的方法。19—20
世纪，犹太教改革派面临的社会境况和自身的思想状况均发生了
较大变化。当今的趋势并不明朗，我们无法预测实现传统和现代
生活一体化的思想将会发生何种演变。

令人不可思议的是，20世纪尚未出版内容全面的犹太教改革
派历史书籍。我们现有的研究已经过时，还带有一定的偏见，甚

至存在争议性的内容，近期出版的著作只涉及这一主题的某个方面或某个部分。这本包罗万象的史书之所以姗姗来迟，最好的解释就是在其研究过程中存在方法论方面的问题，后面将会对此进行详述。另一方面的原因是过去的学者没有条件进行专业的综合基础研究。研究犹太教改革派的历史学家只能找到出版的印刷品和档案这些基础性的资料，他们很难找到间接的参考资料。因此，研究者只能面对现实，依靠手头仅有的资料。而后来的犹太学者则能查找到更多的资料，以此来保证具备承担这项广博的、综合性任务的能力。虽然我对这项尝试性的综合任务把握不足，但是我认为它一定会提升我们目前的知识体系和观念。

犹太教改革派的历史学家面临的方法论难题始于自身的名称，"犹太教改革派"指当代犹太宗教领域中的一个特殊立场，它代表了广泛的统一信仰实践，其体系具有完整性。这一术语与当今时代相适应，但应用到历史之中，则会限制和模糊主题。过去两个世纪中提倡重要宗教改革的犹太人当中，并不是所有的人将自己认同为犹太教改革派。德国的激进派也使用这一名称指代自己的立场，在英国其意义与更保守的运动相关联。最初，宗教改革者发动变革的目的是让广大犹太人最终接受这一运动，而在改革运动过程中，他们却与仅代表一小部分社区的目标相妥协，不知不觉，改革者在范围更大但凝聚力更差的宗教运动中衍生出了这一宗派团体。

我们需要找到一个比"犹太教改革派"更清晰的名称来涵盖现代人促进犹太宗教改革所做出的努力，而不能仅仅局限于自我指称或体制范围。在研究方法上还存在另一个极端，有的学者从遗传学的角度研究现代犹太人的宗教改革，这种方法忽视了历史上各个阶段的持续努力、不断积累的共同身份意识、排他主义以及单独的保守立场体制化。"改革派运动"这一名称最终发展成为犹太教改革派。这种情况下的大写字母"R"最初并不代表体制身份，只是一个具有目标性的集体。

将这段历史的主题命名为运动，实际上是将它与犹太教内部和外部的其他运动联系在一起。一般来说，运动具有明确的目标，或者成功，或者失败。美国历史上的废奴运动和妇女争取选举权的运动都实现了既定目标，其发展轨迹很清晰，宪法修正案的通过标志着这两场运动的成功。但是其他运动的中心目标并不是这么明显，内部一致性较弱，在自我界定方面经历了许多波折。犹太复国主义运动实现了最初目标的一小部分，虽然建立了犹太国度，但是不能把大部分的离散地聚集起来。纵观整个历史，犹太复国主义支持者的总目标不尽相同，一部分人将社会主义或神权政体与民族目标放在一起。世界犹太复国主义尽管有时仍自称为运动，但是从上一代人开始，人们对复国主义的理解已经发生了根本性的变化，那些居住在以色列国家之外自称为犹太复国主义者的人们只是把自己认同为犹太国家的朋友或者支持者。

运动这一术语在宗教领域使用的频率远比在社会政治领域少得多，也许是因为目标过于分散。然而，宗教运动的确具有方向感，至少最初使用"运动"这一称呼比其他命名更加合适。很明显，新教产生的初期阶段是一场运动，其目标是与占主导地位的基督教区分开来，而恢复其早期纯粹的形式。后来宗派主义发生了内部分歧，无法让所有的基督徒都接受其观点。新教演变成了基督教的一个分支，尽可能与改革派制定的基本框架保持一致。犹太教改革运动的轨迹与新教发展模式竟不谋而合，其初衷也想通过改革来影响派系内部的所有犹太人，希望对整个犹太教进行改革，推翻大部分旧主张，建立起具有明显改良面貌的新机制。像犹太复国派和新教一样，改革派只是取得了部分成功，他们放弃了赢得全部犹太人这一空洞演讲的目标。但是像犹太教保守派（尽管不是正统派）一样，他们继续使用"运动"这一名称来传递一种动力感。我把它称作犹太教中的一场运动，而没有使用改革者的名称，是为了强调宗教的本质特点，但并不意味着忽视运动的社会基础。改革派运动并不是一场与犹太存在现实不相关的教义或礼拜仪式改革运动，如果仅关注思想史或宗教史的发展，并不能充分地研究其历史。在这场犹太人的运动中，个人和集体动机超越了单纯的宗教动机，如果我们仅通过参照特定的阶级方向或高于一切的政治目的是无法解释这些动机的，只有关注思想和社会状况的相互作用才能全面地理解改革运动。

我们无法提炼出改革运动的教义核心。像犹太教的历史性质、进步启示、普世化的弥赛亚主义等教义一旦出现便根深蒂固，但只有最后一种教义从一开始就很稳定，而有些内容在早期显著的教义中逐渐丧失重要性，甚至在历史发展中被摒弃。例如，犹太身份的民族性被视为负面因素。在普通信徒看来，摒弃犹太民族身份似乎成为犹太教改革派或自由派的共同做法。最近几年，在教义问题的研究上发生了转向，转向之一是要求追溯在不同时期融入改革运动的宗派团体，这些团体中有的最终改变了目标，也有的被全部同化，但并没有影响运动的持续性。因此，人们无法为完整的运动历史预设一个相对统一的局面。

我们可以根据特殊两极产生的动态张力来理解这场运动，而不是研究其本质，这样做也许会更有帮助，因为任何一种极端都是武断的、不完整的。第一种极端涉及改革运动自我界定的问题，运动使犹太传统得以延续，它是早期形式的变异，还是与过去断然分裂而出现的一种激进的新状况呢？如果只强调延续性，那么运动的独特身份有可能会丧失，然而如果强调分裂，则意味着对宗派主义的忽略。第二种极端是权威（由启示、传统和运动体制所代表的）与个人道德自由之间的相互抗衡。辩证地向权威一方偏移会使改革运动更加接近正统派宗教，大力的反向推动则接近无政府主义。在普世主义和特殊主义之间仍然存在张力，每一端 x 都存在危险。就普世主义而言，运动会完全丧失特殊的犹太身份，而当特殊主义到达极端时则会演变成沙文主义。改革运动的特点是不断地沿着两极来辩证地改变其基础，它几乎不会长期固定在一个位置。

运动的开端就像其本质一样难以确定，人们很难把握运动开始、与过去决裂而向前发展的标志性事件或个人。正如我们将看到的，摩西·门德尔松（Moses Mendelssohn）提倡改革要和过去划清界限，他认为犹太宗教必须清除掩盖其光荣的残渣，但总的来说他只是强调教育和文化方面的改革，摈弃任何宗教进步的观念。伊斯雷尔·雅各布森（Israel Jacobson）制定了具体的犹太圣堂改革措施，但缺乏典型的19世纪宗教进步的观念，而这恰恰是下一代改革者拉比领袖的事业重点。因此，最好将运动的开端追溯为一种赞同情感的逐渐升级，随着与隔都外部世界交流的增加，外部世界的价值和需求被隔都内部的人们逐渐接受和内化，这些价值需求与内在传统发生冲突，教义和实践改革的提议因而得到了越来越多人的肯定。最后，很多人发表意见，提议适应新局面，构建和谐社会，这些呼声成为运动的主要内容，逐渐汇聚在一起，从个人意见转变成集体声明，因而提议演变成了制度。

有关改革运动的学术研究方面，我们主要致力于当代人关注的内容：焦点事件、与正统派相矛盾的情况、新改革制度的建立、拉比会议以及方针和纲领的采纳。同时将相关的文献注释放在后面。但是这些内容是否代表运动史上最重要的发展是有争议的，改革者只是把较深刻的宗教、社会和心理变化传播到公共领域，然后再以集体的声音进行宣告。公共事件发生时会把此前累积的状况呈现给世人，使人们意识到改革思想的孕育过程，并激励后来人再接再厉。运动史的研究要求对事件的轮廓进行一定的调整，尤其是详述焦点事件背后的进展情况。

我们要注意两种时间：年代顺序和时代顺序。前者是顺时延续的，没有重复性。受外部影响以及内部动力的驱使，改革运动历经数次改革，以至于最终面目全非。然而运动还受到时代的节奏和重复模式的影响。一代一代的孩子在正统派家庭中长大，后来反叛或者离开家庭，甚至有的人把命运托付给犹太教改革派，或者投身于已经存在的非正统犹太身份的宗教事业中。在某种意义上，运动经历了重生，因此文献在陈述旧思想时使用了新的表达方式，本人多次使用新提法，在某种程度上是个人的冒险，但体现了一股新能量。

改革运动中鲜有将犹太教改革奉为生命激情的狂热者。改革

者会根据具体情况做出适当调整。针对个别犹太人生活中所进行
的具有特殊犹太性的活动，会适当降低其重要性，并根据自身性
质将其制定为合法活动，这便为非犹太活动留出了空间。也有人　xi
会这样问道，改革运动对于支持者的意义何在？他们对改革运动
的承诺到底有多深？对于这些问题的答案随着时间的流逝会发生
改变。从改革和争议的阶段来看，改革身份具有较强的显著性，
而在和平安定时期，对于绝大多数人来说，惯例化、节段性的忠
诚似乎已成为标准。要想对运动的现实历史和个人影响做出准确
的评价，我们需要反复考虑运动对于改革派犹太人的重要性。

　　如果仅靠关注自我指称或宗教思想来判断是否属于改革运动
是不可行的，因为这一指称或思想的界限并不明晰，而从实践上判
断是否属于改革运动，这样的决定在运动史上是武断的。从广义
上讲，改革运动是犹太教徒在现代非犹太世界的大环境下，以建
立不同于传统形式和信仰为目标所做出的所有努力。从这层意义
上讲，萨姆森·拉斐尔·赫希（Samson Raphael Hirsch）建立的
新正统派因为接受了现代性，也应该被纳入改革运动的行列，而
实际上新正统派否认了大部分与改革运动相关的信仰和实践。此
外，德国的撒迦利亚·弗兰克尔（Zacharias Frankel）尊重历史，
美国犹太人发起的保守运动尽管要忠于犹太律法，但同时也在努
力对传统犹太教进行改革，因而也属于改革运动的行列。现代正
统派和保守派都规定了各自独特的宗教和组织身份，尽管他们的
某些原则和改革运动相重合，但站在了改革运动的对立面。改革
运动史也包括了传统犹太宗教的现代化运动，尤其体现在后者的
思想起源方面，这些运动的出现旨在与前者形成一种对比。处在

另一极端的普通信徒则代表着对统一历史发起挑战的另一种回应。

一般来说，东欧犹太人不属于改革运动的行列，但历史学家认为发生在东欧的犹太启蒙运动在某些方面可以与西方的改革运动相提并论，当然两者间也存在差异。犹太启蒙运动又称哈斯科拉运动（Hask-alah），从普鲁士（Prussia）传播到加利西亚（Galicia，西班牙西北部）后又到达俄国。通常匈牙利被看作是东部边界的前哨，这一运动不仅在沙皇帝国的几个或规模更大的社区内确立了中欧模式的现代化服务，还激发了俄国犹太思想家和作家的情感。俄国犹太人在宗教改革方面比中欧犹太人更加优柔寡断，他们采取的东部渗透策略具有一定的局限性，并没有吸引大多数人参与改革，因此我们需要对此做出详细的解释。

针对所研究的概念化问题，我们可以做出这样的总结：改革运动是在各个因素的相互作用下逐渐产生的，受外部和内部相互作用的复杂动力所支配，一代代人不断和传统相分离，运动不断地在自我升华，从激进地摈弃传统到温和的做法，以至于被整个西方犹太人所接受，改革者对改革运动特点的理解因时而异。作为一种历史实体，改革运动的凝聚力建立在可感知的重心基础之上，而不是以固定的定义或者界限为基础，这一重心是由重叠的多个重要因素而促成。历史学家接受了这一主题的无定形态，通过观察这一重心，不断加以分析，与此同时还对不断变化的外围状况进行观察，探寻其中的影响因素。

本人的研究以改革运动的起源为中心，美国改革运动虽然很快就超过了欧洲前辈，但是在思想和形式上继承了后者。改革运动的基本问题最早在欧洲提出，德国首当其冲，早期的实践革新也发生在德国。19世纪下半叶，改革派在美国强势登陆，他们与反对者们就很多重要问题进行了辩论。因此，我特别关注早期发生在欧洲的改革运动，在发生运动的国家中，犹太人的特殊境况与环境如何影响了当地运动的特点以及改革取得成功的可能性，同时观察有哪些联系使改革运动产生了国际性。此外，我还特别关注一些关键性人物，因为脱离了领袖的特点和品质，我们就无法全面地理解运动。但是本研究仍存在不足之处，我没有评价那些在新美国犹太教改革派中发挥重要作用的个人。因此，最后一章比前几章略显客观。

本书在20世纪70年代中期完成，当时占主导地位的美国运动刚刚采纳了一部新祈祷书和纲领，选举了神学院和圣会联盟的校长和主席。诠释此后所发生的，即最新近的改革派历史尚未成熟。

本人没有使用常规的参考文献，而是附加了一篇简要的参考文献式文章叙述了改革运动的一般史学资料。详细研究的参考文献以及一手资料在注释中出现。在允许的情况下，这些注释具有参考文献的特点。

我想感谢在这十几年研究中以各种方式帮助过我的同事、学生和朋友们，他们的鼓励和建议对我来说弥足珍贵。唯恐遗忘任何一位，我就不一一提及他们的名字了。但是我特别感激通读我手稿的四位同事：雅各布·J. 柏图畴斯基（Jakob J. Petuchowski）教授和巴里·科甘（Barry Kogan）教授批判式地分析了我的整部研究，乔纳森·萨尔纳（Jonathan Sarna）教授和本尼·克劳特（Benny Kraut）教授通读了有关美国的章节，本书题目是根据1984年与伊斯玛·绍尔施（Ismar Schorsch）教授谈话时给我提出的建议而确定的。

　　我还要感谢研究院的工作人员，在他们的帮助下，我可以参考档案和现存的资料：犹太国家和大学图书馆、犹太教犹太人民历史中央档案馆、纽约的利奥·拜克学院、美国犹太档案馆和辛辛那提市的希伯来联合学院–犹太宗教学院图书馆。此外，还要感谢唐纳·斯威灵格（Donna Swillinger）和黛布拉·普特（Debra Poulter）帮我细心费力地打印手稿。

　　本研究部分受益于美国学术团体协会（American Council of Learned Societies）的资助，为我减少了一个学期的教学任务。第2章中前两个小节的大部分内容也出现在《犹太人对德国文化的回应》（*The Jewish Response to German Culture*）一书中，只是形式略有不同，编辑犹大·雷恩哈茨（Jehuda Reinharz）教授和沃尔特·沙兹伯格（Walter Schatzberg）教授非常热心地同意再次出版。

　　我还要感谢犹大·雷恩哈茨教授建议把我的研究放进他的丛书中，并且给出编辑评价。与所有的工作人员以及牛津大学出版社的工作人员一起共事是一件非常快乐的事情。

　　感谢我的妻子玛吉，谨以此书献给她和我们的孩子。

迈克尔·A.迈耶

1987年8月于美国俄亥俄州辛辛那提市

# 前言：先例问题

改革运动的特点就是寻求先例，与革命不同，改革强调的是运动的延续性，它与过去有联系，但不是激进地与其分道扬镳。从一开始，现代的犹太教改革运动就被指控为搞宗派主义，想脱离传统的链条。而拥护者总是表明他们只是在解释犹太历史内部出现的新现象，这一点不足为奇。他们认为宗教改革是犹太教早期固有的特质，自己只是改革大潮中的新能量，改革的潮流因为遭受迫害和孤立而几近枯竭。犹太教古典派对于改革一直持友好的态度，直到16世纪，约瑟夫·卡罗（Joseph Caro）在《布就宴席》（*Shulhan Arukhk*）中规定犹太律法是权威性的法典，改革运动被迫停滞。

就自身情况而言，部分改革者并不反对犹太历史遭到片面的、扭曲的理解。1854年，德国激进派中最著名的拉比塞缪尔·侯德海姆做了两场布道来歌颂约哈南·本·撒该（Johanan ben Zakkai，巴勒斯坦犹太教哲人、宗教领袖）。约哈南是公元100年的犹太宗教改革者，于公元70年他亲眼看见了第二圣殿被摧毁的惨状。[1]侯德海姆认为，正是因为约哈南体会到上帝在灾难中对犹太人的照顾，所以他提倡犹太人需要重新调整犹太教使之适应犹太人生存的新环境。如今，人们用做祈祷和行善事取代了动物献祭。雅弗尼（Yavneh）的新中心在安息日仍吹响羊角号（到那时为止只有在耶路撒冷圣殿有这样的做法），这会提高犹太教的层4次。约哈南的敬神方式为19世纪的欧洲犹太人提供了一种参照模式。在失去圣坛的情况下，古代犹太教民曾经通过激进的做法去适应新境况，而当代犹太教在史无前例的文化和社会融合趋势下也应该做出同样激进的回应。侯德海姆的目的并不是让人们根据他的世界观来理解古代的拉比，他并不认同约哈南马上修复圣殿的想法，而是想通过创造一个"可以利用的过去"来证明自己的改革方案是正确的。

到了20世纪，在1910年美国拉比中央会议的演讲中，改革派拉比协会的拉比雅各布·雷森（Jacob Raisin）辩论道，"改革"这一术语可以应用于传统内部的许多阶段中。[2] 他断言，《申命记》是"犹太教改革派的第一本教科书"。在雷森看来，任何调整或革新的努力实质上就是现代的改革运动。他认为所有的古代"英雄"都是犹太信徒，如圣经先知、以斯拉（Ezra）、亚历山大哲学学派的哲学家斐洛（Philo）和巴勒斯坦圣哲希勒尔（Hillel）。在他看来，需要对《塔木德》进行全面调整，中世纪著名人物的教义和律法决策中亦是如此。19世纪的改革者亚伯拉罕·盖格（Abraham Geiger）并没有增加新的犹太教义，他只是改革链条上的一个节点——"新希勒尔"。

历史学家与思想家不同，他们不再喜欢那些本质上较神秘的自助服务，而是着手讨论改革运动面临现代性提出的挑战等问题。在研究的早期阶段，有人质疑这只是在做表面文章，而且带有相当的偏见。有关前现代时期犹太传统对改革的接纳程度这一问题，当代犹太教不同教派的思想家感到颇有争议。[3]然而要了解现代改革运动，我们有必要对先前的运动进行简要的评估。

　　首先，我们强调的是前现代犹太教，而不是犹太教改革派，《圣经》《塔木德》或者中世纪的犹太权威并不是现代意义上的宗教改革者。改革运动始于18世纪末，然后逐渐蔓延，这是对新的历史环境做出的特殊回应，是一种新的思维模式，早期犹太历史中并无先例，其源头也不是再次发现了传统犹太教所遗忘的内容。当我们需要寻找改革运动的先例时，才进行查找和阐述工作，在理解这些内容时甚至会断章取义。但是改革不同于发明，改革运动的后期发展阶段所包含的原则和实践在犹太历史的早期阶段都有记录。从表面上看，改革运动是新生事物，但是内在的很多因素并非如此。为了衡量改革运动在犹太历史中所包含的新生元素，我们必须考虑其史前和序幕阶段。

　　在某种意义上，前现代时期的犹太人把他们的宗教视为外在的、固定不变的事物。西奈山对摩西的书面启示以及口传律法是完整的，理论上不允许犹太领袖对其增减。律法方面的后续创新被看作是对某一时期启示的详述，这一启示已经包含了至少是隐含了为适应新环境人们做出的努力。《塔木德》中有一篇很有名的文章，作者对上述观点做出了明确的阐释："摩西在西奈山接受了神的启示。"[4]传统犹太教不会允许律法中存在有悖于时代要求的做法，也不会允许新的外部价值取代内在价值。犹太律法运动的一个重要目的是保护传统，禁止违反行为的发生。律法是绝对的，要求人们完全效忠于它，理论上不可能妥协。人类无权篡改，用圣人的话来表达就是"神意"。

　　犹太律法想要发挥作用就需要适应变化的历史环境，因此犹太教民有必要在维护律法性质不变的前提下设计适应新局面的策略。早期的律法专家坦拿①（Tannaim，生活于公元1—2世纪）制定出诠释原则，能够从文本内部阐释书面《托拉》，他们创建了一套阐释文献。《米德拉什》（Midrash，针对希伯来圣经的诠释）在很大程度上拓宽了书面《托拉》的范围，并且借助立法手段以及与《托拉》文本没有直接联系的《密释纳》（Mishnah）来扩展律法的适用范围。涉及律法创造形式时，圣人们坚信通过评论、颁布和调整能将西奈启示中潜在的内容变为现实。这些律法是传统链条上的环节，通过这些相关环节摩西的权威才会代代相传。[5]

　　在认同《托拉》精神的前提下，早期拉比会在适当的情况下改变《圣经》的普世意义或者颁布缺少《圣经》依据的立法。[6]像后来的改革者一样，他们意识到了需要适应新历史环境的必要性，并且在《圣经》原文中找到了批准这一决定的依据："这是耶和华降罚的时候，因人废了你的律法。"（《诗篇》119：126）他们以好人（tikun ha-olam）或保护个人和平（darkhe shalom）的名义颁布法令。[7]人们在回顾早期的法令和新的阐释时，感到这些内容非常激进。其中比较有名的是圣哲希勒尔制定的一套借贷律法（prozbul），使贷款成为合法活动，尽管《圣经》律法（《申命记》15：2）规定在安息年取消所有的债务。[8]某些《圣经》律法在圣哲看来很残酷，其字面意思并不代表《托拉》的本意，因此改革

---

　　①　犹太教对口传律法集编注者的称呼。——译者（以下所有脚注皆为译者所作，不再说明。）

者对这些内容进行了重新诠释："以眼还眼、以牙还牙"的律法被改为物质赔偿；因叛逆而应被判死刑的律法（《申命记》21：18—21）增加了下列限制：至少一位圣哲认为这只是需要解释的引子，并不是实际执行的律法。[9]《塔木德》本身就是律法的发展，传说摩西参观2世纪的圣哲阿基巴（Akiba）的研究院时，对眼下正在讨论的事情感到费解因而心烦不已，直到阿基巴宣布讨论的律法源于西奈山摩西接受的启示时，摩西才平静下来。[10]尽管人们认为拉比的决策都是"上帝的话"[11]，然而他们的立场有时也存在矛盾，例如，希勒尔学派和沙迈学派（Shammai）认为只有在大多数圣哲决策的基础之上才能做出律法决定，而不是依靠神或者奇迹的出现。[12]就这一特殊问题而言，其他拉比的立场则截然相反。

后来，立法部门继续扩大和延伸律法的适用范围并且颁布社区的法令（*takanot*），这些法令在有的情况下能够得到广泛的、长期的遵守。针对新情况下提出的特别问题，立法部门发行了教义 6 问答书，并且把决策权交给主要的拉比，要求他们一方面尊重早期学者的格言，同时为避免犹太律法效力的减弱，要求拉比推动立法进程，尽可能维持二者的平衡。[13]

综上所述，最近时期的立法实践虽然缺乏灵活性，但是自从16世纪明确对犹太律法的编纂以来，改革运动从未有过脱离历史的立法传统。可以说与犹太律法（口传律法）自身的倾向相关，虽然反对者们质疑改革者的信仰，但是犹太律法对历史是开放的，其发展因源于自身内部的活力而持久，并非因来自环境的辩证关系。支持现代改革派的人们开始反对普遍存在的保守主义，质疑书面和口传律法是否统一，它们是否都能作为启示内容，犹太律法运动发展的整个过程要成为历史，这些做法实际上就是脱离犹太立法的传统。他们将神学性质赋予新时代的精神和个人道德之上，削弱了犹太启示的唯一性，创造了一种激进的新犹太教形式。

在对待犹太律法的问题上，改革派给早期犹太历史环境中的因素增添了新的形式。在此之前，他们还面临着其他问题，包括非犹太环境中宗教思想和实践的合法圣俸转拨，提议修改相关祷文以及提高对离散区的评价等。

有关现代《圣经》的学术研究发现，近东范围内的古以色列社会具有高度文化适应的特征。类似的情况还有其他例证，早期研究《圣经》新约和旧约以及《塔木德》的学者指出，波斯、希腊和罗马的概念对以色列的宗教、法律和社会习俗产生了一定的影响。国外信仰融入以色列的信仰，但是有关这种合并信仰的合法程度，在国王和先知、希腊学者和犹太教狂热信徒、撒都该人（Sadducees）和法利赛人（Pharisees）之间讨论不休。拉比犹太教在公元前几个世纪内逐渐被固定下来，并且实现了规范化，减少了差异，但是犹太教并没有被统一，也没有刻意或者从实践中将自身完全隔离出来。当然，各个犹太离散区以及不同历史时期的犹太教民对超出自身领域的思想在接受过程中差别很大。一般来说，如果地方上的犹太人没有受到异邦社会的排挤，其社会或思想关系能够冲破宗教的阻碍，这时犹太教对于来自外部的影响态度比较友好。犹太社区成员与外部世界接触越多，他们接受外界价值观的可能性则越大，这一点不足为奇。

中世纪犹太人主要分为德裔犹太人（Ashkenazim）和西班牙裔犹太人（Sephardim），前者生活在法德土地上，在中世纪后期

向东迁移到波兰，后者在1492年遭到驱逐后散落到地中海地区以
及欧洲其他地区。德裔犹太人生活在基督教环境内，而西班牙裔
犹太人长期处在穆斯林占主导地位的环境内，他们的思想对周围 7
世界开放程度更高。中世纪犹太哲学研究的最高成就者当属12世
纪的摩西·迈蒙尼德（Moses Maimonides），当然这并不意味着研
究的终结，就像犹太神秘主义在西班牙裔犹太人产生一样，两者
都汲取了古代和当代宗教的遗产。

　　在西班牙裔犹太社区中，一部分犹太知识分子坚决捍卫与犹太
宗教相关的哲学立场，甚至在所有西班牙人都成为基督徒之后仍然
不改初衷。他们把遵循犹太仪式律法视为一种工具，保持身体健康
并且为从事哲学而服务。他们否认神对个人的好意，认为祷文的用
处只是"净化思想"。有的人认为佩戴经匣（*tefilin*）是为了从外部
形式上提醒自己要遵从上帝的诚命，此外，他们还认为人们在回忆
往事时最好伴有语言和象征性的行为，此后他们就不再佩戴传统的
经匣了。对于这些人来说，定期的公共祈祷并不是必需的。[14]

　　哲学只是影响了西班牙裔犹太人这一特殊的群体，而伊斯兰
教的习俗却影响了整个社区的体制，有时还对规范宗教实践产生
影响。穆斯林西班牙的犹太圣堂是按照清真寺的风格建造的，墙
壁上有大量的雕刻，妇女严格地与男士相隔离，与中世纪基督教
世界中的犹太人相比，其严格程度有过之而无不及。[15]几乎在所
有的伊斯兰领土上，犹太人在祈祷前都要按照穆斯林的方式洗手、
洗脸，还要洗脚，对于当代的德裔犹太人来说，这是个非常陌生
的非塔木德风俗。迈蒙尼德的儿子——亚伯拉罕甚至宣布《圣经》
格言"你不能遵循他们的风俗习惯"（《利未记》18：3）不适用于

穆斯林，模仿他们做法的犹太人不会违反这一禁令的。迈蒙尼德
自己也担心犹太宗教实践会招致穆斯林的藐视。当领袖反复高声
地诵念请愿祷文（*tefilah*）时，参加礼拜的人们会心不在焉，迈蒙
尼德颁布请愿祷文只念一遍，而且要求全体一致诵读，这一点与
《塔木德》的规定正好相反。在他看来，重复不仅成了无效的祷
文，而且会让穆斯林认为犹太人懈怠祷文。[16]

16—17世纪，马拉诺（Marranos，被迫改信基督教的犹太人）
融入了西班牙裔犹太人社区，他们在被迫皈依基督教后还偷偷地
保留了一小部分犹太教习惯，现在这些人想回归犹太教。由于几
代马拉诺人与犹太传统相割裂，他们对《圣经》非常熟悉，甚至
认为可以取代真正的犹太教。[17]在西班牙裔犹太社区的影响下，欧
洲出现了一股《圣经》批判的潮流，这股潮流一直延续到18世纪，
改革派中有不少人接受了这一观点，情况最明显的是英国。[18]

由于西班牙裔犹太人对文化环境更加开放，除了在仪式律法
的决策问题上逊色于德裔犹太人之外，在其他类似问题上非常果
断，因此，西班牙裔犹太人经常成为早期改革派运动的模范。正
如我们将看到的，早期现代改革者使用西班牙裔犹太人的希伯来
语发音方式，还有一部分固定祷文格式以及礼拜遵循礼仪都是源
自西班牙裔犹太教的风俗。

德裔犹太人的改革也受到所处环境的影响，尽管受影响的程
度较低。[19]美因茨①（Mainz）的革舜②（Gershom）颁布了禁止重

---

① 德国西部港口城市。
② 摩西的孙子。

婚的法令，十有八九这是受到了基督教环境的影响，尽管穆斯林世界的犹太人对此并不认可。再例如，根据基督教的风俗，在家庭成员去世周年纪念日时要点燃逝世周年纪念（*Yahrzeit*）蜡烛，德裔犹太人采纳了这种做法。[20]当地居民沿用了很多基督教中与生死有关的迷信和仪式。[21]穆斯林世界的犹太圣堂复制了清真寺的风格，在宗教信仰以基督教为主的欧洲，犹太圣堂在建造时模仿了当地基督教堂的风格，两者风格非常接近，简直就是当代基督教堂建筑的缩影。[22]现在所有犹太圣堂统一使用的外部灯光与天主教堂悬挂的灯非常相似，早在17世纪就有人提出了这种看法。[23]改革运动之前，布拉格市的犹太圣堂里安放了一架管风琴，犹太教民在周五晚上定期弹奏管风琴，欢迎安息日的到来。[24]

　　意大利犹太社区是西班牙裔犹太社区和德裔犹太社区的结合体，这一社区对文化和宗教环境特别敏感。在文艺复兴时期，他们冲破隔都围墙的阻碍，和基督徒广泛接触。利昂·摩德纳（Leon Modena）用意大利语做布道，吸引了大批非犹太人参加，继而他又去聆听来自威尼斯的著名基督教传教士的布道。犹太圣堂的音乐作曲出自杰出的音乐家萨罗摩尼·德·罗西（Salomone de' Rossi）之手，是根据当时最优雅的音乐品位风格创作而成。在重大节日的场合，受过训练的合唱团用多声部合音演唱。意大利犹太人认为圣殿被摧毁后犹太人被迫流散各地，唱歌能给他们带来欢愉，只要有利于宗教传播，怎样唱都是合适的唱法，因为从审美角度看能使人欢愉的歌曲就是对上帝的致敬。另外，"像狗一样的吠叫或像乌鸦一样的尖叫"，在异邦人眼中是对犹太人的羞辱。[25]

　　从意大利犹太人身上，我们还发现了标志着改革运动特点的历史观渊源。在一篇释疑中，利昂·摩德纳讲到要理解古代拉比的格言，必须要结合"地点、时间和人物"。他认为时间的流逝和犹太离散区的扩展致使很多禁令失效。适用于一种境况的内容不一定适合另一种境况。[26]杰出的文艺复兴学者阿扎瑞尔·德·罗西（Azarialh de' Rossi）的观点更加激进，一方面，他指出就启示而言，学者的生活年代越早，他所做出的诠释就越权威；另一方面，他认为与思考和实践经验相关的知识是后人在前辈所获成就的基础上积累起来的。[27]

到17世纪，犹太社区的提议和主题都是围绕着改革运动这一中心，在中欧比较流行的犹太文献中，读者很容易找到这些内容。道德论集阐述了做礼拜期间需要守教的规定，他们强调对于不懂希伯来语的那些犹太人使用本地语进行祈祷也是有效的。17世纪多次重印的一部意第绪语作品《善良之心》（*Lev Tov*）给读者这样的暗示："不懂神圣语言的人们可以用他们熟悉的语言做祈祷……与其祈祷万千、一窍不通，不如略知一二、全身心投入祈祷。"[28]实际上，前现代时期不懂希伯来文化的德裔犹太人普遍使用翻译成意第绪语的祈祷书，这些人当中也有女性。[29]只有当改革派将现代高级德语引入公共的祷文表达中并且增加新谱写的圣歌时，教民们才彻底摆脱了传统的束缚。

除了祈祷语言受当地语言的影响之外，教民对当地的感情也发生了类似的变化。改革之前这部分犹太人不再像从前那样感到自己是流落他乡，他们逐渐融入了自己生活的国度，虽然偶尔也会出现一些较极端的表述。在文艺复兴时期，意大利的一位著名犹太银行家抗议："我不喜欢耶路撒冷，我只对生我养我的锡耶纳①（Siena）有感情。"³⁰18世纪早期，阿姆斯特丹的西班牙裔犹太社区的人们认为阿姆斯特丹就是他们的耶路撒冷。³¹更具代表性的是18世纪德国拉比雅各布·埃姆登（Jacob Emden）的立场。逾越节哈加达②（Haggadah）的一篇文章中提到，虽然今天犹太人是奴隶，明天在以色列土地上他们将获得自由。埃姆登对此评论道，当今的流亡与古埃及时期是不同的，因为古埃及时期的希伯来人是真正的奴隶。他认为，"我们可以靠上帝的怜悯居住在这片土地上。因此，这不应该被称作奴役"³²。但是埃姆登并没有放弃以色列回归锡安山的愿望，在他死后社区中萌生了政治解放的新希望，流亡成为一个完全不适宜的概念，人们认为应该从礼拜仪式中将此删除。

　　这些来自不同犹太历史时期、频繁发生的事件表明，改革运动在很大程度上是由早期现代环境内的种种因素交织而成，因此在证明自身是与犹太教过去相延续的提议中总能找到先例。然而，改革运动并不是犹太教内部发展的结果，它是在不断发展变化的政治文化环境中产生的。改革运动要证明自身是对传统的创新，就必须阐明两个问题，第一，对于犹太人的新地位应该做出何种回应；第二，如何协调犹太传统、宗教情感以及现代价值观内化这三者之间的关系。

---

① 意大利中部的一座城市，距离佛罗伦萨的南部大约50公里。
② 犹太律法中的轶话。

# 1. 犹太教如何适应现代世界

## 历史背景

19世纪发生了以宗教改革为目的的觉醒运动，犹太人对所处的外部局势以及自身情况有了新的理解。这一运动顺应了历史潮流，历经几辈人的共同努力，最终形成一股合力，创建出一种新的宗教思维模式。影响犹太人生活的主要因素来自外部，但犹太教内部发生的事件也为宗教改革铺垫了道路。外部因素虽占主导作用，但内部事件对改革运动一直潜移默化地施加影响，原因在于精于思考的人会认真、仔细地分析这些影响因素，而其他人的立场要么认同，要么排斥，往往缺乏独立思考的意识。这些重要的预备阶段和影响因素成为改革运动发生的历史背景。

有的学者将导致改革运动的原因链追溯至17世纪。例如，伟大的犹太神秘主义学者革舜·肖勒姆（Gershom Scholem）认为犹太启蒙运动与改革运动源于严守安息日主义，即由莎贝泰·泽威（Sabbetai Zevi, 1626—1676）[1]领导的弥赛亚运动。为证实自己的观点，肖勒姆进行了不懈的研究，一方面寻找严守安息日派与改革派之间的联系点；另一方面，他认为两者之间的联系一直延续到19世纪，然而二者的直接影响看似很有限。[2]改革派始终为自己

的理性主义（唯理论）感到骄傲，他们既不接受看似神奇的弥赛
亚，也不苟同于那些用来证明自我真实性的神秘主张。虽然如此，
改革派对于弥赛亚领导的回归耶路撒冷运动仍表现出了极大的热
情。像严守安息日这样的弥赛亚主义，对于改革派而言，与其说
是一份遗产，倒不如说是个鸡肋，因为他们并不想延续这一传统。

　　然而，严守安息日运动的确为改革运动做了前期准备。肖勒姆
指出，拥护者与反对者就严守安息日问题展开了辩论，他们相互恶
意攻击，致使犹太居住区分裂为若干个战争区。德国有两个主要的
拉比组织，分别由雅各布·埃姆登（1697—1776）与乔纳森·艾
伯舒兹（Jonathan Eybeschütz, 1690/95—1764）领导，前者怀疑
后者暗藏安息日情绪，因此引发了一场旷日持久的论战，从而导致
双方愤懑与痛恨不断升级。双方都下令要将对方逐出教会。社区的
分裂导致教会抑制新生思想的能力不断减弱，他们希望能够重建统
一的权威形象来压制这些分裂势力，然而却力不从心。由于在严守
安息日问题上的争议，传统犹太教不仅在外邦人心目中失去了往日
的尊崇地位，在犹太人眼中也不再那么神圣了。除此之外，严守安
息日主义还成为反律法主义方面的典型。支持者们宣称犹太律法是
弥赛亚的口令，神秘主义对此有相应的解释。后来，在以冒险分子
雅各布·弗兰克（Jacob Frank, 1726—1791）为首的圈内，严守安
息日的思想产生了更坏的影响，导致反律法主义倾向蔓延到欧洲中
部、东部的一些地区。虽然改革派对弗兰克的思想不屑一顾，但
也感到有必要在犹太律法体系内制定一些改革措施。犹太教是维
系犹太人的纽带，如今却处于风雨飘摇之中，因此改革方案势在
必行。

11

改革运动的兴起，一方面源于严守安息日主义，更重要的一个因素是欧洲文化逐渐渗入中欧、西欧犹太社区的某些阶层，这部分犹太人与外界的接触比较多。到了17—18世纪，在社会最高层以及最底层的经济领域内，这样的联系更为明显。犹太乞丐、流浪汉以及无业游民的宗教道德日益败坏，人满为患给犹太慈善机构造成了极大的负担。失去了慈善支持后，一部分人便加入了非犹太人的犯罪团伙。为了得到物质报酬，他们背叛信仰，这种情况屡见不鲜。有些人打扮成基督徒的样子，剃去了胡须，讲当地的德语方言，不再遵守犹太饮食教规。[3]

犹太社区的富人阶层中也发生了类似的同化现象。三十年战争（Thirty Years War）结束后，德国境内分裂出若干专制国度，每个国度都在巩固自己的经济地位，扩大政治影响力。为了积聚财富，无论地盘大小，统治者都喜欢重用有能力的犹太人，好让他们发挥财政和商业职能。这些上层犹太人进入了权势圈后，或多或少地接纳了非犹太圈中的道德观念。他们穿着时髦，邀请贵族来自己的豪宅做客，雇用基督徒教师担任自己孩子的家庭教师。这些犹太人中的一部分仍然严格遵守自己的教规，而其他人则不然。其中，最为著名的是符腾堡（Wurttemberg）地区的大权贵约瑟夫·苏斯·奥本海默（Joseph Suss Oppenheimer, 1698/99—1738），他既不遵守饮食教规，也不去犹太圣堂，甚至在赎罪日当天依然我行我素。[4]有的学者认为上层阶级的犹太人是改革运动的先驱，早期运动的领袖和部分参与者来自这一阶层，然而这种观点并不正确。塞尔玛·斯特恩（Selma Stern）这样描述，这部分犹太人处在宫廷环境中，是介于巴洛克文化和犹太社区传统生活之间的个体。分裂的时代导致了他们性格的分裂，因为所处环境相互排斥，他们没有统一的意识形态，缺乏共同基础。

德国犹太社会的阶级分化不再受传统的局限，越来越多的普通信徒进入社会中心阶层。[5]犹太人与外邦人在工作之外的接触已司空见惯，犹太教民对世俗研究的态度日益积极。18世纪期间，犹太人对非犹太文化的研究兴趣愈来愈浓厚，不少家长把子女送往非犹太教学校念书。很多犹太大学生就读德国高校时没有选择以往青睐的医学专业，而是选择了其他专业。越来越多的大学生喜欢学习世俗知识，从物质方面到学术内容都非常感兴趣，宗教研究遭到冷落。与此同时，犹太教育机制逐渐衰落。实际上，德国的犹太高等教育几乎停滞，拉比和教师大都来自波兰，他们的世界观和犹太大学生的观念存在巨大的鸿沟。男孩子尚能接受部分犹太教育，女孩子则被完全禁止此类教育。早在1785年，有一位犹太人对犹太教育体制的消失感到痛心疾首。他质问："我们犹太人为什么在教育下一代方面不能像其他民族一样？我们为什么不能用自己的基本信念打动孩子，让他们爱戴并敬畏上帝？这样他们会懂得要为谁祈福，理解敬拜上帝的基本准则并遵循上帝的诫命。"[6]

1786年，腓特烈大帝去世，社会政治统一的机会来临。很久以来，普鲁士人将犹太学者和商人贬为无能之辈，而如今大多数犹太人想趁机洗刷世人对自己的偏见，希望得到社会的认可。在实现理想的过程中，这些人意识到自己的宗教出身是一种不幸，犹太教毫无价值，外面的世界却值得闯荡，犹太出身变为负担。有的人后来改变了信仰，还有人愤恨地忍受着犹太教规，久而久之，他们也逐渐抛弃了严格的犹太饮食起居制度，因为无论从情感上还是思想上他们都认为没有义务去恪守教规。还有的人摒弃了西奈山的启示信仰，转而接受了法国启蒙主义思想。一位信仰伏尔泰思想的犹太人认为犹太身份意味着必须接受宗教体系的层层束缚。[7]

　　犹太人的司法自治权越来越受限，他们的外交权要么被取消，要么只是一种摆设，以拉比为代表的犹太权威逐渐被削弱。普鲁士政府在1792年颁布的官方文件中就反映了这一趋势，普鲁士是高度专制的王国，政府取消了犹太社区内部的宗教权力，导致内部分裂加速。法令特别指出，禁止强迫性的宗教措施，一家之主可以决定宗教仪式的遵循方式。[8]这项法令颁布后不久便引发了社会混乱。昔日犹太社区内部的宗教和谐气氛到19世纪初期已经荡然无存，社会混乱甚至殃及了某些家庭，孩子不再认可父母的价值观。犹太教民在教规的遵循方面差异较大，许多人对此惊诧不已。虽然这在现代犹太社会中是司空见惯的现象，但对于当时来说，宗教事务上的随意性是绝无仅有的，所有人都咋舌称奇。一位生活在柏林的犹太人觉察到一件怪事，有的宗教同人每年只去一次犹太圣堂，还有的只去三次；这些犹太教徒对一些无关紧要的宗教习俗特别热衷，而对于《圣经》上的禁忌却视而不见；有时父母表面上嫌弃孩子家里的饭食不洁净而拒绝用饭，却在背后偷偷加以赞赏。[9]

　　中欧最早的宗教改革者发现所处的犹太社区内部教义并不统一，许多教徒迷失了方向。当然大部分犹太人坚定自己的信仰，特别是居住在小城镇的犹太人，而大城市的犹太人生活方式在很大程度上被瓦解，犹太社区也分崩离析。这些犹太人明显地受到了外部因素的影响，这些外部因素可分为两种，且相辅相成。第一种影响来自政府的法令——缩小犹太自治范围，降低犹太社区自控的有效性。这样一来，人们可以畅所欲言，与外界隔绝的状态被打破。第二种影响表现在基督徒对犹太人态度的转变上，他们在传播启蒙思想时对犹太人的态度非常热情。[10]这些影响因素建立在普遍、包容的人性概念基础之上，使犹太人得到了更广泛的文化认同，而传统的犹太教在现代世界显得格外单一、不合时宜。在社会、文化、政治上行将统一的犹太社区内，犹太教成为不安定的因素，它亟待教民在理论和实践方面加以关注。18世纪末，富有思想的德国犹太人开始考虑如何解决这一宗教问题。

## 启蒙运动与早期改革思想

摩西·门德尔松是第一位融入欧洲文化的犹太人。他对犹太生活方式进行了改革，却没有对犹太教进行改革，人们对此感到不理解。在生活上，他以身作则，对崇拜他的柏林人产生了很大的影响；他将犹太知识统一融入文化环境中，通过翻译《摩西五经》，鼓励人们用高地德语取代犹德方言（Judeo-German dialect），从而为科学和文学的发展找到了新前景，此外，这一举措还打破了犹太人与非犹太人之间的语言障碍。尽管社会上仍然存在反犹主义的偏见，门德尔松坚信自然宗教有共同之处，这些信仰能将受教育的人在思想深处得到统一，但凡理性的人类都能理解这一点。他鼓励自己的信徒进行犹太教育的现代化改革，并扩大世俗研究的范围。同时代的拉比担心哲学会破坏犹太信仰，而门德尔松的看法恰恰相反，他认为犹太教与理性主义可以和谐共处，并不存在与理性相悖的教条，任何正直的民族都能得到救赎。犹太教与其他宗教的唯一区别是西奈山启示，这是上帝赐予以色列的特殊律法，是犹太人与上帝达成的永久性契约。

　　门德尔松与同时代人的年轻人不同，他恪守信仰，遵守教规。他认为要使犹太教适应隔都之外的环境，没有必要对犹太教进行根本性改革。相反，如果犹太教徒能够恰如其分地阐释教义，并对其理性特点及普遍性因素适当地加以强调，犹太教比基督教能更好地顺应现代思想。犹太人只是在礼仪教规的遵循方面与众不同，这种差异会一直存在。作为一位守教的犹太人，门德尔松在文化和社会方面顺应了环境的要求，渐渐地人们把他视为现代正统犹太教的典范。他去世后犹太教在德国历经了两代人的改革，最终发展成为现代正统的犹太教。然而，门德尔松并不是改革运动的先驱，他缺乏宗教改革的观念。对他来说，犹太教是永恒的，真理是理性的，教规始终是衡量信徒的行为标准，不管历史如何改变，沧桑浮沉，犹太教将一成不变。门德尔松认为顺应某一时代的教规应该值得后代人继续遵循，允许教徒在做法上有细微的改变，但是不能背离社会信仰。他相信犹太人会担负起维护律法完整性的义务，这是他们发自肺腑、始终如一的意愿。犹太教徒对教义可以有自己的理解，但必须无条件地加以遵循。除非上帝传达了新启示，西奈山启示将具有恒久效力。[11]犹太人在德国的局势发生了彻底改变，很多人都认可这一事实，包括门德尔松，但是这并不意味着新启示的降临。我们必须明白一点，门德尔松成年时，哲学思想尚未渗入历史概念，对大多数人来说，现代性对犹太生活的影响只是初步的感性认识。

此外，门德尔松非常保守，他反对思想上或行动上的激进做法。无论对方是否是犹太教同人，他都会尽可能地避免发生激烈的冲突。当他无意中被卷入了争执，万不得已时他才会表明自己的立场。在有关犹太人遵循教义的做法问题上也发生过此类的

摩西·门德尔松

事情，通过这一事件人们能够看出门德尔松在支持改革方面的局限性；不仅如此，人们还能够将安于现状者与宗教改革支持者区分开来，因此这一问题成了改革者的试金石。[12]

15

根据犹太律法，死者必须在死亡当天下葬，禁止拖延，除非有特殊情况。[13]在门德尔松生活的时代，这一惯例遭到了异邦人的反对，他们认为人们不应该对事实死亡做出迅速定论，很可能被断定死亡的人在安葬时依然活着。1772年，梅克伦堡－什未林（Mecklenburg-Schwerin）公国颁布了一项公爵法令：死者在死后三天才能被安葬。这一法令是对犹太内部事务的干涉，犹太人要被迫接受基督教的风俗习惯，这样的事情前所未有。[14]因此，犹太人向拉比雅各布·埃姆登和门德尔松求助，请求他们给政府写一份申请允许他们继续犹太传统的做法。埃姆登与什未林公国的拉

比摩迪凯·杰斐（Mordecai Jaffe）观点一致：现存的习俗不能改变。任何细微的改动都是无据可依的，如果早葬有危险的话，圣哲们一定能够辨别出来。就犹太律法而言，人们无需考虑医学因素，除非犹太律法的基础被动摇。与犹太教同人相比，埃姆登对待世俗派别的态度更加肯定，但他相信只有恪守犹太教规，远离与外界知识及价值观的对抗，犹太教才能立足于现代社会。

就保守思想而言，门德尔松与自己敬重的学者阿尔托那（Altona）不谋而合。一方面，他应允了什未林公国犹太人的请求，用德语写了一份支持犹太传统做法的申请，而与此同时他又用希伯来文给犹太领袖写了一封立场相反的信。在他看来，公爵法令对犹太教并没有构成威胁，也没有触犯犹太律法。在信函中，他从启蒙运动论证开始，引用权威来源作为依据，特别强调了保护生命这一原则；继而又将当前的习俗与古代的做法加以对照，从前人们为了确定死者是否有重生的迹象，要在安葬前守尸三日；此外，他还引用了医学方面的观点。门德尔松提议在墓穴之上对死者进行暂时安葬，这实际上是古代风俗的演绎，等于复古，并非创新。然而这项温和的提议竟引起了人们的怀疑，犹太人认为把盛行的做法当作规范是当代犹太教的标志，人们不能违反既定的习俗，哪怕是看似无关紧要的做法。例如，教徒在诵读普林节的《以斯帖记》过程中，当提到恶棍哈曼时，大家要发出吵闹声。拉比摩西·伊塞莱斯（Moses Isserles）是16世纪一位伟大的德裔犹太法典编纂者，他在《布就宴席》的注释中对遵守风俗做了注解："不允许取消或轻视任何风俗，因为这些风俗习惯的制定是有据可依的。"[15] 例如，犹太人认为应该及早安葬死者，因为卡巴拉教派相信在死亡和安葬期间容易受到魔鬼的袭击。[16]门德尔松是理性主义者，不会轻信这样的迷信，他融入现代世界，不会发布不相关的或可能伤害犹太做法的医学知识。实际上，此前他已"觉察到有的人在亵渎犹太教，这种做法玷污了圣教光泽，令人感到可悲"[17]。他坚信人类思想不能受制于教会的压迫，针对各宗教团体制定的逐出教会的条例，门德尔松强烈要求予以取缔。虽然触犯教规在古以色列的确要受到惩处，但摩西律法，即《摩西五经》，作为一种约束性的政治文件，已不复存在。当今的犹太人只需要遵循居住国的法律，宗教遵循属于个人良知问题。门德尔松的观点鼓励了异端宗教信仰的自由表达，不久后人们得出结论，犹太人的离散是犹太历史发展的新阶段。这种结论完全背离了摩西律法的初衷，门德尔松并不认可[18]，而斯宾诺莎（Spinoza）在17世纪就发表了这一观点。[19]尽管门德尔松予以否认，但他的信徒欣然接受。

生活在隔都区的犹太人希望在融入非犹太人的社会文化生活中能够维护自己的信仰。门德尔松生活的环境不容许人们有这样的想法，而以瑞士教士约翰·卡斯帕·拉瓦特（Johann Caspar Lavater）为代表的一部分人认为隔都区的犹太人应该改变信仰，皈依基督教，因此两人发生了激烈的争论。众多自由派人士认为，犹太人要想与基督徒拥有同等的社会地位，需要提升自我。"改革"这一术语的含义很广，包括方方面面的改变。德国的犹太启蒙运动以门德尔松为榜样，一致倡导犹太人要进行经济和文化方面的基本改革。[20]参与犹太启蒙运动的人们被称为马斯基尔（maskilim），意思是有知识的人，他们主张扩大犹太人的职业范围，鼓励犹太人从事手工艺和农业，以此摆脱做小生意和流浪的不良习惯。犹太教育也被纳入了改革范围。拿弗他利·赫茨·威斯利（Naphtali Herz Wessely）是门德尔松的朋友，两人也是同事，1781年，奥地利的约瑟夫二世颁布了一项宽容法令，根据此项法令，威斯利极力请求把世俗研究引入犹太课程。犹太人在柏林以及其他地方建立了新犹太教学校，教学内容中涵盖了世俗教育。门德尔松的信徒们创办了希伯来期刊《选集》（Ha-Measef），这在一定程度上扩大了犹太人的文化视野。马斯基尔希望通过这些改变鼓励政府提高犹太人的待遇，结束他们长期以来遭受的经济和政治歧视。启蒙运动计划涉及的范围非常广，而宗教革新是其中的一部分。然而不久之后，宗教改革竟成了温和派和激进派争论的焦点，犹太教需要"改进"吗？继门德尔松之后的下一代人围绕着这一问题发表了一系列观点，有的人毫不动摇地坚持门德尔松的立场，也有一部分人号召要对犹太教进行根本性的改革。

　　基督徒威廉·多姆（Wilhelm Dohm）倡导犹太人应该获得平等地位，并撰写了《关于如何改善犹太人的公民地位》，在1781年首次出版，影响颇深。多姆并不是犹太人，但是主张要重新审视犹太教，以此实现犹太一体化。多姆是自然论者，同时也是非常务实的政治家，他几乎不考虑宗教间的历史差异，希望通过政府管理和经济繁荣来降低宗教分歧产生的影响。他认为恪守教规仪式的犹太人同时也是有责任的公民，甚至主张恢复犹太人的法律自制权，这项权利是早期犹太人的钟爱。在多姆看来，一旦犹太人的眼界开阔了，他们会主动地摒弃某些宗教做法。"他们将根据社会要求对宗教法律法规进行改革，恢复更加自由和高尚的古摩西律法，根据时代与环境的变化来解释律法，在他们的《塔木德》中找到新的权威。"[21]多姆的书在马斯基尔中广泛传阅，很多人和他产生了共鸣。其他基督教作家认为犹太教改革是犹太人解放运动的先决条件，而不是附带的结果。当代著名的哲学家伊曼努尔·康德认为犹太人如果能够净化自己的宗教思想并摒弃过时的仪式，他们和基督徒可以称兄道弟。[22]毕竟，基督教也在经历着变化。[23]到了19世纪，关于犹太宗教改革的讨论仍然如火如荼，犹太人意识到宗教改革在政治上的重要性，并认真地加以思考。1786年腓特烈大帝死后，犹太人在普鲁士的地位有望得到改善，于是犹太人提议要进行自身改革，其中就涉及了宗教方面。总之，为了争取在德国的彻底解放，犹太人长期抗争，疲惫不堪，然而他们并没有认识到宗教改革对于政治解放的重要性。[24]从18世纪80年代中期开始，犹太人号召要进行不同程度的宗教改革，原因在于他们开始接受与犹太传统相抵触的新宗教和文化价值观。

犹太启蒙运动源于德国，德国的启蒙思想并不是反宗教的，这一点与法国不同。[25]他们崇尚有组织的宗教，而且这一宗教组织要尊重理性和个体自主性。德国进步的传教士也被称作"新教义信奉者"，他们并不看重以往的教条，却对自然宗教的基本理性极为重视。在新教广泛传播的大城市中，他们信仰的普世主义成为犹太人学习的典范，这与早期的正统派与虔诚派所信奉的普世主义截然相反。犹太年轻人厌恶迷信思想及相关实践，青睐以美德为目标的、将仪式和原始信仰结合在一起的宗教观。德国的戈特霍尔德·埃弗莱姆·莱辛（Gotthold Ephraim Lessing）是一位进步人士，对待宗教问题非常公正，毫无偏见，他认为历史上的犹太教是人类宗教发展的早期阶段，缺乏人文主义。[26]受莱辛思想的影响，倡导宗教改革的人们也认为传统形式的犹太教不属于现代社会。但是与莱辛不同，他们并没有抛弃犹太教，而是着手改革，使其符合自己的所想所感，这恰恰是现代人类宗教的要素。

18世纪晚期，德国的宗教改革者开始重新定义犹太教，这一运动效仿了基督教的早期模式。对于马丁·路德来说，宗教意味着对上帝意愿的绝对服从和对最高责任的履行。宗教信仰是为上帝服务，而不是改善个人生活。然而到19—20世纪，新教的重心发生了偏移，从以上帝为中心的客观信仰逐渐变为以个人宗教良心和追求救赎为中心的主观意识。[27]到18世纪，人们普遍认为宗教是为了进一步获得广义上的精神满足与快乐，即"幸福"。德国的犹太教几乎不注重个人的主观宗教状态，这一点与早期的路德教很相似。犹太教以履行传统的613条诫命为中心，把守教看作终结目标，而不是摆脱其他宗教的手段。18世纪末期，这一观念逐渐改变，因为个别犹太人提出了一个新奇的问题：自己的宗教实践真的能够带来精神满足吗？在改革礼拜仪式之前，人们的宗教心态表现为传统与个人主观意识之间的衡量，而传统观点与"启迪"宗教观不断进行较量。改革者宣称要革新那些不能提升宗教情绪的风俗礼仪，并通过审美和教育价值的教化来改变个人的内心生活。

这些思想首先影响了进步犹太人对传统渊源的态度，之后又影响了礼拜仪式的改革。支持基督教的马斯基尔忽略了犹太律法的基础——《塔木德》，出现这种情况有两方面原因，首先是《圣经》的地位所致，因为它是犹太教徒和基督徒的共同遗产；此外，当古典主义在学术界盛行时，《圣经》是犹太教的古典文本。希伯来期刊《选集》的撰稿人认为，《圣经》是精神启发的源泉，他痴迷于《圣经》研究并努力模仿其中的诗歌。德国哲学家、审美学家约翰·戈特弗里德·赫尔德（Johann Gottfried Herder）认为，他们在字里行间感受到了世上最古老、最天真、也许是最真诚的诗歌。[28]面对这一状况，进步犹太人士并没有批评《塔木德》，而是指责人们不该对《圣经》过分关注，《圣经》不是法律文件而是犹太教的精神财富，人们应该关注犹太古典文本的文学特质及其宗教福祉的价值，而不是侧重文本的权威性。犹太教徒在研究《圣经》时采用的新审美观念将在欣赏犹太圣堂的礼拜仪式中发挥作用。

宗教和审美价值的形成与环境的影响息息相关，越来越多的人开始接受这些信仰和价值观，当代犹太教遭到了更尖锐的批评。[29]极端的马斯基尔对迷信做法进行抨击，甚至将矛头指向了完整的传统犹太生活，犹太人煞费苦心地专注律法细节的做法被污蔑为不合时宜。他们还临时组建了宗教机构，颁发了禁止犹太人全面参与社会生活以及犹太人不再受到人们尊敬等的法令。态度稍微温和的作者希望能够说服宗教机构废除一部分禁令。早在1790年，马斯基尔为阻止事情的恶化而提议将犹太社区进行分割，拉比们应"聚集起来向人们讲述慈爱之语，以减轻过多限制带给人们的负担"[30]。

18世纪晚期，传统犹太人士在不知不觉中思想发生了变化，后来受到自由人士的影响，他们的思想进一步得到解放。摩迪凯·甘佩尔·施纳伯（Mordecai Gumpel Schnaber）是医生，出

生于柏林，曾在英国、瑞典居住过，后来在汉堡定居，他本人就
经历了这样的思想转折。施纳伯没有提出改革理论，他认为敦促
宗教实践并不能改变人们的做法，但他喜欢引用过去的权威人物，
尤其是迈蒙尼德。受门德尔松的启发，施纳伯认为诫命仍然奏效
19 并具约束力，他关注口传律法，认为口传律法能够帮助书面圣言
适应变化的历史环境。他将以《摩西五经》为基础的上帝信仰和
其他犹太诫命加以区分，并且说："其他诫命也要根据时代的要求
而变化，因为这是信仰问题，信仰这一根本问题永远是真理。"[31]
施纳伯以传统方式下结论：遵守诫命非常重要，这为思想上无畏
的人们开辟了道路。人们意识到只有门德尔松通过理性获得的永
恒真理值得坚持，对于礼仪的遵循需要重新评价，即使不能保证
每个人拥有评价权利的话，也应该由犹太学者来承担。

　　当代的犹太教规范引起了社会上的广泛不满，就连那些与拉
比法制紧密相关或者是对犹太人传统保持善意的人士也不例外，
他们只能采取间接的方式进行批评，将自己的观点发表在匿名出
版的讽刺作品上，署名要么是查无此人，要么是虚构的历史人物。
只有那些财产上独立、不惧怕社会责骂的人才敢自由地以自己的
名义公开表达思想。索尔·博林（Saul Berlin, 1740—1794）则属
于前者。[32] 他出生于地位较高的拉比家庭，是柏林拉比赫希·列文
（Hirschel Lewin）的儿子，他接受过完整的传统教育，曾在奥得
河畔的法兰克福当选为拉比。然而，在普鲁士首都他加入了犹太
启蒙运动，渐渐地内心充满了疑惑和矛盾，颇为纠结，在为马斯
基尔拿弗他利·赫茨·威斯利进行辩护的一篇讽刺文中，博林嘲
讽了传统教育家（犹太教学校的小学教师），他假装惊恐地问道：

"（威斯利）在赎罪日那天头顶上挥舞一只鸡，普林节在提到哈曼时用木棍击地板，或新年时吃羊头、卷心菜、枣以及绿色蔬菜，他是不是违反天意而践踏了这么美好的风俗习惯？"博林半开玩笑地告诉读者们，如果威斯利没有遵守这些重要的禁令，理所应当要遭到攻击。[33]多年以来，博林的手抄讽刺作品在信徒中非常流行，他死后才得以付印。然而在1793年，博林的确出版了一部更宏大的作品，据称书中包括迄今不为人知的真实版的中世纪问答录，主要摘录亚瑟·本·耶黑尔（Asher ben Yehiel, 1250—1327）的内容。实际上绝大部分甚至是全部内容都是出自博林笔下，他知道如果用真名撰写的话，自己的观点肯定会遭到批评，于是采取了迂回的策略，也许人们更容易赞同论调温和一些的话语（政府的确在后来的律法中引用过博林的话）。问答录用人们熟知的启蒙运动思想的话语介绍，书中很少提出离经叛道的观点，即使有也会用如果这样的词语或相反的观点加以限制。虽然如此，在博林的笔下中世纪的宗教机构比当代德裔拉比们仁慈得多。例如，问答录中允许异邦人在安息日这样特殊的时间为犹太人剃去胡须；如果人们在做礼拜时省略了一部分祷文，只要能把剩余内容比较虔诚地叙述出来，就无关紧要了。对于是否能够放弃那些看似矛盾并与《塔木德》相悖的风俗，就纯属个人的事情。最引人注目的也许是这样一组问答，涉及博林所处时代能否摆脱律法束缚的可能性："倘若《托拉》律法和诫命会给我们民族带来灾祸……或者不能给个人带来幸福，我们违反天意想象这样一个时代会来临的话，那么必须要摆脱束缚。"[34]博林甚至还想象整个犹太律法不能再履行其神圣的目的，这一假想异常可怕。他非常明确地指出

20

18世纪德国宗教的目的是实现个人的精神满足，但是像多数后来人那样，博林是个悲剧人物，当他摒弃培育自己的犹太教思想和实践时异常痛苦，这种感情时时折磨着他，但最终他抛开了束缚。在被流放到伦敦时，他请求自己死后不要葬于犹太墓地。

　　另一位无奈将自己置于犹太圈外的人物是所罗门·迈蒙（Solomon Maimon, 1753—1800）。他是一位极具天赋的原创哲学家，隶属于康德学派，这位波兰犹太人不久便脱离了东欧犹太区，加入柏林的门德尔松派别。作为理性主义者，他认为生活方式要与哲学立场保持一致，并阐释了这样做的实际意义。经过深思熟虑，他最终接受了门德尔松的观点，移植到海外犹太离散区的古代国度律法是犹太教的基本律法，仍对受益于神权犹太政体的成员具有约束力。然而与门德尔松不同，迈蒙认为因违反礼仪律法而被逐出教会是正确的，因为每个政体都拥有司法权。迈蒙的立场非白即黑，犹太教只有一个，忠诚的犹太教徒必须完全遵守教规。他宣称因为家庭依附关系或个人兴趣而将自己认定为犹太教徒的行为是错误的，这违反了礼仪律法的某些规定。在他看来，摆脱宗教束缚只有一种选择：脱离政体，要么加入另一政体，要么脱离所有的政体。在反抗传统犹太教的活动中，只有提出像异教或哲学宗教这样的敌对世界观才被认定为叛乱。事实上，迈蒙的观点体现了纯粹的自然宗教，它是建立在上帝和人类具有完美性以及永生的理性信仰基础之上。[35]他并不是犹太教的改革者，在他看来，正统教与叛教之间没有第三种可能性，这一论点被后来反对改革运动的人们所利用。

　　拉扎勒斯·本大卫（Lazarus Bendavid, 1762—1832）是一位

数学家兼教育家，也是康德的学生。他不赞同迈蒙的绝对二分法，却尝试着证实自然宗教起源于圣经犹太教，这样的话，人们在放弃深恶痛绝的礼仪律法时就无需抛弃历史宗教，更不需要皈依基督教。他在1793年的著作中有一段消极的阐述："对于那些对改革运动无动于衷的犹太人而言，这项即将发起或已经发起的运动是为了维护他们的利益，是为了废除完全不适合现代且毫无意义的礼仪律法；他们没有建立一个更加纯粹的宗教，没有选出一位比万物之父更令人尊崇的领袖——纯粹的摩西教义，这些人即便是接受了洗礼，作为正式公民，也将永远对宗教信仰持冷漠态度，并危害社会。"本大卫认为，在德裔犹太人中的确有一些真正进步的人士，他们试图保留犹太人的宗教道德传统，与那些被犹太资产阶级同化的群体划清界限，这些同化群体人数较多，经济实力 21 不断增强，经不起享乐无原则生活的诱惑。进步人士虽然肯定宗教的价值，但他们已经放弃了绝大部分的例行仪式，本大卫认为不应当把他们与完全遵循《圣经》和犹太律法的人混为一谈："他们既不属于犹太主义，也不属于冷淡主义。"像迈蒙一样，本大卫把犹太律法视为不可分割的整体，要么全盘接受，要么全盘否定。但是放弃律法的进步犹太人士将自然宗教确定为犹太教的基础和摩西教义的中心，通过这种做法，他们至少还能徘徊在犹太社区的边缘。[36]

本大卫的立场较为主观，摩西并不是18世纪哲学的早期化身，他提出的教义不能和自然宗教相提并论。此外，哲学信仰归因于耶稣就像归因于摩西一样容易。门德尔松认为仪式律法是犹太教区别于其他宗教的因素，而本大卫简单地摈弃了这一设想，同时又认定门德尔松的观点具有普遍因素这一犹太特征。普世与特殊、信仰与实践所构成的完整性可以一分为二，除非放弃犹太教的特殊性和实践。因此，本大卫也不是犹太教的改革者，只是为那些想剖析历史基础（尽管很牵强）的人们充当代言人而已，这些人们认为宗教的理性主义存在于前辈的传统之中。后来的犹太知识分子因为在思维模式与生活方式上与宗教同人们存在差异也被疏远了，尽管如此，他们依然会努力证明自己的犹太身份。但是像本大卫一样，他们处于犹太教的边缘区域，其论证也存在一定的合理性。18世纪发生的宗教改革则另辟新径，改革者再次整合了门德尔松所切断的道路，将两个范畴中的因素打造成一个新的思想和实践整体，这些因素在新的历史环境下具有可行性，与理性和普遍渴求一致，能够将犹太教与哲学以及其他宗教加以区分。

索尔·亚瑟（Saul Ascher, 1767—1822）也是值得人们关注的一位人物，尽管在有生之年不被赏识，影响力极小，但他是重新制定宗教改革方案的首位理论家。他出身名门，但没有跻身富豪行列，他做过图书经销商、记者，认识很多异邦人，对社区的领导工作不是很积极。他跟自己的朋友迈蒙都非常理性，敢于以自己的名义公开表达有悖于传统的观点。[37] 1792年，他出版了一部有关犹太教的著作——《利维坦》（Leviathan）[38]，此书包括三部分内容，第一部分综述宗教，第二部分讲述犹太教，第三部分阐述犹太教的"净化"。在某种程度上该著作的目的是为犹太教进行辩护，基督徒对犹太教有误解，没有看到犹太教的崇高原则，没有发现犹太教具有哲学探究价值的根本特性。他们没有掌握犹太教的本质，在某种程度上被门德尔松提出的律法特殊性所误导。根据亚瑟的重新界定，犹太教是一种宗教，并非神权政体；与其他信仰一样，它是理论兼实践的一个整体；其独特性在于能够体现人们精神上的特殊变化，这种精神是所有信仰共有的。作为一种宗教，犹太教是上帝给自己创造的生命带来幸福的手段，这是一种崇高的方式，犹太人能够学到真正的自我利益和社会责任。犹太历史的沧桑成为亚瑟宗教教育过程中的必要内容，宗教教育是莱辛人道精神教育广义观念的一个特殊实例，犹太律法是实现这一目的的手段，但并非其本质。进一步而言，随着时间的流逝，这些律法不再充当信仰的外壳，而是演化为行为模式。手段与本质相混淆，最终导致门德尔松把犹太教看作启示立法的错误观点。对于亚瑟来说，犹太教的本质是其教义，这些教义反映了犹太教的精神与目的。亚瑟虽然笃信理性，但他依然相信理性会永远为信仰提供空间的。

　　亚瑟同意迈蒙的观点，他认为目前犹太教的"宪法"约束着所有的犹太人。与迈蒙不同的是，他认为可以通过人类的积极主动性来改变这一切。因此，亚瑟号召犹太教内部进行"改革"，使其变为宗教，而非政体，让信徒们相信上帝不会限制他们的自治意愿，他们会得到精神上的满足。亚瑟没有详述改革的具体内容，但阐述了重建后的犹太教将包含哪些主要教义及象征内容。教义的主要内容是仁慈的上帝把意志传给了族长和摩西，奖罚分明，由神意统治世界，通过上帝弥赛亚人可以得到救赎。犹太教仍然要求信徒们恪守割礼、安息日、节日以及忏悔的教规。从这一点上可以看出犹太教与基督教和单纯的哲学信仰有着明显的区别。

它不再是古老且包罗万象的神权政体，而是用理性思维进行了重构。尽管如此，犹太教依旧特立独行，是特殊民族的特殊信仰。

事实上，《利维坦》书中的内容前后不一致。有时亚瑟认为犹太教是理性的，不受任何礼仪行为的阻碍，这一点和本大卫很接近。在列举犹太教要点的过程中，他感到很难给下面这句话作注解，"遵循律法对我们的祖先来说是神圣的，因此得以共同维护，而现在的我们仅仅秉承着对上帝和先知们的信仰继续这一做法"[39]。同时他与本大卫也有不同之处，他不愿意把进步犹太人士孤立成单独的宗派。尽管亚瑟的努力还不太成熟，前后做法并不一致，但其目标是为找到让更多人可以接受的共同点。更为重要的是，他为犹太教极力挽留了那些对祖先信仰绝望、认为犹太人在历史上已经穷途末路的人们。抛开一切理论不说，亚瑟关心的是犹太教的延续性，只有通过改革，才能保护犹太教，绝不是发生叛乱。在书的结尾处，亚瑟非常真诚地恳求那些想退出教会的犹太人：

> 不！以色列的孩子们，不要离开父母的道路。我们的宗教属于全人类，老幼皆宜。用自己的行动演示宗教会使你成为完整的人，并且能把你教育成公民。宗教的体制必须要进行改革，但其本质不会变。如果你能坚决拥护这一做法，我们将成为所有地方、所有人民都敬仰的神圣民族，直至永远。[40]

23　　亚瑟希望发动全面改革，但遭到挫折。旧"宪法"逐渐失去了执行条例的能力，但拉比们仍然忠贞不渝。目前，政府对任何形式的改革都不感兴趣，无论是被迫或主动进行的。他们也想削弱或限制犹太的宗教权威，但也不想让抨击"结束犹太无能论"的论证失去效力。因此，亚瑟的思想没有付诸改革实践，没能将犹太教作为一个整体建立在"被净化了的"教义和象征基础之上。越来越多的人对遵循仪式表示不满，其中大部分是德裔犹太人，主要是居住在农村的犹太人以及中低产阶级，在以后的半个世纪里，这些人依然墨守教规。社会局势虽然不允许改革的全面实施，但并不排除具体方面进行改革的可能性，这种改革不需要中央权威，负责人士可以根据提议的自身优势进行评判。不久，有关改革的建议不再围绕着像饮食律法等个人遵循方面的问题，而是聚焦于两个机构：学校和圣堂。

18世纪末，支持犹太教育改革的人们不只是对扩大传统的课程感兴趣。他们一方面希望世俗研究进入犹太教育体系，同时还希望将犹太遗产以非传统的方式传递给后代。马斯基尔建议把以往灌输圣文的方式改为像其他宗教一样的教义问答方式，这样犹太孩子就会明白什么是犹太信仰。有人认为这种有序的犹太教学习方法会影响下一代人对犹太教遗产的看法。孩子们会区分出哪些是信仰的精华，哪些是不合时宜的风俗传统，例如"与时代和地点不符的服装"[41]。马斯基尔专心于建立现代化的犹太教学校，不仅因为他们要培养出一代能够调解犹太人宗教与现代文化价值的新人，而且不同于父辈，他们将形成世俗和犹太教育的视野，并且能够理性地处理看似冲突的问题，不会武断行事。虽然改革者关注的焦点是犹太圣堂，但宗教教育始终围绕着如何准备以圣堂为中心的犹太仪式生活这一核心。

受当时流行思想的影响，马斯基尔对犹太圣堂进行了重新审视。犹太圣堂不仅是犹太人履行日常祈祷诫命的场所，也是用祷文感化礼拜者的场所。艾萨克·尤塞尔（Isaac Euchel, 1756—1804）是《选集》的一位编辑，在他看来，宗教里提到的"服侍上帝"是古代庙宇里献祭仪式的恰当指称，但并不适合现代祈祷。尤塞尔这样写道："上帝不需要我们的服侍，相反，他允许我们使用外部行为来实现完善自我的伟大目标。"祈祷是"我们的心灵与上帝交流的方式"，这需要纯洁的心灵和对上帝的信任。上帝通过改变人的性情来回复信徒的祈祷，人们离开圣堂时，心灵得到净化，罪行被洗去，内心得以慰藉，能够更加仁爱地对待熟人，礼拜的动力在日常生活的道德层面上得以体现。尤塞尔认为起作用的不是诵读祷文，而是祷文能够充当与上帝交流的工具从而改变了礼拜者的主观状态。[42] 这种对犹太教祷文的新认识给犹太圣堂改革的早期提议提供了理论基础。

18世纪晚期，类似的建议不断涌现。如果现代犹太教像其他宗教一样，犹太圣堂应该成为犹太人宗教生活的核心，如同基督教堂在基督徒心目中的地位一样。但是在德国的大城市，去犹太圣堂做礼拜的人数呈下降趋势，人们对世俗研究的追求逐步替代了日常甚至是安息日的公共礼拜仪式。一些犹太人参观基督教堂时，感觉那里的音乐很美、令人愉悦，布道有教化意义，并且认为基督教的仪式比传统犹太圣堂的独唱者和两位音乐助手的歌曲更令人振奋。让他们记忆深刻的是基督徒们对礼仪的恪守以及参加集会时全神贯注的神情。相比之下，犹太圣堂中能全部理解这些冗长礼拜仪式的礼拜者少之又少，人们往往通过谈论商务来寻求解脱。

改革者首先把矛头对准了最薄弱的部分。马斯基尔批判了那些令人费解的《祈祷诗》(*piyutim*)，以前很多重要的拉比机构也表达了类似的观点[43]，这部分诗歌对礼拜者的主观状态毫无益处，因此他们认为应该从礼拜仪式中删除这些内容。1786年，艾萨克·尤塞尔竟然暗示明智的犹太人不会赞成《祈祷诗》，在这种情况下进行改革将是一项丰功伟绩。他的斗胆直言遭到了猛烈抨击，这也在人们的意料之中，为此他必须要捍卫自己的立场。[44]与此同时，意大利拉比以利亚·莫普高(Elijah Morpurgo)提议对《选集》进行教育改革。其中一项是如果犹太孩子在学校里学习音乐，经过一段时间，犹太圣堂的歌声听起来会更和谐，就像西班牙裔或葡萄牙裔的犹太人或其后裔那样。[45]他向犹太宣教士表达了这一愿望，犹太宣教士将以新教布道的方式发表道德演讲。[46]然而直到19世纪早期，德国才采纳了这些提议。

改革者在早期所做的重要事情只有一件，将礼拜仪式中的祷文翻译成现代德语。传统祷文翻译成本地语并非新奇事。中欧很早就出现了犹德译本，主要针对女性读者，但现在的年轻女性对标准德语的精通程度要远远胜过犹太方言。早期译本在准确度和文学感染力方面还有很大的提升空间。此外，很多男士对希伯来文一窍不通，马斯基尔这样说道，绝大多数犹太人对这门神圣语言知之甚少，"他们都不明白自己嘴里嘟囔的是什么东西"。[47]为应对这样的局面，在1786年有两部现代德语译本相继问世。一部是希伯来文字，另一部是哥特文字。[48]这两部译作分别由大卫·弗里德兰德(David Friedländer)和艾萨克·尤塞尔翻译，序言和祷文译法上没有体现出重要的改革趋势。[49]弗里德兰德尽量避免提及人神同性论，对于会引起读者反感的引文也竭力缓和语气。在《反对告密者》(malshinim)的祷文中，他使用抽象名词"诽谤"来指代反对的目标，而没有用"诽谤者"。两位译者都保留了返回锡安山重建献祭仪式的祷文内容。在评论中，有一部分内容是关于犹太男人感谢上帝没有将他们创造成女人，尤塞尔用自己的方法祝福他们并进行辩护，他相信犹太男人是为自己不用经历月经以及分娩时的阵痛而表示感激。[50] 两位译者希望主持祈祷的人不要在犹太圣堂正式诵读他们的译作。尤塞尔将自己的译本称为《祈祷文集》(Andachtsbuch)，希望人们在家中使用或是教育孩子。他认为在公共礼拜仪式上应该使用希伯来语祈祷书，这是古代传下来的珍宝，所有在场的人"用神圣的语言一起来赞美上帝"。近期在礼拜仪式中新增了一些记录不明的"滥用"条文，尤塞尔主张犹太圣堂废除这些内容[51]，也许对他来说，这些条文是恪守礼仪的干扰因素。

　　这些译本满足了一定的社会需求。有750位读者提前订购了弗里德兰德译本，尤塞尔的译本也预售了将近300本。但是也有人反对翻译工作，布拉格的拉比埃拉扎尔·福莱克雷（Elazar Fleckeles）宣称《圣经》泛滥这一瘟疫祸害了那些把希伯来文译成其他语言的翻译者。[52] 当然像反对门德尔松翻译《摩西五经》的人们一样，福莱克雷也担心信徒得到圣文的德语版本如此容易，以至于他们对原版的理解力会进一步降低，但是他没有考虑到现代翻译是把本土祈祷文引入宗教礼拜仪式的第一步。对于下一代德国人来说，这样的事情是不会发生的。

## 法国动力

第一个制定犹太圣堂内部实践改革方案的国家是荷兰。1795
年，法国军队攻克荷兰，取消了王室奥兰治家族的制度，利用当
地的支持者成立了巴达维亚共和国。与此同时，新成立的民主国
度效仿法国颁布了自己的《人权和公民权利宣言》。又过了大约一
年半，在1796年9月2日，荷兰宣布释放境内的犹太人，像法国
国民议会早先赋予犹太人平等权利一样，1790年新政府颁布法律
使西班牙裔犹太人能够享受和其他国民同等的权利，继而1791年
又对德裔犹太人颁布了平等权利。当时荷兰犹太区的总人数约有5
万，几乎有一半居住在阿姆斯特丹，因此它是欧洲犹太人口最多
的城市。其中德裔犹太人约有3000人，他们主要讲犹德语（西方
意第绪语）。一部分犹太人在荷兰从事国际贸易，但大部分非常贫
穷，很多人依靠慈善接济。掌控犹太事务的上层阶级一直享有旧
体制下的经济特权，对新成立的共和国持怀疑态度。阿姆斯特丹
的德裔犹太区由七位行政长官（*parnasim*，即议员）组成的议会
来管理，这些人是从最富有的纳税人中选出，拥有绝对的统治权。

被法国征服后不久，议员们发现有一部分敌对势力，这些人
由年轻的犹太知识分子领导，他们对现行的社会结构不满并且效
仿法国革命，马斯基尔们与几位非犹太人共同成立了"菲利克斯
解放"亲法爱国协会。犹太成员发动了内部改革，但并没有取
得成功，后来其中的21人成立了反对社区——阿道斯-耶舒朗
（Adath Jeschurun），拥护者选出了自己的拉比，建立犹太圣堂，

26

准备组建洁净肉食的屠宰厂，并且制定了沐浴仪式。他们甚至还圈出了自己的墓地，死者在死后48个小时后才能被安葬。"新社区"的领导者拥有赦免权，鉴于圣堂组织和国家政府在1796年已经独立，议员对新社区领导者的分裂活动无权阻止。新社区成员增加到了100个家庭，大部分家庭收入拮据。阿道斯－耶舒朗社区成员用犹德语和反对者们进行了激烈的争论，指责他们压迫穷人、偏袒富人，将圣堂荣誉授予有钱人。"旧社区"也对新社区成员进行了反击，指责他们违反了多项教义和礼仪规定，新社区成员禁止与旧区人通婚的做法是不对的，但这些分裂分子（新社区成员）却坚持说自己完全忠诚于"自己的神圣信仰"[53]。

　　阿道斯－耶舒朗社区的拉比是一位瑞典人——伊扎克·格朗布姆（Izak Graanboom），他皈依了犹太教，早先在旧社区担任教师并执行犹太圣堂的祭司任务。[54]现在他成为新社区的精神领袖（*Moreh tsedek*），还担任犹太圣堂的主唱者（*ha-zamar ha-rishon*）。1797年6月23日，圣堂举行落成典礼，唱诗班用希伯来语吟唱原创的礼拜仪式诗，其实荷兰语版本已经问世，谱曲工作也已完毕，形式上非常押韵。参加典礼的人们进行祈祷，希望旧区的迫害者会寻求友善。根据所罗门圣殿的落成精神，他们扩大了祈祷对象的范围，非犹太人也包括在内，他们为民族间的和平祈福，表达了早日实现民族统一并为上帝服务的普世弥赛亚愿望。[55]

　　阿道斯－耶舒朗社区依旧使用传统的祈祷书，但格朗布姆的确实施了多项圣堂改革措施，反映了新趋势。[56]为了让祈祷者诵读祷文时速度更慢、态度更虔诚，他从礼拜仪式中删除了一些不重要的附加内容。这样一来，祈祷者吟唱赞美诗时，乐感极强，吐字清晰。

每次安息日布道都会强调道德美德的内容，参加者静静地聆听，没有提出任何异议，好像这是对传统犹太律法话语惯常的回应。与普遍偏袒富人的做法相反，诵读《托拉》这一荣誉并非由出价最高者拍卖下来。一般说来，圣会者倾向于将干扰性的世俗因素从犹太圣堂中清除出去，目的是改变气氛，而不是内容。参加圣会的人们当中没有圣堂成员，但他们的审美观受西班牙裔犹太人高雅礼拜仪式的影响，在诵读希伯来文时带有德语口音。圣堂成员已经享有平等的公民权，因此没有外部压力要求他们删除或改变礼拜仪式中的特殊段落，其他方面也没有受到明显的干扰。只有一处改动似乎源于意识形态方面的压力：圣会者要求他们删除祷文中有关《上帝怜悯》的段落，因为这段文字追溯到十字军迫害期间，意思是号召上帝"要为仆人溅出的鲜血报仇"[57]。格朗布姆的儿子为这些改动进行辩护，认为这只是风俗习惯的问题，并非犹太律法，不同礼拜仪式传统共存的情况在好多社区存在。他通过参考启蒙运动来证明革新是正确的。总之，阿道斯-耶舒朗社区的确独树一帜，当代的一位基督徒将这一组织称作"荷兰犹太改革社区中最了不起的人们"[58]。

分裂派活动持续了不到12年。1808年，路易斯·波拿巴成为荷兰国王，结束了巴达维亚共和国，他下令将两个社区合并，宗教法院只有一个，管辖所有的荷兰人，包括他兄弟当年任命的法裔犹太人。随着阿道斯-耶舒朗社区的领导权被合并到了中央集权内，其独立的礼拜仪式也随之停止，荷兰的宗教改革动力不复存在。[59] 1807年，格朗布姆去世，犹太旧区的领导地位得以恢复，尤其在法国战败以及奥兰治家族复辟之后更是得以巩固。

同年，荷兰马斯基尔中的亲法支持者让旧区领导从阿道斯-

耶舒朗社区选出三名代表去巴黎代表官方出席犹太最高法院会
议①（Sanhedrin）[60]，但是遭到了拒绝。对于荷兰犹太人来说，法
国圣会者根本不是赞成宗教改革，而是希望宗教法院摆脱改革的
体制身份，他们的宗教体制以法国为典范，受早期的领袖管辖。

　　解放运动时期，约4万法裔犹太人在文化和宗教方面存在分
歧。西南部西班牙裔犹太人中的法国人高于阿尔萨斯德裔犹太人
中法国人的比例，其中很多人在遵循律法方面非常懈怠。拉比们
缺乏独立意识，没有权威可言。他们是马拉诺后裔中富有、享有
特权的精英们，这些人将《塔木德》著作束之高阁，在教育子女
方面放弃了以《圣经》为基础的犹太教。他们当中的多数人受伏
尔泰思想的影响，脱离了宗教信仰与实践。这些人满怀革命热情，
拥护激进的理性主义，斥责一切受宗教影响的内容。[61] 相比较而言，
德裔犹太人努力维护自身的犹太性，强有力的宗教领导阶层对解
放运动带来的后果时刻保持着警惕。

　　为追求权利平等，有的法裔犹太人特意公开宣布其宗教与公民
的职责并不冲突。在对待弥赛亚降临巴勒斯坦的问题上，他们尽量
减少问题的实际重要性，向国民议会递交了请愿书，宣称犹太人只
信奉自然宗教，并遵循三种主要仪式：割礼、安息日及其他节日。[62]
也有一部分法裔犹太人愿意将自己的信仰视为"摩西宗教"，这种
情况与德国很相似。大革命之后对于刚刚获得解放的法国犹太人来
说，宗教上遭遇了毁灭性的打击。恐怖时期和热月政变时期，他们
发动了一场反对所有宗教的运动，犹太人去圣堂做礼拜、守护安息

---

① 拿破仑对古犹太最高评议会兼最高法院的称呼。

日、供应洁净肉食都面临着重重困难，甚至是危机四伏。[63]除此之外，还有一些人转而积极拥护革命的"理性宗派"，通婚现象也首次发生。1801年，拿破仑与教皇达成协议恢复了天主教堂，得到了天主教信徒们的热烈拥护。拿破仑在法国重建宗教，犹太人感激不尽。[64]但是在这个中央集权化的国度，天主教臣服于拿破仑的专制之下，新教的地位更低，因此犹太机构迟早要被遏制。

阿尔萨斯的农民抱怨犹太人放"高利贷"，从而导致拿破仑对犹太人采取行动。1806年，他把100多名犹太名人召集到巴黎，并提前命令委员们列出12个问题，这些问题不是为了征集信息，而是想让列会者正式承认国家位于犹太宗教之上，享有最高地位。[65]代表们引用传统的启蒙运动原则强迫人们承认"国家的法律就是法律"。大家普遍认同犹太是"国中之国"。为了驳斥这一看法，代表们宣布犹太人不再是独立的民族，拿破仑也曾表达过类似的观点。他希望通过通婚促使帝国中的犹太人自行消亡，这一想法遭到了大部分人的反对。第三个问题最为关键，代表们坚持认为参会的拉比不会赞同犹太人和基督徒的结合，而天主教的神父则相反。1807年年初，由70名成员组成的"犹太法院"（Great Sanhedrin）决定对巴黎会议中的回答给予严肃的宗教制裁，其中大部分成员是拉比。

这两次会议并没有谈及具体的宗教改革。一位拉比引用了门德尔松的话，指出那些迷信的内容是多余的，贬低了我们的信仰，门德尔松应该揭示出这些内容的实质。[66]代表们没有制定议程，因此无法进一步谈论这一主题。法国官员在幕后操纵议程，他们对改革不感兴趣，只对权力统一感兴趣，并且认为这些与政治无关的宗教事务很无聊，拿破仑亦是如此。犹太法院曾经是犹太人的最高法律权威，其成立的目的是发展启蒙运动，法院决定也是案件审判的主要依据，而现在的犹太法院已经面目全非。最早发行近代犹太律法版本的并不是法裔犹太人，他们只是被人利用而已，由于热衷于法国和皇帝而忽视了其中蕴含的恶意。19世纪40年代，犹太改革者会议在德国召开，事实上，这次会议在某些方面与古代机构更相像，巴黎的犹太法院只是模仿了古代的形式而已。但是对于改革运动的发展，犹太法院的确提供了重要的前车之鉴。后来的改革者指出，官方将宗教和政治义务认定为两个独立的领域，并不允许两者发生冲突。[67]以至于19世纪的改革任务始终围绕着解决两者争端这一中心。

　　法国召集的这两次会议并没有引发人们对犹太教进行深刻的反思，也没有产生有原则的宗教改革动力。1808年，法国政府颁布法令建立宗教法院机构，将所有的法裔犹太人纳入政府的监管范围。新的中央集权等级制主要由拉比和普通信徒组成，除涉及公民权的情况之外，宗教法院机构在处理宗教事务时非常保守。

　　无独有偶，在同一年，隶属于法国的威斯特伐利亚王国[①]（Westphalia）也成立了犹太宗教法院，该机构成立的主要目的是制定并监管统一的改革方案。

## 以色列人的皇家威斯特伐利亚宗教法院

　　19世纪初，德国马斯基尔的作品中弥漫着统一的宗教改革思

---

　　① 位于今德国西北部。

想。在威斯特伐利亚宗教法院成立的前后，这种思想继续蔓延，直至深入人心。传播这一犹太教新思想的主要媒介是《苏拉密女》期刊，该刊物从1806年开始发行，1808年之后变为宗教法院的文 29 学之声。刊物的编辑是大卫·弗兰克尔（David Fränkel, 1779—1865）和约瑟夫·沃尔夫（Joseph Wolf, 1762—1826），他们两人都是德绍①（Dessau）的犹太教师。

　　弗兰克尔和沃尔夫认为自己是在继续摩西·门德尔松的工作——扩大并深化启蒙运动以及增强犹太同胞间的文化和相互支持。作为教育者，他们的人才培养目标是将犹太遗产与现代价值统一起来。他们经常在期刊上和其他作家谈论一般性的宗教问题，并不直接涉及犹太教或基督教，与其谈论那些由特定历史和矛盾传统导致的宗教分支，不如强调普遍意义上的宗教更加有意义。其中一人这样阐释宗教教育的目标：孩子应该逐渐意识到"真正的宗教只有一种，就像是只有一个人类，只有一个上帝，不同派别的宗教不过是形式上的差异而已"[68]。这种普世意义上的宗教具有康德哲学的特点，以道德内容为中心。实际上对于某些作家来说，道德，即与生俱来的良心，是判断具体宗教优劣的标准。其中一位作者这样写道，人类是按照上帝的样子创造出来的，既没有凭借有限的超自然能力，也不是以欠缺的理性为基础，而是根据道德意识创造而成。他们相信犹太教的道德境界最高，但犹太教在其他方面仍有欠缺。

　　沃尔夫在《苏拉密女》的首刊中强调灌输犹太教的任务，这

---

　　① 德国东部城市。

样人们才能从内心深处感知到犹太教既不是无神论和自然神论的变异，也不是仅靠外在形式组成的宗教。犹太教的仪式必须通过管风琴演奏来理解，这样才能够营造出庄严与忠诚的氛围。其实这并不是宗教的本质，而是一种手段，对于那些需要借助感官手段来瞥见上帝的人来说更为必要。遗憾的是，当代犹太人无法区分宗教本质与仪式，仪式只是一种辅助或次要的手段，而现代人必须将仪式范畴内具有宗教意义的象征内容和对某些犹太人而言是空洞做法的内容加以区分。目前以及后来谈论的主题中总是涉及一种隐喻——"将麦子与麦壳相分离"（*den Kern von der Schale*），如何区分两者是问题的核心，《苏拉密女》没有提供确定的答案。然而早在1809年，有位作者提出通过学术研究来区分神圣教义和人类律法的方法，这一建议引起了人们的兴趣。拉比和犹太教师接受神学和其他学科的知识后，才能因地制宜发起改革。与此同时，《苏拉密女》喜欢嘲笑某些风俗，例如婚礼举行前的金钱交易、庆祝割礼时人们喧闹狂暴的举止，但是该刊物并没有从正面攻击犹太律法。其中一位作者甚至把塔木德拉比看作犹太律法适应时代精神（*Zeitgeist*）的榜样。[69]有的时候，刊物上也会出现激进的思想，但是作者并没有做出深远实际的结论。其办刊宗旨是激发人们进行思考，而不是深化差异。

在犹太教与其他宗教相融合的过程中，《苏拉密女》顺应了时代潮流，帮助犹太人融入德国人中。弗兰克尔号召读者们扫除他们与非犹太人这些"敏感的人类"之间的障碍，努力"跟上时代精神"。犹太人应该接受流行的行为模式，"这样犹太公民就不会和基督徒之间的悬殊太大"。马斯基尔们还在使用犹太"民族"这一18世纪的术语，这种说法缺乏政治含义[70]，后来出现的新术语在宗教意义上更加严格，"以色列人"或"摩西人"，这种称呼将犹太人定义为具有特殊信仰的人。办刊之初，《苏拉密女》在首页上注明办刊宗旨为宣传"犹太民族之间"的文化和人道主义。但是从1810年开始，这种宣传仅限于"以色列人之间"。理论依据是"犹太"起源较晚，体现的是民族特性；而其他称呼体现的是具体的宗教性，以《摩西五经》为基础。有趣的是，这种术语上的改变并不只是宗教改革者讨论的话题。事实上，像汉堡这样非常传统的社区很早就效仿拿破仑发起的"以色列大会"的做法，自称为"以色列人"。19世纪晚期，改革者加布里埃尔·瑞瑟（Gabriel Riesser）倒行逆施，把期刊命名为《犹太人》（*Der Jude*）。弗兰克尔认为要成为德国的以色列人，需要效仿法国的做法，犹太人要感恩国家，表达接受公民的义务以及享有特权的意愿，实际上就是改变效忠的对象。他这样写道："不管你在何方受到仁慈的对待，也不管你在何处发家致富，这里是你的巴勒斯坦，你的祖国，与你必须爱戴捍卫的犹太律法是一致的。"后来，许多人也表达了类似的观点。[71]

　　令弗兰克尔感到失望的是，巴黎的犹太法院并没有真正实施改革，而是故步自封，重申了一些没有争议的原则。[72]他希望宗教会议体制能够得以维持，并得到王室的授权，从而使"以色列宗教同人们意识到自己真正的宗教和政治责任，并鼓励他们实现这一目标"[73]。此后不久，伊斯雷尔·雅各布森选举弗兰克尔任威斯特伐利亚宗教法院的世俗成员，法院共有两名世俗成员，弗兰克尔积极执行了该方案。

　　如果说《苏拉密女》刊物是新宗教法院的思想载体，那么伊斯雷尔·雅各布森应是宗教法院发展的驱动力。[74]事实上，人们常把他看作是第一位真正的改革者，甚至是"改革运动的创始人"。他的性格和行为在德裔犹太人的宗教改革中得以体现，雅各布森并不是一位有独特见解的思想家，他没有接受过正规的世俗教育；他的宗教理想被后来的马斯基尔们所接受。但是他凭借财富、毅力以及威斯特伐利王国授予的权力，让新成立的宗教机构接受了自己的思想价值观。

雅各布森出身富贵，凭借自己的聪颖智慧，在中年获得了巨额财富。早先他想成为拉比，因此接受了完整的犹太教育，但是后来却跻身于犹太上层阶级的金融行业与工业企业中。身为上层犹太人，他效力于不伦瑞克公爵（Duke of Brunswick），并与其他的德国统治者有商业往来，因此获得了诸多商业优惠与特殊待遇。最重要的是，他还获得了赫姆斯塔德大学（university of Helmstedt）的荣誉学位。然而，像一部分上层犹太人那样，他的骨子里总透着一种品德高贵的特质。他非常慷慨，支持了很多慈善企业，以犹太慈善机构为主。德国的很多省强迫犹太人缴纳"身体税"，雅各布森通过不懈努力终于废除了这一贬低人格的税赋。他一方面呼吁要和基督徒搞好关系，同时要恪守犹太教

31    伊斯雷尔·雅各布森

义，带头做礼拜仪式，然后进行布道，这些都是他最喜欢做的事情；他的热忱、想象力以及和蔼可亲总能打动那些聆听者。宗教法院在讨论存在争议的改革事宜时，雅各布森的朋友们认为他误入歧途。[75]当代的观察者认为雅各布森很虚荣，爱出风头，像管辖传统社区的行政长官一样，独断专横。但是他忠于门德尔松的普世原则，牢记犹太同胞们的血脉是永远相连的，这一点无可厚非。[76]除商业活动外，雅各布森还致力于改善犹太人的政治和经济状况，赢得了异邦人对犹太教的尊重。他领导宗教法院进行改革，力争把自己信奉的犹太教装备成现代宗教，他相信这样才会对同时代的犹太"公民"具有吸引力。

1795年，雅各布森的岳父赫兹·萨姆森（Hertz Samson）去世，他接任了威悉河地区（Weser）区拉比的头衔以及不伦瑞克市查尔斯·费迪南德公爵的院代理（Camral Agent for Duke Charles Ferdinand of Brunswick）。1804年，他和家人获得了入籍资格，因此可以享受与非犹太人完全相等的权利。雅各布森为公爵效力忠心耿耿，但对犹太同胞们遭受的困境尤其是经济上的拮据感到愤愤不平。他向公爵抱怨自己和门德尔松为树立道德榜样而付出的努力，但总是劳而无功。然而，统治者和人们都不相信以自己独特的方式敬拜上帝的犹太人会成为有用的公民。与此同时，他对法国犹太人的解放运动记忆犹新，希望通过法国运动的影响将这一平等权延伸到德国。[77]1806年，雅各布森给拿破仑写信呼吁他为争取德裔犹太人的利益而采取行动[78]，并提议在法国建立"最高委员会"来管辖西欧和中欧的犹太事务。他想让犹太人整顿自己的事务，但前提是要建立犹太中央权威。不久，法兰克福成立了

32

"最高委员会"，管理犹太宗教生活的权力落到了异邦政府手中，这令雅各布森非常不悦。1807年，法兰克福大公爵、莱茵河联盟的普利梅特王子（Prince Primate）颁布了一项法令，旨在"改善犹太人境况"，规定选举拉比要依据基督教法院的批准。选举成功的候选人被剥夺一切权利，举行割礼要向政府征求特殊的许可，犹太教学校要受基督教学校管理，课程学习由基督教学校来决定。雅各布森给普利梅特王子写信，谴责了这些规定并表达了门德尔松的观点，宗教事务的管理不能使用强迫的手段。[79] 解放犹太人是进步国度的任务，要靠自身倡导的文化和精神启蒙来实现。雅各布森相信改革是获得解放的途径。这就是发生在威斯特伐利亚的一系列事件，威斯特伐利亚因此也成了德国第一个赋予犹太人平等权利的省份。

　　1807年7月7日签署的提尔西特条约使拿破仑登上了帝国辉煌的顶峰，当天拿破仑任命他最年轻的弟弟杰罗姆（Jerome）统治威斯特伐利亚王国，王国管辖所有被法国沦陷的疆域。杰罗姆·波拿巴在能力上不及自己的哥哥，威严上也逊色不少，且名声不佳，没有教养、懒惰、放纵。但他比较宽容，尤其在宗教事务上，杰罗姆总是持中立态度。他曾经跟一位新教的神学家坦白："不管信仰什么宗教，你总能成为好人的。"[80] 根据1807年11月15日杰罗姆颁布的宪法规定，所有国民在法律面前一律平等，人们拥有发表宗教信仰声明的自由，在宗教实践上可以随心所欲。三个月之后，杰罗姆又颁布了一项专门针对犹太人的法令，取消所有的限制条件。而拿破仑将法国犹太人置于新立法的约束之下，导致犹太人的地位日益恶化，与此形成鲜明对照的是，15000名威斯特伐利亚犹太人终于实现了解放的梦想——即使实践上没有得到永久的解放，至少获得了书面上的保证。

　　雅各布森也来到了威斯特伐利亚王国的新首都卡塞尔（Cassel），从前不伦瑞克公国（现已不存在）的其他官员也纷纷至此。不久他提议贷款一大笔钱来填补亏空的国库，这一提议得到了新国王的支持。杰罗姆效仿自己的哥哥，认为应该在国内召集犹太人圣会让他们效忠。然而，他并没有取得哥哥的成绩，令拿破仑难过的是，杰罗姆只被授予了助理的位置，雅各布森委任王国的八个部门选出22名代表，他当选为议会主席。只有两名代表是拉比，六名为当地社区的官员。司法与内政部长授予副职：对犹太人进行准确的人口普查，要求他们认真做好记录，记下姓名，偿还社区债务，限制拉比的管辖权，根据拿破仑法典，拉比只能管理仪式事务。国家只想用一种简单有效的中央集权力争最大范围地控制犹太人口。这些措施反映了政府的忧虑。杰罗姆与官员们对实施宗教改 ³³
革丝毫不感兴趣，这只是雅各布森和议员们的目标，政府的作用就是授权。为达到这一目的，政府成立了宗教法院来管理犹太生活，威斯特伐利亚王国境内的所有拉比都隶属于宗教法院。[81]

　　副职们向部长汇报犹太宗教法院承担的职责，他们负责制定法院的职责细节。宗教法院的其中一项职责是"犹太教的风俗习惯应该适应变化的局势与时代精神，为达到这一目的可以采取必要的措施"。也许部长已经意识到政府不会同意所有的方案，因此他们许诺宗教法院会将这些方案转变成定期的报告。副职们决定让雅各布森任宗教法院的主席并有权选择法院的成员。然而在此之前，他咨询过很多顾问，有的顾问是他带到卡塞尔的，有些是通过信件进行交流的。他们当中有像亚伦·沃尔夫逊（Aaron Wolfssohn）这样的激进分子，曾经表达过让政府资助全面宗教改革方案的想法，也有像来自汉堡市的拉撒路·雅各·瑞瑟（Lazarus Jacob Riesser）这样的保守分子。在任命宗教法院职务的过程中，雅各布森决定回避这些激进分子，甚至自己的好友也包括在内——塞森（Seesen）的教育家班迪·司各特兰德（Bendet Schottlaender）。[82]他需要获得广泛的一致意见来实现现代化（aggiornamento）的目标，使犹太教跟上时代的发展。

　　除了以雅各布森为代表的拉比和普通信徒之外，宗教法院还设置了其他三名拉比和两位普通信徒。雅各布森选出的拉比中，年长者罗布·梅尔·博林（Löb Mayer Berlin, 1738—1814）是卡塞尔的首席拉比，也是研究《塔木德》的一位作者，他赞同温和的宗教革新。[83]一起效力的还有作为"精神顾问"的西蒙·艾萨克·卡尔卡（Simeon Isaac Kalkar, 1754—1812），他曾在斯德哥尔摩的犹太机构任职，还有黑德西姆地区的（Heldesheim）的首席拉比米纳姆·孟德尔·斯坦哈特（Menahem Mendel Steinhardt, 1768—1825）。最后一位年纪最轻，但他是三者之中天资最高的一位。普通信徒代表也将以教育者的身份监管犹太教学校。雅各布森选举两名马斯基尔担任这一职务：杰若米·黑曼（Jeremiah Heinemann, 1778—1855）和大卫·弗兰克尔，前者担任雅各布森的私人秘书，后者是德绍市的教育家兼《苏拉密女》期刊的编辑。要判断这五位宗教法院成员与主席地位的高低程度并不容易。人们从未听到过宗教法院内部发生过争论，即便在雅各布森缺席时，宗教法院也下达过多项重要命令。

在宗教法院的启动仪式上，雅各布森告诉他的同事们，与基督教弟兄的宗教法院不同，本法院不能仅满足于维持现状或者对小问题东修西补。有远见的以色列人早就提议进行"改进"（不是改革），但这些改进目前仍是徒劳。最后法院必须建立这样一个体制，能够懂得如何"将麦子与麦壳分离并对不重要的风俗做法加以修改，让人们明白在理性面前这些风俗做法有害无益"。实际上，雅各布森并没有规划出神学改革的计划，他不过是做表面文章。

在某些方面，宗教法院起着与威斯特伐利亚政府平行的作用。像杰罗姆及其官员那样，宗教法院的成员们也试图整顿、统一并对之前当地传统盛行的地方进行中央控制。宗教法院掌握着所有重要的决策权。他们用专横的语言要求国民对法令完全服从。现在威斯特伐利亚王国各地的宗教礼拜仪式要在同一时间开始，学校引进标准化课程，所有威斯特伐利亚犹太人的仪式事务由宗教法院或三位拉比决定。总之，宗教法院的决议并没有推动宗教的发展，仅就他们要求人民必须与当地的传统决裂并放弃长期特权这一点来看，必定会激起怨愤。[84]

宗教法院所任命的威斯特伐利亚各地区各部门的首席拉比、拉比以及犹太教的兼职人员，往往是在附近地区工作过的人员。这些工作人员必须定期向卡塞尔政府汇报情况，他们的薪水由宗教法院根据当地征税的级别统一发放。在某种意义上，犹太教的地位提高了，因为所有公认的拉比如同基督教的神职人员一样是国家官员。他们甚至有权免费邮寄官方信函，但是必须要听从命令。1809年3月15日，宗教法院下达了首条重要命令，标题为"拉比的职责"[85]。总共涉及21项职责，其中大部分是关于行政事务或

34

威斯特伐利亚爱国主义的，有几段内容非常重要，重新界定了犹太教的角色，这是第一次权威性的界定。首先强调拉比们要为本社区树立道德行为典范，亦步亦趋地遵守教义并不重要，重要的是人际关系。像基督教的神职人员那样，拉比要安慰那些生病的、失去亲人的人们，他们执行牧师的任务，这在犹太教是前所未有的。同时还要防止犹太圣堂发生骚乱，为年轻人的成人礼仪式做准备，尽管对这一仪式的界定仍不明确。

位列拉比职责首位的是有教化意义的布道以及在特殊情况下的演讲，"如果可能的话要使用德语"[86]。拉比每年至少要两次将写好的文本送到宗教法院进行批准。

使用非犹太的本地语进行布道在犹太教的历史上也曾发生过，甚至就是近几年的事情。这一法令在意大利和西班牙裔犹太人中很常见，针对法国犹太人也颁发过类似的命令。摩西·门德尔松为普鲁士的爱国运动写过德语布道，并由柏林的拉比诵读。最早的德语布道出现在1797年12月3日，在布雷斯劳（Breslau）两所最大的犹太圣堂中由其作者陈述。他们都是纪念刚刚故去的普鲁士国王——弗雷德里克·威廉二世（Frederick William Ⅱ）。诵读者是两位著名的马斯基尔：乔尔·卢安（Joel Loewe）和孟德尔·布瑞斯洛（Mendel Bresselau），卢安曾是柏林门德尔松派的成员，布瑞斯洛是《选集》的创办者之一。[87]在特殊情况下，德语布道由伊斯雷尔·雅各布森陈述，1808年2月，犹太人刚刚获得解放，因此在卡塞尔的犹太圣堂举行了感恩仪式。[88]数月后，即将成为《选集》最后一任编辑的沙洛姆·科恩（Shalom Cohen）在五旬节（即七七节）当天进行了布道，这是第一次使用德语、非政治性质的布道，题目为"摩西立法的真实精神"，参加圣会的人员非常多，科恩摘录了《申命记》（30：11—14）的文本，意思是说上帝的律法并不在天堂，而是永恒存在于人们的心中。有趣的是，在这次冗长的布道中，科恩并不是在进行浅显的说教，布道的内容非常丰富，包括十诫的注释以及《圣经》的历史，不仅如此，科恩还从《塔木德》及后来的权威文献中引经据典。演讲者没有轻视仪式律法，而是指出仪式行为不能只根据习惯而定，应该向上帝敞开心灵。[89]科恩只是来卡塞尔访问的，并不经常讲道。但是宗教法院的学校一经成立，每逢安息日，成员们会在犹太圣堂轮番给学生以及家长们布道。除了威斯特伐利亚王国，这一时期只有德绍定期举行德语布道，约瑟夫·沃尔夫（Joseph Wolf）在节日期间或者有时在安息日讲道，每次布道时，在藏经柜前的便携式讲坛上铺上红色天鹅绒。[90]德国境内的德语布道也不是很多，尽管这项规定已经包括在犹太教职责之内。直到1811年8月，雅各布森还在努力说服他任命的拉比在节日来临前进行适当简短的布道（他并没有用德语说明）。[91]

　　威斯特伐利亚的拉比还有一项任务：那就是主持婚礼，只有在特殊情况下才能将此任务交给他人。宗教法院制定出一套标准程序的婚约，能适合双方家庭的具体情况，然后到民政部门注册。随后的宗教仪式要在圣堂内的天棚举行，天棚要搭建在藏经柜的正前方，顶上的吊灯金光闪闪。在任何情况下，根据传统的做法，婚礼不能在户外举行，否则喧闹、有失尊严的行为会破坏庄重的气氛。拉比会用德语讲一段简短的开场白，让夫妻双方明白自己对对方的责任。他自己还要吟唱传统的七句祝福，并用德语宣读一份简短的婚约证明（*Trauungs-Brief*），来替代传统的阿拉姆语犹太婚约（*Ketubah*）。在任何情况下，拉比不会容忍破坏性的迷信传统，例如摔碎玻璃杯祈求好运或往夫妻身上撒麦粒祈求多子。简而言之，婚礼是严肃的场合，人人都应给予尊重。犹太人要参加威斯特伐利亚军队，需要改动某些婚约的法律规定。博林拉比制定了这样一项条例：在新郎兄弟参加征兵的地方，如果丈夫去世了，而被征兵的兄弟又无法举行"脱鞋礼"（*halitsah*）仪式以免除叔嫂婚的义务，那么新娘决不能延迟或提前再婚。[92]

婚姻制度背后追求自尊和礼仪的愿望不久后指向了犹太圣堂的仪式。1810年9月24日，宗教法院下达了一套《圣堂章程》（*Synagogenordnung*），它对威斯特伐利亚的所有犹太圣堂都具有约束力，成为整个19世纪此类文件的原型。[93]宗教法院也努力完成助理们授予的指令——"采取明确措施避免礼拜仪式中发生混乱，确保场合的庄重，把重要的与不合适的事情区分开来"[94]。这些规定共44段，试图将犹太圣堂变为圣所：不能被混乱或来自外界异教的入侵干扰这一肃敬的神圣地方。这些条例使犹太的礼拜仪式看似更像基督教，但是有一点非常肯定：宗教法院的成员们，还有威斯特伐利亚的一部分犹太人，他们非常认真，相信这些变化并不代表着违反犹太律法，而是与自己的宗教目标保持一致。此外，正如他们在引言中所指出的，宗教法院的顾问们希望参加礼拜仪式的人数"不会减少"。

章程希望减少积极参与圣会的人数，把所有礼拜仪式的职责交给了定期指定的独唱者。没有接受成年礼的男孩是不允许诵读《托拉》的，因为作者坚信真正的虔诚是充满祥和、平静和尊敬的，而这些孩子因为身体上的仪式而感到不舒服，例如住棚节游行过程中要手持棕榈叶，住棚节的第七天敲打柳枝。他们想尽可能地对这些仪式加以限制。诵经节要拿着经卷绕圣堂走，并背诵神的祝福，被召唤参加仪式的人数将大大减少。他们想完全取消赎罪日前圣堂内的鞭笞以及普林节在读到恶棍哈曼时制造的刺耳噪音。在选择宗教法院仪式成员时，他们将主持宗教仪式的神职人员和大部分被动的教众们区别开来，这种区分比起惯常的犹太教礼拜仪式更加严明，也许这种做法是无心的。但随着时间的流逝，两种人群的区分差别越来越大。

为了顺从政府的旨意，章程的制定者下令只有取得姓氏的个人能够被召去诵读经书（要使用新名字），但是要用德语背诵一段新编的祷文，感谢杰罗姆"仁慈地摘掉了绑在我们弯曲脖子上的束缚"，这段祷文也有希伯来语版本。宗教法院通过废除特殊成员的永久特权将平等思想植入了犹太圣堂之中。

礼拜仪式改革中的大部分内容要么是为了简洁，要么是为了避免反映中世纪压迫与受难作品的出现。祷告诗的数量被严格限制，与阿道斯-耶舒朗社区的例子如出一辙，带有报复性的祷文被取消。标准祷文保持原样，没有出现新的祷文。章程没有要求除了歌颂国王之外的其他祷文要翻译成本地语。然而，虽说人们总体上接受了章程，但还是激起了某些集团的愤恨和不满。章程明确规定：除指定的圣堂外，禁止在任何其他地方进行公共礼拜，但是小范围的祈祷团体仍继续存在而且场所不定，成员们按照自己的方式进行祷告。针对这种现象，宗教法院认为有必要颁发皇令禁止此类聚会，如有违反必定严惩，但这些人们总能设法逃脱。[95]

犹太圣堂的章程并不是威斯特伐利亚宗教法院中引发争议最多的法案。在助理授予的各项职责中，最具争议的是关于豁免犹太律法或习俗的禁令。1810年1月18日，宗教法院给威斯特伐利亚的拉比下发了一封有关逾越节（除酵节）的官方信函，带有宗教法院六名成员的签名。他们简短地讨论了对传统权威的不同意见以及参考西班牙裔犹太人的做法，信函隆重宣布："依照宗教律法，每一位以色列人都可以在逾越节吃豌豆、豆荚、扁豆等蔬菜，以及大米和小米，这些做法也符合道德标准"。宗教法院命令信函接受者不仅要履行通知本社区的义务，还要以身作则，以得到宗教法院的信任。此外，宗教法院对犹太士兵进行了调查，结果显示士兵们不能得到充足的无酵饼，反馈意见表明他们认为此项命令是正确的，但是扶贫并不仅限于服役的犹太人。宗教法院指出大量地烤制无酵饼不一定能保证其纯度，而且无论怎样，穷人都买不起足够的硬面饼作为逾越节的主食。[96]

摩西·伊塞莱斯在《布就宴席》中特别提到的禁令遭到了公开的违反，引发了强烈的抗议声。宗教法院的成员们怎能擅自做主违反著名的犹太律法权威格言并取消整个欧洲德裔犹太人遵循了几百年的禁令呢？法国中央宗教法院的三位巴黎拉比给雅各布森写信，信中表达了气愤之情，质疑威斯特伐利亚的决策权，小事情上还向他们咨询，而这么重要的事情竟然擅自做主，令他们感到无比惊讶。法国拉比要求他们为这一鲁莽行为作出进一步解释。[97]面对逾越节特权及犹太圣堂章程等一切反对意见，威斯特伐利亚宗教法院中年轻的犹太教成员——米纳姆·孟德尔·斯坦哈特，以犹太律法教义问答的方式发表了一份声明，题目为《声明信》（*Divre igeret*），为现代改革方案提出了法律及其他方面的辩护，这在历史上尚属首例，值得我们特别关注。

无论是在传统犹太人眼中，还是马斯基尔或异邦人的心中，斯坦哈特都享有极好的声誉。史学家海因里希·格雷茨虽然不支持改革运动，但他称斯坦哈特为"学识渊博、头脑清醒的塔木德信徒"。斯坦哈特早在1804年出版了一部教义问答书来调解早期政府的法律意见，并挑选出最近的观点。而目前他只对当前的做法提出疑问，他写道："比如茶，我不会担心叶子的发酵问题；既然大家都习惯忍受异议（关于逾越节），那么异议变成了这样一种状态：表面是可以允许的，由于一部分人的反对，自己也不能自由地接受，因此等于否定了这些意见。"[99]八年后，斯坦哈特发表的《声明信》得到了沃尔夫·海登海姆（Wolf Heidenheim）的赞同，海登海姆编辑过多部具有严格传统意义的祈祷书，这些祈祷书被广泛地使用，他还给斯坦哈特写过评论。《声明信》并不厚，但一半以上的内容与宗教法院允许逾越节食用蔬菜的决策有关。作者告诉大家，这一决策在雅各布森信任的三位拉比中一致通过，毫无异议。斯坦哈特广泛地引用犹太律法的资料，告诉读者《塔木德》和早期的决策者并没有禁止食用蔬菜，并抱怨当今的政府对简易版的《布就宴席》照本宣科，好像手头的概略来自西奈山的赐予。为什么德裔犹太人的祖先没有制定这样的特权呢？为什么他们是第一批这样做的人呢？斯坦哈特对这一有关改革建议经常出现的问题这样回答：我们的祖先把机会留给我们来施展自己的能力。[100]第二，早先的政府担心会被敌人嘲笑。他得出结论："作为宗教法院的成员，我们关心的是穷人们和犹太战士的哭泣，不在乎嘲笑者和传播流言飞语的口吻。"[101]

38　　　剩下的九组教义问答大部分是有关礼拜仪式的改革事宜，要么是在犹太圣堂章程中规定的，要么是在卡塞尔宗教法院学校的圣堂里制定的。斯坦哈特一边用犹太律法论证，一边讲述自己的经历。例如，他告诉我们，在他手持棕榈叶绕圣堂游行时，好几次亲眼看见了一个人用棕榈枝戳到别人，想走到前面去，因此引起了严重的争执。结果却是"忘记了纪念耶路撒冷——我们的圣城——和我们的圣殿（但愿能早日重建），没有人担心锡安山的问题——因此为了锡安山我无法再保持肃静，只能像羊角号那样抬高嗓门。这能被称作圣殿或天堂大门吗？"[102]对于斯坦哈特来说，这不仅仅是礼仪问题，而是涉及教堂的神圣不可侵犯。至于省略的礼拜仪式，他认为是合理的，原因是大家能把更多的注意力放在祷文上，还因为人们想把明显引用卡巴拉的内容删除，某些祷文直接反映了早期的迫害行为，与现代不相适应。[103]他认为背诵这些哀悼，对杰罗姆以及希望国民能善待犹太人的国王祖先们来说，简直是忘恩负义。

在一组教义问答中，斯坦哈特提到仅在威斯特伐利亚王国的两所圣堂进行的改革：男生合唱团演唱德语赞美诗，一所在卡塞尔宗教法院的学校，另一所是雅各布森在塞森成立的圣殿，这两所圣堂都代表了威斯特伐利亚宗教改革的前沿。

除了改进宗教生活之外，宗教法院还努力实施犹太教育改革，实现现代化。在卡塞尔建立并扶持了一所"宗教法院学校"，旨在为威斯特伐利亚其他地方建立类似的基础机构树立典范。卡塞尔学校开办于1809年，不久就招收了76名学生，并分为三个班级。大部分男生家境贫寒，获得了免除住宿费和学费的优待。学校格外重视宗教教育，着重传授犹太教的原则和义务，并非拘泥于文本。每逢安息日都会在学校教堂里举行一次晚祷仪式，宗教法院的一名成员会对孩子们及其家长讲解有关宗教和道德方面的内容。仪式本身被简化，分别用希伯来语和德语进行。弗兰克尔说孩子们"理解自己祷告的内容，因此特别安静，圣堂里充满了神圣、虔诚的气氛。一名教师主持礼拜仪式，每个字的发音都非常清晰，孩子跟他一起默念"。只有几篇祷文是要求全体大声诵读的，主要的《请愿祈祷》（*shemoneh esreh*）只背诵一遍。读完《圣经》后是祝福，之后孩子们登上讲坛诵读门德尔松相应的德译段落《诵经坛》（*Katheder*）。学生不再吟唱这些常见的祷文，在他们诵读完毕后，会集体用希伯来语或德语吟唱一首"励志"歌来结束赞美诗。[104]

宗教法院没有规定在威斯特伐利亚的犹太圣堂可以用德语进行公共祷告、诵经及吟唱，卡塞尔发生的情况足以激起人们的反抗。塞缪尔·利维·埃格尔（Samuel Levi Eger［Egers］）给他的老朋友雅各布森写信说出了两个顾虑。虽然埃格尔意识到礼拜仪式中使用本地语不会遭到犹太律法的反对，但他担心如果在圣堂里不专门使用希伯来语的话，学习的主要动机就会消失，而且希伯来语也会从犹太教育中逐渐消失。此外，希伯来语还是连接世界各地犹太人的纽带。"如果我们这儿用德语祷告，法国的犹太人用法语，意大利的犹太人用意大利语，那么犹太整体就会分裂。"[105]

　　宗教法院对犹太社区以及犹太教的瓦解并不在意。在卡塞尔，与宗教法院学校一并建立的还有神学院，神学院是为了培养"真正宗教意义上的"拉比和教师。1810年开办时共有5位学生，由斯坦哈特讲授《塔木德》以及迈蒙尼德的《律法书再述》（*Mishneh Torah*）。宗教法院设计的拉比课程包括完整的世俗教育以及传统犹太学科。学生还要学习讲道术，掌握写作中清晰陈述思想的能力。只有当道德素质与其学术成就相匹配时，学生才有资格成为拉比。进入神学院的候选人要严格地遵守仪式律法，要时刻牢记社区幸福和道德提升这一神职目标，还要对神学院的起源与发展有所了解，但是还没等神学院的学生毕业，威斯特伐利亚王国就瓦解了。神学院是第一所现代化的拉比培训机构，具有重要的历史意义。在以后的40多年中，德国没有再出现类似的机构。[106]

　　成人礼仪式旨在实现教育和宗教的双重目标，1809年，威斯特伐利亚王国官方的拉比职责中首次提到了这一制度。显然这是在效仿基督教，让孩子在知识的积累过程中为取得圣堂中成人的地位做准备。犹太教的成人礼仪式并不是由宗教法院原创，1803年，德绍市新成立的现代学校制定了这一仪式[107]，后来又传到沃芬布特尔市（Wolfenbüttel），1807年，现代犹太学术的晚期奠基人利奥波德·祖恩斯（Leopold Zunz）在此接受成人礼仪式。最初，这一仪式是在家里或学校由个人举行，接受仪式的对象仅限于男孩。德绍市和沃芬布特尔市在前些年都是遵循这种模式。为祖恩斯举行的成人礼仪式过程如下：首先，教师让年满13岁的孩子回答有关上帝信仰以及自然、《圣经》启示等问题，答案是预先准备好的，然后根据提问背诵迈蒙尼德的十三信条，最后教师传授父母训告，小祖恩斯背诵原创的希伯来感恩祈祷结束成人礼仪式。[108]

成人礼仪式的教育方法采用了教义问答法的提问–回答技巧。[109]早在1595年，意大利裔的犹太教育家亚伯拉罕·扎格尔（Abraham Jagel）出版了《虔诚教义》（*Lekah tov*），试图通过拉比和学生的对话展示犹太教的教学方法。此书虽然有基督教模式的印记，但多次重印，还被译成多种语言，但是并没有定期在犹太教学校使用。19世纪早期，大量的犹太教义问答问世，有希伯来文版本的、德文版以及其他语种的版本，其中还有宗教法院成员之一杰若米·黑曼编写的版本。如果说在传统的成人礼中，青年男子要展现自己诵读《托拉》以及犹太演讲的能力，那么在成人礼仪式中他要展示自己已经懂得犹太教作为宗教的原则与职责。

从一开始，这项借来的风俗就引起了人们的疑虑，甚至波及启蒙运动圈内人士。一位作者说，既然背诵信条是基督教成人礼仪式的必要部分，那么犹太人即便学习了宗教教义，也不会真正成为犹太教徒。另一名作者则使用新名称——宗教节日（*Religions-Fest*）——把成人礼看作是通行仪式（*rite de passage*），而不是信仰声明。[110]即便如此，不少人仍然认为成人礼在很多情况下就是一个空壳，它没有包括女孩，因此是存在缺陷的。在犹太身份受到强大外力腐蚀的年代，迫切需要制定新仪式使得犹太孩子能庄严宣布他们的义务。

威斯特伐利亚宗教法院的顾问们希望在全国各地举行成人礼仪式，但是这一仪式好像只在三四个城市被固定下来。1810年，卡塞尔市首次举行成人礼仪式，地点定在了学校圣堂，受礼者宣

40

布完信仰及义务后得到了柏林拉比的祝福。两年后，在规模更大的社区圣堂内举行了类似的仪式。[111]威斯特伐利亚王国的女孩年满12岁，应该与年满13岁的男孩一样也接受成人礼，然而事实并非如此，女孩们不能参加这样的仪式。[112]直到1813年，宗教法院加大力度普及这一仪式，提出男孩子在成人礼仪式上不仅要诵经，还要庄严地接受犹太教的教育，并承诺犹太教育将是自己生活的主导。[113]但是这一旨意还没来得及执行，宗教法院就宣布告终了。

有趣的是，宗教法院不会容忍带有明显基督教特点的成人礼仪式。1810年的五旬节，塞森市犹太教学校的校长本代·司各特兰德（Bendet Schottlaender）用教义问答法为几位男生主持成人礼仪式，并听取了一位福音派牧师的建议，他们两人曾合作写过一部书。宗教法院因而得出结论：司各特兰德的教义问答适合基督徒，不适合犹太人，并且要求他交出所有准备好的问题与答案予以审批，最后取消了司各特兰德主持仪式的资格。宗教法院的成员们不信任他，责令他交出学生在宗教课上的笔记本，有一次两位宗教法院的成员没有事先通知，就直接去学校突击检查学生。[114]

然而雅各布森就是想在塞森这座城市实现自己最热衷的理想。早在1801年，他在一座小城镇为犹太穷人家的男孩子建立了一所商农学校，这所学校后来隶属于不伦瑞克公国。两年后，学校招收了几名基督教学生，堪称一项了不起的革新。学校还有一间附属的祷告室，不仅供犹太学生做礼拜，本社区的六个犹太家庭也在此做礼拜。随着学校和社区的扩大，1803年，雅各布森决定为这两部分人建造一所规模更大的圣所。原计划是盖一座圆顶、八角形的建筑，顶端建造高70—80英尺的钟塔。但是不伦瑞克政府认为这栋宏伟的兼具基督教堂和耶路撒冷古圣殿特点的现代建筑，对于犹太教礼拜仪式来说不太合适。1805—1810年，施工相当保守。竣工后的圣殿是矩形结构，曲线形屋顶，一座钟朝向四面。41顶上建有瞭望台，最上面建有一座约几码高的钟塔，其实相当于天窗。这座钟具有明显的基督教特点，后来建成的德国犹太圣堂中只有一座有这样的钟，新建筑因此备受争议，遭到了犹太人和异邦人的双重反对。

该建筑最大的革新是其内部摆设：诵经者讲坛（*bimah, almemar*）从原来的位置移到了中央，离藏经柜更近一些，讲坛高

于1810年竣工的塞森圣殿

出地面，方便布道。拉丁铭文以及希伯来铭文点缀四周。雅各布森安装了一台管风琴，也算是一项革新，18世纪布拉格犹太圣堂有过类似的做法。这架管风琴由当地的工匠在邻镇一位独唱者的监督下制作而成。圣堂内部设有严格的性别界限，这是唯一和传统做法一致的方面。女人们坐在三面靠墙的包厢里，前面由不透明的屏障隔开。[115]总的说来，这一建筑是在向社会声明：犹太教礼拜如同基督教礼拜，无论在宗教方面还是公民生活中，二者的地位相等。犹太教不再是迁徙到欧洲的东方异国信仰，无论在礼拜仪式的外部形式上还是对国家的忠诚程度上，犹太教同基督教一样都是土生土长的本地宗教。

42　　　　雅各布森把这座犹太圣堂称为"圣殿"，这并不是他的原创。18世纪，人们有时也把犹太圣堂称作圣殿[116]，1802年，布雷斯劳市的兄弟协会在为新犹太圣堂举行落成典礼时也用过这一名称[117]。到1810年，这一名称在法国泛指祈祷场所，尤其指代非天主教徒们的礼拜场所，在德国也成为指代祈祷场所的普通名称。在法国占领德国期间，受其影响，这一名称仅限于传统犹太社区使用。此外，该名称含义较广，既可以指一间出租的房屋也可以指一栋建筑[118]。雅各布森选用此名称的确别有用心，具有独特的思想意旨。因为这一名称不像犹太圣堂那样专门指代犹太教礼拜堂，因此与早期建筑是有区别的；同时它能令人回想起古代的耶路撒冷圣殿，尽管距今非常久远。雅各布森想让每个人都"明白此处模仿所罗门圣殿的建筑规模虽小，牢固程度也十分有限，但它是为整个民族而建的"[119]。但是，雅各布森使用这一类比，是为了将所罗门的普世希望延伸到他的圣殿（《列王纪》8：41—43）。后来的改革者把现代化的圣殿看作祈祷与受教化的永久场所，对取代古代献祭礼拜仪式的做法毫无异议。[120]

　　雅各布森圣殿的落成典礼给人留下了深刻的印象。[121]全国各地的知名犹太教和基督教人士应邀来到塞森市参加这一典礼，到场的有拉比、牧师、神父、政府官员以及商人。1810年7月17日早9点，仪式开始，随着钟声响起，人们列队走进新圣殿，教师和学生在前，然后是雅各布森，陪同人员有宗教法院的顾问和拉比，所有人身着教士服装，客人紧随其后。进入殿内，人们听到了一首原创的无教派合唱，由哥廷根大学的音乐总监助理作曲，六七十名音乐家及歌手演唱，同时也有惯常的希伯来文祈祷和仪式，接下来礼拜者手持《托拉》经卷绕殿内行走七圈，用希伯来语诵读《摩西五经》中的选段，然后翻译成德语，最后是希伯来语和德语的赞美诗，全体人员共同吟唱德语赞美诗。祈祷仪式由雅各布森主持，出席的拉比担任助理，雅各布森做了重要演讲，成为整个庆祝仪式的亮点。

　　雅各布森依次向犹太同胞、到场的基督徒以及上帝进行演讲，让宗教同人们相信他是忠诚、恪守礼仪的犹太人，不希望犹太教消亡或融入理性的普世宗教中去。但是他希望犹太人能将威斯特伐利亚王国视为自己的祖国，并帮助宗教法院净化那些与"理性和基督教朋友相悖"的犹太礼仪。他希望基督徒能够对犹太人放弃偏见，并感谢上帝将人类创造成理性、自主的生命。雅各布森演讲的总体目标是让人们达成共识：犹太教和基督教应该恢复友好关系，两种信仰拥有相似的基本点，只是形式上有所区别。参加犹太宗教仪式的基督教人士如此之多，这对于雅各布森来说具有重要的象征意义，中世纪很多的犹太人被迫进入基督教堂听取皈依布道，如今犹太教不再是低等的宗教，塞森市的落成仪式表明犹太教已经融入现代宗教的大家庭之中，这是跨宗教兄弟会活动的第一例，今后这种情况将成为犹太教改革运动的重要组成部分。

　　塞森圣殿落成之后，在成人礼中仍有管风琴演奏、合唱、德语祈祷、布道等仪式，但是新建的圣堂并没有引起威斯特伐利亚其他地方的类似改革。宗教法院下达的命令遭到了抵抗，人们难以克服自己的消极情绪。1812年3月，宗教法院向内政部抱怨，却没有任何效果，杰罗姆对雅各布森表示不满，认为宗教法院是在滋生宗教主义。威斯特伐利亚的犹太人口日益增多，但社区不愿承担沉重的集体税来供养宗教法院及其机构。这些矛盾致使宗教法院无力支付拉比的薪水，金融困境及思想分歧导致反抗四起，宗教法院无法正常工作，几个月之后宣布解体[122]，宗教法院的解体最终导致1813年9月威斯特伐利亚王国的瓦解，领导内部四分五裂。拉比当中，斯坦哈特在帕德伯恩市（Paderborn）继续进行温和的改革，威斯特伐利亚王国其他地区的拉比也没有停止工作，像不伦瑞克的塞缪尔·埃格尔仍为支持宗教法院而努力。[123]雅各布森在柏林重新定居，不久后便积极投入到礼拜仪式的改革大业之中。

　　宗教法院自上而下试图对所有的犹太人进行改革，这是一项英勇之举，然而在很大程度上却徒劳无功。一部分人愿意接受全部的改革方案，但很多人半途而废，还有人从原则上反对这些改革。如果宗教法院行使职责的时间再长一些，某些构想的方案会初见成效，尤其是教育方面的。从1815年开始，那些热衷于宗教改革的人开辟出一条新道路。即刻对犹太人实施全面改革，即使这是不可能的事情或者并非人人希望如此，至少志同道合的人也可以聚集在一起，制定自己认为有意义的宗教礼拜仪式。

## 柏林挫败

1801—1820年，居住在普鲁士首都的犹太人约有3500名，而当地仅有一座社区犹太圣堂，建于1714年。政府禁止在此举行私人礼拜仪式，有十几个小型祈祷班（minyanim）定期在此举行圣会。世俗化以及放弃仪式继承的做法对柏林犹太人造成了不小冲击，原本破旧不堪、空间有限的犹太圣堂再也没有往昔座无虚席的情景。许多人放弃了传统实践，不再支持门德尔松文化一体化的理想，他们认为二者相结合的做法并不稳定。从感情上讲，人们更加倾向现代欧洲以及文化崛起的德国，从而摒弃了犹太价值观。

最初，柏林犹太人得到了开明基督徒的支持，认为自己拥有与对方相同的身份，同时他们感到学术氛围发生改变，以狭隘沙文浪漫主义为特点的思想被包罗万象的启蒙思想（Aufklärung）所代替，这一变化完全超出了他们的想象。1812年，普鲁士政府下达法令：除国家机关（包括从事教育职位）工作人员外，波森省（Posen）外的普鲁士犹太人享有与异邦人相等的权利，这则法令大大地鼓舞了普鲁士犹太人。但是法国战败，犹太人享有的平等荣誉及信任地位被取消，虽然普鲁士犹太人获得了"解放"，但实际上并没有得到真正意义上的平等。 44

这些年期间，很多柏林犹太人皈依了基督教，其中有相当一部分人想投机取巧。还有极少数人青睐浪漫主义运动，尤其对犹太女主人举办的柏林文学沙龙感兴趣，他们认为唯有信仰基督教，才能表达自己的真实情感。[124]在他们眼中，犹太教要么是愚钝地恪守律法思想，要么是披着现代伪装、枯燥无味的理性思想。其余的柏林犹太人仍然严格遵守犹太传统，认为没有必要进行改革，这些人约占社区的一半人口。但他们对大环境也有所感受，孩子们经常违背家长的意志，犹太教育不被重视，私立学校中的课程要么是严格的传统类型，要么是犹太和世俗课程的结合。1826年，社区资助的犹太教学校成立。

犹太社区的上层阶级有几位富豪，他们的宗教观点差异很大，有的保守、有的激进，其中比较保守的人士成为以守旧（*die Alten*）自称的社区代言人，支持宗教现代化的那部分人是新犹太人（*die Neuen*）的代表。[125]1815—1823年底，双方在柏林社区为宗教改革而相互对峙，斗争持续了将近八年，如此严重的对峙主要源于普鲁士的反动政府，他们不允许犹太国民自由发展宗教。

大卫·弗里德兰德尽管不是最富裕的柏林犹太人，但享有很高的名望。他是门德尔松的信徒，却对现行仪式律法的神圣权威并不认可，从这一方面可以看出他是青出于蓝而胜于蓝。[126]弗里德兰德为普鲁士犹太同胞的政治解放进行了不懈的努力，从而赢得了他们的尊重。然而他的宗教立场非常激进，反对皈依基督教，一方面认为理性的人不能接受基督教的教条思想，另一方面认为自己在感情上还依附于犹太家人与朋友。18世纪末，弗里德兰德和一位同事想皈依基督教，他向普罗沃斯特·泰勒（Provost Teller）这位开明的基督徒提出这一"臭名昭著"的想法，前提是不要强迫他们信仰那些超自然的教条主义，结果遭到拒绝，只能终生做犹太教徒。令人不解的是，弗里德兰德继续在柏林社区执政达十年之久。

叛依基督教失败后，弗里德兰德着手发动极端的宗教改革。1808年，雅各布森提议在威斯特伐利亚王国进行温和的礼拜仪式改革，弗里德兰德认为这是荒唐之举，力度不够。在信中他写道："我们应该非此即彼，要么把修建圣堂的任务交给能胜任的建筑商，他们有胆识、有权威；要么顺其自然，圣堂的支柱总有断裂的那一天，其他部分也会腐坏，直至成为废墟"。[127]弗里德兰德不走折中路线，他寻求的是彻底改革。

1812年，普鲁士解放法令要求弗里德兰德详细地表达自己的观点，其中一段法令建议在决定犹太人"教会地位"和改进教育的问题上要向有学问的犹太人士寻求意见[128]。为此，弗里德兰德发表了一本小册子，规划了犹太生活的主要改革。在他看来，最需要关注的是礼拜仪式。他提议要对异化犹太人或提及卡巴拉教义的仪式进行净化。祈祷书末尾添加的内容，不如之前的风俗看起来高尚，但这些内容反映了犹太教受迫害受疏远的情况。应该用新的感恩欢乐歌曲取代中世纪的哀悼，除此之外，现代犹太人也不可能诚实正直地祈祷回归耶路撒冷、重建圣殿以及恢复礼拜仪式。这些请愿并不能反映他们真实的愿望。弗里德兰德认为研究《塔木德》毫无价值，因为这一法律文件在犹太人隶属世俗管辖的国度里已经不再奏效，他还认为学习希伯来语是语言学习者的任务。但是弗里德兰德的确欣赏犹太教的古代精神瑰宝，尤其是《圣经》和犹太道德传统，他感觉"东方风格的亮色"给整个礼拜仪式"披上了一层独特的光芒"。如果没有新式的犹太生活，犹太人"就无法以犹太方式生存",也无法发挥其创造潜力。

弗里德兰德的小册子使普鲁士犹太人内部发生了两极分化。[129]在柏林和布雷斯劳,多数人支持他的观点,但其他人却完全反对,认为他的观点过于极端,尤其是关于放弃希伯来语的观点。现在弗里德兰德在社区的执政地位备受争议,他逐渐退出了社区的所有犹太活动。有一段时间,弗里德兰德对现代化的礼拜仪式特别感兴趣,这些礼拜仪式从1815年开始在柏林实施,但不久他认为这是与传统派的极大妥协,最后做出结论:时代需要一种全新的祈祷方式,安息日应改为周日。[130]同时他反对基督教式的成人礼仪式,因为他对门德尔松有成见,认为犹太人没有明确表明自己坚决反对基督教以及坚持犹太教的立场。[131]不久,他和自己的家人再也没有参加这种新式的礼拜仪式。

在德国抗法解放战争期间(1813—1814),宗教事务被搁置起来,普鲁士的犹太人竭力在战场和家乡的前线上证明自己的爱国之心。战争一结束,宗教事务被重新提上日程。实际上,战争结束带给人们的愉悦心情成为柏林第一起宗派事件的导火索。1814年,适应新文化的犹太友好慈善组织——朋友协会——希望能在社区教堂以宗教仪式庆祝即将到来的和平。[132]仪式包括布道和适合德语演唱的圣歌,男人、女人坐在一起,合唱也包括女声,尽管社区的年长者同意此事,但拉比、犹太圣堂管理员以及支持者都表示强烈抗议。反对声音并没有压制住这一请求,协会成员们在自己的会议厅举行庆祝仪式。这一事件让支持宗教改革的人们明白:尝试对社区犹太圣堂改革势必会引起剧烈冲突,后果不能确定。因此,他们选择了最后一步:在官方管辖范围之外创建现代化的宗教礼拜仪式，也许新仪式会变成一种模范，将来会成为标准的宗教仪式。

　　1814年底，伊斯雷尔·雅各布森到达普鲁士首都，成为柏林创建现代宗教仪式的催化剂。这位昔日的威斯特伐利亚宗教法院院长声望不减当年，魄力无人能及。1815年春天，雅各布森的儿子拿弗他利（Naphtali）年满13岁，五旬节那天，父亲在家中的小圣堂为其举行成人礼，柏林犹太社会的上层人士以及异邦地位较高的人士出席了这一场合。这次圣会给大家留下了非常好的印象，后来每逢安息日，雅各布森会为那些想参加礼拜的人在家里举行仪式。这一行为没有得到社区的批准，纯属私人冒险。雅各布森自己进行布道，有时主持祈祷。一位异邦人弹奏老式的管风琴，声音很刺耳，合唱团吟唱德语赞美诗，异邦人也参加合唱。礼拜仪式从早上8点持续到10点左右，仪式中主要使用希伯来语，每周一次从基础祷文中选择部分内容，用德语诵读。在诵读《托拉》时，他们使用不带有乐感的西班牙语式的希伯来语，那些被点名背诵祈福内容的人将拿到一张卡，按顺序享此殊荣。几个月内，圣会任命了三位年轻人为宣教士。这一年，利奥波德·祖恩斯第一次参加了赎罪日礼拜仪式，感触颇深，"尽管这些人与犹太人失去联系有20年之久，却在这儿待了足足一整天。他们本以为自己超越了宗教情感，却情不自禁地流下了虔诚的泪水，大部分年轻人都参与了戒斋活动"。当参加安息日礼拜仪式的人数超过400名后，大家决定到雅各·赫兹·比尔（Jacob Herz Beer，1769—1825）的家中举行圣会，那里更宽敞。[133]

　　社区内的传统派私下里对这些非正统的宗教礼拜仪式进行

46

谴责，但并没有公开地发表反对意见。社区圣堂的礼拜仪式照常进行，改革动力不以集体机构为中心。普鲁士的君主对雅各布森和比尔家中发生的事情颇有疑心。弗雷德里克·威廉三世（Frederick William Ⅲ）以及官员们担心犹太人会创建一个新"教派"，新"教派"甚至对基督徒也有吸引力，如果犹太教实现了现代化，基督教传教士努力使犹太圣堂改变信仰的心血将付之东流。1815 年年末，国王得知私人礼拜仪式的事情后，立即下令关闭。把改革者赶回到犹太圣堂，这里是唯一能进行犹太教礼拜仪式的社区之地，改革者第二次与传统分子发生冲突，在犹太圣堂的公共领域内双方展开了旷日持久战。大部分社区的年长者支持改革，他们认为需要重修旧圣堂，因此可以暂时在比尔家中做礼拜，社区资助的礼拜场所总共有三处，这一临时许可一直持续到圣堂的重建结束。

　　从 1817 年到 1823 年这六年期间，礼拜仪式一直在比尔家中举行，但是对新圣堂举行何种形式的礼拜仪式问题上，大家存在争议。对于改革者来说这是个机会，他们可以向更多的柏林犹太人展示现代犹太教礼拜仪式的特点。但这不再是私人的冒险行为，不久"圣殿"被卷入意见各异的大旋涡中。有人想采取中和的做法，有人想彻底与传统做法划清界限，在内部争议的背后，普鲁士政府不怀好意，他们对改革势力疑心重重。在这种情况下，事态发展的结果将会众口难调。

　　最初，新圣会的领导权掌握在少数人手中，后来由选举出的委员会掌握，其中两位中年富豪非常突出，即雅各·赫兹·比尔和鲁本·塞缪尔·甘佩兹（Ruben Samuel Gumpertz, 1769—1851）。

他们都是总社区的年长者，两人对待改革的态度比较温和，希望能拉拢尽可能多的柏林犹太人。比尔曾在普鲁士和意大利建有炼糖厂，是当时柏林最有钱的犹太人，战争期间又聚敛财富。他有四个儿子，其中三个长大后名声卓然，一位成了作曲家，一位成了宇航员和政治家，另外一位成了诗人和剧作家，比尔为了让孩子们接受犹太教育，家中雇用了现代教育家。同时代的人认为他的家庭虽然不属于正统派，却具有非常严格的犹太特点。与有钱有势、立场不定的柏林犹太人不同，比尔的儿子坚守自己的犹太身份，这一点是受其母亲影响的结果。比尔的妻子阿玛莉亚（Amalia）受过良好的教育，是一位有教养、恪守信仰的女性。她懂希伯来语，喜欢引用《圣经》。事实上，1815年在比尔家中成立的圣殿，与她的功劳密不可分。同年，他们的长子贾科莫·迈耶尔比尔（Giacomo Meyerbeer）为新礼拜仪式的哈利路亚（Halleluyah）合唱谱写曲子。[134]

　　甘佩兹与比尔同龄，也是犹太总社区的年长者，虽说家庭近来有些衰败，但家境也算殷实。此外，他爷爷担任过拉比，是门德尔松的学生，熟知犹太知识。甘佩兹投身于宗教改革的事业中，明确表示自己反对犹太当局，但是他认同圣殿委员会成员约瑟夫·穆尔（Joseph Muhr）及众多支持新礼拜仪式者的观点，改革要适度，必要时可以牺牲原则，一切应取决于环境。甘佩兹给年轻朋友及远方亲戚写信，"首先，我们必须考虑公众多元化这一因素……一部分人指责的事情却是另一些人所喜欢的，正是因为这种不和谐的、经常相悖的组合才使得整体性得以维持，如果没有这种混合元素，不管成立者的意图多么虔诚，我们的事业不会

达到今天的水平"。当代的一位年轻人这样描述甘佩兹：他非常热
情，但在对待传统派加入改革大潮这件事情上，有些过于认真、
过于肯定。[135]

1810年，普鲁士首都大学开办，培养了一批犹太大学生和毕
业生。比尔、甘佩兹以及其他向柏林改革事业投入资金和精力的
社区领导者们，都希望这些学子能为己所用。弗里德兰德、雅各
布森等领袖资助了这批年轻人的学业，有的学生在比较富裕、融
入当地文化的家庭中担任过私人教师。[136]虽然他们对主人们非常
感激，但并不希望自己的思想和行动受制于他们，有的学生认为
"不能与富人们关系太近"[137]。他们虽然在经济上处于劣势，但
是感觉自己在学问上高于这些供养他们的富豪们，他们接受了结
构合理的学术教育，与那些从德国启蒙运动中学到零散世俗知识
的社区领袖相比，自己能够更加深切地感受到德国的文化趋势。
1819年，这些年轻的、接受过正式教育的犹太人成立了"犹太文
化科学协会"，旨在表达犹太人对黑格尔哲学中概念的理解，并将
历史研究批判性地运用到犹太文献的学习之中。[138]他们感激那些
适应新文化的社区精英们，欢迎这部分人加入他们的协会，但是
由于社会地位以及世界观的差异，双方情绪很矛盾，从而导致关
系不稳定。

新礼拜仪式实施之初，一部分年轻人主动担任宣教士；还有
的人担任组织工作，或者直接参与仪式活动，然而不同于社区领
导，他们赞同一种具有较强原则性、一致性的礼拜仪式改革方案，
认为折中的方案毫无价值，也不能容忍懒散。利奥波德·祖恩斯
任宣教士两年后，发现改革没有任何实质性的进展，于是他很恼

火，给朋友的信中言辞非常尖刻，社区领导者应该"另寻一些虚伪的、乐于奉承的、会激励孩子们的诌媚者（*shafel*）"。对于祖恩斯来说，这是"社区领导者（议员）和残暴的犹太人与协会之间、金钱对科学之间、虚伪对真正的虔诚信仰之间的冲突"[139]。尽管祖恩斯对社区领导者进行了如此犀利的批评，但双方在一段时间之内还是通力合作，并且取得了斐然的成绩，制定出的新礼拜仪式颇受人们的欢迎。

祖恩斯写给朋友的信中有一幅图，从图上可以看出，比尔将家中的三个房间打通形成一个长厅，当作圣殿或圣堂（这两个名称都被使用），原来位于中间的房间内建有藏经柜，摆放《托拉》经卷，为举行婚礼搭建了永久性天棚，另外还设有诵读桌和讲坛，供有钱的社区领导在此就座，学者们也曾在此就座过，其余的男人坐在管风琴和男生合唱团的前面，面向中央，女人们坐在男人对面，面向中间的屋子，对于女人参加礼拜仪式的改革举措，双方没有发表任何异议。[140]

新礼拜仪式吸引许多人参加的原因是每周六上午进行的德语布道，担任布道任务的年轻人会想方设法让圣会者更加虔诚，让他们的精神得以升华，感情上受到宗教熏陶。他们借鉴了基督教的做法，学习了著名艺术大师的技巧，取得了相当大的成功。有时候柏林基督教传教士会来参观犹太教的礼拜仪式，并给犹太教礼拜者提供建议。这些布道在内容上是相通的，宣扬了个人宗教信仰和情感的人文价值；有的特别涉及了当代犹太人的情况以及对犹太同胞承担的义务；布道中经常引用《圣经》内容，引用的犹太内容并不多；布道颂扬了理性的优点，同时也承认存在局限性。[141]柏林的年轻宣教士把自己所做的努力看作是一生的职业，成为能够融入当地文化的德裔犹太人领袖，年轻宣教士比思想保守的拉比更能满足人们的精神需求，新领袖主要负责对礼仪律法制定决策。对于德裔犹太人来说，定期用本地语进行具有精神启发意义的布道是一种革新，传统分子对此也不反感，但是对于接受过世俗教育的年轻人来说，新领袖的思想和宗教实践让人感到质疑，以色列圣会崇尚的新精神向导对于有传统倾向的人来说很难接受其指导的观念。[142]

新礼拜仪式中的布道方式也引起了人们的质疑。例如，在比尔家中进行的礼拜仪式中，圣会者使用西班牙式希伯来语发音，而他们都是德裔犹太人，这一点很可疑，改革的目的并不明确，也许在某种程度上他们被西班牙裔（塞法迪）犹太人所同化。与德裔犹太文化相比，圣会者对异邦文化更加认可，也许是因为他们对意第绪语及其意第绪式的希伯来语调非常反感，这种厌恶情绪源自德国启蒙运动，自门德尔松以来就存在。这种推测无疑受到了当代争议的影响，很多作者努力证明西班牙语式的发音在历史上是正确的，这一争议始于1808年，一位名叫摩西·莱曼斯（Moses Lemans）的荷兰犹太人尝试根据历史论据解释为什么德裔犹太人使用西班牙语式的希伯来语，但是莱曼斯也提醒自己并不是倡导德裔犹太人放弃长期以来的风俗习惯，即便如此，柏林人认为没有必要继续保留一个被扭曲的古典传统。[143]

比希伯来文发音更具争议的是礼拜仪式中的音乐，柏林的管风琴能够增强仪式的美感，据说还"可以控制犹太圣堂中的混乱唱法"。这种乐器为祷告基调设置单一的节奏，有助于维持礼拜仪式中的秩序。柏林一所犹太教学校的男生合唱团带领圣会者一起唱赞美诗，他们有时用多声部演唱异邦人作曲的礼拜音乐，德语赞美诗选集来自一本歌曲书，书中的大部分歌词是杰若米·黑曼在卡塞尔为宗教法院的犹太圣堂创作的。[144]

我们手头上的资料并不能提供柏林礼拜仪式的完整信息。首部祈祷书好像在1815年匿名发行，礼拜者在圣会上使用这部祈祷书，直到1817年秋季才停止。当时有两位宣教士——爱德华·科雷（Eduard Kley）和卡尔·齐格弗里德·冈斯伯格（Carl Siegfried Günsburg），他们编辑了一部两卷的祈祷书，可以和前一部祈祷书交替使用，也可以代替前者。[145]这两卷书中省略了德裔犹太人节日中的惯例礼仪诗以及部分附属内容，并使用西班牙语音译法。书中还指出请愿式的祈祷应该由礼拜者共同吟唱，不应该分先后顺序单个吟唱。[146]这两部祈祷书不能贯穿整个礼拜仪式，因为书中特别指定的内容需要用希伯来语诵读，而针对这些内容，书中只提供了德语版本，或者是题目的名称。在柏林礼拜仪式的整个过程中，祷告都是使用希伯来语，这符合传统的祈祷程序[147]，礼拜者有时更加喜欢西班牙式的仪式，例如在诵经之前习惯把经卷抬高。

这部祈祷书中的部分内容具有意识形态的倾向，有关上帝号召四面八方的以色列人聚集在一起进行重建的内容，在书中要么被改写，要么被删除（这并不是用希伯来语诵读祷文的礼拜仪式主持者所为）；指代弥赛亚的单词"救世主"被译成无指代人称的"救赎"，保留了有关锡安山甚至献祭仪式的大部分内容以及每一次指称以色列选民的内容；没有提及赎罪日吟唱的柯尔尼德（*kol-*

*nidre*，也被称作弃诺词），因为取消受胁迫下的宣誓这部分文字，经常被异邦人用来指控犹太人的表里不一。也许是为了替换柯尔尼德，科雷-冈斯伯格祈祷书在处理有关悔改的主题时把原始的希伯来文字内容呈现给读者，然而我们并不清楚阿拉姆语吟唱的柯尔尼德究竟是被删除了，还是在参加礼拜仪式的异邦人看到并诵读的译文中没有提及。

比尔圣殿有时会举行成人礼仪式，1817年为两个女孩举行了仪式[148]。宣教士还在此主持婚礼，有时也在周边的其他地方进行，他们会在这种场合下进行布道，但是要等到双方结为连理时，才能举行仪式。主持仪式的职责由受过专门拉比培训的犹太人（*lamdan*）执行，他必须到场。[149]曾经有一段时间，柏林地区的礼拜仪式似乎要传播到普鲁士的其他地方。1821年1月，"德国式礼拜仪式"即将在布雷斯劳举行，但是就在开始前的一分钟，从柏林来的政府信使传令禁止仪式举行，柏林犹太人为了布雷斯劳兄弟们的利益而付出的努力以及祖恩斯向普鲁士当局递交的简报均付之东流。在哥尼斯堡市（Königsberg）有一段时间，艾萨克·阿瑟·弗兰克姆（Isaac Asher Francolm）能为男孩和女孩们主持成人礼仪式，但是那里举行的礼拜仪式还是维持原样，传统派向政府提出了抗议，不久弗兰克姆的革新就被取消了。[150]

柏林的比尔组织迫于犹太反对者的压力以及政府的怀疑，委托他人写了一份辩护书，声称他们进行的革新符合犹太教规和风俗。承担任务的是一位受过犹太教育的匈牙利犹太人——伊利则·利伯曼（Eliezer Liebermann）。他的名声颇有争议，来柏林之前，他曾经当过教师，还是一名居无定所的宣教士，他在柏林待了大约十个月。在1815年或是1817年，他开始在社区犹太圣堂进行传统的布道，后来又加入改革者的行列，但最初他对改革事业是疑心重重。有关利伯曼的资料显示他天性喜欢争论，大家都不理解是什么把他吸引到改革者的事业中来，但在柏林期间，他的确支持启蒙运动的革新，他出版过两本希伯来语册子：第一本是应国外政府要求写的一部犹太教义答问集，在第二本册子中他表达了自己的观点，1818年两本册子同时在德绍发行。[151]

教义答问集名为《正义之辉》（*Nogah ha-tsedek*），阐述了三种有利于柏林各项改革的法律观点。意大利的西班牙裔拉比利沃诺市（Livorno）的谢姆·托夫·萨曼（Shem Tov Samun）和维罗那市（Verona）的雅各·雷卡纳蒂（Jacob Recanati）提出了两种观点。第三种观点是由阿拉德（Arad）的匈牙利拉比亚伦·科林（Aaron Chorin）提出的。来自奥芬（Ofen，现在的布达地区）的匈牙利拉比摩西·库尼兹（Moses Kunitz）还在册子中撰写了一段简短的赞语。

谢姆·托夫的教义答问专门涉及了是否允许管风琴伴奏的问题，首次向世人公开这一重要问题，后来有关此问题的争论从未间断过，成为改革者和传统分子争论的焦点。谢姆·托夫认为要想禁止人们效仿异邦传统的做法，需要合适的时机，只有当人们为了效仿而效仿时，时机才成熟。此外，既然利未族人（Levites）负责古代圣殿的管风琴演奏，而他们是按照从犹太人学来的样子去做的，因此效仿利未族并没有违反"禁止遵循异邦风俗习惯"（《利未记》18：3）的命令。相反，谢姆·托夫认为"这是我们自己的风俗"，并且还补充了一条理由：是音乐把男人和女人们吸引到了犹太圣堂，也许最初他们来此的目的（审美）并不正确，不久他们会怀着正确的目的（祈祷）来参加礼拜仪式。雷卡纳蒂只关注管风琴问题，他提出了进一步的论证，并在最后指出，在安息日这样的节日场合，犹太人不能演奏管风琴，因为万一乐器出了故障，他们会不假思索地进行简单修理，这等于违反了休息日工作的禁令。

　　这三组中内容最长、最全面的教义答问是亚伦·科林撰写的，早期他支持过匈牙利的宗教改革。他给自己提出了五个问题：祈祷中使用本地语、管风琴、单独组织圣会、废除默读请愿祈祷以及西班牙语发音。科林与柏林的大部分改革者观点一致，并不反对希伯来语，他认为祷文的中心部分必须保留原著的形式，保留这些内容表明："我们接纳被流放的同胞们……我们要建立圣殿、要用希伯来语进行请愿，这一信仰是可信的。"但是，祷文的开头部分应该用大部分人能理解的语言表达。科林和雷卡纳蒂都赞成管风琴伴奏，但希望管风琴演奏者是非犹太人；原则上讲，科林不赞同取消默读请愿的做法，但他认为这种做法是必须的，因为如果个人默读完请愿，当独唱者重复这些内容的时候，几乎没有人会认真听取；关于西班牙语发音的使用问题他也没表示反对。然而在某种程度上，科林批评了柏林改革者只在安息日等节日举行礼拜仪式的做法，他们以这种方式表明集体宗教礼拜仪式在大部分柏林犹太人生活中的作用非常有限，科林认为这种方式并不可行。

　　利伯曼为这本薄薄的答问集册子撰写了冗长的辩护词，来支持改革者发起的革新运动，辩护词的书名为《闪耀之光》（*Or-*

*nogah*），这既是一部启蒙运动著作，又是一份个人文档。利伯曼的信仰格外有趣，他赞成用德语背诵一部分祷文，原因是很多犹太人不懂希伯来语，懂这种语言的地方——例如波兰——就要用圣语来祈祷，他甚至还要严惩那些忽视对孩子进行希伯来教育的德裔犹太人。他们既然不担心耗费巨资来教孩子科学知识以及其他语言，又为什么不能用自己的宝贵语言遗产来教育孩子呢？毕竟希伯来语是历史最悠久的古典语言。他还注意到在做礼拜时，有的人只是被动地坐在那儿，手里没有祈祷书。他暗示照这样发展下去，圣会会变成一群听众。除去这些批评意见之外，利伯曼还肯定了圣殿发挥的积极作用，把被疏远的犹太人召集回了犹太教，为了缩小传统者和反对者之间的差异，圣殿进行了不懈的努力。如果犹太人对新的历史现实认识不清的话，圣殿所发挥的一切正能量都会化为乌有。[152]利伯曼相信改革者的方向是正确的，当下应该果断采取行动，刻不容缓。正如我们即将看到的那样，《正义之辉》和《闪耀之光》这两本书很快会刮起争论风暴，将汉堡圣殿卷入其中。但在柏林，这一影响是有限的，当地的社会政治势力快刀斩乱麻，扼杀了新兴的宗教事业，令人扼腕。

　　现任的社区领导与满腔热血的年轻知识分子之间的关系不太稳定，两者始终处在相互磨合的适应状态，而这种状态已经难以继续维持。年轻人认为目前的改革缺少指导性原则、胆怯唯诺、前后不一，因而对现状日益不满。索尔·亚瑟虽是老一辈的人，但他与同辈人意见相左，在他看来，要对祈祷文本进行革新，首先要创建新的教义学，这一点非常必要。艾萨克·马库斯·约斯特（Isaac Marcus Jost）抱怨礼拜仪式混乱：这并不是茎上结的果实，而是没有根部的嫁接果子。成人礼仪式中要求孩子们宣誓：庆祝像安息日这样的节日时要遵循传统做法。约斯特感到很难过，因为这并不是犹太教的初衷。利奥波德·祖恩斯把改革运动描述成一种拼凑的作品：缺少体系和坚实基础。他改变了自己的犹太观，思想变得激进，认为"如果不推翻《塔木德》"，一切努力都没有意义；他还注意到柏林最进步的犹太人已经脱离圣殿，因为圣殿不会支撑太久，祖恩斯向志同道合的年轻朋友咨询意见后做了一次布道，对圣殿领袖进行攻击，指责他们没有决心。不久，他迫于压力，辞去了宣教士的职位。[153]

1812 年，年轻的丹麦宣教士艾萨克·诺亚·曼海姆（Isaac Noah Mannheimer）参观了比尔圣殿，圣殿存在的不协调现象令他瞠目结舌，他写道："就像是旧传统外面披了一件新衣服，而新外衣已经是破烂不堪。"在他看来，这绝不是正统派的礼拜仪式："礼堂中嘈杂不安，人们叫喊着神圣，就像是在典型的犹太圣堂里。"造成这种令人吃惊、不得体气氛的原因是圣殿领袖收留了所有想加入的人，还要尽可能地避免他们之间的冲突。当然还有其他的原因，曼海姆质问圣殿领袖为什么与原则相妥协，得到的答复是"政府反对新圣殿，因此我们绝不敢改变任何事情。"[154]实际上，圣殿的衰落首先是来自外部的压力，然后才是内部，直至终止。

比尔、甘佩兹、穆尔等保守派领袖对约斯特、祖恩斯等年轻知识分子感到不满，但是也没有按照普鲁士政府的想法来制定礼拜仪式，与基督教形式相似的宗教形式会受到非犹太人的欢迎，这种想法对于一小部分自由分子来说是不错的，但是在弗雷德里克·威廉三世那里却行不通。1821年国王下令禁止基督教神职人员参加犹太教的仪式，一方面这会贬低基督教的地位，同时会拉近与犹太教的关系，而国王并不希望如此。他还下令禁止新闻界报道犹太人的宗教场合。1822年，国王批准在柏林成立"针对犹太人进行基督教传播的协会"[155]。内政部长称赞这一工作是"犹太人所取得的唯一真正的宗教进步"，并给协会会长写信，信中写道：犹太教礼拜仪式改革后，犹太人"对国民社会的危险性比从前更大了"。

1823年9月，政府关闭了比尔圣殿。在很短的一段时间内，周六上午礼拜仪式例行完毕后，社区圣堂会再次举行"虔诚仪式"（*Andacht*），包括布道和德语赞美诗这两部分内容，但是这种活动有悖于寻常，而且参加的人数越来越多，因而遭到了传统分子的极力反对。他们担心圣会者是在礼拜仪式结束后才来到犹太圣堂，于是给国王写信反映此事。1823年12月9日，政府颁布法令"社区犹太圣堂的礼拜仪式具有唯一权威，不允许在语言、仪式、祷文或赞美诗方面对其进行任何革新，一切要完全按照既定的风俗习惯进行"。法令反映了传统派的观点。

柏林改革者感到受挫和绝望，他们已是无计可施。旧的礼拜仪式有很多不足，比尔圣殿举行的礼拜仪式，让许多柏林犹太人体验到了从未有过的犹太宗教实践，但是结果却不尽如人意，一部分人返回社区圣堂，大部分人遭到镇压，还有人皈依了基督教，其余的人对任何宗教表述都变得无动于衷。弗雷德里克·威廉三世统治期间，普鲁士犹太人无权创建自己心仪的宗教形式，加布里埃尔·瑞瑟是一位虔诚的改革者，他强烈呼吁："整个一代人被剥夺了奉献的机会，崭露头角的年轻人被剥夺了热爱宗教的自由，数以千计的灵魂被剥夺了唯一向上帝真诚表达虔诚和尊敬的机会。"[155]要想在德国实施宗教改革，只能在普鲁士王国之外寻求机会。

## 汉堡：宗教改革的根据地

汉堡这座自由之城坐落在易北河的河口，自古以来经济繁荣，是商业中心。犹太社区的大部分居民是马拉诺的后代，到19世纪德裔犹太人占据多数，约6000人，成为德国最大的犹太聚集地。很多犹太家庭成为银行家和商人，积累了大量的财富。1810—1814年法国占领期间，汉堡市的犹太人获得了短期的解放，但后来的几代人屡遭政治压迫。由于社会其他阶层对犹太人的积怨已久，导致1819年8月发生了反犹暴乱。但是汉堡市的反犹暴乱源于经济原因，而不是宗教原因。汉堡议会并不像普鲁士国王那样高度关注犹太人的宗教实践，因此犹太改革者在建立自己的体制时并不惧怕非犹太政府会存有歧视。[157]

1811—1820年，一部分汉堡犹太信徒变为世俗者，富人们认为物质财富让他们有了极大的安全感，从而放弃了祖辈的信仰。犹太社区内部出现了矛盾："兄弟间决裂，父母不愿和子女们同桌就餐。"[158]很多犹太人把全部的心思放在经商方面，久而久之，几乎无暇顾及宗教实践，以至于参加宗教礼拜仪式的汉堡犹太人越来越少。宗教机构的影响力减弱，社区学校境况堪忧。1799年，政府撤销了拉斐尔·科恩（Raphael Kohen）放逐违反仪

式律法犹太人的权力，科恩便辞去了阿尔托那、汉堡、旺斯拜克
（Wandsbeck）合区拉比的职务。[159]此后宗教事务由三位年迈的犹
太法官（*dayanim*）执掌，他们几乎没有权威可言，也无法使年轻
人对犹太教感兴趣。

　　将法国人驱逐出境后，汉堡人恢复了自主权，有的社区逐渐
适应了新文化，认为当前的环境体现了革命前的价值观。1815年
后，汉堡市和德国其他地方一样，迎来了前所未有的宗教复兴大
潮，此前30年人们对哲学的怀疑态度荡然无存。19世纪的欧洲文
化不是后宗教主义，异邦宗教具有明显的基督教特征，一度抛弃
信仰的犹太人决心找回失去的东西。[160]因为脱离犹太教已久，有
些价值观已经根深蒂固，难以放弃，因此他们不可能回到现行的
犹太机构中，但也不想将自己与犹太教隔离，他们需要再次接纳
传统的犹太实践。许多汉堡犹太人在探索一种可接受的宗教情感
表达方式，既能重塑犹太根源，又无需与审美道德情感以及异邦
社会关系相妥协。还有人希望塑造一种类似基督教的宗教形式，
来加快解放的进程。[161]

　　早在1815年秋季，有人建议，应仿照柏林的雅各布森圣殿在
汉堡建造第一座圣殿。爱德华·克雷（1789—1867）曾在柏林礼拜
仪式上担任宣教士，两年后来到汉堡，接管了一所私人资助的犹太
免费学校。克雷的到来使圣殿的建设方案有所进展。他在学校里设
置了宗教课，每周日上午对外开放，内容包括布道（基于克雷教义
问答书中的文章）、即席祷告、小型管风琴伴奏的希伯来语和德语
赞美诗，学生家长以及越来越多的汉堡犹太人来此参加礼拜活动，
人数经常会超过150名。参加圣会的同时，人们一起规划如何建造

54

柏林式的圣殿。这是一项集体工程，大家首先选举出领袖，并租用了一处圣所，这次没有设在私人家庭里。[162]

1817年12月11日，克雷召开圣会会议，65位汉堡社区成员签署通过了"新以色列圣殿汉堡协会"法规，宣布圣殿的建设是为了恢复犹太教礼拜仪式的神圣意义。此次圣会再次燃起了犹太人对祖先宗教的热爱，签署人希望通过制定用本地语背诵祷告、德语布道、带管风琴伴奏的合唱等仪式，来实现这一目的。作为宗教社区的精神阵地，圣会在适逢犹太人生命周期的场合时会主持相应的仪式，包括成人礼仪式，以便促进年轻人接受"进步的犹太教育"。针对那些至今不能坚定观点和承诺的犹太人，圣会制定了严格的制度。创办会员们选举出理事会，由四名成员组成；然后选出代表团，由五名成员组成，这些人共同管理协会。加入协会的人越来越多，不到三年的时间，成员超过了100个家庭。规模不断扩大，但是汉堡犹太人在圣会中所占的比例不足10%。[163]有趣的是，汉堡的有钱人大都未参与圣殿的建设，最早加入新协会的主要是中层经济人士，商人所占比例并不相称。城里的有钱人大都是老一代人，他们没有参与这项新事业，而适应新文化的年轻一代与非犹太人在商业上、社会上联系密切，他们选择加入了协会。[164]

塞克尔·艾萨克·弗兰克尔（Seckel Isaac Fränkel, 1765—1835）和迈耶·伊斯雷尔·布瑞斯洛（Meyer Israel Bresselau, 1785—1839）是理事会的两名成员，他们全身心地投入到新协会的事业之中。两人都信奉希伯来思想，自学了通识教育知识，文化视野非常广。他们还是柏林犹太科学文化协会汉堡分会的成员。

弗兰克尔年纪稍长些，早先是一名教师，经商天赋颇高，做过会    55
计，后来又成为独立的商业银行家，在金融领域取得了相当大的
成功。此外，他通晓古现代语言，发表过两首希伯来语诗歌，对
犹太学问的兴趣终身不减，他把希腊文的《新典》译成希伯来文
并出版，后来这部译著多次再版，被视为20世纪值得学习的典范
著作。[165]布瑞斯洛是一位公证员，也是一名出色的语言学家，酷
爱闪族语言、希伯来语语法、中世纪希伯来语诗歌。他具有法律
思维，精通《塔木德》和当代法学，和弗兰克尔一样对后圣经文
学感兴趣，他将本·西拉（Ben Sira）的书从叙利亚语翻译成希
伯来语，但是并未出版。[166]两人承担了编辑新圣殿祷告书的任务，
不久后各自写了一本辩护册子。

1818年10月18日，圣会在租借的圣所举行了新圣殿的落成仪
式，一楼能容纳142位男士，包厢能容纳107位女士。和传统圣堂
一样，诵经桌摆在中心，新圣殿的独特之处是后面建有包厢，管风
琴和合唱团安排在此处，最后面是女士坐席，中间没有隔墙。汉堡
市的部分犹太人已经15年没有进入犹太圣堂了，圣会将这部分人
召集到了新圣殿。在举行成人礼这样的特殊场合下，非会员也会受
邀参加。曼海姆曾经评判过柏林的礼拜仪式，现在被汉堡圣殿及其
领袖们的献身精神和犹太知识深深折服。[167]

犹太妇女提出要对礼拜仪式进行改革，但从现行仪式来看，
很难判断对她们要求的回应情况如何。祖恩斯说："礼拜仪式的改
革趋势是众人推动的结果，尤其是女性。"亚伦·科林宣称："身
体强壮者统治思想高尚者，女人和男人相提并论，会被视为有罪，
这样的原始时代已经结束了。"他做出了如下结论：犹太教礼拜仪

式应该对男女都开放，不能只为男性设立。实际上，来汉堡圣殿参加仪式的女性比例大大高于传统仪式中的女性。不管老少，女人懂希伯来语的寥寥无几，考虑到女人的缘故，因此需要德语祈祷书，似乎女人对每周六上午的布道内容理解得更好。[168]

　　圣殿协会雇用了两位年轻人担任圣会的宣教士：一位是前面已经提到过的爱德华·克雷，另一位是戈特霍尔德·所罗门（Gotthold Salomon, 1784—1862）。宣教士这一头衔说明他们的任务是说教，特意回避"拉比"的称呼，主要是为了避免和汉堡社区代理发生冲突，同时还表明他们不需要对饮食律法等内容做出决定。所罗门的职务由米纳姆·孟德尔·斯坦哈特授予。克雷出身贫寒，在柏林大学获得博士学位，曾在雅各·赫兹·比尔家中担任过家教，他撰写过一部教义问答书，非常受欢迎。克雷在汉堡免费学校担任过多年领导，同时任圣殿的宣教士，这些都表明他对犹太教育情有独钟。他是个原则性极强的人，只是有点学究气。他的布道成为形式和内容上的典范，然而缺乏想象力和隐喻；他的说教能感染圣会者的思想，却无法深入内心。[169]和他相反，所罗门擅长演说，最早在德绍地区当过教师，与克雷不同，他没有上过大学，但对于自己的学问相当自信，自信能够胜任《圣经》的翻译。所罗门的布道很受欢迎，演讲充满了激情，引用的象征和比喻极具效果，他深受女性的喜爱，在女性眼中他并不虚荣。所罗门在布道中广泛引用拉比文献，是最早这样做的宣教士之一，他以基督教模式开篇，论述展开后便脱离了基督教模式，逐渐凸显出现代犹太宣教的特点。[170]他还是19世纪上半期改革运动中最受尊敬的人物之一，但后来的领导者认为所罗门的观点已经过时，且很肤浅。

汉堡圣殿祈祷书是第一部内容全面的改革派礼拜仪式书。每一页都有一条横线，横线之上的内容是公共背诵的希伯来语和德语原文，横线下方是德语翻译，有时候会有西班牙语音译内容。[171]祈祷书只删除了单独成卷的德语赞美诗。[172]标题页上有两种语言，祈祷书从左往右翻页，和传统不一致。祷文的绝大部分内容与柏林圣殿祈祷书相似，但是不符合祷文的常规格式。弗兰克尔和布瑞斯洛对难以理解的神学概念没有涉及。他们照搬希伯来语和德语有关死者复活、天使的原文，令他们大伤脑筋的是重新制定献祭仪式的祷文，祈祷书中没有完全删除这些内容，在节日礼拜仪式中希伯来语原文被改为："让它成为你的意志吧！雅威，我们的神啊，我们祖先的神啊，请仁慈地接收并青睐我们嘴上说出的话吧，以此代替那些义不容辞的献祭吧。"为了删除或改编有关回归锡安山的内容，编辑者选用了西班牙语格式，这种格式不会令人反感，原文中有的内容被省略或替换，但是对请愿书丝毫未做改动："让我们慈悲地看到你回归锡安山吧！辅佐神回到锡安山，你将得到保佑。"汉堡市的改革者没有放弃对锡安山的挚爱，也没有忘记锡安山在犹太历史上所发挥的重要作用，但是他们不愿意亲自回归锡安山，也不想重建古代圣殿。

汉堡礼拜仪式在其他方面效仿了柏林的做法，改进幅度甚至超过了后者。除了在重大节日场合中保留了特殊的祭拜仪式（*alenu*），汉堡市的宗教改革者取消了每周诵读先知书的做法，把更多的时间用在布道上，减少了礼拜者诵读《托拉》的内容，原来规定一年读完一遍，现改为三年一个轮回。西班牙裔犹太人大卫·梅尔多拉（David Meldola）来自阿姆斯特丹，他负责主持简单的礼拜仪式，并用西班牙语的发音方式朗诵一段希伯来语祷文，然后领读德语祈祷文。[173]

礼拜仪式中使用何种类型的音乐也成为改革者考虑的问题。传统犹太圣堂会雇用三名歌唱者：独唱者、男低音和男童高音。这种三重唱组合由于缺少正规音乐训练，而且所使用的旋律常选自世俗的流行歌曲，所以存在发音不和谐的现象。对于某些犹太人来说，当代音乐或教堂赞美诗具有一定的教化作用，从审美角度上他们无法忍受这种局面，但没有更好的选择。汉堡圣殿的德语赞美诗歌词是犹太作家谱写的，其中包括克雷和弗兰克尔，一部分歌词是根据像《万物之主》（Adon Olam）这样的传统希伯来语赞美诗创作的，其余的根据圣歌或普世宗教主题而写，然而作曲的任务多数交给异邦作曲家来完成，合唱团成员是犹太教学校的男生。管风琴演奏由异邦人担任，因为犹太律法禁止犹太人在安息日弹奏管风琴；还有一个原因，圣殿领袖没有找到能胜任的犹太音乐家。结果出现了一个奇怪的组合：西班牙语风格的希伯来语与当代风格圣堂音乐相结合的德语赞美诗。后来又涌现出几位才华横溢的犹太圣堂作曲家，例如维也纳的所罗门·苏尔则（Solomon Sulzer）和柏林的路易斯·勒万多维斯基（Louis Lewandowski），使现代犹太祈祷音乐取得了长足进展。[174]

每隔两年，在莱比锡市会举行一次犹太人圣会，参加者来自欧洲各地。考虑到欧洲犹太人的需求，1820年秋天，莱比锡市的撒克逊城仿照柏林制定了礼拜仪式。圣会在当地大学捐助的学术报告厅举行，厅内能容纳250名参会者听取虔诚布道。从布罗迪（Brody）、布加勒斯特（Bucharest）、维也纳（Vienna）、克拉科夫（Cracow）和阿姆斯特丹（Amsterdam）赶来的犹太人参加了礼拜仪式。这种礼拜仪式沿用了多年，最终莱比锡市修建起正式的犹太圣堂。[175] 1819年，巴登省（Baden）的卡尔斯鲁厄市（Karlsruhe）模仿柏林和汉堡成立起圣殿协会，1820—1823年，参加圣会的人们在自己的圣殿里举行礼拜仪式。成员们允许传统分子加入圣会，大家一致同意采纳布道、德语祈祷、恪守礼仪以及成人礼等仪式。新的礼拜仪式也传播到了其他城市。[176]

汉堡的圣殿协会以及礼拜仪式不久便引发了矛盾。[177]圣殿很难获得社区委员会（Vorsteherkollegium）的批准，尽管委员会中签署圣殿法令的官员人数超过了一半，至少有四位，但是其余两名委员会成员以及三位拉比法官却坚决反对。社区委员会担心内部发生严重分歧，试图进行调解，可是双方互不妥协：改革派誓不放弃新祈祷书，传统派坚决不容忍圣殿的做法。圣殿领袖认为协会靠成员的资助，性质上属于私人的。即便如此，他们继续向社区政府纳税，因此社区选举的官员以及犹太法官都无权管辖圣殿。但传统派认为圣殿是公共礼拜堂，理应受中央控制。双方之间的第三方力量是社区委员会，他们对宗教问题并不感兴趣，只关心如何维持社区统一，并负责慈善机构捐助的稳定收入。

汉堡参议院被来自三方的请愿与宣言层层包围，只能采取折中的办法。1819年9月17日，议会颁布法令，法令的措辞非常严谨，避免使用任何偏袒的言辞，议会认为圣殿协会既没有建立犹太圣堂也没有创建圣殿，只是一处"精神受熏陶的公共场所"。协会的精神领袖既不是拉比也不是宣教士，只是"教师"，因此新协会是对现存社区机构的一个补充，不是对立的机构。只要社区没有发生分裂，支援犹太穷人的问题不出差错，世俗政府就不会关心犹太人的宗教事务。根据政府的观点，新机构是按照他们的想法来组织礼拜仪式。

社区的传统派在劝说政府劳而无功后，并没有善罢甘休，他们希望通过宣传来诋毁新机构在犹太人眼中的形象，从而将这些成员驱逐出去。三位犹太法官发表声明，严令禁止改革礼拜仪式，只能使用希伯来语，安息日或其他节日禁止在教堂弹奏管风琴，即使异邦人弹奏也不允许。法官们发现如果个别人偏离传统做法，他们只能暗地里哭泣，而现在创建了一个机构，使犹太教的异端表达行为成为合法的事情，因此必须予以强烈谴责。谴责的结果令他们大失所望，与从前截然不同，他们的权威受到极大的挑战，没有人遵守他们发出的集体口号；他们向社区所有成员发出警告：禁止使用新祈祷书，家长要让孩子们远离圣殿，否则会成为受害者；他们还呼吁圣殿成员们浪子回头，忏悔自己所犯的罪行。

新圣殿对此予以反击，利伯曼的两本册子也证实汉堡改革者的行为与柏林一样都是正确的，法官们给中欧的犹太政府写信，请求他们给予援助，并向犹太人和异邦人证明"改革派"所做的已经超出了犹太教范围。他们收集了由40位拉比签署的22条意见，1819年，在阿尔托那市将这些内容出版，书名为《圣约语言》（*Eleh divre haberit*），一同出版的还有德语摘录内容，包括希伯来和哥特文字。

拉比引用权威文本来反对圣殿的革新并宣布禁令，在某些程度上，他们的犹太律法论据还是站得住脚的，例如祷文的措辞方面，但其他方面有些牵强，例如在使用本地语的问题上。他们遵守"以色列的风俗即《托拉》"这一声明，对现行做法的任何改动都持反对意见。他们对改革者进行了不同程度的谴责，认为他们是"罪恶之人"，想争取异邦人的支持而破坏犹太教，对待这些偏离既定做法、违背犹太权威的人，应该像对待罪人一样，让他们受到神的惩罚。另一位拉比建议，传统派应该采取实际措施，恳求政府"拆除这座邪恶的房屋"（箴言14：11）、"砍断邪恶的臂膀"（诗篇37：17）。响应者认为应该贬低《正义之辉》和《闪耀之光》这两本册子，既要反驳书中的观点，又要引导亚伦·科林放弃改革（至少是暂时的），同时对利伯曼的性格加以质疑。只有一位响应者——摩拉维亚省（Moravia）特里希（Triesch）的拉比埃利泽（Eliezer），在他的第二条意见中认可了改革的必要性。他谴责了传统犹太圣堂中秩序混乱、经常发生吵架的现象，建议引入具有精神启发性的布道。他早期提议通过和平劝说的方式来获得政府的支持，反对诉诸武力。[178]

59

　　攻击改革者的希伯来语出版物不止一部，纳茨曼·博林（Nachman Berlin）是波森省利萨的马斯基尔，他曾做过忏悔，赞成使用各种手段来反对敌人。他不仅建议烧毁利伯曼的作品，而且经常将改革者画成反叛者的形象。最初，他反对的对象是宗教，后来针对的是宗教政治权威，这些无疑加剧了改革者承受的外部压力。[179]在反对宗教改革的辩论中，影响最广泛的是亚伯拉罕·洛文斯塔姆（Abraham Löwenstamm）的作品，他在离汉堡很近的埃姆登市担任拉比。[180]洛文斯塔姆的书共分九部分，他对最后一部分的兴趣最浓，书名为《末日》（*Kets ha-yamin*），主要讨论了汉堡祈祷书如何成为众矢之的，以及绝大多数反对者对弥赛亚救赎这一传统概念的看法。

　　针对弥赛亚回归锡安山的那部分祷文，汉堡的改革者或删或改，毫无疑问这一革新史无前例。[181]根据犹太传统的观念，犹太信仰的中心原则是：如果否定在原国土重新整合以色列民族、重建圣殿的希望，就等于否定了犹太教本身。改革者对此产生怀疑，弥赛亚主义是个敏感的问题，其中心原则意味着犹太人对其统治者缺乏完全的忠诚，此外，这一独特的教义建立在上帝将以色列视为最优民族的假设之上。一旦欧洲解放的希望破灭，或像反对者想象的那样，犹太人回归到巴勒斯坦，他们将面临一系列问题：完全放弃弥赛亚主义，在某种程度上调解两种对立的思想，或者重新诠释旧信仰以适应新局势。改革派和传统派都不愿走第一条道路，对于犹太教而言，这意味着丧失前途，也等于承认自己缺乏激励上进的力量。有的传统分子指出，承诺回归锡安山与他们对统治者的忠诚与爱戴并不冲突，因为统治者的善意令他们感激不尽。包括洛文斯塔姆在内的传统派分子强调了犹太价值观中的普世内容：救世主将给所有的民族带来和平，他的到来将是全人类的福祉。这种诠释意味着犹太人不能单独采取救赎行动，要尊重上帝的意愿和时间。救世主的希望就是要求政治上的无为主义，决不能背叛或企图推翻现行机构。

　　改革派重新诠释了弥赛亚思想，不仅降低了这一思想的特殊性，还中和了爱国主义的因素，传统派为此感到惶恐不安。改革者把救世主的希望转移到欧洲，并在祈祷书中表达了这一思想，对他们来说，汉堡礼拜仪式将永久替代耶路撒冷的献祭礼拜；他们会记住锡安山，但寄希望于别处。对于传统派来说，这比异教邪说更加严重。洛文斯塔姆在这一问题上大做文章，争辩道：基督徒和穆斯林以及犹太人都相信弥赛亚，他们认为弥赛亚已经到来，因此在他们眼中，那些不再信仰弥赛亚来临的犹太人不是文明人。

汉堡圣殿还遭到了犹太政府的一致反对，改革者被迫进行自卫，弗兰克尔出版了一本书，证明新祈祷书中的改动是正确的，布瑞斯洛把搜集到的所有希伯来语段落整理成一部简明的德语著作《神约语言》，以此支持使用本地语祈祷[182]。他还出版了一部希伯来语作品——《神约复仇之剑》(*Herev nokemet nekam berit*)，这部作品内容简短、言辞讥讽，文体奇特，书中讽刺了《神约语言》中犹太政府的观点。[183]德语著作中没有什么新颖之处，但这两部作品把个人情感与犹太律法论证结合在一起，证明圣殿仪式中将希伯来语和德语、传统和革新因素相结合的做法具有合法性，也是众望所归。布瑞斯洛的德语书不是凭一时冲动而作，作者巧妙地使用《圣经》短语，凭借自己希伯来语言学者的文学技巧勾勒出两个对比的肖像：将三位级别较高的拉比比作传统社区中的牧羊人，他们眼睁睁地看着自己的羊群偏离了犹太教，直到"子女们都投奔了别的民族"。尽管参加犹太圣堂的人数大大减少，顽固坚持现行风俗的人数没有减少，就像《耶利米书》(7：4)所说的以色列人那样，他们幻想着圣殿会屹立不倒。而圣堂里的嘈杂声、极不和谐的歌声让人们无法集中精力进行祈祷；几乎无人能听懂祷文和晦涩的布道，这是一幅通过自我破坏而腐败、即将毁灭的画面。相比之下，布瑞斯洛把圣殿描述成一方乐土，参会者有孩子，也有成人，人数众多，他们感到振奋、受到启发，在同化潮流的影响下，年轻人与父母们并不相同，不是"发动叛乱的一代"[184]。

在这场相互指责对骂的辩论中，传统派和改革派的立场非黑即白，几乎听不到温和的语气。拉撒路·雅各·瑞瑟则是个例外，他受到人们的普遍尊重，是拉比拉斐尔·科恩的女婿，科恩的立场非常坚定。瑞瑟虽然不是圣殿的成员，但他认为世俗主义会逐渐腐蚀传统的信仰和实践，并且导致社区内的分歧日益严重。他拥护圣殿，认为把被疏远的犹太人重归信仰和民族是一项壮举；传统派不该谴责新礼拜仪式，而应该把它看作一架桥梁，引领犹太人完善仪式的遵守。[185]

瑞瑟虽然认可修建圣殿的必要性，但个人并不赞同所有的礼拜仪式革新。不久他着手圣殿方案，故意对圣殿的优点轻描淡写，以此降低圣殿对外界的吸引力。圣殿举行了首次礼拜仪式后，不久社区委员会收到了第一份请愿书，建议社区雇用一位新拉比。[186]此后不久，又收到一份由117人签署的请愿书：要求寻找新的精神领袖来替换年迈的高级拉比；社区教堂要引入新的与犹太律法一致的现代化仪式；改进犹太教育。接下来的两年内，社区委员会不断地讨论这项工作。这激起了圣殿协会其他成员的反对，他们要支付圣殿传教士的薪水，同时想减少额外的社区税，但是这些反对意见并没有形成很大的气候。瑞瑟被任命和一位最有希望的拉比候选人艾萨克·伯奈斯（Isaac Bernays, 1792—1849）共同安排工作，这位年轻的拉比接受过大学教育，在宗教对外事务上致力于同化和犹太律法允许范围内的现代化，但同时还保留了传统风俗和仪式。因此，他能给年轻人树立一个模范——在传统框架内实现现代性。被任命后，伯奈斯毫不犹豫地穿上基督教牧师的服装（就像是圣殿的宣教士），在社区犹太圣堂进行定期德语布道。他以极其严格、庄严的方式举行生命周期的仪式，因此与圣殿联系不是很大，也不该支付额外的费用。1821年伯奈斯的就职标志着汉堡圣殿争议的终结。新任的智者①（hakham）签订了合同，不准干预甚至谴责圣殿协会的各项活动。其间汉堡的德裔犹太人社区内部出现了宗教多元化和相互容纳的局势。任何一方也无法取代另一方，每一方都以自己独特的方式回应现代性的挑战。

　　宗教改革运动发展中的汉堡圣殿论战暂时告一段落。运动提出了基本的宗教问题，也成功地完成了首次制度化。对改革者来说，尽管意见各异，他们向世人表明：犹太教不是"一具被自由氛围触动过、依旧行将入墓的木乃伊"[187]。但同时他们必须承认，不久的将来他们只能影响到一小部分社区，政府也不可能完全地支持他们。最重要的是，他们还没有发动起真正意义上的运动，且缺乏明确的目标以及建立新体制的意识形态。用自己的话说，他们只局限于眼前的目标。用布瑞斯洛的话说："我们努力改进礼拜仪式，这一点我们做到了，但是我认为自己还不能被称为改革者。"[188]改革运动最初在汉堡扎根，但是要想得到进一步的发展，需要巩固这一基础并加以传播。

---

①　西班牙语的名称，伯奈斯本人更喜欢用拉比这一称呼。

# 2. 思想动荡

## 思想环境

许多人与柏林、汉堡圣殿联系密切是出于个人或社会的原因。他们认为这些礼拜仪式易于理解、具有启示和宗教意义，同时在日趋同化的环境中，礼拜仪式对于基督徒来说也不像从前那样感到陌生。犹太教在现代世界是否可行？很少有人关注这一哲学问题，下一代人意识到，除非犹太教从思想上值得人们尊敬（不只是审美和社会层面），否则形式上取得的成绩只能像建立在沙子基础上一样；礼拜仪式虽然实现了现代化，但它继承了遗留传统，会转瞬即逝。对于犹太教本身来说，要想在新环境中得以生存，犹太人和异邦人必须认清这样的事实：传统信仰不仅在形式上与现代宗教（基督教）的表达方式相互共存，而且作为历史存在的实体和信仰体系，在面对敌对思潮的猛攻时，她生机勃勃、灵活多变。早期圣殿营造的环境，让同化的犹太教礼拜者感觉舒服自在，新一代的犹太宗教知识分子重新审视了犹太信仰，认为犹太信仰与基督教是并存的。

早在18世纪中期，人们普遍认为犹太教对于那些接受启蒙文化知识的犹太人来说已经失去了吸引力，因此瑞士神学家约翰·卡斯珀·拉瓦特坚信自己能够说服摩西·门德尔松笃信基督教的真理，然而门德尔松从不盲信，他有自己哲学的思想。此后，德国的基督徒和学术思想代表们也肯定犹太教在本质上无法与现代性共处，他们构建了宗教哲学体系，一致认为犹太教在历史上作用有限，地位不如基督教，这一思想影响颇深。然而改革运动预测犹太教与现代性将会和谐相处，领袖们希望能将犹太教义与普遍哲学思想联系在一起，实现重兴犹太教的目标，但同时必须要面对那些错误的理念。例如，现代环境中的犹太教是时代的错误，任何实现犹太现代化的努力都是徒劳。德国犹太思想家就是在这样紧张的局势下建立并发展自己的神学体系，一方面他们想与当地的思维方式合并，同时又想继续保留犹太传统，面对这样或那样否认犹太教未来的判断还要予以驳斥。

　　极具讽刺意味的是，最早对犹太教发起挑战的人竟来自内部，是阿姆斯特丹西班牙裔犹太社区的巴鲁赫·斯宾诺莎，他接受了传统的犹太教育，但不久后放弃了犹太信仰，并形成了与犹太教基本教义相悖的哲学体系。在发表观点后，斯宾诺莎被逐出犹太教，他把祖先信仰馈赠给了后代人，虽然不合时宜，但是影响深远。绝大多数情况下，现代犹太思想家认为斯宾诺莎的观点存在问题，不管提到或是忽略他的名字，可以肯定的是，他们对斯宾诺莎思想中的某些内容非常感兴趣。[1]

　　斯宾诺莎的主要作品《伦理学》颠覆了犹太教和基督教的基础，《圣经》中能力超强的造物主上帝被纯粹自然的上帝所取代，在一切由命运注定的体系中，作为道德责任基础的自由意志不再发挥原有的作用，个人永生成为一种幻想。门德尔松认识到斯宾诺莎思想与犹太教互不相容，他的朋友莱辛被指控为由信奉斯宾诺莎思想转而信仰犹太教，门德尔松必须对这一说法予以否认。在18世纪也发生过类似的事件，最激进的改革者从根本上排斥斯宾诺莎的本体论。斯宾诺莎在《神学政治论》（*Theologico-Political Treatise*）中将犹太教排挤出去，认为在宗教上是多余的，没有犹太教也能证明上帝是善良的，并具有永久的神性，道德也由此产生。《圣经》对于大众来说是必要的，但是对于哲学家来说则相反，先知书并不是独家宝藏，斯宾诺莎用相对主义的方法表达了自己的观点：先知书在其他民族也出现过，并不是犹太民族所专有的。斯宾诺莎偏爱基督教胜过犹太教仍旧是问题的所在，尽管他从未皈依过基督教，但他在启示中赋予耶稣的角色远远高于希伯来与先知书中相应的角色："如果摩西像跟朋友讲话一样与上帝进行面对面的交谈（也就是说通过两个身体），基督与上帝相当于进行了思想上的交流。"在另一方面他是这样表述的："基督并不是像上帝的喉舌那样充当先知。"斯宾诺莎的观点比较偏见，他认为犹太教是排他的，主要关心物质需要；而基督教是普遍性的，关心的是精神需求。如斯宾诺莎所暗示，犹太教影响恶劣，腐蚀了拥护者的思想。犹太人在现代能够生存，不是因为犹太教的美德，而是犹太人已经与其他民族分离，与其他民族的礼仪格格不入，以严格恪守割礼为标志的外在习俗让其他民族痛恨无比。[2] 斯宾诺莎的犹太存在论遭到了激进改革者的一致反对。

64　　犹太教思想家否定了这些观点，然而有的犹太作家却在某种程度上接受了斯宾诺莎的《圣经》批判内容。令人不解的是，这些作家承诺对《摩西五经》文本都会进行历史分析。对于摩西是

《托拉》的作者这一身份，斯宾诺莎非常质疑，改革者们也持怀疑态度，尤其是19世纪后半叶当多数人接受了高水平的《圣经》批判之后，这种疑虑愈演愈烈。但是斯宾诺莎认为只有当犹太人拥有了自己的国度和圣殿，摩西律法才具有可行性。这种观点具有较大的局限性，也是他留给世人的遗产中引起分歧最多的观点。他的论证如下：一旦犹太人被流放，他们政体的制度就失去了约束力。[3]门德尔松和后来的犹太思想家反驳了这一观点，但是以塞缪尔·侯德海姆（Samuel Holdheim）为首的激进改革者们却接受了斯宾诺莎的观点，用来证明废除遵守仪式的正确性。

19世纪末期，德国人普遍接受了斯宾诺莎的思想，他对犹太教的观点与基督徒的偏见不谋而合，甚至还影响到对少数犹太人感恩的基督徒。斯宾诺莎这样写道："宗教作为一份书面法律传授给了希伯来人，因为当时他们还是孩子，后来摩西和耶利米预言，有朝一日雅威会将律法写在他们心中。"[4]犹太教代表了那些精神上不成熟的人们的信仰，这一观念得到了戈特霍尔德·埃弗莱姆·莱辛（1729—1781）的呼应，莱辛撰写的"人道主义教育"一文颇有影响力[5]。文中他以新式的、历史的方法再次重申了基督教的观点：新信仰必定取代旧信仰。随着人类精神的层层进步，启示与理性二者之间也相互促进。几个世纪以来，宗教进步成为古以色列的特点，但是在第二圣殿（the Second Commonwealth）时期，犹太教的内部发展已经达到了顶峰。拉比继续坚持错误的做法，把更先进的思想引入希伯来《圣经》的基础课本中。这时，更优秀的教育者——耶稣出现了，并使得人道主义在前进的道路上迈了一大步，莱辛通过这种方式阐述了犹太教的不合时宜性。

犹太作家们不得已进行反驳，认为莱辛将犹太教降级为超越这一过程的原始阶段。具有讽刺意味的是，莱辛的这一方法却成为改革派神学事业中的必要内容。门德尔松坚持认为犹太教不能改变，其永恒真理永远不能被替换，甚至不能进行实质的改良，但是改革思想家接受了莱辛的观念。对于他们来说，宗教在历史进程中是不断进步的，既然未来是建立在过去的基础之上，启示也在不断进步，那么犹太教必然有进步的空间。与莱辛不同的是，改革思想家坚持认为犹太教处于不断进步发展的过程中。犹太教不只是宗教发展普遍过程中的一个阶段，本身也承担了为全人类进一步洞察神和上帝意愿的本质任务。

对现代犹太思想家影响最为深远的德国哲学家当属康德，他排斥基督教的教条主义，不相信人类内心是腐败的，认为宗教信仰首先是行动，而不是赎罪。康德的这一思想深受犹太教青睐，因为犹太教强调的是神的戒律而不是由信仰构成的救赎。像莱辛一样，康德也提出了一种犹太教观念，让人完全无法接受，[6]同时他还勾勒出了一种信仰，具有一定的理性和可行性。此外，康德向犹太作家们发出挑战，迫使他们重新诠释犹太教，界定出思想道德上令人尊敬的宗教。

65　　莱辛的"人道主义教育"发表后八年，即1793年，康德出版了《理性范围内的宗教》一书。受斯宾诺莎、门德尔松以及基督传统的长期影响，康德以原始形式将犹太教定义为"建立在政治组织基础之上的一整套法律法规"。事实上，犹太教"不是一种宗教"，因为它没有涉及道德。就其所具有的宗教特点而言，不过是吸收了希腊智慧的舶来品。圣经犹太教只强调外在行为和恪守礼仪，缺乏对未来生活的信仰，而且把古以色列排除在宗教团体之外。上帝是一位政治贵族，只想让人们遵从他的要求并机械地膜拜，并未考虑如何将人们变成宗教需要的有道德的人士。而基督教完全不同，它不可能起源于犹太教，它是首次产生真正宗教信仰的革命产物。[7]康德认为圣经犹太教是一种严重的扭曲，对于德高望重的德国哲学家而言，让犹太人放弃继承信仰而皈依他教简直是轻而易举的事情。此外，康德还发表过这样的观点：在所有历史宗教之上"有一种单一、不变、纯洁的宗教信仰"[8]藏在人类的道德良知中，这就是未来的宗教。这一观点忽视了犹太教中存在受人尊崇的具体因素。如果上帝只是一味孜孜不倦地引领人们的道德生活、履行职责，那么所有的仪式、象征性的表达最终将是多余的。

康德的错误观念产生了很大的负面影响，为了挽救犹太教的声誉，一部分人决定摒弃康德的观点。他们接受了哥尼斯堡哲学家提出的非犹太性观点，并在犹太内部自我界定时强调向心力。单纯的宗教信仰本质是道德的，这一思想很快成了改革运动的理论基础和进行实际操作的原则，其影响主导着犹太改革思想家的写作，布道时要体现道德首位的原则，其针对对象是新圣会。布道不关注仪式律法，目的是突出商业和家庭关系中的美德行为。改革者指出，康德宣布取悦上帝的仪式没有道德可言，从历史角度讲，这代表了异教。教堂应该是"教育和提高道德性格培养的集合地"[9]。犹太教并不是像康德所界定的那样缺乏道德，改革派竭力证明犹太教是最专注道德提升的宗教，具有广阔的发展前途。康德认为宗教中可以实现个人自制，这也是改革者认定的重要内容，这一向心力能够削弱传统权威，敦促人们思考上帝如何控制并让人类承担道德责任；改革者们在实现宗教一致性的过程中，要放弃零星的、不同程度的努力。

康德认为历史信仰不能脱离圣文，圣文中反映出的道德水平并不是最高的，文本和道德有时会发生冲突，对于哪个被迫要做出让步，康德丝毫没有疑问。他和斯宾诺莎的观点一致，二人都认为研究《圣经》的最终目的是提升道德，如果良知与道德动机相悖，牵强附会的解释可以替代字面意思，这一点不仅必要，而且完全正确。与保守派思想相反，康德认为《圣经》必须依据道德观念来解释，而不是让道德观念适应《圣经》文字[10]，应该用文本之外的理性和道德标准来判断个别文章的宗教价值，这一观点被犹太宗教改革者以及自由派基督徒所采纳。犹太思想家对涉及道德问题的文章进行牵强的解释，改革派暗示这些重新阐释超越了《圣经》道德的基础。最终，人们认为康德的理性宗教摆脱了所有的文本和传统，康德相信当人道主义进入了繁荣发展的时期，曾经有用的法令和传统都变成了羁绊，因此历史上所有的宗教注定要给普世理性道德的信仰让位。[11]改革派思想家对康德的观点进行了反思，他们认为经过适当且重新诠释的犹太教是一种净化，恪守礼仪的犹太教绝不是康德声称的伪宗教，恰恰相反，犹太教正是康德认定的未来信仰。

康德对改革运动提出的挑战以及对其产生的影响一直持续到20世纪。不久在德国，与康德思想同时达到顶峰的启蒙思想在浪漫主义世界观的衬托下黯然失色，弗里德里希·施莱尔马赫（Friedrich Schleiermacher, 1768—1834）是杰出的启蒙思想神学代表。他和早期作家一样对犹太教表达了肯定的观点，但是他对一般意义上的宗教进行了犀利的批评，这种对比诠释有助于将现代犹太思想引领至新的方向。与康德一样，施莱尔马赫认为犹太教在现代世界中没有前途。在1799年他这样写道："犹太教消逝已久，可一部分人仍穿着制服坐在这具不朽的木乃伊旁边哀悼、哭诉他的离去以及令人伤心的遗产"[12]。与康德相同的是，他谴责犹太教缺乏共性，否定犹太教和基督教之间的历史联系，与未来的信仰相比，他把犹太教描述成天真的样子，这一点与斯宾诺莎和莱辛的做法相似。他所著的《基督信仰》教义书于1821—1822年首次出版，影响颇深。施莱尔马赫把犹太教和伊斯兰教、基督教并列在一起，认为这些都是最高级别的一神论信仰，但是基督教具有普世意义，它摆脱了一切感性认识，代表最纯洁、最完美的形式。在他看来，只有生病的灵魂才会抛弃基督教而选择对立的信仰。[13]

施莱尔马赫认为宗教的生命力源于情感，而不是理性假定，他想通过这种做法恢复人们对基督教的尊敬。充当其基本必然性的是直觉，而不是逻辑论证。离开了"虔诚的社区"，宗教则无法生存，因此自然宗教从未成为历史实体的信仰，它只不过是借助理性工具对共同因素进行抽象概况的结果。施莱尔马赫认为与启蒙运动相比较，基督教不会被纳入纯粹理性的信仰范畴，它永远受经文的约束，以教授道德真理为目标，将人道主义救世主置于中心的位置。[14]施莱尔马赫的思想致使犹太教更加偏离基督教。门德尔松强调犹太教包括自然宗教，只是增加了启示的立法，使犹太教具有了现代化气息。施莱尔马赫从两方面切断了基督教和犹

太教的联系，第一，两种宗教不仅缺少历史上的延续性，而且不能通过自然宗教这一内在纽带联系在一起，事实上，他将犹太教
认定为单独的物种，并且间接地创建了一套基本原理，使犹太教继续生存。第二，如果说犹太教是启示和经历所塑造的历史社区的独特信仰，那么忽视仪式律法并不意味着犹太特殊性的终结，而是再次尊重正面的历史宗教。施莱尔马赫的思想发挥了一定的影响力，改革者应该根据其特定阶段的发展来审视犹太教，不能凭是否与理性一致来检验其正确性。

　　施莱尔马赫重新评估了宗教个体性，制定的基本原理并不是以延续犹太教为目的。黑格尔在历史宗教框架内关于犹太教的观念再次将犹太教定位到过去。对于黑格尔和莱辛来说，犹太教只是人类发展过程中的一个阶段，但对于莱辛，这一阶段体现了宗教教育的一种水平；而黑格尔则认为这是对世界精神辩证发展的一种推动力，因此在黑格尔思想成熟的作品中，犹太教被看作是"崇高的宗教"，礼拜者敬畏的上帝卓越非凡，他的观点片面强调了上帝的能力。[15]基督教通过将上帝并入历史——道成肉身——来纠正这一不平衡的现象。黑格尔的哲学思想是建立在泛神论的基础之上，基督教教义的内在论比犹太教让人更加受益。此外，黑格尔将国家看作是世界精神的最高体现，这种尊崇观念营造了政治无为的气氛，扼杀了预言的道德性。黑格尔对德国19世纪中期以前的一代人影响巨大。犹太思想家不由自主地受到了这一伟大体系及宝贵自由主义目标的影响，然而像斯宾诺莎一样，黑格尔的思想中缺少个人责任。而这一点是犹太教观念中不可或缺的因素，尤其对改革者而言，详述犹太教的道德要求必须包含个人责

任的内容。有思想的犹太人若要与黑格尔哲学进行格斗，双方最终都会放弃最基本的一些因素。

要理解改革运动早期的神学事业，必须结合思想背景。有影响力的思想家认为犹太教与基督教不同，不能接受现代性的挑战。犹太思想家不能忽视基督教的哲学家和神学家，他们的观点代表了犹太教必须要面对的现代性，除非犹太教想独立于其他思想之外。首先，我们简单地思考一下犹太作家体现的哲学精神，他们的作品非常深奥，且自成体系，对普通犹太人来说几乎没有影响力，然而就是他们最直接地面对理论上的挑战。然后，我们再阐述新的学术批判，这一学术对改革派既有挑战性，又有可用之处。最后，我们会详述一部分思想家在实践方面所做出的努力，包括对现代犹太教的界定、为其指出发展方向、创建中心概念及目的等方面的内容。

## 犹太教新观念

19世纪前半期，德裔犹太人中出现了三位重要的思想家。一位是所罗门·路德维希·斯坦海姆（Solomon Ludwig Steinheim, 1789—1866），他是内科医生，远离日常宗教争论，他人生中的最后20年是在罗马度过的。其余两位是所罗门·福姆斯泰切尔（Solomon Formstecher, 1808—1889）和塞缪尔·赫希（Samuel Hirsch, 1815—1889），他们都是积极参与改革运动的拉比，这三位人物并没有特别关注传统犹太律法这一当务之急，对于他们以及改革者来说，围绕犹太思想所做的主要工作应该聚焦于神学领域。[16]

68

　　人们普遍认为，斯坦海姆是这三位当中最有原创性的思想家，但是论及其影响力却最小。[17]他学问渊博，具有相当的创造力，著有医学著作，还是诗人、神学家，他积极参与阿尔托那的犹太社区事务，为争取犹太解放而写作，但是对犹太文献的掌握主要限于《圣经》和几位中世纪作家的著作。40多岁时，斯坦海姆开始对神学感兴趣，1835年出版了《犹太圣堂教义的启示》四卷书中的第一部[18]，在朋友的激励下，他一时冲动皈依了基督教。他认为要证明犹太教的正确性具有一定的挑战，早期的门德尔松和后来的弗朗茨·罗森茨维格（Franz Rosenzweig）也这么认为。此外，他还担心同化带来的离心力会驱散犹太意识，对于基督教来说，启蒙运动过后宗教已经与文化重新结合；但对于犹太教，情况并非如此。

　　斯坦海姆从哲学角度捍卫犹太教，试图通过加固的方式来避免其根基遭到破坏。他将犹太教置于历史之上，宣称任凭时间如何蹂躏，犹太教将丝毫不受损伤。从某种意义上讲，他的做法是在步门德尔松的后尘，因为门德尔松也认为犹太教是永恒的，犹太人应该遵守自然宗教的理性真理，强调立法对所有历史时代的犹太人都具有启示性。但是斯坦海姆摒弃了门德尔松的两大信仰支柱，他认为自然宗教是启蒙运动设计出来的新异教，圣经立法是民族的、地方的、暂时的。犹太教具有永恒性还在于它的教义启示基础像数学法则一样固定不变，这种启示既不需要内部发展，也不需要外界的传播，因为这是上帝所赐，从一开始就是完美的。宗教历史不是启示本身，而是接受或摒弃的历史，这与莱辛的观念背道而驰。对于斯坦海姆来说，上帝转移到古以色列的真正启示包括下列教义：上帝是卓越独一无二的，神和人类是自由的，上帝从无到有创造了世界等；他认为人类的理性没有达到这样的思想高度。事实上，从古代异教到现代，人类理性与整个哲学思想传统始终存在着矛盾，一旦受到启示，即使与先前存在的倾向相悖，人们应必须提高理性。启示不仅要加强人类精神中的潜在因素，还要完全改变人的内心——精神再生，古以色列是不是原始民族对于斯坦海姆来说无所谓，因为启示高于拥护者。[19]

据斯坦海姆的观点，启示与异教完全对立，二者水火不相容。犹太人一直以来都是启示的"受托人"，但是哲学拥护异教徒的自然主义，位于两者之间的基督教混合了两种思想，将《圣经》启示传给异教徒，试图对这些不可调和的因素进行调解，结果只能是徒劳。只有犹太教以"纯洁、纯粹、原始"的形式保留了启示，因此犹太教注定会战胜异教。斯坦海姆对启示的理解显然是将自己的宗教置于基督教之上：犹太教不仅先于基督教，而且随着时间的流逝注定要接替基督教的位置。[20]他用自己的方式论证了犹太教会继续存在下去，同时针对犹太教是不合时宜的各种观念进行了答复。

斯坦海姆的思想植根于现代欧洲的思想环境中，他的观点却与之针锋相对，他完全摒弃了斯宾诺莎的思想，将之视为异教传统的典型例子，把斯宾诺莎称为"担负着契约义务的否定上帝者"；不仅如此，他的观点还与黑格尔的确定性系统相对立；斯坦海姆与施莱尔马赫都摒弃了自然宗教，但他特别反对基督神学家的主张——宗教意识不需要将上帝的本性、意志或人道主义计划进行对外交流。[21]总的说来，斯坦海姆与康德的思想最接近，尤其在他后期的写作中更为明显。[22]康德发现人类的理性有局限，他强调人类是自由的，应该严格区分"是"和"应该"，并描绘出一种与斯坦海姆定义的异教大相径庭的宗教，可以说康德是第一位有思想建树的现代人。康德不信仰超自然启示，而斯坦海姆却与之相反。

　　在犹太思想家的行列之中，斯坦海姆鹤立鸡群，他认为门德尔松将犹太教划入普世哲学的行列并要求人们特别遵循是错误的。有一次，他称门德尔松为"思想上的异教徒、身体上的犹太人"，以此指出门德尔松思想中缺少内部统一。斯坦海姆同样严厉批评了当代犹太教中的正统派，对其生搬硬套地恪守礼仪、公然地加以神秘化进行了指责。他认为启示没有延伸至古以色列的公共机构——没有延伸到动物献祭这一环节。但不幸的是，祈祷书中存在异教内容。他拥护仪式改革，支持汉堡圣殿；此外他还是一位普世主义者，强调犹太宗教以及弥赛亚思想，同时排斥特殊主义。"只要哲学异教仍然徘徊在我们之间"，宗教形式的差异对于犹太教来说就是正确的。目前，如果犹太教的形式与基督教过于相近，其内部的根本区别就会被忽视，那么宣传纯粹启示的使命就无法实现。斯坦海姆声称支持仪式改革，然而在他后期的作品中却谴责其他改革者的宗教体系，导致这些改革者在公共场合下羞于向圣会者提起启示。还有一部分改革者在其神学著作中为犹太教启示具有现代泛神论或唯心主义进行辩护，斯坦海姆认为这些做法是错误的。[23]

　　斯坦海姆对后圣经犹太教始终不予理睬，这一方面他既不同于正统派，也有别于历史意识越来越强的改革运动。改革者强调宗教需要发展，斯坦海姆却予以否认。改革者将自己的事业与犹太哲学的理性传统联系在一起时，斯坦海姆却对这一传统的大部分内容感到陌生，并否认自己所知道的一切。犹太人信仰教义的超自然启示，也相信犹太律法的神圣起源，但斯坦海姆却相反。对仪式律法的权威加以排斥或限制的犹太人，通常也是不愿承认完全超自然启示观念的理性主义者，因此即便斯坦海姆很有魅力，最终却落得孤家寡人，这一点不足为奇。70

　　所罗门·福姆斯泰切在《精神的宗教》（1841）一书的序言中讲道，如果德国大学有犹太神学教授的话，像他这样实际的人就不会在闲暇时间忙于这一主题的写作了。但在当时以及整个19世纪，德国大学并没有制定编纂犹太文献的计划，即使犹太人自己筹备资金，这一任务也无从实施。因此，福姆斯泰切毕生的事业就是担任奥芬巴赫市（Offenbach）犹太社区的宣教士。在他35岁时，承担了一项出版任务，他撰写了一部综合性、理论性兼历史性的犹太教简介书籍。这部著作讲述了绝对唯心主义这一统治地位的哲学，尤其是弗里德里希·谢林所阐述的内容，以及基督教和伊斯兰教。他记得在吉森（Giessen）读大学期间所学到的有关犹太教的内容很可笑，在情感方面犹太教对基督教有偏见，这完全与他自己的观念以及直接的信仰体验相矛盾，因此他得出这样的结论：只有犹太人才能公正地撰写犹太教。福姆斯泰切试图通过把学术思想的术语应用到犹太教中，提高其思想上受尊敬的程度，另外还尝试将犹太教置于对立信仰之上，尤其是宣称要接替犹太教的基督教。他意识到不能只在一种唯心主义哲学或宗教体系中介绍犹太教，因为这样做的结果必定产生一种完全不能被接受的观念，他只能选择性地使用某些术语和思想，警惕会产生犹太教的分支。[24]结果，读者会发现他的思想受到了谢林、也许还有费希特和黑格尔的影响，但福姆斯泰切采取了折中的方法，决心拥护犹太教反对唯心主义哲学，而不做犹太哲学的唯心主义者。

福姆斯泰切写作的主要动力是把犹太教的发展和人类的发展紧密地联系在一起，他想表明一点：尽管人们倾向于把犹太教视为异类，但犹太教一直以来起着非常重要的作用，并且处于发展之中，会成为文明人类的普世宗教。福姆斯泰切与斯坦海姆一样，认为犹太教不可能在历史中退化，历史开端时向犹太人传播的清晰教义式的启示并不是犹太教永恒性的决定因素。历史赋予的启示必须要在人民内部进化，最终要让犹太人以及其他民族完全意识到上帝植入每个民族的精神是史前的绝对启示。与前辈不同，福姆斯泰切认为宗教的每一个真理必须同时是理性的真理，启示的内容包括绝对善良。[25]在理性主义和伦理主义方面，他与改革运动的主导思想趋势更加接近。

福姆斯泰切区分了作为思想和历史现象的犹太教，前者是纯粹的，后者可以吸收外来因素充当前者的保护壳。对自己宗教在现代世界中可行性绝望的那些犹太人既不理解其内在一成不变的思想，也不懂得历史现象会进一步发展的道理。福姆斯泰切把犹太教与异教并列在一起，不是辩证地审视，而是看作两种极端的理想类型。异教是自然宗教，上帝是世界的灵魂；而犹太教是精神宗教，代表上帝是纯粹伦理的生命，超越了他所创造的宇宙。尽管异教在人类精神发展的过程中起着必不可少的作用，但由于没有包含精神内涵而注定要被遗忘，而作为精神宗教的犹太教最终会包含自然因素的。[26]

根据福姆斯泰切的观点，犹太教的发展反映了《圣经》先知的"进步启示"，上帝早就使他们意识到他们的精神中包含了无意识的内容。《圣经》与传统保存并改善了预言启示，犹太教的历史发展兴衰浮沉，可以被描述成一部实现其精神理想的永恒奋斗史。[27]这一历史与人道主义精神历史相一致，福姆斯泰切描述的犹太教绝不仅仅是历史中的发展阶段，而是与整个历史平行的。犹太教会通过基督教和伊斯兰教继续对人道主义普世精神的发展施加影响，只不过后者成了犹太教传递进异教世界的宣教士，他们不会接替犹太教，而是中介。犹太教要成功地完成任务需要吸收异教因素，这只是暂时的现象，一旦净化了异教的人道主义，异教不再是独立的实体，犹太教也不会转瞬即逝。[28]

福姆斯泰切一方面肯定了犹太教在西方文明宗教史中所起到的非凡作用，同时又否定了犹太教在人类精神发展前沿受人尊崇地位中所具有的哲学因素，他宣称犹太教是没有前途的异教产物。福姆斯泰切谴责了费希特、谢林和黑格尔的哲学，但没有提及作者的姓名，然后又明确地阐述："现代哲学揭示了一个否定自我、没有人道觉悟的主观性异教只是昙花一现，不久会消失。"他认为黑格尔和施莱尔马赫以诺斯替教派的借口了解上帝的内在本质，因此不能了解反诺斯替教派本质上具有道德的犹太教特点，这一点是有罪的。福姆斯泰切暗示只有为伦理取代玄学而积极行动的康德，才能懂得犹太教的真理。[29]但是这位哲学家已经超越了哲学的界限。

不足为奇的是，福姆斯泰切也不赞同犹太哲学家的观点，他认为犹太哲学并不存在，只存在犹太伦理。在他看来，像亚历山大式的神秘者斐洛以及亚里士多德学派的迈蒙尼德都是异教徒，而广泛传播"异教泛神论"的斯宾诺莎，他既不是犹太教徒也不是基督徒，相比之下，门德尔松不存在异教徒的特点。除了中世纪的犹太哲学，作为历史现象的犹太教也以其他方式与所处环境进行互动。卡巴拉派是受异教徒影响的另一个产物，福姆斯泰切对此并不是一直很敌对，他对某些犹太教仪式的看法也是褒贬不一。与改革派同人一样，福姆斯泰切认为宗教风俗习惯在避免犹太教受到不良影响方面起到了积极作用。尽管福姆斯泰切对当代哲学和基督教神学进行了彻底批判，他的确认为德裔犹太人所处的环境受异教的威胁越来越小，但是这种看法经常不一致。一旦德裔犹太人完全解放，孤立犹太人的思想不再合适，同样政治上也不适合。总之，福姆斯泰切最终超越了犹太教，预见了一种完全通用的信仰——就像是超越国度预见到超国家的精神神权政体一样。尽管犹太教还没有达到福姆斯泰切认定的普世理想，但是从一开始他就描述过这一普世理想的本质，他的弥赛亚思想超越了历史上的犹太教。[30]

塞缪尔·赫希不同于福姆斯泰切，他的整个事业不是在一个社区度过的。赫希出生于莱茵河畔普鲁士的一个村庄，他先后就读于梅茨（Metz）和美因茨的犹太法典学校，后来在波恩和柏林的大学从事研究。他在犹太文献以及通用哲学、历史文献方面知识渊博，19世纪早期的德国几乎没有几个犹太人能与之匹敌。受塞缪尔·侯德海姆的任命，他先后在德绍、卢森堡、费城担任拉比。他的观点变得越来越激进，反映了社会环境以及他自己独立精神的发展变化。[31]在欧洲以及美洲的半个世纪中，他在改革运动中发挥了积极的引导作用。1839年至1841年在德绍宣教以及任教期间，犹太社区的某些成员对他非常怀疑，并呼吁普鲁士政府下令禁止实行任何宗教革新。在此期间他还致力于著书，如同他给老朋友利奥波德·祖恩斯信中写的那样，这是一部"犹太宗教体系的哲学诠释"，目的是"严格划清犹太教、基督教和异教之间的界限"[32]。

1842年，赫希出版了《犹太人的宗教哲学》一书，出版时间比福姆斯泰切的书晚一年，这是他撰写过的最宏伟、最系统的著作。[33]尽管他后来提出的观点超越了自己曾做出的结论，但作为改革运动的理论，这部著作仍继续发挥影响力。[34]更为显著的是，赫希和斯坦海姆、福姆斯泰切一样，他所提出的犹太教观念与思想环境毫不妥协，赫希书中的主张是以《圣经》《塔木德》《米德拉什》以及传统评注为基础，这些评注广泛引用了希伯来语、阿拉姆语以及德语翻译[35]，从始至终赫希没有刻意地让犹太教适应当时的主导哲学[36]。恰恰相反，根据当时盛行的黑格尔思想，他极力证明犹太教作为一个整体，根据自己的历史，可以被理解为系统宗教哲学的中心枢纽。他虽然引用了黑格尔的观点，但摒弃了自己的基本假设。

在《犹太人的宗教哲学》一书的开头，赫希把自己的事业置于当代犹太历史环境中，以门德尔松为开端，引出德裔犹太人决心要打造自己时代文化的这段时期，与歌德相呼应，赫希把这段时期称为学徒期。在这个过程中，犹太人放弃了他们的独特之处，但现在到了该扭转推动力的时候了。"目前我们要关注犹太宗教的特殊性及其正面的世界观，使用必要的形式让世界观置于仪式和风俗习惯之上，力争世界观在人们心中的地位不断上升，直至达到生活行为的高度——要树立而不是拆除，要保存而不是抛弃。"[37]简而言之，赫希感到重申犹太特殊性的时机到了，但是要想得到人们的尊敬，这些工作必须要在当代哲学思想的语境下进行。

赫希对黑格尔的批评受到了世人的高度关注。兹概述如下：与黑格尔相反的是，赫希将宗教知识提高到哲学思想的层面，人们并没有认为哲学吸收了宗教的内容而取代了其形式。[38]根据赫希自己的观点，他与黑格尔思想的主要分歧在于他摒弃了弃恶才能从善的观点。黑格尔认为人类的原始状态是善良的，后来却变成了罪恶的，让自己走向反面。但这种否定被自身否定后会变为更加统一的美德。赫希认为人脱离本性而走向罪恶具有重要的作用，这一过程并不一定是辩证的。在他看来，罪恶并不是人类发展的一个必经阶段，当然也不能等同于人类脱离本性，罪恶既不是必需的，也不是与过去有关的。它永远是一种选择，是个人自由选择的结果。因此，赫希不仅摒弃了黑格尔的泛神论，也否定了紧密平行的基督原罪教义。原罪可通过道成肉身来克服，黑格尔把这一点纳入了自己的哲学构建之中，因此当黑格尔的系统与基督教一致时，他的思想与依据自由道德选择的犹太教是格格不入的。可以有黑格尔式的基督教，但不存在黑格尔式的犹太教。赫希告诉我们，黑格尔思想是"最高尚的异教"。在他和斯坦海姆、福姆斯泰切看来，有一条直线从古代世界贯穿到现代哲学。赫希对异教进行了详细的分析来支持自己的观点，认为异教代表的是一种被动的虔诚，从盲目崇拜到希腊、罗马的神人同性同形代表，辩证地对自我进行了否定。实际上这属于无中生有，因为这一观点建立在人类必须从属于自然的错误命题基础之上。相比而言，犹太教代表了主动的虔诚，是基于人类对罪恶或美德的选择之上，这不是异教的进一步发展，在本质上与异教是不同的。[39]

赫希认为犹太教始于亚伯拉罕，他是第一个认识到人类是自由的、无罪的，除非他们自己惹火烧身。亚伯拉罕历经磨难，终于战胜了异教，以胜利者的姿态出现，成为真正宗教的典范。与斯坦海姆不同，赫希认为亚伯拉罕意识到人类自由的获得并不是通过超自然的启示，而是上帝主动地教导，或者是凭借对有关古以色列和所有人道内容的宗教自悟（赫希在这一点上有些动摇）。赫希在此重申了莱辛关于启示作为神圣教育的主题，亚伯拉罕已经达到了最高层次；同时他再次摒弃了黑格尔的观念——犹太上帝与基督教中上帝的不同，与人类历史没有直接的关联。与黑格尔相反，赫希认为犹太教既不需要像天主教中的教堂也不需要像新教中的《圣经》来充当其中介。[40]

总的说来，赫希比起斯坦海姆、福姆斯泰切来更赞同基督教。耶稣存在于犹太教之中，像亚伯拉罕一样，他代表了人类的理想。尽管圣保罗的基督教通过传播原罪思想超越了犹太教，但只有通过向异教让步，基督教才能发挥其广泛的作用，并与异教徒们面对面交流，而这一角色对于本质上"集中"、纯粹的犹太教来说是无法扮演的。赫希认为基督教不会取代犹太教，而是和犹太教一起构建未来的绝对虔诚。相比而言，现代哲学不会持久，因为它只在较深的层面上概括了古代异教徒前辈发展的几个阶段。例如，根据赫希的观点，持怀疑论的康德等同于苏格拉底，费希特构建新体系的任务也等同于柏拉图的使命，黑格尔的哲学试图包罗万象，但他自己的信徒却在破坏自己的体系，尤其是像大卫·弗里德里希·施特劳斯（David Friedrich Strauss）这样的左翼分子。现代哲学酷似古代的异教，摇摇欲坠。[41]

因此，赫希所称的"启示哲学"前途一片光明，从日益增强的人类自由意识方面我们可以预见这一点。对于赫希来说，《圣经》中的上帝创造了奇迹和预言书，这是为了展示神对自然的主权，也是为了让古以色列认识到进行道德选择是一种天职。西奈山是启示的最高点，因为它使得奇迹和预言书合二为一，但是启示按照天意仍会继续发挥作用，直到学会模仿上帝为止，以及作为自由典范的以色列完全意识到自己的命运。[42]尽管这种命运给犹太人带来了难以名状的苦难，他们的痛苦表现为两方面：由于没有向世界昭示犯罪是不可为的，他们的失职招致了神的惩罚；此外，对于那些虔诚的男女来说，即使被迫而为的善举也有可能得不到上帝的恩典。赫希对于未来并不乐观，他认为犹太人心中隐藏着仇恨，并且指出1819年赫普赫普反犹暴乱（Hep-Hep）和1840年大马士革的血腥诽谤都是仇恨的复发。同时，对于犹太人在同化的引诱下没能经得住忠诚于自己天职的考验予以谴责，他们误以为自己是一种教派（忏悔），实际上只是一种"精神国籍"，因此弥赛亚时代还遥遥无期，即使到来，以色列和其他民族将在单一的人类自由宗教之下实现统一。罪恶有可能再次出现，但人们不会选择这样的做法，全世界的民族将支持以色列回归耶路撒冷。回归的目的不是建立国度，而是构建"礼仪之礼，犹太民族的礼仪"作为犹太民族天职的象征，在言行中得到人道主义统一的犹太教将在宗教实践模式中独树一帜。[43]

通过对以上三位思想家的回顾，我们能够体会到他们写作环境的独立性。可以肯定的是，他们的宗教哲学深受大学讲座的启发以及平日阅读中主导思想体系的影响而形成的，他们的著作都证实了同一个信念：要想拆掉犹太社区的隔都必须破除犹太教的隔都。旧信仰不能继续在有教养的犹太人中存在，除非经过重新构建后能证明这种信仰在思想上仍然可行，若要进行证明，需要与盛行的哲学和神学体系进行正面回应。

对于犹太神学体系的回应，有一点非常显著：不管何种形式，三位思想家在基本问题上不会让步分毫。德国的环境给他们提出了一系列思想和宗教方面的挑战，他们回应的模式基本上是在进行重新诠释和重新确定，很少会做出妥协。这三位思想家都清楚地认识到不管是斯宾诺莎还是黑格尔的形式，决定论给犹太教造成了很大的危险。此外，他们都摒弃了周围环境盛行的观念——无论如何犹太教都受限于过去。与基督教相比，他们把信仰更多地放到了未来，后来的改革者也是如此。斯坦海姆、福姆斯泰切和赫希一方面关注将犹太教诠释成欧洲的哲学语言，同时重申自己的要点，后来的思想家对新的思想挑战也做出了类似的回应。

# 犹太科学

75

重建后的犹太教在西方文明的神学体系中被赋予了重要而持久的角色，说明具有现代哲学倾向的犹太人在拥护支持犹太教方面做出了不懈努力。现代世界中，在国内创建犹太教的动力不仅来自哲学，还有对历史的实证研究。在历史分析高于思想议程的时代，犹太教只有建立在历史阐述之上，才能被认为具有现代性。对于改革者来说，历史研究日益重要，因为了解过去能帮助他们确定改革的视野和方向。通过参考过去普世性和特殊性的例子，人们才能阻止由于同化压力导致的武断性改革，也能减少人们对改革的抵触情绪。除此之外，现代的学术研究使得拉比改革进入新的合法化形式，从前，拉比接受犹太律法获得传统权威这种缺少历史学基础的做法被取而代之。哲学框架内形成的犹太教新观念在改革运动中不断涌现，并且发挥了不同程度的影响力。犹太教在历史潮流中的重要地位给改革事业提供了更加有力的支持。基督教学者们宣称，对于当代犹太人来说，颁布重要的信仰和实践改革意味着结束自己的犹太身份。[44]犹太传统派也把这一盛行的标准奉为永久信仰，改革派则认为犹太传统的特点是多样性和改革，从而驳斥了传统派的观点，改革派大都选择这样的做法。改革派的精神领袖中几乎没有系统的神学家和哲学家，因而很多拉比尝试进行史学研究。

犹太科学是致力于犹太宗教和犹太民族的学术研究，并不是传统的犹太学科。[45]这种学术最早出现在19世纪20年代，一批年轻的犹太知识分子在德国大学做研究时，接受了用公正、学术、发展的方法研究过去的思想典范，他们来自传统的犹太家庭，接受过传统犹太教育，当代的犹太中世纪思想和社会之间的差异让他们感到震撼。此外，他们之前学到的犹太知识隶属传统的塔木德，与律法非常接近，不涉及历史内容。而大学阶段在研究宗教和文化机制时，他们使用了历史批判方法，前后两者的差异令他们感慨不已。对于一部分人来说，这种差异犹如鸿沟，难以逾越，即使不背叛犹太教，也会选择漠视宗教。也有的人认为传统知识与历史研究方法具有融合的可能性，决定为保护和改进犹太教而孤注一掷，却时常感到绝望。犹太研究则架起了一座桥梁，将传统的美学思想和现代的学术思想相结合，像早期和同期的犹太仪式改革实验一样，早期的学术运动重新塑造了犹太教的传统内容。如果说圣殿的犹太教礼拜仪式在某种程度上适应了基督教堂的模式，那么新的犹太学术文献研究则需要根据大学学科的模式来进行。

犹太科学最早起源于1819年在柏林成立的"犹太文化和科学研究协会"，发起人数量不多，大多数是年轻人。我们已经认识了其中一位主要成员——利奥波德·祖恩斯，他曾一度在比尔圣殿很活跃，但在19世纪，受人尊敬的现代犹太学者祖恩斯却逐渐远离了宗教改革事业。从一开始，他就认为犹太教在现代世界中没有未来，年轻时他曾想过要改变信仰，并且希望推翻《塔木德》的统治地位，他认为希伯来文化的创造力已经终结。尽管后来有人试图设法解决宗教生活中的实际问题，祖恩斯却对此不屑一顾。与大多数同时代的犹太学者不同，他并没有担任公理教会的拉比。然而祖恩斯并不只是古文物研究者，他的格言——"真正的学术产生行为"——证实了自己的信念：他专注于严谨详尽的研究，这将成为现代犹太宗教的基础。尽管他与比尔圣殿决裂，但依然拥护宗教改革。十年之后，他的首部巨著《犹太人的布道》（*The Sermons of the Jews*, 1832）出版，书中提到宗教改革是犹太教目前的动力，改革的任务是创建与犹太人新的政治地位和学术

76

研究成果相一致的宗教形式和机制。[46]祖恩斯的著作旨在表明布道在犹太宗教生活中早有先例，并且需要重新介绍，祖恩斯所关注的未来精神方向在书中也有所体现。他这样写道，"宗教不包括外部因素，而是对神的虔诚和博学精神。"[47]由于改革运动越来越关注现实，大部分内容属于"外部"改革，祖恩斯用自己的渊博知识解释了犹太虔诚的传统世界，这一点在犹太圣堂的诗歌文学阐释中尤为明显。他远离神学，认为这种研究过于现成，不适合搞学术，没有学术成果可言。因此，他反对将学术事业和宗教改革结合在一起。年纪较轻的同时代人莫里茨·斯坦施耐德（Moritz Steinschneider, 1816—1907）在这一方面远远超出了祖恩斯，他是一位多产的书志学家，努力使犹太研究摆脱神学思想的污染，指出犹太教神学院在本质上不会产生客观性，斯坦奇耐德的观点比任何领袖人物都明确，在他看来，犹太科学能够自圆其说。

　　具有讽刺意味的是，利奥波德·祖恩斯虽然后来反对改革机构，但他年轻时对学术研究在改革运动中所起到的重要作用做过详细的阐述。他编辑并发表了一篇文章，刊登在第一部犹太学术期刊上，他这样写道，一旦犹太的历史编纂学能够阐述犹太人的内心生活和挣扎、能够分析他们继承的思想，以及如何发展到现在，"我们才能在犹太历史的每一段篇章中重新发现关于历史与自然、永恒与变化的伟大定律，才能懂得如何将神圣与平凡区别开来"[48]。

　　祖恩斯原本相信犹太研究能够给改革运动提供客观标准，结果证明这是错觉，将犹太传统中的神圣与凡俗区分开来的任务超出了学术的能力范围。事实上，从新正统派到激进改革派，在宗教领导阶层分工所牵扯到的圣域问题上众说纷纭。接受过大学教育的新一代拉比非常尊崇现代学术，但这些学术一方面要与启示以及传统相关内容有关联，同时还需符合日常生活的需要。有人担心学术会无情地将整个犹太遗产世俗化并相对化，并导致历史主义，对于绝对性事物不留任何余地。还有的人过度专注时代思潮的需求，而无法耐心地对历史进行阐释，也不能延续代代相传的传统做法。通过进一步审视19世纪早期德裔犹太人中四位关键人物的思想，读者可以清晰地看到主流思想。我们按照人物重要性递增的顺序进行介绍。

## 现代化的两极：萨姆森·拉斐尔·赫希和塞缪尔·侯德海姆

从严格的改革运动体制史上讲，萨姆森·拉斐尔·赫希（1808—1888）不应该属于改革派。他因反对改革运动而出名，为了保护传统犹太教不受改革运动的攻击，他成立了新正统派。[49]然而，赫希是中世纪的犹太人，与改革派相同，他试图与现代性和平共处，在其内部建立完全恪守礼仪的犹太生活，在此过程中他也"改造"了犹太教，尽管原则上与改革运动不同。可以肯定的是，有关赫希的立场问题人们津津乐道，我们需要首先找出人们对他看法的分歧点，才能详细地分析各自的观点。

要透视赫希的现代正统思想需要注意一点，19世纪早期，支持传统犹太教的人并不赞同赫希肯定世俗文化的态度。东欧和匈牙利不断有人反对启蒙运动，欧洲文化身份与恪守礼仪的犹太生活方式相结合，产生了门德尔松模式的犹太教，这种模式的犹太教在德国遭到了人们的反对。1840年，布雷斯劳市的拉比所罗门·迪克金（Solomon Tiktin）说接受过大学教育的人不适合担任拉比。[50]然而，赫希出生于膜拜门德尔松的家庭，他本人也成为19世纪学习门德尔松的最佳典范，他接受过传统犹太教育，在世俗高中读过书，还在波恩大学学习了一年，与德国古典作家有不解之缘，尤其是弗里德里希·席勒（Friedrich Schiller）。他首次在奥尔登堡（Oldenburg）任拉比时，无论穿着还是行为，均与传统拉比的形象和角色不符。[51]在讲坛上，他身着带有白色领圈的黑色长袍，胡须也不符合要求，从他当代的刻像上发现他竟然没戴头巾。赫希对犹太圣堂实施了一些改革措施。定期进行基督教模式的德语布道，创建了男士唱诗班，并且制定了适当的礼仪。在他实施的改革措施中，最激进的一项是省略了赎罪日前夕吟唱的"柯尔尼德"祷文，因为取消誓言这一固定程序会被异邦人误解。赫希总是考虑环境的规范问题，导致他在摩拉维亚连任拉比职务时，特别不受欢迎，任何形式的现代化在当地都受到怀疑，婚礼在圣堂举行，而不是院子里，新娘的母亲站在华盖下对新婚夫妻发表一段简短的婚礼祝词。这一革新引起了轩然大波，关于这些外在形式，他认为模仿异邦人没有什么过错。从原则上看，赫希不是传统主义者，他认为无论人们如何尊敬传统做法，仅仅年代久远这一点就会对新时代的做法产生束缚，赫希将成俗（minhag）和戒律加以区分，这比先前的正统派更加严格。[52]

　　另一方面，赫希与过去划清了界限。传统犹太教育的重点是研究《塔木德》的至高权威，而在赫希的作品中，拉比文献在教学方面的作用却屈居第二，虽然也保留了其神学地位。《圣经》和祈祷书在犹太研究中处于优先地位，尤其是《摩西五经》和《诗篇》。赫希给受读者欢迎的文章用德语撰写评注。[53]与上一代拉比不同，他摒弃了塔木德式的辩证法，无视犹太神秘主义，鄙视世俗的、没有受过教育的波兰小学教师。他的理想是建立人本主义学习和恪守犹太仪式承诺之间的和谐关系，这一点在他《人类和犹太人的统一》（*Mensch-Jissroel*）一书中体现得淋漓尽致。

与改革派相同，赫希从普世主义的角度审视犹太教，他撰写的《关于犹太教的19封信函》（1836）一书对未来产生了一定的影响。他写道："土地和土壤不再是（以色列）情感的纽带，而是《托拉》制定的共同任务。"[54]他甚至这样说："律法辐射到的地方就是我的锡安山。"[55]国际上对于犹太的关注，不管是反犹主义行为或是福利运动，这些都不是赫希的兴趣所在。[56]他认为以色列的统一属于精神范畴，和政治无关，回归锡安山在上帝的掌控之中，犹太人刻意提前完成这一任务是不正确的。赫希并不赞同从祈祷书中删除弥赛亚回归的祷文，在他看来，这仅仅代表了一个遥远的梦想，并不是眼前所关注的内容。可预见的未来中，犹太人的任务就是在各民族传播"纯粹的人道"，赫希反复强调这是"以色列的使命"，正因如此才被流放在外。[57]新欧洲的犹太人不仅要关注内部，还要观察外部，要分享居住国的政治文化生活，在外部行为上更加接近非犹太人，唯一不同的是，他们一如既往地坚持犹太律法。

赫希笃信整个犹太律法的神圣性，导致新正统派与广义的改革思想相分离，于是他决定摒弃犹太研究。和门德尔松一样，赫希认为上帝在西奈山已经把《摩西五经》中包含的613条诫命以及拉比的口传律法逐字地传递给了摩西，并在自己的作品中着手解释律法、指出其象征意义及道德益处。简而言之，他的观点就是让这些内容成为一种精神，还要和时代相关，但是在最后的分析中，律法之所以具有约束力是因为其来源，而不是人为地推导内容，犹太人受到召唤必须服从律法。与改革派不同，赫希没有将这些诫命加以区分，口传律法与书面律法同样值得遵循，内核和外壳没有什么区别，将律法受制于像历史批评或时代潮流的实际需要等外部标准，这种做法完全不合理。绝不能把遵循律法当作人为决定宗教目的的唯一手段，律法是永恒的、经批准的，从一开始就是完整的，是高于历史超越发展的启示，犹太人是接受者，不可能是创造者。如果犹太教与时代相冲突，错误只能在时代方面。"只有时代与上帝相符，犹太教才会与时代相一致。"[58]

赫希认为犹太教的独特之处在于律法，而非信仰，这一点与门德尔松一致，但不同于改革派；他谴责人们过多地关注神学和祷文，以至于把犹太宗教的范围缩小到了学校和教堂。律法广泛地用于日常生活的方方面面，改革者将被删节过的犹太教视为合法，还会原谅那些不守教规的犹太人，让他们最终重返恪守礼仪的生活，人们对此做法不再有内疚感，对此赫希予以抨击。[59]在他看来，完整的律法是保护犹太教不受侵犯的堡垒，欧洲文学、艺术和礼仪对它不会构成威胁，却能使犹太教从内部进行重新自我诠释，象征意义的解释学使律法得以精神化。但是在历史批评的形式下，现代文化不容易打破这层堡垒，因此攻击犹太研究对于赫希来说具有极大的重要性。

赫希的犹太教观点否定了从历史角度审视传统启示的完整性，旨在避免暴露某些部分并非出自西奈山的上帝之口。赫希承认，如果一定要做选择，"做一位放弃研究的犹太人要比放弃犹太教的研究好得多"。他唯一认可的犹太学术类型是传统的：这种学术是为了更好地执行上帝诫命而研究并诠释文本；此外，他指出用批评的方法研究犹太教不异于将其"钉在十字架上"，赫希认为犹太研究像宗教改革一样，向时代思潮做出了不合理的让步，使不恪守礼仪的行为、负罪感减轻的情况变为合理之事。[60]

赫希从两个层面抨击历史批评主义。从神学角度他直接排除了历史批评主义，因为上帝的来源是独一无二的，断言律法具有独特性，不能用外部标准加以衡量。温和派的学者认为口传律法包含了人性因素，他们的观点遭到了赫希的反对。在赫希看来，口传律法代表了完整的启示，它比书面律法产生得要早，而书面律法不过是其简易版本。但是赫希明白他必须找出批评者的自身问题才能加以攻击，在自己的多部著作中，他论证了改革犹太律法的理论依据是对文本有偏见的错误解释。[61]

赫希逐渐意识到自己在反对宗教改革和历史批评主义、捍卫传统的斗争中是孤军奋战。[62]早在1851年，他任法兰克福地区一个小型宗教协会的拉比，所有的成员都与他志同道合。尽管早年赫希吹嘘大部分德裔犹太人都和他立场一致，但在19世纪下半期，他的地位明显处于劣势，支持他的人从多数变成了少数。现在他希望通过设立独立的宗教机构把有信仰的犹太人隔离开，这些机构在1876年后成为合法的独立社区。作为正统派犹太人，赫希不相信会存在宗教多元化的犹太教，他逐渐意识到自己的计划不会赢得绝大多数犹太人的支持。因此，他又回到了与自己志同道合的圈子中，大家都期望赫希能在自己有限的地盘内实现信仰和实践的统一性。

萨姆森·拉斐尔·赫希　　　　　塞缪尔·侯德海姆

80　　　与萨姆森·拉斐尔·赫希不同，塞缪尔·侯德海姆（1806—1860）当仁不让地自称为改革者，并参加改革运动的拉比会议。然而，他的立场标志着一种界限，尽管侯德海姆成为19世纪美国犹太教激进改革派的典范，但在德国历史背景下，他代表了与赫希对立的宗教现代化极端。二人虽然差异迥然，但也有内在的相似之处。

　　侯德海姆从小生活在波兰犹太人的封闭世界中，这种生活背景具有前现代的特点，他晚年生活在柏林的犹太人社区，同化程度非常高。[63]他的思想经历了较大的变化，从涵盖一切的塔木德思想发展到了完全接受现代性的要求，这并不是一段简单的轨迹，而是逐渐脱离传统的过程。这一过程时断时续，充满了坎坷，为证明抛弃传统是正确的，为克服内心冲突，为取得和谐一致的位置，都需要进行不懈的斗争。不仅侯德海姆历经挫折，同辈的其他人以及后代人也是如此。相比之下，侯德海姆在这方面并不算太成功。

　　侯德海姆出生于波森省东部的肯蓬镇（Kempen），直到1793年，这个小镇才成为波兰的领土，与赫希不同，他的家庭从未受到启蒙运动的影响。侯德海姆小时候接受了专门的《塔木德》教育，学习成绩优秀，不久被尊奉为希伯来文本辩证阐述的奇才。 81 直到快30岁的时候他才参加布拉格和柏林的大学讲座，认识他的人都说侯德海姆总喜欢用类推近似争论法（pilpulist），与其说他有深度，倒不如说他敏锐。他是一位极具天赋、无惧无畏的辩论家，始终坚持自己的观点，即使观点本身发生了变化也不改初衷。[64]即使赢得了与教士官职相当的尊严，也并没有感到自负，而是把自己看作一名教师和真理的追求者。[65]与温和派、改革派不同，他内心骚动、争强好斗、脱离大众，对于理论或实践上的妥协，丝毫不能容忍，结果被反对者视为犹太教的敌人。[66]即便如此，他认为只有激进的犹太教改革才是净化犹太教的必需手段。

　　1836年至1840年，侯德海姆在奥得河畔的法兰克福首次任拉比。在此期间，他在言行上恪守传统的犹太思想和生活方式。与赫希相同，他也赞同犹太圣堂的有序化，并且在布道中阐述了仪式律法的精神内容。但是他的观点不断地发生变化，他逐渐感到自己不适应法兰克福的环境。后来，他宣称是祖恩斯的《犹太人的布道》指引他踏上了宗教改革的道路。[67]在接下来的七年中，他担任梅克伦堡－什未林大公国的首席拉比，在拉比会议的文章、册子、布道以及演讲中，侯德海姆不断提出新的观点。1847年，他已经成为激进改革的主要倡导者。

侯德海姆思想上的进步是为了在宗教上获得权威地位，从而得到大众的认可。在此过程中，其思想越来越受到限制，最终发生了根本性的改变。年轻时，侯德海姆全盘接受犹太传统，将其视作行为规范的标准。后来他认为自己有权利挑战近代圣哲们的观点，然后着手将《塔木德》范围内的神圣传统，尤其是《圣经》诠释的解释学规则与在此基础上得出的结论加以区分。下一步就是否认《塔木德》的一切权威，绕来绕去回归到《圣经》本身，因为《圣经》是具有唯一性的权威。曾经有一段时间，侯德海姆认为《圣经》的所有内容都是神的启示，尽管他也认为随着古代联邦的整体毁灭，上帝已经昭示了自己的意志：国民和仪式律法不再发挥作用，只有宗教和道德教导奏效。[68]然而，即使如此严厉地对文本基础的权威性加以限制，仍不足够。侯德海姆最终的立场是，《圣经》只代表了人类对于神圣启示的思考。[69]因此，现代犹太人拥有最终的权威，更确切地说是宗教领袖以及传统的评判家。权威根本不在文本之中，而是存在于理性和良知之中。[70]

侯德海姆企图说服与自己在改革道路上志同道合的同事们放弃《塔木德》，但这件事情并不容易。在寻求与过去接轨的过程中，他们摒弃了那些脱离当代情感的律法以及观点，对自己最想接受的内容加以强调，他们将自己的观点渗透到文本中，对于参考文献谨慎地进行选择，对此他们并不承认。但对于侯德海姆来说，这一切看起来很不诚实。在婚姻和离婚方面，这一点尤其明显，犹太律法中女人几乎得不到平等的对待，以现代标准来衡量，82相关法令法规还停留在原始阶段。可以肯定的是，《塔木德》中有的章节用最尊贵的宗教语言提及婚姻，但是律法却维持原样，因为权威传统在原则上是不容改动的。[71]唯一直截了当的方法是采取法律传统外的立场，把法律的整个领域包括个人地位问题交给国家来解决，宗教的唯一任务就是授予婚姻神圣性，而不对其提供法律基础。

侯德海姆将婚姻中的法律与宗教因素相分离，试图彻底把犹太教政治和民族事务分隔开来，使之成为宗教的一大特点。[72]对于侯德海姆来说，法律不是合适的宗教范畴，至少现在不是。《塔木德》人为地在犹太人离散地保存了古以色列的法律体系，这种做法是错误的，以至于像古代圣殿这样受其管制的机构被废除掉也没能够阻止其发挥效力。至于那些目前无法执行的律法，拉比认为只是暂时的搁置，并不是废除。侯德海姆的观点正好相反：重新制定祭司仪式是宗教退步最典型的例子，这意味着退回到最原始的礼拜形式。与其说上帝离开了以色列，废除了律法，传授了启示，倒不如说神来到西奈山，成立了机构。被保留下来的是那些能巩固宗教意识的律法内容，这些律法内容不是作为法律而存在，而是以宗教习俗的形式而存在，但是当前将仪式律法以法律的身份加以维持，只能意味着延迟弥赛亚时代的到来，而放弃仪式律法则能树立普遍性的榜样。[73]以犹太文本为基础，侯德海姆竭力表明传统本身没有要求在弥赛亚时代一定要遵循仪式律法，更重要的是，他认为现代犹太人已经在通向弥赛亚时代的道路上历时已久，不需要仪式这样的支柱。侯德海姆认为好的宗教不在于仪式行为，而是信仰、情操、道德方面的承诺。他再三强调问题的关键是"内在"，而不是外部行为——这说明犹太教与新教的基本方法非常相近。[74]

事实上，侯德海姆认为非教条的基督教和净化律法内容的犹太教之间存在的差异并不合理，犹太人与异邦人的婚礼虽然得到了世俗的许可，他认为也应该受到犹太制裁。其辩护理由如下：古代禁止通婚指的是外民族，而不是宗教差异，更重要的是，改革的基础是将"以色列的神圣上帝被人类的神圣上帝和父亲所取代，神圣的民族被神圣的人类种族所取代，上帝和以色列之间的契约被上帝和人类之间的契约所取代"。这种辩护遭到了改革同人们的唾弃，侯德海姆认为有必要证明这一行为的正确性，他向一对夫妻这样讲：身为拉比，他"以代表最纯洁人类爱情的宗教名义，以犹太教的名义"和他们讲话，"因为犹太教活在我的精神里，活在我许许多多宗教同人的精神里"。[75]

侯德海姆向身份不同的夫妻二人讲述这番话，对犹太教的诠释达到了主观上的极端化：犹太性就是渗透到犹太个体中的宗教意识。因此，传统以不同的形式得以呈现，对于侯德海姆来说，传统不再是一种链条，为确保与过去的延续性，必须对传统不断地抛光或重新铸造，它已成为宗教思想的宝藏，可以加以激励以使其得以提升。在讲坛上，宣教士拥有丰富的精神财富，他们挑选出最珍贵的珠宝并添加到布道中向参加圣堂的集会者进行宣读。古代拉比虽然被剥夺了权威，实际上他们的话是无价宝藏。侯德海姆这样写道，"《塔木德》的珍宝之多，对犹太宗教生活大有裨益，即便在弥赛亚王国亦是如此"[76]。他甚至撰写了一部有关《密释纳》的教科书，包含法律文本的内容以及道德名言。传统是经过精挑细选而被使用的资源库，人们应该满腔热情地加以肯定。

如果传统由链条变为藏宝之地而造成形式变化，仪式方面的表达似乎全部更换了其外部形式，人们庆祝的不是犹太节日，而是"节日的思想"，从容器中倒出的内容。[77]因此，对于侯德海姆来说，安息日在星期日庆祝也是可能的，不会因此而失去其代表的基本价值。与此相似，像住棚节使用棕榈枝或新年使用羊角号等外部行为，人们也不必拘泥于此。希伯来语可有可无，它只不过是一种表达方式而已，人们很容易就能区分祷文的形式与内容。对于使用像希伯来语这样的形式来隐藏当代现实与过去深渊的"浪漫主义"，侯德海姆几乎没有耐心，对他来说，犹太人新的政治和社会地位以及他们对宗教的新的理解与之前的状况犹如鸿沟，难以填平。人们要么跨过去，要么站在原地。[78]他认为要解决实际问题，必须完全内化犹太人所代表的宗教意识。他的这一观点不仅让他与保守派，而且也与那些不愿意通过革命进行改观的改革派划清了界限。[79]

具有讽刺意味的是，极端时期的侯德海姆在某些方面与他的对立人物赫希非常相似，对于二者来说，历史发展对宗教并不重要。对于赫希而言，犹太教曾是西奈山启示所固定的内容，同样对于侯德海姆来说，像一神论和道德这样的理想内容，从一开始就呈现出来了，此外也包括当代宗教意识的规范形式及内容。[80]人们没有要求他们阐述犹太教的发展过程以及历史继承性线索。因此，与赫希相比，犹太研究对于侯德海姆来说更为关键，他无需参考历史前辈，尽管偶尔也这样做过。新的时代不仅延续了犹太教的发展过程，而且创造了新的犹太教。像赫希那样，侯德海姆很快意识到自己脱离了主流，只能在志趣相投的圈子中寻求庇护。1847年，在新成立的柏林改革协会中他担任拉比和宣教士，这一协会与赫希在法兰克福成立的圣会性质相似，但与后者相互对立，其成立目的是为了体现更加纯净的教义，而联合社区对此却不予接受。赫希和侯德海姆都坚持各自的立场，双方互不妥协，他们都希望找到自己心仪的精英，一方面寻找那些接触现代性却能完全保留传统的人，另一方面寻求那些能将传统内容融入现代生活中的人。

侯德海姆非常乐观，也很努力，但无法无视历史，不能完全肯定现在，他的著名言论是：人们应该这样谈论犹太传统，"《塔木德》出于良知谈及自己的时代，这在当时是正确的；我出于更高的良知谈及我的时代，对于这个时代来说，我是正确的"[81]。但是要肯定"时代的良知"并不是毫无批判地接受所有显现的内容，虽然侯德海姆反复论证犹太律法在任何情况下都要向国家法律让步，但对于犹太宗教来说，情况并非如此。他这样写道："宗教在任何情况下都不能向时代需求低头，否则时代需求……就会提升到宗教的层次。宗教降低身份变成时代以及需求的佣人，也就不再是宗教了。"作为预言性理想的犹太宗教能够超越当代的现实。[82]

侯德海姆生活在动荡的19世纪40年代，1848年后，人们对弥赛亚的热情极度高涨，从而引发了革命事变。侯德海姆认为国家将服兵役和做国家公仆视为公民的神圣职责是值得崇尚的，但是亟待进一步努力建设：这将是未来普遍存在的人类国度，而不是目前有歧视现象存在的德国基督教国家。[83]他期望犹太教否认与《塔木德》律法的关系，也期望基督教断绝与国家的关系，50年代并没有在消除官方偏见方面取得任何进步，侯德海姆对弥赛亚的热情日渐冷却，他写了不少普世主义的狂诗，其中所做的注释并不和谐。50年代末期，他用希伯来语写了一部关于犹太个人地位的学术著作，令人感到非常惊讶，他称之为"我们的语言"。[84]在宗教学校学生的年度公共考试中，他做了最后一次演讲，几个月之后，侯德海姆去世。演讲中他这样说道：

> （犹太教的）历史之光将永远燃烧，过去的火焰不会熄灭。任何发誓效忠理性宗教的人都熄灭了犹太圣坛上的火焰，他违反了带给我们光明和温暖的上帝的旨意，那些对自己或后代熄灭火焰而漠不关心的人同样是在犯罪。以色列一定是历史的民族，犹太教是历史的宗教。[85]

侯德海姆没有始终贯穿自己的普世思想，历史证明他无法避免这一点，而对于那些固守社区的人来说，情况亦是如此。

## 历史的犹太教：撒迦利亚·弗兰克尔和亚伯拉罕·盖格

如果说萨姆森·拉斐尔·赫希和塞缪尔·侯德海姆代表了犹太宗教现代化的两个对立极端，那么撒迦利亚·弗兰克尔（1801—

1875）和亚伯拉罕·盖格（1810—1874）则在一个极端内部创造了最有意义的两种趋势。赫希和侯德海姆从历史大潮中发现了西奈山或当代潮流并加以限定，弗兰克尔和盖格则在使以色列成为民族的古代启示到现代局势的这段历史中，努力探寻出一条连续的线索，然而连续性的本质，不管由法律还是神学构成，对于二人来说是不同的。他们认为传统是不朽的，现代性对理论和实践都具有启示性，前后两种观点是相对的。即使犹太教认可并确认历史是发展变化的，其内部也存在着根深蒂固的差异，从而引起了激烈的辩论，这也不可避免地导致了宗教身份和独立机构的分裂。弗兰克尔和盖格在思想上明确了这一点。

85　　撒迦利亚·弗兰克尔是当时犹太教保守派的思想之父，他似乎从未经历过犹太身份的危机，也从未对犹太教的未来发展感到绝望。在他身上，一切都显得那么顺理成章，他出身传统世界，又拥有了现代德国拉比的身份，精通当代学术和文化。他从未感到矛盾或内心冲突，提倡温和的宗教改革，并在文本权威和历史批判主义之间采取了微妙的折中方法，在40多年的公共活动期间，他的立场基本不变：始终坚持中庸之道。

　　弗兰克尔出生于布拉格，这里是古代的犹太学术中心，不仅培育出了知名的法律解释者，还产生过世俗知识渊博的学者。他的家庭在社区中赫赫有名，祖祖辈辈都是著名的拉比。20多岁时，弗兰克尔去了布达佩斯，在一所世俗学校补习宗教知识，后来就读于当地的大学。1831年，他通过考试取得了博士学位，成为最有希望进入波希米亚政府并能当上利托梅日采（Leitmeritz）地区拉比的候选人。实际上，他是波希米亚第一位接受过大学教育的拉比，在他居住的特普利茨（Teplitz）小镇，弗兰克尔反对激进的改革，从一开始就禁止世俗组织来改变现行的宗教实践，不过他规定要定期进行德语布道。这在波希米亚实属首例，既是一项命令，也等于恪守教规。1836年，弗兰克尔移居到德累斯顿市（Dresden），担任了萨克森省（Saxony）的首席拉比，萨克森省是德国犹太人拥有国民权利最少的省份之一。他早期的写作主要致力于改进政治状况，尤其是废除那些要求犹太人降低人格的宣誓。尽管接到了任柏林拉比的邀请，但弗兰克尔选择继续留在德累斯顿，这一待就是18年，直到1854年，他担任了布雷斯劳市犹太神学院的领袖。[86]

任萨克森省拉比期间，弗兰克尔主张进行温和的宗教改革，提倡从内而外、按部就班的改革。到达德累斯顿市不久，他就给一位咨询他的同事写信，表明自己支持宗教改革，他还这样说："我们必须牢记有益的目的，适当的掌握，并以这样的方式努力加以争取。必须认真掌握方法，谨慎理解其思想，要具备这样的意识，有朝一日我们会在不知不觉中实现自己的目标，尽管未来的进步在普通人眼中是不合逻辑的。"[87]只有少数人在初始阶段能预见最终的结果，改革者绝不应该绘制一幅骇人并与实际不同的未来蓝图来扰乱或分裂人心。从开始弗兰克尔就把犹太统一置于改革之上，他想以继承传统信仰和做法为起点，然后加以改变，对某些内容加以删减或添加，结果却是原地不动。弗兰克尔一方面提倡改革要始终如一，但同时又认为延续传统更为重要。

弗兰克尔将自己对犹太教的诠释界定为"积极历史性的"，但要理解他的观点，必须意识到一点：对于他而言，具有绝对决定性作用的是信念（*Glaube*），而不是犹太律法本身或科学。[88]弗兰克尔认为信念是真理的最终决定因素，在这一点上绝不次于萨姆森·拉斐尔·赫希。他多次将信念置于批判研究和系统哲学之上，是"重心之中心"，信念能够抵制世俗文化的腐蚀作用，它是永恒的、超历史的，然而也是"内在的，需要用热情来理解"。他认为任何离开信念范畴的内容都不再是犹太教。那些用现代文化替换对上帝信仰的犹太人已经不再是启示民族[89]，站在自己的立场上，他给一位激进改革者写信："基于信念，我对现代性会拥抱信念的未来充满希望。"[90]这一点使弗兰克尔偏离了正统派，因为他把研究纳入信仰范围内，以此扩大后者的影响，但他不会使研究占据主导地位。尽管他提到这是一种"思考的信念"，但还是把这种研究和历史探究区分开来：和门德尔松相同，弗兰克尔认为《摩西五经》是上帝在西奈山授予摩西的"启示律法"，他抵制在学术中用历史分隔文本的先验主义（*priori*）。[91]

作为现代神学院的领袖，弗兰克尔培养了一代熟知现代研究并且"有信念"的拉比，布雷斯劳的学生在学习世俗大学课程的同时还参加了神学院的课程学习，现代犹太法典学院营造了与外界隔绝的传统气氛，弗兰克尔对此大加赞赏。他认为犹太知识必须"从一位守护者传给另一位守护者，从一位教师传给另一位教师"。在神学院的教室，守护者可以将学术和信念联系在一起。[92]

弗兰克尔认为信念属于他所界定的犹太教"正面"范畴之内。1843年，他首次将信念与"历史"联系在一起。[93]后来，他用连字符将两者连接（正面-历史），这种做法象征了弗兰克尔在正统派和激进改革之间的中间立场，犹太教的正面基础在于对历史的超越以及被信念所接受，也包括历经历史沧桑而仍然存在的西奈山启示。他写道，"正面的宗教只能在某种程度上认可它是进步的，根据这一特别名称，它指的是拥有某种固定因素且必须被保存下来的内容，这就是启示，而不是研究"[94]。正是这种正面因素给改革设定了明确的界限，使犹太教不能融入历史潮流。还有的改革者比弗兰克尔更为激进，他们也需要这样一种正面的因素。例如，侯德海姆曾经写过支持"历史－宗教性质的正面犹太教"[95]的文章，但这些激进改革者倾向于把犹太研究限于神学和道德领域。对于弗兰克尔来说，犹太教的正面内容包括犹太律法，律法对于犹太人来说，如同教条对于基督徒那样重要。[96]历史因素的加入使得弗兰克尔与正统派相分离，虽然《摩西五经》不属于历史，传统却是历史的产物，在上帝的指引下，人类创造了传统，并世代相传。[97]摩西的书面律法得到过超自然的启示，包含在拉比的口传律法中，并得到了重新诠释，可以应对历史环境变化而出现的紧急情况。具有正面－历史性质的犹太教致使信仰与学术、永恒与暂时、启示与传统之间的关系更加紧张。

弗兰克尔在学术上致力于人类历史流传下来的传统内容。[98]他想表明犹太律法如同他所处的时代那样在不断发展，尤其在早期阶段会对社区的需求做出回应。他的理想是撰写一部阐述其动态发展的犹太律法历史书，说明早期的拉比在没有离开犹太律法框架、没有丧失延续性意识的情况下，如何应对深刻的历史变化。《密释纳》制定了种种生硬严厉的条例，人们在遵循时遭受了不必要的艰难困苦，其实这不是作者的初衷。为防止动荡年代会遗失内容，弗兰克尔认为有必要将律法书面化，但这一做法会导致律

87

法逐渐停滞，甚至颠倒这一过程。在精神自由的新时代，人们不再把律法看作完整赐予的东西，对遗留下来的事物给予适当的尊重之外，应该使之再次具有流动性和回应性。

弗兰克尔的研究秉承以下原则：拉比具有创新性，传统具有历史性，律法源于口头传统，这一切可以追溯到西奈山事件，但这是后人的编纂。这些原则非常激进，因而人们对正统派予以严厉谴责。萨姆森·拉斐尔·赫希严厉批评了弗兰克尔，他的著作《密释纳六书》（*Darkhe ha-mishnah*）成为神学院学生的课本，书中体现了这样的观点：拉比律法是教师们的学术创造。赫希认为弗兰克尔放弃了正统的犹太信仰：弗兰克尔在关注犹太律法的同时，暗示要放弃激进的改革。在其历史著作中，他多次暗示古亚历山大时代和当今的犹太人为废除遵循仪式律法都做出过努力。针对一世纪将犹太律法融入希腊风格寓言中的犹太人，弗兰克尔这样描写：

> 他们一错再错，非常愚蠢，忽视了仪式诫命。在时间的流逝中，他们偏离了雅威的契约，忘记祖先，不再是以色列家庭的一部分。我们感激圣哲，他们关心诫命的本质、宗教行为的基础和目的，是他们把《托拉》作为永久的遗产馈赠给我们。[99]

要维持犹太宗教生活，一种方法是重建犹太律法，使之更加灵活；另一种方法则是对人们的集体意志给予适当的尊重。弗兰克尔对社区根深蒂固的信仰和做法尤为看重，也许这是他思想中

最原始的因素。弗兰克尔大胆地宣称，活跃的宗教社区意识包括
上帝直接传达的启示，自己也认可这一启示。正因为如此，启示
才能抵制住潜在改革者的攻击，除神学家外，集体出席宗教会议
的代表也能对改革做出决定，对于将来会有人要求进行激进改革
的说法，弗兰克尔嗤之以鼻。如果有这种可能的话，虽然现在的
秩序是根据早期法律传统而建立的，传统的希伯来礼拜仪式也将
被新制度所替代。他觉察到当时的犹太大众观念非常保守，为了
自己的孩子，他们接纳了新的思想方式进行改革，但是在情感上
他们仍然依附于犹太教的仪式生活，绝不允许改革玷污他们宗教
做法的圣洁，甚至犹太律法内容没有禁止的做法，在他们心中也
是不容许的。[100]

真正的改革者必须以犹太律法为基础，而且要有灵活的社区
意志意识。他们不能仅在外部行为上代表社区的文化标准，还必
须要帮助社区从内部通向现代性。这一任务不仅需要智力，还需
要内心和思想的情感因素。人们要相信领袖能真正地代表他们，
深得民心的领导者只会倡导"温和的改革"，因为总的说来民众是
忠于传统的。但当个别世俗领导者本身不再坚持祖先的思想和做
法时，弗兰克尔会对他们发动最强烈的犹太抗议，必要的话会用
政府的力量加以控制。[101]

弗兰克尔对犹太社区的情感依附并没有使得他成为犹太民族
主义的先驱。不同于汉堡圣殿协会，弗兰克尔的确赞成保留表达
回归锡安山希望的所有礼拜仪式章节，在政治独立的情况下进行
犹太种族划分，这一未来的复兴理想能带给犹太人尊严和自尊。
人们为什么要坚持放弃上帝承诺来追求以色列光明前途的观念

88

呢？就目前而言，犹太人"像是国内其他教派的宗教社区"。1842年，弗兰克尔强烈反对弗雷德里克·威廉四世再次强制管理普鲁士犹太人的计划，根据犹太律法，这意味着将恢复犹太法院的执行职能，并再度确立驱逐出境这一惩罚。显然，弗兰克尔不想让德国犹太人再次陷入隔都的状况，他认为犹太人无论在何地，都应该获得公民的平等权，并有归属感。在遭到迫害的领土上，他们"被迫背上了隔离的民族身份"，但在其他情况下，他们可以适当地放弃这一特别的犹太民族身份。弥赛亚回归的希望与东欧和亚洲的犹太人直接相关，而不是德国的犹太人。在德累斯顿市的讲坛上，弗兰克尔从普世主义的角度谈及犹太人和基督徒之间的和谐性，还谈到了他们共同的祖国。[102]

　　弗兰克尔承认自己生活在转型期，从稳定的过去过渡到尚未成型的未来。他并没有制定如何从一个历史阶段向另一个阶段迈进的决定性指导原则，他嘲笑超正统教的做法，谴责匈牙利犹太人对宗教的狂热。[103]但在德国，他主要寻求克制而不是革新，在他的著作中鲜有具体改革建议的例子。少量的证据表明弗兰克尔赞成废除一部分《祈祷诗》，允许在逾越节吃蔬菜，对一部分与服丧和割礼相关的礼仪进行修改，还废除了某些节日的次日庆祝活动。对于节日和安息日礼拜仪式的管风琴伴奏，他并不反对，但乐师必须是非犹太人，圣会者还要认可管风琴不是基督教堂的象征，他才会予以支持。[104]在决定支持还是反对礼拜仪式改革时，弗兰克尔受到了感情主观因素、犹太律法标准或风俗习惯发展的历史研究等诸多方面的影响。[105]这一点从他坚决要求保留希伯来语作为犹太教礼拜仪式的语言上可以看出，其实犹太律法也允许使用本地语，例如古代就使用过阿拉姆语的祷文。1845年召开的拉比会议上，一半以上的同事反对他的观点。于是，弗兰克尔离开了会场，此后再也没有参与这些人的改革事业。为了继续坚持自己的谨慎保守改革道路，弗兰克尔与其他改革者分道扬镳。

回顾过去，弗兰克尔赢得了德国犹太大众的钦佩。这并不意外，他具有和谐的人格，极其尊重传统，通晓世俗知识。不仅如此，他还能够将批判性的学术与犹太教研究统一起来，在信仰上拒绝妥协，因此消除了人们的担心。他认为面对现代性的挑战，没有必要采取激进和动荡不安的变革。尽管后来德国犹太大众不 89 再代表传统的集体意志，弗兰克尔的世界观通过他学生的宣传在德国继续发挥影响力，后来还影响到了美国。然而像正面－历史或保守主义的独立体制化，除了对改革运动发展有影响之外，犹太教基本上排除了这种观点。[106]最初，撒迦利亚·弗兰克尔的立场代表了改革派中以历史倾向为中心的右翼组织，但他在理论和实践上与其他改革者的差异越来越大，使组织无法容忍这种既单一、又多样化的非正统派犹太信仰。改革运动的重要教义依靠个性叛逆、才华横溢的亚伯拉罕·盖格才得以发展。

"改革运动奠基之父"的称号当之无愧应属于盖格。尽管改革的思想和礼拜仪式的革新并不是由他发起的，但在下一代改革者中，论及将分散的意识汇集成运动思想的成就而言，盖格最为突出。盖格本人知识渊博，学术精湛，即使持相反宗教观点的人也承认这一点。他的演讲天赋极高，在著作、布道以及讲座中，他阐述了改革的基本原理和目的。盖格领导改革运动虽不是单枪匹马，但在领导行列中，可以称得上是先驱者。他考虑问题周到、善于内省，不会导致现代性和犹太传统之间的冲突升级。在他的内心，这些冲突却具有毁灭性的力量，但弗兰克尔并不认同。盖格没有对犹太研究加以限制：他追求的最终标准是科学真理，而不是信念。在兼顾个人生活和事业时，他感到力不从心，其他同时代的人以及后来人也陷入了这样的困境，但他对改革事业的执着永留史册。[107]

　　童年的盖格生活在传统氛围中，他的家庭完全恪守各种礼仪。早期集中的犹太教育使他成了犹太法学博士。他的故乡是法兰克福，居住于此的犹太人受到了启蒙运动的影响，年轻的盖格不久加入了私人安排的世俗学习团体，从事《塔木德》研究。1829年，他年满19岁，进入海德堡大学学习古典和东方语言。身为东方学者，语言学限制了他在学术上的发展，致使他无法与利奥波德·祖恩斯相媲美，因为这种具体知识使他无法回答那些在思想维度上更加宽泛的迫切问题。几个月后，盖格去了波恩大学，对哲学和历史产生了浓厚的兴趣，他想从更广阔的空间去理解精神的发展，并与犹太教联系在一起。尽管盖格转向了哲学领域，但他回避黑格尔的综合体系，他拒绝所有的哲学家，认为他们的思想均受到了时代的束缚。尽管如此，约翰·戈特弗里德·赫尔德对人类精神发展的哲学历史研究却深深地吸引了盖格。赫尔德学识渊博，是一位文化历史学家，在《圣经》诗歌方面颇有研究，他是盖格最喜欢的作家，也是他学习的典范。在盖格成长的关键期，赫尔德的作品以及莱辛的神学批评著作对他产生了深刻的影响。然而盖格并没有因袭这些作品以及其他阅读中呈现的范式，这些内容刺激了盖格的思想。大学期间他习惯自问这样一个问题：这些思想如何应用到犹太教中？除此之外，犹太教如

何能吸收这些思想？ [108]

1832年，盖格在威斯巴登（Wiesbaden）莱茵兰（Rhineland） 90
社区首次进行圣坛演讲，当时他无法回答这些问题。他的内心在挣
扎徘徊，如何将波恩读书时形成的自由探究思想应用于拉比面对的
现实实践之中呢？如何为那些仅实现了生活外部行为的现代化却不
理会哲学和历史批判的圣会者服务呢？国内一部分犹太人脱离了
《塔木德》，成立了独立的犹太社区。在来到威斯巴登前，盖格认
为这些犹太人犯有分裂教会罪，当时并没有考虑这一问题隐含的思
想。分裂教会罪如果进一步升级的话，会导致信仰的改变。在拉比
圣会受挫时，他认同了这一思想。但是与侯德海姆不同，在追求犹
太社区统一改革的缓慢进程中，盖格最终放弃了这一思想。[109]

撒迦利亚·弗兰克尔　　　　　　亚伯拉罕·盖格

　　起初，盖格对基督教的发展前景并不看好。他认为基督教的教条结构会坍塌，但会出现一种与现代哲学和批判主义并存的新信仰，基督教神学与研究齐头并进。而犹太教接受了历史批判主义的研究，在这项基础研究结束之前，犹太教就已经进入了体系化。当基督教自我构建为现代社会的宗教时，犹太教却显得已经过时；基督教位于前沿，犹太教潜伏在后。[110]遗憾的是，盖格意识到这样一个结果：受过大学教育的犹太人把犹太教看作一份遗产，选择避而不谈，或是嗤之以鼻，他们认为犹太教并不是鲜活的信仰。

　　读大学时，盖格认为改革的任务就是放弃那些社区已经废除的思想和做法，而弗兰克尔晚些时候才意识到这一点。盖格是一位积极分子，他认为改革仅有意识还不够，犹太领袖要具备历史职能，通过放慢或加速时间的车轮来充当领路人。但这种在不同程度上自命不凡的抱负被反复出现的自我怀疑所抵消，他所自称的"暴风雨般的灵魂"充满了矛盾情绪：一方面深深依附犹太教，另一方面却强烈地想脱离现状。当他意志消沉时，感觉自己的作品是顶风而行，毫无用处。他试图把反面事物汇集起来，但希望很渺茫。他的提议很激进，没来得及成形就遭到破坏，古典文本的神圣权威被历史批判主义所打破。"《塔木德》必须发展，《圣经》这一美丽而高尚的（也许是最高尚的）人类书籍集成也必须要发展。"但是将圣本引入人类历史并不意味着抛弃它，相反人类会更加认同。年轻的盖格还这样写道："从开始到现在，我对犹太教的整个精神发展阶段以及目前结构的不同部分都非常热爱，他们就像是我性格的一部分"[111]。

　　盖格纠结于两种感情之间，一方面需要摧毁过时的犹太教以便在废墟上建立新的犹太教，同时内心又对犹太遗产非常不舍。在学术批评和担任拉比时，他都受到了这种情感纠结的折磨。他试图为自己以及他人界定角色，批评家要寻求完整、不加修饰的真理，敢说敢写，不计后果。他的理想在大学时代极其完美，因为他无需考虑一些实际问题，可以畅所欲言，他是"真正从事犹太科学研究的教士"，喜欢打破平静。相比之下，拉比是羊群中可以信任的牧羊人，他必须走折中路线，从实际出发，净化信仰，不能超出环境所允许的程度。为了使信徒们慢慢地进步，拉比必须放弃内心的平静，他的职责是让祖先居住的庄严大厦焕然一新。[112]

　　盖格喜欢做一名大学教授，不愿让情感冲突和各种角色把自己彻底撕裂。他一方面撰写批评文章，谴责现行的信仰和做法；另一方面担任职业拉比，在每周的布道和辩护词中强调要维护传统和统一。[113]他主张在重点大学设立犹太神学院，但19世纪的德国，反犹主义盛行，他和其他人的努力只能付诸东流。[114]盖格必须要克服自身因素，统一双重身份，尽管两者之间具有冲突性，就像是自身的矛盾永远得不到完全解决。对于改革运动来说，幸运的是，这一结果具有双重贡献：学术方面既有批判性又有构建性，能够全新地理解犹太教；在实践中，既保留了传统，又及时提出了社区的具体问题。不管何种角色，盖格都配得上宗教改革者的称号。

　　不管拉比职业把盖格带往何处，在威斯巴登、布雷斯劳、法兰克福还是柏林的讲坛，他总会找时间写作，他担任编辑，还是两种期刊的主要投稿人，一种是年轻时经常投稿的，另一种是在他晚年投稿的。他撰写的书、文章以及书评所涉及的范围很广，

92

从非常具体的语言学知识点到各个时期及其特点的研究，甚至对当代犹太教状况的思考，他的文章和现代没有关系。从这一点上讲，他的文章不能称作纯正的研究。尽管作为学者来说他感觉不能扭曲过去，但研究过去主要为了支持现在，盖格在著作中竭力展现历史知识是改革的先决条件。这样，现在就摆脱了传统的镣铐，同时还创立了新的延续性基础。

正如盖格所指出的，当代犹太教丧失了历史意识，生存于"漫长的现在"中，并不是来自过去。[115]人们普遍认为以色列的内部历史是统一的，后来的文本诠释和补充的早期文本没有对历史产生误解和矛盾。犹太教在过去是一成不变的，现在也应该维持这一状态，尽管现代生活遇到了前所未有的挑战。如果能找到反面例子证明犹太教过去也存在多样性，并且文本能够反映历史的沧桑变化，那么现在的改革并不代表与过去决裂，而应该理解为过去的延续。历史批判主义的锄头非常尖利，能够松动土壤，因此也能够播撒新的种子。

大卫·弗里德里希·施特劳斯是19世纪"臭名昭著"的基督教神学家。作为一名历史主义批判者，盖格深受施特劳斯的影响。1835/36年，施特劳斯出版了《耶稣的生活》（*Life of Jesus*），公开否定福音书的真实性，将它贬低为神话，这一观点摧毁了基督教正统派的历史基础。施特劳斯的无畏行为对盖格的影响潜移默化，他也认同基督教学者和神学家所做的努力，宗教建立在道德和精神价值的基础之上，这种价值在非历史的《圣经》神话内也有所体现。施特劳斯书中对盖格影响最大的观点是，新约神话是为了让旧约预言适用于耶稣而建立的。施特劳斯认定的统一性有些牵强，他要将圣约分开。盖格早期将施特劳斯的批判方法用于拉比文本的分析之中，但后来却抨击这位基督教学者忽视了新约与犹太教的延续性。他们坚持早期的等级阶层制度，否定新意。盖格揭示出这种牵强关系也具有一定的关联性。[116]

他从《塔木德》的两个原本入手：早期的巴勒斯坦《密释纳》和晚期的巴比伦《革马拉》。盖格十几岁时，就用希伯来语评论《密释纳》，目的是对《革马拉》没讲解意思的那些文本做出解释。[117]1845年，他出版了一部教材和《密释纳》读物，透过语言学的外表，书中清晰地表达了犹太律法的史实性。[118]《密释纳》和《革马拉》反映了不同的文化环境，后面的文本不仅扩大和诠释了早期文本，还具有自己的观点。因此，《塔木德》并不是一个完整的单元，也不是固定不变的神圣意志的产物。它反映了人类律法创造性不断地与环境进行回应。更加激进的是，盖格将《密释纳》从《圣经》的早期阶段中分离出来。《塔木德》时期的拉比——坦拿和阿莫拉——从圣经时代就受到犹太教发展的影响，但他们却认为这一影响歪曲了他们的启示观念，因此将自己的观点强加到《圣经》文本之中。[119]这一点在犹太律法集注和评论《托拉》的《密释纳》中尤其明显。

又过了12年，盖格出版了有关原著文本和《圣经》早期翻译的著作。他的这一代表作具有划时代的意义，他进一步将最神圣的文本进行了史实化和相对化。[120]他宣称要在普遍接受的版本背后找出过渡期和转型期，不同的译本在文本上有变化，这些改动之处反映了内部的发展过程。他推断，在《密释纳》出现之前，存在一部更早的犹太律法，它由撒都该人创造，公元135年巴尔柯

93

赫巴起义（Bar Kokhba revolt）失败后，被法利赛人的犹太律法所取代。最重要的是，他的著作使《圣经》和《塔木德》依附历史环境的变化来决定其最终形式。

盖格的著作没有讨论犹太人被掳往巴比伦以前的这段《圣经》历史，显然这是最棘手的话题。最初他认为有关这一话题的争论太激烈，以至于无从下手。暗示有不同的标准版本是一码事，然而从非正统教的立场上对它的起源进行探究则是另一码事。他个人对拉比长期在讲坛上谎话连篇地讲述《圣经》故事感到奇怪，好像他们讲述的是历史上发生的真实事件似的。《圣经》和《塔木德》一样，应该被看作时代的产物。盖格早年仔细研究过斯宾诺莎的《圣经》批判，因此理解基督教学者的写作。他认为威廉·维特克（Wilhelm Vatke）批评旧约的方法与施特劳斯分析新约的方法有异曲同工之妙。盖格晚年对犹太人被掳往巴比伦以前的以色列历史进行了批判研究并予以发表，但没有以综合著作的形式出版。[121]他公开表达了这样的观点：《申命记》是单独的文献，不属于《摩西五经》。他没有对文本中其他篇幅较长的文件加以区分，但认为剩余部分——《正文字体》源于以法莲人①，他认为《摩西十戒》先于约书亚征服。[122]

盖格的批判著作积累在一起，对包括《圣经》文献和拉比文献在内的犹太教所有圣本进行了史实化，因此具有相对主义的特征。每一部作品反映的起源时代，都与历史环境相关，没有哪一部著作可以称之为毋庸置疑的标准。不管作品涉及哪一段历史，

---

①　以色列的《圣经》北国的本地人或居民。

现在和将来所代表的历史会对其改变甚至取消。认可历史具有相对性并不意味着要将之摈弃。任何传统内容都可以将相对有效性称作特定发展时期以色列社区内部的宗教意识启示。如果这些传统在现阶段是有效的，就值得人们对此重新确认。[123]

人们放弃了毁灭历史的做法，用建构的方法取而代之，被打断的链条可以通过新链条重新铸造。人们可以将不能成为信仰和实践永恒标准的文本看作犹太教的精神资源。这种精神在每一个时代都有新的表达形式，在宗教和道德意识方面是不断发展的。对于盖格来说，它成为黏合犹太历史各个阶段的黏结剂，使现代时期成为历史链条上的一个环节。犹太教延续性的基础不是永恒或发展性的犹太律法，而是具有内部创造性的精神。它不仅创造了律法的具体内容，还有宗教原则和道德理想。这种精神存在于犹太集体性之中，或是以原始时期犹太人组成民族为象征，或是以现在被定义为宗教社区为特点。[124]

犹太教的新观念使盖格不再因为喜欢某些文本而武断地拒绝其他内容，与上一代和同时代的激进世俗改革者不同，盖格绝不是藐视传统犹太教的"摩西主义者"。相反，他学习德国历史学家利奥波德·兰克（Leopold Ranke）的方法，从历史的角度努力理解和欣赏犹太历史的每个阶段，最后提到了自己"对犹太教整个发展过程、各个世纪创造的内心感想……犹太教演变的每个阶段都有一种动力，如果没有撕裂肢体般的痛楚，没有伤害到犹太教整体中的某一部分，现在也不可能完全与过去脱离"[125]。除此之外，许多时期都有前辈和典范，《塔木德》也是犹太教精神演变、"健康创造动力"的一种表现：

94

实际上在（我们当代的）奋斗中，我们应该倾听古人的
声音。在犹太教伟大漫长的历史中，我们应从《塔木德》中
努力发现真正的犹太精神，我们应该用分析和探究的眼光将
《塔木德》教师以及更早的教师通过询问长者来建立、改变
体制的方法当作典范。虽然这些教师有时会徒劳地在《圣经》
文本中寻求支持，其追随者反过来会误解他们的观点。我们
应该像他们一样关注精神，而不是文字。[126]

盖格对希伯来犹太教的早期创始人法利赛人特别感兴趣，基督
教学术界和新约全书对法利赛人都存在敌对观念。盖格摈弃了他们
的描述，对其进行全新描摹：在政治上，法利赛人是民主党，是人
民的政党；在宗教上，他们使犹太教进入了更高的发展阶段。[127]

盖格的学术著作涉猎之广令人震撼，受政治压迫的影响，他
思想上的犹太精神活力有所下降，曾经一度成为神秘主义者和法
典编纂者。除此之外，盖格认真研究了犹太宗教和文化历史的每
一阶段，并对许多重要人物进行撰写，例如他对中世纪与基督教
进行辩论来捍卫自己信仰的犹太人感兴趣。[128]法国北部的拉比们撰
写了始于11世纪拉什（Rashi）的《圣经》注释，盖格特别想对这
些文本进行客观的理解；他还比较喜欢12世纪的拉比约瑟夫·卡
拉（Joseph Kara）。实际上，盖格认为中世纪的德裔犹太人在确定
《圣经》文本的原始意义时，不如西班牙裔犹太人公正，后者的观
点受到了哲学偏见以及与搞分裂的卡拉派信徒辩论的影响。[129]然
而对于盖格而言，西班牙裔和意大利裔犹太人的传统是犹太精神
创造性的最佳表达。为了做到心通意会的理解，盖格给自己设定

了这样的任务：对他所研究的作者要全面理解和公正地判断。要
达到这一目的，就要"充满爱心地挖掘他的心灵"。他对待中世纪　95
人物非常谨慎，尽量避免出现与实际不符的现代风格，避免流露
自己的感情。他笔下的西班牙裔犹太诗人非常感人，他们的作品
也被翻译成了德语。盖格还发掘了一批被忽视的意大利人物，尽
管他们没有历史意识，在其他方面却具备现代气质。[130]盖格既是
历史批评家，还是研究犹太精神创造性的历史学家。这种心通意
会的写作风格实现了两种身份的平衡，还实现了从学者到拉比的
跨越，令人钦佩不已。

　　亚伯拉罕·盖格了解自己的才能，他年轻时时而怀疑自我，
时而产生绝望，但他决心要在当代犹太生活中发挥决定性的作用。
1837年，他刚满27岁，把14名拉比召集到威斯巴登小镇召开第一
次改革拉比会议。在和其他人相处的过程中，他总是处于主导地
位。盖格爱自己的未婚妻，因为她的身份与自己完全一致。在辩
论中他言辞激烈、不屈不挠，在他看来，让步就等于懦弱。盖格
对自然科学不感兴趣，也不喜欢艺术、音乐、戏剧，他把所有的
精力都放在犹太改革的工作上。[131]他很矛盾，一方面忠于自己的
信仰，另一方面仇恨传统做法。他剃去胡须，长长的直发塞到耳
后，戴着细边眼镜，目光沉思却自信。在圣会者面前，盖格像是
一位现代知识分子，同时在某种程度上还是他们的拉比，也许有
点冷酷，但总有话可讲。

　　盖格布道的内容既不包括历史批评主义，也不会煽动仪式改
革。他在讲坛上布道，是为了激励圣会者，让他们相信犹太教所
代表的理想并没有落后于当代的思想和文化，通过讲解犹太教的

共同价值，让他们尊重犹太教并忠于自己的信仰，将基于犹太宗教的相同价值深入圣会者的内心。[132] 作为宣教士，盖格想以《米德拉什》的撰写方式将当代智慧融入古代文本来刻意回避历史，从而推迟自己的发展原则：

> 甚至，我希望生活中能像其他领域一样接受学术研究的成果，我也要在生活中做我自己，我的任务就是让内部各抒己见。我会尽我所能将犹太圣堂里的布道和早期的形式联系起来，通过适当节选《塔木德》和《米德拉什》中的内容并且用古代方法对《圣经》文本的意义进行阿卡德式的扩充，我努力表明新思想只不过是老树发新芽，是植根于犹太教的早期渊源。尽管科学有时会引起风暴，但生活总会平静地将过去和现在联系在一起。[133]

盖格在讲坛上演讲的内容以及从所有古典文本中提取的内容属于"预言性犹太教"。以色列古代先知传递的信息已经超越了最初的环境而被广泛传播，对于盖格和改革派来说，这些信息是犹太教中最具可行性以及最重要的部分。先知们关心穷人和被践踏者鄙视缺乏社会道德的仪式行为，他们预见到全人类会实现和平。这一切使得阿摩司、以赛亚、弥迦以及其他先知一方面超越时间具有永恒性，同时又与当代相关联。他们的信仰渊源中只有一个上帝，这是犹太教的永恒内容，也是盖格在布雷斯劳第一次布道时所论证的内容，不管现代生活如何沧桑浮沉都不会使信仰动摇。风俗和礼仪也许会改变，以色列的外部表征也许会改变，但使生活神圣化的神意却不会改变，因此以色列是有信仰的国度。[134]

　　关于犹太教仪式的作用问题，盖格的观点与早期改革者明显不同，虽然他们都将仪式看作工具，但如果个人遵循仪式时缺乏精神或者灵魂得不到提升的话，他没有理由继续支持下去。在盖格看来，这些仪式不会永久地束缚神圣诫命，他毕生遵循饮食律法，是因为他的犹太职位所决定的，并不是受内心义务的驱使，私下他把割礼称作"令父亲感到恐惧的野蛮血腥行为"[135]。但是如果传统仪式能够提升犹太人的生活品质，盖格会对其价值予以肯定。他逐渐意识到个人感到重要的仪式既可以当作空壳扔掉，还可以看作是有形的精神符号，通过改变其形式，可以继续这样的表达方式。[136]盖格是严肃的浪漫主义批评家，对盲目崇拜古代的一切内容他会轻率地加以谴责，但也不是"冷漠的理性主义者"。当他发现当代的节日仪式中缺乏诗歌这一事实时，他认为必须予以强烈谴责，为了遵循律法并正确地履行仪式而使用散文来表达从而导致诗歌的缺失是不可取的。在节日庆祝时由于过度关注形式而扼杀了人们自由的情感表达。令人悲伤的是，这些内容缺少热情，并不是有感而发的创作："香气、花开、多彩的辉煌从诗歌统治的领域消失，残留的是一朵被践踏的、玷污的纸花，还有谁会将它捡起？"[137]礼拜仪式对于盖格来说是"最纯洁的表达宗教社区集体意识的方式，也是社区稳定的见证，同时还是维系成员的精神纽带"。因此，任何严重破坏社区团结的仪式改革都是不可取的。1854年，盖格为布雷斯劳社区自由派编辑了一部祈祷书，倡导温和的改革，当然在原则问题上，他不会妥协：书中反映了放弃回归锡安山并重建献祭仪式的愿望。肯定的是，他在现代历史的范围内表达了以色列的普世希望和精神角色，但盖格原封不动地保留了礼拜仪式的结构以及全部的古典祷文。他拥有广泛的群众基础，当选为社区的拉比，而不是分裂派圣会的拉比。他后悔屈服于广大社区民众的感情，表示自己会尽力取得"集体的进步"，作为礼拜仪式的权威、历史学家，盖格力争从内心理解他的教民，并试图重新体会祷文原作者的宗教情感，他的德语译文就是将这些情感进行换位的一种尝试，祷文原作者的宗教情感可以移植到当代习语中。[138]

　　在盖格担任拉比的犹太圣堂中，礼拜仪式全部用希伯来语进行。圣会者当中很少有人懂得祷文的字面意思，但是他们喜欢熟悉的声音和节奏。盖格对希伯来语的态度非常矛盾，他曾经宣称希伯来语是"一种外来的呆板语言"，并且认为对于严肃的历史批评主义来说，这一工具并不足够。[139]但他本人是优雅的希伯来语文体学家，为希伯来语期刊撰写过多篇学术文章，他把希伯来语看成是犹太学术的共同语言，抒发了"对希伯来语的热爱"。尽管德国的犹太人用德语思考和感受，德语也是适合私人祷告的语言，但盖格只认可希伯来语在公共礼拜仪式上的价值，因为这门语言与历史有着很深的联系，至少不久的将来他想继续在犹太圣堂使用希伯来语。[140]

　　但是盖格没有把希伯来语看作民族纽带。因为在他看来，当代犹太人并不是一个民族，1840年发生的血腥谋杀诽谤犹太人的大马士革事件激起了犹太人的愤怒。盖格却异常平静，他关注的是有教养的德国犹太人，而不是居住在近东思想落后的犹太人。身为犹太人，他致力于犹太同胞的精神和智力发展，至于物质方面的福利，要根据需求而考虑。[141]盖格对大马士革事件的立场比较极端，后来他也修正了自己的观点。19世纪60年代末期，罗马尼亚犹太人遭到了迫害，盖格为他们努力争取普鲁士的支援。当时他这样写道："我们虽然身为德国人，但心系任何地方的犹太宗教同人。"[142]

盖格认为犹太人并不是为自己而活，作为人数较少的宗教代表，他鼓励犹太人通婚，但不希望他们背叛信仰与异邦人进行交流。令他大动肝火的是那些对犹太宗教持冷漠态度的人，更糟糕的是机会主义者发动叛教活动。这些人通过这两种途径退出犹太教，说明犹太教没有经受住考验，在现代世界中无足轻重。鉴于此，拉比责无旁贷，应该承担这一任务，让叛教的人相信当代宗教思想中最好的内容是体现在犹太教的精神之中。[143]

盖格强烈主张维护犹太荣誉，他渴望德国犹太人获得全面解放，但却直截了当地拒绝了以追求公民平等为目标的宗教改革。犹太人必须保留自己的"宗教自知"，只有在德国获得了政治自由，才会有真正的解放。宗教改革需要政治上得到解放、抛开外部因素、能够决定自己生活的人，并不是为了让需要进行宗教改革的犹太人得到解放。盖格也同意这一观点，所以他对刻意模仿基督教习俗和礼仪的宗教改革嗤之以鼻。在这一问题上，盖格和弗兰克尔的观点是相似的，他们认为真正的宗教发展必须来自内部。[144]

盖格认为当今的犹太教已经远离了内心深处的自我，只注重外部形式而找不到"内心道德力量自由发展"的本质。盖格主张犹太教要进行"内部重建"来实现精神复苏，犹太教的内部革新比具体的改革措施更为重要，否则犹太圣堂仪式的改革毫无用处。[145]

在40年的拉比职业生涯中，盖格饱受争议，他自己也非常失望。1838年，他选择担任布雷斯劳市的拉比，从而拉开了与社区正统派拉比所罗门·迪克金的辩论之战，无休无止的辩论令人厌烦不已。后来盖格又与迪克金的儿子基大利（Gedaliah）继续辩论，他一心希望能够担任布雷斯劳现代神学院的首任领导，却以失败告终。对他来说，这是个毁灭性的打击，最终导致他离开了布雷斯劳。1863年，盖格回到家乡法兰克福任拉比，晚年他得到了去自由神学院任教的机会。这所神学院是1872年开办的，因此他搬到了柏林。盖格精神上焦躁不安，似乎无法找到永久的平静。他在年轻时极其重视二分法，但是随着时间的流逝二分法不再显得那么重要。他逐渐认识到历史变化是漫长的过程，革命带来的破坏性后果比新的发展更多一些。在最后的几十年，盖格表现出伟大的民族优越感以及对上帝更加坚定的信念。

年轻时盖格担心犹太教会在现代性的大潮中消失，随着时间的流逝，他看到了犹太教屹立不倒的力量。盖格不断对时代潮流进行批判，他把现代看作是分解漫长过程的一部分，这一过程尚未结束。盖格年轻时发誓永远效忠理想主义，但在19世纪50年代后，理想变成了极不光彩的事情。取而代之，他对物质和技术进步感兴趣，因科学的发展无视神学的存在。基督教学术曾经是盖格学习的典范，然而随着正统派的东山再起，基督教学术陷入低谷。盖格在晚期著作中对基督教进行了恶意的批评，宣称它是现代文化的宿敌并质疑其作为世界历史精神因素存在的必要性。晚年的盖格对普鲁士的爱国主义热情也大大减退，对俾斯麦在1870年普法战争中使用"血腥－铁腕"理论产生的后果感到惊愕。[146] 相比之下，犹太教传递的信息似乎更为重要和持久：

> 犹太教不会转瞬即逝，它是人类的原始财产，其全部的重要性会在具有特别天赋的民族内部凸显出来。它本身具有持久的力量，应该在全人类中进行传播……我们先不要对有朝一日历史会产生多么伟大的震撼急于下结论，但到那时我们将会放弃"犹太人"这一充满恶意的名字。这一名字包含着对上帝最纯洁的认识、最高尚的精神自由以及道德纯洁性……所有决定文化视角的伟大宗教改革都与犹太教密不可分，基督教和伊斯兰教都源自犹太教，受其滋养，因此新的宗教改革必定在犹太教内部发生。[147]

盖格在晚年拥有了与自己名字相关联的启示地位。从很早开始，他纠结于传统观念和黑格尔泛神论这两种信仰之间：前者宣扬上帝卓越而居高临下，人类自制的空间是有限的；后者认为上帝无处不在，具有客观的绝对精神。盖格一直在努力证实自己对上帝存在状态的看法：上帝超越了人类理性的掌握，他的意志在人类思想和内心的最高期望中得以体现，绝不会与此相矛盾。[148]然而到了晚年，盖格对启示在犹太历史中的作用进行了广义上的理解，他论证了以色列人具有种族上的宗教天赋，就像是希腊人在艺术方面有天赋一样，其预言能够洞悉神和人类精神之间的关系，这是史无前例的。不仅如此，他还洞察到上帝将神圣启蒙行为赋予以色列，而单纯使用自然发展是无法解释这种神圣启蒙的。上帝与以色列交流，赋予它的并不是具体的律法和诫命，而是一种顿悟，使之成为"启示的人民"。因此，以色列接受了永恒而有道德的上帝预言，它的任务就是保留并传播基本内容不变的预言。尽管解释的方法会随着时代的变化而演变，但上帝会在以色列的不懈努力下使预言得以持续。盖格认为正是这种拥有神圣起源以及人类表达方式的精神才使得犹太教得以延续，甚至注定它终将成为人类的宗教。[149]长期以来，在某种程度上这些观点仍然成为改革运动的常见说词。

上述人物都是生活在同一时代的德裔犹太人，他们从体制、学术以及神学方面表达了自己的犹太思想，这些成就是现代化进程中犹太社区的基础。他们为宗教实践的不同态度提供了观点和辩护，在这样的思想背景下，创立了改革运动的集体制度历史：通过会议和辩论讨论林林总总的问题以及实践中的成功与失败。

# 3. 德国境内的发展与冲突

## 新一代拉比

19世纪30—40年代，几十位年轻人成为德国各省犹太社区的新一代精神领袖，亚伯拉罕·盖格就是其中的一位。他们在接受培训、对世界和犹太教的观点、对拉比任务的观念等方面与旧学派的前辈有所区别。[1]尽管他们的宗教地位各有不同，但不久他们在目标上达成了一致。拉比的传统角色对许多人来说好像没有关联性，在这样一个绝望的时代，为了体现拉比的一贯重要性，他们努力对自己的职业进行重新界定。

最初改革运动试图避开拉比，改革者认为这些代表简直是无可救药。19世纪初，巴伐利亚神学院的米纳姆·孟德尔·斯坦哈特以及赞同柏林雅各布森制定礼拜仪式的响应者（他们都不在德国）非常灵活，其他拉比则差之千里。1820年，柏林圣殿有一位名叫鲁本·甘佩兹（Ruben Gumpertz）的领导者，为了萨克森政府的利益，他向普鲁士官员口头宣称拉比只不过是没有精神权威的饮食律法监督者，与基督教神职人员的角色并不相同。[2]柏林和汉堡的改革者向思想倾向不同的年轻人寻求启迪，把他们称作"宣教士"，因为他们并不履行传统拉比的仪式职责。进入19世纪，

101 "宣教士"这一头衔（经常与"教师"相结合）继续被宗教官员所使用，他们主要负责进行德语布道和监督犹太教育。大城市的拉比由传统分子担任，小城市的精神领袖由新人担任，但是他们不具备拉比的声望。[3]犹太教的精神领袖自古以来都具有拉比的头衔，"宣教士"显然是基督教中的术语，因此新一代的代表们对宣教士的身份越来越感到不满，他们努力争取拉比的头衔，虽然这些人对拉比的角色有着不同的理解。新生代精神领袖在大大小小的社区担任职位，他们经常制造冲突，同时也使拉比领导权不断发生变化。

第一套完整的现代化拉比方案出现在1820年出版的一部希伯来语著作中，作者是波兹南的马斯基尔兼教育家大卫·卡罗（David Caro）。[4]也是在这一年，甘佩兹提出了贬损的观点。卡罗论证道，现如今的拉比既达不到古典时代的标准，也没有资格迎接当代的挑战，而古代的圣哲懂得他们居住国的语言，并且精通世俗学科，当时代需求时，他们乐意改变犹太律法；但现如今的拉比并非如此，许多拉比不仅对周围的世界非常无知，而且对犹太传统也是一窍不通，他们总是沉默寡言、傲慢自大、假装虔诚、过度严格，不合时宜地将重点放在宗教的外部因素上而忽视了基本要素。对于卡罗来说，这意味着曾经高尚的职业已经退化，这令人感到遗憾。与甘佩兹不同，卡罗不会将当代拉比职位贬得毫无意义，他构想出一种新型现代化的拉比角色并试图对其进行具体的解释说明。根据卡罗的观点，19世纪的拉比应当根据以下条件进行选择：道德行为（这也是传统上必然考虑的因素）、精通《塔木德》并了解方方面面的犹太宗教知识、对于世俗研究的造诣、热情授课的能力、有见识而公正地判断宗教事务的能力。他的一项重要任务是使犹太教在新的历史环境下极具吸引力，新拉比除了在教室履行任务外，还要最有效地履行其讲坛上的职责；他要精心设计德语布道，使其能够吸引听众，并通过布道实现下列任务：诠释《圣经》、敦促教徒履行上帝的诫命、使人与人之间相互体贴、向教徒灌输对国家和人类的热爱。首先拉比是现代犹太人的典范，他们的示范作用在价值上相当于1000次布道的功效。简而言之，他认为可以彻底改变拉比的职能，传统–现代拉比将传统功能与现代功能合二为一，成为有效的精神、道德、实践向导。卡罗不会限制拉比的影响力，反而加以扩大，在他个人以及所扮演的角色身上人们可以看到新型拉比如何展现了犹太宗教和现代文化的和谐性。

卡罗的看法过于乐观，实际上在1820年，德国各省已经取消了拉比原有的司法权；德国的塔木德学术由于学生数量不足而衰落；有的拉比职位由波兰移民担任，有的干脆空着。现任拉比不愿意承担新角色，大部分也没有这个能力。这些人没有接受过世俗教育，认为传统神圣不可侵犯，坚决维护一切传统观念，甚至拒绝在仪式和实践上进行任何细微的改动。然而，犹太社区担心越来越多的年轻人对宗教漠不关心，有的省政府希望拉比接受世俗教育，这些犹太社区渴望新一代拉比的崛起，希望他们能适应德国犹太人地位改变的现状。实际上，在接下来的几十年，出现了这样的一部分人：他们在年轻时接受过传统教育，后来在德国读过几年大学，但这种学业出身并不足以使他们懂得如何将两种世界结合在一起。[5]他们经常哀叹，德国大学中没有能将世俗和犹太领域合并起来的犹太神学系或现代神学院，他们别无选择，只能承担起这份孤独而艰辛的合并任务。然而，19世纪的三四十年代，在大小城镇的很多社区中，新拉比取代了老一代的拉比。1832年，祖恩斯记得德国只有6位拉比获得大学学位，而截至40年代的拉比会议，圣会者中有22位男士取得了博士学位，超过了总人数的一半。[6]

德国拉比中发生的变化，并不总是严格意义上的新老更替，即接受过世俗教育、具有改革思想的年轻人取代前现代类型的老一代拉比。尽管改革有时只从拉比的改变开始，但情况并非总是如此，一些观念上非常传统的拉比也会支持现代化，前提是这种改革没有违反犹太律法。例如，拉比萨姆森·沃尔夫·罗森菲尔德（Samson Wolf Rosenfeld, 1780—1862）在菲尔特市（Fürth）的犹太法典学校接受过中学教育，但他从未读过大学。[7]他恪守犹太律法，但是在不违反律法的前提下，也致力于现代化改革。早在19世纪20年代巴伐利亚的马克特乌尔费德（Markt Uhlfeld）城镇，他开始用德语定期进行启迪式的布道。事实上，罗森菲尔德是第一位被任命进行布道并得到认可的巴伐利亚拉比，也是德国的第一位。1835—1836年，他担任德语犹太周报《丰收号角》（Das Füllhorn）的编辑，报刊的内容涉及布道、犹太主题的诗歌、通俗神学、来自欧洲各地有关犹太兴趣的新闻报道，尽管办刊时间不长，但其他类似的刊物都以它为典范陆续出版。早在1819年，罗森菲尔德就论证"时代的精神"应该体现在礼拜仪式上的恪守、和谐和尊严。[8]1826年，他获得了班贝格市（Bamberg）的拉比身份，之后他制定了一套改革方案，包括定期布道、成人礼以及被废除的后期《祈祷诗》。然而他反对实质性的改变，例如取消"柯尔尼德"①吟诵。在20年代他被视为改革者，但在更为激进的40年代，却被看作保守主义者。

塞缪尔·利维·埃格尔（1769—1842）是老一代拉比中第二个在改革方面非常灵活的拉比。⁹他出生于拉比家庭，全家人对雅各布森一直持批判态度。埃格尔是一位有学识、受人尊敬的犹太法典编著者，同时他很传统，不愿意随意篡改由几代人实践尊为神圣的习俗。像罗森菲尔德一样，他也认为通过庄严性和审美吸引的提升，使得宗教礼拜仪式更加吸引人，这种做法是可行的，会深得人心。他主张以最有效的方式来强化儿童的犹太教基本教学，但支持他的传统主义者越来越少。作为不伦瑞克市的首席拉比，从1831年开始，他给男孩和女孩举行成人礼，并定期进行启迪式的德语布道，也有用西意第绪语举行的注释布道，内容上更加传统。晚年他默许了一套犹太圣堂制度，其中包括将一些德语内容添加到礼拜仪式之中，他自认为没有违反犹太律法。他指定一位名叫利维·赫茨菲尔德（Levi Herzfeld）的学生和自己共事，并让其继承拉比的职位。这名学生是受过大学教育的新型拉比，他深化了改革。因此，不伦瑞克的新老过渡工作逐步进行并且很顺利，没有发生令人头疼的暴力冲突。

普鲁士的官方政策非常固执，试图通过剥夺犹太宗教领导者的权威和地位来鼓励圣会者改变信仰，而德国其他省，尤其是西南各省，却与之背道而驰。他们支持具有基督教神职模式的现代

103

---

① 犹太人在赎罪日祈祷开始时吟唱的一段祷文。

拉比发展，虽然他们怀有改变信仰的动机，但缺少真正想改善犹太社区状况并与省内其他宗教相统一的决心。位于德国南部的巴登省拥有17000名犹太人，早在1823年一位政府官员做过这样的论证：拉比必须改变其职业性质，他们不应该把主要精力放在饮食律法的决定问题上，而应该致力于如何提高同胞的精神层次、看望生病的人和主持犹太圣堂的净化仪式。未来的拉比应该读过中学，精通《圣经》和希伯来文本以及实用希伯来语，并且要有职业拉比的见习经历。作为回报，拉比应该得到与基督教相等地位的认可，巴登省的拉比就拥有这样的地位。例如，在海德堡市和曼海姆市的拉比在学校服务，同时还是天主教堂和新教徒的牧师代表。[10]很多省的拉比按照规定穿上了与他们职位相符并且能够明确指示其身份头衔的服装。符腾堡的装束包括白色的领带（称为"摩西碑匾"）、长袍和黑色天鹅绒无边便帽。[11]随着时间的流逝，官方文件详细列出了拉比职位的职责，以使得他们与基督教的神职人员相平行。很多省愿意将拉比认定为公共官员，认为拉比拥有权威的观点，是犹太信仰的合法代表；甚至像符腾堡和贝恩堡（Bernburg）这样的地方，拉比还得到了省基金的经济支持，这让他们和普鲁士境外的拉比自尊心大大增强，在一定程度上他们感受到了自己的力量。[12]

德国拉比指引社区沿着温和或激进道路进行改革，这种权利的自由程度很大一部分取决于他们所任职省的政策。这段时期内，德国有组织的各种宗教信仰必须服从各省的管辖，尽量避免违背道德的做法。宗教代表要忠心地为本省服务。[13]有些地方的拉比被提升至基督教神职人员的地位，按照所有人的期望，拉比要提高本省的公共道德素质、灌输遵守律法的宗教思想并且要为本省的利益服务，尤其是劝告犹太教的精神领袖鼓励职业一体化和文化德国化，以此帮助"提高"犹太同胞所应享有的公民平等权。除了那些仍对解放运动和随之而来的宗教文化一体化持矛盾态度的正统派人士之外，德国拉比和普通信徒对于这一"改进"过程给予了热情的支持，也希望自己的努力能够得到应有的回报。但是有一点需要注意，大家都否定宗教改革是为争取公民 104 平等权而付出的努力，他们坚持认为宗教只属于犹太宗教考虑的范畴。[14]

在调节犹太宗教生活的过程中，一般来说，各省主要依靠犹太社区的拉比和世俗领导提出改革方案，这些方案既能被犹太社区广泛接受，同时也代表着政府的权威。因此，二三十年代进行的大部分改革，旨在美化外部行为，这些改革方案只遭到了零星的反对。萨克森-威玛大公国（Grand Duchy of Saxe-Weimar）则是例外，如果说普鲁士的政策代表着通过摧毁内部来加速犹太教解体的极端现象，那么萨克森-威玛大公国则采取强制措施断绝与传统的联系来加速与现代融合的进程。1823年，政府拟定了一份规定，其中的条例强迫犹太社区的整个宗教礼拜仪式全部用德语进行，只有在诵读《摩西五经》时可以用希伯来语，但是必须附带翻译。一时间，反对政府的呼声风起云涌，直到1837年政府才想方设法让规定得以全部实施。在担任萨克森-威玛大公国的首席拉比之前，孟德尔·赫斯（Mendel Hess, 1807—1871）是改革派拉比中最激进的成员之一，尽管他（在他担任职务前五年就开始）对规定的某些方面提出抗议，但作为省官员来说，赫斯还是默许了这一规定的实施，而且还参与其中。这一切使他在德国拉比圈内饱受争议，直到19世纪中期，获得解放的1400名萨克森-威玛犹太人可以再次按照自己认为的合适方法进行祈祷，直到此时争议的局势终于得以缓和。[15]

巴伐利亚省的天主教拥有5万多犹太人，是德国仅次于普鲁士的第二大犹太人口省。几乎整个19世纪期间，政府对犹太定居和繁衍后代实行了严厉而又残酷的限制。[16]但是在执行人口政策的同时，政府在犹太宗教改革问题上突然改变态度。19世纪30年代末，与犹太人没有直接关联的因素导致政府由原来的鼓励态度变为反对。1828年，格拉泽尔①（J. B. Graser）撰写了一份篇幅很长的政府论，这篇论文反映了政府对改革派的早期观点。[17]格拉泽尊重犹太人在执行宗教事务时的权利，不想通过强制手段对他们的做法进行改变，因此希望通过官方倡议来改变犹太人以及犹太宗教事务的状况。但他自己对这一事情也很矛盾，不知道是厌恶犹太事务还是真心想把犹太人统一到巴伐利亚省，其态度摇摆不定。他提议进行犹太教育改革，但仍支持学习礼拜仪式中的希伯来语，这一点是与萨克森-威玛的做法比较相近。后来他指出"年轻的拉比"需要接受犹太教与现代文化和解的挑战，因此提议要在巴伐利亚大学建立犹太神学系，犹太人和省政府都要给予财政上的支持。他认为通过这种方法犹太教才能获得与基督教相等的学术地位，如果犹太人通过重塑其信仰的外部行为来缩小与基督教模式的差异，格拉泽愿意赋予犹太教更高的地位。他认为省政府不能

---

① 一位知识渊博的巴伐利亚官员、教育者、神学家。

干涉宗教事务，相反政府有义务对影响"道德进步"的宗教形式加以禁止。犹太人对格拉泽论文的反应出现了两极分化，作者也责备那些反对者忘恩负义，但是一部分巴伐利亚犹太人对此非常满意[18]，政府制定的政策也是顺应这一导向的。

直到1837年，巴伐利亚拉比中立场最明确的改革者是拜罗伊特市的约瑟夫·奥布（Joseph Aub, 1805—1880），他从威斯巴登省犹太拉比会议返回后便赢得了政府对整套宗教改革方案的赞同与支持。但是几个月后新政府上台，这个政府以教皇为绝对权力，不但没有抬高却降低了犹太人以及新教徒的地位。新政府不赞成宗教发展的观念，颁布了这样一道法令：新任命的省拉比必须严格执行"所有真正的摩西教义和仪式，反对任何具有破坏性的新教"。新政府还禁止举行成人礼仪式，禁止巴伐利亚拉比参加19世纪40年代的拉比会议。[19]在这一变化的形势中，奥布努力让政府相信自己的观点：任何巴伐利亚现代拉比的观点都不能被定义为"新教"，因为这一术语并不代表肯定的、以启示为基础的宗教，但是他的确笃信摩西启示，他认为犹太教在精神发展的过程中会得到更好的理解。正如奥布所理解的那样，口头的《摩西五经》仍作为阐释工具继续存在，会继续对犹太律法重新界定并使之重新适用。尽管他褒奖了拉比在这方面的成就，但他并不认为已经完成了这一任务，因此他指出法令只反对具有改革启示的《摩西五经》，不包括发展中的犹太教。[20]虽然奥布的论证力量不强，但语气很肯定。也许奥布应该节约笔墨，神学方面的辩论根本不能说服政府。此后直到1848年，政府把任何形式的宗教革新看作是对现状合法性的一种威胁，就像是20年前的普鲁士。

　　在德国的很多省，改革作为官方政策是与圣堂规则合并在一起的，通常由首席拉比制定，有时也和世俗领导一起制定，然后交给政府进行批复。我们已经调查过1810年由西伐利亚宗教法院颁布的第一份规定，后来几十年中，很多文件都模仿它的模式。[21]总的来说，教堂规定中强调了维护尊严和恪守仪式，禁止犹太圣堂内吵闹或者粗俗的做法，圣会者要定期进行德语布道。此后的大部分文件是关于礼拜仪式上的改动，尤其是有关表达受难以及想予以报复的祷文，并且删除了中世纪礼拜仪式诗歌的部分内容，还增加了儿童合唱班和成人礼，允许并鼓励女孩子进入犹太圣堂。当作者情感和对社区虔诚的传统依附感存在较大差距时，犹太圣堂的规定会引起广大教民的憎恨。通常情况下，经过短暂的过渡期后，圣会者会逐渐接受这些规定，尽管有时某些社区会忽视个别条例。[22]

　　这些规定若要出版，必须在内容上要前后一致，因为每一项努力都有前辈的指引，但个别拉比在改革过程中仍然发挥主动性，违反了一致性。例如，在德累斯顿市的传统犹太社区内要建成一座新的社区犹太圣堂，不久出台了两份由撒迦利亚·弗兰克尔提出的仪式改革文件，内容都非常具体，而且饱含热情。[23]叙文由伯恩哈德·比尔（Bernhard Beer）执笔撰写。他是一位世俗学术领导，也是弗兰克尔和盖格的好朋友。叙文阐述了具有这一时期特点的宗教改革。1840年五旬节当天，由二三十个男人和男孩组成的合唱班站在第二走廊的高处，与独唱者的声音遥相呼应，非常和谐。独唱者站在壁龛正前方的桌子前进行礼拜仪式的领唱，与圣会者一同默念或者诵读祷文，练习了多首中世纪礼拜仪式的诗歌，还为最传统的礼拜者保留了吟唱《阿卡达姆》①（*akdamut*）的内容。在吟唱《摩西五经》时，圣会者只能轻声吟唱，声音不能过于响亮。诵读经书后，首席拉比弗兰克尔走上讲坛讲述有关节日的宗教意义，将"对我来说你们将是祭司的国度、神圣的民族"的韵文内容添加到以色列的任务阐述中：借上帝之口将这一任务代代相传，直至成为全人类的财富。布道结束后，弗兰克尔像每年的五旬节那样继续举行成人礼，这次共有两个男孩和五个女孩。他询问孩子们有关犹太信仰和实践的最基本问题，然后轮流和他们谈论有关未来的计划，最后给他们祝福。接下来是德语合唱团，在场的基督徒也参与其中。然而，令人印象最深刻的改革还在后面，当教士为圣会者祝福的时刻来临时，边厅的折叠门打开，14名祭司后裔（*Kohanim*）迈着方步进入，穿着统一：黑衣白袍、无沿便帽。这个"教士合唱团"以准确愉悦的齐声向圣众吟诵祝福，其中穿插着领唱者的歌声，"情感真挚的泪水从他们眼中流出，在场的许多异邦人为此震惊，他们从未想到过这样的场景"。这与惯常见到的不和谐场面简直就是大相径庭！节日第二天的礼拜仪式和第一天差不多，只是布道改为简短的德语祷文，之后还有纪念式的礼拜仪式。

那一年的晚些时候是圣殿节——为纪念第一圣殿和第二圣殿毁灭的戒斋日，庆祝仪式也经过了相似的改动。因此，圣殿节的仪式便成了众矢之的，激进派认为哀悼古代祭拜仪式的终止和为离散的犹太人痛哭简直就是无稽之谈，厌恶粗鲁风俗习惯的温和派因此远离公共礼拜仪式。但是今年在德累斯顿市的礼拜情况并非像从前那

---

① 在五旬节吟唱的一首特殊、冗长的阿拉姆语诗。

样，我们再次读到了比尔的叙文：圣会者在戒斋日的前夕到达，他们要求那些选择脱掉鞋子作为哀悼标志的人们在圣所外面的大厅入口脱掉鞋子并原地穿上漂亮的鞋套；不允许带矮凳子入内，也不能席地而坐；进入犹太圣堂后礼拜者发现四周都是黑色褶帘、光线昏暗，讲坛周围也被黑暗所笼罩，只有一丝微光从悬挂在壁龛上的银色大卫王盾牌上投射下来，让周围有了些许光亮——好像象征着以色列希望的孤独之光。没有了传统礼拜当天粗腔横调的哀号，哀悼由独唱者、合唱团和圣会者以比较压抑但是非常真诚的方式进行。第二天早上，弗兰克尔进行布道，在布道过程中他提到犹太人由于被指控在执行仪式时犯有谋杀罪而在大马士革遭受到迫害，庆祝仪式的最后一项是独唱和合唱中世纪诗人犹大·哈列维（Judah Halevi）的锡安山颂歌。比尔最后说，圣会中最令人尊敬的长者也不得不承认——即使他们没有坐在地上——这是他们第一次经历为失去古代圣所而进行的真挚哀悼。

在德国的许多社区，礼拜仪式的气氛都发生了类似的变化，尤其是当新犹太圣堂落成或者新任拉比就职时。这些变化并没有违反犹太律法，大部分的礼拜仪式保持原样，只是添加了一些附属内容而已。总而言之，它们只能被称作是"改进"而不是改革。很明显这是由于文化渗透引起宗教情感的改变而作出的反应而已，但是基本礼拜仪式中的一些篇章对温和派改革者来说甚至存在道德和政治方面的问题。例如，1843 年，弗兰克尔对一些古代祷文做过改动，例如请求摧毁诽谤者和上帝敌人的《致诽谤者》（ve-la-malshinim）。[24] 对照文本后可以发现，弗兰克尔进行激进改变时使用这样的传统套话："让诽谤者绝望，让作恶者马上灭亡，立刻除掉所有的敌人。

马上对自负者斩草除根、粉碎推翻、使之威风扫地，耶和华打倒了敌人自负者，让我们保佑他吧。"弗兰克尔的仪式版本则是："让诽谤者们绝望，让邪恶的人立刻灭亡，快点扫除自负者的威风吧。好让他们回归到你身边，保佑打败邪恶和压倒自负者的雅威吧。"类似的祷文改动或者删除在其他地方随处可见。[25]

另外，改革者对每周进行两次的《沃乎拉乎姆》祷文中的一篇进行了改动或删除，传统文本是："他们（以色列的敌人）憎恶我们就像是认为来月经的妇女一样不再纯洁。你们的力量、你们的光荣在敌人手中能持续多久？燃起反对敌人的力量和热情吧，让他们羞愧难当并被你的力量打碎吧。"弗兰克尔和其他人跳过了这篇文字，对于他们来说，这些文字不仅在道德上具有冒犯性，在政治上也极具煽动性，其他祷文中类似的文字也同样被修改或省略。甚至在温和的传统派内部，随着审美的提高，各个社区都进行了一定的宗教仪式改革，但是圣会者手中握着的祈祷书丝毫未变。有关宗教改革具有局限性的争论初露端倪。

到19世纪30年代中期，德国犹太人的自我意识感增强，发生了比较集中的改革运动。可以肯定的是，一些犹太圣堂已经颁布了规定；布道、成人礼和高雅的宗教礼拜仪式逐渐得到普及。到19世纪40—60年代，这些显著而又相互关联的运动汇聚成一股统一的情感，加速了改革运动前进的步伐。前一章我们讨论了系统的神学开始出现，科学被越来越多地应用到改革事业之中，改革者制定了基本的意识形态立场。如果没有这些现象出现的话，谈及宗教神学则毫无深度或自我理解而言。理论因素反过来又受拉比的发展所影响，被同化拉比接受了世俗教育，而新一代世俗

领导者对温和的改革持赞同意见，他们支持拉比把新态度用到宗
教生活中去。但是抛开理论、领导以及实际努力不说，如果想发
动协调的改革运动，需要有这样的意识：不同的因素和表现构成了
整体的大部分。19世纪40年代的确出现过这样的集体意识，这些
意识的界限引起了改革者的质疑。随着拉比会议的召开和反对正统
派斗争的发生，改革派内部发生了紧张的冲突，情况异常严重。

　　改革运动之所以能够通过后来的争议实现并维持统一感，这
要归功于路德维希·菲利普森（Ludwig Philippson, 1811—1889），
他认为首先要把握住中心。[26]菲利普森是马格德堡市（Magdeburg）
的宣教士，后来成了拉比。他既不像亚伯拉罕·盖格那样具有学
者气质，也不像塞缪尔·侯德海姆那样做法激进，同时他也不赞
成撒迦利亚·弗兰克尔提倡的缓慢宗教改革。在事业早期阶段，
他宣称要"在尊重现状的基础上，为提升犹太教的地位而努力"[27]。
菲利普森笃信摩西启示以及《圣经》后犹太传统的价值，但是他
认为传统应该具有灵活性。他是一位温和的宗教改革者，希望重
建的宗教最终能够普及所有的犹太人。当其他人构想一个全新未
来的犹太教时，菲利普森却把注意力放在目前的可能性上。实际
的考虑对于他说很重要，就像是事情的原则一样，他并不喜欢冲
突。1837年，他创办了一份有关犹太切身利益的报纸《犹太教汇
报》（*Allgemeine Zeitung des Judentums*），并担任编辑长达50年
之久，亲眼看见了这份报纸的影响力在逐渐扩大，并且超过了早
期的其他报纸。就整个犹太历史而言，尽管面对同化的压力，《犹
太教汇报》对于维持世界范围内的犹太民族意识来说具有十分重
要的意义，而对于改革运动的重要性则更大。盖格的期刊只针对

致力于学术思考的犹太人，缺少对大众的吸引力。实际上，这也不是他所追求的。菲利普森创办的报纸选用学术性较低的语言讨论宗教事务以及与时事密切相关的问题，报纸定期刊登各省、各社区的犹太圣堂改革报告，让读者感到各个地方的宗教都在进步，同时还把宗教改革置于更大的环境中。《犹太教汇报》并不只是关注宗教事务，其兴趣远远超出这一范围，因此并没有成为一份具有特殊宗教方向的报纸。报道的内容涉及宗教发展的情况、德国及其他地区犹太解放斗争的消息、反犹屠杀的辩驳以及世界各地犹太人的点滴消息。菲利普森通过自己的报纸觉察到一种现象，改革被描述成全体犹太人的运动，但是并没有分离的宗派倾向。他将这一发现进行宣传。19世纪40年代，德国的改革运动空前活跃，并引发了激烈的争议，菲利普森的报纸成为矛盾观点的回音板，因而扩大了改革运动的影响力，产生了前所未有的显著效应。创建报纸后，他本人也积极参与到改革运动及无休止的争议中。作为一位极具天赋的公众人物、中心人士以及惯常的乐观主义者，菲利普森努力掌控这股位于前方的强大力量。但如我们将看到的那样，19世纪40年代产生的动荡并不在一个人或者一份报纸的掌控能力之内。

## 布雷斯劳市和汉堡市的论战

当德国的其他省鼓励并支持宗教改革时，普鲁士坚决反对任何形式的宗教礼拜仪式现代化以及犹太教祭司地位的提高。政策规定犹太教应继续充当另类信仰，被冷眼看待。这一政策完全不顾1812年颁布的解放法令，根据这一法令，18万犹太人享有高度的公民平等权。[28]在普鲁士，犹太教是一种私人宗教协会，拉比不像牧师或神父那样被认可为宗教官员，他们没有义务支持或管理犹太宗教生活，也不会通过其他部门对犹太社区执行治安权，唯一职能是要阻止会损害政治利益的行为。[29]自从1823年弗雷德里克·威廉三世颁布法令终止柏林的圣殿以来，这些利益集团就将所有的犹太教礼拜仪式"革新"排除在外，因为任何形式的"宗派主义"都会对政治稳定构成威胁。

在十多年的政治反动期间，普鲁士严格地执行选用拉比的资格规定，胜任拉比需具备以下资格：会用德语或波兰语诵读，道德上没有瑕疵，不允许穿戴成基督教神职人员的样子或者使用宣教士的头衔，禁止参加成人礼，葬礼上用德语念悼词会招来警察的干预。在哥尼斯堡用德语进行安息日布道被宣布为非法，婚礼仪式上的任何改动、甚至是简短的婚礼谈话（除非新婚夫妇明确要求）都是非法的。[30]只有在犹太教学校进行的改革才可以被接纳，因此一部分犹太人选择去学校而不去犹太圣堂。例如，柏林的社区学校举行安息日礼拜仪式时，就有很多成年人以及儿童参加，但祷文没有变化，其中一位教师用德语进行布道，男生合唱团用希伯来语吟唱四声部的圣歌。政府和传统派联合起来确保犹太圣堂的所有礼仪要和原来的形式保持一致，19世纪30年代，还发生过拍卖犹太圣堂荣誉的事情，任何礼仪的引入都被视为禁止，到1842年，唯一明显的改革是男士合唱团可以戴统一的无沿边帽[31]。

到30年代中期，在那些没有遭到传统派反对的地区，当地的普鲁士官员对犹太宗教改革事务不予理睬。1833年，马格德堡市成为普鲁士的第一个犹太社区，再次雇用了宣教士（路德维

希·菲利普森）定期进行布道，并增加成人礼和合唱团。正统派
拉比没有异议，当地政府也表示赞同，并设法避免或反对牧师的
询问，普鲁士的其他社区纷纷效仿马格德堡，来自官方的反对越
来越少。[32] 到1841年弗雷德里克·威廉四世继位后，符腾堡的拉
比约瑟夫·迈尔（Joseph Maier）甚至请求普鲁士的"开明政府"
来树立鼓励宗教进步的榜样。[33]

　　19世纪30年代末期，普鲁士政府的宗教改革立场遭到非议，
这是早期宗教改革最有意义的一种检验。争议出现在布雷斯劳市
的一个犹太社区，这个社区拥有五六千名犹太人，相对比较富裕，
但贫富分化比较严重。自从普鲁士政府于1821年终止了改革，社
区的宗教生活恢复原样。年轻人感到在基督教学校接受到的教育
和在犹太圣堂感受到的异端气氛存在很大的差异。此外，成年
人对世俗的追求和这些价值观的入侵导致许多人对宗教态度冷
漠，宗教生活牢牢地控制在传统派手中。[34] 该社区的首席拉比所罗
门·亚伯拉罕·迪克金（Solomon Abraham Tiktin, 1791—1843）
是一位顽固的守旧派，他故意逃避社区要求他每月一次就宗教道
德题目布道的法令。1838年，面对120位成员的请愿，社区官员
决定雇用一位助理拉比作为犹太教法庭（bet din）成员，每周一次
在最大的犹太圣堂举行启迪式的布道。此时社区委员会已经牢牢
掌握在现代派手中，不再寄希望于迪克金会改变自己的观点，他
们希望社区会出现一股反对力量、一位有能力的人，"如果必要的
话，应在迪克金自己的地盘上打倒他"[36]。他们还希望把布雷斯
劳市置于改革进步的前沿。最初亚伯拉罕·盖格被认为非常激进，
那年夏天他在布雷斯劳市所做的布道极具煽动性，由57名选举者

110

组成的小组选举他为助理拉比，只出现了一张反对票。显而易见，
布雷斯劳市社区的绝大部分人（至少是选举成员的大部分）在接
下来每隔两年举行一次的选举中会继续支持盖格的委员会。到目
前为止，他们是支持宗教改革的。然而，社区的正统派不会持默
许态度，他们会使用一切可能的手段为竞选而斗争。

在后来发生的冲突中，支持改革和反对改革的比例具有重要
的象征意义。[37]迪克金坚持拥护传统思想，成为受人尊敬的守旧
路线的代表，他发誓要不惜一切代价阻止现代化的大潮。盖格代
表着最激进的当代历史批评主义以及推动犹太教礼拜仪式和律法
实际改革的力量。如果布雷斯劳市落入盖格的手中，正统派担心
他们信奉的一切神圣的东西都将被扫除，非正统派会取得合法性，
改革运动将会首次赢得犹太社区的绝大多数席位。[38]另一方面，如
果在观点、意图或者行为方面击败盖格的话，那么正统派至少在
目前是安全的，他们可以在有限的范围内适应现代性。

针对盖格参加竞选一事，正统派立即采取反对措施。正统派
相信普鲁士政府仍然支持宗教的稳定性，他们开始采取行动证明
为什么不能赋予威斯巴登的拉比在布雷斯劳市定居的普鲁士公民
权，但这一行动耗资巨大、为期很长。正统派以盖格的革新会导
致危险以及宗派主义为由对他进行诽谤，导致盖格的任命时间被
延后了一年半，但是最终盖格于1840年1月就职。之后，抗议仍
不断发生。但是一切已无济于事，普鲁士政府不再对禁止德语布
道或反对犹太圣堂中细微的审美改革感兴趣。尽管政府仍然不允
许犹太教礼拜仪式模仿基督教仪式，也没有赋予拉比神职地位，
但是已经同意让犹太人通过自己选举的官员来决定宗教领袖的

正统性。

　　既然不能阻止新拉比就职，正统派则试图对盖格逐渐增强的
影响力加以限制。盖格构思巧妙、雄辩有力的布道经常使最大的　111
犹太圣堂人满为患，而迪克金的权威却不断下降。[39]身为老一辈的
拉比，迪克金感到自己受到年轻人的排挤，这位年轻人和自己的
宗教取向不同。为了保护自己以及自己所代表的传统荣誉，迪克
金拒绝承认盖格在社区任拉比的地位，他不会和盖格一起主持婚
礼，而选择在另一所犹太圣堂祈祷。最重要的是，他不会和盖格
在社区的犹太法庭共事，而法庭负责处理的是离婚和寡妇与亡夫
兄弟结婚等极端犹太事务。盖格可以是宣教士，这是迪克金所能
接受的底线。但盖格不能接受的是，这样做等于让他自己退出改
革运动，并放弃拉比代表的犹太权威的传统渊源，因此盖格坚持
拉比的一切特权。1840—1842年，犹太法庭一直处于对峙的局面，
没有人接待处理犹太事务，需要法庭服务的社区成员只能前往相
邻社区。于是改革事宜刚刚成熟却突然发生变故，导致酝酿好的
激情演变为暴力。在社区一位要人的葬礼上，迪克金和盖格同时
被邀请发表讲话，级别高的拉比演讲时，含蓄地贬损了他的同事。
当"第二位"拉比要念悼词时，突然墓地爆发出呐喊声。支持迪
克金的人嘲笑盖格，接着盖格这边的人也做出了类似的回应。两
位拉比成为公众攻击的对象，继而产生互殴，后由警方来制止。
盖格很聪明，于是选择将其演说缩短。[40]社区委员会也以此为借口，
第二天下令长期吊销迪克金执行法令义务。尽管公众对老拉比怀
有同情心，但委员会指控老拉比只关注自己的专制规定。几个月
后，普鲁士政府将吊销命令认定为非法事宜，并撤销了禁令。不

久，迪克金去世，盖格成为社区的高级拉比。

宗派斗争导致布雷斯劳市的犹太人分成两个独立的宗教协会，双方在感情上互不相让。正统派和改革派都坚持自己的原则绝不妥协，普鲁士政府没有对任何一方施加威胁，在这种情况下事情无法解决。布雷斯劳市的改革派并不像汉堡市那样成立了独立的派别，这里的改革派和正统派都没有在整个社区建立制度化，从而违反了德国各省犹太圣堂的规定。1846年，所罗门·迪克金的儿子基大利成为布雷斯劳市犹太教正统派的拉比。十年后，他颁布了新的社区章程，盖格和基大利·迪克金作为整个社区的拉比享有平等的权利，尽管两人为各自的教派服务。[41]布雷斯劳市也因此开创了一个先例，演示了德国犹太社区如何能够在保持社会福利统一的前提下，同时满足自由派和正统派的不同需求。试图对所有犹太人进行改革的运动逐渐分裂为不同的教派：改革派、自由派或进步派犹太教，拥护各自教派的犹太人共同拥有一套特殊哲学和实践模式。自由派和传统派继续争夺对社区委员会的控制权，从而衍生出一种过渡办法，越来越多的人接受社区范围内的宽容政策，有关宗教的社区内部争议逐渐消失，只有内部激进人士仍然坚持走分裂路线。

由于盖格和迪克金的冲突，改革派和正统派制定了一项内部公共制度，这也使得两个教派之间的理论差异得以澄清。盖格在其学术期刊的第一卷就着手阐述早期讨论过的犹太哲学。布雷斯劳市的争议使早期的观念进入公共视野，正统派的支持者对此予以抨击，盖格的支持者则极力捍卫。通过这些辩论，对于谁是改革者、他们支持什么以及他们共有的犹太教形象等问题，人们有了更加清晰的认识。争议中出现了一个主要原则问题，像盖格这样一个在写作中表达自己观点的人能否担任犹太社区的拉比，正统派给出了很清晰的解释：无论现在还是过去，拉比的主要任务是充当律法的诠释者和宗教法官，他必须在思想上以及情感上忠于律法的绝对价值和有效性，包括口头和书面内容、具体细节和总的原则，不能受任何外部环境的影响。[42] 两位支持迪克金的人这样说："拉比是现行拉比犹太教的官员，他不可能创造新的教义，在就职期间他要明确自己的义务，即按照现行的样子传授犹太教，通过言行来尽职尽责地加以传播。"[43] 如果拉比不愿意接受这个角色的话，他只能辞职。

显而易见，盖格并不认同这些信仰和义务，迪克金的支持者能够轻而易举地在盖格的文章中找到怀疑正统派的段落。盖格认为拉比们并不能总是正确地诠释《圣经》文本，他们的解释并不具有神圣启示的力量。反对者控告他像撒都该派和卡拉派信徒那样贬低了口传律法。显而易见，盖格也贬低了犹太的风俗习惯，因为他对信仰的形式①（Formglaube）进行了严格地纠正。因此，盖格不适合担任拉比的角色："如果他喜欢的话，让他自称为医生或者学者甚至是宣教士。谁会反对呢？但是拉比有什么好处？"[44] 反过来，盖格和他的支持者被迫加入了辩论：无论表面看上去如何偏离正统，年轻神学家从原则上并没有反对犹太教的基本教义，只要能够自由地将科学运用到犹太宗教渊源中，这样的现代犹太学者仍然可以成为合法的、被接受的拉比。

---

① 指犹太教的宗教形式具有内在和绝对价值这一信仰。

　　盖格在回应反对派时指出，自己并不反对对方的信仰形式，只是对他们剥夺了和精神价值相关联的流动性而导致的恶果感到遗憾。在早期的期刊中，他划分了批判学者和社区拉比的界限，前者根据历史的渊源和发展看待所有的现象；后者遵守社区规定，将每一种习俗视为珍宝，对宗教情感非常尊重。因此，作为社区拉比，他乐于监管"脱鞋礼"的仪式。即使站在学者的立场上，他认为这一仪式已经没有任何社会意义，个人也认为应该废除这项仪式。因为当丈夫的兄弟不愿意放弃特权或者情况不合适的情况下，寡妇是不能重新嫁人的，这种情况有些残忍。从理论上更深一步讲，盖格完全否认与撒都该派和卡拉派有任何联系。相反在坚持传统原则的方面，他是法利赛教徒和犹太教旧教徒，但对他来说，这一原则并不包括在神圣启示之内，而是体现在持续即时的发展中。受推崇的是《圣经》而不是《塔木德》。《塔木德》的条例并非固定不变，同理，目前的犹太教也不可能是一成不变的，通过口头传授而生成书面的文字，这是一项不懈的工作。[45]盖格澄清了自己的立场，但是他给出的定义和划分却使传统派感到更加的不安而予以反抗。

　　布雷斯劳市社区委员会认为，在政府干涉新任拉比之前最好寻求外界的支持，于是向欧洲拉比求助，期望他们能支持盖格。1842年下半年，社区委员会收集并出版了两卷来自17位拉比的答问。[46]几乎所有的拉比都是年轻人，大部分人都获得了拉比资历并且在德国西南部担任过职务。[47]他们就下列指控的问题进行了回答：犹太教允许进步吗？在和《塔木德》规定相关的价值和有效性问题上，和前辈们观点不一致的个人是否还能被称作犹太人？犹太神学能否被看作学术并自由地进行探究？为传播更自由、学术性更强的神学信仰而奋斗的人能否有资格担任拉比职务？

　　尽管在具体问题的回答上有差异，但答问揭示了一个显著的共同点：这些拉比像盖格一样将摩西启示与口传律法的总语料库区别开来，他们用历史论证并佐以广泛的文本来表明犹太教实际上是历经时代而发展起来的。因为早期的制度在后来被修改过，或是被替代，所以提倡进一步的改变并不是反动的。《塔木德》本身的陈述似乎认为任何否认犹太律法具有启示地位的人得不到拯救，但是根据当代的辩论，这一说法可以被理解，也可以被《塔木德》以及后来的传统作家所使用的语气温和的格言所抵消。[48] 有的回答者非常极端，他们甚至暗示《塔木德》中的道德并不总是符合现在的道德，拉比是他们时代的孩子，上帝的精神并不总是通过他们传达的。当代犹太人不能放弃自己的道德敏感性，因为他们对《塔木德》内容进行过筛选。如果历史渊源和目前的犹太感情因素有冲突，那么当代拉比不仅应该自由地探究犹太教历史，而且为了"将口头传统的真正神圣性与《塔木德》中不可否认的人类大众相分离"，他也有义务这么做。有人曾这样说过："我们尊重犹太教神学的第一位代表。"因此，不能指责盖格的批判性研究，除此之外，他的观点局限在理论领域内，对公共统一性没有构成威胁。

　　答问的出版时间仅比汉堡市支持仪式改革集锦的问世晚了几个月，但它向公众表明新一代拉比内部出现了力量强大、目标统一的改革者。[49] 布格昆施塔特（Burgkundstadt）的拉比利奥波德·斯坦（Leopold Stein）在答问中使用了一个明喻，他认为正统派的拉比就像一个人观察无人驾驶的马车从他身边缓缓驶过一样，他并没有跳上赶车人的空座来驾驭马匹，却在一旁喊："停住！停住！"然而这一切是无济于事的。他的叫喊只能使得马匹意识到它们没有主人，应该疾驰而过，直到听不得叫喊声为止。斯坦及其同事宣称他们也看到马车经过，并且认为自己有责任及时地驾驭马匹。这一明喻反映了正统派制定的共同目标。

盖格-迪克金争议的后期再度掀起波澜，人们把注意力重新放到了改革运动上。这次争议发生在汉堡，20年前的改革运动在此制定了第一项持久的制度。二三十年代期间，一种非正统派的犹太宗教礼拜仪式逐渐兴起，它拥有自己专门的祈祷书和管风琴伴奏，不需要为公共统一而妥协。多年以来，汉堡圣殿已成为传统派和改革派边界线上共认的里程碑，尽管这两个派别在城市犹太社区的内部模糊不清。

随着周边邻省迁移而来的人口逐渐增多，到19世纪40年代，汉堡市的犹太社区人口已经接近10000名。但这里的犹太人无权享受布雷斯劳市和柏林市宗教同人的公民权，甚至政府下令禁止汉堡犹太人在城市的某些地区居住。尽管如此，他们仍然留在这座城市，也许是因为汉堡市的个人自由闻名遐迩，尤其是言论自由。久而久之，汉堡犹太人融入了城市的各行各业，而汉堡在德国的商业地位也让富人们继续受益。40年代早期，尽管世俗化发展非常迅猛，但仍有约三分之二的汉堡犹太人被视为正统派教徒。在社会和宗教方面，传统派和现代派仍然保持一定的距离，犹太圣堂的拥护者拒绝与圣殿家庭联姻，甚至拒绝将死者埋入社区的墓地。[50]

违反犹太仪式规定的个人越来越多。1841年发生在某个社区的事件引起了所有人的关注。事情发生在一所犹太儿童革新学校（*Freischule*），这所学校是为那些贫困的犹太男孩免费提供教育而设立的，由最近刚退休的汉堡圣殿宣教士爱德华·克雷负责。值学校成立 25 周年之际特此举行晚宴，约 200 名男女聚集在当地酒店的宴会厅，其中大部分都是犹太精英。当晚的菜单包括"螃蟹、牡蛎和猪头"[51]，虽然并不是所有的客人享用这些主食，但对此提出异议的好像只有几个人，第二天提供给学生的食物是节日的洁净食物。事实上，在犹太公共庆祝场合下完全忽视犹太饮食律法的确是件新奇事。这一事件也表明对于越来越多的汉堡和德国其他地区的犹太人来说，犹太身份不再意味着要遵循犹太律法，这一身份仅仅代表在犹太圣殿或革新学校内要从事犹太慈善事业以及遵循宗教的礼拜仪式。

　　自从汉堡圣殿的首次争议发生后，犹太圣堂几乎没有什么改观。可以肯定的是，哈克姆·艾萨克·伯奈斯（Hakhm Isaac Bernays）布道的大部分内容深奥隐晦，没有实现在传统背景内得到启发的预想。尽管仪式的美观有所改善，但是礼拜仪式本身没有"进步"，而在其他地区人们能够经常目睹仪式的进步。来圣堂参加礼拜仪式的人数很少，妇女和年轻人最少。越来越多的人认可了早期讨论的宗教主观态度，除非礼拜仪式能提高他们的精神层次，否则犹太人是不会参加的。决定他们是否去犹太圣堂的因素是需求，而不是参加圣会祈祷的责任，那些定期参加的也是出于诫命或传统使命；其他人的参加是受精神所驱使，他们偶尔在安息日或者节日场合出现。[52]对待宗教的这种态度在圣殿人员中尤其普遍。

　　汉堡圣殿的200多个家庭情况各异，有的家境富裕，有的收入有限，有的严格遵循礼仪，有的只维持最起码的宗教要求。几乎没有家庭会严格遵循饮食律法并且在家身披塔林①（talit）、戴护符经匣诵读传统日常的祷文，但有些情况下，人们参加圣殿的礼拜仪式是因为妻子和孩子。其余人已经完全放弃了个人遵循的做法，只有在新年假期（High Holidays）时，他们才表现出对犹太宗教的尊敬，能容纳250个座位的租借区对于所有人来说似乎并不够。[53]为了得到本市犹太社区的认可，汉堡圣殿坚持不懈地努力了20年，成员们也继续缴纳社区税并为慈善事业做贡献。

　　圣殿最大的失败是不能为其他社区的准改革派树立榜样，所有人都认为这是盏"孤立"的信号灯，无人渴求它发出光芒。宣教士宣称，所有制定甚至限制改革的社区在某种程度上都受到汉堡圣殿的影响，但他们采用的只是礼拜仪式形式上的内容，非常有限，并没有接受思想、采纳祈祷书以及管风琴。只有在莱比锡集市上，一部分相关的教派继续在节日期间发挥作用，圣殿才能够将独特的仪式和哲学传到外界。实际上，汉堡圣殿对于所有人来说既熟悉又模糊，作为彻底改革的象征，一部分人持以崇拜的态度，也有一部分人却加以苛评，但并没有人完全复制改革的内容。[54]1842年，圣殿协会即将迎来25周年纪念日，改革者试图利用这一机会打破圣殿的孤立状态，以此获得圣殿应该拥有的影响力。然而，这一努力却使圣殿陷入了新一轮的汉堡争议，此次争议产生的影响力不亚于前两次。与盖格-迪克金争议相似的是，这

———————

① 祈祷用的披肩。

次发生在圣殿与犹太圣堂之间的争议显示了改革运动的力量与自我意识在发展壮大，但是内部的分歧并没有向外界公开。

　　导致冲突发生的直接原因是汉堡圣殿搬进了社区内部并占据了主导影响力。1840年冬天，圣殿的管理者和大约80名成员向社区委员会递交了一份很长的请愿书，叙述了圣殿对汉堡犹太人所做的贡献，并且希望在更广泛的范围内加强与社区的联系。然后，他们要求圣殿预算的四分之一应该从社区基金里支出。他们这样说："我们希望也认为自己有资格在最神圣的事情上、在宗教方面被看作是社区同等的组成部分，也应该拥有像其他特殊的礼拜场所同样的基础。"[55]管理者们还提到了长期以来想建立自己场所的意愿，想参加礼拜仪式的贫穷犹太人可以买到廉价的位子。结果，请愿书遭到了社区委员会的拒绝，当时的成员和之前以及以后的成员们并不一样，他们对圣殿的态度很敌对，而且还向正统派发出了第一次警告：汉堡的改革派带有新的攻击性，他们把目标瞄准那些由于经济和宗教原因迄今没有参加圣殿组织的汉堡犹太人，这等于是为争取这部分人而进行了扩大宣传。[56]对支持传统派的人们来说，汉堡改革派的做法是一种新的威胁。

　　圣殿协会在短期内筹集了大量的资金，足以修建一座至少能容纳800个坐席的圣所。当时的德裔犹太人社区有两座犹太圣堂，加在一起都不能容纳这么多坐席，并且这两座圣堂已经陈旧不堪。传统派向自己的精神领袖艾萨克·伯奈斯抱怨，这样的圣所会使圣殿看上去像"主犹太人的礼拜堂，这对于信仰神灵来说是一种屈辱"[57]。受政府的合约限制，伯奈斯一开始比较被动，但当汉堡参议院仔细研究是否应该颁发建筑权并要求社区委员会和伯奈斯给出意见时，伯奈斯写了一份很长的备忘录，指责圣殿传播漠视宗教的情绪，并没有像宣称的那样斥责这种情绪。在伯奈斯看来，斥责冷漠情绪并不是体现在犹太人为实现现在的宗教需要所做的一切努力，例如提升精神的需求，而是体现在遵循神圣规定的律法与过去以及未来的关系上，与未来的关系代表着以色列民族的希望。[58]而圣殿没有强调后面的两点，换句话说，圣殿只强调了主观的犹太教，对更加重要的客观犹太教没有给予充分的关注。因此，任何形式的圣殿扩建只能增加人们对宗教的冷漠感，逐渐导致"我们社区宗教生活的终止"。新建筑应该被禁止，圣殿活动也应该被限制，它只能被称作"启发协会"，而不是圣殿，更不是神圣场所。[59]然而，参议院不顾社区委员会和伯奈斯的双重反对，于1841年9月批准了圣殿协会的请求。

新圣所的修建是圣殿协会推动其影响力的一把利刃。[60]第二件事情就是出版新的祈祷书，因为旧版本已经用完论，而且不能确切地反映礼拜仪式的实际行为。新版本的出现还有一个原因，编辑们希望新版祈祷书不仅能满足他们自己的需要，而且也能满足犹太社区的需求，让社区成员明白为进步而奋斗的精神能够克服对上帝的恐惧。[61]尽管新祈祷书的主标题表明内部的礼拜仪式符合"新以色列圣殿的风俗"，首页的内容却是"以色列公共和私人礼拜仪式祈祷书"，很明显新版本除了在汉堡使用外，也想被其他地方采用。[62]正是因为这个原因才进一步激起了有关圣殿协会建设计划的争议，并不是因为新版本具有新颖性。

总的来说，1841年的祈祷书在内容上不如1819年版激进，新祈祷书再次引进了以前被省略的希伯来语圣歌吟唱内容（*pesuke dezimra*），还增加了日常礼拜仪式以及餐后的感恩祈祷文，思想方面并没有发生重要的变化。[63]然而新版本再次让人们关注旧版本的内容，在社区委员会默许的情况下，伯奈斯发布了一份公共通知（*moda'ah*），并在汉堡犹太圣堂中进行了宣读，之后将这份通知发送到了其他社区。通知说明犹太人不能再诵读新版本规定的必诵祷文，这种做法恰似早先时候禁止旧版本的内容一样。此外，伯奈斯对编辑的动机加以诽谤，用诸如"无聊的""恶作剧的"等词语来描述他们的工作。圣殿协会的管理者毫不示弱，他们用同样尖刻的话语进行反击。直到参议院的介入双方才有所收敛：伯奈斯的公共通知演变成简缩的告示（*azharah*），警告正统派犹太人圣殿祈祷书中的祷文根本不具备任何效力；圣殿协会也被说服不再予以回复。[64]

117

　　伯奈斯并没有在公共通知书中指责第二版祈祷书代表着新事物，只不过借此公开抨击圣殿违反了三条基本教义：救赎、弥赛亚、复活。似乎这已足够，与1819年汉堡犹太律法专家的拥护者不同，伯奈斯并没有撰写犹太律法专著或通过答疑的方式证明自己的观点，也没有明确质疑圣殿的部分祷文使用德语。雅各布·埃特林格（Jacob Ettlinger, 1798—1871）是相邻阿尔托那市的拉比，他是位反对宗教改革的好战者，他赞同伯奈斯对圣殿的谴责，指出在其公开的拉比陈述中存在语言方面的问题。[65]

　　由于新祈祷书被许可，汉堡参议院对此予以关注，改革派认为通过向假定党派征求意见来加强援助是明智之举，类似正统派第一次的做法，但这次他们没有使用。收集答问的想法好像出自加布里埃尔·瑞瑟（1806—1863）这位广受爱戴的犹太解放拥护者，毫无疑问，他在圣殿的领导角色能够给圣殿提供新的能量和声望。[66]在收集答问的同时，改革派还印刷了十多条意见，均为伯奈斯谴责祷文感到惋惜，并宣称遵循律法的犹太人会履行其宗教义务。集锦表明除汉堡圣殿外，年轻的一代拉比也在发动一场拥有广泛基础的、赞同礼拜仪式改革的运动，不管伯奈斯如何指控，回答者都能够证明圣殿祈祷书完全保留了传统的复活观念，还特别提到了救赎的弥赛亚，在多篇文章中保留了对恢复锡安山的参考。但是在回归以色列土地和重新制订祭司礼拜仪式的问题上，圣殿祈祷书与传统礼拜仪式之间还存在着明显的思想差异，这一点在安息日和节日增加的马萨福祷文中尤为明显。[67]

　　汉堡圣殿争议的起因是因为对一部使用了22年的祈祷书进行少量改动而引起的，这次争议的重点不在于伯奈斯和那些认为将他流放是与新时代不相符的人们之间的争论，而在于辩护者各自阐述的观点中存在差异。[68]辩论中总共出现了三种意见，这些意见非常有趣，但没有收集到答问卷里。撒迦利亚·弗兰克尔像他的同事一样，也谴责了伯奈斯的公共通知书，他认为哈基姆应该采取说服的方法而不是谴责。除此之外，从犹太律法的观点看祈祷书是可以接受的，但弗兰克尔还利用答问的机会从自己的立场出发严厉批评了圣殿的礼拜仪式，他的立场代表了现代主义，但又比较保守。在他看来，圣殿的礼拜仪式在科学、严肃性以及呼吁宗教情感这三方面都很失败。弗兰克尔详述了祈祷书中存在明显的前后不一致：矛盾之处比比皆是，由于缺少统一原则，最终成为折中主义。此外，新祈祷书的编辑在选择保留、删除以及改变内容时很随意，没有考虑广大犹太社区的宗教情绪，很多情况下并不是弗兰克尔的本意。这部祈祷书既没有根据科学要求的客观性和一致性进行编写，也无法根据宗教感情的主观现实加以衡量。如果根据自己喜欢的礼拜仪式（仍然是主观的），弗兰克尔能够编写出更加保守的祈祷书。[69]

亚伯拉罕·盖格的批判在结构上与弗兰克尔非常相近，但结论完全相反。[70]像弗兰克尔一样，盖格也注意到祈祷书由于缺少一致性、敷衍、无原则而演变为折中主义。他认为如果没有要为多样性社区服务这一限制的话，圣殿应该成为宗教改革的前沿阵地，圣殿代表着那些摆脱陈旧的教义、从思想上和情感上已经获得自身解放的社区高级成员的情感。换句话说，圣殿应该代表未来的精神和情感。弗兰克尔判断祈祷书的标准建立在是否具有科学和主观吸引力的基础之上，参照这一标准，盖格宣称祈祷书还远远不够，但弗兰克尔并不认同。二人观点的分歧预示了不久会在改革运动内部发生尖锐的冲突，而且标志着有资质的学术不能为礼拜仪式改革铺设一条宽广、人人接受的道路，面临这样的冲突，即使现代派也无能为力。[71]

盖格和弗兰克尔都没有理解礼拜仪式编者的目的。他们二人都用自己的标准衡量汉堡的祈祷书，编者的实际意图并不包括对原则的一贯坚持，他们首先希望能更好地服务于圣会提出的具体宗教需要，毕竟圣会拥有20多年的历史。摩西·哈布雷切（Moses Haarbleicher, 1797—1869）是一位世俗的编辑部成员，他能够更好地诠释编辑的立场，他对编辑中的两名宣教士说能够将祈祷书的内容统一起来，尽管包括他自己在内的普通信徒反对这种观点。这些成员承认参加圣殿的家庭在宗教倾向上各不相同，一些家庭肯定属于现代派，但他们并不想远离人数较多的社区。他相信普通的圣殿成员首先会认可自己是犹太人，而不是想成为独立的教派。他个人敦促"所有进步人士不能让自己成为世人眼中的异类，只能是犹太人，不能附属于其他教派，包括对我们炽爱的兄弟以及基督徒"。大部分的成员依附传统，不管他们在家里的做法如何，人们绝不同意在犹太圣堂摘下帽子，也不同意礼拜仪式中使用希伯来语之外的其他语言，尽管他们信仰普世主义。哈布雷切个人注意到："那些布道和赞美诗非常有吸引力，因为它提到了以色列痛苦和欢乐中的共同命运。"[72]

　　尽管像我们所看到的那样，他们没有更远大的理想，哈布雷切和他的同事主要想为特殊的犹太人写一部稍微改动、涉及对某些风俗进行温和改革的祈祷书。他们举行礼拜仪式是为了反映圣殿组成成员的多样性，并且执行确定的传统，编辑没有必要满足弗兰克尔或者盖格的原则，只满足他们自己圣会生活的实际需求即可。

　　哈布雷切实现犹太统一的愿望并没有得到所有普通信徒的赞同，改革者内部呈现出的多样化以及汉堡圣殿祈祷书的折中做法即将支离破碎。在其他城市有一部分极端分子，他们断绝了和其他所有犹太人的联系，摒弃了传统教义和做法，打算用自己的教义和做法取而代之。

## 普通激进信徒的反抗

　　像汉堡一样，法兰克福是一座独立的城邦。19世纪早期，这里的人们歧视犹太居民，政府通过限制婚姻来控制犹太人口的增加，且某些贸易行业也禁止犹太人参与。尽管到40年代一部分犹太人与异邦人共同加入了城市的科学、艺术和文化协会，但在绝大多数社会领域他们处于独立状态。社区的正统派群体中包括富裕的金融财阀，尤其是罗斯柴尔德家族（Rothschild Family），生活在上层阶级的法兰克福犹太人很快将犹太传统抛到脑后。与传统派占绝大多数人口的汉堡市不同，在法兰克福社区人口总数为4000名，而放弃正统信仰和实践的犹太人占社区的三分之二。[73]

长期以来，法兰克福社区委员会掌握在非正统派犹太人的手中，但他们一再推迟犹太圣堂的改革，导致40年代的犹太圣堂仍保留着传统的面貌。缺乏推动改革的原因是社区存在男女混合的学校，最开始这所学校的名称是犹太泛爱学校，招收的学生贫富各异。从1814年开始，学校每周六上午举行祷告练习（Andachtstunde），包括有管风琴伴奏的德语赞美诗和鼓舞人心的布道诗；规定的礼拜仪式结束之后，犹太圣堂会举行祷告练习，没有希伯来语祷告，几乎没有专属于犹太人的内容，唯一使用的书是一位教师准备的赞美诗集。1828年，学校为祷告特别装修了一个很宽敞的房间，对于某些法兰克福犹太人来说，这里就变成了犹太圣堂的替代场所。成人礼和节日祷告在此举行，进行布道时邀请宣教士，学校人数大大增加，楼下"祷告厅"里的学生、教师、高官以及客人与付费预定坐席的社区成员混在一起，没有付费的参与者坐在楼上的旁听席。男士没有戴帽子，包厢里的男女是分开坐的，从包厢出来之后就混坐在一起。除学生外，定期参加者大部分是妇女。[74]祷告期间不涉及礼拜仪式，因此并没有激怒正统派，但是在柏林私人家里同时进行的礼拜仪式，则使改革的方向偏离了宗教制度的中心。

　　迈克尔·科瑞兹纳克（Michael Creizenach, 1789—1842）是学校的一名教师，极具声望，他还是数学家、自然科学家，曾获得大学学士学位，在19世纪20年代的德国，其出色的天赋是他成为学生导师的最佳人选。他对犹太宗教非常感兴趣，除了每周在教室50个小时的工作时间外，大部分学术精力都用于研究宗教进步的问题。[75]与同时代的人不同，科瑞兹纳克强调实际改革并不仅限于使宗教仪式现代化并提供启迪性的布道等内容，也许因为他不是现代拉比才提出这样的观点。在他看来，公共礼拜只是犹太教的一个因素，从传统角度上讲并不是最重要的。他认为真正的问题是如何调整传授知识（Lehre）和生活（Leben）的关系——这意味着大部分情况下要处理圣堂外的犹太实践问题，诸如遵循安息日和饮食律法等早已被人们遗忘的问题。他认为"忽视仪式会使犹太律法无声无息地消失，这种做法应该受到谴责，非常无聊"[76]，但是现代犹太人的宗教职责是什么？1833年，科瑞兹纳克出版了一部著作，他将这部著作与后来的三部统称为《布就宴席》，书的内容与约瑟夫·卡罗所著《16世纪犹太实践指导》的题目相呼应[77]，然而这与早期的作品相去甚远。

　　科瑞兹纳克以中世纪作家列举的613条摩西诫命开始，包括早期光明节、普林节等节日的拉比条例在内进行分类，不久便划分出一条界线：613条诫命是神圣的，因此具有约束力，不是直接起源于这些诫命的做法也具有纯粹的人类渊源，但必须改变或者废除。他还按照《塔木德》的说法对《圣经》律法进行了诠释，但是仍存在多处明显的矛盾说法。科瑞兹纳克并不想放弃《塔木德》，因为像盖格所说的那样，犹太历史的一个阶段如果不是整体被扭曲的话，是不能被忽视的，科瑞兹纳克的解决办法很简单：他要向读者展示拉比不仅扩展了《圣经》律法使之更具严肃性，而且还针对律法的严厉之处采取了很多缓和的方法（Erleichterungen），但这个方法也存在问题。在第二卷书中，科瑞兹纳克再次强调了实践，首先，阐述了不同的风俗和做法是如何产生以及产生的原因；然后，假定每位读者都知晓他们家乡现行的犹太做法并能够进行自我判断；最后，他强调了认同《塔木德》的做法，犹太人应该遵循不太严厉的惯例，同时要摒弃那些早期虽然有意义但是与现代生活有冲突的做法。科瑞兹纳克在第三卷书中论证，如果早期的拉比还活着，他们会尽一切努力调整律法和现代性之间的关系。显然，科瑞兹纳克关注那些放弃自我的犹太人，这部分人认为抛弃犹太律法就等于放弃了犹太教，至少是严重违反了犹太教的命令。科瑞兹纳克指出《塔木德》本身并不严厉，其规定的大部分内容甚至可以被那些寻求政治、文化和社会完全统一的犹太男女所接受。通过这种方式，他尽力说服这部分犹太人相信自己仍然是忠实的犹太人。他不希望被疏远的犹太人通过选择星期日庆祝安息日或者用另外的方式切断与宗教同人的联系来脱离社区。即使目前《塔木德》不能被算作权威的话，至少可以用作指南。[78]

科瑞兹纳克的思想和性格反复无常，总是自相矛盾，他是一位宗教人士，谴责法国文学的无神论精神，因而受到法兰克福人的拥护。他热爱希伯来语言，为了将希伯来语发扬光大，他创办了一份名为《锡安山》（Tsiyon）的希伯来语期刊并担任编辑，他坚信捍卫以历史渊源为基础的统一犹太民族是非常必要的。[79]生活在30年代的一部分人每当提到"否定《塔木德》"或在家中做礼拜就会感到局促不安，科瑞兹纳克强烈抨击了这些人。[80]因为与《塔木德》断绝联系意味着离开社区的大多数人无需为宗教进步而发动动乱，这是一种分裂倾向，应予以谴责。但随着时间的流逝，他本人对《塔木德》的改革事业失去了信心，后来的几卷书也反映了这一事实。他的努力成为徒劳，传统派对于《塔木德》规定没有选择的权力，而现代派也不会寻求《塔木德》权威。不仅如此，在个人生活中，科瑞兹纳克不再恪守传统的规定。后来的几年中，他主持了几个共济会的圣会，这一圣会成员主要是犹太人，其目的是宣传无需遵守饮食的律法。[81]科瑞兹纳克没有为自己找到一条清晰的中间路线，因此很难把思想传递给下一代，甚至自己的子女。1842年，迈克尔·科瑞兹纳克去世，不久他的儿子西奥多（Theodor）不顾父亲在世时的警告和禁令成立了分裂组织——反《塔木德》教派。

到19世纪40年代，在德裔犹太人中出现了完全德化欧化的一代人，他们放弃了对祖先的忠诚，放弃了犹太身份。这些人（因为他们是更大舞台上的演员，不包括妇女）只占德国犹太人的一小部分，其中还有的皈依了基督教，这使得总人数进一步减少。但和上一代人不同，他们不再是孤立无援，有些家庭中的父母已经部分或完全放弃了传统习惯；他们在重视世俗学科的基督教学校或犹太教学校读书，大部分人读过大学，并接受了当时的主导哲学思潮。当他们离开从事研究的地方回到家乡或在新城市定居时，却发现与其他犹太人格格不入。他们的欧化程度不高，仍从事犹太传统职业，但他们的信仰和遵循做法让人觉得非常怪异。在犹太社区内部这些人成为依附于犹太大众而走向激进的边缘群体，他们对自己的犹太出身感到极其矛盾。一方面他们受到哲学著作中包含的反犹太、反宗教潮流的影响，这些思想倾向在与异邦人交谈的过程中他们也接触过。此外，他们的犹太出身竟成了阻碍个人事业目标实现的绊脚石，因而耿耿于怀。这种病态愤怒令他们嘲笑犹太的排他性，尤其是体现在《塔木德》教义和规定中的内容。他们很想告诉世人自己并不是《塔木德》犹太人，还想公开宣布他们与传统断绝联系，他们早已放弃这些做法，没有任何回头的余地。然而同时又对犹太同胞有一种深深的依附感，一种民族认同感，尽管在德国政治背景下他们不能使用这种说法。此外，作为正直之人，他们认为有责任忠于自己的犹太同胞，尤其是同胞们仍然在遭受歧视。有人说过这样的话来表达这些知识分子的情感：

> 要问是什么让我有责任为犹太教以及如何改良而工作，我必须这样对自己说，我这样做不是因为与绝大多数的拥护者有亲密的宗教联系，我已经长期离开了犹太教，就像是离开基督教一样……让我与犹太教联系在一起、让我与拥护者关系更近的原因是纯粹的义务和孝敬心。[82]

他们是犹太人所以被基督徒疏远，又因为宗教上不墨守成规而被犹太社区疏远，因此通过聚集在一起来寻求相互支持。法兰克福的两个共济会无疑就是为此建立的，尽管并不是所有的成员都远离犹太教。[83]但是社会交流仅仅是解决这些人身份问题的一部分方法，他们对宗教的特殊情感需要通过演说来表达。正因如此，1842年秋天，一部分人聚在一起成立了改革之友（Reformfreunde）的协会。

法兰克福的改革之友并没有吸引很多人，成员不足45人，积极分子所占的比例不及一半。但在改革运动历史上的重要性却超过了其形式上的单薄，激进的世俗群体把自己称作运动先锋，这在历史上尚属首例。他们将拉比排除在外，试图加快宗教进步的速度，因为职业精神领袖在统一的、有组织的历史发展过程中受到限制，而改革者能够更快地采取行动。改革之友的观点在犹太及普通出版物中有所体现，即使在改革派拉比强烈反对改革时，协会依然能够吸引拉比加入他们的集体攻击活动。尽管改革之友很快就退出了历史舞台，其影响力却经久不衰，其他城市有改革倾向的普通信徒也发表了类似的激进观点。

改革之友原则的最终版本包括三个要点：

1. 我们承认摩西教有无限发展的可能性。

2.《塔木德》文集以及所有附加的希伯来著作和法令无论在教义上还是实践上对我们都没有约束力。

3. 我们既不期望也不希望拥有一个能领导以色列人重回巴勒斯坦土地的救世主，除了出生或拥有公民权的祖国之外，我们不承认有任何其他的祖国。

第三条原则在改革运动中得到了最广泛的支持，我们可以看出汉堡的祈祷书中有关礼拜仪式的内容就体现了这一原则，支持第二版本的大部分拉比在答问中也支持这一原则。实际上，思想更为传统的德国犹太人强调德国是他们的祖国，第二条原则因为完全否定《塔木德》而存在问题，否定拉比意味着放弃大部分犹太宗教传统。此外，它还代表了明显的分离倾向，这就相当于对异邦人说："我们没有责任遵循《塔木德》(好像经常受新闻和文学所抨击的那样)的说法和要求。"但是对于改革之友质疑最多的是第一条原则，即相信犹太教要经历"无限的发展"，这意味着根本不存在可以划分犹太教的界限。《圣经》不是启示而是人类创造的文献，或者《圣经》启示只为犹太教历史中的特定阶段服务，不管是哪种情况，这一原则都使得犹太教不再是一个"积极、正面的"宗教，不再是建立在圣文中不可侵犯的上帝话语基础上的宗教。

萨克森-威玛的孟德尔·赫斯是改革阵营内部立场较极端的拉比，除了他支持改革之友外，大部分改革者对协会发动了猛烈的攻击，拉比们认为法兰克福纲领证实了他们指控协会存在改革宗派主义是正确的。[85]尽管他们也同意其中的一些观点，但是不能从整体上认可。改革之友宣称割礼不具备宗教行为或宗教象征的约束力，这一立场没有被广泛接受。无独有偶，协会否定饮食律法的声明也已经从公开发表的原则版本中删除。协会成员们认为割礼是前摩西时代的仪式，会危及身体，在本质上需要进行特别说明。他们委托社区学校的教师约瑟夫·约翰逊（Joseph Johlson）出版了一部册子，并阐明正规建立起来的犹太权威有资格用新的仪式取代割礼，约翰逊简要陈述了新礼仪，将之称作"第八天的神圣化"，首次对男婴和女婴实施相同的礼仪。[86]在这个问题上，与对待原则的问题一样，温和派改革者与传统派携手攻击改革之友的观点，在答问中他们与正统派教徒一起赞成割礼的必要性。[87]

改革之友的原则中缺少肯定的内容，这违反了要对犹太教做出承诺的要求。协会没有制定出任何具体的制度内容，也许根本就没有这样的意愿。他们召开会议并委托委员会商讨星期日礼拜的可能性，但是三年后这个协会却解体了，成员之间在忠诚和信仰方面存在着冲突、矛盾、不确定，以至于没有达成长久的一致意见。改革之友在短期内处于德国改革运动的外沿阵地，但无法走到前沿。

除去内部问题，改革之友的失败还有外部原因。社区学校长期以来的祷告活动吸引了很多特殊的犹太人士，这些人试图寻求更高级别的普世思想。1843年，社区委员会最终从具有改革思维的年轻一代人中选出第二位拉比，希望他能发挥带头作用，让停滞的犹太教走向进步。此人是利奥波德·斯坦（1810—1882），他是一位温和派改革者，思想上比改革之友更加保守，但有时也很激进，不能赢得年长的传统拉比所罗门·特里尔（Solomon Trier）和罗斯柴尔德家族的赞同。到任前几个月，斯坦实施了不同的礼拜仪式改革，包括删除每日犹太人感谢没有被创造成女人的祷告。他的精彩布道使人们热情高涨，让参加祷告活动的人重新回到了犹太圣堂。当代的一位犹太人对什么都看不惯，批判一切事物，但他对斯坦的评价非常高：斯坦将杰出的演说天赋与令人钦佩的思想素质结合在一起。[88]随着斯坦在法兰克福地位的提高，激进派无法吸引新的支持者，他们越来越孤立，拒绝再次认同公共的宗教制度，只好漫无目的地游离在犹太教的边缘。

同期，在柏林也出现了一个改革组织，他们的做法也很激进，但人数更多、领导更有效、导向更积极。这一改革组织的意义重大，发挥了深远的影响力。

19世纪40年代早期，普鲁士首府的犹太人约有7000名，比上一代人增长了一倍。总的说来，社区比较富裕，经济上致富以及心怀抱负从小城镇迁来的家庭越来越多；这些犹太家庭几乎不会靠救济维生，绝大多数人从事商业；从上层的银行和制造业到底层从事旧衣服的行业，一部分是工匠，还有少数知识分子和专业人士，前者多是书商，后者基本上是医师。柏林大学像政府机构一样禁止雇用犹太人，因此教职员工中的很多犹太人改变了信仰，曾经的宗教同人为他们感到既自豪又痛苦。不同于法兰克福，在柏林除了穷人外几乎没有人到犹太教学校读书，柏林的1000名学龄犹太儿童中，就读于非犹太教学校的超过三分之二，他们几乎不接受宗教教育。社区的管理委员会在选举时仍然采用有利于富人的规定，达到1750名选票的人选才能获胜。内部成员非常重视公共和谐，他们本身没有完全遵循律法，把宗教事务交给热情的正统教派管理，这令他们感到非常满意。社区的犹太圣堂能容纳大约1000人，但是来参加礼拜仪式的人很少。来自乡村的犹太人踏入柏林大门时，并不考虑宗教仪式的遵循问题。[89]

30年代晚期，一些常去犹太圣堂的传统派人士不顾反对又增加了部分礼拜仪式。竞拍荣誉的事情不允许发生，那些获得荣誉的人也不能因此继续要求亲戚和熟人得到公众的祝福（*misheberakh*）。一旦普鲁士政府准许了亚伯拉罕·盖格的入籍请求，让他为布雷斯劳市效劳，这就意味着政府赞同革新。于是，柏林社区委员会开始为自己积极地挑选现代拉比。撒迦利亚·弗兰克尔拒绝了他们的邀请，因为政府不给他授予官职。他们又邀请迈克尔·萨克斯（Michael Sachs, 1808—1864），1844年萨克斯同意担任助理拉比和宣教士的职位。他精通德语，是一位新科学的大传统学者，同时还是一位宗教保守主义者，对犹太风俗和礼仪怀有深切而浪漫的崇敬之情。他在一些无关紧要的方面尝试改革，例如扩大合唱团、增加德语祷文和赞美诗以及删除一部分《祈祷诗》。这些变革引起了正统派的强烈反对，曾经一度他们的阻止行动成功了。但是正统派却非常欣赏萨克斯，他的布道座无虚席，而且本人善于雄辩，萨克斯也宣传拥护犹太律法、谴责思想改革。实际上，选择迈克尔·萨克斯担任宣教士令很多人大失所望，这种情绪促使柏林的普通犹太信徒发动了宗教叛乱，有200多名社区成员对选举萨克斯表示抗议。显然，他们希望的改革者应该像盖格那样界限明确，而不是像萨克斯这样的保守者。[90]

　　一部分人将萨克斯的改革与德国当代的基督教发展加以比较，认为选择萨克斯是一种烦恼。40年代早期，新教和天主教中同时发生了试图推翻现行教义和传统的运动。在新教徒中出现了一部分自称为新教朋友或光明朋友（Lichtfreunde）的人，他们宣扬激进的个人主义，将宗教置于信仰者的精神内部，而不是文本或教堂的教义中。在天主教内部也发生了类似的运动，成员们自称为德国天主教徒（Deutschkatholiken）或者是基督教天主教徒，他们不再尊重遗产，强调宗教并不属于教皇，还准备召集一次宗教会议。这两个组织都强调了民主、反等级的重要性，一方面这是一种对政治不满的间接表现，同时相对于神职来说他们提高了普通信徒的地位。尽管这两次运动的规模相对较小，但受到了当代新闻界的密切关注，并给教育者留下了深刻的印象。他们的"知名度"使得人们对宗教的兴趣发生了转向，证明打破束缚的宗教框架、在确定的秩序外创造新的宗教主动性的可能性。尽管犹太激进的普通信徒几乎不承认光明朋友和德国天主教徒的直接影响力，他们的对手将他们和异邦人中相应的群体联系起来并不为过。[91]法兰克福的改革之友是昙花一现，而柏林运动非常轰动，原因是它不再对新拉比和外部反应一味地否定，而是确立自己的思想并制定长久的制度。就内部活力问题而言，我们必须认真看待知识分子所做的重要贡献，他们均为普通信徒，才华横溢，但立场却不同。

　　西吉斯蒙德·斯坦来自波森省的一个小城镇，在一所知名大学攻读哲学和语言学，在哈雷（Halle）完成学业并取得博士学位后，成为柏林一所小型犹太男生学校的管理者。但是教学工作并没有让他精疲力竭，斯坦是知识分子，隶属黑格尔哲学学派，在大学里受到施莱尔马赫讲座的影响，他决定将犹太教完全融入当代文化潮流中。斯坦工作认真，自信心十足，思路清晰，他的演讲虽然谈不上绝对原创，但是富有节奏感和抑扬顿挫，他制定的目标乐观肯定，性格平稳，容易感染他人。[92]1843年，他30岁出头，当时就着手撰写文章整理自己的思想。到1845年春天，他将这些内容扩展为一系列讲座，吸引了更多的听众，但不限制性别。[93]他们来聆听斯坦的思想，发现其思想源于犹太自我肯定与自我贬低的矛盾综合体，这令听众非常着迷。斯坦的思想深受黑格尔哲学的影响，像第二章讨论过的一些思想家那样，他试图反驳黑格

125

尔学派，认为犹太教不需要被看成像木乃伊一样的前世遗迹。他相信国家是道德的有机体，即使犹太教缺乏政治基础，也能够成为普鲁士的部分肢体。古代犹太人有自己的历史，到了中世纪他们却被推到历史的边缘，但是现在有的犹太人作为所在国公民已经再次登上历史舞台。不仅如此，如果说法恰当的话，犹太教也达到了"世界历史存在"的状态。犹太教不但没有被取代，相反，它与基督教在国家体制中都占据着荣誉地位。尽管犹太教略处劣势，二者在人类精神发展的过程中都扮演着重要的角色，这意味着犹太人若想踏入当前时代的政治文化领域，不必将犹太教置于边缘。相反，祖先的遗产仍能占据中心地位，这种历史上的统一性是检验犹太教现代性的试金石："如果能够以这样的形式积蓄力量实现自我独立实体的保存和发展，犹太教则毫无争议地具有历史存在的权利。"

斯坦的思想非常激励人心，但存在两方面的问题。就在几年前，1840年上任的君主弗雷德里克·威廉四世让弗里德里希·朱利叶斯·斯塔尔（Friedrich Julius Stahl）接替爱德华·甘斯（Eduard Gans）担任柏林大学的法学教授，这两个人都是皈依的犹太人。在讲座和文章中，斯塔尔阐述路德教教义能够代表以政府道德为基础的基督教国度教义，犹太教应该处于外围。即使普鲁士官员对犹太社区内部的宗教改革采取宽容的态度，并不是因为他们希望犹太教能进步，而是因为外部人士认为这些事情根本不重要，就像是有人私下里写道："基督教国度对犹太教是否早晚会分裂成不同的教派并不感兴趣。"[94]

由于基督徒否认犹太教在国家内部的积极作用，为了迎合他们的观点，斯坦重新塑造了犹太教的形式，即使温和的传统派犹太人都无法接受斯坦的这种思想。斯坦认为犹太教需要马上进行改革，以此证明自身能够融入更广阔的集体发展中。犹太教要想融入德国的生活，要想在其发挥影响的国度里占据至高无上的地位，需要建成"德国－犹太式的圣堂"。一方面这意味着要求公众认可改革后的犹太教是新教，同时，这相当于传播一种排除所有超越种族一神论的普遍信息，这种信息浓缩了犹太教的教义，将犹太人的仪式和民族风俗与异邦人区别开来。斯坦认为柏林犹太社区的拉比和社区领导不会支持如此激进的改革，但这种先锋运动会对大众产生启蒙影响，因此他号召志同道合的犹太同胞们聚集起来，聚集不是像法兰克福那样以脱离过去为目的，而是为大家探索一条前进的道路。在斯坦做讲座的过程中，听众们成立了志同道合的组织，斯坦也顺理成章地被选举为改革运动的领导者。

阿伦·伯恩斯坦（Aron Bernstein, 1812—1884）和斯坦是同龄人，是柏林激进信徒中的另一位重要人物。他与斯坦的观点一致，二人都认为犹太教只有经历根本性的变革才能具有生存的意义，虽然他们得出的结论相似，但是伯恩斯坦的结论建立在自己的特殊关注点和鲜明的个性基础之上。[95]伯恩斯坦在早期作品中使用笔名瑞宾斯坦（Rebenstein），他的性格分裂，出生于但泽市（Danzig），接受过正规的犹太教育，但同时对世俗研究颇有造诣，纯属自学成才者。在32岁时，他搬到柏林，做过书商和记者，还撰写过以科学为主题的大众化作品，但生活一直很窘迫。1848年大革命时，他参加过街垒战，在反动的50年代，因为发表自由政治言论而蹲过监狱。在宗教方面，他同样无所畏惧，敢于自由地

表达自己的思想，他接受了最激进的《圣经》批评，之后又发表
过一部简短的作品，就《创世记》中家长制问题他叙述并修正了
当时流行的记录假设。[96] 他在脱离正统派时非常干脆，丝毫没有
痛苦的表现，但他非常珍惜年轻时的美好记忆，后来将这些记忆
编进了传统犹太生活的故事之中。这些故事不仅充满了怀旧因素，
还不失幽默。在伯恩斯坦创作的当代犹太教作品中，总能找到这
样的形象：三代人悲剧式的分离，当代人处于中心。他痛惜道：
"父辈们不能理解我们，孩子们也不会理解我们。"[97] 当他发现听众
与他心有灵犀时，伯恩斯坦会在讲座中表达支持激进改革的个人
动机：

> 我们怀着神圣、真挚的情感从祖先那里接受了形式庄严
> 的宗教，而它们却从我们的生活中消失。我们的生活屈服于
> 一个年轻而强大的力量、时间的力量和对现在的认可。我们
> 将如何面对为光明的未来而出生于光明的现在的孩子们？他
> 们未曾见过最真诚的殉难，对上一代人每日捶胸掴脸，在仁
> 慈和蔼的上帝面前认罪的情感毫无概念。他们在成长的过程
> 中没有感到过敬畏，而这种感觉到现在还会不自然地浮现在
> 我们的脑海中……在自己内心矛盾时我们怎能说服他们将虚
> 伪的态度传递下去呢……？看明白了我们处于父辈的坟墓和
> 孩子们的摇篮之间，时代真诚地劝诫我们首先要把自己从理
> 智、习俗和生活中，从上一代和下一代这两代人之间撕开的
> 巨大的深渊中解救出来。然后，我们将成为拥有伟大遗产的
> 最后一代人，这一代人在欣赏永恒存在的同时只能够从事这

127

一事业，再也不能传递下去，但是我们会成为怀着大无畏精
神和炽热同胞之情、通过自己的言行为后人铺设基石的第一
代人。[98]

伯恩斯坦认为进步的拉比没有觉察到这次危机的严重性，拉比们
只是耐心地等待犹太教在历史发展过程中进入一个新的阶段，但
是却与时机失之交臂："小事情！当犹太教发展到更高阶段时——
如果确实如此——犹太人将不复存在。"因此，非专业人士无需等
待拉比再次采取行动，拉比对过去、对公众、对工作的情感依附
使他们思想上不再诚实，他们不会采取激进的必要手段来阻止下
一代出现更多的背叛。[99]身为人父的伯恩斯坦非常认同这一观点。

　　伯恩斯坦认为自己就像突然断绝了与上一代人的情感联系一
样，思想上也中断了联系。最坦率地看待此事的也是他：宣布
《塔木德》是人类记录很容易，但是《圣经》呢？历史对希伯来文
献的批判不会停止，激进的新教派内部有人宣布：《圣经》不传
递言语启示，只表达当前的精神内容。[100]伯恩斯坦也写过相似的
内容："《摩西五经》不是启示，是上帝对我们祖先意识的启示证
言。"[101]伯恩斯坦否认了圣文的超自然地位，这一点是他加入斯坦
激进运动的主要思想贡献。

　　1845年3月10日，大约有30人受到斯坦讲座的鼓舞，他们在
柏林犹太文化协会的会议室聚集一堂，讨论"和犹太教有关的重
要事情"并选举出工作委员会。其中一部分人就是柏林犹太文化
协会的成员，这些人并不代表柏林犹太区。有一个社区拥有大约
70名大学毕业生，出席会议的大学生超过三分之一，但同意在其

名字前面加上"博士"头衔的不超过11人。像伯恩斯坦这样没有获得学位的人当中，几乎所有的人都接受过正规或非正规的高等教育，一部分人在正统派的熏陶下成长。虽然他们放弃了传统犹太教，但仍然记得某些内容。另一些人对宗教遗产几乎一窍不通，他们平生第一次参与犹太事务，多数人并不是柏林当地人。在委员会选举的8名成员中，有7名外地人（出生地不是普鲁士的首府）。在后来选举的15名代表中，有13名是从外地迁入的。在这样人数激增的社区，大多数成员不是本地人，对于这种不对称的比例，有关人员给出了下列解释。一方面，这暗示了来自柏林社区外部的人员群体不愿意在外围创建自己的组织。此外，当代的一位批评家曾给出过这样的暗示，这些成员的情况在某种程度上可以理解为对自己童年时代久远的回忆，同时也是对养育自己的家乡而表达虔诚的一种方式。[102] 如果有机会的话，他们会寻求与自己有相似经历的伙伴。鉴于对现行的犹太教表示不满，这些人会共同探讨犹太教是否能够进步和如何进步的问题。

4月初，一家组织签署了一份"对德国宗教同人的呼吁"，刊登在当地和犹太的报刊上，这一组织拥有28名成员，他们所进行的改革力度并不是很大。[103] 这份呼吁由斯坦、伯恩斯坦和摩西·西米翁共同起草，提到了由变化的宗教意识和拉比犹太教存在差异而产生的内部纷争（*Zerrissenheit*），并宣布需要决定哪些传统因素能够和精神发展和谐相处，哪些应该摒弃。他们并不准备自行做出决定，而是要召开一个宗教会议来决定新犹太教的形式和实质。然后，打出这样的标语："我们要信仰，我们要积极的宗教，我们要犹太教。"显然在这一三重愿望中，改革者并不是要切断和传统的联系，而是要求重建这些联系，但是对个别因素的阐释却近乎否定。根据伯恩斯坦的说法，呼吁表达了对只"启蒙我们祖先的精神"这部分内容的信仰，并没有将对《圣经》言语进行启示的内容作为信仰。因此，对所有时代都具备约束力的圣文条例中不包括犹太教，犹太教是一种流动的信仰，包含在个人和集体的精神中，并随其发展。其实践和信仰总是处于变化之中，他们不能够再为巴勒斯坦祈祷尘世间的弥赛亚王国，也不能实践早期的律法。他们不想与和自己观点不一的犹太同胞断绝联系，其目的是将志同道合者聚集起来，并通过宗教会议"更新并建立在我们这一代以及孩子们这代人中有存在价值的犹太教"。

呼吁书的发表在改革运动史上属于偏离轨道的做法，集体声明第一次对完全由宗教意识决定的犹太教做出了肯定，而不是由文本、传统或历史演化所决定的。可行性的最终标准取决于改革派犹太人，这种完全主观性的信仰既不需要法律也不需要历史研究，只有通过集体表达的方式才能超越个体的武断性，首先发表共同声明，最后通过宗教会议。斯坦对这份呼吁进行了评论，他断然指出："这是我个人的、当前的需要，我的宗教必须要满足这一需求。"然后又说明："我们运动的本质和意义体现在宗教性这一事实之中，而不是神学或科学，也就是说来自集体的宗教思想和感情。"[104]这一立场不仅远离了正统派，而且在自我意识上也偏离了从弗兰克尔到盖格等进步拉比强调的历史支柱。

呼吁书号召支持者一起为新信仰制定原则，斯坦及其他人认为这种新信仰会使得犹太教在他们自己的生活中以及普鲁士和德国其他省的公共生活中立于不败之地，但他们并没有提到有关创建自己的宗教礼拜模式等具体事务。不久，结果表明，在呼吁书上签名的当地人有将近300名，大部分人不愿意等待宗教会议的召开。临近夏季时，他们坚持新组织要自行准备犹太新年假期的礼拜仪式，由斯坦主持，官方名称为犹太教改革协会。这意味着普通信徒必须马上决定礼拜仪式采取何种形式，虽然只是临时的决定，而且地点非常局限，就在当地。[105]选举筹备礼拜仪式的普通信徒委员会当机立断，做出了最激进的决定。首次确定礼拜仪式中将主观标准作为至高无上、独有的决定因素，他们的主要任务是使犹太人的思想和内心摆脱传统，同时也要考虑节日期间他们的公共礼拜仪式所采取的形式，以此取得与犹太同胞的宗教联系。

　　根据当代的资料显示，我们能够清楚地勾勒出1845年庆祝犹太新年假期时的礼拜仪式场面。参加礼拜仪式的人特别多，达到600余人。很多人由于空间不足而被拒之门外，有的与会者已经几十年没有参加礼拜仪式了，另一些人只在社区犹太圣堂庆祝节日；男女坐在主场地上，地位相等，但是分开的，就像是德国圣堂的模式。[107]大部分男士没戴帽子，只有几个戴着黑色无沿边帽，他们是经公告特殊批准才予发放的。[108]应邀来庆祝节日的宣教士中竟然有温和派的路德维希·菲利普森，这些宣教士头戴帽子，披着祈祷披肩。由男女组成的合唱团都是来自协会家庭的志愿者，他们唱歌时有管风琴伴奏。在傍晚举行的礼拜仪式上，斯坦做了介绍性演讲，他担任诵读者。圣会之前安排的礼拜仪式不同于欧洲前辈的特殊祷书形式，迄今为止，礼拜仪式改革以传统为例，包括删除多余或不适合的内容，或者在更激进的思想指导下改变弥赛亚观念的内容，例如汉堡圣殿的做法。但是这里的传统礼拜仪式只是一个非常松散的框架，基本题目确定下来后，祷文用自由释义和简练的缩写翻译而成，无法翻译的地方用原文填充，布道成为礼拜仪式的中心特征。[109]为期两天的假期晚祷和早祷构成了一部仅有48页的书，从左往右打开，包括希伯来语《听祷文》和《神祝福》的单数行，以及《祝祷》中的三个回答以及祭司的祝福。早祷中的羊角号被取消，因为这会被冠上卡巴拉的概念，人们认为这种喧闹、原始的声音容易打破虔诚的状态，并不能激发人们的虔诚心。用希伯来语诵读《托拉》，还带有德语翻译，但诵读的部分并不是人们在新年常听到的内容。第一天显然会选择《创世记》中的开篇语，不会指定任何人诵读《托拉》。诵读之后没有附加的礼拜仪式，祭司的祝福不是由祭司后裔来说，而是诵读者，其译文随着合唱队的回答和圣会的阿门而有所改变。赎罪日的礼拜仪式中使用希伯来语稍多一些，当天成员不需要禁

西吉斯蒙德·斯坦（中间）在1855年柏林改革派圣会委员会的会议上

食。下午休息期间可以回家，选择留下来的要听取《圣经》的节选，晚些时候是犹太文献。尽管改革措施非常激进，礼拜仪式中也保留了一些神学传统的内容：新年期间的神圣审判、以色列的选举、西奈山启示、奖赏与惩罚甚至包括复活。当提到历史上的以色列民族时，有的人予以反对。在做总结时，菲利普森宣布礼拜仪式"具有完全的犹太性"。

130　　　对新礼拜仪式感兴趣的人越来越多，他们希望每周都举行改革后的礼拜仪式，问题是在周六还是周日举行，两种立场都有强大的后盾。经过长时间的辩论最终采取了折中的做法，这两天都举行相同的礼拜仪式，那些希望并且条件允许的可以延续传统的做法，参加周六安息日，其他人则可以在德国共同的休息日周日参加。协会成员强调周日的礼拜仪式并不是模仿基督教的做法，而是为了适应现实生活，因此他们不再使用犹太日历。这种做法也断绝了与犹太集体主义的联系，就像是他们从礼拜仪式上早已放弃了传统犹太教的做法一样。正如人们所料，几年之后，周六礼拜仪式由于参加人数的逐渐减少，只剩下了周日礼拜日。协会成了欧洲首个且唯一一个只在周日举行礼拜仪式的圣会。[110]

首次节日礼拜仪式后的几个月，协会人数急剧增长，柏林的成员家庭增长到327个，其他地方的支持者是426名。协会担负两方面的职责，一方面充当了拥护者在柏林的圣会，每周以及节假日都要举行激进修订过的改革仪式。不久，协会又建立了一所犹太教学校，每周教课时间为3—4小时，教授的内容包括《圣经》、犹太历史、伦理学以及少量的希伯来文知识。[111]第二，继续实施宗教会议的计划，给做出实际努力的人们以支持并为新犹太教制定原则。第二个方案需要向德国其他社区传播协会的信息，组织者们发出了第一份呼吁后，收到了多封支持信并促使了其他地区的普通信徒积极加入，因而士气大增。例如，哥尼斯堡有一个性质相似的组织也发表了自己的声明，和柏林呼吁书一样，这份声明非常激进。[112]布雷斯劳市也出现了这样的组织，独立于柏林协会之外。1845年协会发表声明，次年赢得了社区拉比亚伯拉罕·盖格的支持。盖格的派系内有一位拉比主张进行改革，他隶属于当地的激进派，但与萨克斯不同，他支持犹太圣堂神职人员的观点，并加以宣传。[113]布雷斯劳组织接受了盖格的建议，为了加快改革的进展，他们充当现行宗教结构内部的一支力量，没有创建自己单独的队伍，因此布雷斯劳组织没有取得柏林协会的永久机构权。

　　相比之下，柏林市的协会与犹太社区的关系一直比较疏远，他们对政府的服务也毫无怨言。即使有怨言也无济于事，因为事先已经确定得到官方的同意，只要成员继续向社区委员会定期缴纳社区税，他们是愿意让协会存在的；这不但支持了他们自己的组织，还包括社区的宗教机构。但是政府拒绝授予协会任何公共接受的象征，当寻求到一种更公平的安排时，协会会在社区内部成立一个单独的犹太圣堂联盟。后来却发生了公开的冲突，临时的结果是协会成员不再缴纳社区税，最终结果是政府强制他们服从命令。总的说来，普鲁士政府不赞同协会，但允许其存在，不管他们如何再三请求，也得不到任何的独立法律地位。[114]

　　协会成员努力想创建一个由拉比、学者和普通信徒组成的宗教会议，结果却令人大失所望。在柏林举行的筹备组织会议上，只有来自其他地方的7名参会者。[115]1847年，协会举行了第二次

131

圣会，会议通过了一套方案来管理普通祈祷书的编排工作，但是事情却没有进展，伯恩斯坦为协会编辑的一份月刊反响平平，一年之后就停刊了。[116]协会的期望值太高，不切合实际，这一点日益明显，除了历史学家艾萨克·马库斯·约斯特之外，犹太学者们对这一思想都非常冷淡。[117]普通改革派的一般信徒也不赞同知识分子们建立犹太教新基础的想法，如果在社区犹太圣堂内部能够进行切实可行的改革，或者在柏林能够举行属于自己的仪式，他们会心满意足的。塞缪尔·侯德海姆当选为柏林协会的拉比和宣教士标志着这一方案的结束。[118]侯德海姆反对宗教会议，当地人认可他的权威，而宗教会议也是为了获取更加广泛的认可度。1850年，作为民族组织的犹太教改革协会变成了"柏林犹太改革圣会"。[119]随后的发展中，德国没有成立新的组织，规模和人数维持原样，圣会服务的对象是那些试图加入协会的圈外人士，也包括那些在协会内部底层仅占一席之地的会员。侯德海姆告诉我们，在协会成立后的12年期间，只有一位成员皈依了基督教，他说协会可以被称作"抵抗变节的联盟"[120]。

## 拉比的重申

激进的普通信徒对进步拉比失去了耐心，这也不是毫无根据的。普通信徒试图让犹太教适应现实，而拉比们却关注如何巩固犹太教的宗教生活。这并不是说拉比对犹太教的发展不感兴趣，而是表明他们更注重犹太教的历史延续性。与19世纪20年代的普通改革者不同，年轻拉比甚至包括激进拉比特别想强调自身的犹太历史基础，即使这种历史基础不属于个体，也并不一定是犹太律法的基础。有批评说他们的改革只不过是模仿基督教的做法，因此不具备犹太性，他们对此特别敏感。30年代，他们努力证明这些批评是错误的，并且使改革具有更加鲜明的犹太特点。例如，他们的布道越来越接近对传统《释义》(derashah) 诠释的模式，而不是基督教说教的模式。菲利普森写道："我们必须呈现犹太的布道，呼唤启示的精神，参考我们民族的历史，利用犹太教的流行形式，来反击那些对我们宗教进行公开或私下的抨击。"[121] 教义问答书不仅仅涉及普世教义内容，也强调特殊的犹太内容，成人礼模仿基督教中相关仪式的内容已经减少。[122] 只有最激进的改革派拉比感到代表历史教义和传统是他们作为精神领袖的特殊任务，而普通信徒代表的仅是生活。

普通信徒的两个极端方向都与进步拉比的观念相背离，因此非常棘手。传统派的普通信徒认为所有的习俗和仪式代表着养育他们的犹太教，所以将其视为具有相等的权威。而激进派的普通信徒要摒弃犹太教所有明显的特点，最极端的例子是法兰克福的改革之友。拉比尽力确定自己在社区的权威，但也未能阻止公共冲突的发生；普通信徒委员会把拉比看作是带薪的雇员，因此拉比对他们也无法施加影响力。[123] 到40年代早期，改革进程并不顺利，有的社区发生了相当的改变，圣堂的气氛有所改观；而其他的圣堂中几乎没有什么变化，也没有建立起权威机构来制定标准并确立犹太教理论思想、学术研究成果和改革实践之间的联系。作为个人来说，拉比不能够有效地提供支持和方向。面对混乱，盖格挺身而出，成为第一位主动处理局势之人。1837年，在威斯巴登他将14位进步拉比组成一个团体，这样大家能彼此熟悉并达成共识，但是这一团体在组织性和协商性方面非常欠缺。[124]七年之后，在菲利普森的敦促下，第一次正式召集圣会。面对法兰克福激进派的反对，拉比们达成共识，选择了他们喜欢的中间道路。[125]

19世纪40年代，德国召开了三次拉比圣会，1844年在不伦瑞克市召开首次圣会，1845年在法兰克福市召集第二次会议，1846年在布雷斯劳市召集了第三次。[126]绝大多数圣会者的年龄在30岁左右，他们出生于德国，在最近十年开始从事拉比职业，他们在大的犹太社区担任拉比或宣教士，例如法兰克福、汉堡和布雷斯劳，还有的在人口仅有几百人或更少的小城镇任职。[127]一部分人通过出版书或者发表文章已经小有名气，其他人除了在自己的社区外几乎无人知晓。至少参加过两次圣会的与会者当中，名望最高的是符腾堡省的拉比约瑟·迈尔，他在第一次圣会中担任主席；参会者中口才最好的是激进分子塞缪尔·侯德海姆，他后来担任了梅克伦堡-什未林公国的拉比；年纪最长的参会者是戈特霍尔德·所罗门，自1818年以来他一直任汉堡圣殿的宣教士；马格德堡的拉比路德维希·菲利普森同时还担任《法兰克福犹太教公报》的编辑；担任第三次会议主席的是亚伯拉罕·盖格；德累斯顿的首席拉比撒迦利亚·弗兰克尔代表保守派；法兰克福新任拉比利奥波德·斯坦是温和派代表，也是第二次圣会的主席。

当圣会局面发生变化，出现了超出预想的激进状况时，参会者会改变主意，因此宣布参会的人员并非人人都会出席。例如，巴伐利亚的政府认为圣会并不是稳定的机构，因此不允许当地的拉比们参会。只有马堡（Marburg）的拉比获得了政府批准而参会，大部分的德国政府保持中立。[128]

　　按照原计划，有资格参加圣会的只包括那些定期受雇于犹太社区的拉比和宣教士。艾萨克·马库斯·约斯特参加了第二次会议，并不是由于历史学家的声望，而是因为他在法兰克福犹太教学校的祈祷中担任宣教士。利奥波德·祖恩斯的确收到了"参加"第三次会议的邀请，但他没有出席。[129]限制见习拉比和宣教士的参加引起了各个阶层的抗议，这并不令人感到惊讶。抗议者既包括右派又包括左派，要么认为犹太教中神职人员和普通信徒之间缺少重要的区别，要么认为会议缺乏时代的民主精神。那些接受过犹太教和一般宗教哲学的培训而被称为"神学家"和被称为社区"精神领袖"（Geistliche）的参会者们，的确对自己的称号有一种特殊的感觉。但是参会人员仅限于那些定期受雇于犹太社区的资格条件也是由客观的招收标准所决定的，否则的话他们只能根据个人的推论来决定每一位申请者的思想素质。此外，只有社区内部的拉比才有资格实施圣会的决议。

　　受邀参加第一次会议的与会者并不是人人都对改革持赞同的态度。[130]从理论上讲，传统派拉比出席的人数应该占多数，这样圣会的保守特点会更加明显。但是严格意义上的正统教拉比并没有出席，也许他们不确定是否会有足够的志同道合者加入他们的行列，也许担心与自己有联系的群体会做出让他们难以接受的决定。大多数情况下，抗议第一次会议的正统派拉比代表的人是没有接受过大学教育、和年轻同事没有共同语言的老一代人。

　　圣会的右派分子信仰《圣经》和《塔木德》的权威，主张在犹太律法的基础上进行形式上的、内容并不重要的改革。在讨论

期间，他们都戴着无沿边帽，足见其保守程度。[131]一般情况下，
他们都是以多数票胜出的，除非对方得到中间派的支持。中间派
往往人数较多，他们注重历史的延续性，同时也愿意偏离传统。
菲利普森和斯坦代表的是这一派最保守的成员，而盖格属于激进
134　派。极端左翼派是由侯德海姆代表的一个小团体，他们寻求的是
建立在新时代精神和局势基础上的犹太教的彻底改革，几乎不考
虑前辈们的看法。

　　第一次会议在地理位置方便、位于中心的不伦瑞克市召开，
历时八天。从1844年6月12日开始，到19日结束，与会者共25
名。会议一开始就通过了两项重要的程序决定。第一，就议会的
形式达成决议，包括下列程序：颁布法令、选举官员、保留官方
协议、采用多数投票。这一做法让人们记忆犹新，大会不仅仅是
非正式的意见交换，看起来更像是一部立法，赋予成员自我决定
德国犹太人宗教律法的权力。第二，公开一切讨论和商议，这使
得犹太人和非犹太人更加感兴趣，不仅排除了隐藏意图的嫌疑，
而且要考虑演讲的方式和时间，听众包括坐在旁听席上的来宾和
记者，是否有必要继续保留夸张和冗长的演讲内容。此外，针对
大会的决议是否对其成员具有约束力这一问题，圣会需要做出初
步的决定。不久人们可以看出，并不是所有的拉比都想放弃自己
的自治区，会议只是宣布大会的决议对于属于多数票范围内的成
员具有“道德约束力”。就决议的实施而言，他们只会在自己的能
力范围内、在自己管辖的社区内尽力而为。

　　圣会者就特别的问题进行了长时间的讨论，以此作为启动他
们对改革总原则的跳板。讨论之初的大部分内容涉及成员们表达

自己对预期发生事情的态度立场，在不伦瑞克几乎没有人对实质性的问题进行表决。圣会成员以及外界人士提交至大会的提议均涉及会议期间选举出的委员会，委员会主要围绕两个重要问题进行投票：赎罪日前夕祈祷开始前吟唱的柯尔尼德祷文和犹太誓言。前者被视作一件令人非常尴尬的事，因为反犹主义者认为犹太人的誓言没有可信性，经常把柯尔尼德祷文当作论据来证明自己的观点，甚至像萨姆森·拉斐尔·赫希这样立场坚定的现代正统派拥护者，五年前在自己社区都从礼拜仪式中取消了这一段祷文。不足为奇的是，大会一致认为没有必要诵读柯尔尼德祷文，并要求成员们在下次赎罪日之前在自己社区将这些内容从礼拜仪式中取消。大会对犹太誓言所做的决定与其说是宗教改革，不如说是纠正了犹太尊严的维护方式，在德国不同的地区，犹太人在提供证词时仍然要求使用贬低人格的中世纪方式，大会全体成员一致通过决议，礼拜仪式中犹太人只需以上帝的名义进行简单的发誓即可。这一决议在不伦瑞克市具有明显的影响力，使当地的誓言措辞发生了改变。

　　毋庸置疑，不伦瑞克会议上有关通婚的决议最具争议，路德维希·菲利普森提议大会应该签署1807年法国最高法院提交给拿破仑的12条回答，他的意图是消除省府对犹太不忠诚的疑虑，因此使省府插手犹太宗教生活没有任何根据。从巴黎最高法院的例子来看，能否允许通婚的问题引发的辩论最为激烈，后来产生的争议也最多。具有讽刺意味的是，菲利普森并不想强调自己反对通婚的立场，但是最高法院的决议一旦被提出，大会必须面对这一问题：犹太律法只允许犹太人族内结婚吗？在讨论中，激进分

子孟德尔·赫斯趁机表达了自己赞成通婚的立场。另一方面，即
使绝大多数人并不反对最高法院宣布通婚有效的答案，也必须表
示反对观点。大部分与会者认为基督徒不配与犹太人结婚，并且
意识到这种婚姻的增加会导致犹太社区的毁灭。最终他们没有对
这样的结合给予祝福，甚至只是重复了最高法院的答案。在塞缪
尔·阿德勒（Samuel Adler）的敦促下，大会又增加了一项重要的
条件，并由多数人通过这一决议，"拥护一神教的犹太人和基督徒
的结合是允许的，但条件是省府律法要求父母养育的孩子必须信
仰犹太教"[132]。会议以这种方式表明了对延续犹太教的重视，此外
添加的条件有效地阻止了这一决议将会产生的现实影响，因为当
时在德国没有任何省制规定通婚的子女必须信仰犹太教。在丹麦，
犹太人和基督徒通婚的现象更加普遍，但是法律规定其子女必须
信仰基督教。[133]

　　不伦瑞克大会通过的实质性决议非常少，导致其他犹太人群
起抗议，抗议旷日持久。圣会者自认为是在维护和延续犹太教，
但反对者们认为他们是在篡权，毁灭犹太信仰。如果挑选出个别
人的声明，会议比实际情况看似更加激进。77名（后来增加到
116名）正统派拉比共同签署了反对会议的抗议书，其中的大部分
来自德国和匈牙利。[134]在荷兰，泽维·赫希·勒仁（Zevi Hirsch
Lehren）和亚伯拉罕·普林斯（Abraham Prins）通过欧洲的拉比
机构共同发出了37封反对信，后来巴勒斯坦的拉比又发出了5封。
作者对圣会者进行了猛烈的抨击，他们指控圣会者是"犯错误的
牧羊人，并且还领着其他人迷路"，指责圣会者是只想着"购买时
间和政治满足感"的卑鄙小人。萨姆森·拉斐尔·赫希也加入了

反对者的行列，对圣会者进行了更为深刻的揭露，指责他们脱离了犹太教。他感慨道："从他们的话来看，大会的成员不会是另一信仰的成员吧？"然而与大部分同事不同，赫希表明他的确支持这些形式上的改革，包括德语布道、合唱团以及以最适合的、审美上最令人愉悦的方式来祭拜上帝等。[135]

基督教传教士的目标是那些认为宗教改革会危害自己事业的犹太人，其中一名传教士居然是皈依基督教的犹太人，他们将圣会抗议者中的正统派分子召集在一起。双方意识到只有正统派犹太人才有可能成为正统派基督徒，他们反对对犹太律法进行任何形式的修改，因为这会导致人们无法完全放弃律法，而这一点却是接受基督教的先决条件。此外，犹太教具有发展性的观念恰好背离了犹太教本质上的宗教立场，因为其本质立场是犹太教不能进行改革，否则会自我毁灭。[136]

改革派不期望会得到这些人的支持，有两个人对此进行的攻击让人更加气愤。这两个人在思想上比大多数与会者更加保守，他们对现代犹太学术做出了贡献，受到了世人的尊敬：所罗门·朱达·拉波波特（Solomon Judah Rapoport, 1790—1867）和撒迦利亚·弗兰克尔。从1840年以来，拉波波特一直任布拉格的首席拉比，次年当法兰克福大会召开时，他直接向大会写信解释自己不能参加，后来又质疑大会是否有权采取任何行动。他反对的理由是一则希伯来名言："在犹太法律存在的法庭上不能宣布另一种法律是无效的，除非前者在智慧和规模上都超越后者。"因为不伦瑞克的拉比不会轻易做出这样的宣布，他们将自己的罪恶转嫁给他人，对敦促他们这样行事的人们，竟然回答：把上一代人传下来的内容传授给世人是拉比的唯一任务，这些得到允许的变革无需拉比的干预。拉波波特这样说："如果我们的习俗和律法中有需要改革和更新的内容，时间会让这一切发生的。"因此，即使要进行宗教改革，必定有无形的历史力量在指引，而不是让拉比会议担任代理。[137]

撒迦利亚·弗兰克尔在精神上与上一位批评者最接近，第一次提议召开大会时，如果大会只涉及私人的意见交换，那么做决议的职责则由拉比和普通信徒组成的宗教会议来担负，弗兰克尔赞同这一说法。但是不伦瑞克会议条例一旦出现，弗兰克尔开始对其挑剔，会议实际上通过了正式的决议，并公开召开分会议。此外，会议还得出了这样的结论：弗兰克尔的观点背离了多数犹太人的情感。他总是匿名并用比较含蓄的方式与最激进的讲演者讨论问题，得出的结论具有毁灭性：不伦瑞克会议对保护犹太教没有做出任何贡献，而且还滋生了新错误。[138]尽管如此，他对拉比大会的态度非常矛盾，并决定要亲自参加第二次会议。

法兰克福圣会有31名成员，比上一年多6名。这次圣会持续了14天，而不是8天。在某种程度上，这是三届会议中最重要的一次，因为由弗兰克尔所代表的温和改革派与参会者所承诺的彻底性改革最终划清了界限。弗兰克尔出席的意图是判断他和同事们是否立场相同，尽管理论层面上没有明显的分歧，但在后来的实践中显现出了差异。

我们在第二章已经讨论过所罗门·福姆斯泰彻的神学理论，他在不伦瑞克会议上提出一个观点，大会需要一套改革的执行原则或标准，以防辩论只关注引用内容存在冲突的原文。在一般性讨论中，其他人实际上已经提出许多标准，将《塔木德》延续到现代。两年前，弗兰克尔在介绍自己期刊的内容时就阐述了自己的原则：犹太教的进一步发展要在"肯定历史"的基础上进行。[139] 在法兰克福他接受了一般性原则，同时提出了自己的原则，大会主席利奥波德·斯坦立即向他说明：会议的立场肯定历史上的犹太教，这或许出乎弗兰克尔的意料。他原本打算通过原则问题进行试探，这样一来他的企图便落空了，他和其他人在"肯定历史性"和由此得出的实践结论阐释方面并不一致。这一点从引发原则讨论的具体问题评论之中可见一斑，例如对宗教礼拜仪式中是否应该使用希伯来语的讨论这一问题。

　　《塔木德》允许祷文以任何语言的形式呈现，弗兰克尔并不否认这一点，但是他将希伯来文视作与犹太教信仰相互关联的核心内容，即使关于希伯来语的知识在减少，但它仍然是人们感情的寄托。这并不是弗兰克尔的个人观点，菲利普森和大会的多数成员也有同感，他们认为希伯来语是犹太作为统一的少数民族生存的意义所在。[140] 雅各布·奥尔巴赫（Jacob Auerbach）和利奥波德·斯坦极力恳请继续教孩子希伯来语，但是盖格和其他人都认为德国犹太人受德语祷文的影响超出希伯来祷文产生的影响。涉及投票的时候，大会一致通过了一项决议：礼拜仪式中保留希伯来文虽然在客观上没有法律必要性，但是大家一致认为主观上保留希伯来语是必要的，观点分歧在于保留希伯来语是具有理性的客观必要性还是法律上的必要性。双方票数非常接近：赞成票15，反对票13，反对者中约6人希望希伯来语最终完全从礼拜仪式中删除，大部分的与会者都赞同在希伯来语和德语之间保持平衡。弗兰克尔却将投票结果作为大多数人在基本问题上观点不一的依据，当时他还在参加会议，但是第二天便决定与大会断绝联系。[141]他给大会传达了一个信息，说明他这样做的原因，并将这条信息公开。不久他收到大会的回信：感谢他离开大家和犹太社区。[142]反对大会决议的人现在不再怀疑弗兰克尔的忠诚，反而担心他在背叛后会转向另一个极端。

弗兰克尔的离去并没有对会议产生很大的影响，大会继续讨论信仰的基本问题：弥赛亚的到来和回归锡安山。人们观点各异，但是多数都认为弥赛亚思想是犹太教本质的一部分，这一本质区别于基督教，但在融合的情况下这一政治思想不再具备任何意义，只有普遍内容具有相关性。比较明确的是，多数人认为："弥赛亚思想在我们的祷文中具有非常重要的作用，但是应该删除回归祖国并建立犹太国度的请求这一内容。"[143]

拉比会议召开时，重新塑造弥赛亚希望的统一观点已经形成。在此之前可以追溯到门德尔松，往后有像萨姆森·拉斐尔·赫希这样的传统主义分子，他们多次表达过这样的观点。会议结束不久，一股特殊的改革潮流形成了，即"以色列使命"思想。[144]菲利普森在不伦瑞克说过："每一个民族在历史上都有自己的使命。犹太人也不例外：他们是宗教民族。"大卫·艾因霍恩（David Einhorn）在法兰克福说过：

> 以色列政治独立的失败曾经被视为一种不幸，但这的确代表了进步，不是萎缩而是宗教的提升。因此，以色列更加接近自己的命运，神圣祷告取代了祭司活动，以色列要把上

帝的旨意传达到世界的每个角落。[145]

选民思想和直接摒弃犹太教的思想曾经宣称要取代弥赛亚思想，而以色列使命思想是一种激进的再阐释，就像是施莱尔马赫的观点，德国人也相信他们拥有一个文明的使命，和基督教的使命密切相连。[146]在用以色列使命代替弥赛亚回归时，法兰克福的拉比们不仅将弥赛亚主义普遍化，给人类在历史进步中发挥作用留出了更多的空间。他们还主张犹太教担负着全人类中教士民族的特殊天职，既不能被其姊妹信仰所替代，也不能被自己认同的民族文化所取代。

参会的其他人则关注礼拜仪式和礼仪实践中的具体问题。大部分人希望保留献祭仪式的内容，这是一种历史记忆，但通过的决议却是要删除恢复献祭仪式的祷文。拉比们投票支持每三年诵读《托拉》以及用德语诵读哈夫塔拉①（Haftarah），还一致通过决议允许犹太人在安息日礼拜仪式中使用管风琴。但意识到管风琴是在模仿异邦人，违反了"不能人云亦云"的禁令，他们放弃了基督教模式，热衷于模仿使用在耶路撒冷古圣殿中使用的管风琴（magrefah）。

大会通过的决议中最有趣的一条是对宾根（Bingen）社区所提问题的答复。社区中的大部分女性没有参加公共仪式沐浴，主要原因是不卫生。提问者询问大会是否使用一套新设备，用引出的水来替代沐浴。拉比回答允许水舞（mayim she'uvim），这一决定更

———————

①　先知书中的一部分。

直接地违反了《塔木德》律法。此外，允许使用浴室（mikveh）在犹太教中是独一无二的制度，不久这又遭到了年轻人的反对。大会上，一位内科医生提议废除割礼，或者从仪式上进行根本性的改革，但遭到了拒绝。显而易见，在弗兰克尔离开后，大会并没有放弃所有的犹太特性。

具有讽刺意味的是，第三次会议在布雷斯劳市的盖格社区举行，并由盖格担任主持。在某种程度上，大会形成的改革方案是最温和的。事实上，这26位与会者中没有一位可以称得上是真正的保守主义分子。

最后一届会议为期12天，主要议题是安息日，以盖格为首的委员会讨论了遵循安息日的问题。在法兰克福会议召开之前，委员会已经拟好了报告，他们有充足的时间可以讨论。报告要求加大庆祝安息日的力度，而且要提供食宿，尤其要讨论遵循安息日和履行国家义务之间存在何种冲突。他们引用了《米德拉什》的原话："安息日是赐予你的，而不是将你赐予安息日。"布雷斯劳的报告讨论了诸多问题，从下定义到犹太士兵和公务员专享的豁免权等都在讨论的范围。激进分子塞缪尔·侯德海姆的演讲是所有人当中最有趣的。根据犹太教的教义，他构建了一套关于安息日的哲学概念，但是其意义随着时间的流逝而发生改变。在《圣经》时代其内容实质就是休息，象征性地表达了上帝的存在是超越时间的。以后又出现了安息日是宗教和道德意义上的神圣化这一新概念，就是在后来的理解中他发现了这一真正的当代意义。由于犹太人居住在异邦人社会内部，在周日庆祝安息日不能称为神圣化，因此他提出了一条非常激进的建议，为了让那些不能在历史规定的日子庆祝安息日的人们仍能维持这一传统，可以将安息日改为星期日举行。

　　侯德海姆得出的结论很极端，因而没有得到同事们的回应，利奥波德·斯坦的反驳简洁有力：将安息日延至星期日，相当于周五埋葬了犹太教，为的是周日让它作为一种新的宗教而复活！委员会甚至没有将周日庆祝安息日的提议提交到投票环节，只是发表了一项宣言：首先要恢复"安息日作为休息和献祭日这一有价值的庆祝活动"，并且要通过公共礼拜和家庭遵循来强调其神圣意义。但是在经济一体化的情况下要保留周六安息日的传统，这意味着大会面临着无法解决的棘手问题。他们既不想只允许犹太人在周六工作，也不想完全禁止，这一规定很可能没有任何效果。最后与会者选择了一种折中的方法：强调安息日的神圣性而不是休息的义务，在礼拜仪式方面向国家作出让步，一些人认为后面这一条说得有道理，因为他们可以将国家视为一种道德力量，而不是宗教性；也有人反对这一观点，拒绝把宗教意义和服务国家赋以因果关系，因为它不过是一种理想。为了能够采取实际的行动并接受缓和措施，会议推荐当地的协会机构来帮助制定安息日所遵循的规定，并将这一规定执行下去。

　　大会就另外三个主题也做出了决议：节日、割礼和哀悼律法。关于节日的问题，拉比们允许某些节日第二天不再有庆祝活动，但是新年的第二天要除外；割礼的问题在大会召开前就由一位从事医生工作的父亲提出来，这位父亲的第一个儿子在接受了割礼后身体一直很虚弱，而第二个儿子在术后因流血不止而死亡，显然他是死于血友病。父亲犹豫是否应该给第三个儿子施行割礼。

大会的答复是既然第二个儿子死于割礼，第三个儿子就不该再施行割礼，除非医生认为这样做是安全的。鉴于两个儿子死于割礼要暂停继续施行这一仪式，实际上这是对《塔木德》律法规定的宽泛解释，为此大会制定了一系列让割礼仪式更安全、更卫生的措施。最后，会议还通过决议改变哀悼的方法，反对在形式上表达痛苦的做法，例如眼泪要将衣服浸湿，这是不合时宜的做法。

除了上述问题外，大会还针对其他问题做了初步讨论，但由于时间的限制，没有展开讨论。回顾整个会议，所有问题中最有趣的是关于妇女地位的讨论。犹太风俗只要求男人定期做祈祷，女人要远离犹太圣堂，有时她们要等到结婚后才允许参加祈祷。[147]女孩子接受的教育仅限于从母亲到女儿在家里应尽的职责，改革运动早已着手改变这一情况，具体的做法包括复合式宗教教育、普通的成人礼仪式以及对男孩和女孩都具吸引力的布道教育。1837年，盖格发表了一篇文章，言辞非常激进，他建议废除像脱鞋礼和无夫之妻[①]（agunah）地位等方面的律法规定，这是对妇女的侮辱，非常残忍。他还提议男女在宗教上是平等的，二者只存在生理上的差异。在为法兰克福会议准备的一篇希伯来语论文中，塞缪尔·阿德勒在广泛参考《塔木德》资料的基础之上，提出要努力实现妇女在宗教上的解放。有人向布雷斯劳的特别指定委员会提交了一份报告，但由于时间有限而推迟了讨论。这一报告得到了与会者的广泛支持，其中最重要的条文仍然要求妇女必须承担与时间有关、被认为有约束力的责任，例如祷文，这些要求使

140

———————

① 丈夫被告知已死但是还没有证明其真实死亡的妻子。

得她们成为礼拜仪式法定人数（*minyan*）中可算在内的成员，并且还宣布女人的婚誓不能被丈夫或父亲废除。[148]有关饮食律法的问题没有被涉及，但是预定在下一届会议中会作为重点讨论的内容。这涉及严格的个人做法问题，因此没有提前考虑。

如果说第一届大会提出的改革激起了正统派阵营的反对，那么第二届和第三届大会所做的决议则引起了激进派的明显不满。为了与大会建立关系，犹太教改革协会把它们的领袖从柏林送到法兰克福诵读他们的支持宣言，但是大会给予的回复不太热情。与协会成员不同，拉比们继续支持社区内部的改革，对外部事务不予理会，这意味着改革的进程放缓。为避免向传统派做出更多的妥协，协会成员们没有参加第三届会议，而是寄来一封信，说明要放弃这些做法。布雷斯劳大会给予了简单回复，指出在安息日的问题上，大会的立场显然与协会大相径庭。布雷斯劳会议结束后，一部分激进派普通信徒认为有必要公开宣布反对改革协会。法兰克福发生了两次抗议活动，抗议者希望大会能解决犹太教教义和日常生活实践之间的矛盾，但是事与愿违，结果令他们大失所望。[149]

保守派在反对第三届会议决议的程度上并没有非常激进，部分原因在于他们自己也希望创建一套既相似又存在些许差异的体制来取而代之。在布雷斯劳会议召开之前，撒迦利亚·弗兰克尔已经召集"犹太神学家"聚会，包括学者和见习拉比，要求参加者是有信仰并且致力于保护犹太教和进步事业的人士。第一次会议预定在1846年的秋天，截止到夏天已经有40人报名，报名参会的人员有布拉格的所罗门·拉波波特、柏林的迈克尔·萨克斯以及年轻的历史学家海因里希·格雷茨。出乎他们意料的是，这一

141　召集遭到了正统派的强烈反对，弗兰克尔认为有必要将会议延期，
再三的拖延导致圣会的想法化为泡影。[150]

　　第四届拉比会议预定次年夏天在曼海姆①（Mannheim）召开，
相关文件已经准备完毕，会议却仍没有举行。原因有三个方面，
首先获得当地政府的批准难度很大；但最终会议获得了允许，并
将召开的新日期定为1848年7月，但那一年发生的革命使得大会
再次泡汤；除此之外，拉比圣会在当时看起来与民主精神不符合，
与之符合的宗教会议应该有拉比和普通信徒的共同参与，但在当
时的德国这两种设想都是空想。[151]

　　回顾过去，拉比会议面临着可怕的问题。显而易见，会议的
初衷是创建集体权威，然而参会者却自己划分了帮派，划分的依
据是他们授权处理"紧急事务"是继续目前的方法（即使希伯来
阐释的进程非常缓慢）还是根据文化水平或当代价值观而产生的
个体意识。除此之外，大多数情况下他们并没有得到授权，仅代
表自己的社区进行投票，因此也不愿意接受违背自己意志的多数
决议。会议只能打着"道德权威"的名义来通过决议，但事实上
几乎没有几项具体的决议能够得到立即广泛的执行，很多决议在
接下来的几十年中是逐渐被社区所接受的。会议还存在一个"形
象问题"。为了让人们接受改革，改革者竭力让人们感到改革在本
质上具有毁灭性，其方式是断其枝叶，而不是刺激树木的生长。
不管见习拉比在每周一次的布道中和辩护的文章中对犹太教表现
出什么样的热情，别人总感觉他们的行为是负面的，而他们自认

————————
　　①　位于德国西南部的城市。

为是在"推陈出新"。最终会议成员很难决定是赞同改革并认可存在的疏漏，还是阻止即将发生的改革。于是，他们陷入了两难境地，既想通过支持激进的新主张而不去冒犯国内的传统派，又想对未来的犹太教贡献自己的微薄力量，然而二者不可兼得。

拉比会议虽然持续了仅三年，但对后人具有一定的启发和鼓舞，最终使方案得以实施并取得了进展。他们编写的新祈祷书大纲在接下来的几十年中发挥了影响力，不仅对个别拉比编写的祈祷书产生了一定的影响，而且对德国犹太社区采用的或自由派采用的改革派祈祷书都有一定的影响力。成立犹太神学系的计划提交至大会，但因为遭到了政府的反对而失败。尽管如此，这项提议却促成了1854年布雷斯劳市犹太神学院的建立。

这段时期内的会议引起了全欧洲犹太人以及德国公众的广泛关注。前者注意到宗教改革在德国的显著趋势，后者则对受过大学教育的犹太宗教领袖的特点印象深刻。他们以恰如其分的议会风格、令人记忆犹新的尊严进行了认真的审议，尽管困难重重，拉比们在重申自己的重要性方面并非一无所获。

30年前汉堡圣殿构建的礼拜仪式模式以及后来几十年中形成的思想，得到了一批德国重要拉比的广泛支持。会议首先阐述了这一点，大部分德国犹太人将被视为非正统派。[152]与上一代人相比，更多的犹太人能够接受改革运动提出的犹太教观念，但是40年代出现的改革推动力非常强劲，没有回头的余地。接下来的几十年期间，德国的改革运动悄然进行，反对派的呼声逐渐消失，普通信徒不再大肆宣传进行呼吁，拉比圣会也成为历史。改革的趋势向国外蔓延，逐渐确定了其立足之处。

# 4. 欧洲传播

为什么19世纪上半叶改革运动在德国能够轰轰烈烈地进行？这一问题的答案不止一个，促成因素有很多。从人口方面分析，到19世纪中叶德国犹太人在各省的分布约有40万，数量之多导致其发展的多样化。改革者在大型社区并不是孤立的个人，他们人数之多足以建立起自己的制度，就像是在汉堡或柏林市，甚至人数较少时也不例外。德国犹太人加入了文化融合的进程中，这一进程在门德尔松时代之后又加快了速度，但不久他们感到自己的文化渊源与现代德国和欧洲世界存在着较大的差异。很明显，德国北部属于新教，他们拥护路德改革。路德改革倡导与中世纪精神决裂，将宗教定义为上帝和个人之间的私事，无需神职阶层进行调解。19世纪，德国新教吸收了启蒙主义的许多理性思想和普世思想的因素，但排除了与其他信仰相分离的特殊信条。在施莱尔马赫的影响下，基督教的排他性及正统性在19世纪再次彰显出来，新教环境给改革运动提供了关键的推动力，不仅为形式上的改革，还为神学改革、摒弃旧阶层以及本地礼拜仪式的改革提供了范本。新教将布道视为礼拜仪式的中心，关注口头以及吟唱的内容，而不是外部的仪式行为；作为一种本质上具有反抗性并追求发展的宗教，新教在其自身自由组建的过程中增加了与犹

太教共享宗教基础的可能性。天主教环境却没有提供这样的有利
条件。

德国犹太人没有完全得到公民权，也没有被完全否认，这是 144
引发宗教改革的重要因素。改革主要针对那些从礼拜仪式中磨灭
了民族特点的做法。如果德国犹太人像在东欧那样没有希望被认
可，或者像在法国那样已经被完全接纳，他们不会对返回以色列
土地的祷文感到别扭，更可能对此不予理睬，对于许多人来说，
背诵祷文只是一种表面文章。最后一点，我们要强调在第三章提
及的新宗教领袖的崛起，这一批年轻人接受过完整的犹太教育，
又继续接受德国大学教育并习得了学术批判精神；他们没有机会
从事学术事业，从而担任了犹太社区的拉比，像盖格一样，他们
的内心充满了矛盾和纠结，理想和社区义务之间的冲突对他们影
响很大。这批初具规模、接受过世俗教育的拉比领导阶层分化成
了不同的派别，从以塞缪尔·侯德海姆为代表的激进派到以萨姆
森·拉斐尔·赫希为代表的极端保守派，这种多重思想意识倾向
的并存在德国是独一无二的。

然而我们必须看到，荷兰和威斯特伐利亚的首次改革运动是
受法国的影响而发生的。此后改革运动的发展呈现多样化，并不
是按照单一的德国改革模式，其影响不久就延伸到中欧和西欧的
其他地方，我们有必要追溯这一传播进程的轨迹。

## 传播到哥本哈根和维也纳

1780年，摩西·门德尔松出版了第一部《摩西五经》译本，

至少有57位订购者是丹麦犹太人。在丹麦的首都哥本哈根，很多犹太人融入了新文化，有两位主要的德国启蒙运动人物就是在哥本哈根长大的：拿弗他利·赫茨·威斯利和艾萨克·尤塞尔。随着欧洲启蒙运动在丹麦犹太人中的传播，同样模式的教育以及随即而来的宗教改革也在丹麦展开。1805年，丹麦犹太人效仿柏林的犹太儿童革新学校成立了现代男子学校；五年后，又成立了女子学校；1811年，丹麦犹太人开始施行延迟埋葬死者的规定，像德国一样，引发这项仪式革新的导火索是解放运动。1814年3月29日，丹麦政府颁布了皇家法令，将近2000名丹麦犹太人获得了公民平等权。[1]但是还有一项补充条例：不管男孩还是女孩，如果想在社会上担任职务的话，需要通过犹太宗教的公共考试，批准的考试教材是特别指定的——沙洛姆·科恩编写的教义问答书丹麦语版本，书中删除了最具犹太特色的遵循仪式和信仰，这种普遍的推动力符合当时哥本哈根掌控犹太事务工作人员的情感。拥护教育和仪式改革的一位主要领导人是孟德尔·莱文·纳桑森（Mendel Levin Nathanson, 1780—1868），他是一位富商，后来成为知名编辑和经济学家。他在推动犹太平等的事业上做出了很大贡献，并且帮助过一位天赋很高的年轻人艾萨克·诺亚·曼海姆（1793—1865）。最初曼海姆在两所学校担任教师，后来在1816年又被政府任命为皇家教义问答的教授。他的父亲是当地的一名独唱者，师从犹太男子学校的开明领导，学习过《塔木德》，并在哥本哈根大学接受了世俗教育。曼海姆后来专门负责学生的备考工作，这种必须的公共考试后来被称作成人礼。[2]

145

1817年5月19日，曼海姆在哥本哈根第一次举行成人礼。仪式在一间曾经当作演唱厅的宽敞房间举行，管风琴放置在东墙一侧，西墙侧放着一张桌子。桌上摆着两个烛台，前面是展示十大诫命的匾牌，一大群人聚集在一起听曼海姆执行考试，并根据《约伯记》中节选的文本进行丹麦语布道："智慧啊！何处能找到我？"还有些赞美诗是和着管风琴伴奏用本地语吟唱的。显然这种仪式给很多犹太人以及在场的异邦人留下了好印象，促使社区领导开始在同一地点制定定期祷告活动。从那年夏天开始，每月的周三下午在证券市场关闭后，当地犹太人都会举行这样的活动，男士无需戴帽子，但是男女坐席是分开的。[3]

这些活动并不想取代定期的礼拜仪式，对于有的犹太人来说，这只是刚刚起步而已。社区的传统派能接纳王室批准的成人礼仪式，但每周三的祷告活动却激起了他们的强烈反对。因此，爆发了一场恶意的社区内部斗争，与柏林和汉堡发生的内讧不相上下。双方都想寻求政府的支持，却引发了毁灭性的后果：家庭破裂，自从1795年社区犹太圣堂被烧毁以来，社区宗教四分五裂，出现了十多个祈祷团体，他们之间仇深似海。这些团体的领导者家境都比较富裕，而且在社会上颇有影响力，并能激发他人加入辩论。传统社区的拉比和曼海姆对斗争无能为力，他们只是这些敌对宗派手中的工具而已。曼海姆后来注意到有的人对犹太教的热情掩盖了不遵循礼仪的行为，这些人并不在争议者的行列内。改革派内部的家庭已经完全融入进当地文化，纳桑森的家庭也不例外，他不再恪守犹太教的礼仪，因此也无法阻止下一代人改变信仰。[4]

这场斗争持续了三年多，很多父母不再让孩子跟着曼海姆学习，称他是鲁莽的年轻人，是提倡自然宗教形式的无神论者；反过来曼海姆在递交给政府大臣的信中，对犹太风俗进行了猛烈抨击。[5]政府拒绝对任何一方做出决定，久而久之这场激进的斗争变成了冷战，1818年，反犹主义爆发。1819年，内部争论的热情遭遇了冷水。又过了一段时间祷告停止了，也许是因为新鲜感逐渐消失，也许是因为支持者已经疲于争论，只有成人礼还在继续进行，但是哥本哈根社区内的传统派与犹太简约派之间仍是势不两立。1828年，受过世俗教育的亚伯拉罕·亚历山大·沃尔夫（Abraham Alexander Wolff, 1801—1891）被任命为拉比。后来哥本哈根的犹太人聚集到一起，建立了新社区犹太圣堂（于1833年落成），并在宗教礼拜仪式中得以统一。礼拜仪式非常传统，而且很高雅，在某种程度上仪式得到了简化，其中也包括合唱和常规的启发式布道。这些改革只想"去除锈迹"。在沃尔夫任拉比的60多年，他纠正了犹太人的许多错误观点，例如"启蒙是疯狂的""依附传统是错误的"等，并在宗派林立的社区内达成共识，实现了统一。[6]

146　　　对于曼海姆来说，皇家教义问答教授的职位除了让他饱受挫折外，毫无益处。1821年，他收到了"枯骸"（dry bones）社区的休假条，去了汉堡和柏林，遵循并参加了两地圣殿的礼拜仪式。在柏林他听说来自维也纳的一份调查送给了比尔圣殿的领导，维也纳改革者试图寻找一位合适的人选给他们出谋划策，或者担任他们的精神领袖。伊斯雷尔·雅各布森建议曼海姆应该去那里，他认为哥本哈根的事业已经于事无补了，但是在维也纳"你一定能被重用——我保证"[7]。

曼海姆到达奥地利首都后共举行过三次布道，并于1821年夏天与改革者们进行了商讨。他发现当地的犹太社区已经做好了宗教生活现代化的前期准备，只是对于进程的细节并不确定。与德国西北部城市的犹太人相比，维也纳犹太人的境况可谓喜忧参半。1820年，被政府接纳的犹太家庭共135个，其中包括雇员以及临时居民。犹太精英们可以自由地和地位高的异邦人交往，一部分人的财富积累足以进入哈布斯堡王朝（Hapsburg Empire）的金融界。1809年，被接纳家庭中有十分之一吹嘘自己享有贵族特权。但是犹太人在首都的地位并不稳固，他们的生活有特殊负担和限制，奥地利的犹太人并没有得到解放。1848年大革命之后，他们才获得解放。心胸狭窄的玛丽娅·特蕾莎（Maria Theresa）、开明的约瑟夫二世和反动的弗朗西斯一世都希望尽可能地减少犹太人，并最大限度地利用犹太人的财富和金融技能。大部分犹太人至少在某种程度上遵循犹太风俗，还有一小部分马斯基尔在非犹太人创建的希伯来语安东·施密德（Anton Schmid）出版社工作。改变信仰成为一种流行的逃避方式，尤其是在王室内部这种做法更容易，社会融合、放弃犹太仪式、信仰非宗派的普爱宗教等做法几乎无痛苦可言。范尼·冯·阿恩斯坦（Fanny von Arnstein）把她家乡普鲁士的圣诞树习俗介绍给维也纳的基督徒们，并鼓励她的独生女勇敢地脱离犹太教。这一时期的维也纳没有出现重要的犹太宗教人物，因此犹太身份在逐渐消失。[8]

犹太宗教生活的凄惨状况与哈布斯堡王室的奢华形成了鲜明

的对比，以宽容闻名的约瑟夫二世严禁维也纳犹太人修建公共犹太圣堂，不承认他们成立的宗教社区，唯一的一位拉比只能得到"洁净肉食监督者"的称号。富人的孩子在家中受教育，而穷人的孩子只能到犹太教学校接受教育，且别无选择。这是一处普通的礼拜场所，但气氛令人沮丧。时人曾这样写过："走进这个阴森、潮湿、隐蔽的房间，人们感到恐怖、恶心，不像是圣殿，倒像个地窖。"直到1811年，政府才准许维也纳犹太人修建可以容纳其祈祷仪式、学校以及仪式沐浴的场所。又过了几年，犹太人忽视自己机构的现象终于消失了，政府也不再反对犹太人的出席。[9]

19世纪初，50位被接纳的犹太人组成一个规模相当的团体，他们目睹了柏林和汉堡以及在莱比锡博览会期间汉堡圣殿举行的特殊礼拜仪式中的改革，进而表达了要进行类似宗教革新的愿望。这一愿望针对的是那些志同道合的人们，这个团体愿意通过自愿捐献来偿付费用。这项计划实施了几个月后，弗朗西斯一世于1820年1月22日颁布了一道个人法令，其中包括这样一项条例：所有的犹太教礼拜仪式必须用本地语进行。改革者与君主的目标好像不谋而合，他们和政府进行了协商，并准备好了祈祷书、歌曲书和与汉堡圣殿类似的材料以备检查。这时，曼海姆来到了维也纳，给大家留下了美好的印象。但是政府并不想进行实质性的改革，不久这一点便昭然若揭。奥地利政府和普鲁士一样都惧怕宗教改革，使用本地语的条例则表达了想同化犹太人的愿望，但同时担心犹太改革者有可能会介绍异端宗教教义，因此改革的想法很快就不了了之。一位代表向塞德尔尼茨基伯爵（Count

Sedlnitzky）汇报，提议的犹太教礼拜仪式也许比基督教堂中的仪式更加吸引人，这使得天主教动摇了自己的信念。伯爵在国王面前贬低了改革者的意图，说这只不过是犹太新富们为逃避和贫穷的宗教同人共同祈祷的一种手段而已。不久，谈判以失败告终，团体被迫放弃成立独立圣会的计划。[10]

然而，此时出现了另一种可能性。由于政府宣布现存的犹太机构场所存在安全隐患，需要拆除，因此允许在原地修建新的场所。新建场所面向大街，这意味着政府对犹太教的认可，因此可以利用这一机会修建现代化的礼拜场所。一方面这样做是为了改革者，另一方面是为了整个社区的发展。这些发展背后的推动力来自第二阶层中一位富裕的金融家和企业家迈克尔·拉扎尔·比德曼（Michael Lazar Biedermann, 1769—1843），他很快就看明白了维也纳的犹太宗教生活要进行改观，需要具备三个因素：一栋吸引人的新建筑、一位现代精神领袖以及能在音乐之都维也纳立得住脚的独唱者。新圣殿竣工时，比德曼把曼海姆带到哈布斯堡首都担任犹太教学校校长（官方犹太人不可能有宣教士），而极具天赋的年轻人所罗门·苏尔则吟唱祷文并担任合唱团的领唱。

1826年4月9日的落成典礼象征着犹太教在维也纳确立了新地位。新建筑由当时颇有名气的建筑师设计，模仿统治帝国的风格，建筑内部是椭圆形，四周是爱奥尼亚柱子，顶部是小圆屋顶，采光充足。它与其说是当代的一座犹太圣堂，倒不如说是一座高雅的剧院。女士们就座于格栅后面的旁听席上，格栅的制作非常精致，男士们坐在楼下或者另一处旁听席上，头上都戴着合适的帽子。还有一个特殊区域，是为三位最高级别的犹太名人预留的：弗瑞赫恩·冯·阿恩斯坦（Freiherrn von Arnstein）、冯·艾斯克勒斯（von Eskeles）和冯·罗斯柴尔德（von Rothschild）。周日晚上出席的人包括许多异邦人，圣会者聆听指定乐器竖琴演奏的大卫赞美诗。尽管作曲者是异邦人，30人组成的合唱团和乐师们（除了鼓手）都是犹太人。手持火把的队伍把律法卷拿进来，曼海姆声情并茂地演讲，苏尔则的演唱不仅音准好而且富有激情。礼拜仪式基本不变，都用希伯来语进行，只有一个例外，祷文是以君王的名义。新建筑和礼拜仪式向所有人宣布：维也纳的犹太教最终以尊贵的面貌呈现在公众面前，维也纳犹太人现在拥有了一件值得骄傲的展示品，这个礼拜场所不再和他们居住的文化世界格格不入，这一切成就并没有以社区分裂为代价。礼拜仪式中也没有体现思想方面的变化，人们并不介意这一方面。在多民族的哈布斯堡帝国内，犹太人感受不到自身的公民爱国情感，因此回归锡安山属于情理之中。在天主教的气氛中，华丽和仪式远比神学内容重要，犹太人也是重形式轻内容。此外，在梅特涅（Metternich）统治的奥地利国内充满了政治压迫和反动，这不利于任何形式的革新，激进改革更是不可能。实际上，在所罗门·罗斯菲尔德介入之后，政府才最终同意确认曼海姆的地位，毕竟他曾以鲜明地表达改革观点而闻名丹麦。只有他"按照批准的形式和犹太宗教礼拜的方式"进行宣传（"任何形式的革新和偏离……"），才能得到行使改革权力的许可。在当时的维也纳，改革从更安全的角度上可以被称为"复兴"。[11]

艾萨克·诺亚·曼海姆　　　　　所罗门·苏尔则

1826年落成的维也纳犹太圣堂的内部景象

一段时间之后，曼海姆的改革热情受到了抑制。最初，外界迫使他做出妥协，这令他非常不悦，他要求对礼拜仪式进行彻底的改革，但未获成功。于是，他很失望，就给柏林的朋友利奥波德·祖恩斯写信；"我适应了这里的思想环境，也履行了自己的职业要求。"几年后，曼海姆面对现实做出了妥协。1829年，被接纳的犹太人将圣殿法令提交给曼海姆申请批准时，对于这些人已经取得的进步，曼海姆颇为满意，并敦促他们增加德语歌曲，这样会有更多的人参与圣会。但是，他逐渐感到改革并没有起到建设性的作用，却疏远了那些定期来圣殿参加圣会的人。年轻人只是短期内感兴趣，时间久了积极性便慢慢消退。曼海姆与汉堡圣殿的两位宣教士保持着非常友好的关系，1842年他们共同修订了祈祷书。曼海姆反对拉比会议，认为他们在进行破坏性的工作，因此盖格发来邀请函请他参加布雷斯劳的第三届拉比会议而遭到拒绝。曼海姆在维也纳进行的唯一实质性改革是减少后期《祈祷诗》和成人礼的数量，并且在40年代废除了柯尔尼德。曼海姆执行的犹太教改革越来越像撒迦利亚·弗兰克尔的做法，与原则性问题或是否得到犹太律法许可的问题相比，曼海姆更加重视对犹太教的虔诚情感。1830年，他认为管风琴的音调无法表达他的情感，它们所表达的是另一种信仰。[12]

与大部分当代就职的人不同，曼海姆在头衔和职能上都算不上拉比。尽管他主持生命周期仪式，却无权作出启蒙运动决定。他经常这样告诉朋友们："我不是拉比。"他也算不上是学者，他认为《塔木德》的知识是有限的，也不指望能在犹太科学方面成名，这种情况实属首例。当然他是一位优秀的宣教士，他定期进行的长达一小时的演讲吸引了很多观众，因为他的布道声情并茂，让人感触颇深。虽然是个人行为，形式上也不太完美，但是效果一点也不差。[13]曼海姆在维也纳工作的40年期间，最期望得到的角色并不是这些，他的最高理想是从事忠诚的职业，做一名教士。在事业早期他曾这样写道："我把所谓的教士职业看作是最神圣的职业，比教学和宣教更令人尊重。"在以后的生涯中，他为自己在这一特殊领域取得的成就感到骄傲，社区成为自己的大家庭，在孩子嗷嗷待哺时他曾站在摇篮旁，长大时给他们举行成人礼，成人后给他们主持婚礼，等他们老去时，又将他们的遗体入土并安慰那些哀悼者。他还催促富人们支持慈善事业并同情穷人们，在19世纪现代犹太教的重要领导者中，曼海姆是最受人爱戴的领袖。[14]

曼海姆不仅是犹太非传统教士角色的先驱，还是最早公开提倡社会平等的现代犹太宗教领袖之一。19世纪欧洲的犹太布道并不涉及社会问题，只阐述个人信仰和一般意义上的个别道德行为，故意避开政治。但是曼海姆并没有将激烈争论的社会政治关注事宜与宗教职务分离。1847年，奥地利的农业收成普遍不好，发生了饥荒，维也纳人无法从穷人身上敛财，这种情况也发生在了犹太人身上。曼海姆对以色列先知给予了高度评价，他在逾越节布道中直言不讳地回复：

> 在这个神圣的地方、神圣的时刻，我要诅咒那些为了从土地的精髓和穷人的痛苦中谋求财富而滥用痛苦和通胀的每一个人，上帝也会诅咒利用饥荒者的痛苦来谋求高利贷利益的人……但是让我们祝福那些无私仁慈地分发奖赏、和穷人

一起分享面包并尽最大可能结束痛苦的人吧。[15]

1848年，奥地利发生了政治革命，曼海姆和苏尔则积极响应参加，在公开哀悼三月叛乱的牺牲者（其中两位是犹太人）时，他们身着神职人员的服装，加入了天主教神父的行列。曼海姆作为布罗迪的代表被选入立宪会议，布罗迪在当时是一座较大的犹太城市。为免除犹太纳税，他据理力争，获得了成功。令惧怕这样后果的普通信徒领袖们惊讶的是，在国会大厦内，曼海姆竟然坐在"左侧"，畅所欲言，他演讲的主要内容是恳请废除战争中除叛国罪或兵变之外的一切死刑。曼海姆的礼拜仪式中虽然存有保守主义，但他坚信宗教是进步的，并举证说明。当然，他也知道《圣经》中存在着数量较多的死刑惩罚，但这些方面的立法代表着"陈旧、低级、仍处在劣势阶段的文化"。他很自豪地向同事们指出那些能够表达拉比不愿意强加死刑的《塔木德》文章。时间能把奥地利监狱变成惩教机构，曼海姆感到时代精神正在快速发展，正是犹太的责任感使他融入进步的潮流中。即使在革命失败后的动乱期间，他仍继续转弯抹角地在布道中表达自己的理想政治观点，结果导致社区委员会对他不满而暂停了他的职务。[16]

　　曼海姆从事教士工作和道德宣传的活动，并没有立即成为其他地方改革运动的模范。真正发挥模范作用的是新建圣殿制定的宗教礼拜仪式，即维也纳仪式（Wiener Minhag），这些仪式维持了多年，没有改动。仪式中的大部分内容是布道，曼海姆往往花好几个小时准备，用《米德拉什》及其注释中的内容引出当代的课程。但是来参观奥地利首都的犹太人对苏尔则的音乐印象格外深刻，他的演唱具有专业水准，激情四射。苏尔则是舒伯特的朋友，在维也纳音乐圈内享有很高的声誉，他将当代音乐学的最高水准带进了犹太圣堂。他的审美无可挑剔，他圆润的声音在维也纳无人能及。1840年发行了他的第一部作品《锡安之歌》（*Schir Zion*），不久在上百个圣会中流传。苏尔则和男士合唱团进行清唱，这种演唱方式与当代的合唱指挥做法不同，很容易被传统犹太圣堂的礼拜仪式所接受，直到晚年他才提倡使用管风琴，到70年代维也纳的婚礼以及其他类似的场合中都使用管风琴。[17]

　　维也纳仪式关注礼仪、审美以及与社交相关的说教，显然这是对以前做法和价值观的改革。确切地说，由于这种仪式在思想上摒弃了汉堡圣殿和拉比会议的方法导致改革无疾而终。19世纪中期以后，由于传统犹太人从东部涌入而导致社区的人口增加，维也纳仪式改革可以作为这一社区的榜样，同样也是奥地利帝国其他地方犹太圣堂的典范。

## 奥地利边境

152

　　像我们将要看到的那样，波希米亚和加利西亚与维也纳的宗教改革一样，都具有现代化的特点，都有激进的思想背景。18世纪末，赫兹·洪伯格（Herz Homberg, 1749—1841）和彼得·比尔（Peter Beer, 1758—1838）这两位波希米亚犹太人试图对传统犹太教进行彻底改革，尤其是权威机构和宗教教育的内容。他们两人不考虑历史因素，将国家的需要奉为至尊。在他们看来，犹太宗教的改革并不是彻底否定自身，而是改变传统犹太人使其以全新形象呈现自我。

　　赫兹·洪伯格通过改变自我开启了改革事业，[18]他的老师是布拉格伟大的拉比以西结·兰道（Ezekiel Landau）。他属于早慧型学生，18岁才开始学习德语字母，不久就像其他的马斯基尔一样，因从事世俗研究而受到迫害，他逃至柏林市，当时的柏林对待犹太人的态度比较友好。洪伯格住在门德尔松的家里，一边教他的孩子，一边协助门德尔松给《摩西五经》做注释工作。到洪伯格返回哈布斯堡帝国时，他的激进程度已经远远超过了门德尔松。1787年，奥地利皇帝指定他为加利西亚德国犹太教学校的监管人。加利西亚是奥地利在分割波兰时获得的地区，这一地区是传统派的堡垒。哈希德教派与其思想上的敌对派密那德（mitnagdim）在此进行过激烈的交锋，不久双方联合起来共同对付入侵的马斯基尔。洪伯格身着现代欧洲服饰，头戴粉饰假发，操着纯正德语，整个人看上去像是来自另一个世界。不久他遭到了排斥，因受挫而气愤。在他看来，犹太人要想实现现代化，必须根除阻碍同化的所有体系和机构，这也是唯一的途径。在备忘录以及与政府官员的会晤中，他提议审查某些犹太书籍，甚至干脆烧毁，撤免无可救药的拉比，雇用一批能重新教育思想落后者的现代犹太教师，也许这一做法违背了犹太教师自己的意愿。犹太教应当只保留原始的《圣经》版本，摒弃仪式律法，因为洪伯格认为仪式律法不再适用，他本人也不愿遵循。作为一名教育者，洪伯格出版了一系列关于犹太教的教科书，其中《本－锡安》（*Bne-Zion*, 1812）成为哈布斯堡犹太人结婚前必须要考试的基础课本。[19]他在书中宣传犹太教是一种理性信仰，提倡邻里之爱，要忠于建立起来的政治权威，这是植根于《圣经》文本内的普遍宗教道德。通过写作和教学活动，洪伯格试图摧毁基于《塔木德》研究、拉比权威、意第绪语和装束不同的犹太"精神体系"，"教师们"可以将摩西剩余内容重新塑造成国家典范臣民的一本指南。

支持洪伯格观点的犹太人微乎其微，就连加利西亚人都看不起他。后来，在布拉格他被边缘化了，不再属于宗教改革积极者的行列。洪伯格的历程将自己带到了犹太教的边缘，从改革到辞职再到自暴自弃，在呈给政府的请愿书中，他自豪地提到四个儿子已经皈依基督教，另外五个孩子"仍是犹太人"。

彼得·比尔的事业几乎是洪伯格的复制本。[20]他也出生于波希米亚的一个村庄，师从兰道。最初，他主动接受了通识教育，并受到了门德尔松的启发。在信奉清除《塔木德》衍生物的纯正摩西教义方面，比尔超越了门德尔松以及后来思想先进的德国改革者。他这样写道："摩西和先知创造了真正而神圣的宗教。"而犹太拉比律法是"人类添加在这一宗教之上的内容，这些内容非常武断，未经认可"。比尔甚至还支持反犹太拉比的卡拉派信徒，将这一中世纪的教派追溯到第二圣殿时期。[21]然而，比尔在激进程度上不及洪伯格，例如在对犹太仪式的重视程度方面。[22]此外，与洪伯格不同的是，他始终热衷于礼拜仪式的改革。[23]1811年，比尔来到布拉格担任犹太国立学校的教师，20年后他成为对宗教礼拜仪式进行温和改革的重要发起者之一。

1830年，波希米亚犹太人总共有67000人，其中居住在布拉格省会城市的有将近10000人。这里是欧洲最大的犹太社区之一，拥有九所公共犹太圣堂和很多人数较少的祈祷团体，他们的拉比跻身最著名的学者和神学家行列。布拉格犹太社区对于周围的环境比起其他的社区更加开放，18世纪末，社区接受了一批积极的温和派马斯基尔。约1720年，一位早期犹太旅行者曾这样描述，在安息日来临的周五晚上，一群管风琴弹奏者会持续演奏一小时左右，有的弹奏管风琴、拨弦古钢琴，有的拉小提琴，给吟唱《来吧！亲爱的！》（*lekhah dodi*，一首进入安息日的赞美诗）的独唱者和其他演唱者伴奏，此外还演奏了其他一些"令人愉悦的曲子"。1781年，约瑟夫二世对波希米亚颁布了特殊的宽容政策，对有进取心的犹太人提供新的经济机会，并且鼓励世俗教育，从而加快了文化融合的进程。[24]

　　组成布拉格犹太法庭的三位拉比掌握着宗教事务的权力，19世纪20年代，法庭领袖是塞缪尔·兰道（Samuel Landau），他是传统派的捍卫者，对政府的影响力足以阻止一切宗教改革的提议。1832年当地报纸上刊登了一篇匿名文章，文中公开建议按照维也纳模式建立一套有秩序的礼拜仪式，再聘用一位合适的宣教士；文章还引用了1820年和1821年的皇家法令，法令清楚地表明官方支持更加高雅的礼拜仪式，因此不再反对改革。[25]作者故意扮成一位"贵族小姐"，并且愿意慷慨解囊资助改革事业，最后才知道他的真实姓名是路德维希·波拉克（Ludwig Pollak），他是一位精力充沛的年轻企业家。他很快成了改革计划实施的推动力，几天之内就召集50多人成立了"犹太教礼拜仪式改进协会"[26]。支持者包括社区委员会成员、犹太商人和工业家中的首富、像彼得·比尔这样的知识分子以及相当一部分犹太中产阶级。不久，协会得到了政府批准，可以使用社区的一个犹太圣堂举行"受监管"的礼拜仪式，可以对圣堂建筑进行适当的改观。这一计划立即遭到了兰道的谴责，他又搬出老一套道理来予以反驳，坚持认为改变犹太圣堂的结构会违反犹太律法。政府对此睁一只眼闭一只眼，兰道就努力说服圣堂的席位持有者不要和其他圣堂中的人交换自己祖先的席位，他的反对使得这一方案被滞缓了数月。1834年，"最后的莫西干人"（波拉克对兰道的称呼）去世，兰道的继承者撒迦利亚·弗兰克尔年纪很轻，影响力较小，在他的默许下改革方案才得以进一步实施。弗兰克尔出生于布拉格，无论是传统派还是改革派都非常尊敬他。1835年2月12日，旧圣堂在节日的气氛下焕然一新，弗兰克尔向协会成员发表了演说：圣堂建筑属于社区的财产，但是已经开始的重建工作将通过成员的自愿捐献来偿付；280位协会成员将单独做礼拜，与其他的犹太人分开，尽管都在同一社区内。布拉格犹太社区面积太大、宗派较多，很难像维也纳那样制定一套适合所有人的现代宗教制度。 154

新协会的成功主要因为改革者找到了一位合适的德语宣教士，即比尔和波拉克找到了利奥波德·祖恩斯，他的到来引起了人们广泛的关注。祖恩斯的学术声望无人匹敌，曾在柏林雅各布森授意的圣殿中担任过宣教士，他也一直在寻找合适的职位。阻止改革者来到布拉格的主要障碍是政府坚持让宣教士必须服从犹太法庭的三位成员，尽管协会不断请愿要求政府授予精神领袖完全的独立，但波希米亚政府坚持认为如果赋予他们自由，正统派会向协会发动战争，无休无止，造成社区分裂，很可能会导致协会发展为激进派，这种趋势非常危险。波拉克充满了幻想，给祖恩斯写信说，协会的宣教士很快会成为布拉格犹太人的宗教领袖，不仅如此，实际上他会成为所有波希米亚人的宗教权威，他的影响力将超过曼海姆在维也纳的影响力；由于政府支持这一方案，协会改革的力度会超过维也纳圣殿的改革，例如会引进德语祈祷的内容，而曼海姆就没能够实现这一目标。不久，他建议协会模式应该复制到大社区的另外八所犹太圣堂，然后再传向城镇和乡村，布拉格将取代维也纳成为改革的榜样。因此，祖恩斯满怀期望地到达了波希米亚，结果却让他大失所望。改造工作刚刚起步时，大部分时间他都在拟定一套圣堂的规章制度，在布拉格工作的短短九个月，他总共进行了四次宣教，不久祖恩斯便离开了布拉格。一方面，因为协会使他摆脱从属犹太法庭的努力失败了；另一方面，布拉格并不喜欢接受他们的思想，而且他无法容忍犹太普通信徒的"贵族"财富。[27]等到圣堂建筑竣工时，祖恩斯已经回到了柏林。

　　1837年4月，迈克尔·萨克斯在新改造的摩尔建筑内主持了第一次礼拜仪式，这座圣殿能容纳大约400坐席。像我们以前所了解的，萨克斯是一位温和派的改革者，主持的礼拜仪式中包括德语布道、德语祈祷和歌曲、合唱以及管风琴伴奏，但是布拉格的传统中不允许安息日演奏管风琴。他还主持成人礼，提高了自己和协会的地位，1839年，政府最终同意宣教士成为社区的第四位拉比，和犹太法庭的其他三位拉比并列。1840年后，所罗门·朱达·拉波波特成为法庭的高级成员，他是马斯基尔，还是现代学者，他与萨克斯及其继承人的关系非常融洽。[28]

　　波希米亚的其他社区，甚至包括更传统的摩拉维亚，纷纷效仿布拉格（和维也纳）的模式，因此温和的圣堂改革在等级森严的哈布斯堡大地上传播开来。[29]然而，波希米亚的改革运动并不能加强非正统派犹太人的宗教身份，原因主要是他们没有在接受现代犹太教育方面下功夫。布拉格开明家庭的犹太儿童在政府学校学习，只能接受世俗学科的教育，父母们把犹太课程委托给老式的犹太儿童宗教学校（hadarim），或者交给私人教师，甚至干脆放弃这种教育，实际上这是一种潜移默化的同化过程。[30]

与布拉格的犹太人相比较，19世纪早期加利西亚犹太社区的文化融合程度略显逊色，一部分人属于哈西德教派，他们固守自己的文化传统，将异邦世界视为异质，极力排斥。加利西亚的犹太人约35万，其中绝大多数生活贫穷，几乎没有人能够称得上是"开明人士"。原因在于当时的思想环境缺乏刺激因素，犹太《托拉》的研究远远超出异邦邻居的学术水平。非犹太人嘲笑犹太习俗，并不是针对其更高的文化水平而是古代的偏见，然而就是这样一个自我封闭的社区居然能造就出改革运动历史上的思想家和实干家。

加利西亚犹太社区中出现了一位创造力非凡的人物：纳克曼·科罗赫马尔（Nachman Krochmal, 1785—1840），其哲学见解在很多方面与第二章谈论过的那些思想家不相上下，同样他也想通过协商的方式进行改革。科罗赫马尔是一位虔诚的犹太人，却成为众矢之的，从德国到加利西亚的书刊报纸，所刊登的批评哲学和历史观念的文章对科罗赫马尔发起攻击。不久，科罗赫马尔感到非常困扰，同样这种现象也是困扰西部改革派的问题；同时，德国唯心主义哲学向他发出挑战，尤其是黑格尔哲学，他感到必须要改变传统的观念。对于科罗赫马尔来说，上帝是"绝对精神"，也是"全部精神体的源泉"，这样的上帝既不是个人的，也不是完全超自然的。描述生物精神方面的形容词和代表单独实体的名词相比较而言，科罗赫马尔更喜欢使用形容词"神圣的"。他认为以色列并不是完全在西奈山意识到了神圣性，只有在历史的进程中犹太人逐渐地摆脱外部因素才能达到更高水平的悟性。但是科罗赫马尔从未说过戒律是多余的，戒律仍然能帮助以色列独立，这种与绝对精神有特殊关系的并由此所决定的独立性使得犹太民族和启示得以保存下来。像德国改革派一样，科罗赫马尔面对非犹太宗教和哲学思想是这样辩论的：犹太人不能退回到早期的精神发展阶段，以色列保存下来，而其他民族却消亡了，"因此它将成为一个教士的王国，也就是说全国上下都是绝对信仰人类启示的教师"。科罗赫马尔与萨姆森·拉斐尔·赫希不同，却与大部分改革者相同，他不惧历史主义的挑战，承认犹太人和犹太教实际上隶属于历史，同时又论证以色列和上帝的关系先于现代文明，这种关系是不朽的。[31]

如果说科罗赫马尔是加利西亚启蒙运动最重要的思想人物，那么约瑟夫·珀尔（Joseph Perl, 1773—1839）则是实践上最有力的拥护者，他和科罗赫马尔一样，公开反对当代的哈西德主义，对其迷信内容予以严厉批评和辛辣讽刺。同时，珀尔也献身教育事业，1813年，他在塔尔诺波尔省（Tarnopol）的加利西亚建立了第一所现代犹太教学校，学校采用了传统犹太课程和世俗课程相结合的教学内容。与塞森省的伊斯雷尔·雅各布森一样，珀尔决定对学生和与学校气氛相和谐的家庭提供宗教礼拜仪式，因此出资建立了与学校一体的"监管礼拜圣殿"，礼拜仪式非常高雅，

有男生合唱团。几年之后，珀尔有时会举行启迪式的布道。珀尔
建立的学校和圣殿尽管遭到了政府的反对，但是作为加利西亚其
他城镇教育和宗教改革的榜样，这两所机构并没有解散。[32]

　　改革运动的进程中，各地发生了不少冲突，最激烈的一次是
伦贝格（Lemberg / Lwow）犹太社区。这里的绝大多数犹太人是
正统派教徒，他们反对现代化。还有一些是哈西德虔诚派犹太教
徒，他们不仅看不起赫兹·洪伯格，而且在1816年伦贝格的犹太
人对市内的温和派马斯基尔下达禁令，所罗门·朱达·拉波波特
也被列入禁令的名单。但是一小部分人却融入了文化同化的进程
中，而且人数在不断扩大，他们身着西欧当代服饰，与传统派穿
戴的老式波兰长外套和裘皮帽相区别，因此伦贝格出现了对立的
教派。拥护文化同化的犹太人放弃正统派，融入了"德国"阵营，
这种现代化的趋势一时风起云涌，人们纷纷宣誓效忠于自己的现
代派。置身于社区事外的奥地利政府对马斯基尔的政策态度发生
了改变。1842年，一部分马斯基尔被任命进入社区管理委员会。
这对于伦贝格的现代派来说，有可能像奥地利帝国的其他地方一
样成立现代化的犹太教学校，这一机构隶属自己的派别，对现行
的礼拜仪式进行改革。

　　19世纪早期，伦贝格城外有一所犹太圣堂，其风俗与别处的
圣堂不同：礼拜者在新年假期进行赞美上帝的祈祷时不需要下跪，
塔虚立克①（*tashlikh*）仪式被取消，新郎在婚礼上不需要将杯子打
碎。马斯基尔对这所圣堂非常感兴趣，但还是希望能建立属于自

---

①　把罪恶抛到河中。

己的机构。[33] 1840年，两位颇具影响力的律师和一位医师从本市的犹太知识界召集了15名医生、律师、银行家和商人，商讨建立一所进步的犹太圣堂。[34]这些宗教改革者与德国改革者的思想并不相同，他们承诺维护自己的犹太民族身份。其中一位创始人雅各布·拉波波特（Jacob Rapoport）对拥护者们说："我们不应该在其他民族和国家面前为自己的民族身份感到惭愧，不管从语言还是仪式的角度，我们也不应该为自己的礼拜仪式感到惭愧。"[35]在场的所有人非常诚恳，同意保留希伯来语和基本的祈祷。新建成的"德国犹太教礼拜场所"只是在礼仪、音乐、《祈祷诗》以及增加德语布道等方面有所不同，伦贝格的改革者决定要仿效维也纳和布拉格的模式。

他们利用在社区委员会的影响成功地推进了圣殿建设计划，捐款筹集到位后，着手修建了一座维也纳模式的犹太圣堂。经所罗门·苏尔则推荐，他们选举以遵循律法、温和改革著称的亚伯拉罕·科恩（Abraham kohn, 1807—1848）担任宣教士。作为经验丰富的教育家，科恩还担任了1844年建成的犹太教学校校长。

亚伯拉罕·科恩并不是一位只做表面文章的理性主义者，也不像50年前在伦贝格招致敌意的洪伯格那样极端。1844年，他从霍恩埃姆斯（Hohenems）的提洛尔镇（Tyrolean）来到伦贝格，经过一番努力后，对加利西亚犹太社区有了一定的了解。一方面对这里的改革加以赞赏，同时也指出了存在的不足之处。他非常尊重哈西德犹太教派的虔诚行为，这种态度在开明的犹太人中实属罕见。虽然他认为哈西德圣堂非常迷信和落后，但是这些教徒的纯真信仰和真诚的社区意识令他十分钦佩。科恩在"来自加利

西亚的一系列信件中"这样暗示过：哈西德信仰"是受人欢迎的
改革，是更加理性改革的基础，将自由元素引入圣堂仪式，随着
时间的流逝，哈西德派会进行更加重要的改革"。从审美角度上
看，哈西德的礼拜仪式对于有教养和感性的人来说并没有多大吸
引力，但它自身的优点也不可忽视：充满生机和朝气，大量的礼
拜者被吸引至此，这是一个奇迹。科恩希望开明的犹太人能维护
哈西德教派的内心与精神。[36]科恩践行改革，对塔虚立克仪式和加
帕诺仪式① (kaparot)加以谴责，指出这些仪式在布道中引用德语
《圣经》，强迫礼拜者穿德国衣服，并且认为妇女婚后不应该修剪
头发。正统派反对科恩的这些做法。1846年，他为新礼拜场所举
行落成仪式，在仪式中他删除了有关中世纪复仇的祈祷，并且制
定了成人礼仪式，反对者认为这会导致信仰的改变。如果科恩像
最初那样继续进行温和的改革，只担任认可其权威的人们的宗教
教师和宣教士，在加利西亚他也能被正统派勉强接受。

科恩在支持者的拥护下，稳稳地登上了地区拉比的职位。然
而，一股反对力量正慢慢形成，最终导致了科恩悲剧式的死亡。
自从1839年著名的启蒙运动学者雅各布·米舒兰·奥恩斯坦
(Jacob Meshullam Ornstein)死后，地区拉比这一职位就一直空
着，只要略懂一点《塔木德》知识的"德国人"就能够成为奥恩
斯坦的继承人，但是正统派容不下"他们"的拉比。[37]希望得到这
一荣誉的伦贝格犹太家庭的后代们感到尤其痛苦，不久科恩便成
为众矢之的，不断有人向政府指控他的错误行径，要求撤销他的

---

① 在头顶上旋转晃动一只鸡来转移自己的罪行。

职务。在安息日和其他节日，当地的犹太人需要为食用洁净肉食和蜡烛而纳税，科恩主张取消这一繁重的税负，这一举措激起了反对者更大的仇恨。此项税负的征收者是正统派的两位领袖，他们不仅把这位入侵的拉比看作精神敌人，而且认为科恩在暗中窃取自己的财富。1848年，奥地利帝国发生政治动乱，几乎处于无政府状态，言语上的反对演变成了暴力冲突。科恩在学校门前被打倒在地，反对者朝着他的房子扔石头，打碎了窗户玻璃。他们还传言科恩一家染上了流行的霍乱病。直到有一天，一位金匠受指示溜进了科恩的厨房，趁没人注意的时候，把大剂量的砒霜倒入了汤锅。[38]几天后，年仅41岁的科恩和他最小的孩子死去。正统派使用卑劣的手段阻止了改革的进程。不久，伦贝格社区分裂，科恩的继承者只担任了宣教士的职务，成为人数逐渐增多的德化马斯基尔的精神领袖。

匈牙利的正统派力量也非常强大，大部分匈牙利犹太人在农村居住，没有受到启蒙运动的影响。这里的主要宗教人物是摩西·索弗（Moses Sofer, 1762—1839），他在普雷斯堡（Pressburg）的犹太法典学校召集了上百名学生进行宣教：犹太教要想生存，必须毫不妥协地拒绝现代文化，坚决拥护军事正统派；即使进行非常温和的宗教改革，也是对这一信念的诅咒。索弗的影响、他的后代以及信徒们使得匈牙利世世代代成为抵抗现代性的坚固堡垒。

匈牙利犹太社区的人口增长迅速，一方面来自内部，另一方面来自哈布斯堡帝国其他地区的移民，从1785年的7.5万人迅速增长到1840年的25万人，城市中人口的涌入和商业发展打破了封闭的生活状态。佩斯市位于多瑙河的东岸，1784年这里的犹太社区刚刚形成，然而到19世纪中叶，犹太人口已经超过1万。迁移来的犹太人口紧跟城市的发展，19世纪佩斯市的发展超越了布达市，布达曾是多瑙河沿岸非常重要的城市。[39]不久，新犹太市民中的一部分人表达了要进行宗教现代化改革的愿望。起初宗教改革在匈牙利是孤立现象，在大部分情况下改革仅限于某个拉比以及他所领导的社区。后来，许多城市纷纷效仿哈布斯堡帝国实行的温和改革运动，最后到1848年佩斯大革命时期，改革运动呈现出激进主义的特点，与柏林犹太教的改革协会不相上下。

前面我们已经提到过亚伦·科林（1766—1844），他是1818年批准比尔圣殿改革的四位拉比之一。[40]在布雷斯劳市的争议中他支持盖格，在与正统派的第二次争论中他支持汉堡圣殿。实际上，在19世纪20年代以前，科林是德国改革派的主要权威。他来自异国他乡，但支持本地运动，是值得尊敬的一位塔木德学者。科林是改革运动的先驱者，1789年他来到匈牙利中部的阿拉德市，担任了新社区的首位拉比。一段时间内，他扮演着传统角色，建立犹太法典学校并向群众宣讲《塔木德》，反响非常好。可是不久，他便偏离了正统。首先，在鲟鱼是否属于洁净食物这一有争议的观点上，科林不仅接受，还加以辩护；后来，在诵读《塔木德》时，他添加了哲学理性主义的内容，并谴责实践中的卡巴拉教没有价值，还再三强调犹太人应该像对待自己的同胞一样把基督徒看成是"兄弟"。他对阿拉德的宗教礼拜仪式进行了诸多改革：在赞美上帝的祈祷中，取消提到异邦人时吐痰的行为；在普林节提到坏蛋哈曼的名字时用力跺地板的做法也被废除；他还放弃了经匣、废除了加帕诺仪式，后来恢复了吟唱柯尔尼德祷文。阿拉德社区的普通信徒领袖支持科林的做法，但他出版的一些著作引起了国内的反对，尤其激怒了匈牙利的其他拉比，他们不止一次地强迫他就所写的内容进行公开道歉。[41] 然而，每一次他都重新回到了自己的改革主义观点，一旦压力得到缓解，他会立刻恢复原样，甚至比从前更加胆大。

科林以犹太律法为基础而不是根据历史的发展进行改革，在这方面比起亚伯拉罕·盖格，他更像前面讨论过的法兰克福教育家迈克尔·科瑞兹纳克，他努力证明《塔木德》犹太教比当代正统派更加灵活。如果改革者具有早期拉比的革新意识，在犹太律法的基础上才有可能取得改革的进步。科林不再把建立《塔木德》之前的《圣经》犹太教或当今时代精神当作自己唯一的标准，他坚持认为"只有《塔木德》、拉比的教义……会使宗教实践产生重要的改革"[42]。不单在德国，在匈牙利越来越多的个人凭着自己的武断决定而不再遵循律法，改革者需要做的事情就是阻止这种风气的蔓延。科林认为必须成立一个权威机构，这一机构能够决定如何缓解严厉的限制，并会使犹太实践与当代价值和环境相适应。他敦促成立最高法院，或者在各个国家建立宗教议会，由掌握当代文献知识、客观无偏见的犹太学者组成。这些成员将通过任命产生，而不是选举产生，因为大众没有选举权，执行改革的机构是宗教法院，与伊斯雷尔·雅各布森在威斯特伐利亚建立的宗教法院基本一样。[43] 1844年，德国拉比在不伦瑞克会晤时，科林对这种中央集权式的会晤大加赞赏。相比之下，同年匈牙利拉比在巴克斯（Bacs）会晤时只是提议要维持现状。

科林决定采用犹太律法的方法进行改革，随后在观点和行动上越来越胆大。早在1826年，他就提倡犹太人在祈祷时摘掉帽子，因为在西方这是表示尊敬的一种方法，这一提议在阿拉德没有取得实践上的成功。他这样写道："就像人们向有血有肉的国王请愿时心中充满了敬畏，那么礼拜者对天堂的恐惧也是上帝的意愿。"[44]如果在世俗的君主面前摘下帽子以示尊敬是合适的，那么在上帝（王中之王）面前这样做更是恰如其分！1818年，科林仍然信仰犹太人必将回归锡安山，但是到19世纪40年代早期，他感到犹太人不再是国籍的问题。[45]他坚持安息日应该定在每周的第七天庆祝，但晚年时他提出这样的法律观点：安息日应该允许乘火车旅行，在犹太圣堂应该允许犹太人演奏管风琴。[46] 1842年，管风琴进入阿拉德，年长的、蓄着长胡须的拉比希望礼拜仪式能立即完全效仿汉堡圣殿的做法。[47]

对于科林来说，如果他的改革灵感来自德国的改革运动，那么对于匈牙利那些不太彻底的宗教改革者来说，维也纳圣殿则是他们学习的典范。佩斯市的首席拉比是一位严肃的正统派成员，于1826年去世，去世后不久，维也纳仪式就传到了佩斯。首席拉比的继位者是一位年轻、精力充沛的普通信徒领袖，他参观过维也纳圣殿。回到佩斯后，他希望能将仪式引进被称作"优雅青年"（Chesed Neurim）或"青年祈祷所"（Jungen-Schul）的私人祈祷团体。他雇用了当地的一名教师担任宣教士，并把他派到维也纳，向曼海姆学习技艺；选出的独唱者也很适合，也被派到维也纳，跟随苏尔则进行了短期学习。像组织名字所暗示的，成员们基本上都是年轻人，与年长者相比较，他们的思想更加开放，大部分人刚刚穿过多瑙河从佩斯迁到阿尔特奥芬（Altofen，又称布达）。他们并不富裕，但在上层社会的活动性较强。新礼拜仪式从 1827 年开始实施，吸引了众多的参加者。几年后，这里修建了大型圣殿，和继续保持传统仪式的大犹太圣堂位置并列。圣殿也享有"社区犹太圣堂"的地位，尽管没有获得官方认可，佩斯犹太社区不久便实行了社区圣堂内部两种仪式并存的做法。来自摩拉维亚地区的普罗斯尼茨（Prossnitz）和受过世俗教育的温和派改革者露·施瓦布（Löw Schwab）进一步表达了统一的愿望，并于 1836 年当上社区的拉比，现代布道和旧式的释经（derashot）在圣殿和犹太圣堂中交替举行。[48]

维也纳影响了佩斯，反过来佩斯又成为匈牙利小型社区学习的典范。每逢商品交易会，犹太商人都会到匈牙利的主要城市参加礼拜仪式。那里的圣殿秩序井然，美妙动人的音乐和富有启迪的布道给他们留下了深刻印象。不久，卡尼斯查（Kanischa）和普雷斯堡社区模仿佩斯实行了温和的改革。卡尼斯查是个相对重要的商业中心，社区总共有 900 名成员，一部分人在五年之内继佩斯之后创建了自己的圣殿协会。尽管普雷斯堡是正统派的心脏，但是几年前就有一部分犹太人再次创建了犹太教学校。[49] 19 世纪 40 年代，匈牙利宗教改革的速度和范围都有所扩大，这一点和德国相似。1846 年，卡尼斯查社区修建了一所新的犹太圣堂，并决定深化改革。继阿拉德的做法四年之后，在匈牙利犹太圣堂又新增了一架管风琴。北部的普雷绍夫（Eperies）和南部的卢戈（Lugos）纷纷制定成人礼，用本地语进行布道成为普遍现象。现在至少有六个社区能听到这样的布道，大部分宣教士是年轻的拉比，有时他们在新社区工作，改革主要涉及唱诗班和礼仪遵循等方面的内容。在帕帕（Papa）地区有一个规模相当、拥有约5000名犹太人的社区，社区的犹太人想修建新犹太圣堂，这件事促使"进步党"的领袖们就提议的改革事宜寻求拉比的意见。他们咨询了21位拉比，包括侯德海姆和弗兰克尔在内的所有现代德国拉比以及4位匈牙利拉比。社区领袖一致通过将讲坛置于壁龛旁边，允许有合唱音乐，婚礼可以在圣堂内举行，社区委员会成员参加商业会议时可以摘掉帽子。只有在赎罪日是否禁止穿皮鞋这一点上，他们之间产生了分歧，因为根据《塔木德》，这属于禁忌事项。对于许多被咨询的拉比来说，这些问题很早以前在支持非传统立场时就已经解决了，但根据犹太律法或历史先例提供简单的论据时，有的拉比仍感到受约束，他们意识到在匈牙利考虑这些方面的内容，仍然至关重要。[50]

在19世纪40年代匈牙利的改革者当中出现了一位杰出的激进学者和活跃的思想家摩西·勃拉克（Moses Brück, 1812—1849），他出生于摩拉维亚，在布拉格读过书，曾去过德国，最终来到匈牙利南部的纳吉-伯斯克瑞克镇（Nagy-Becskerek），并加入了当地的宗教改革团体。[51]早在1837年，勃拉克就是否有必要恢复原始的、前希伯来摩西犹太教进行过辩论。凭借过人的知识和敏锐，他对许多个别的仪式和风俗进行了详细的阐述，这些仪式和风俗是后来犹太人自己的创造，这种做法不仅丑化了之前的信仰，带有迷信思想，并且给犹太教增加了诸多不正当的限制，使人背负了沉重的负担。他诉诸历史这位"宇宙法官"，区分了古代和中世纪、庄严和无关紧要的内容。1847年，他在匈牙利，认为用摩西律法最传统的《塔木德》解释可以反驳法律颁布者的意图。

一年后，勃拉克得出了一个激进的结论，在100篇匿名发表的犹太教改革论文中，他提议礼拜仪式应该这样举行：全部使用本地语祷文，男士不戴帽子，唱诗班的演唱者不再统一身份，无需照着书卷诵读《托拉》，也无需吹响羊号角；并且提议圣会在周日庆祝安息日，除了在逾越节食用无酵饼和发酵的面包之外，其他的饮食律法全部取消。在最后一篇论文中，他这样总结道："所有否定摩西教精神以及公民责任的希伯来制度、惯例和习俗不再具有约束力。"勃拉克的最后一篇文章与同时代其他的激进犹太文章不同的是，他使用对比历史的方法，反复指出犹太做法和其他古代人做法之间的平衡之处。他也注意到埃及人、印度人和希腊人拥有自己的饮食律法，在某些方面与古以色列人很相似，并且目的都是为了阻止与外国人之间进行密切的社会联系。至于护符经匣问题，波斯人同样也在前额和左臂上佩戴经匣。因此，勃拉克开始一个接一个地质疑那些独特的犹太做法，发现他们要么以错误科学为基础，代表了其他原始民族的特点，要么阻碍了犹太的社会进步。在他的笔下，宗教改革变成了摧毁，剥夺了所有的仪式和单独的使命感，只剩下最柔和的犹太教"精神"。[52]

在匈牙利反对哈布斯堡王朝统治的斗争之初，勃拉克着手撰写论文。对他来说，坚持匈牙利能够获得解放的承诺就意味着"以色列是可以赎回的"[53]。他愿意接受政治领袖的条件：在进行激进改革之前必须实现犹太人的平等。他的论文旨在证明进行改革的必要性和适当性具有何等的重要性。尽管宗教完全从属于政治目的，勃拉克在匈牙利宗教领袖中几乎是孤军奋战，但是在犹太教激进派的阵营中他并不孤立。当时佩斯的新改革组织中也有人发表了相似的观点。

　　从1827年反抗运动之初，佩斯唱诗班圣殿的礼拜仪式（根据现在的称呼）几乎没进行任何的改革。新的一代年轻人中，完成中学或大学学业的未婚男士再次面临改革的问题，这些问题在20年前曾出现过。1846年，奥芬出现了一个年轻人组织——"奥芬犹太年轻人宗教协会"，成员的数量并不多，他们按照维也纳风格制定出礼拜仪式，当地的教师有时进行布道，有时诵读路德维希·菲利普森撰写的内容。佩斯的温和派拉比露·施瓦布支持这一组织，甚至有时会为他们进行布道。一年后，这个小型组织选举杰出的拉比候选人英格涅·艾因霍恩（Ignaz Einhorn, 1825—1875）作为他们的宣教士。[54] 艾因霍恩是土生土长的匈牙利人，终生致力于哲学、犹太神学和古典研究；他精通德语和匈牙利语，并且极具记者天赋。当改革之风飘过多瑙河来到佩斯时，形式上已经变得非常激进，艾因霍恩立即投身其中。

　　佩斯的一批学生和知识分子经常聚在一起，共同商讨如何推动改革。首先，他们希望能像20年前的唱诗班圣殿那样得到社区赞助，但是拉比施瓦夫却反对这群人的做法，他们只好自己想办法解决。1848年7月，他们成立了匈牙利以色列中央协会，明确发布声明称自己为"激进派"，并学习了德国激进派的做法。他们效仿柏林改革协会，首先设法在匈牙利成立了一个类似协会的联盟，但这一联盟和柏林组织一样惨遭厄运，最后变为了佩斯当地的以色列改革协会。这一组织吸纳了富人成员，所以能安排适当的礼拜场所。在1848年的新年假期举行了首次礼拜仪式。艾因霍恩被选为"拉比和宣教士"，不久便被派遣至普鲁士首都，直接向侯德海姆学习改革的经验。[55]

162　　　　这一组织成立时，正值匈牙利民族叛乱。匈牙利的犹太人像哈布斯堡王朝其他地区的犹太人一样，没有得到平等权利，经济上还遭受城市竞争对手的刁难。随着革命的到来，他们当中那些已经融入当地文化的人希望得到解放，尽管在奥地利这一希望化为泡影。犹太知识分子仍然依附于讲德语的犹太社区，菲利普森创办的《汇报》（*Allegemeine Zeitung*）在匈牙利以及其他地区被广泛阅读。[56]非匈牙利人融入匈牙利文化的同化运动（Magyarization）在40年代已成定势，不久出现了匈牙利语以及德语布道。然而，匈牙利人却令人极其失望，他们发动了民族革命，在不同城市肆意进行屠杀，革命领袖曾一度禁止犹太人参加军队里的礼拜仪式。直到1849年7月匈牙利的犹太人才实现了解放，也就是奥地利人和俄国人平息叛乱的前夕。战争期间，佩斯的施瓦布和帕帕的利奥波德·娄等温和改革者也支持并加入，结果惨遭失败。他们的斗志与勃拉克和艾因霍恩等激进分子相比毫不逊色，甚至普雷斯堡的犹太法典学校偶尔也会派遣志愿者前去支援。叛乱被镇压后，一部分犹太参与者被监禁起来，所有的匈牙利犹太人也因此受到了严惩。[57]

毫无疑问，有关解放的希望引起了佩斯改革协会的兴趣，随着革命的深入，他们的兴趣越来越浓。早在1844年，匈牙利领袖路易斯·科苏特（Louis Kossuth）曾这样写道，犹太人必须通过适当的改革和庄严的圣会公告来证明"摩西律法的社会制度没有包括犹太宗教的必要部分"[58]。然而与勃拉克不同，佩斯协会明确地摒弃了这些说法。1848年8月，他们发起一项强烈的抗议："如

果我们以这种方式争论的话，不配得到自由；如果我们的改革源
于神圣的宗教意识，改革便成为获得政治权利的一种手段，那么
我们配不上犹太人的'信仰和自由殉道者'的称号。"[59]他们坚持
认为应该平等地赋予每个匈牙利犹太人以自由，否则他们会拒绝这
种形式上的解放。虽然协会不愿接受马尔扎族①（magyars）提出的
条件，成员们的确感到革命像是一股清新的微风，能扫除所有陈旧
的制度，使基督徒和犹太人进行密切的社会和文化交往。正是怀着
对宗教和思想意识的希望，艾因霍恩决定为协会制订方案。

　　刚从柏林返回，来自佩斯改革协会的拉比就提出了一项方案，
这项方案既不是以犹太律法改革为基础，也不是"摩西"犹太教。
事实上，这一方案没有借鉴以往的任何改革，而是要进行彻底的
革新。尽管艾因霍恩很少提及侯德海姆遗漏的内容，之前在任何
地方都没有清楚地阐释过犹太教激进改革的原则和方案。对于艾
因霍恩来说，犹太教包括两方面因素：精神和物质——一方面是
信仰和道德，另一方面是仪式。完全废除仪式的时候到了，这是
宗教本身的先进性所要求的。但是高一级的犹太机构也需要对宗
教和道德观念进行改革：只有信仰上帝和道德原则这一最基本的
信念是永远有效的。选择以色列在全世界范围内进行散播的正是
这一抽象信息。几个世纪以来，这项任务的执行需要命令和禁令，
但是现在情况发生了变化。以色列最终达到了精神成熟的境界，
宗教的存在无需依靠仪式。与弗兰克尔非常相似，艾因霍恩在
"人民的意识中"找到了宗教的权威，不同的是，这些人当中的大　163

─────────────

　　①　匈牙利的主要民族。

部分植根于现在，其中包括最适应新文化的那部分犹太人。[60]涉及具体事项，艾因霍恩提议应该允许一神论者之间通婚，用精神方面的奉献来取代割礼，因工作原因无法周六参加礼拜的人，可以在周日庆祝安息日。艾因霍恩认为可以从两个方面来判断一个人是否是真正的犹太人：一是他对上帝的观念，二是他遵循的道德标准。在美国犹太教改革派中常听到这种宣告。

佩斯改革协会提出的周日礼拜就体现了这些原则，但几乎没有实际的象征。继侯德海姆在柏林举行了礼拜仪式之后，他进行了多项改革：废除了男人戴帽子的习俗，用本地语诵读祈祷，由管风琴和唱诗班提供音乐，祈祷书就是柏林改革圣会时的用书。艾因霍恩宣教时交替使用德语和匈牙利语，认为通婚的伴侣可以被接纳为成员。[61]革命失败后，艾因霍恩被迫离开匈牙利，他的职位暂时由大卫·艾因霍恩（他与英格涅·艾因霍恩不是亲戚）接管。大卫是一位非常有天赋的激进派人士，后来成为美国改革的领袖人物。匈牙利的其他城镇也纷纷出现类似的独立圣会。后来，奥地利政府于1852年关闭了协会的圣殿，保守派东山再起，匈牙利到处流传着"犹太人要回归传统"的消息。

沿哈布斯堡帝国的南部疆界以及意大利北部地带的区域，犹太教改革运动并没有形成气候。根本原因在于，如果采取温和的改革方式，改革运动像是画蛇添足；然而如果伪装成激进的形式，又会看上去很怪异。意大利犹太人并不像东北部的社区那样孤立，尽管几个世纪以来，他们一直生活在隔都中，但是他们讲意大利语，并且已经融入了意大利文化。他们的子女既接受世俗教育又接受犹太教育，其宗教礼拜仪式严格恪守传统的做法，音乐非常动听，用本地语进行布道已经司空见惯，管风琴也不是基督教专用的工具。我们在第一章讲到，关于是否同意柏林比尔圣殿使用管风琴做礼拜的调查中，很多人接受了提问，其中就包括利沃诺市的谢姆·托夫·萨曼和维罗那市的雅各·雷卡纳蒂这两位意大利拉比。意大利犹太人对于世俗学习扩大的状况表现出默认的态度，1829年，他们在帕多瓦市（Padua）创建了现代拉比神学院，意大利犹太人开创了成立神学院的先河，这一点不难理解。[62]如果要继续深入改革，似乎没有必要，也不得人心。

19世纪意大利犹太人中的主要思想家塞缪尔·大卫·卢扎托（Samuel David Luzzatto, 1800—1865）不仅在犹太学术方面造诣颇深，而且严格恪守正统信仰和做法。他以通信的方式与亚伯拉罕·盖格这样的德国改革者保持密切的联系，但同时还谴责这些改革者使用科学研究来破坏传统犹太教的基础。[63]类似的情况并不少见，意大利拉比对于周围的世界很宽容，但是坚决反对任何从根本上改变犹太教性质或做法的提议，哪怕改革的程度微乎其微。整个19世纪，他们一直是维持现状的开明代表，鲜有例外。[64]

意大利犹太人中几乎没有真正的改革者。意大利天主教找不到礼拜仪式改革的模范，新兴的爱国主义与犹太民族希望并不冲突。可以肯定的是，世俗化对意大利犹太人的影响丝毫不亚于对西部宗教同人的影响，但是他们觉得没有必要证实自己缺乏实践，他们要创立能够被认可接受的犹太教改革派。越来越多的意大利犹太人放弃礼仪，不再去犹太圣堂。像世俗化的天主教徒一样，他们很少参与宗教生活，个别的人只是脱离了现存机构，摆脱了创建新机构的繁重任务。因此，人们都这样说，意大利的犹太教

164

始终保持"古典"状态，拒绝改变，人们大都非常敬重教义，但在实践上却极少有人完全恪守。[65]

## 信仰天主教的法国

1840年，诗人亨利希·海涅（Henrich Heine）流亡到巴黎，对法国犹太人做出了这样的描述：

> 他们当中有许多人仍然遵循古代的仪式和表面上的礼仪，机械地完成这一过程。他们只是出于根深蒂固的习惯，并不知道为什么要这么做。毫无内在信念可言，因为在犹太圣堂以及基督教堂由于批判伏尔泰引起的精神腐蚀已经产生了毁灭性的影响。[66]

亚伯拉罕·盖格在布雷斯劳也觉察到了法国的情况，但没有发表任何异议。他认为莱茵河尽头的宗教同人与德国犹太人有所不同，他们并没有树立起现代的信念。和天主教公民一样，他们拒绝宗教进步与改革，要么继续旧的形式，要么将犹太做法完全搁置一旁。盖格认为从历史角度批判是宗教的本质，而实际上法国犹太人对此非常无知，他们没有建立起严肃的犹太学术，宗教进步更无从谈起。这种无知导致了两种极端：要么顽固不化，要么对宗教事务漠不关心。[67]

当然，法国并没有给改革提供一个好的环境，与德国启蒙运动不同，法国启蒙运动对宗教信仰和实践明显怀有敌意。18世纪继承的反教权主义在教育界普遍流行，19世纪恢复的天主教堂并没有为改革树立榜样，缺乏教养的教士占多数，而思想开明、精力充沛的教士们找不到可以学习的榜样。天主教在法国不像是德国的新教那样在思想方面发挥重要的作用。法国信仰天主教，这一点毋庸置疑，而对于有教养的人士来说，这一身份似乎只是个面子。一位法国犹太人抱怨，法国宗教界总的来说呈现出"事不关己，高高挂起"的态度，这一特点也渗透进犹太生活之中。[68] 1807年，拿破仑成立的最高法院强调国民要在政治上对国家效忠。法国犹太人一方面在大革命期间获得了解放，另一方面他们对宗教的忠诚与对国家的政治效忠无法统一。这两方面说明德国改革派和传统派之间斗争的问题在法国根本不存在，因为德国犹太教的这两个派别在反对省府方面的态度是一致的，但双方之间又存在斗争。在19世纪的法国，犹太信仰基本上属于个人的事情，因此常常被忽视。

西南部的西班牙裔犹太人和东部的德裔犹太人都不支持宗教改革。前者像意大利犹太人一样已经拥有了一套高雅尊贵的礼拜仪式；后者尽管已经获得了解放，但大部分人由于传统宗教生活和刚开始接触的法国文化之间的不和谐，导致无法适应新文化。实际上，大革命之后的50年期间，狭隘的犹太思想在法国普遍存在。 165

1808年以来，犹太生活受控于宗教法院的等级制度，宗教法院的成员们最初认为自己的任务主要是进一步加强政治和经济上的一体化。当中央宗教法院着手处理宗教事务时，他们坚持严格的传统做法，在有关当前定期布道的做法上敦促修改，因为这样做会增加社会的满意度。改革思想在法国很容易遭到扼杀，1813

年，德国犹太教育家约瑟夫·约翰森提议使用教义问答书，结果遭到拒绝。尤其是1831年后，犹太教和基督教共同领取国家补助，宗教法院的权利非常大，改革运动在汉堡和柏林非常成功，但在法国会被扼杀在摇篮里。[69]整个19世纪的法国没有发生任何分裂运动，宗教法院的领袖面对温和的改革在态度上逐渐缓和，尤其是在普通信徒发挥较大影响的时期内，法院领袖的态度更加宽容。

盖格认为法国学者对犹太研究非常欠缺，他的观点切中要害。截至19世纪末，法国犹太人没有取得批判性的犹太学术成果。同样，针对犹太教是发展的信仰这一观点，他们也没有找到哲学基础。法国犹太作家宁愿将犹太教视为18世纪观念中的永恒真理，只承认其风俗和礼仪容易受到历史发展的影响。尽管障碍重重、缺憾多多，但在19世纪70年代，法国犹太教以自己的方式创建了许多重要的思想教义和仪式革新，且与德国改革的特点极为相似。[70]实际上，正是由于不存在解放斗争的需要，宗教改革成为法国犹太期刊中讨论的中心议题，相比之下，莱茵河东部地区对宗教改革的讨论没有那么激烈。

奥利·泰尔凯（Olry Terquem, 1782—1862）是法国犹太宗教改革的首位倡导者，他功勋卓越，但是非常激进。泰尔凯出生于梅茨市，他的家境较好，受人尊崇。[71]他接受过良好的犹太教育，具有广博的世俗知识，尤其是数学方面。1815年，他在巴黎工作，成为皇家炮兵学院的图书管理员和教授，还是将数学知识应用到法国武器的制作方面。他创办了一份学术期刊，围绕自己的研究领域撰写了数篇文章。他的妻子不是犹太人，但允许孩子信仰天主教，不久，他本人不再参加犹太教的仪式。然而，这位在职业、社会和宗教方面完全同化的法国犹太人对法国犹太教不断地进行批判，迫使温和派和传统派不得不严肃对待。他连续写了27封言辞刻薄的信件，大部分落款是Tsarphati（希伯来语的"法国人"），而且在《以色列档案》发表的文章中也以这样的签名落款。[72]他以这种局外思想人士的安全身份对宗教法院进行抨击。

从1821年的第一封信开始，泰尔凯展开了对安息日这一主题的讨论。开始他只是敦促在星期日设置一个辅助的礼拜仪式，这种做法主要针对那些不能在星期六庆祝休息日、举行礼拜仪式的法国犹太人，尤其是工人、公务员和国立学校的孩子。泰尔凯对改革现行的礼拜仪式几乎不抱任何希望，他认为既然有可以替代的做法，就没有改革的必要。除此之外，周日礼拜可以呈现出新的面貌——法语布道和自创的法式礼拜仪式。但是后来，他泛泛地谈到安息日改革应该针对所有的犹太人。在回顾侯德海姆的改革贡献时，他在1845年提到：安息日在哪一天并不重要，需要保护的是安息日的思想。唉！众人的观点汇集起来就是"周六万岁，打倒安息日！"泰尔凯在整个犹太写作中表达了对犹太工人的关心，周六安息日和犹太日历中名目繁多的节日使得他们很难找到合适的工作，既不能耽误工作，还要恪守犹太礼仪。因此，泰尔凯指出，深陷贫困之中的工人们很容易成为那些慷慨的基督教传教士的猎物。[73]

在为穷人们考虑宗教需要的同时，泰尔凯还把矛头直接指向了富人。这些新的"富贵"成员们拥有圣堂中最好的席位，而工人们被挤到角落里。更为糟糕的是，他们几乎占不到位子，因为很多富人根本不遵循习俗，包括一些世俗宗教法院的成员。然而，宗教法院的领袖支持现状，拒不采取措施让那些希望在工作允许范围内也能参加礼拜仪式的人有这样的机会。在泰尔凯看来，这种虚伪简直让人忍无可忍，他决定无情地予以揭露，目标就是羞辱这些领袖。因为他们口头上承诺要将犹太教彻底改革成人人共享的宗教，但在实际行动中却与之相反。此外，泰尔凯认为尽管法国犹太人获得了政治上的解放，但仍缺乏一种"内在的解放"，这一点必须通过自身的努力来实现。对于泰尔凯来说，这意味着去除犹太教中所有的"亚洲形式和规则"，这样才能真正成为"伟大法国家庭"的一部分。零星的改革只会半途而废。有一次，泰尔凯使用法语单词"refonte"描述自己想表达的内容，意思是把犹太教的所有内容进行熔化并"重塑"成一个新的模具，以便适应当今的挑战。然而，他认为犹太金属本身是有韧性的、可塑的，这有别于基督教。他说犹太教是"神对神，而不是人对神"的宗教，这一点已经足以让它在当前与其他宗教相分离，但长远看来，这种分离迟早会结束的。重塑的犹太教与没有实现道成肉身和三位一体的基督教最终会合二为一。[74]

这些思想在内容上非常激进，但泰尔凯并没有因此成为众矢之的。最令自由派和传统派容忍不了的是泰尔凯称他们是法国犹太教的坏孩子（enfant terrible），对此进行了严厉批判。犹太教义要求人们揭露并嘲笑表面上令人尊敬却潜伏着令人尴尬的事情，泰尔凯遵循了这一教义，但他的做法对有的人构成了极大威胁。这些人认为犹太教与当前理性、平等和容忍等价值观相一致并引以为荣。令他们恐怖的是，泰尔凯在公众面前揭露他们的丑行，却毫不顾忌。后来在他的小册子中，还有在梅茨发行的综合性报纸上，他围绕着割礼的危险、未解放的犹太妇女以及犹太立法自称为科学的愚蠢行为等题目进行了详细的阐述。他不仅取笑《塔木德》的推脱，讽刺当前拉比通过引用耶稣来反对古代拉比的借口，甚至还把矛头指向了希伯来《圣经》。他以伏尔泰的风格嘲笑有些章节毫无启发意义，例如示剑族（Shechemites）的集体屠杀以及艾玛侬（Amnon）强奸同父异母的妹妹塔玛（Tamar）。有一次，他详述了逾越节哈加达的内容，这部分内容是关于号召上帝对那些不知晓上帝的民族以及在流放中称自己为奴隶的犹太人发怒。不仅如此，根据逾越节传统的观点，泰尔凯宣称如果在1840年大马士革血腥谋杀诽谤事件发生时犹太人被指控为憎恨基督徒，至少一部分原因是犹太人自己的错误。不足为奇的是，泰尔凯的反对者认为他在诋毁犹太教，因而把他视为敌人。[75]

　　从改革的激进程度上讲，泰尔凯与侯德海姆旗鼓相当。与德国激进拉比一样，他没有美化犹太传统，没有进行重新诠释或者挑选引用的部分使其看上去与法国启蒙运动相得益彰。侯德海姆对《塔木德》和当代思想之间的巨大差异视而不见，以此坚决摒弃延续历史的错误做法。泰尔凯同他一样，也不会掩盖这种差异。我们可以把他视为反护教论者，他文章中的基本要点使他脱离了犹太同胞。当同胞们努力证明犹太教与革命后的法国价值观和谐一致时，他却背道而驰。[76]不久他沦为孤家寡人，后来一位作者形容他是"没有部队的光杆司令"。[77]然而，法国犹太人非常宽容，泰尔凯并没有被排挤在外。他的文章极其辛辣讽刺，温和派和传统派都通过辩论予以驳斥，即便如此，他仍不断向《以色列档案》投稿，期刊编辑竟然称赞他是上帝创造的不可多得的精英之一。[78]犹

167

太人吸纳了法国宽容的思想，所以尽管莱茵河两岸的宗教同人之间派系林立，却极少出现互相谩骂的现象。

法国温和派的改革者明确否定了泰尔凯的立场和大部分要旨。一位改革者这样说，这是"一个严肃的世纪"，而不是伏尔泰复兴的时期。[79]与泰尔凯不同，他们行事谨慎，不会拆除旧建筑再修建新的，而是对其进行修理，目的是通过装修恢复曾经的美丽，使其以美丽的新面貌伫立在法国街道上。温和派的代言人大部分是和制定宗教法院制度相关的人，他们相信改革应通过等级制度进行。他们的任务就是让普通信徒领袖和拉比更好地接受他们的建议。

塞缪尔·卡亨（Samuel Cahen, 1796—1862）是温和派改革者当中态度最强硬的一位，他在巴黎宗教法院学校任教，曾将《圣经》翻译成法文，并且任《以色列档案》的编辑，这份期刊是法国提出改革建议的主要阵地。与泰尔凯不同，卡亨认为改革事业最好经过冷静思考后再循序渐进地实施。他把自己看作中心人士，介于反对派与改革派之间，前者选择原地踏步、拒绝改革，后者不满足于修正和改善而寻求更加彻底的改革。他认为大革命以来犹太人在法国生活得很舒适，但是他们的信仰与所处环境之间并不和谐，因此需要改革。他认为法国犹太圣堂应该像天主教堂一样使用管风琴，在他的支持下出版了一部著作，著作主要围绕首次汉堡圣殿争论的经过而得出支持改革的结论。但是，法国的犹太圣堂继续使用《致诽谤者》祷文，这些内容与基础教义不符，令人难以容忍。卡亨批评了梅茨的拉比神学院，指责神学院的课程范围太窄，并敦促神学院应该迁至巴黎，这样能更好地影响年轻的拉比。卡亨的理论立场与更为保守的德国改革派的立场一致。他与德国改革者的观点一致，认为应该把改革同犹太律法联系起来，继续重新阐释过程。[80]

一批卓越的法国犹太人积极参与卡亨所关注的事情，其中有法国主要的犹太学者所罗门·蒙克（Solomon Munk, 1803—1867）以及主要负责罗斯柴尔德家族慈善事业的东方学者阿尔伯特·科恩（Albert Cohn, 1814—1877）。尽管蒙克和科恩都抨击泰尔凯，他们并不属于反对派。与卡亨一样，他们都支持温和的仪式改革。实际上，法国正统派表达能力最强的西蒙·布洛赫（Simon Bloch, 1810—1879）也拥护成人礼，在事业早期他曾说过在有关需要管风琴、法语祷文和定期布道的问题上，自己与泰尔凯的观点一致。[81]

法国改革者不断让人们关注德国改革运动的进步。在《以色列档案》第一卷中卡亨写道，受过良好教育的犹太人对科林、科瑞兹纳克、约斯特和盖格的改革思想格外关注，并且宣称"我们应该效仿他们"。卡亨创办的报纸宣称要刊登福姆斯泰切尔的神学作品，亚伯拉罕·盖格写过两部布道，卡亨会节选其中的内容，让读者及时了解当代德国发展的动向。总的来说，在盖格和迪克金的争论中，卡亨主张改革，他对激烈的德国宗教辩论以及德国拉比在支持改革中发挥的积极作用非常欣赏，对法国没有派代表出席1845年的法兰克福拉比会议深表遗憾。《以色列档案》让读者看到更大规模的改革运动重心位于东部，而法国改革派的努力只是这一运动的一部分。[82]法国温和派也感到德国改革中存在矛盾，没有人能够辨别出哪些是最激进的表现，人们不愿意承认那些对宗教态度冷漠的法国犹太人必须从德国寻求鼓励。但是最令人踌蹀不前的事情是19世纪40年代的宗教争论，它使德国犹太人背上了教会分裂罪的恶名。成员人数增长给圣堂带来了活力，这是法国犹太人喜欢看到的一面，但同时他们也努力避免国内圣会者在思想上产生类似的分歧。

鉴于法国犹太人这种复杂的感情以及宗教法院在国内的影响力，独立的改革倡议几乎没有成功的可能性。从1818年开始，改革派在梅茨的犹太教学校礼堂举行特殊的安息日礼拜仪式。与法兰克福和柏林学校举行的活动很相似，他们使用希伯来语和法语背诵《听祷文》（shema），另外还有为国王祈祷、布道和诵读祷文，这些都使用法语。参加礼拜仪式的人数非常多，包括成人和孩子。但是不知道为什么在犹太圣堂外进行的早期宗教启蒙只持续到1824年就停止了。[83] 12年后，以卡亨、蒙克和科恩为首的温和派希望能得到巴黎宗教法院的许可，为更多开明的犹太人士举行改良的新年假期礼拜仪式。他们希望使用与主圣殿毗连的小犹太圣堂，但遭到了宗教法院的拒绝，宗教法院本来打算威胁他们另寻场所，但实际上并没有这样做。[84]

1841年，改革者在梅茨对新的礼拜仪式制定问题进行了精心策划。格森·利维（Gerson Lévy, 1784—1864）是当地的图书经销商和教师，他在努力组建一个协会，让成员在安息日和其他节日选择特殊安排的小圣堂举行礼拜仪式。他设想礼拜仪式以庄严的方式进行，可以删除不必要的内容。男女分开坐，但就座于同一层楼。清晨圣会者进行高雅的希伯来语礼拜，然后进行法语礼拜和布道，他们可以自行决定参加哪一种礼拜。格森·利维希望通过这种方式可以吸引那些拒绝参加宗教法院犹太圣堂以及被疏远的犹太人。但是方案实施的时间并不长，利维召开会议，然后向梅茨宗教法院提交了一封公开信，信上有33个签名，但改革者没有获得足够的支持者，这一方案不幸夭折。利维承认失败，并做出解释，这项计划对于老一辈人来说过于激进，但对于年轻一代人来说又不够激进。[85]

独立的宗教改革运动在法国失败了，原因是没有拉比的领导。整个19世纪，法国拉比并没有维护统一的正统派，总是依靠宗教法院制度。拉比们在梅茨的宗教法院神学院接受过培训，然后在宗教法院工作，其职位要么是主拉比要么是低一级的公共拉比。拉比一般来自贫穷的东部地区，这些地区的犹太人无法融入新文化。一段时期内，梅茨神学院的教学语言是德语，学生的主要任务是学习传统的犹太律法，他们无法达到东欧犹太法典学校的水平，这里的毕业生不会接受神学院课程以外的高级世俗教育。因此，法国拉比在职业上以及思想上都没有获得独立，只能按照宗教法院世俗领袖的意愿行事。有趣的是，像科恩这样的改革者一方面敦促拉比要坚决维护自己的宗教权威，另一方面要求拉比对自己队伍中出现的宗教自由主义迹象表示欢迎。[86]

直到19世纪40年代，法国拉比始终表现得非常保守，既不进行改革，也不对来自世俗者的压力做出任何回应。但是后来随着特殊改革建议引起的广泛关注，出现了明显的派别并开始发展，以至于在拉比选举中，候选人对待问题的立场和他们的个人素质对是否获得选举成功起着同等重要的作用。正因为如此，例如在1846年，争取中央宗教法院主拉比职位的候选人被要求就提议改革的很多问题阐述自己的观点。这些问题包括是否需要更高雅的礼拜仪式，是否将德裔犹太人和西班牙裔犹太人的仪式进行融合，是否可以对礼拜仪式进行部分删除，是否需要引进管风琴，是否将父母只有一方是犹太人的子女视作犹太人。候选人给出的回答表明法国拉比普遍支持更高雅、更单一的仪式，并删除后期礼拜仪式诗歌。但是在管风琴问题上出现了分歧，还有在辨别犹太身份的问题上，部分拉比愿意承认这些人的犹太身份。1853年，所罗门·乌尔曼（Solomon Ulmann）当选为中央宗教法院的首席拉比，他隶属宗教改革的自由派。1856年，他提出了重要的拉比改革倡议，这不仅是第一项，也是唯一的一项。为了集体商讨仪式变革问题，乌尔曼召集拉比会议，邀请了8位宗教法院主拉比来到巴黎。他们决定使用多数票通过的方式来决定改革的必要性，需要做出决议的事项包括以下内容：在安息日及其他节日的礼拜仪式上由异邦人弹奏管风琴，减少后期礼拜仪式诗歌的数量，删除复仇祷文"仁慈的父"（*av ha-rahamim*），但是拉比们指出不需要急促地进行改革。乌尔曼强调巴黎会议只是"亲密的讨论"，并不是最高法院或宗教会议，会议做出的决议对宗教法院没有约束力。然而，1856年的圣会明确指出拉比愿意考虑甚至提倡温和的改革。[87]

　　到巴黎会议结束为止，法国犹太教已经在不为人知、没有官方宣称的情况下，在原则和实践方面进行了深入的改革。号召回归锡安山的篇章和重新指定圣餐礼的内容并没有从礼拜仪式中删除，这一点是真实的。但是法国犹太人就他们在法国的地位以及他们对未来的希望问题所写所谈的内容，揭示了这些祷文没有实际意义。法国犹太人与德国犹太人一样否认自己是被流放的，甚至思想更为保守的人士也否认这一点，他们根本不想回到耶路撒冷。1843年，在巴黎宗教法院圣殿进行的新年假期布道中，法国最有影响力的拉比之一拉夏尔·沃格（Lazare Wogue）直截了当地宣布："我们不是一个民族，而是一个宗教。"普通信徒的说法更加直接。格森·利维说："耶路撒冷只不过是一段历史。"塞缪尔·卡恩语气更加强硬："耶路撒冷对于我们来说不再那么重要了，它是一段记忆，不必再把它当作一种希望。"犹太的弥赛亚期望是希望为所有的民族创造一个富有成就感的时代，而不是赋予以色列特殊的命运。[88]约瑟夫·赛尔巴道（Joseph Salvador）是法国犹太人中最多产的宗教作家，他曾这样写道："犹太人的弥赛亚思想是时代和新条件的化身，是赋予人类的天命。"[89]像东部的犹太人一样，法国犹太人信奉离散区犹太人的以色列使命，但他们也相信在传播更纯洁的信仰时，犹太人会通过互助的方式更加接近弥赛亚目标。

在改革实践中，19世纪中期的法国犹太教完全被天主教同化了，也可以说是适应了特殊的宗教环境，就像德国犹太教适应了新教的环境一样。天主教徒只使用拉丁语，这一点较好地说明了引进犹太本地语祈祷失败的原因。无论如何，希伯来语是一门令人尊敬的古典语言。具有启发性质的法语布道是天主教礼拜仪式中的主题，因此只要法国犹太人和拉比们适当地学习语言，礼拜仪式中的语言改革还是能够被普遍接受的。很多人热切地盼望有天赋的宣教士出现。四五十年代，在宗教法院圣殿中举行的礼拜仪式越来越高雅，与基督教堂的礼拜气氛很相似。拉比、独唱者和教区执事的穿着打扮与天主教中相应的人物很相像。犹太圣堂荣誉拍卖的事情在巴黎的犹太圣堂也发生过，主持者用"很蹩脚的德语"进行拍卖，这种现象一直持续到1843年。巴黎犹太圣堂找到筹集资金的其他渠道时，拍卖荣誉现象在法国各地立即消失了。成人礼仪式的改革在短时间内得到了广泛接受。波尔多《以色列档案》的一位通信作者在描述这一刊物如何在1841年进入波尔多时，强调了两个重要的因素：公众需求和拉比支持，他很自豪地谈到这一仪式与"其他地方人们称作的第一宗教团体"很相像。在巴黎，女孩从1841年开始习惯在这种"宗教启蒙"的场合下穿白色的裙子，同样受基督教的影响，新生儿被带到犹太圣堂去祈福，这一仪式被称作施礼。[90]与天主教做法一致的是，巴黎圣殿的犹太婚礼根据婚礼宴会的支付能力配有音乐和灯光，从朴素简洁变得异常精美。葬礼也和天主教的形式很相像，19世纪40年代，法国的很多犹太圣堂已经开始演奏器乐。在1841年赎罪日的布道中，马赛当地的首席拉比坚决使用管风琴。他根据犹太律法和当前的犹太环境进行了论证，巴比伦的古代以色列人在回忆耶路撒冷时心情非常沉痛，他们会把竖琴搁置起来，而如今的法国犹太人不会再延续这种做法。[91]总之，19世纪中期的法国犹太教融入了当地的宗教环境，这一趋势给德国游客留下的印象非常深刻。这也令一位法国犹太人抱怨，宗教同人的最大心愿是让参加礼拜的异邦犹太人感到满意，继而感叹："怎么像是我们自己的礼拜仪式呢！"[92]

　　法国犹太人在另外一个方面与天主教的做法也很相似：随着他们在教育、社会和经济地位上的提高，对宗教的关注程度越来越下降。一般来说，他们为自己的犹太身份感到自豪，偶尔也象征性地表达一下，但是更多的人只是在做表面文章，有教养的法国天主教堂对待自己的信仰也是如此。巴黎有8000名犹太人（其中在1840年，有一半是法国犹太人），可是他们做礼拜的场所却只有一个仅能容纳500个坐席的宗教法院犹太圣堂，通常情况下圣堂是空空荡荡的。此外，还有约20个小型的祷告圣会，这些圣会主要为了那些从阿尔萨斯和洛林迁来的新人而成立的，圣会者违反教规的情况很普遍，但泰尔凯指出违反教规并不代表着没有资格任宗教法院的领袖。塞缪尔·卡恩为目前与犹太教逐渐疏远的情况所困扰。他忧心忡忡地问道："通过迫害不能奏效的事情，自由的方法能起作用吗？"但是他和改革派的同事们都认为，如果犹太教的外部形式能够更加吸引人、更加符合当地的环境，能呈现出古代到大革命后法国价值观所确认的宗教面貌，法国犹太教将得以生存并繁荣。其永恒真理也会经得起现代化的考验。[93]

在经过多次辩论、没有出现分歧的情况下，法国犹太教的确发生了改变，法国的改革者采纳了大部分方案，取得了改革的成功。到19世纪晚期，官方的法国犹太教被完全重塑，与宗教环境相适应。"宗教法院的犹太教"也进行了适度的改革。[94]然而，法国的犹太教改革没有改变部分人群对宗教态度冷漠的状况，越来越多的人受到这一特点的影响。[95]像海涅在1840年所提到的，宗教实践仍然缺少内心的信仰。也许这就是为什么改革问题如此容易地在表面上就得以解决，至少在部分程度上，事实就是如此。

## 信奉国教的英格兰

英国的改革运动是在分裂中诞生的。与法国改革运动不同，英国宗教改革的倡导者以自己的方式行动。为反对组建宗教权威的异议，他们成立了改革派犹太圣堂，代表了有组织的独立教派。[96]

172　　自从1290年遭到驱逐后，犹太人再次获得了官方的接受，但是他们只能在乡村生活。因此，在17世纪中期，英国再次出现了犹太社区。最初，社区主要成员是西班牙裔犹太人，后来又有了德裔犹太移民，但是英国犹太人在经济或影响力方面超过了来自西班牙和葡萄牙的宗教同人，这有点喧宾夺主的阵势。英国犹太人没有遇到其他地方犹太人遭受的困扰，到19世纪40年代，他们只是缺少占据某种公共职位或去牛津大学、剑桥大学的特权。相对来说，英国犹太社区的规模比较小，1815年社区人数大约为25000名，到1851年，人数达到35000名，三分之二集聚在伦敦。参加社交活动最多的是有钱的贵族们，包括西班牙裔和德裔犹太人。其次是新兴的中产阶级，底层是穷人们，尤其包括那些新来的移民。不管身处哪一阶层，英国犹太人都没有掌握较高水平的犹太或世俗学科知识。

基督徒能够恪守自己的宗教生活，但越来越多的犹太人对犹太教态度冷漠。他们虽然仍尊重传统的形式，但逐渐放弃了对教规的遵循。早在18世纪，从一部分人的表现来看，欧洲其他地区根本不会存在懈怠宗教的情况。然而，现在的情况表明，犹太人对洁净食物的消费有所下降，对安息日的遵循情况也有所松散。世俗化成了普遍趋势，人们对商业成功和暂时享乐的追求比起宗教仪式更为重要，完全颠倒了优先顺序。如同法国的情况一样，大部分社区的领袖以及普通犹太人不再定期光临犹太圣堂。1850年进行的人口调查显示，在参加周六上午礼拜仪式的全体犹太人中，英国犹太人仅占百分之十。然而，即使那些极少严格遵守教规的犹太人仍然称自己是正统派人士，原因是他们没有拥护别的宗教。他们对宗教的这种松懈态度，在行事谨慎的宗教同人眼中是无法原谅的，但是按照绅士的行事风格，他们只能包容这些懈怠宗教的做法。[97]

艾萨克·狄斯雷尔（Isaac D'Israeli）是唯一一位提出要对犹太教进行基本修改的犹太人。他是西班牙裔犹太人，本杰明·狄斯雷尔的父亲，后来任英国首相，他曾匿名出版过一部专著。1833年，狄斯雷尔指出犹太教的律法不管是《圣经》的还是拉比的都源于人类，因此随着时代的要求应该进行删除或者修改。他号召英国犹太人"把下一代人当作欧洲的下一代人来教育，而不是为巴勒斯坦教育子民；不应该把《塔木德》移到高一层的架子上当作古代遗物来参考，应该用作教科书……让（基督徒和犹太教徒）只有在去基督教堂或犹太圣堂时才分开"[98]。狄斯雷尔认为犹太教中不变的只有其精神-哲学基础，但这并不能阻止他为儿子施礼。

与其他国家的犹太人相比，那些要求完全拥护《圣经》犹太教但可以自由拒绝拉比口传律法的英国犹太人表现得没那么极端。他们认为拉比是神圣的，这些"说经人"在抬高《圣经》、贬低《塔木德》的同时，会对无处不在的异邦人意见做出反应。从改革时代开始，《圣经》就是英国国教的主要权威，而不是教皇。在清教徒时代，《圣经》成为基础坚实的中心。尽管在18世纪其地位有所下降，但是信奉正统派基督教的人们对《圣经》的尊敬随着早期维多利亚时代福音派的复苏再次以强有力的势头出现。对于19世纪质疑《圣经》律法的犹太人来说，这意味着要挑战占主导

地位的英国信仰。[99]同时，拉比犹太教不断遭到外来的攻击。基督
173 教协会中的犹太人在早期使用《塔木德》条文作为说服他人改变
信仰的文本，这一做法得到了伦敦基督教促进协会的推崇，但现
在他们开始贬低拉比的教义，因为这些教义表明犹太教是低劣的。
一位犹太《圣经》学者对此做出回应："对待这样的指控，只有一
个办法，把希望寄托在上帝的律法之上，并形成自己的惯例。"[100]

　　这样的圣经思想把早期的英国改革运动在某种程度上与欧洲
大陆的运动区分开来，但这并不是唯一的因素，像其他地方一
样，宗教礼拜的特点成为人们争论的焦点。英国的犹太圣堂也是
一片混乱，讨论商业所占的时间和用在祈祷上的时间一样多。荣
誉拍卖以出价最高的竞标者胜出，妇女不能参与竞标，司仪歌手
的目标是将"不和谐的噪音"变为"和谐噪音"。[101]不会定期地举
行本地语布道，德裔犹太人的首席拉比所罗门·赫希（Solomon
Hirschel, 1762—1842）英语水平很一般，在漫长的任职期间沉溺
于书本之中，无视宗教危机，对改革带来的压力无动于衷。

　　19世纪20年代，伦敦的德裔犹太人和西班牙裔犹太人感到宗
教改革的压力越来越大，他们试图在（德裔犹太人的）大型圣堂
取得小规模的改革，例如减少为病人祈祷的次数，但是收效甚微。
在贝维斯·马克斯（Bevis Marks）领导的西班牙裔犹太圣堂内，
促进和改善宗教礼拜仪式委员会提出了一项温和的建议，同样遭
到反对，主要是最近来自地中海地区的移民拒绝实行英国化。在
犹太圣堂，进步派中态度最坚决的人为自己无法实行具有决定性
的改革而感到挫败。[102]早在1831年，艾萨克·里昂·戈尔德斯米
德（Isaac Lyon Goldsmid）由于不满英国犹太人政治领袖的懦弱，

威胁要退出大犹太圣堂。在年轻人的同心协力下，他们建立了一处独立的礼拜场所，他设计的犹太圣堂要效仿汉堡圣殿的礼拜仪式。[103] 1836年，马克斯还向西班牙裔长者提出请求，要求"这些改变和修正要和汉堡以及其他地方圣堂改革中的做法相一致"[104]。这次争论结束后，委员会采取了一些措施，使贝维斯·马克斯的犹太圣堂秩序井然、气氛严肃，双方圣会中都有相当多的人反对进行实质性改革。到30年代末，改革派内部已经划清了分界线，强硬派感觉在内部已经无处安身。

　　人口统计成为一种趋势，越来越多的富裕和身份显赫的犹太家庭移到了伦敦西区，从而导致他们远离了出生时所在的犹太圣堂。如果不是这个原因的话，当时就不会建立一所独立的改革派圣堂。还有一个原因是，当时大犹太圣堂和贝维斯·马克斯圣堂都无法建立分支机构，因此需要在当地修建礼拜场所。这一需求也激励了新体制的建立，同时包括人心所向的改革。西班牙裔和德裔犹太人家庭共同参与了新圣堂的建立，新圣堂的建立除了宗教因素之外，还有其他的因素。西班牙裔一方的莫卡塔（Mocattas）和德裔犹太人一方的戈尔德斯米德都代表了一半的成立成员以及所有的元老官员，并且两人在商业和婚姻上还有着密切联系。他们想拥有一所犹太圣堂，以此消除长期在礼拜仪式上的分歧，并且可以一起祈祷，这是可以理解的。为了建立这样一座桥梁，而不是强调政治上的忠诚，新成立的圣会被命名为"西伦敦英国犹太圣堂"[105]。

174

　　这所改革派圣堂的前身始于1840年，这一年"改革俱乐部"成立，成员有大名鼎鼎的西班牙裔犹太人霍雷肖·蒙蒂菲奥里（Horatio Montefiore），他是摩西·蒙蒂菲奥里爵士（Moses

Montefiore）的弟弟，还有德裔犹太人艾萨克·里昂·戈尔德斯米德。组织成员有19名西班牙裔人和5名德裔犹太人，4月份他们发布了一项宣言，对现在的犹太圣堂进行了谴责：位置偏远，远离自己居住的地方；"礼拜仪式过长，存在诸多不完善之处"；举行礼拜仪式的时间不方便，宗教教育不足。因此，他们决定在伦敦西部建立自己的圣会。[106] 不久，他们把这一想法告诉了法兰克福的犹太教育家和史学家艾萨克·马库斯·约斯特，委托他宣传新圣会并且想雇用一名精通神学知识、古代教育和演说实践技能的精神领袖，这个人最好在德国大学读过书。[107] 同时，他们还求助于大卫·伍尔夫·马克斯（David Woolf Marks, 1811—1909）这位年轻人，虽然他没有接受过正式的神学教育，但他是土生土长的英国人，在利物浦做过演讲者并诵读过《托拉》。马克斯对新圣会非常感兴趣，而约斯特也没有找到更合适的人选，于是马克斯顺理成章地当选为新圣会的宣教士。他的宗教和政治观点与圣会创办人的观点不谋而合。与他们当中的一部分人一样，马克斯也是一位《圣经》学者，拒绝在节日的第二天诵读《托拉》，当时这一做法在利物浦引起了轩然大波。他在政治观点上支持戈尔德斯米德派的激进主义。[108]

马克斯的首要任务是为圣会制定一部新祈祷书，这一任务得到了伦敦大学希伯来教授海曼·赫维茨（Hyman Hurwitz）的帮助。这位教授不仅是《圣经》讲经者，还是《塔木德》的捍卫者。[109] 马克斯制定了一套完全翻译成英文的礼拜仪式，但并没有偏离传统。根据祖恩斯的说法，当今的礼拜仪式是历史发展的产物，马克斯在引言中阐述了改革的事实依据。从1841年到1843年，《祈祷的形式》(*Seder Ha-Tefilot*)一书以分卷的形式出版,总共出版了五卷,包括日常、安息日、节日以及新年假期的礼拜仪式。新出版的祈祷书与汉堡圣殿祈祷书一样,都融合了西班牙裔和德裔犹太仪式,但更加强调前者;二者也有不同之处,新祈祷书从右往左翻页。新祈祷书主要缩减了重复出现的内容,并减少了《诗篇》和礼拜仪式诗歌的数量,将安息日和节日礼拜仪式的时间缩短至两个半小时以内,其中包括英语布道的时间;还有一些章节由于内容存在异议而被删除,例如有关天使或魔鬼、对诽谤者的诅咒以及赎罪日开始的柯尔尼德等内容。最显著的改动是删除了背诵赞美诗(《诗篇》113—118)之前的祷告、《以斯帖记》以及首次祈福光明节蜡烛的诵读。因为赞美诗、诵读《以斯帖记》、光明节点亮蜡烛等仪式在《圣经》里没有根据,如果宣称是上帝"要求我们"遵循这些仪式,则背离了只有书面律法才具备神圣启示的信仰。[110]

1842年1月投入使用的小圣堂是租借的场所,改革者在此举行了礼拜仪式,但人们并没有感受到改革的激进性。男人和女人分开而坐,男人头戴帽子,礼拜仪式没有管风琴伴奏,大部分旋律源于西班牙和葡萄牙的传统,由男士合唱团演唱。人们对仪式的恪守比其他地方都严格,礼拜仪式在上午晚些时候开始,成员们会在仪式开始之前抵达。没有出现仪式开始之后散漫入场的现象,宣教士诵读祈祷文,其他人不会被抽到诵读《托拉》。异乎寻常的是,诵读十诫这样庄严的事情竟然被取消了,拉比们把经文从约柜里取出,这是改革者摒弃的唯一一项古代习俗。每年在新年的号角吹响之时,都会为年满13岁的男孩和女孩举行成人礼仪式。祷文使用西班牙语并要求背诵,甚至包括一部分阿拉姆语,就像是被译成"神圣希伯来语的犹太教祈祷文，我们相信这将是令我们自豪的知识，因为这是每一位以色列人必须要承担的责任"。[111]

与欧洲大陆改革派对比显著的是，早期的伦敦西部犹太圣堂更为保守，他们绝不会摒弃以色列复国的希望，更不会妥协。有关这一内容的祷文不仅完全保持原样，甚至还包括重新设立祭祀仪式，马克斯再三强调回归锡安山和弥赛亚的到来是同时的。从宗教意义上来说，犹太民族仍然属于"族中族"。[112]还有一次，他在布道的时候呼吁在两座圣殿被毁灭的圣殿节这一天要进行哀悼和斋戒。然后，他又说：

> 听众们，不要说我们和锡安山的纽带是坚不可摧的，也不要说我们没有信心看到它会恢复曾经的辉煌。令人痛心的是，有的以色列组织丧失了犹太精神，竟然公开宣称他们不再相信弥赛亚的到来，雅各家①（House of Jacob）会在族长的土地上复原。不管其他人的观点如何，我们不要说已经忘记了锡安山及其命运。*Im eshkahekh yerushalayim tishkah yemini*——"如果我们忘记了耶路撒冷，就让我们的右手忘记狡猾。"[113]

马克斯又做了进一步解释，说明这种并未消退的希望并没有使犹太人减轻对英国的依附，这一复兴大业必须由上帝发起，不能否认《圣经》的预言。此外，信奉正统派的英国基督徒非常尊重

———————

① 指以色列。

《圣经》，在这样的宗教环境下，犹太人相信经文是无可厚非的。

在伦敦西部犹太圣堂发动的改革中，最激进的措施莫过于对节日次日礼拜仪式的废除。这一改革举措主要源于马克斯和其他成员信奉的唯《圣经》思想，而次日的庆祝是拉比的创造。正如马克斯在其就职布道中所强调的："对于犹太人来说，只有一部永恒的律法，那就是神圣的《圣经》，上帝要求必须将其写下来用正确的方式指引其子民，直至永远。"[114]除非历法是由天文所决定的，否则双重庆祝的做法无法理解。但是双重庆祝一旦实施，而且庆祝节日的日期并非是指定的，这就意味着明显违反了《圣经》的要求。除此之外，还有人认为重复节日的礼拜仪式会降低宗教对人们主观的影响，也有人认为减少节日的庆祝会使犹太人更有可能完成公共责任，避免经常缺席。[115]其他的礼拜仪式改革撇下不说，就这一项公然与传统决裂的做法让反对正统派的人们认为他们否认了口传律法，尽管改革者从未集体声明这一点，但是正统派认为改革派是异教徒。

首次集体反对改革派的事件发生在1841年的夏末，反对者草拟了一份简短的"宣言"，由摩西·蒙蒂菲奥里在主持会议时进行宣读，他颇具名望，反对改革的思想根深蒂固。这份宣言由德裔犹太首席拉比所罗门·赫希签署，然后得到了西班牙裔犹太当局的批准，尽管赫希并不是很情愿。次年1月，在犹太圣堂的讲坛上宣言再次得以宣读，声称"在举行宗教仪式或其他神圣活动中，不允许任何公开宣称摒弃或不相信口传律法权威的人士与以色列人有来往"。如有违反将被革出教门，并且加以公示，期限为三个月，公示期间的三个月内还附有具体的"提示"：不准使用伦敦西部的祈祷书，如果违反这一警告，将被视为有罪。[116]这两个文件不久便产生了实际效果，由蒙蒂菲奥里领导的英国犹太代表伦敦委员会（London Committee of the Board of Deputies of British Jews）拒不承认改革派所成立的犹太圣堂是合法机构，也不授予马克斯这位官方秘书的婚姻登记权力。夫妻只能到公共登记员那里办理手续，然后到犹太圣堂举行仪式。正统派与改革派之间的通婚成为一个大问题，因为赫希的继承人首席拉比南森·马库斯·阿德勒对于这样的结合不予批准，除非改革派一方许诺与伦敦西部犹太圣堂脱离关系并服从正统派。直到1857年，国会通过了一项"异见者小礼拜堂法案"（Dissenters' Chapels Bill），被反对者诟病为"伯顿街礼拜场所"，这样的小礼拜堂得到了认可并能够作为登记处。诸如此类的事情也发生过，在贝维斯·马克斯和大犹太圣堂的墓地上拒绝为伦敦西部成员举行得体的葬礼，甚至根本不予理会，反对派的这种态度源于早期改革派成员为自己购买墓地。[117]然而，许多英国犹太人对这一行径感到痛心，有的犹太圣堂根本不传达这一禁令，普利茅斯的犹太圣堂还焚烧了这一文件。正统派和改革派之间的社会和家庭联系不会轻易地被切断，然而维系在一起的感情却非常痛苦。在此期间，改革派犹太圣堂的数量在伦敦犹太社区中不断增加，但并没有赢得人心。

伦敦西部犹太圣堂的创建人中大部分是中世纪早期来自西班牙裔社区的犹太人，但并不是绝对的，他们代表了一部分出身显赫的家庭，其英国祖先能够追溯至好几代。不久，新加入的圣会成员中也有家境并不富裕的，伦敦西部的犹太圣堂中没有贫富之分，这一点是成员们引以为豪的。[118]创建人之中也有思想保守的犹太人，例

如亚伯拉罕·摩卡塔（Abraham Mocatta），他在安息日从来不会
骑马，与贝维斯·马克斯断绝关系实属无奈；还有弗朗西斯·亨
利·戈尔德斯米德（Francis Henry Goldsmid），他的讣告中提到他
"恪守所有的摩西仪式和礼节"。[119]这样的保守做法，在下一代改革
者当中依然屡见不鲜，这些保守人士利用其影响阻止伦敦西部犹太
圣堂发展成极端主义，同时他们努力改善改革派与正统派之间的关
系，以防止他们渐行渐远。接下来的几十年期间，圣会规模不断扩
大。1849年，圣会首次搬迁，搬迁至面积更大的地区。当圣会成员
家庭的数量达到150个左右时，在1870年进行了再次搬迁。继赫维
茨之后，马克斯也开始从事教学，后来又在大学学院担任希伯来语
教授，从而获得了独立的声望。不久，他任命一位新的助理协助其
工作，后来又增加了一名，并在圣会的赞助下建立起一所犹太教学
校。在此期间，犹太圣堂进一步实施改革，例如1859年引进管风
琴演奏，并且成立了合唱团，其成员也有异邦人；圣会还驳回了恢
复祭品的申请，允许使用几部英语祈祷书。除此之外，圣会成立之
初时的模式几乎没有改变。[120]

　　伦敦西部犹太圣堂的特殊身份与其说是对盖格或侯德海姆思 177
想的回应，不如说是对英国-犹太特殊环境的回应。因此，英国犹
太教的改革运动绝不仅仅是德国改革运动的延伸。然而，英国改
革与欧洲大陆的改革性质有所不同，但绝不会与其他地方的改革
相脱离，也不会完全不同。我们知道艾萨克·里昂（Issac Lyon）
的叔叔本杰明·戈尔德米德很早就与大卫·弗里德兰德、拉扎勒
斯·本大卫和伊斯雷尔·雅各布森建立了紧密的联系。[121] 1839
年，弗兰西的妹妹安娜·玛利亚·戈尔德斯米德（Anna Maria

Goldsmid）将汉堡圣殿宣教士哥特尔德·所罗门所做的12次布道翻译成英文，在序言部分称赞德国是"渊博的希伯来历史学家、学者以及神学家的诞生地"。[122]英国改革者也意识到应该在德国不同社区进行仪式改革。[123]甚至英国改革者中的圣经派与德国的非常相似，毕竟争论的焦点也是围绕着口传律法的神圣性以及是否能追溯到西奈半岛这些方面。可以肯定的是，英国的圣经派着重指出其明显的区别，得出的结论也比较激进，但是并没有把自己称为"新卡拉派信徒"。马克斯在就职布道中强调只有书面律法是神圣的，但是他还对拉比的写作称赞有加，认为这"有助于阐明《圣经》中的许多文章，具有一定的价值"，并且还认为"我们因祖先的热忱和精神活动的丰碑而感到自豪"。此外，一位主要的改革者指出，因为伦敦西部礼拜仪式保持了《塔木德》所认同的最必需的基本祷文，至少从礼仪上来说并没有摒弃口传律法，所做的修改也"完全符合《塔木德》和后来护教论者的思想"。甚至取消节日次日的活动，也不是伦敦西部犹太圣堂的首创，德国改革派拉比在很久以前就提过这种做法。[124]

1856年，受德国的影响，英国的改革派圣会在曼彻斯特成立。[125]这一颇具规模的中世纪郡级社区拥有许多来自欧洲中部的移民，早在1838年，社区就开始定期布道，伦敦改革动乱期间实施了多项措施让社区的犹太人恪守礼仪。托拜厄斯·西奥多（Tobias Theodores, 1808—1886）是一位思想家，他在柏林比尔圣殿期间长大，并于1826年来到曼彻斯特，想进一步实施改革。作为一名讲经者，他不主张将《塔木德》冠以神圣的权威并享用以此得到荣誉。与德国改革者一样，西奥多期冀拉比文献能在犹太教历史上占据荣耀之地。从19世纪40年代起，他要求实施果断的德国宗教改革。经过一段时间之后，他的观点得到了犹太商人的大力支持，这些犹太商人是最近刚刚从德国移居来的。只是他们的承诺在思想上与之存在偏颇。到1856年，西奥多在新成立的改革协会中已颇具名望，协会共有46名成员，其中29名是德国本族人。协会宣称建立自己的礼拜场所，并使用伦敦西部犹太圣堂的祈祷书和仪式。与伦敦西部犹太圣堂不同的是，在西奥多成立的改革协会中保守派成功地保留了节日次日的活动。由大卫·伍尔夫·马克斯于1858年题献的新建筑将性别分开，圣堂内有管风琴演奏，房间能容纳400名男士、250名女士，与同期正统派修建的新犹太圣堂规模相当。曼彻斯特改革圣会的首任拉比是匈牙利出生的所罗门·斯契勒-兹奈希（Solomon Schiller-Szinessy）博士，他曾是亚伦·科林的学生，却是一名宗教保守者，从未完全支持过组织的决议。1860年，当多数人决定取消节日次日的活动时，他选择了辞职。接任职务的是古斯塔夫·戈塞尔（Gustav Gottheil），他的思想更为激进，后来成了纽约伊曼纽尔圣殿的拉比。

除曼彻斯特之外，英格兰的改革运动在19世纪50年代波及了赫尔（Hull），但改革者成立的组织规模较小。1873年，运动又波及了布拉德福德（Bradford），组织成员中有很多也来自欧洲中部的移民。[126]伦敦西部犹太圣堂在下一代成员中并没有得到进一步发展，也没有在本市其他地方发展姊妹圣会。不久，正统派在英格兰占据主导地位，对待改革的态度虽不情愿却又不得不容忍。

改革之所以没有在英国引起更广泛的影响，其中一个原因是自称英国正统派的犹太圣堂受到了改革派的挑战。因为改革派采纳了他们的很多方案，这种情况与法国和德国的情况极为相似。一位正统派犹太人为了改变普遍存在的宗教冷漠现象而发动了一场"有益的动乱"，为此感到欣喜不已。当改革派退出正统派圣会时，孤立在伦敦传统礼拜场所之外的西部犹太圣堂也在考虑自身如何进行仪式改革。1844年，南森·马库斯·阿德勒（Nathan Marcus Adler, 1803—1890）当选为德裔犹太人的首席拉比，与德国犹太圣堂的做法一样，不久他制定了一系列制度来规范礼拜仪式的秩序和庄严性，这些措施得到了留在正统派内部的"进步"团体的支持。[127] 19世纪50年代，阿德勒在伦敦西部成立了多个传统犹太圣堂分支机构，而且各地都进行了形式上的仪式改动，但并不涉及内容方面；增加了合唱和英语布道，拍卖荣誉的做法被禁止。在30年代和40年代早期这被看作革命性的改革，但几年后在各地已成为司空见惯的事情。与改革派一样，正统派也融入了本地环境。大犹太圣堂在1852年重新修缮，一位参观者这样描述："总的说来，圣堂让人回想起了漂亮的英国新教教堂。"就连公共词汇也具有明显的英国特征，使用诸如"教区法衣室""典狱官""守护者"等术语。教士长袍和礼服对于首席拉比和犹太圣堂主祭们来说一直是礼节所需的服饰。[128]

久而久之，正统派宣称自己在犹太教中的地位相当于英格兰教堂在基督教中的地位，首席拉比相当于坎特伯雷的大主教，这种观念与宗教环境非常和谐。与此同时，英国人固有的对传统和既定权威的尊重几乎磨灭了对革命性改革的兴趣。英国人将共同祈祷书视为神圣不可侵犯的内容，"其原始的质朴、光荣和优秀"要代代相传。英国基督徒和犹太正统派人士都认为要获得最高神职权威的允许才能对礼拜仪式进行改动。相比之下，犹太教改革者因篡夺这一权威而受到谴责，一位未公开其身份的调和者说他们是"不具备改革资格的人"。[129]更为糟糕的是，把他们说成"搞宗教分裂"或"犯宗教分裂罪"，这些具有负面含义的术语很容易被英国正统派加以利用。与美国不同，19世纪的英国并不认同宗教多元化。精神上受盎格鲁信仰的支持，虽然能够容忍其他的基督教派，但对这些派别进行污蔑，认为它们不属于中心信仰。犹太宗教改革者也不具有完全的合法性，实际上他们被贴上了"脱离圣会"的标签。伦敦西部犹太圣堂想尽力摆脱这样的类比，宣称自己并不是持异议者，然而这是徒劳的。他们极力为自己辩护：在感情上非常憎恨脱离这一说法。[130]

179

　　上一代正统派的精神领袖和普通信徒领导者都将改革派排斥在权威机构之外。直到1847年，伦敦西部犹太圣堂才被授权英国犹太人代表委员会的资格，但是最多只有三人。这一决议遭到了两位人士的强烈反对：首席拉比南森·马库斯·阿德勒和名义上是英国犹太人普通信徒领导的摩西·蒙蒂菲奥里（1784—1885）。阿德勒担任首席拉比的职位有45年之久，蒙蒂菲奥里从1838年到1874年一直担任代表委员会的主席职位。阿德勒早在本土德国就叫嚣反对改革。来到英国后，他迅速建立起自己在所有宗教事务中的权威。圣堂里主祭被称作"教士"，马克斯也被冠以类似的称号，但他的犹太法学知识有所欠缺，不具备相等的宗教权威。因为伦敦西部圣堂不在阿德勒的管辖范围之内，于是他利用自己的职权将伦敦西部圣堂的会员污蔑为英国犹太人的贱民，并拒绝让这些人进入举行礼拜仪式的场所。[131]

　　改革派发誓与摩西·蒙蒂菲奥里不共戴天，这一点非常致命。就在他们考虑修建独立的犹太圣堂时，蒙蒂菲奥里在英格兰和各地的犹太人中已经获得了新的声望。1840年，蒙蒂菲奥里已经被维多利亚女王授予爵位，代表受到诽谤的大马士革犹太人开始了著名的东征。出征归来后，由于干预叙利亚成功而赢得了更多的族徽支持者，这象征着获得王室的许可和尊敬。蒙蒂菲奥里年轻时并没有完全恪守犹太教的礼仪，但在19世纪30年代，已成为一名严格遵守仪式的正统派犹太人，对于任何有损口头或书面律法规定责任的做法都嗤之以鼻。最初他极力扼杀处于萌芽中的改革派圣会，全然不顾自己的弟弟是圣会创立者中很有名望的一员。扼杀未果，他又千方百计地使分裂圣会罪不受法律的制裁。[132] 即使蒙蒂菲奥里没有刻意与改革派为敌，但作为享有女王和世界各地犹太人至高无上的正统派身份足以击毁改革者想成为优等英国人的理想。正统派阵营拥有财富、社会地位、公众权威和政治影响。在恪守律法方面行为松散的犹太人既想被宽容接纳又不至于遭受污蔑，只能选择加入改革派圣会，因此这些人做出这种选择是出于宗教的原因。

　　伦敦西部犹太圣堂没有赢得更广泛的支持，还有一部分原因源于自身。本来他们想努力消除外界对改革提出的批评，结果却演变成了道歉，他们强调了最初制定的改革措施是终极版，改革不会深化。[133] 在这一方面，英国改革派的确逊色于德国同时代的改革者。他们的思想领域中缺少宗教进化的观念，而这一观念恰恰是欧洲大陆改革派的核心思想，是犹太科学的中坚力量。[134] 然而对《圣经》思想的固定承诺，不久成为改革派的责任，历史的批评不仅削弱了《塔木德》的启示地位，而且也动摇了《托拉》

的地位。在以后的几十年，西部伦敦犹太圣堂看起来更像是老迈 180
的产物，而不是与时俱进的进步机构。

## 中世纪的欧洲改革运动

到19世纪下半叶，改革运动扩展到德国境外，其影响越来越
广，无论在外部还是基本观念上，犹太教需要适应现代环境的思
想已被西方或大部分中欧的犹太人所接受。所谓的差异只是在于
宗教改革程度上以及受不同的政治、社会和思想环境影响所产生
的结果而已。在某些地方，改革运动体现在新机构的成立上；在
另一些地方，则表现在对现存机构产生的影响。

与此同时，改革派内部产生了巨大的分歧（一般意义上而
言），分裂出不同的团体，这些阵营至少是宗派意义上的联盟。改
革运动在思想和体制上越来越具体化，前现代时期改革者面临的
反对者来自各个阵线；反对者的阵线联盟逐渐缩减，如今只剩下
打着明显反对旗号的少众阵营；改革派不仅摒弃了隔都的宗教心
态，还将改变形式、不改变实质的现代主义正统派拒之门外。"改
革"这一名称总是与特殊的机构连在一起，例如汉堡圣殿、柏林
改革社区和伦敦西部犹太圣堂等，或者"改革"代表的是犹太社
区的一个永久性宗派。到中世纪，一场界限模糊的宗教现代化运
动演变成一种机制结构内部或外部的教派立场，使之与相对较传
统的敌对立场相分离。在后来的几十年中，欧洲的改革派（自由
派）犹太人着手巩固其犹太身份的特殊形式。

# 181

# 5. 巩固与进步

## 德国社区内部改革

1848年德国革命结束后的20年期间，宗教自由思想的发展并不顺利。民主唯心主义导致自由派运动失败，这一思想也由于内部分裂而夭折，此外，还遭到了武力镇压。几年后，基督教国度的观念卷土重来，教堂再次申明自己是贵族的主要思想支柱。宗教自由主义被指控为反抗现行权威的一种罪行，而其自身对这种指控也附有部分责任。50年代，拥护正统派的新教神学家掌控着大学教育，职位较低的同事在下属学院灌输传统的教义。天主教经历了一场复兴运动，向忠诚的信仰者灌输了更加严格的道德意识，其虔诚的程度能拒绝任何启蒙思想和理性主义宗教。早期的天主教徒接受了自由主义思想后希望对仪式进行改革，他们将德语弥撒引入教堂，但是新的教皇绝对权力主义将德国天主教徒与罗马的联系拉近后，改革思想逐渐被抛到脑后。总之，宗教在德国社会已经失去了进步的意义。

在政治动荡的年代，宗教的进步因素会显现在经济领域，使之增强国力。德国进入工业化进程，哲学唯物主义随之进入思想领域。康德、黑格尔等唯心主义哲学家早期构建的思想体系试图在理性和宗教之间进行调解，然而这些思想逐渐衰退，取而代之的是与发展迅速的自然科学密切相连、与形而上学明显敌对的世界观。宣扬个人意志、否认社会进步的叔本华成为受欢迎的德国思想家。哲学家们将其思想与神学相分离，许多普通人士开始用唯物主义术语进行思考，这些术语与复兴的教堂虔诚思想明显不符。因而这一时期德国的学术界和教堂派之间，新兴资产阶级的世俗雄心与神职人员决不妥协的教条主义之间矛盾重重。[1]这样的环境对犹太教内部的调解非常不利。

德国犹太人在这种新的政治压抑氛围下叫苦连天。1848年和1849年，德国各省的犹太人获得了平等的权利，可是在50年代，这些权利被撤销或受到限制。有的德国犹太人对此失望不已，选择移民到美国，在那里可以拥有政治自由和经济机会，移民者当中包括大卫·艾因霍恩、塞缪尔·阿德勒等在欧洲改革运动中发挥重要作用的拉比。没有移民的德国犹太人则置身经济领域，加入工业扩展的生产队伍之中。1848年至1878年，皈依基督教的德国犹太人不及从前，和后来的皈依人数相比也少得多，也许因为这段时期的反犹主义势力低头，经济机会增多，但是他们对宗教的态度却越来越冷漠。[2]越来越多的德国犹太人表现出公开的世俗论姿态，尽可能多地掩盖自己的犹太身份，他们只是象征性地摆出敬神、怀旧的姿态，偶尔参加犹太圣堂的礼拜仪式。人们认为基督教与现代文化不再是同步发展，因此不能继续充当社会进步的宗教楷模。亚伯拉罕·盖格对基督教不断进行严厉批判。他宣称新教已经丧失了自由探索的精神，而天主教已倒退回最糟糕的教条主义状态中。[3]即便基督社会提供一种模式，也是为正统派和宗教冷漠者所做的。对于

182

前者来说，教堂展示了宗教是如何维护传统教义和价值的；而对于后者，新哲学证明了唯物主义、自我利益和忽视宗教是正确的。犹太人中剩余的自由唯心主义不久演化为世俗的思想，以无关、反动的态势站在宗教的对立面。这种情况下，改革派吹嘘任何宗教进步的信息会被某些人认为具有政治颠覆目的，也会被许多人认为与宗教极不和谐。他们的领袖别无选择，只能默默工作，在自己所属社区内努力争取进步：让更多的当地人支持改革事业，尽力将制度化的原则阐释清楚，并接受妥协，做好准备迎接美好时代的到来。

改革派在政治动乱早期遭受了明显的挫折。二三十年代，德国政府再次对犹太宗教改革持怀疑态度，表现出极大的不悦。柏林警方对改革派圣会举行的星期日礼拜进行密切的监督，巴伐利亚省政府鼓励恢复正统派。阻止宗教改革最强硬的一次反对行动发生在梅克伦堡-什未林公国，继塞缪尔·侯德海姆和大卫·艾因霍恩之后的拉比对礼拜仪式制定了一系列的改革措施，使什未林的犹太圣堂成为德国改革力度最大的地区。政府本来对改革持赞成态度，可是到50年代早期态度发生了转变，改革者刚刚获得的公民身份以及宗教自主权被取消。艾因霍恩于1852年被迫离去后，大公（archduke）接管了社区的管辖，他指定了一位普通信徒担任新领袖，任命的拉比是一位极端正统分子。"改革思想是一种有毒的赘生物"，我们应该将其清除。新制度助长了这一反对的思潮，据他们所说，公国所有的犹太圣堂在妇女就座的区域前面重新立起格架，诵经桌摆放在中心，有关《托拉》内容的全文背诵每周应该进行一次，礼拜仪式要完全用希伯来文进行，"不能有任何的缩减、改动和革新"。在小型社区布道的宗教教师首先要将手稿递交给首席拉比获得批准。早期的传统派提出申请单独举行礼拜仪式，政府予以批准；而现代的改革者提出类似的请求，却发现政府丝毫不予理会。[4]

梅克伦堡－什未林公国是个极端的例子，公国内的大部分地方改革进程缓慢，但并未被强制倒行逆施。无论是19世纪末的小城镇还是大一些的城市，犹太圣堂都在进行着不同程度的改革。随着文化融合的推进和经济地位的提高，来自乡村的德国犹太人也希望自己所属的圣堂能像城市圣堂那样受到精神熏陶并接受庄严的礼拜仪式。1871年后，一部分农村人口涌入城市，他们的思想比较超前，喜欢北方的生活。这种大规模的人口迁移导致一部分农村社区恢复了原来的正统派信仰，尤其是德国南部和西部的农村。[5]席卷德国的改革运动虽然在初期遭到了抵制，但后来逐渐积聚了动力。到六七十年代，人数逐渐缩减的不是改革派，而是严格的正统派，他们不得不为自己的生存而挣扎。

在一个接一个的德国社区中，自由派重掌社区大权并制订了温和的改革计划。[6]改革派不愿意强迫传统派进行改变，于是采取了灵活的方式，要么在小型社区妥协，要么在规模大的社区为不同的团体提供不同的宗教礼拜仪式。新建的犹太圣堂往往担任改革的责任，这一时期，德国犹太人的经济地位不断提高，大型犹太社区修建宏伟高雅的圣堂便拥有了资金来源。单单在50年代末期和60年代中期，普鲁士就修建了40多座犹太圣堂。[7]自由社区委员会有权决定新建筑的风格，新建筑的风格要与新的宗教仪式相得益彰，还要彰显失而复得的历史意识。从1850年到1880年，占主导风格的是摩尔建筑，其外部形式继承了鲜明的犹太东方特征。

这一时期的德国犹太人努力寻求全面的政治解放，直至1871年最终取得成功。伊斯兰－西班牙摩尔式犹太圣堂的建成宣告了政治文化一体化并不需弃源舍本，犹太圣堂不一定非要模仿基督教堂。可以肯定的是，这一建筑没有蕴含犹太民族主义，而是凸显了历史差异，让世人有目共睹。不容否认的是，犹太人的东方遗产已经移植到了德国土壤之上。因此，乌滕堡的拉比约瑟夫·迈尔在摩尔式犹太圣堂的题献仪式上说："是的，心爱的斯图加特，我们的耶路撒冷，美好的祝愿带给你。"这一说法并不是否认耶路撒冷的历史意义，而是确认犹太人及其具有鲜明东方建筑标志的特殊宗教已在德国的城市扎根。[8]

　　柏林社区约有两万人，那里的犹太圣堂是新建筑中最典型的例子，魁伟华丽，于1866年在市中心落成。当代人把它描述为"现代的阿尔罕布拉宫"。这座圣堂不是在庭院内部修建，而是直接伫立在大街上，表明犹太教在德国享有平等的地位。它与改革圣会建成的犹太圣堂有所不同，新建筑表达了保留明显差异的愿望，而1854年竣工的犹太圣堂具有古典风格。"新犹太圣堂"成为柏林自由派犹太人的礼拜场所，而旧圣堂在1856年进行了改造，之后为传统派服务。社区委员会非常关注新圣堂，对礼拜仪式的秩序进行修改，在保留希伯来文的基本礼拜规定基础上，增加德语祷文和赞美诗。[9]约瑟夫·奥布这位温和派改革者被选为美因茨的拉比，定期在此布道。

　　摩尔建筑风格维护了独立的历史传统，新犹太圣堂的音乐没有效仿基督教的模式，维也纳的所罗门·苏尔泽是最富盛誉的礼拜仪式作曲家，他借鉴了很多天主教堂的音乐元素。柏林的合唱团总指挥路易斯·勒万多维斯基（1821—1894）将德国民间曲调的旋律融入其中，但他拒绝加入新教元素。在其第二部作曲集的前言中，他说自己会尽力"保持古老旋律模式的特点和独到之处，并且通过配声来彰显其高贵特质"。莱万多斯基创作的曲子风格华丽浪漫，与新犹太圣堂富丽堂皇的装饰相得益彰。他谱曲的范围很广，圣会歌曲、多声部合唱、清唱以及带管风琴伴奏的曲子样样精通，因此莱万多斯基的作曲很快成为德国的标准，不久便传到了美国的德国移民犹太圣堂。[10]

　　德国的新犹太教礼拜场所受改革派的启发，在不同程度上进行了结构上的改动。最常见的是将布道坛从中心位置移到了约柜前方，修建了合唱阁楼，拆除了妇女席位前面的格架。有关管风琴安放的问题，起初没有讨论，后来却不断引起争议，如学者所言，管风琴是划分正统派和改革派的"示播列"（Shibboleth，一种暗语，用来表示对某个集体或者特定观念的忠诚）。柏林社区委员会在决定是否赞同将管风琴置于犹太圣堂之前需要收集不同意见的释疑解答。[11]大批社区成员呼吁其他方面的改革。对管风琴持反对意见的德国人继续站在犹太律法的立场上对此进行驳斥，认为这一行径是在模仿异邦人。但现在不再有那么多人将其视为禁忌或异国因素，也不会将其与激进改革的行为联系起来。盖格认为管风琴根本不是基督教的发明，而是以色列人发明的，人们可以追溯到耶路撒冷圣殿弹奏的马格福管风琴。我们终于等到了向基督徒索回"自己古代传家宝"的时刻，同时还要感激他们完善了这一乐器。[12]温和派逐渐接受了这一观点。

　　除了早期的几例情况外，管风琴在19世纪50年代早期开始进入社区犹太圣堂，尤其是莱茵河流域，此后随着新建筑对管风琴的规定而迅速蔓延。到20世纪早期有130所圣堂使用"圣堂管风琴"（*Orgelsynagogen*），除汉诺威市外每个主要的犹太社区至少有一座这样的圣堂。正统派将管风琴的使用视为改革派的标志，因此他们拒绝使用管风琴，这种做法主要为了体现自己的特殊身份和自我界定。[13]

各地纷纷效仿天主教式犹太圣堂的风格进行改革，当地的犹太圣堂确立了合唱音乐、管风琴以及固定格式的冗长布道；这些元素在举行礼拜仪式时营造出了正式、高贵、令人敬畏的气氛，让众多德国犹太人得到了宗教满足感，至少是引以为荣。显然他们喜欢听专业人士的诵词或吟唱，虽然后来这种改革趋势遭到了众多人的批评，但在犹太圣堂的发展阶段，鲜有人对其诟病。但也有例外，1849年在菲利普森创办的《犹太教汇报》上曾发表过一篇匿名文章，该作者抱怨改革后的礼拜仪式非常拘谨、迂腐，好像刻意模仿宫廷仪式，可以预测到布道的形式和内容，令人失望。[14]圣会不再由个别礼拜者组成，他们偶尔被授予特殊角色，例如由于个人原因被抽到诵读《托拉》，这种弥撒没有界限差异。更为普遍的是，这位匿名作者指出了正统派批评者多次说到的事：宗教改革因其新颖才具有吸引力，一旦没有了新鲜感，人们的热情也就慢慢消失，最终会恢复到以往的冷漠态度。深入的改革只是重复这一模式，尽管他建议更多的人加入圣会，包括对布道的讨论，但这位富有同情心的批评家对犹太教不抱有任何幻想，认为任何形式的犹太教都无法克服这一时代普遍存在的世俗倾向。他这样写道，"现代人几乎不需要宗教仪式，我们祖先制定的参加礼拜这一古老责任已经不合时宜了"。

　　宗教改革仍在进行，而德国犹太普通民众却不再参加犹太圣堂的活动，因此需要通过改革让他们感到这种做法是有意义的。1848年后德国改革派最重要的成就是对祈祷书进行的修订，使祈祷书在更大规模的社区被自由派采用。[15] 在50年代，只有汉堡圣殿和柏林改革圣会拥有改革派的祈祷书，有的德国社区简化了礼拜仪式，删除了认为不相关、不全面甚至冒犯异邦人的内容。诅咒"诽谤者"的希伯来内容改为"诽谤"并流传开来，但是各地社区犹太圣堂使用的祈祷书还保持传统的风格。

　　很多礼拜者期望改革者能对祈祷书和公共礼拜之间的差异做出界定，1848年，斯图加特的拉比约瑟夫·迈尔就此提出了一项临时解决方案。迈尔将其视为一项纯粹的个人事业，他出版了一部祈祷书，大部分内容使用德语，可供个人在犹太圣堂的公共礼拜期间使用，尽管有些不太匹配。在迈尔的祈祷书中，有关意识形态问题的希伯来祈祷文要么被直接删除，由德文内容替代；要么用德语释义进行改动。由于祈祷书并不是为乌滕堡犹太人而写的，礼拜者无法从传统祈祷书中得到启迪，即便如此，他们的宗教情感也会发生改变，迈尔对此发表了自己的观点。目前在传统公共礼拜期间，他们只能默读迈尔的祈祷书应付一下，显然拉比希望有一天所有的圣会都会采用他的祈祷书或者类似的祈祷书。[16]

　　礼拜仪式改革的下一步是在社区祈祷书中添加德语释义，同时还要保留希伯来语原文，这正是拉比约瑟夫·阿布于1853年编辑的美因茨社区祈祷书的意旨。这一策略也是编辑考虑到礼拜者

中的传统分子的信仰而采纳的，传统派信奉回归锡安山并恢复动
物祭祀的教义，这部分人使用希伯来语祈祷，而放弃信仰的现代
派喜欢默诵经过修改的德语内容。阿布的祈祷书是第一部用不同
语言的礼拜仪式解决社区分歧的尝试，当译语与希伯来语原文有
差异时，祈祷书内容则偏重于德国的犹太教礼拜仪式。

　　1854年，亚伯拉罕·盖格为布雷斯劳社区的自由派编写了祈
祷书，按照德语释义比希伯来语原文激进的模式进行编写。例如，
复活这一词转换成德语为"生命的更新"，语义更加模糊。然而盖
格的措施不仅如此，他还将思想方面的一些改变引入希伯来语，使
礼拜仪式与汉堡圣殿的做法更加一致。希伯来语内容中省略了"从
世界各民族中"这一表达，还有选定以色列诵读《托拉》等词语，
在祷文中改为有关拜祭（包括未完成的拜祭以撒的命令）和恢复锡
安山的内容。但是与汉堡圣殿不同，布雷斯劳的礼拜仪式除了几首
圣会赞美诗外，其余内容都使用希伯来语进行，祈祷书从右往左翻
页，礼拜仪式持续的时间更久一些，每周诵读的《托拉》用三年的
时间来完成，而不是一年。通过判断自己在早期对礼拜仪式改革的
观点，盖格倾向对公共礼拜仪式进行更彻底的改革，喜欢在仪式中
使用更多的德语。[17]但是他不喜欢私人撰写祈祷书，认为集体接受
他制定的礼拜仪式比起思想上的一致性要重要得多。实际上，他的
祈祷书是第一部经过全面改动、被自由派犹太圣堂社区接受的祈祷
书，不久这部祈祷书在德国的其他社区流传开来。

　　在其他地方，由当地拉比编写并经过类似改动的祈祷书也在
同时期或之后得以采用。法兰克福的拉比利奥波德·斯坦对德国
西南部地区的公共礼拜仪式进行改革，却以失败告终。1860年，

他自己出版了一部祈祷书，主要是为法兰克福社区的新犹太圣堂而编写的。[18]斯坦的礼拜仪式采用了一种新策略，也能在将来使用。不仅针对祈祷书中希伯来语和德语内容提供了意识形态的多样选择，甚至在希伯来语章节内的必要地方，在修改的内容旁边或下面用更小的字母印有"古文"的标记。[19]这样对希伯来语内容进行的改动，不会对反对者产生束缚。

1866年，阿布被召集去柏林担任拉比，宏伟的新犹太圣堂也已落成，德国最大的犹太社区准备对祈祷书进行修改。阿布的三卷祈祷书在思想上基本与改革派的趋势一脉相承，但与盖格的礼拜仪式相比，又略显保守，例如他拒绝在选择以色列的问题上妥协。四年后，盖格祈祷书的第二版问世，这一版删除了动物祭祀和渴望重建古代耶路撒冷圣殿的内容。[20]作为礼拜仪式的权威，盖格朝着反映改革派思想的方向发展，而从前的布雷斯劳社区却逆向发展，倒退回传统的格局。布雷斯劳的领袖打算让正在建设中的新社区犹太圣堂为整个社区服务，因此需要一部祈祷书，盖格编写的祈祷书仅用于社区改革派的礼拜仪式，布雷斯劳的祈祷书要让更多的人接受。曼努埃尔·乔尔（Manuel Joël）接替盖格担任布雷斯劳的拉比，普通信徒领袖因此要求乔尔出台一种方案，使传统祈祷书和盖格祈祷书之间能够达成妥协。[21]乔尔是撒迦利亚·弗兰克尔学派的继承人，他同意以盖格的第一版为基础，保留他认可的基本意识形态倾向，但在某种程度上他又按照传统的方式进行修改，像斯坦所做的那样，当涉及对希伯来文进行改动时，就附上字体较小的传统文本解释。因此布雷斯劳的保守派可以默读旧的信仰表白书，而独唱者可以吟诵新内容，如同其他地

187

方的圣会者在聆听希伯来语的传统礼拜仪式时，时不时地会再瞥一眼德语释义。通过这些方法，每个社区的主要犹太圣堂或自由派犹太圣堂能够最大范围地笼络成员，尽管顽固的传统派继续举行自己的礼拜仪式，宗教冷漠者或者教外人士仍置身事外。

到60年代末，德国改革派认为开启新的集体事业的时机已经成熟，过去的20年间，社区犹太圣堂改革原则的制度化和祈祷书的编写已经有了很大的发展，尽管这其中遇到种种阻碍。除妥协外，别无其他选择，甚至更激进的改革者都适应了当地缓慢的进展状态。但是比他们预期更为糟糕的是，盖格抱怨"无忧无虑的安全"和"无关痛痒的懒散"。解放战争胜利在望时，犹太人维护自身犹太性的外部动力也不复存在，他们对犹太教不再感兴趣。犹太平等地位已不再是他们的政治事业，犹太信仰和实践也不再是个人所需。他提到"死一般的宁静"笼罩着犹太社区。犹太人本身在进步，但犹太教却没有，宗教没有成为现代拥护者的精神力量。[22] 当然犹太科学也在进步，实际上盖格最重要的研究始于这一时期，但是学术在很大程度上与当代所关心的问题相脱节。莫里茨·斯坦施耐德是位伟大的犹太书志学家，盖格在给这位朋友的信中对犹太科学嘲讽挖苦，说"像大理石一样冰冷"，一方面想摆脱所有的预言，同时又满足于犹太教现状。[23]

改革派的一些旧问题不像从前那样重要。盖格说那些曾坚决要求在礼拜仪式上摘下帽子的顽固分子，"头发变灰，甚至秃顶，现在也欣然乐意地戴上帽子，年轻时的激情荡然无存"[24]。新祈祷书和礼拜的良好秩序解决了礼拜仪式的主要问题，但棘手的问题是缺少统一的标准。拉比和普通信徒中的进步人士感到有必要扩大他们已经制定和正在计划中的改革的批准范围，要继续关注犹太法律的某些问题。在免除寡妇与亡夫兄弟结婚的问题上，犹太律法形式占据主导地位，根据犹太法律，死了丈夫的女人们仍处于被抛弃的地位，毫无用处的寡妇们不能再嫁人。拉比不愿意违反犹太律法，让一位有祭司血统的犹太人娶一位离婚女士。[25]也不愿意为他们举行婚礼，因为新娘没有独立讲话的能力。越来越多 188 的人认为这些实际问题为那些热衷于这方面讨论、立场统一的人提供了新的民族聚集机会。[26]

　　重新需要集体决策的问题并不仅仅是要坚持犹太律法的做法，到60年代中期，德国的信仰领域再次出现对自由宗教有利的氛围。新成立的"新教协会"提倡宗教革新，使基督教与欧洲文化能和谐共处，领袖们敦促深化教堂内部的改革，从而促进宗教与文化的融合，他们认识到只有知识分子和普通信徒共同加入神职人员的行列，才有可能取得进步。从1865年开始，每隔一两年，海德堡的法律教授布伦奇利（J. C. Bluntschli）会定期主持会议。早在1848年革命期间，犹太改革者中有相当一部分人赞成普通信徒和学者应与拉比共同参加所有形式的集体论坛，但是当时改革派为组建基础广泛的宗教会议所做的一切努力均告失败，在接下来的20年间，这一方案一直处于悬而未决的状态，随着新教做法的出现，这一观念再次赢得了人们的积极支持。一位普通信徒指出："最近每个人逐渐意识到宗教问题是生活本质，并要为之奋斗，犹太土壤上的改革运动获得了更大的动力。"[27]路德维希·菲利普森开始在他的报纸上积极为宗教会议做宣传，因而得到了很大的鼓励和支持。

　　1868年，在卡塞尔召开拉比会议，24名德国拉比参会，会上采纳了多项有关礼拜仪式的解决方案，相当于为次年在莱比锡召开的宗教会议做了一次圣会演习。[28]莱比锡宗教会议带有自由主义思想的倾向，但组织者在阐述其目的时，并没有提到宗教改革，而是将目标认定为克服宗教的分裂现象，并加强对犹太教的保护。来自德国六个社区以及其他地方的83名拉比、学者以及普通信徒领袖参加了宗教会议，其中包括像布雷斯劳的拉比曼努埃尔·乔尔这样的保守分子以及激进的理性主义者，但是绝大多数人属于温和派进步分子。由于参会者不具备为其社区代言的权利，宗教会议的权威完全依靠犹太公众给予的尊重而定。反对派则宣称这一机构不具备任何权威，因为只有犹太律法有权对宗教问题做出决定，任何受欢迎的大会都没有这一权利，但圣会者认为自己并不认可这样的投票方式，因此不会受其限制，这样的投票在自己的社区不会生效。

　　莱比锡宗教会议尽可能地避免极端立场的出现，这会减少支持的基础，解决办法是只对在大型社区已经很普遍的做法加以肯定，但像盖格这样希望深化改革的人对此则感到非常失望。但凡激进的建议要么被否定，要么被递交到委员会，而保守一些的方案则能获得批准，例如宗教会议决定对犹太儿童接受的圣经教育删除历史批评的内容。之前的改革者在法兰克福拉比会议上引发了对希伯来语言的激烈讨论，在此次宗教会议上希伯来语言的使用被确认为犹太教育的必须内容。决议指出：希伯来语非常重要，它不仅是圣经的语言，是世世代代表达犹太教独特宗教思想的语言，而且"还是联系所有犹太集体成员坚实的精神纽带"。宗教会议在许多问题上都站在改革派的立场上，例如：认可犹太圣堂中的管风琴音乐，围绕敦促礼拜仪式这一普遍主题进行详解，推荐每周的预言部分内容哈夫塔拉应该用本地语诵读等。但有一次，投票结果很接近，就诵读《托拉》的决议上选择了一年而不是三年；还有一次，盖格提出帕拉（*Parah*）和扎卡（*Zakhor*）这些特殊的《托拉》内容应该被删除，因为这些内容并不相关，而且具有冒犯性，但这一建议遭到了否决。一位圣会者起初对宗教会议持怀疑态度，最终被迫承认宗教会议实质上是有益的，没有偏离"正确的观点"。

　　总之，莱比锡会议的气氛是喜庆的，尽管没有出台严肃的权威意见，但宗教会议享有国际聚会的地位，代表们来自比利时、

莱比锡宗教会议的官员：约瑟夫·冯·沃什米、莫里茨·拉扎勒斯和亚伯拉罕·盖格

英格兰、奥匈帝国和美国，成绩斐然，从宗教的目的分析，此次会议将不同派别的犹太领导统一了起来。他们都是主席团代表，著名的民族学者和博学的犹太人莫里茨·拉扎勒斯（Moritz Lazarus）教授当选为主席，他代表了普通文化中的犹太成就；最有影响力的犹太神学家和学者亚伯拉罕·盖格当选为副主席；第二副主席是维也纳社区的退休领导约瑟夫·冯·沃什米（Joseph von Wertheimer），他代表着普通信徒领袖、博爱和世俗成就。他们虽然对出席人数不多而感到遗憾，但参会成员们对中欧自由派犹太教所展示的力量而感到愉快，他们相信自己是为统一和进步而努力的。拉扎勒斯的闭幕词激励他们为唯心思想和宗教虔诚而奋斗，为反对唯物主义而斗争，听众们认为进步的犹太教不仅具有生命力，而且在欧洲起着非常关键的作用。

　　法兰西-普鲁士战争致使第二届宗教会议推迟了两年，直到1871年才举行。如果不是这一原因的话，莱比锡会议产生的影响力会使新体制真正成为进步犹太教的焦点。但间隔两年后，宗教会议在奥格斯堡（Augsburg）举行时，昔日的喜庆气氛已经消失，参加的人数不但没有像想象中的增长，反而减少了。当时，德国的爱国主义高涨，在其影响下，第二届宗教会议缺少了第一届会议上大都市的光环；不仅如此，注册的52位成员中没有保守分子。菲利普森因为没有被选入莱比锡会议的主席团而恼火，所以他没有宣传宗教会议，自己也不出席，但这一切似乎于事无补。再次当选为主席的拉扎勒斯在开幕词中承认本次圣会不及第一次，不能视为具有象征意义的行动或开端，会议必须产生切实的效果。实际上，在奥格斯堡会议上也通过了一些决议，尤其是有关婚姻的法律和风俗。宗教会议支持结婚仪式上新郎和新娘互赠结婚戒指，这一风俗不久流行开来，并允许新郎和新娘发表婚礼誓言。绝大多数与会成员就寡妇再嫁的问题达成一致，由非犹太司法机构鉴定某人已经死亡或者推测失踪者已经死亡的情况下，这位寡妇有再嫁的自由，与现在不合时宜的脱鞋礼不应成为寡妇再嫁的障碍。越来越多的妇女皈依犹太教，尤其是在维也纳，宗教会议投票一致通过允许妇女见证洗礼。虽然宗教会议认为割礼具有"非常重要的意义"，但一致同意即使没接受割礼，只要母亲是犹太人，孩子就可以被认定为犹太人。还有一项决议是有关安息日的，允许当天骑车，尤其是作为去犹太圣堂的交通工具，同时出于慈善、教育或娱乐等目的时，也允许这样的做法。宗教会议对德国犹太人普遍庆祝圣诞节的事实采取默认的态度，同时也一致推荐要加大光明节的庆祝力度。

此次宗教会议收获颇丰，通过的多项决议成为柏林和其他地区的社区领袖以后讨论的热点，但是宗教会议没有继续召开，这里面牵扯经济和意见不统一以及个性的问题，但主要原因在于缺少强劲的动力。70年代的德国犹太人满足于刚刚获得的解放，积极参与俾斯麦成立的新帝国的经济、文化和政治生活。奥格斯堡会议上几乎没有谈论"犹太使命"的问题，在全面解放的冲击下，此时人们明显地意识到犹太人为西方文明做出了巨大贡献。赋予所有犹太人公民权的新德国现在是精神和文化的承担者，当时宗教自由主义在基督教领域内再次衰退，正统派和宗教冷漠派之间的分歧根深蒂固。

改革派没有培养出一代能够东山再起、重兴大业的拉比领袖，出席宗教会议的拉比多数年事已高，年轻时都热情似火地参加过40年代的会议，但现在激情退去。参会人员来自各领域的范围也越来越窄了，自从1854年撒迦利亚·弗兰克尔在布雷斯劳建立犹太神学院以来，保守分子组建了自己的机构，忠诚的校友把宗教会议视为敌对机构，不再给予支持，认为不符合自己的观点。

接下来的几十年中，德国的大部分正统派犹太人组织起独立的圣会，改革动力随之停滞。早在1851年，萨姆森·拉斐尔·赫希被召集到法兰克福的一个独立社区工作，1869年在柏林也组建起类似的社区。赫希说服国会议员爱德华·拉斯科（Eduard Lasker）提议免收圣会成员社区税的议案。1876年，拉斯科的提议被立法，传言说其他社区也会成立类似的异己圣会（*Austrittsgemeinden*）组织，结果这一威胁变成了事实。有洞察力的普通信徒领袖不管曾经是多么的进步，最终倒向了保守派。他们想方设法阻止自己社区成立独立的组织，如果组织已经成立，就竭力扼制其发展。[29]

在莱比锡宗教会议的推动下，改革者成立了一个重要的进步机构：犹太法学院和高级犹太研究所，与布雷斯劳神学院不同，这一机构崇尚批判式的学问和学术自由。很多自由派拉比多年来提倡建立这样的学术中心，盖格对弥漫在布雷斯劳的中世纪氛围极尽挖苦和抨击；约瑟夫·阿布对柏林的听众曾经哀叹过：没有一所学院能"培养年轻的德国拉比取得进步并让他们得到深造"。[30]只有在第一届宗教会议上，尤其当拉扎勒斯本人掌管此事时，大家集中精力关注此事，并成功地筹集到资金，成立起犹太研究学院，这一高等学府于1870年建成，两年后才开始招生，盖格被邀请进入学院，与其他思想更保守的同事一同工作，拉扎勒斯任董事会主席，到1942年被纳粹关闭前的70年间，高等学府成为自由派犹太人的思想中心，学院教师们完成了重要的学术著作，培养的学生遍布德国各地的进步讲坛。高等学府是改革运动在各地成立的第一所永久性的中心机构。

## 东部推进

19世纪50年代，奥地利的自由派宗教和德国的一样一帆风顺，1855年，与梵蒂冈签署的奥地利协约使天主教堂的影响力在公共领域内逐渐加强，排除异己的精神窒息了整个思想界。1849年，维也纳犹太领袖首次被授予成立官方社区的权力，不久发现政府将他们的行径视为危险的"改革"。维也纳犹太人的规模和组成也发生了变化，他们刚刚获得在首都的自由居住权，一开始他们是被排外的犹太聚集体，到1855年这一群体发展为人口达2万的大型社区，直到1870年人口再次增长一倍。新犹太居民大部分是传统主义者，尤其是来自匈牙利和加利西亚，他们对圣殿仪式非常不满。50年代末，他们试图分裂出来，并成立自己的社区。结果遭遇了失败，但仍有不少支持者，再加上官方对所有宗教自由化的怀疑，从而阻止了改革运动前进的步伐，使其始终停滞在30年前的状态上。[31]

面对种种限制，社区委员会努力寻求突破。为了应对急剧上涨的犹太人口，在利奥波德区修建了第二座圣殿，新圣殿于1858年建成，容纳的人数是第一座圣殿的三倍，外观气派，与德国犹太圣堂一样均采用了东方模式，除摩尔风格外，还仿照了古代亚述风格。[32] 圣殿的仪式完全遵循曼海姆和苏尔泽制定的内容，选入讲坛的新宣教士比年长的同事在改革观念上更加开放。阿道夫·耶利内克（Adolf Jellinek, 1823—1893）与曼海姆不同，他支持新圣殿使用管风琴；与德国改革者一样，他反对在婚礼上诵读阿拉姆语的婚约信条，废除了圣经上的脱鞋礼以及要求皈依犹太教的人浸入浸礼池水中才能以犹太人的身份结婚这一律法。他早期在莱比锡和维也纳任宣教士时，经常反对那些顽固拒绝适应现代性的犹太人。同辈人注意到在个人遵循仪式律法方面，他并不是完全恪守。[33] 总之，耶利内克代表了改革的另一个方向，因此令正统派忧心忡忡。

耶利内克这位新宣教士并不是改革思想家，只是一位研究《米德拉什》和卡巴拉（犹太教内的神秘主义派别）的学者。他对一些无人问津的文本就行编辑，并不想用自己的研究挑起论辩。实际上他是一位公共讲演者——很多人认为他是19世纪犹太讲道人的杰出榜样。与早期改革讲道的风格相比，耶利内克并没有对一般的道德真理进行详述，而是对犹太教进行特殊讲解，他的布道设计精心，并适当穿插丰富的《米德拉什》和《塔木德》内容。这些内容主要为了让听众为自己特殊的犹太遗产感到自豪，让他们为自己的犹太身份"感到高兴"。凭借自己戏剧肖像的创作天赋，耶利内克有一次将代表犹太民族的雅歌英雄画成了勇敢举起上帝旗帜的样子，史无前例，他赞美当代的犹太人，强调他们所做的成就，并让听众坚持自己现有的态度和信仰。虽然不能称他为犹太民族主义者，他的布道却极大地唤醒了人们对锡安山和耶路撒冷的记忆。他指出古代的遗址对未来具有一定的意义，因为这是全世界大众的象征，能激励犹太人为提高自我和社会改良而加倍努力。对锡安山的渴望使犹太人成为更有价值的奥地利公民，尽管这听起来有些自相矛盾。耶利内克在宣教时多次提倡将希伯来语作为联系所有犹太人的纽带，并且强调教授孩子希伯来语的重要性。对维也纳的犹太领袖来说，他的犹太出生背景让他成为最合适的人选：这样一位宗教领袖不会导致思想分歧，他还是一位富有成就的宣教士，能够带给听众深刻的艺术体验，能表达自己的感情，重申对犹太的忠诚和普遍的信仰。[34]

然而，耶利内克安于现状，到60年代末，在社区普通信徒领袖的敦促下，犹太圣堂进行了深入的改革。1868年，奥地利犹太人获得了完全的平等权，对改革起到了一定的助推作用。思想上更具改革倾向的支持者以德国为榜样，将有关祭祀和回归锡安山的章节从维也纳祈祷书中删除，他们还打算在两个社区定期举行的圣殿礼拜仪式中增加管风琴演奏。为了享有更广泛的权威，社区委员会派代表去参加莱比锡和奥格斯堡的宗教会议，并且听取了会后的报告。根据预测，新的助推力给正统派的分裂主义者带来了新鲜活力，大约300人威胁要离开社区，有400名拉比谴责改革的提议，结果达成了这样的妥协：延迟管风琴演奏，默诵回归锡安山和祭祀的主要祈祷文，让礼拜者根据自己的信仰自由选择个人的做法。1872年达成的协议中措辞极为精心，将对礼拜仪式的改革改为"修改"。[35]

为避免其官方的做法被贴上"非维也纳仪式"的标签，维也纳犹太人把社区统一置于意识形态之上。正统派则拒绝这一仪式，他们按照自己的风俗在城市的其他犹太圣堂参加礼拜；至于对宗教持冷漠态度的人，一部分人参加海报宣传，并在临时地点举行特殊新年假期礼拜仪式，另一些人根本不参加任何活动。曼海姆去世后，莫里茨·古德曼（Moritz Güdemann）接替职位，他是一名保守分子，像耶利内克取悦自由派一样，他也向传统派做出让步。[36]

维也纳的妥协做法同样出现在奥地利的其他社区中。布拉格的其他犹太圣堂就采用了"井然有序的礼拜仪式"，圣殿的礼拜仪式中还配有器乐，这种做法并没有造成内部人员的严重不和。19世纪末，很多波希米亚和摩拉维亚犹太人脱离了正统派，他们已经习惯了犹太圣堂采纳的维也纳仪式。[37]

相比之下，匈牙利的社区统一没有得到拥护。尽管世俗化和进行温和宗教同化的愿望在大城市迅速蔓延，但中欧的现代派面临着军事派和正统派的双重威胁，他们一方面拒绝宗教改革，同时还反对政治文化的一体化。正统派领袖害怕解放，因此坚决反对世俗学科的研究。随着统一派势力的增强，实行自我隔都化的正统派的地位也在上升，尤其是东北地区的势力比较强大。传统派拉比领袖在匈牙利的影响非常大，哈西德主义非常活跃。19世纪70年代以后，现代派和传统派势均力敌。[38]

自阿伦·科林在20世纪初发动改革运动以来，宗教改革在匈牙利各地纷纷开展起来。40年代末，佩斯改革协会发生了动乱，除了这一短暂插曲外，与德国相比，匈牙利的改革比较温和。19世纪60年代，匈牙利围绕"改革"问题争论不休，这一问题涉及代表传统思想的现代正统派广泛实施的革新，而这些革新在德国早已成为老生常谈。匈牙利的拉比大都思想陈腐，他们禁止使用本地语进行布道，认为这是打破了几个世纪以来保护犹太教的语言障碍。然而随着德语布道的迅速传播，这一改革得到了普通信徒甚至传统犹太圣堂的支持，甚至就连那些持反对意见的拉比也逐渐意识到这一禁令让"社区无法容忍"。第二个争论的议题是能否将布道坛从圣堂中心移到约柜的前面，在德布瑞森（Debrecen）新建的犹太圣堂里，因为决定将布道坛放在约柜前面引发了圣会内部的分裂。这一事件让人们不禁思考，单独一项改革能否使犹太圣堂成为"改革合唱圣殿"阵营中的正统派。争论的另一个起因是用来将性别分开的隔断（mehitsah）形式问题。很多犹太圣堂都保留着栅格，但将其修改成异性之间可以相互看到的样式则会严重偏离正统派的观点。[39]

这些革新以及其他的革新被视为具有合唱圣殿的特点，一些圣堂安装了管风琴，从匈牙利的大城市到南部克罗地亚（Craotia）的萨格勒布（Zagreb）也发生了类似情况。[40]对于正统派来说，这样的威胁令人无法容忍。有的拉比认为，与这些人共同祈祷比吃猪肉更具冒犯性，根据一项答疑中的阐释，这些革新做法比盲目崇拜更加严重。为增加反对的砝码，77位正统派拉比于1865年在米查路文斯（Michalovce）召开了拉比会议，并签署了处罚法令。法令禁止了许多做法，不能用本地语布道、举行祈祷的犹太圣堂不能将布道坛摆放在中心、不能在圣堂上方建塔、独唱者和合唱队员不能身着教士服装、妇女区域前面不能使用透明隔墙、不相关的人不能聆听圣堂合唱、不能到合唱圣殿做礼拜、犹太圣堂内不能举行婚礼。法令在结尾时强调了其强制性："禁止对犹太习俗或者我们祖先已经接受的犹太圣堂惯例做出任何改动。"[41]倡导文化一体化和宗教改革的人们在匈牙利被称作进步派或新教派，而正统派以集体禁止的方式扼制了传统圣会向进步派或新教义倾斜的机会。米查路文斯法令明确了自身的正统派界限。

极具讽刺意义的是，实现中央统一大业的失败导致了匈牙利犹太人的组织分裂。1867年，匈牙利犹太人在奥地利获得了全面解放，推动了宗教文化的一体化。早在1848年，马札尔族（Magyar）的事业如火如荼，这种热情影响了英格涅·艾因霍恩的激进改革。继1867年与奥地利达成协议后，匈牙利开始享有内部事务的自主权，马札尔欢迎犹太人参与民族建设大业，因为毕竟不是多数民族，他们希望能够通过笼络犹太人来扩大自己在匈牙利其他民族中的影响力并占据主导地位。正统派犹太人认为保守的哈布斯堡王朝体制能够很好地保护他们的利益，进步派则热情地支持马札尔登上领导地位，这对自己的立场将会极为有利。[42]有的人认为转变犹太宗教意识形态的时机已经到来，他们的宗教类似于德国当代进步犹太教。一位普通信徒指出随着政治锁链的打破，也应该打断精神枷锁，超越现行的合唱圣殿圣堂改革。他提倡删除回归耶路撒冷和重建祭祀的祷文，还要删除只适用于巴勒斯坦的雨露祈祷文，如果拉比胆小不敢行动，社区领袖应该首当其冲。[43]这些观点在匈牙利没有得到支持，但是在进步主义分子内部，大家都希望建立一所类似于布雷斯劳的现代拉比神学院，这一共同愿望令正统派非常担心。1864年，这一方案得到政府批准，如果方案得以实现，神学院的毕业生就能够改变匈牙利拉比领袖的性质。[44]正统派感到宗教现状受到严重挑战，因而60年代末要求与进步派进行结构上的合并。

在佩斯社区普通信徒领袖的领导下，1868年末，匈牙利犹太人代表大会成立，人们普遍认为这是种族融合主义的堡垒[45]，代表大会得到了自由派匈牙利宗教教育部长约瑟夫·厄特弗斯（Joseph Eötvös）的支持，他决定实行投票选举制，不久便出现了两大对立的党派：代表新教义的进步党和拥护正统派的信仰保卫党。正统派力量并不突出，进步党的得票率是57.5%，获126个席位；而正统派仅获42.5%的投票率和94个席位。代表大会的成立有两方面目的：一是要建立社区组织的中央集权体系，二是制定犹太教学校制度。总的说来，主导代表大会的进步普通信徒领袖尽可能地会避免疏远正统派，并许诺将特殊宗教问题排除在议程之外，还特别注意避开德国改革派的内容。但是有一点需要注意，阿拉德的进步拉比思想非常开放，他们承认新体制下的新教义要实现改革礼拜仪式的目的。这一坦白等于拒绝完全按照《布就宴席》的基础执行统一社区的事务，致使大部分正统派成员退出了代表大会。他们担心会重蹈法国宗教法院体制的覆辙，更重要的是，一旦实行中央集权制度，代表大会会受到新教派的指挥，不能发挥自己的影响力，有可能会面对让自己无法接受的改革。拉比摩西·斯基克（Moses Schick）在国会成立后指出，正统派不能把自己视为城市中"热爱合唱和管风琴等新事物的圣会"。[46]国会通过了成立现代拉比神学院的决议，这令正统派非常不快，因为学院的学生会从事批评研究，毕业生也会像布雷斯劳神学院培养的拉比那样成为讨厌的异教徒。尽管信仰保卫党在国会失利，但通过向匈牙利国会恳求道德自由，他们成功地阻止了统一组织的成立。国会允许他们成立与代表大会平行的民族组织，后来的几十年中，匈牙利的正统教势力下降，而现在被称为"代表大会犹太教"的新教义成立了神学院并在数量上占据了匈牙利犹太人的主导地位。[47] 19世纪中期，新教义派拥有一位具有思想高度的拉比，那就是塞格德（Szeged）的利奥波德·娄（Leopold Löw, 1811—1875）。这位学者著述颇丰，并积极参加莱比锡和奥格斯堡的宗教会议。但总的来说，匈牙利的改革只是体现在合唱圣殿的外部形式上，到19世纪的90年代，宗教改革放弃了思想上的承诺，也丧失了精神上的活力。[48]

　　同期在临近的加利西亚出现了更加大胆的传统学术批判。肖尔·约书亚·赫施尔（Joshua Heschel Schorr, 1818—1895）属于激进的理论改革者行列，他成为第一位用希伯来语广泛宣传和批判激进思想的学者，因而名声大噪。[49]他终生居住在布罗迪市，拥护启蒙运动的事业，反对哈西德主义和加利西亚的正统派，他笔尖敏捷、极尽讽刺、论证有力、广征博引，撰写了大量有关历史批评方面的著作。他与亚伯拉罕·盖格定期联系，与盖格一样，他拒绝用传统的壁垒来抵御对犹太科学的攻击。像撒迦利亚·弗兰克尔和所罗门·拉波波特这样的在学术批判上不能深入的中间分子成为他猛烈攻击和讽刺的目标。盖格在实践上受到过一位拉比的影响，也曾做出过妥协，但赫施尔并没有受其阻碍，晚年他过着隐居般的生活，仍然不屈不挠地奋斗，他使用希伯来语写作得出的结论会更为激进，但并未因此而回避。开始，他向德国犹太期刊投稿发表自己的观点，后来自己创办了期刊《先驱者》（He-Haluts），在1852年至1889年不定期地出版，这一切使得赫施尔成了宗教异端的象征，如一位同时代的人所说，他是"加利西亚的伏尔泰"。

　　赫施尔认为正统派拉比的影响力极其单薄，他们主要依靠神启律法得到广泛认可并获得支持。这种拉比教义可以被打破，只要作为基础的神圣委任权不是由批评性研究所决定的，犹太宗教就能得到自由发展。《塔木德》只能被视为人类文献，对于目前来说，它缺少绝对的权威，赫施尔继而对此着手进行论证。虽然他不是第一位使口传律法得到教化的改革者，在他之前几乎没有人能够如此巧妙、冒犯、刻意地对其亵渎。因为赫施尔用希伯来语进行写作，他传播的批评观点只有德国人以及东部加利西亚和俄国的马斯基尔能够读到。

　　赫施尔并没有完全否定拉比犹太教，他也承认《塔木德》包含着宝贵可敬的认知内容，这些内容在犹太教精神历史上起着重要作用。后来的拉比逐渐丧失了先人们的胆量，像其他改革者一样，他对《塔木德》的尊敬与日下降，法利赛派和早期的坦拿愿意废除旧律法并根据特殊形势制定新的律法，立法只适用于当代，他们并不想束缚后代。但是随着《密释纳》在20世纪末以后被奉为圣典，拉比教义不再进行自由改编，而是越来越受法律责任的限制，几乎很少考虑当代环境的因素。拉比教义不仅没有推动宗教的发展，相反却阻止了其进程。此外，拉比还误读了《圣经》，例如直译派使得《托拉》的文中出现了经文护符匣一词，他们无法理解"手上和额头上的符号有象征作用"（《申命记》6：8）的诫命，只能将其作为隐喻加以记忆，而不是授权特殊的仪式行为。

　　如果赫施尔只反对拉比教义的话，他就会像其他改革者一样，放弃对《摩西五经》的批评，并对启示的摩西主义加以肯定。在其早期著作中，他的确宣布书面律法具有神圣性。但是到他创办《先驱者》并任编辑的时候，赫施尔已将现代学术的矛头指向最神圣的领域。事实上他是第一位这样做的希伯来作家，赫施尔详述了国外看待《摩西五经》的观念，丝毫不避讳对文本进行修改。对他以及德国改革者来说，神圣二字并不是体现在文字上，而是"笼罩在宗教经典之上的上帝精神。"[50]

与温和改革派不同，赫施尔不相信犹太宗教现代化是建立在犹太律法的基础之上，塔木德派"与我们一样"，如果他们根据时间地点的紧急状况有权进行行动、改革并革新的话，那么每一代中的圣人都有同样的特权，当然现代的圣人也包括在内。赫施尔没有详细介绍礼拜仪式改革的内容，但他的理论立场与西部改革派一致，仪式和次要的犹太信仰只是对基本原则的灵活支持。当然，最基本的原则是一神论，是对上帝统一的信仰，在实现上帝的统一后再实现以色列民族的统一。

在对一神论的肯定方面，德国改革派和加利西亚改革派出现了细微的分歧。赫施尔与他的宗教亲密伙伴亚伯拉罕·科罗赫马尔（Abraham Krochmal, 1818—1888，纳克曼之子）坚决拥护宗教改革，对历史进行无情批评，在科罗赫马尔看来，这也是以色列的使命。这两人深受盖格的影响，在加利西亚的特殊环境下，他们对犹太教的理解比起单纯以犹太圣堂为基础对犹太教的理解更加宽泛。德国改革派主要针对礼拜仪式，而赫施尔把（周六）安息日和割礼看作是保护犹太一神论的两个最重要的因素。克罗克马尔认为犹太教的宗教因素不能与社会基础相分离，信仰和人民是不可分的。赫施尔和科罗赫马尔并不是犹太民族主义者，但是他们的确把激进的改革建立在种族主义基础之上，其次考虑的才是教会。他们并不想实现犹太教和异邦宗教实践的同化，其真正目标是要摆脱科学批判的羁绊，并说明当代环境下科学批评不具备合法性。[51]在这一方面，他们还是东方思想家的典范。

到19世纪中期，犹太圣堂的改革进入俄罗斯帝国。[52]德国模式的礼拜仪式，恪守礼仪、有素养的合唱团、具有启迪意义的本地语布道在敖德萨、华沙、里加和维尔纳出现。参与者与精神领袖们大部分来自讲德语的地区，他们将涉及审美改革的礼拜仪式移植到他们熟悉的沙皇帝国。后来，德国拉比马克斯·利连撒尔（Max Lilienthal）成了美国改革运动的领袖，1840年里加开始为女孩执行成人礼，1862年，敖德萨也实行了同样的改革，被称作"布罗德犹太圣堂"（Broder Shul），因为大部分的成立者来自加利西亚的布罗德。只有一小部分成员从德国犹太圣堂分离出去在华沙进行了激进的改革，大部分礼拜仪式用波兰语进行。[53]维尔纳 198 圣会也被称作"圣洁"（Tohorat Ha-Kodesh），其独特之处在于大部分成员是年轻的马斯基尔，多数现代犹太圣堂其成员来自资产阶级家庭，布道使用的是希伯来语。这样的圣会在俄国并不常见，基本处于犹太社区的边缘地带。

俄国本地没有出现大规模的改革运动，原因之一是缺少一位行事高效的进步派拉比，这与俄国政府有很大的关系，政府总是插手宗教信仰的事宜，如果不改变信仰，则会使用强硬手段强迫人们同化。1835年，政府出台一项制度，称之为皇冠拉比，主要针对那些受过拉比培训的懂俄语的犹太人，他们是唯一得到官方认可的拉比。然而，这些人在他们所服务的社区缺乏威望，而根据知识和虔诚等非正式手段选出的"真正拉比"却不能享有和政府相应的官方地位，公众对这两类拉比的看法不同。皇冠拉比只是偶尔才能发挥其真正的领导作用，他们每隔三年进行一次重选，通常不愿意得罪社区有权势的人，出于经济方面的原因，一些人不愿阐明自己制定的宗教改革方案。

1847年，在维尔纳和日托米尔（Zhitomir）成立了两所现代拉比神学院，目的是培养皇冠拉比的候选人。这些候选人需要具备区分启蒙思想与传统内容的能力，能够将宗教与经验主义知识、世俗智慧和犹太律法加以区分。一位学生这样描述：维尔纳神学院会使现代文化溪流汇入已经形成的河床，要当心不要使激流摧毁柔嫩的宗教植物。他又继续用园艺形象将新拉比描绘成宗教改革者，"用酸痛的双手将野草和畸形植物从上帝的葡萄园中拔出"。

神学院并没有履行所制定的拉比培养方案，原因不是遭到反对，而是受诸多问题的困扰犹太传统人士的不信任态度、政府的干预以及学生的动力不足等。由基督教教师教授的世俗学科使人们更清楚地意识到犹太学科和一般学科并不统一，而是相互分离的。完成拉比培训课程的学生寥寥无几，在仅有的少数毕业生中能够建立起普遍权威的更是少之又少，神学院不但没有弥补皇冠拉比和大众接受的拉比之间的差距，反而加深了两者之间的分歧。圣彼得堡的一位现代犹太人指出："旧拉比已经过时，新拉比并不是真正意义上的拉比。"19世纪70年代，神学院变为师范学院，俄国犹太人没有培养出既有修养、宗教上又受人尊重的拉比。

缺少拉比的有效带头作用，传播宗教改革的任务从马斯基尔身上落到了普通信徒的手中。沙皇亚历山大二世从1855年开始实行相对比较自由的统治，加大了政治进步的希望，某些犹太作家认为这样的氛围有利于俄国犹太人实现全面现代化。敖德萨的一位富商约阿希姆·塔尔诺波尔（Joachim Tarnopol, 1810—1900）曾任第一份俄语犹太期刊《黎明》（Rassvet）的联合编辑，但这一刊物发行时间不长，1858年左右，他建议对俄国犹太人进行"温和进步的改革"。与其他现代主义俄国犹太人相比，塔诺波尔在更大程度上参照了德国犹太经验、路德维希·菲利普森的著作以及犹太科学。对于他以及广大德国犹太人来说，随着开明年轻人士对宗教礼仪的忽视，礼拜仪式的意义更为重要，因此犹太圣堂对于受过现代教育的新一代人来说更具吸引力。塔诺波尔建议对犹太圣堂进行一定程度的改革，一旦得到广泛的接受，俄国的犹太教就能够继续生存下去，并受到人们的尊敬。

　　摩西·莱布·利联不勒姆（Moses Leib Lilienblum, 1843—1910）是一位有名的马斯基尔，他的影响力超过塔诺波尔。利联不勒姆在1868年创刊的希伯来语期刊《先驱者》上连续发表过两篇支持宗教改革的论文，受舒尔的启发，他强调早期拉比提倡的自由犹太律法创造力，呼吁现在处于拉比职位的人员向他们学习，重建宗教和生活的联系，在这一点上，利联不勒姆与舒尔的观点不同，他认为这种联系存在于整个塔木德时期。在他看来，德国犹太教课程与其说是典范，不如说是一种警示：如果俄国的正统派拉比不加速弥补律法和现实之间逐渐扩大的差距，他们就会像德国传统拉比那样丧失权威。不受约束的个人主义在俄国犹太教中占据主导地位，这种情况在西方非常普遍。

利联不勒姆是俄国宗教改革倡导者中与德国犹太圣堂改革差距最大的一位改革者。在他看来，礼拜仪式完全处于次要地位，他提醒诵读者祈祷文本身不是明确的圣经命令，私人祈祷文和公共祈祷文一样可以被接受。德国犹太人强调圣堂的礼拜仪式，对于利联不勒姆来说，这只不过是在效仿异邦人，异邦人认为形式上的礼拜仪式是宗教的主要表达方式。祷文只能在圣殿祭祀的地点被授权，圣堂改革只不过是用审美的方式替代宗教经历。与塔诺波尔和西方犹太人不同，利联不勒姆认为犹太圣堂不是犹太生活的象征和中心，因此，指出圣堂改革"不值得谈论"。

对于利联不勒姆来说，重要的是摆脱犹太律法和习俗的负担来维护传统和开明犹太人的共同基础，避免西方犹太民族的分裂。开始他着手修改《布就宴席》沿袭下来的一些做法，这些做法既没有明显的《塔木德》基础，也不能成为区分犹太人和非犹太人的标准，或者源自某种神秘观念。但是利联不勒姆不久向早期政府的权威发起了挑战，首先以《布就宴席》为攻击目标，他认为应该用一部新的犹太法典来替代，然后又攻击《塔木德》，像舒尔和德国改革者一样，他宣布《塔木德》从犹太律法精神上看也是人类制造出来的，后代人应该加以修改。在他看来，《塔木德》的权威性体现在它是宗教适应的一种模式而不是一部圣文，"是根据地点和时间的要求创造的，主要以改革精神为基础"。

在一段时间之内，利联不勒姆信仰书面律法的启示性质，声称在这一方面他与塞缪尔·侯德海姆这样的德国改革者观点不同。但是几年后，他又批判《圣经》，尤其是在亚伯拉罕·克罗克马尔的调解下，启示的最后支柱也随之崩塌。利联不勒姆在信仰和实践上成为犹太教的局外人。还有一个阶段，他继续为这些地区的改革辩论，例如结婚和离婚，这一事宜对所有的犹太人都会产生影响，不论他持有什么样的宗教观点，也无论他遵循犹太礼仪的程度与其他人有何种差异，最终利联不勒姆不再幻想新力量能帮助宗教融入现代生活。

最著名的启蒙运动诗人朱达·莱布·戈登（Judah Leib Gordon,1830—1892）对宗教改革的未来也很失望。[54]戈登追随利联不勒姆的足迹，还受舒尔和克罗克马尔的影响，恳求当代拉比通过恢复早期祖先的犹太律法创造力，使《托拉》的诫命符合日常生活的需要。他认为，塔木德犹太教本身就是对早期摩西宗教的一种"改革"。戈登强调应该对宗教传统进行重新过滤，筛出那些加重拥护者负担、破坏其精神的琐碎风俗礼仪，否则就无法实现犹太的现代化和振兴。他还警告如果不赶紧行动的话，俄国犹太人会在宗教事务上出现分裂，后果不堪设想。德国改革派在特定情况下制定出激进的解决方案，恰到好处，这种做法在俄国也非常必要，但是俄国的启蒙运动领袖不顾戈登的警告和调解建议，采取的行动超出了改革的范围，完全超越了宗教信仰。

改革思想和体制没有在俄国犹太人中传播开来，最重要的原因在于社区外部。唯心主义宗教哲学在西方非常受欢迎，在其盛行时期，犹太教和基督教思想也吸收了这些宗教哲学内容，使自由化的犹太教在神学方面能够经受住历史批评的打击。在俄国，基督教正统派没能使宗教融入现代哲学或科学，改革建议时期恰好与日益受欢迎的反形而上学的实证主义不谋而合，致使其权威文本不能成为历史发展的宗教信仰，同时再次出现了敌对的政治环境，这对宗教改革代表的一神论非常不利。亚历山大二世在位后期，人们对种族融合的状况越来越失望，再加上亚历山大三世（1881—1894）施加的经济压迫和人身迫害，致使大部分俄国犹太人或者选择明哲保身的正统派堡垒，或者通过移民、信仰社会主义或犹太民族主义等激进的世俗方式寻求救赎。犹太社会主义思想中几乎没有宗教表达的空间，犹太民族主义的主导价值是对人民忠诚而不是信仰。因此，俄国的宗教改革并没有超越外部体制和不切实际的理论建议。

## 新挑战和新的思想活力

很多人认为现代欧洲的社会和文化更加接近启蒙运动中的普世思想，这一信仰预言了19世纪前半期改革运动中将产生什么样的思想。改革者相信，现代化的犹太教在弥赛亚进步中起着重要作用，实际上，他们认为以色列担负一系列使命：树立纯粹的一神论和高尚的道德理想典范、给事业前进提供能量和方向。犹太教正统派总是拘泥于内部并坚持区分犹太人和外邦人之间的界限，因此不能承担犹太教的特殊任务。虽然西方的犹太传统派也认可这一使命思想，但对于改革派来说，这一思想的向心性更加重要，在新正统派中起平衡作用的犹太律法生活疏远了改革派中的普通信徒。将自由派犹太人首先联系在一起的是他们对历史角色的共同承诺；该承诺对犹太身份也具有特殊意义，它能超越犹太个人宗教信仰的固有价值。德国解放让人们无法继续欣赏犹太人的过去以及对现代价值和文化的潜在贡献，德国主要的思想家和学者不但没有对自己的宗教加以尊敬，反而进行诋毁，继续把宗教作为攻击的目标，这些事实是成立者始料未及的，致使改革运动危机四伏。

19世纪早期，以黑格尔和叔本华为代表的德国哲学和神学让世人明白了现代思想家如何将基督教进化的传统观念转化为当代知识分子可以接受的内容。我们明白像所罗门·路德维希·斯坦海姆、所罗门·福姆斯泰切尔以及塞缪尔·赫希等犹太思想家是如何通过重申犹太教的有效性来反对这些争论的。但直到19世纪末，人们才相信政治自由主义能影响宗教自由主义，犹太教以及犹太个人最终能被认可它们对精神进步做出的贡献。但是，随着这一信仰可信度的下降，改革派有可能陷入绝望，他们需要进一步的自我反省，越来越多的人蓄意对犹太教和犹太人进行公开或暗地里的攻击，这样一来更加伤害了犹太人的自尊心。在这种情况下，犹太教自由派只能日渐衰退。上述挑战会导致一场运动，但运动一定会遭遇宗教冷淡派的消极反抗。

19世纪六七十年代，德国的政治自由主义复兴，其标志事件是德意志帝国宪法中阐述犹太人取得了正式全面的政治解放，这场运动引领全体犹太人融入德国社会，正好顺应了民意。不久，德国犹太人便成了德国国会的议员，也有人成为作家或专业人士。他们还参与了德国的经济扩张并从中受益，越来越多的犹太人移居到柏林、法兰克福这样的大城市。上层行政部门、官员集团以及学术领域属于特权阶层，普通人很难踏入或者根本不可能进入这些领域，但是，越来越多的犹太人步入上层社会。对此，犹太人不但没有感到欣喜，反而忧心忡忡。

　　德国的反犹主义经历了相当一段时间的平静期，19世纪末再次出现，卷土重来的反犹主义具有宗教和世俗的双重形式。德国是基督教民族，国民对基督教国度这一概念非常欢迎，宫廷传教士阿道夫·斯道克（Adolf Stöcker）是这一理想的代表人物，也是最主要的大众宣传者。与此同时出现了一种新的反犹形式，其仇恨不是源于宗教，而是出于种族原因。他们拥有相当多的拥护者，继而组成了反犹团体，又成立了反犹政党。反犹思想渗透进广大民众的心中。1881年，反犹政党出台了一份请愿书，要求减少犹太移民的数量，并降低犹太人在社会上的影响力。有25万人在反犹请愿书上签字。这一运动也赢得了知识分子的拥护。政治家兼柏林大学历史教授的海因里希·冯·特莱希克（Heinrich von Treitschke）凭借自己的声望，使运动的影响力进一步扩大。当然，特莱希克并不是一名极端主义者，他认为德国并不是基督教国度，只是基督教民族，只要确保犹太人始终处于次要位置上，就无需废除对犹太人的解放许可。但他相信，只有以单一宗教传统为基础的文化才是完整的，只有这样的文化才富有成效。从情感上讲，公众认为德国犹太人很不幸，他们没有得到祝福，没有丰富自己的文化，反而造成了种族混杂。特莱希克认为"宣称……犹太教和基督教一样是属于德国的，就等于否认德国历史的光辉，这是一种罪行"。不足为奇，反犹分子认为非正统派犹太人过于傲慢，他们的犹太性不明显，但是却坚持宗教划分，他们始终相信犹太教不仅是过去的宗教还属于将来，因此会得到进一步发展，这一观点让人难以接受。政治自由派、宗教自由派以及那些坚决拥护犹太平等的人都不认同犹太信仰仍具有普世意义的说法。[55]

对宗教改革影响最大的并不是反犹分子对犹太人的人身攻击，而是对宗教问题的处理方式。德国改革派从一开始就把希望寄托在进步的人文科学之上。他们不仅期望通过对犹太教的科学研究来揭示犹太传统的灵活性和变化，还希望一般历史方面的学术能更广泛地展现过去犹太信仰的角色，从而证实其继续存在的合理性。然而19世纪末20世纪初，对《圣经》的批评和历史神学的著作反映科学地证实了长期以来存在的偏见，这些著作的作者认为自己是从教条中解放出来的科学研究者，与基督正统派著作的狭隘特点相比较，其批判的力度具有摧毁性。如果说哲学思想的更替是19世纪上半叶犹太自由主义思想面临的主要挑战，那么以历史研究为基础的犹太教批判则具有更大的威胁性。

改革派认为现代犹太教在德国社会中的作用很大程度上依靠一种观点的形成：用宗教和道德术语来说就是与基督教保持密切的关系，但与基督教条是相分离的。这一观点反过来又与基督起源有关，如果承认基督教是以犹太教为基体，那么不仅需要从历史的角度欣赏母体信仰，也不能认可现代社会中将母体轻易抛弃的做法。德国学术要证明的恰恰是相反，而且明显地衍生了当代的思想，当代最具影响力的圣经学者朱利叶斯·威尔豪森（Julius Wellhausen）把法利赛犹太教描述为只与律法有关，而不利于真正精神的发展，"律法充斥着各个角落，掌控并堵塞了天堂入口……抽取了宗教精神，损害了道德性"。他提出将《摩西五经》分成若干底本，犹太教是"巴比伦掳掠"后（公元前6世纪）律法文集的产物，而不是基督教继承其先知道德性的古以色列遗产。改革派

203

对进步犹太教的观念建立在神话之上，犹太教与现代价值无法和谐相处。威尔豪森直率地做出这样的结论：犹太人的解放会导致犹太教的灭绝。[56]

德国学术界将《福音书》与古代犹太法利赛教派的教徒对立起来，这就等于把《新约》与《旧约》对立起来。即使改革派希望否认拉比的遗产，并对希伯来《圣经》遗产加以详述，他们也无法避免当代学术界对其产生憎恶的情感，尽管事实上并没有人会那么做。古代闪族语言文化比较研究揭示出古代希伯来宗教和周围民族传统的相似性。据现在的发现，《圣经》的史诗、律法和仪式遵循显然是从美索不达米亚（Mesopotamia）借鉴而来的。1902年和1903年，著名的亚述研究者弗里德里希·德里奇（Friedrich Delitzsch）向德国皇帝做了两场名为《巴别塔》（*Babel*）和《圣经》的讲座，推介其累积的学术成果，通过这种方式推动了《旧约》的世俗化。但是德里奇没有就此止步，进而说：希伯来《圣经》实际上令我反感，"我越是让自己浸入《旧约》先知文献的精神中，就越是不信任耶和华，他用贪得无厌的愤怒之剑屠杀各个民族，为了青睐一个子民，令其他所有民族陷入黑暗、羞辱和毁灭之中"。德里奇更愿意信任《新约》中的神，即耶稣上帝。[57]

德里奇在推广其亚述研究成果的三年前，著名的神学家和教堂历史学者阿道夫·哈纳克（Adolf Harnack）面向柏林大学所有学院约600多名学生也做了一系列有影响力的讲座。哈纳克出版了著作《基督教的本质》（*The Essence of Christianity*），该书后来多次再版，被翻译成多种语言，产生了巨大反响。像19世纪的施莱尔马赫一样，哈纳克尽可能地向偏离传统信仰的文化阶层呈现一种他们能够拥护的基督教模式，一种"福音之福音"，外壳中的核心是基督教，剥去基督论这些神奇故事以及《新约》中的禁欲主义，哈纳克把基督教几乎浓缩为对上帝和人类的爱，使之与希伯来《圣经》和法利赛犹太教已经表达的价值相接近，虽然说法的根据并不充分。哈纳克预想到自己的说法会遭到反对，便引用了威尔豪森曾经所说的：先知传达了同样的教义，法利赛教徒也是如此，但不幸的是，法利赛教徒还传达了"大量的其他内容"。因此根据哈纳克的描绘，耶稣是人，他传达的信息并不是新的。但是他在大环境中依然享有极高地位，原因是他在传教时表现出来的纯粹和道德真诚，简直不可比拟。哈纳克著作中的犹太教与基督教在教义和道德方面没有多大差异，所谓的差异不是基督教无中生有给它增加的内容，而是犹太教毫无根据地附加给预言的合法性。在哈纳克看来，对于思想上更加传统的先辈们来说，基督教是唯一真正的宗教。他在柏林大学校长就职演说中强调神学院不需要研究其他的宗教。哈纳克并不是对犹太教的过去和现在恶意中伤，而是在大多数情况下不予理睬。耶稣道德在思想上更加纯粹，随着这一信仰的诞生，犹太教的历史意义已经丧失殆尽。[58]

　　威尔豪森、德里奇、哈纳克以及其他人的著作中证实德国犹太人对自己的宗教漠不关心，他们还通过投机取巧的方式皈依基督教。哈纳克明确指出，基督教不需要理性思想的祭祀，因此，他比较适合德裔犹太人的口味。在实践上，越来越多的犹太人不再遵循犹太教礼仪，反而庆祝基督教的节日，唯一剩下的是犹太身份。政治上的反犹主义激起了德国犹太人的集体反抗，这种情形史无前例。同样，犹太教在当代遭受的诋毁和蔑视重新点燃了犹太思想的活力。19、20世纪之交涌现出一部分重要的作品，这些作品重申了在敌对思想环境中犹太教的道德和宗教诉求。犹太教自由派思想家将伦理视为犹太教的核心，他们竭力证明犹太传统中的个人和社会道德并不落后于基督教，这一点具有特殊的重要性。一方面，他们想否定反犹主义的宣言，同时还想加强宗教同人对犹太教的尊重，犹太教徒应该对犹太教做出严肃的承诺，其中也包括摒弃仪式诫命的犹太人，希望这些人意识到自己的行为对于犹太教信仰来说是值得的。

在前几年爆发的反犹动乱期间，犹太社区领袖认为有必要全面宣扬犹太的伦理道德，1883年，来自伦敦、巴黎、维也纳和柏林的代表委托莫里茨·拉扎勒斯编写一部著作，拉扎勒斯是位哲学家，也是民族学家，同时还担任莱比锡和奥格斯堡宗教会议的主席。初稿的内容比较简单，作者本着道歉的态度列举了"15条犹太道德教义原则"，由350名拉比和来自宗教领域的教师共同签名，并于1885年出版。后来，拉扎勒斯写了一部更重要的作品——《犹太教伦理》，第一卷延迟了很长时间，直到1898年才出版。[59]长期以来，改革运动一直致力于将改革犹太教的焦点从礼仪行为转移到道德行为上来。拉扎勒斯首次将犹太伦理结构的统一观念呈现给世人，给自由派犹太人提供了指南。

《犹太教伦理》是节选自犹太文献的道德格言选集[60]，更为重要的是，书中界定了犹太伦理教义的特殊性质、与上帝的关系以及发展动力。根据拉扎勒斯的观点，犹太道德的核心是实现神圣的理想，这种神圣体现在道德的完美以及生活的神圣化上。上帝

代表着"道德思想的源泉和原型"或者"道德思想本身",我们应
该把上帝理解为人类道德能力的创造者(康德的解释)。但是道德
决定是人类自由选择的行为,根据拉扎勒斯的理解,犹太道德并
不是一个启示库,而是犹太人"集体精神"的创造。犹太教文本
从本质上讲不是神圣的,它们只是反映了犹太道德创造力不断发
展过程中的某个阶段,因此应该接受评判性评价。仪式律法的价
值体现在它是传递道德思想的工具,具有调解犹太宗教生活的作
用。[61]拉扎勒斯认为其根本重要性在于体现了慈善机构的犹太道德
原则,不管是塔木德时代的慈善机构还是隶属于现在的犹太社区。
区分犹太伦理和基督教伦理是主要的社会特点,例如,这一道德　205
更加倾向于减轻贫困,而不是实现个人的神圣化。拉扎勒斯呈现
的伦理道德同时也具有宗教意义,因为他将上帝和生活的神圣化
作为源头和目的;这一道德具有独特的犹太性,因为它是建立在
传统渊源基础之上的;这种道德是犹太民族的历史产物,以社会
进步为前进方向;这种道德具有自由性,因为作为集体思想一部
分的个人道德始终融入对先人遗产进行筛选改良的进程之中。《道
德》一书即反映了德国犹太教自由派的发展,其发展历程持续到
19世纪末,同时为其道德推动力奠定了更为坚实的基础。此书的
第一卷由亨利埃塔·斯佐尔德(Henrietta Szold)译成了英语,在
美国影响颇深,此后美国的改革运动也经历了类似的过程。[62]

　　拉扎勒斯并不是19世纪末德国最重要的犹太思想家。毫无
疑问,这一殊荣当属新康德主义哲学家赫尔曼·科恩(Hermann
Cohen, 1842—1918),他著述的犹太作品标志着从伦理主导向独
立评价宗教的过渡。[63]科恩曾是布雷斯劳神学院的学生,但他决

定放弃拉比事业转攻哲学。从1873年到1912年，他在马堡大学（University of Marburg）任教，写了很多评论性以及原创性的著作，以康德基本思想为基础他创立了一个新的哲学体系，使之能够应对当代唯物主义、存在主义以及不断发展壮大的自然科学所提出的新挑战。晚年，他在柏林的犹太研究文理学院执教，在此期间，科恩将学术精力投入到宗教与哲学的融合事业中，试图建立犹太教与新康德主义世界观的和谐新关系，通过教学他希望把哲学融入拉比和普通信徒的宗教思考之中。[64]

在马堡工作的那段时间，科恩就犹太事务经常表达自己的看法，但是他隶属于犹太教的简约派，与柏林改革圣会站在同一阵线，他强烈反对皈依基督教，并赞同严惩否认犹太教遗产的年轻人。但是在区分犹太教时，他只从历史形式的角度分析，并没有依据基本的宗教信仰，他希望实践中的差异能降低到最少。他赞成德国礼拜仪式以及周日庆祝安息日和通婚的做法。科恩在回复特莱希克时，他承认无法从宗教观念上辨别以色列一神论和基督教新教的差异。科恩一生忠于德国爱国主义，对国家的服务就像是宗教礼拜一样神圣，他还曾说巴勒斯坦与爱国主义相比，只不过是"旅游的地点而已"。在这一阶段，科恩认为阻止反犹主义抬头的最佳办法是让犹太人和基督徒意识到他们的传统中拥有"共同的宗教基础"。一个世纪以前的门德尔松就提出了这一观点，他认为这一共同基础包括的是理性宗教，但是科恩的理解有所不同，表现在两方面：统一的信仰包括康德的唯心主义，而不是启蒙运动产生的自然主义；门德尔松认为犹太律法遗产具有差异性，而对于科恩来说，在他生命中的这段时期这种差异性已经荡然无存了。[65]

1880年以后，科恩的立场逐渐发生偏移，不再赞成宗教的融合。也许不同的因素具有相对的重要性，一部分因素是个人的，使他在作品中将一般哲学发展为犹太哲学，使普世信仰最终超越了犹太教而对其祖先的特殊宗教予以重新肯定。对科恩和拉扎勒斯来说，外界对犹太教的不断攻击似乎是一个重要的因素。他在1902年写过这样一段话：我们的敌人竭力摧毁"我们宗教中永久存在的"个性特征。[66]在多部短篇著作以及在他死后于1919年出版的长篇著作《源自犹太教的理性宗教》中，科恩指出犹太教能够也应该作为独立实体持续存在。[67]他的思想反映了19世纪改革运动共同创造的系统思想形式的累积和表现，但在某些方面还表达了20世纪即将经历的运动中人们所期待的方向调整。我们在这里只能概述最重要的内容，无法涉及其哲学的复杂性。

伦理一神论对于改革派和科恩来说是犹太教的核心，上帝是唯一的，不仅体现在数量上，而且是独特的，此外，一神论的本质在于上帝而非物质。对于伦理和宗教来说最为重要的一点是：上帝作为基础以及道德目标而存在，如果没有这一点，道德期望只能是空想。科恩所认为的上帝既不是时间意义上的创世者，也不是拥有西奈山具体命令的超自然启示者，而是不断创造、拥有道德的思想和理想。人类对于上帝的爱不是个人的爱，是超越自我对于道德理想的爱。上帝对于人类的爱和宽恕，体现在道德力量更新的意义上。作为人类道德的原型和标准，犹太教的命令和律法是人类自发对上帝所做的回应。[68]在科恩的早期犹太著作中，宗教本身是作为宗教伦理的附属而出现的，其具体功能只是重申个人对无休止的道德任务做出承诺。但是后来科恩认识到宗教具有独立的重要性，它关系到特殊人类与其"邻居"之间的关系；而伦理则体现了与整体的人性以及个体的代表之间的关系，这些个体代表往往是隐形的。科恩的认识程度比较深刻，但是他终生坚持理性主义，对他来说，宗教从来不会超越自然或神秘性，神圣性永远局限在道德领域内。

与思想上更加激进的改革派一样，科恩相信启示在不断进步，需要人性化的理解，并且在教育后代的过程中得以体现，他还和改革派一样认为犹太教礼仪的意义源于其承载道德价值的象征身份。自由派犹太人将从犹太传统中选择有意义的礼仪来遵循。在科恩的犹太教哲学中，犹太民族扮演的角色非常重要，但不是绝对的，它存在的原因在于其超越自身的道德目的：保护并传播一神论思想。[69]在晚年科恩的确将犹太人作为一个"民族"提起，但这一民族的存在承载着对人类具有普世重要性的宗教启示。在犹太离散区，科恩看到了预示的未来国度联邦以及上帝的普世制度。[70]

科恩的宗教思想指向弥赛亚思想和圣经信仰，有朝一日上帝的统一将由人类的统一来补足，他把弥赛亚思想称作"犹太精神最有意义和最具原创的产物"。[71]在科恩看来，弥赛亚思想的焦点和意义并不在于长远目标，而是无休止地改进道德的任务以及人类对于神的理想回应。对他来说，实际意义上的回应意味着以安息日为象征的宗教社会主义。在确保宗教不受国家控制、保持自身独立的过程中，弥赛亚思想使社会体制受到了宗教的批判。犹太教认为上帝的王国是无法实现的理想，这种无法企及使得目前的一切现实通过了标尺的判断。[72]

像拉扎勒斯一样，科恩将犹太教自由派的焦点转移到自我肯定上来，不再将正统派作为批判的靶子，在道德术语中自我是一个突出的词语，而在公众的心中自我却是正统派的特点。当拉扎勒斯试图将二者统一起来并将犹太道德作为遗产加以界定时，科恩却对弥赛亚进行了诠释，强调弥赛亚号召人们应该关注犹太教的道德使命。他逐渐意识到宗教的作用，不仅能够维护使命，而且在宗教范围内能够培养对特殊人类的同情，这种思想观念是新型宗教意识的雏形，对于年轻的犹太思想家来说，这种宗教意识不久便超越了人文道德和未受争议的理性规则。

继阿道夫·哈纳克出版《基督教本质》一书后，许多犹太人予以回应，其中包括奥珀伦（Oppeln）的一位年轻拉比——利奥·拜克（Leo Baeck, 1873—1956），此人后来去了柏林，成为欧洲犹太教自由派的杰出人物。早先，拜克在布雷斯劳的保守派神学院学习拉比课程，后来他去了柏林的自由派神学院，不久成为中间人士，对传统与宗教进步的互补优点尤为欣赏，包括特殊神宠论和普世主义、神秘主义和理性主义，每一方面对于他来说都代表着两极中的一个因素，但不是绝对的位置，他相信犹太人的创造力来自这些对立因素之间的辩证张力。拜克是一位德高望重的学者、神学家和公共活动积极分子，在犹太教改革受挫的黑暗时期，他不仅成为德国犹太人毫无争议的领导人，在改革运动中发挥了重要的作用，而且为犹太教自由派构建了理论基础，这一理论基础建立在宽泛的犹太历史经验之上。[73]

首先，拜克针对哈那克的讲座写了一篇很长的评论，从学术层面对这位柏林神学家进行了批评：哈那克的护教论和辩论的才能盖过了其历史学家的才华。他根据主观的偏好来判断自己的宗教，把犹太教等同于《新约》中法利赛主义的形象，哈那克当然有权赞美基督教，但他不能将歪曲过去当作攻击犹太教的有效武器。[74]然而，仅从历史基础上驳斥哈那克并不足够，还有一个问题：哈那克和其他人对犹太教进行歪曲，那么犹太教的真实面目到底是什么？1905年，拜克出版了《犹太教的本质》(*The Essence of Judaism*)一书，不再攻击哈那克，而是阐述犹太人信仰的基本内容。

1905年，对于拜克、科恩以及早期的改革派人士来说，犹太教的本质在于伦理一神论，与科恩一样，拜克在哲学方面也受康德的影响，他认为犹太教的伦理诫命与德国哲学家的绝对命令如出一辙。与科恩相同的方面还有，拜克也是有选择地阅读基督教中强调道德和普世文本的内容，因此提炼出了理性的宗教。后来他重申这种理性和对道德的强调能够严格区分犹太教和保罗基督教 (Pauline Christianity) 内在的浪漫主义。[75]然而拜克超越了哲学唯心主义，认为上帝独立于人类思想之外，只有通过启示才被知晓，上帝的命令传递给以色列的世世代代：先知和圣哲们尝试诠释这一命令，然后做出回应并在仪式中表达其象征意义；每一时代的人都把上帝作为人来爱戴，并且在祈祷时与上帝对话。选择以色列作为诫命的民族即把这一民族隔离出来，同时又指引其在人道主义范围内完成弥赛亚的任务。

接下来的几年中，拜克与科恩的立场渐行渐远，在1922年出版的《犹太教的本质》第二版以及其他著作中，犹太教的道德和理性因素以及普世目标在其对立面的制约下，越来越趋于平衡，这些因素具有同等的重要性。但是拜克意识到无论上帝和人类之间的道德纽带有多么的坚实，宗教涵盖的内容更加广泛，我们必须承认神是不可测的，必须理解理性不能完全掌握的内容。在拜克后来的著作中，神圣的概念不再像科恩的观念那样只局限于道德层面，诫命与神秘已经构成两个极端。上帝"不再对自我进行启示，启示的内容是诫命和慈悲"。终极真理仍然不明朗："神秘笼罩着上帝。"[76]因此拜克将宗教的神圣特点引入了犹太教自由派中，而犹太教自由派对神秘主义是排斥的。

　　拜克的辩证思想使犹太教自由派能够更好地理解如何按照启示的弥赛亚命令来超越上帝的不可预测性，他著作的侧重点也从宗教信息转向了信使，宗教改革强调的是前者，使以色列隶属于精神遗产和普世任务，拜克力求在著作中恢复这一平衡。1917年，他指出犹太教既不是拥有信仰的社区，也不仅仅是一个民族。[77]前者没有真正的历史存在，后者没有充分的理由脱离世界。拜克逐渐意识到犹太教的本质体现在犹太民族的历史上，但是如果没有宗教内容的话，单纯的存在便没有了意义，只有将以色列的历史理解为对启示的持续回应才有意义。如果像其他人一样把以色列视为民族，则代表着与拜克思想的同化，这一观点和剥夺犹太教的伦理基础一样是非常激进的。拜克再次选择了折中路线，将以色列的历史和宗教生活放置在两极间的张力范围之内，这两极分别代表了与上帝的特殊关系和由此所赋予以色列的普世任务。

　　当然，在这些思考的背后隐藏着犹太复国主义运动的幽灵，使宗教的重要性置于民族性之后，实际上，犹太复国主义是对犹太人和犹太教遭遇外部袭击的直接反应，它向犹太教自由派再次发起了挑战。

摩斯·赫斯（Mose Hess, 1812—1875）为政治犹太复国主义撰写了《罗马和耶路撒冷》(1862)，在这部先驱著作中，我们可以看出改革运动被诬蔑为对现代性的错误回应。改革派认为犹太教实际上包括核心和外壳，但其核心并不是伦理一神论，而是犹太民族。赫斯与盖格一样相信犹太人的宗教天赋，但他还认为只有本族的土壤才能使天赋复活。对于那些不信仰犹太宗教天赋的人来说，因为民间的传统具有民族再生性，那么犹太仪式也具有一定的价值。赫斯认为改革派在剥夺犹太宗教的民族基础时，就相当于吮吸了犹太教的精华，只剩下干枯的骨架，他的结论是"改革派将毫无根据的否定提高至原则的层面"。[78]

209　　　一般来说，改革派会避开赫斯的著作。盖格甚至没有提到赫斯的名字，只是一笔带过："他几乎是位局外人，在社会主义和其他各种行骗中破产。"现在他又尝试着蒙骗犹太人从事民族大业。路德维希·菲利普森最初拒绝在法兰西《犹太教汇报》上发表任何评论性文章，但最终同意刊登法兰克福犹太学者拉斐尔·克希汉姆（Raphael Kirchheim）的一篇简短的批评性文章。匈牙利的利奥波德·娄的确为此书撰写了篇幅很长的评论，但是他认为赫斯的政治方案并没有理解犹太人和异邦人真实世界的"空想"。塞缪尔·赫希也写过一篇评论，但没有发表，他指出赫斯对于改革运动特别无知，错误地将其认同为最激进的示威运动。[79]赫斯的著作很快被人遗忘，淡出了一代人的记忆。19世纪80年代，东欧对巴勒斯坦进行的现代殖民化运动对西部犹太人没有构成什么威胁，因为他们宣称自己的政治局势与受大屠杀虐待的俄国宗教同人不同，他们不需要为此类的行动辩解。

　　19世纪末，具有国际组织性的政治犹太复国主义兴起，西方尤其是那些文化上高度统一的犹太人逐渐认识到新运动是一种可怕的威胁，他们不能再对此置之不理。西奥多·赫茨尔（Theodor Herzl, 1860—1904）在《犹太国》（*The Jewish State*, 1896）一书中这样阐述：犹太人不再受反犹主义的威胁，仇恨犹太的情绪无法战胜护教论以及保护组织和爱国的忠诚，他的解决方式不仅在以色列土地上拓展新的领地，还要建立有主权的国家。赫茨尔继而又呼吁成立犹太复国主义代表大会并发动世界性的运动。

　　当时德国有两位自由派拉比感到有必要发布一项联合声明[80]，一位是西格蒙德·梅葆姆（Sigmund Maybaum, 1844—1911），柏林杰出的宣教士，在高等学府讲授布道术；另一位是海涅曼·沃格斯坦（Heinemann Vogelstein, 1841—1911），什切青（Stettin）的拉比，他刚刚出版了一部新自由派祈祷书，非常受欢迎，该书主要遵循的是盖格的传统。他们两人共同宣布必须抵制新犹太复国主义报纸《世界报》（*Die Welt*）这一"灾难"，"只要犹太复国主义分子用希伯来语写作就没有危险，而现在他们用德语写作，必须加以反对"。梅葆姆和沃格斯坦感到震惊的是，犹太复国主义运动计划要控制慕尼黑的国会，而不是东欧的城镇，因为复国主义分子对一件事情明确表示质疑：犹太人要求得到平等权利，但迄今还未实现，如果他们宣布民族独立，那么他们提出的平等要求是否有效？反对犹太复国主义的并不只有犹太教自由派，正统派和自由派组成了德国拉比执行委员会协会，不久发布了一项正式的抗议，迫使第一届犹太复国主义代表大会的召集地点从慕尼黑改为巴塞尔（Basle）。[81]德国拉比认为犹太复国主义在宗教领域内有悖于犹太教的弥赛亚命运。他们只允许巴勒斯坦的现代殖民化，因为这并不意味着要建立国家。1898年协会大会的90多名拉比中只有两位拒绝支持抗议活动。[82]在德国的犹太教自由派中，反犹太复国主义几乎成为一种信仰，在某些情况下，这种抗议甚至呈现出了极端的形式。亚伯拉罕的儿子路德维希·盖格是研究德国犹太历史和德国文学的学者，后来成为《犹太教汇报》的编辑，他的立场最为极端。在他看来，犹太复国主义是反犹主义的悲哀结果，最终会随着祖先一起消失。他认为德国犹太人是具备所有文化特质和政治忠诚的德国人，没有人会成为犹太复国主义分子。然而犹太复国主义是危险的，具有危害性，因为它抽取了德国犹太机构的犹太基金。犹太复国主义还会导致德国犹太人在法律上遭受歧视，不仅如此，专注于社区事务的才子会被拉拢参加犹太复国主义的运动。[83]

犹太复国主义不可能接管德国犹太人的事务，自由派一般掌管主要的犹太社区，而到1910年，德国的犹太复国主义运动组织只吸纳了6800名成员，这些成员对其组织做出了极高的承诺，而大部分自由派犹太人缺少正统派所怀有的虔诚。在新兴犹太民族主义运动中，年轻人表现出的热情非常有感染力，而自由派犹太人的身上却鲜有这样的热情。许多自由派犹太人身上的自由主义因素超过了其犹太性，像德国的政治文化自由分子一样，他们对待宗教的态度一般都很冷漠，甚至鄙视。反犹主义和复国主义不允许完全忘记自己的犹太性。如果他们没有像多数人那样选择叛教，就必须团聚在特殊的犹太教义下，对于那些思想严肃的犹太教自由派领导者来说，这是个好机会，可以为他们的运动建立更加坚固的基础。一战爆发的前几年，他们试图通过建立有组织的机构并筹划能提高自由主义分子承诺程度的方案来实现这一愿望。就是在这段时期内，德国改革运动建立起持久的民族组织，并制定了纲领，现在已经拥有稳定的教派地位，被称作"犹太教自由派"。

1898年，海涅曼·沃格斯坦成立了德国的自由派拉比联盟，到一战期间拥有成员72名，召开的会议大部分围绕着一些实际问题进行讨论，例如是否允许火葬、接受改信仰者的程序以及结婚和离婚的律法。与此同时，自由派的普通信徒也在建立自己的组织，1908年成立了德国犹太教自由派联盟，成员来自当地的协会，成立的目的是参加社区的竞选，主要由普通信徒和拉比组成，但领袖是普通信徒。[84]他们计划要实现犹太教学和日常生活的和谐化，要在礼拜仪式中大量使用德语，犹太教育要与科学研究成果相协调，妇女应该在宗教生活中扮演更重要的角色。[85]当年在柏林召开的首届会议吸引了约200名参会者，让人们兴奋不已。犹太教自由派必须要摆脱被动和反对的立场。在一年多的时间内，该联盟自诩成员已超过5000人，共代表200个左右的德国社区。联盟创办了期刊《犹太教自由派》(*Liberales Judentum*)，编辑是法兰克福的拉比凯撒·塞格利曼恩 (Caesar Seligmann, 1860—1950)，与《犹太教汇报》不同，这份报纸只涉及宗教问题。联盟和当地组织赞助了犹太教自由派的一次讲座和一场自由派年轻人运动。

联盟的拉比渴望拥有这样的纲领，一方面能陈述自由派犹太人的想法，另一方面犹太教自由派还能对拥护者提出要求。由普通信徒和拉比组成的委员会经过长时间的讨论并经自由派拉比一致通过"犹太教自由派方案的指导方针"，并且要提交到1912年在波森省举行的第三届两年一次的联盟会议上。提议制定的纲领取得了显著的效果，纲领体现的都是积极肯定的精神，没有发生任何反对正统派或犹太复国主义的争论。指导方针主要有13个段落，其中8个段落和神学有关，两个段落与个人仪式的遵循问题有关，还有一个是关于宗教和教育机构的问题，最后两段是关于如何履行计划以及对未来的期望这一内容。[86]神学部分的内容涉及有关上帝的基本信仰、道德责任、自由、所有犹太人共同享有的不朽精神，以及将会成为人类宗教期望的犹太教普世原则。以色列的任务是保持永恒信仰的纯洁性，并且要通过行动和树立榜样加以宣扬。犹太的仪式遵循在下列情况下仍然具有价值：如果能拉近犹太个人和上帝的关系、提醒犹太人的道德义务、使家庭生活神圣化、对生者和死者表达虔诚的感情、加强宗教社区的联系并唤醒高贵的犹太自我意识。纲领要求对自由派犹太人负责具体的礼仪遵循：在家里和犹太圣堂庆祝安息日及其他节日，不需要遵守所有的传统限制，但是要停止一切活动；在家里要每天祈祷，要给孩子行割礼和成人礼，要为死者背诵犹太教祈祷文；在必须离婚的情况下，如果再婚，要根据宗教礼仪适当调整给予妇女平等地位。第十段还增加了一条内容："任何履行这些要求的人都被视为正宗犹太人，而犹太教自由派却放弃了进一步的传统礼仪遵循，这将影响个人的宗教情感。"例如，成员们可以决定是否有必要遵循犹太教的饮食教规（Kashrut）。下一个段落阐述了在自由派犹太圣堂实践的礼拜仪式需要进行重申，并敦促进一步改进这些内容以期用于宗教教育。最后，纲领做出了总结：对于普遍存在的偏离犹太教的做法，希望这一方案的实施将杜绝这类现象并保证犹太宗教的未来。

会议上的辩论几乎都与纲领后半部分要求的礼仪遵循问题有关，普通信徒与拉比们展开争论，拉比们支持做出明确宗教承诺的犹太教自由派，而普通信徒则认为这份草拟文件有碍于他们决定是否遵循礼仪的自由。通过在解决方案上增加了条款，双方才达成一致。附加的条款如下："对于每一种自由主义的基本原则，联盟让成员们根据自己的道德良心和信念，坚定维护影响个人宗教生活的纲领要求。"显而易见，德国最忠诚的自由派犹太人，即会议上的联盟领导人，也没有坚决支持方案，因为方案将仪式诫命和道德命令放在平等的位置上。[87]个人自由是自由主义的必要元素，没有人愿意妥协。这则附加条款极其有害。正如一些人所指出的，他们不希望出台新的《布就宴席》，纲领只采纳了有限条款，从而招致了正统派的进一步攻击。尽管这是到大屠杀毁灭后，德国自由派犹太人制定的唯一全面的宗教纲领，他们并没有像拉比领袖希望的那样做出宗教承诺。

继1912年的会议之后，德国犹太教自由派逐渐返回到以前死气沉沉的状态，曾经带给人希望的组织表率力由于战争爆发而削弱。普通信徒继续抗议反犹主义，还使用辩论术对抗犹太复国主义，以此表现自己的犹太身份，致使犹太教自由派推行的积极方案受阻。显而易见，自由派普通信徒与犹太大众一样都卷入了世俗化的大潮中，他们自称为宗教人士，主要是为了避免外界怀疑他们的宗教信仰具有民族性。他们努力想赢得社区选举，唯恐正统派和复国主义分子会合并起来壮大自身的力量，从而破坏了他们的同化大业。[88]

与此同时，德国犹太教自由派的精神领袖不再反对传统主义、犹太复国主义以及具有普通信徒特征的宗教理性主义。我们已经看到利奥·拜克具有这种思想倾向，但是他并不是孤军奋战。凯撒·塞利格曼早先提到过"犹太教意愿"，这一意愿非常浪漫，与支持其他宗教原则相比，能够更好地保护犹太身份，他个人在希特勒时期正式成为犹太复国主义分子，但是很早以前他就赞成犹太复国主义运动，他认为这给犹太教带来了新的活力。马克斯·维纳（Max Wiener, 1882—1950）是一位擅长思考、非常有学者风度的德国自由派拉比，他欣赏犹太复国主义对犹太更新的价值，并参与了复国主义方案的制定。维纳和拜克都逐渐远离赫尔曼·科恩的指导，放弃了哲学唯心主义，转而支持神圣道德意志的观念，这一意志源于神秘主义，并以启示的面貌得以呈现。对于维纳来说，犹太团结一致的感情胜似犹太思想和信仰，他并不认为仪式诚命与道德诫命同等重要，他多次强调宗教行为是犹太教的基础而不是教义。[89]因此德国犹太教自由派在一战期间产生，始终处于悬而未决的张力之中，张力的中心是一个小的内核，这一内核基本上由拉比组成，拉比们更加信奉传统神学，同时对犹太的民族性越来越重视。处于张力外围的是大众普通信徒，在社区选举中他们以自由派的身份参与投票，对犹太普世主义的态度比较模糊，但是在个人感情和承诺方面，他们更倾向于德国，而不是犹太身份。

## 英法的"犹太教自由派"

从1881年至第一次世界大战期间，大批犹太人从东欧涌入英国，致使英国犹太人的结构发生了改变。定居在伦敦东部的俄国犹太移民在语言、举止和社会经济地位上与本土的英国犹太人差别非常大，相比之下，英国犹太人之间的差异显得微乎其微。已经确立的正统派礼拜仪式过于拘谨，其英语化形式非常明显，对于新进移民来说，这些仪式就像伦敦西部犹太圣堂的改革一样非常奇怪。于是，他们选择自己习惯的、非正式的礼拜方式，拒绝融入任何一方。对于英国本土犹太人来说，他们内部存在的宗教差异不再那么重要了。可以肯定的是，西部犹太圣堂从1859年就增加了管风琴演奏，不再为重新设置献祭礼拜仪式而做祈祷，20世纪初，礼拜仪式中开始使用一小部分英语，但是男女仍分开坐（这种现象直到一战后结束），仪式看起来有些异端，很多正统派圣会效仿混合唱诗班。[90]莫里斯·约瑟夫（Morris Joseph, 1848—1930）继大卫·伍尔夫·马克斯之后于1893年任伦敦西部犹太圣堂的教士，他属于温和派，因此受到了圣会保守派世俗领袖的欢迎。约瑟夫称自己的观点为"中间立场"，他与马克斯的差异在于他没有明显地区分书面和口传律法的权威。马克斯一方面承认批评圣经是正确的，同时却强调这只是尝试性的工作，在讲坛上不应该讨论这一话题。他对后圣经时代的犹太文献尤为尊重，并提倡遵循改良后的传统礼仪来平衡对圣经原教旨主义的放弃。约瑟夫最极端的表现是不再给任何神圣的文本冠以绝对的权威，并把决定宗教的重任交由个人处理。但是这一看似革命性的观点并没有产生实质性的结论，结果在伦敦西部犹太圣堂的传统氛围中销声匿迹。[91]

　　新进移民因为礼节过于拘谨而不喜欢犹太教改革派，这种情绪并不是空穴来风，一部分英国犹太人虽然很好地融入了当地文化，却因为接近正统派而遭到改革派的排斥。他们是在非犹太教学校受教育，整个世界都是英语，对英语文献非常了解，但对犹太教知之甚少。他们了解了一些关于犹太教的知识，例如神人同形同性的上帝、在西奈山的超自然启示、由原始割礼仪式所代表的选民思想以及圣经人物带瑕疵的美德，从思想上和道德上他们对这些内容感到矛盾甚至有些厌恶。[92]过去和现在一样，问题不在于塔木德，而是圣经和祈祷书，书中似乎宣传具有明显犹太性质的事物不值得人们保护，能够体现的普世因素在其他地方依然能找到。这些被疏远的英国犹太人赞成通婚，并在犹太教之外为自己觅到了精神家园。到19世纪末，一部分人加入了一神论教堂（Unitarian church），其余的人参加了被称为有神论（Theism）的新运动。一百多年前在英国兴起的上帝一位论（Unitarianism）一直在新约中占据中心地位，有教养的英国犹太人对新约越来越尊崇，但是将其中的基督教条统统剥离。1871年，伦敦成立了有神论教堂，既具有理性主义又不乏普世主义，不管从前是犹太人还是基督徒，教堂统统接纳。拥护这两所教堂的犹太人在周日可以用英语祈祷，他们知道这儿的礼拜仪式能够较好地反映出他们的观点，远胜于正统派或改革派的犹太教礼拜仪式。[93]但是大部分英化的英国犹太人在教义上恪守犹太教，他们大都是徘徊在宗教外围的世俗主义者，没有与任何其他教派联盟。19世纪末在英国犹太人中兴起的新自由主义运动主要关注了这些边缘犹太人的宗教情况。

克劳德·戈尔德斯密德·蒙蒂菲奥里（Claude Goldsmid

Montefiore, 1858—1938）是英国犹太教"自由派"的精神先驱。[94]
在他父亲的家族里，他是正统派摩西·蒙蒂菲奥里的重侄子，在
母亲家族里，他祖父是艾萨克·里昂·戈尔德斯密德，曾帮助他
发动英国的改革运动。蒙蒂菲奥里从小在伦敦西部的犹太圣堂长
大，对圣堂的感情很深，尽管大学生涯让他从思想上远离了伦敦
西部犹太圣堂。蒙蒂菲奥里是第一个被牛津大学录取的犹太人，
他深受贝列尔学院院长本杰明·乔维特（Benjamin Jowett）的
影响。[95]乔维特是柏拉图对话的译者，因而出名，同时还是接受
神学培训的自由派宗教思想家。他把蒙蒂菲奥里及其他自己青睐
的学生纳入麾下，并经常邀请他去自己的乡村别墅。在乔维特家
里，蒙蒂菲奥里还结识了一位基督徒，这个人把常识和合理的怀
疑主义与根深蒂固的宗教信仰结合在一起，蒙蒂菲奥里把他当作
自己宗教发展的榜样。在蒙蒂菲奥里看来，更为重要的是乔维特
并没有嘲讽旧约或者后圣经时代的犹太教，他这样写道："先知的
语言比起圣·保罗的语言、比起教条主义的神学更加接近我们的
情感。"对蒙蒂菲奥里个人来说，他建议基督教或犹太教不要把自
己看作是唯一合法的信仰："每一个宗教都有其作用和真理，其中
一个也许是另一个的补充。"乔维特要求蒙蒂菲奥里就古以色列信
仰的问题做一场讲座，讲座应该"使希伯来宗教更易理解，与我
们的关联性更强，包括更多好人的生活原则，减少造成人类宗教
纷争的因素"。这场讲座就是闻名遐迩的1892年希伯特（Hibbert）
讲座。在德国授予一个犹太人如此高的学术荣誉被视为不合时宜，
基督徒从犹太的角度了解有关古代以色列的知识也是不可思议的
一件事。如我们所见，像哈纳克这样的排外主义德国神学家故意

214

挑起辩论来保护犹太教的荣誉。牛津的自由派对年轻的蒙蒂菲奥里产生了不同的影响，他认为乔维特的授课"有必要翻译成犹太语"。蒙蒂菲奥里首先希望实现犹太教的完全普遍化，并删除那些影响外界欣赏其真理的狭隘因素，也许能在圣经批判论甚至在新约中找到那些真理。乔维特建议蒙蒂菲奥里全身心地投入到"犹太民族事业中"，他的信徒也接受了这一挑战。[96]

蒙蒂菲奥里还在牛津的时候就致力于撰写有关德国改革派的发展历程，德国改革者希望将犹太教从一个部落的信仰改为"天主教"的信仰，结果在英国几乎没有人回应这一改革，蒙蒂菲奥里对此表示遗憾。他嘲讽布雷斯劳神学院的做法前后不一致，并将自己和盖革联系在一起，盖革更加关注犹太教的历史延续性，因此比侯德海姆更受欢迎。[97]在接下来的写作中，蒙蒂菲奥里阐述了犹太教自由派在很大程度上与德国的犹太教自由派非常相像。他也将伦理上的一神论置于中心，认为仪式上的命令只是个工具，应该强调以色列的使命，并且摒弃以色列的民族主义。蒙蒂菲奥里理解的犹太教自由主义思想与德国的自由派思想存在一定的差异，原因在于他在英国接受的宗教思想更加宽容，并且具有批判性，在英国犹太社区内部，他能够更加自由地表达思想。

德国要求维护集体教区（Gemeinde）内部的统一，因而禁止社区拉比公开倡导激进的思想，而英国的犹太社区则缺少这样的覆盖性结构。伦敦西部犹太圣堂历经了两个时代，按理说应该出现一场新的、立场更加坚定的运动。像蒙蒂菲奥里早期所构想的那样，这场运动的新颖性在于能够明确地接受圣经批判论，同时表明批判精神不会损害宗教的真正价值。如果人们相信宗教的最

终权威属于个人，而不在于文
本，那么《摩西五经》由不同出
处的资料构成以及摩西并不是作
者等情况就无关紧要；同样，某
些令人反感的圣经习俗以及某些
圣经人物的行为典范性降低也不
那么重要了。圣经的缺点在于人
性方面，实际上信仰圣经文本的
直接神性有损于宗教，因为"如
果圣经是完美的，上帝会立即做
出启示，那么宗教进步既没有可
能性，也不会人人向往了"。按
照蒙蒂菲奥里的观点，圣经是

215

克劳德·G.蒙蒂菲奥里

对最高启示的记录，就其完整性而言，并不是所有时代的命令。
"这不是因为它来自上帝才是好的；而是因为它是好的而来自上
帝……最终的权威在于其内部。"[98]

在有关圣经的系列丛书中，蒙蒂菲奥里认为与《摩西五经》
相比，先知文献中有更多的内容需要加以确认。圣经批判论围绕
着摩西的形象制造了一团迷雾，传统将他和过时的仪式命令以及
道德约束联系在一起。如果摩西是以色列宗教无可厚非的成立者，
先知则可以称作"第二代成立者"，他们的教义包含着现代犹太
教的核心内容。蒙蒂菲奥里确信先知与当今时代有着更密切的相
关性，他提议通过象征方法来表达这一重要变化。宣称如果自由
派犹太人没有参考过去的风俗而建立犹太圣堂的话，这位犹太人

"是不会把律法卷书放入约柜并使约柜成为整栋建筑中最神圣的部分。即使他有这样的约柜，也会把《阿摩司》（*Amos*）、《何西阿》（*Hosea*）和《以赛亚》（*Isaiah*）这一类的先知书放入其中，而不是《摩西五经》，因为先知比律法更重要"。[99]

蒙蒂菲奥里的先知犹太教超越了希伯来圣经的界限而延伸至新约。他反对将福音视为圣经，但的确论证了耶稣是先知传统的犹太人，他值得犹太人的欣赏。他还认为保罗也具有极高的宗教天赋，他的书信中提及了犹太人的高贵元素。当然新约中也包含了很多犹太人不能接受的内容——尤其是传说的耶稣与上帝的特殊关系，对于犹太人来说，耶稣只是主，但不像一位论派认为的那样，是唯一的主。自由派犹太人需要从他们自己的希伯来圣经中进行选择。"如果我们在《申命记》和《以赛亚》中实行折中主义的话，那么也能在给罗马人的书信和格林多后书（Corinthians）之间实施折中主义。"[100]对于蒙蒂菲奥里来说，打破犹太教的界限，吸收基督教中与之相协调的部分，不仅是对乔维特的回应，还是他对付一位论和一神论吸引犹太人的中立办法。你可以保持犹太人的身份，同时仍可以接受基督教的基本教义。新约只是对犹太教的"补充"和"增补"。

蒙蒂菲奥里建议犹太人以肯定的态度看待基督教的教义，这一观点引起了人们的争议，如果说犹太教的核心在于其普世教义，那么基督教的成立者也应该属于犹太教的圈内，那么犹太教与其他宗教的差异何在呢？为什么不能成为一位派或一神派？为什么不能通婚？蒙蒂菲奥里对这些问题所做的回复中关注了两个基本点，这两个基本点分别与过去、未来相关联。他反复强调犹太教是一种"历史宗教",其基本教义实际上具有普世性,其制定、保护和发展都由犹太人来完成。犹太人为此奉献了全部的生命,他们的记忆始终忠诚于教义。对于蒙蒂菲奥里来说,犹太教是"宗教家园",用另一个隐喻来说,它是一条特殊的"渠道",流淌着来势凶猛的普世信仰之水。[101]犹太教还拥有"一个狭隘的教条"——选举以色列承担使命,与德国改革派一样,蒙蒂菲奥里坚信以色列是由神选定向人类传递普世信息的。犹太人可以接受,也可以继承这一任务,但是他们无法否认自己的精神身份。对于蒙蒂菲奥里个人来说,思想是最关键的。他在一封信中这样写道:"直到全世界都知道这一个上帝:以色列的上帝,犹太人将是他的见证人。""如果我怀疑这一观点的话,我的道德和精神将崩溃。"[102]在蒙蒂菲奥里看来,这一庄严规定的使命就是针对犹太的诫命,当犹太律法和圣文丧失内在权威的时候,这一使命为犹太性的保持提供了一份长久的责任。

蒙蒂菲奥里把犹太人定义为"宗教兄弟情谊",并没有把他们称为一个国家,或者以现在的观点称之为民族。他自豪地宣称自己是"具有犹太信仰的英国人"。[103]当英国政府就《贝尔福宣言》(Balfour Declaration)咨询他时,他持反对意见,等到公开他的观点后,他加入了致伦敦《泰晤士报》的抗议信。蒙蒂菲奥里反对犹太复国主义的观点,并得到了宗教领域广大英国犹太人的支持,但他还是对犹太民族主义表示特别反感,因为他们否认犹太人的使命。只有偶尔在其写作或演讲中,人们才能听到调和的语气,他曾经考虑过新一代的犹太人在巴勒斯坦成长有可能会综合犹太的民族性和自由派犹太教的普世信仰。1910年,他对美国改革派拉比做了一场演讲，指出如果你能成为犹太复国主义者的话，同时也可能做一名优秀的自由派犹太人，只要你相信反犹主义会持续存在，犹太人在自己的土地上才能适当地庆祝安息日。但是蒙蒂菲奥里个人绝不与犹太复国主义进行妥协，即使到了20世纪30年代，他依然坚持自己的观点，自己也承认支持自己立场的人越来越少，还自称为"顽固分子"。[104]

毫无疑问，蒙蒂菲奥里对英国身份的强烈认同是导致他反对犹太复国主义思想的重要因素，如果把他反对犹太民族主义的宗教论证仅仅低估为理性化的话，这是不正确的。不管蒙蒂菲奥里有多么的理性或者对历史批评主义多么的热衷，他像乔维特一样始终是位狂热的信仰者。上帝主宰自然和历史的一神论思想是他普世信仰的核心，上帝是"一个人，但是和我们不同"。他相信"人类和上帝相互交流"，上帝能够听到我们的祈祷，礼拜仪式能够有机会让人们感到上帝就在身边，并且要把上帝的意志纳入自己的生命之中。他也承认这种联系很"神秘"，但绝对是真实的。[105]众多的犹太复国主义分子并不认同他对宗教的虔诚，从而导致他憎恶犹太复国运动。

蒙蒂菲奥里的个人宗教和道德理想非常神圣，理解他的同时代人的确把他视为圣人。[106]尽管出身富贵之家，他与犹太贵族或"亲属关系"的联系却是个例外。他既不吸烟，也不喝酒，总是一副严肃的表情，对自己的穿着打扮从不讲究，更不会寻欢作乐。在金融家眼里，他是位知识分子、慈善家，他认为是宗教要求他好好工作，而不仅是地位的原因。蒙蒂菲奥里和许多德国改革者不同，他从未和正统派划清界限，也从未经历过其他改革者的内心骚动和矛盾的折磨。他崇尚犹太教自由派，可以说这是摒弃传统的结果，但更可能是受到更宽视野的吸引。在基督教牧师圈内，他能直言不讳地讨论当今的宗教问题，毫不拘束。在犹太同胞中，他试图寻求观念上的自由化，认为这会使犹太教更好地适应他们生活的思想和宗教环境。然而蒙蒂菲奥里并不是一位有组织能力的人，他为英国的犹太教自由派规划了方案，并进行指导，但是却始终没有为自由派成立独立的机构。

这一成就由改革运动历史上第一位重要的女士莉莉·蒙塔古（Lily Montagu, 1873—1963）完成的，她与蒙蒂菲奥里不同，从小在严格的正统派家庭中长大。她父亲是位新富，属于新西部犹太圣堂创始人之列，新西部犹太圣堂的成员经济上富裕，但思想上非常传统。她小时候受过犹太圣堂教士西米恩·辛格（Simeon Singer）的指导，后来辛格编辑了一部标准的正统派祈祷书。蒙塔古出身显赫，所赋予的地位对她的工作非常有帮助，但是传统的背景却成为她一生的痛楚，将她完全排斥在自由派事业大门之外。早期的个人信仰让她确信上帝就在身边，从而抚平了儿时的内心恐惧，莉莉·蒙塔古到了青少年时期，其宗教信仰已经融入社会改良的漫长事业，为改善那些社会地位低下的犹太女孩而努力。但是在正统派犹太圣堂，她得不到启发，她的个人宗教意识更多地得益于维多利亚时期的作品，而不是犹太文本或仪式。实际上如果她生活在罗马时代的德国，就像一百多年前的"沙龙犹太女人"一样，或许能够取得超越犹太教的瞩目成就。[108]她之所以能够在犹太社区保持宗教性的主要原因是她熟悉蒙蒂菲奥里的早期作品。

尽管犹太教自由派思想尚处在萌芽阶段，蒙塔古接受了蒙蒂菲奥里提出的这一思想，而且感到与他有一种源自相似宗教事业的亲密关系。她比蒙蒂菲奥里年轻15岁，把他当作自己的思想指导者和楷模。她本人的写作和布道也反映了蒙蒂菲奥里的普世主义思想、对圣经的观点、反对犹太复国主义的立场以及不能容忍通婚的看法。但是她对宗教的特别虔诚也具有细微的动力差异，与蒙蒂菲奥里相比，她更多地着墨于宗教的个人经历，除了"内心的上帝"外，她经常提到关心爱护每个人的外部上帝。在她眼中，不对上帝祈祷的犹太人并不是"真正意义上的犹太人"。她个人严格恪守安息日和饮食律法，并这样论证过：恪守饮食律法"能够强化我们对犹太教在通往真理和正义事业道路上要求的诸多献祭这一观念"。[109]蒙塔古还认为犹太教自由派特别符合女人的精神特点。女人通常是内向的，犹太教自由派把信仰和实践的最终权威置于个人灵魂内；在要求对一切生灵尊重的过程中，它符合综合统一的概念化要求，这与将女性智力与男性区分开来的科学分析是相对立的。[110]最终，蒙塔古确立了自己独特的风格。蒙蒂菲奥里的风格偏重神学，喜欢解释说明；擅长学术类型的写作，他的论文转化为布道时，往往令听众们摸不着头脑。而蒙塔古总是以宣教士的身份进行写作和讲演，选择劝说、告诫的方式，还有第一人称复数的称呼，与理论相比，她更多地关注实践承诺和行动。

蒙塔古得出结论，真正的宗教虔诚在犹太教的内部和外部都能够呈现出来。后来，她决定成立一个协会来表达这一思想。1899年，她制定出方案，将一群有着共同虔诚和道德承诺的"礼拜者"召集在一起,他们"重振犹太教,把自己的教条与我们最高的真理和观念结合起来,再次让我们凝聚在关心我们的上帝之下"。[111] 两年后,蒙塔古给自己的亲朋好友写信,敦促他们加入协会来"增强我们的宗教生命力"。[112] 这封信并不是宗教改革的宣言,它没有直接批评正统派,也没有发表过激进的宗教言论。如她所设想的那样,她的阶级成员感受到了犹太同胞所担负的社会责任,新协会只是把这种感受延伸到宗教内部,宗教的祈福会再次降临到那些曾经失去这一幸运的人们身上。

正统派对这封信做出了积极的回应,其积极程度并不次于自由派。虽然协会的组织者是女性,但在英国环境下并没有造成不好的影响,因为女性在基督教宗教生活中已经发挥了积极作用。[113] 此外蒙塔古小姐是正统派家庭的女儿,受人尊重,有如此多的听众也是无可厚非的。起初人们没有发觉莉莉·蒙塔古思想中存在着内在矛盾,正统派犹太教徒之所以接受新协会是因为它会重返犹太教,而协会致力于突出犹太教的发展特点,完全超出了英国犹太人所能接受的程度,不久这一点便得到了证实。

1901年至1902年的秋冬季节,协会召开了一系列的会议,成立起犹太宗教联盟(Jewish Religious Union),迫于莉莉·蒙塔古的压力,蒙蒂菲奥里同意担任主席的职务,蒙塔古自己任副主席之一,另两位分别是正统派牧师及家庭朋友西米恩·辛格和联合犹太圣堂中有名望的普通信徒阿尔伯特·约瑟(Albert Jessel)。另外两位正统派教士比其他的同事思想上更自由,他们加入了犹太宗教联盟的组织委员会,组织委员会有12名成员,入会的还有其他主要的正统派普通信徒以及伦敦西部犹太圣堂的莫里斯·约瑟夫牧师。各行各业的英国犹太人在新联盟提出的目标下团结一致，"为那些不赞成或者不参加目前犹太圣堂礼拜仪式的犹太社区成员提供深化宗教精神的方法"。这一期望将通过对现行的犹太圣堂礼拜仪式提供补充内容、进行公共演讲、发行公开出版物等方式得以实现。[115]

英国最著名的犹太学者伊斯雷尔·亚伯拉罕（Israel Abrahams, 1858—1924）在成立之初积极参加犹太宗教联盟，大大增强了联盟的势力。亚伯拉罕的父亲是培养犹太教士的正统派机构犹太学院的校长，他本人负责讲授说教术。1902年，亚伯拉罕被任命为剑桥大学的塔木德和拉比文献的诵经师，他加入犹太宗教联盟时，撰写了《中世纪的犹太生活》（*Jewish Life in the Middle Ages*, 1896年），这部著作逐渐成为经典作品，他撰写的有关犹太书籍的专栏在《犹太编年史》（*Jewish Chronicle*）上定期发表。亚伯拉罕还和他的同龄好友克劳德·蒙蒂菲奥里共同任《犹太季刊评论》（*Jewish Quarterly Review*）的编辑，这一期刊的办刊宗旨是致力于学术和犹太教自由派的发展。亚伯拉罕和蒙蒂菲奥里在基本问题上能够达成一致：例如政治上的犹太复国主义、圣经批判论以及对基督教的开放等，他们之间也存在分歧。亚伯拉罕更加关注世界范围内的犹太文化统一，并且对犹太仪式更为欣赏。他反对赫茨尔发动的犹太复国主义，支持现代的口头希伯来语，后来又赞同在耶路撒冷大学建立犹太学习中心。[117]在思想上，亚伯拉罕和蒙蒂菲奥里基本上都属于自由派，但他动辄就提及自由派犹太人与传统派宗教同人"在感情上是一致的"，还有全体犹太人因为共同的宗教象征和节日庆祝而拥有紧密的联系纽带。[118]甚至反对犹太教自由派的人对亚伯拉罕也格外欣赏，尽可能地把他与自由派的联系降低到最小，宣布他是超越党派的调解人，而不是反叛者。但是蒙蒂菲奥里称他为"我们的拉比"，对这位广受尊重的自由派学者的价值非常认可。[119]当人们指控犹太教自由派缺乏深度、不够忠诚时，大家异口同声地回答："那亚伯拉罕的做法如何？"是亚伯拉罕为西米恩·辛格的标准正统教祈祷书做了注解工作，也是亚伯拉罕帮助制定了犹太宗教联盟的礼拜仪式，并对其历史真实性加以捍卫，而对此首席拉比赫尔曼·阿德勒（Hermann Adler）却谴责亚伯拉罕的做法违反了犹太性。[120]

在犹太宗教联盟成立前，协会进行了一些早期的礼拜仪式实验。1890年，在莫里斯·约瑟夫成为伦敦西部犹太圣堂教士之前，他对汉普斯特德（Hampstead）市政大厅的安息日下午礼拜仪式进行了思想方面的改动，1899年，他曾两次试图改为星期日做礼拜。[121]但是这些尝试都没有克服组织上的缺陷，也没有抵挡住正统派的反对。相比而言，犹太宗教联盟拥有广泛的基础和受人尊重并敬业的领袖，这些因素都增加了其成功的砝码。经过斟酌，委员会决定在周六下午三点半举行礼拜仪式，这样一来，周六上午工作的犹太人可以参加，并且和圣会礼拜也不冲突。也有人提议周日做礼拜，但没有通过，因为考虑到这样做会逐渐破坏犹太历史的安息日风俗。

1902年10月18日，犹太宗教联盟租用了伦敦西部大中心酒店（Hotel Great Central）的大厅，在这里举行了首次礼拜仪式。[122]由受人爱戴的西米恩·辛格宣读礼拜仪式；克劳德·蒙蒂菲奥里进行布道，男人和女人坐在一起，男人可以选择戴帽子或者不戴，但大部分男人是戴帽子的。在管风琴的伴奏乐下男女一起合唱，没有诵读《托拉》经卷。让人觉得例外的是礼拜仪式使用英语进行。组织者发给每位参与者一份标有当天特别祷文、诵读内容以及圣歌的"礼拜仪式秩序册"，秩序册以传统礼拜仪式为基础，内容上却偏离了传统文本，临时祈祷书中规避了有关再次确立献祭、回归锡安山以及复兴等方面的内容，取而代之的是以色列使命，所有参与者起立共同背诵十诫。[123]圣会人员共同吟唱圣歌，其中一部分圣歌是由非犹太人编曲的。当天自由指定的圣经文本是有关以西结（Ezekiel）对枯骨的想象，显而易见，对于犹太宗教联盟来说，这意味着要唤醒其宗教信仰中那些骨瘦如柴的犹太人。约有三四百名男女参加了首次宗教礼拜仪式，时间大约持续了一个多小时。

　　在接下来的几周内，另外十位宣教士分别进行了演讲：亚伯拉罕、约瑟夫、正统派的教士辛格和伍尔夫以及复国主义者哈利·S. 刘易斯（Harry S. Lewis）。犹太宗教联盟以自由讲坛引以为荣，普通信徒和教士可以畅所欲言。亚伯拉罕还发现讲坛内洋溢着一种自愿努力和参与的精神。每周都更换的诵经者是真正的圣会使者（Shelihe tsibur），他们是圣会的代表而不是专业人士，志愿者合唱团几乎全部由成员组成。[124]一年之后，西部礼拜仪式的首发成功促使东部分支的建立，并一直持续到1911年。东部礼拜仪式的成立是为了吸引与父母宗教观点不一的俄国犹太移民子女，与西部礼拜仪式的唯一差异在于缺少管风琴伴奏。大约有150到200名年轻人参加了首次礼拜仪式，成立之初的第一年，联盟的成员增加到300名，但之后就停滞不前了。[125]

犹太宗教联盟宣布只有在现行的犹太圣堂举行礼拜仪式才能赢得更广泛的认可，为祷文创造更有利的氛围，他们首先按照首席拉比的想法制定了合适的方案，结果却遭到了拒绝，后来又到伦敦西部犹太圣堂进行协商。改革派圣会无法批准男女混坐和自由礼拜仪式等问题，犹太宗教联盟在蒙塔古的敦促下决定坚持这些做法。由于拒绝妥协，新组织遭到了新的攻击，领袖团队中具有传统思想的教士一个接一个地被迫辞职。亚伯拉罕在第一年的最后一次布道中依然这样说："我们的联盟和当前的犹太教没有任何冲突，我们不会反对也不会改变，只是对其加以补充而已。"[126]几个月后，犹太宗教联盟的局面就发生了改变，从前的广泛基础已成为历史，如今的工作重点是说服"偏离者"在思想上承诺加入自由派的运动行列。联盟内部的热情锐减，参加礼拜仪式的成员比率随之减少。接下来的六年中，犹太宗教联盟阻止在英国犹太人中成立第三个教派，但是到1909年为止，绝大部分犹太宗教联盟成员认为要想取得事业成功，必须扯下包罗一切、对现存机构进行补充的伪装面具。同年，委员会将名称改为"犹太教自由派促进宗教联盟"（Jewish Religious Union for the Advancement of Liberal Judaism），并打算成立一所犹太圣堂，能为自由派犹太人提供全面圣会生活。两年后礼拜仪式在一所废弃的小圣堂举行，现在被重新命名为"自由派犹太圣堂"。1912年，拉比伊斯雷尔·马塔克（Israel Mattuck, 1883—1954）被任命为第一任教士，马塔克出生于立陶宛，曾在辛辛那提希伯来联合学院的新任教会执事。犹太宗教联盟成为新犹太圣堂的支援团，继续承担出版的职责，发表有关犹太教自由派内容的论文，还发动伦敦其他地方成立分支礼拜仪式团体。

221　　　　在马塔克的领导下，自由派犹太圣堂到1915年已经发展到416名成员。1925年，在圣约翰·伍德（St. Johns Wood）修建了一所华丽的圣堂，不久后成员就接近1500名，到目前为止已经超过了伦敦西部改革派犹太圣堂的规模。20年代期间，自由派犹太圣堂增加了星期日礼拜仪式，由巴兹尔·亨利克斯（Basil Henriques）发起了一项尝试，在周五晚上东部举行自由派模式的礼拜仪式竟然吸引了400到500人定期参加。[127]从一开始，马塔克给犹太圣堂制定了一条光明道路，但是非常激进。在就职布道中，他强调自由主义意味着思想和行动上的完全自由，现代犹太人在思想上无法接受古代犹太教中的任何教义和实践，如果维持这些教义和实践则非常有害。所有的人都是潜在的"上帝信仰者"[128]，并不只是犹太人。伦敦的自由派犹太圣堂从1912年开始发行马塔克的祈祷书，他们不仅改变了礼拜仪式，而且抛弃了传统的祷文顺序，这样伦敦的自由派犹太教礼拜仪式与其他社区的自由派礼拜仪式几乎是大相径庭。[129]还有一项决议非常激进，针对莉莉·蒙塔古的布道允许开放讲坛，这些决议从1918年开始实施，到1920年才允许她宣读礼拜仪式。[130]总之，到20年代中期，英国的犹太教自由派与当代美国犹太教改革派非常相似，马塔克曾经受到过美国犹太教改革派的熏陶；但是欧洲并不存在类似的组织，只有柏林的改革之友长期存在，还有在法国兴起的小型圣会。

19世纪末20世纪初，法国犹太人主要集中在巴黎，人数大约有8万，其内部的势力划分发生了新的变化，而且精神匮乏。1894年发生的德雷福斯案件，阿尔弗雷德·德雷福斯军官（Alfred

Dreyfus）因叛国罪而遭逮捕，这一事件成为煽动反犹主义的导火索，动乱持续了十多年，法国犹太人极度缺乏安全感，还有一部分人加入了犹太复国主义组织。早期内部发生的德裔犹太人和西班牙裔犹太人的分裂活动已经告一段落，犹太人不断涌入东欧，这种迁移大潮滋生了新的分歧，新迁入者与本地犹太人之间的矛盾与日俱增。法国官方犹太教拥有中央统一的宗教法院体系，但是却无法减缓宗教疏忽现象的蔓延。法国犹太教虽然披着天主教的外衣，但是和法国天主教一样都无法抵制世俗化的进程。只有极少数的法国人在周六继续工作，并把孩子送去学校，大部分的犹太圣堂坐席是空的。只有一小部分当地法国犹太人遵循饮食律法，犹太知识分子和法国知识分子都喜欢自由思想，而不是宗教哲学。在首席拉比扎道克·卡恩（Zadoc Kahn）的领导下，犹太圣堂对宗教现状进行了新的改革，制定以布道为中心的星期六下午礼拜仪式（尤其针对妇女）和星期日有关圣经话题的讲座。但是大部分法国犹太人对这些努力无动于衷，对有的人来说，改革的力度似乎不够。[131]

19世纪90年代中期，一小部分人在巴黎成立了独立的自由派犹太圣堂（十年后才初具规模）。[132]其思想根源可以追溯到最近刚刚作古的一位法国犹太裔东方学者——詹姆斯·达姆斯特（James Darmesteter, 1849—1894）的思想。达姆斯特是19世纪法国著名学者欧内斯特·勒内（Ernest Renan）的信徒，他也是法兰西学院的教授，并且还是研究索罗亚斯德教（Zoroastrianism）的先驱，颇有名望。虽然早期离弃了犹太教正统派，但是这位精力充沛的年轻人发现了希伯来圣经先知文献的巨大价值。犹太教传统派和基督教在科学思想的断言面前都站不住脚，但是他逐渐意识到自己所称的"先知主义"则可以。先知思想与科学绝对不冲突，它给人性提供了科学无法产生的道德动力。他宣称20世纪的宗教会在"先知主义和科学的融合"中产生。此外，先知思想优于历史犹太教和基督教，先知文献能将两者联系起来。基督教摆脱了异教徒的羁绊，能够"踏上回山之路，途经各各他①（Golgotha）到锡安山"。通过这种做法，犹太人会学到如何在今生努力寻求进步，而不是等待来世的救赎。犹太人只关注先知传授他们的神性统一和弥赛亚主义能够摆脱自身和现代性相冲突的传统因素。[133]

西奥多·雷纳克（Theodore Reinach）也是一位东方学者，并且是巴黎自由派圈内的主要成员，他声称达姆斯特是"我们当中最后一位并且相当善辩的先知"[134]，因此他比起任何其他人都配得上法国犹太教自由派精神祖先的称号。

法国的基督徒要求对宗教教条实行自由化，并且呼吁回归先知传统。被称为亚森特神父（Père Hyacinthe）的查尔斯·劳森（Charles Loyson）是19世纪末法国最有影响力的天主教传教士和神学家之一。亚森特摒弃了教皇完美无缺以及耶稣神圣不可侵犯的观念，和达姆斯特一样，试图寻求和谐的宗教科学关系以及犹太教和基督教的共同基础。他参与了巴黎犹太教自由派的讨论，并且针对他们想在法国犹太人当中发动一场新的宗教运动献计献策。[135]查尔斯·瓦格纳牧师（Pastor Charles Wagner）也是自由派的圈内人士，还是新教牧师，在1905年日内瓦召开的自由派基督徒大会上，

① 耶稣被钉死在十字架的地方。

他呼吁宗教同人要更加尊重以色列这一古代先知的民族。[136]

在同一届日内瓦大会上，来自法国东部第戎的年轻拉比路易斯-耶汀·利维（Louis-Germain Lévy, 1870—1946）就犹太教基本原则问题发表了一场演说。利维在法国拉比中独树一帜，他获得了文学博士，称赞新教能够献身于人类进步事业，并且还强调"纯粹的基督教"扎根于希伯来先知中。他告诉基督徒听众们，有的犹太人想努力使犹太教回归到先知传统。"我们和你们将要回归 [先知]，虽然道路不同，但是会在观念和情感的和谐中交汇。"[137] 1904年，利维在《理性和世俗宗教》（*Une religion rationnelle et laïque*）一书中充分地表述了自己的观点。[138]他主张理性的犹太教，像自由派新教一样，属于普通信徒的宗教，摒弃等级权威。对于利维以及当时法国的其他宗教思想家来说，自然科学和实证哲学代表了宗教的主要敌人，他的著作主要致力于证明自由主义宗教，尤其是犹太教，能够与这两者共处。利维与不同的犹太和非犹太思想家一道论证犹太教不受宗教教条的束缚，与科学研究并不冲突，"它本质上是一种生活实践道德"。实证主义对于犹太教来说也不是问题，因为它不受复杂的玄学限制。只有当道德达到宗教神圣思想的顶峰以及宇宙观点时，犹太教才能超越世俗思想。上帝是至高统一的原则，是"良知中的良知"，是生物进化背后的推动精神。利维在这部具有辩护性质的著作中总结出了犹太教为什么能够在现代思想障碍前面屹立不倒的原因。巴黎犹太教自由派选举法国拉比中的知识分子利维作为他们的精神领袖。

到1900年，巴黎组织开始自称"自由派以色列联盟"（Union Libérale Israélite），就在同年正式出台一项方案，维持教义核心内 223

容的不变。[139]联盟希望宗教礼拜仪式会删除那些不能表达他们情感的祷文，例如有关献祭和回归耶路撒冷的内容。他们希望礼拜仪式能够缩短时间，礼拜仪式的大部分内容使用法语进行，礼拜仪式在星期日以及安息日举行。他们还希望宗教教育"能够跟上时代的期望"，提供一个更有意义的成年礼以及成人教育。在申请宗教法院批准时，他们指出针对大多数正统派巴黎犹太人，制定了特别的礼拜仪式，在其他国家也有改革礼拜仪式的先例。联盟再三向官方申请希望能够获得巴黎宗教法院的批准使用大厅或犹太圣堂，然而徒劳无功。直到1905年，法国的教堂脱离国家管束后，组织才能自由地建立属于自己的机构。[140]首次礼拜仪式在星辰广场（Étoile）附近的哥白尼大街场地举行，时间是在1907年光明节那一周的周日上午。

　　加入联盟的一百多个家庭主要来自居住在布洛涅森林（Bois de Boulogne）时尚十六区的巴黎珠宝时髦界，但创始人之列没有一个是像罗斯柴尔德这样的银行家，早期成员中的大部分是商人，还有一部分是知识分子。[141]组织内部起主要作用的是一群热情的女士。其中一位是玛格丽特·布兰顿-萨瓦杜（Marguerite Brandon-Salvadore），她出版了一部选集，从《圣经》《塔木德》和中世纪犹太文献中节选文章，并按照日期主题划分内容。[142]显然，与瓦格纳牧师立场很接近，她在信中抱怨：在摆脱教权主义和处理反宗教危机的做法上，天主教和犹太教都大大落后于新教。这封信后来得以出版。[143]事实上，妇女在早期运动中发挥的影响非常大，以至于《以色列档案》（Archives Israélites）的编辑认为由于她们的原因导致他对新运动的不信任。妇女通常用想象替代判断，并且积极参与这场新的、颠覆性的运动，人们需要警惕这些"情感上易受宗教倾向影响的善意的女性族群"。他的结论是女性的宗教和教育作用最好在家里发挥。[144]

在首次礼拜仪式上，利维特意提到犹太教和理性思想、自然科学之间具有相容性，他在书中也写到了这一点。显然这一问题对他以及大多数听众来说都是至关重要的。利维和早期的德国改革派观点一致，认为作为精神宗教的犹太教曾经和进步的真理启示共同前进，而且将来也会如此。[145]布道所设定的礼拜仪式与柏林改革圣会（有一次利维还去参观过）和伦敦犹太宗教联盟的礼拜仪式极其相似。男女混坐，男士没有佩戴帽子。礼拜仪式程序上缩减了不少，大部分内容用本地语进行。利维自己对圣会宣读礼拜仪式，没有使用安息日的祷文，这些内容留到周五晚上和周六上午的礼拜仪式中，显然这部分内容是为那些思想保守的成员而准备的，因此包括了大量的希伯来文。[146]

到1912年，联盟的人数增长了一倍，他们主要负责给年轻人进行宗教教育，偶尔为成年人举办讲座。尽管反对者给联盟贴上了分裂和反动的标签，但是领袖们进行了自我捍卫，声称是犹太精神复兴运动。[147]达姆斯特否定这种说法，因为自从1791年解放以来，"法国犹太人的历史已经结束，只有法国犹太教的历史了"。[148]此外联盟庆祝犹太节日时，只为了他们的普遍意义，因此闻名的全国性节日普林节也被改为"展现女性优雅的节日"。[149]然而，有一位犹太复国主义观察者与联盟成员的观点一致：联盟的存在巩固了犹太身份。他认为利维的布道不是为了脱离传统，其实听众中几乎没有人再依附传统了，而是关注提升现代犹太教的形象，主

224

要针对的对象是那些脱离犹太教的边缘人士。他这样写道："谁会想到对于东欧犹太人有害甚至荒唐的东西会成为法国犹太人的有用之物并且具有重要价值呢？东欧犹太人记得犹太教的原来面目，而法国犹太人不能抛弃任何遗产，只能获得。"[150]

自由派以色列联盟像伦敦的犹太宗教联盟一样，是巴黎犹太人内部的宗教教区，有钱有势的犹太人就职于宗教法院体系和犹太圣堂。海峡对岸的犹太教正统派以英格兰圣堂为榜样，那么法国的宗教法院犹太教也要从外部适应占主导地位的法国天主教。但是反对者多次指出具有新教倾向的自由主义联盟只与少数人结盟。[151]对于那些只想寻求适应法国环境的礼拜形式的人们来说，这种联盟几乎没有什么吸引力。其成员主要是那些真正关心科学和宗教矛盾的犹太人，或者是对宗教法院犹太圣堂现状不满的犹太人，他们不喜欢在礼拜仪式中只使用希伯来语，而且认为礼拜仪式过于冗长。联盟还包括那些信仰普世主义的法国犹太人以及那些希望在星期天举行礼拜仪式的人。在接下来的几年中，联盟的规模缩小，到20年代中期，人数仅有400名。这种势单力薄的状况与海峡对岸组织取得的成功形成了极大的反差，自由派以色列联盟对伦敦的犹太宗教联盟的发展壮大羡慕不已。

# 6. 美国：改革运动的应许之地

一战前夕，在德国占据主导地位的是做事方式温和的犹太教自由派，匈牙利的新教也受到了影响，但大部分犹太人宣布对其效忠。英国改革派圣堂、法国宗教法院犹太圣堂、奥地利以及东部的一些犹太圣堂也着手进行了一定程度的改革，但这些改革并没有产生意识形态方面的变化。欧洲的激进改革仅发生在柏林的改革圣会以及英法的自由派犹太圣堂。但是在美国，犹太教改革派成功地进行了改革，并赢得了广大犹太人的支持。美国的改革运动在思想上源于欧洲的宗教思想，到19世纪90年代之前，美国改革运动的大部分领袖来自欧洲，但是在改革方案的执行方面，美国的改革运动最成功。改革运动诞生于欧洲，但是在美国没有遭遇欧洲改革道路上的种种障碍，相反它提供了一个非常有利的环境，因此很快得以蓬勃发展。

如我们所见，欧洲的改革运动在犹太宗教事务方面屡遭政府的干涉。不管是为了扼杀改革运动，还是为了在铁腕的掌控下维持其发展，这些干涉都阻止了运动的自由发展，使改革运动要么被抑制，要么遭到污名。改革者试图将犹太解放和宗教改革联系在一起，却被冠以宗教动机不纯的嫌疑，其实在被定为先决条件时改革运动的领袖已经明确地否认了这一联系。欧洲政府为了实施控制，非常乐意维护犹太社区的统一，犹太人也认可德国自治市和法国宗教法院所体现的价值。准改革者们只能作为大实体内的单一宗派而生存，没有人愿意承受因此带来的经济负担和宗教隔离。发生在欧洲的改革也是以叛乱的形式出现，改革者反对长期确立的传统行为以及根深蒂固的拉比领袖，而拉比极力反对改革势力，不惜一切手段进行阻挠。改革首先意味着要推翻统治了几个世纪的权威机构和生活方式，还意味着要与来自欧洲的思潮进行长期不懈的斗争。德国的进步知识分子推行基督教的排外主义，包括黑格尔、施莱尔马赫、威尔豪森、哈纳克等在内，在这种情况下改革派被迫采取防守措施，而保守的新教显然倾向于支持犹太传统派。俄国的正统派圣堂以及中欧东部和法国的天主教都没有给改革派树立学习的榜样，只有英国的英格兰圣堂能够作为典范来鼓励改革者成立与传统接近的犹太宗教机构。

　　欧洲改革派遭遇的重重障碍没有在美国出现。当然从个人或集体角度来看，美国也不是完全不存在偏见，而是美国政府对宗教不实行控制，也不存在规定宗教生活的保守圣堂。各个宗派在宗教自由市场上竞相争夺自己的拥护者，甚至像自然神论这样的异教，因为是国父所批准的，也享有一定的地位。到1840年，在美国被任命的拉比中没有愿意利用自己的权威支持传统的实践做法。普通信徒往往凭借自己所掌握的知识承担起独唱、教学以及仪式屠宰者的角色。得到官方认可的社区并不存在，社区之间也没有出台有效的措施来确保宗教实施上的一致性。早期来到美国定居的犹太人当中，不遵守犹太律法以及通婚的现象比比皆是，谈论起欧洲的犹太人，我们常说这个人出生在某个犹太社区，但是对于美国犹太人来说，他们只是加入某个特定的犹太圣堂或者相反。与其说宗教是代代相传的遗产，不经过任何的思考，不如说是一种有意识的自愿选择。因为美国与欧洲情况不同，继承而来的传统犹太教是旧大陆的现象，不适合新大陆的情况。

虽说美国的古典改革思想是在欧洲得以全面发展后移植来到了美国，但是美国的思想环境比其发源地德国要友好得多。国外的独裁政府也支持宗教上的独裁主义，个人自由受到法律机构的限制，这些机构维持了传统的权力和影响。个人利益被置于国家和圣堂利益之下。但是此次改革的目标却是确立宗教事务中的个人权威，这种思想如果被视为危险或是受到怀疑，改革的理想会化为泡影。相比而言，19世纪中期的个人主义已成为美国主义的基本构成要素，拉尔夫·瓦尔多·爱默生（Ralph Waldo Emerson）对这一教义是这样传播的：愿意与过去彻底决裂，依靠自我的主权，绝不依赖传统。爱默生认为个人主义的崇高并不是表现在仪式上，而是人性的道德本质；救赎不在于教堂，而在于个人灵魂。在著名的1838年神学院致辞中，他提到："宗教是静止的，启示时代已经过去，圣经不再开放……这些特性和假设足以证明我们神学的错误性，教士的真正职责是要表明上帝现在的状况，而不是关注其过去的样子；上帝现在说了什么而不是过去所说的内容。"[1]对于爱默生和犹太改革者来说，启示并不仅限于过去，美国之所以与欧洲不同，在于它是向前发展的而不是后退。爱默生这样说："没有过去，一切都是向前展望。"[2]不仅像爱默生这样的超验主义者拥有这种根深的乐观主义，大部分美国人亦是如此，他们相信自己的国家在欧洲人失败的地方能够取得成

227

功，建立起来的新体制能够使人类的潜力得以实现，而旧大陆总是陷在过去的负担中，因此无法实现这一理想。当然，宗教能够推动人类的进步，但这是自由人的信仰，不是外部强加所致，是自我选择的结果；与其说是继承律法和教义得到的思想，不如说这是个人经验的产物。

19世纪中期，德裔犹太移民竭力融入美国的文化，但当时的美国并没有踏上宗教自由主义的道路。宗教信仰呈现多样化的特点，清教传统、狂热的复兴运动、正统神学三足鼎立。但是上帝一位论的影响远远超过人数的限制，像西奥多·帕克（Theodore Parker）这样的激进作家积极拥护历史批评主义，他主张将宗教的永恒因素与短暂的时间形式相分离。美国的天主教教堂介于独裁主义（尤其是1870年之后教皇的完美无误说）和与之相对抗的民主价值之间。为弥补宗教上的寡势地位，天主教不得已接受了美国主义元素，这种元素与自己的传统格格不入，因此出现了中间派人士，他们认可非天主教徒的宗教优点，与世俗民主的国度和平相处，并致力于建立与欧洲天主教不同的美国天主教，这部分人士构成了自由派。[3]新教徒和天主教徒认为美国的宗教外貌还没有最终确定，包括改革派犹太人在内的所有教派都认为自己能够提供新成立国家所需的信仰。

我们可以看到，欧洲的改革运动信奉现代以色列担负特殊使命的观念。但是鉴于犹太人始终被视为局外人这一事实，很多人都认为宗教天职的思想很愚昧，因为犹太人既没有植根于中世纪的欧洲机构，也没有将它们逐渐改革为现代化机构。德裔犹太人从来没有真正地参与到塑造国家命运的大业中，尽管他们非常认可自己的民族，而在这一方面，美国的情况则不相同。与欧洲主要国家一样，美国拥有深切的使命感，但是维系这一使命的命运不仅没有实现，甚至还没有完全决定好自己的目标。在美国，改革派犹太人感到自己的使命观念与尚处于萌芽状态的国家目标交织在一起。美国人的目标并不是将这份地方性遗产传递下去，而是想让全世界学习他们国家在短暂历史经历中获得的教训。清教徒、超验主义者、福音派信徒以及自由主义者都将美国的命运包裹在自己的宗教术语之下，并与自己的特殊信仰联系在一起，这些教派在塑造美国时都感受到上帝之手。[4]其中包括19世纪美国最有影响力的犹太改革者艾萨克·迈耶·怀斯（Issac Mayer Wise），他认为乔治·华盛顿和他的同胞是"被上帝选中的工具"，在独特的自由环境中美国人民能够"创造出崭新而特别的命运"。[5]怀斯认为犹太教能够帮助美国塑造这样的命运——古代的选民能够扮演现代选民的角色，他具有典型的美国乐观主义，认为改革派是进步的宗教，具有普世意义，摒弃独裁主义，它终将成为美国的共同信仰。

## 南卡罗来纳州的查尔斯顿市——美国改革运动的摇篮

228

在我们首次听闻有组织的宗教改革尝试之前，犹太人在北美已经生活了170年，具体来说是从1654年到1824年。在此期间，他们的人口从微不足道一直增长到大约5000人，有的人参加过独立战争，还有的人为战争提供资助。到19世纪20年代，有些人的祖父母甚至曾祖父母是美国本土出生的，大部分人的本族语是英语。他们在纽波特①（Newport）、纽约、费城、查尔斯顿以及萨凡纳②（Savannah）成立了圣会，遵循的是西班牙裔的仪式。虽然他们的犹太圣堂保持着传统面貌，但是个人的宗教行为在很多情况下却摆脱了传统特点。早在1777年，来自德国的一位基督教观察者注意到："（美国的）犹太人不能像我们国家那样根据胡须、服饰……加以区分，他们与其他公民穿着一样、定期剃须，也吃猪肉……此外很多人与异族通婚。"[6]犹太教育受到限制的情况司空见惯，希伯来知识的传授几乎没有。早期的美国犹太人只占了美国人口的千分之一，人口比例之少几乎在美国的大环境下成为隐性人。[7]

19世纪初期，美国最大的犹太社区位于南卡罗来纳州的查尔斯顿市，社区大约有600人，犹太社区处于最繁荣城市的格局造就了特殊的环境，融商业利益与宗教多样性为一体的海洋贸易繁华中心。独立革命发生前的很长时间内，犹太人开始参加当地选举的投票活动，他们拥有不同的公共事务处。据1811年的记载表明，"那时的犹太人主要是卡罗来纳人、德国后裔以及英国和葡萄牙移民"。多数是有钱人、甚至是公众人物，有的人让孩子接受传统教育，希望他们长大后成为律师、教师、作家、政府官员以及商人。查尔斯顿市的犹太人与异邦人进行社交甚至有商业来往，在共济会活动中扮演着与自身不相称的角色。1750年，他们成立了第五个美国犹太圣会，末日圣所贝斯·埃洛希姆（Kaal Kodesh Beth

---

① 美国罗得岛之避暑胜地。
② 美国佐治亚州东部港市。

Elohim）在1794年修建了一座华丽的犹太圣堂。他们与伦敦的西班牙–葡萄牙犹太圣堂的比维斯·马克斯（Bevis Marks）保持着特殊的关系，马克斯曾派给他们至少一位教士。从1791年开始，圣会在特殊场合下可以进行英语布道，但是根据宪法的要求，礼拜仪式继续遵循传统的西班牙式礼仪。[8]

1824年11月21日，贝斯·埃洛希姆举行的礼拜仪式仍然照搬西班牙礼仪的原样，没有进行任何的改革，这令很多成员感到不满，他们在请愿书上签字，要求对某些内容进行温和的改革。47名签字者提出的要求只是在形式上大做文章。首先，他们反对继续将基督教作为"真正信仰"以及把以色列作为"上帝的选民"，然后要求领唱者和诵经者用英语复述某些希伯来语内容，这样人们会对礼拜仪式中最重要的内容给予更多的关注和尊重。他们还提议每周进行一次英语"讲谈"，阐述犹太教的基础文本、原则和简化的礼拜仪式，删除那些用荣誉换取贡献的不体面内容（用西班牙语进行的内容），改革者认为这些内容有害无益。"上帝拥有强大的力量将怀有虔诚信仰的人们维系在一起，但是那些逐渐远离真正上帝的犹太同胞渐渐失去了这种向心力"，请愿者们希望"这一神圣的改革工作"能使这些犹太同胞迷途知返。他们发现其他的教派派出宣教士到世界各地游说来扩充自己的力量，而犹太人却不能保持原来的人数。他们明确表示不能废除"区别犹太人和异邦人的标志性仪式"。当他们意识到改革的措施与"欧洲的狭隘做法"基本一致时，便要求在"美国的自由公民"之间进行犹太教方面的"改革"。改革者撰写的请愿书使用极其尊敬和温和的口吻，这表明了改革运动尝试从内部进行。

　　然而，请愿者的努力却被嗤之以鼻。从宪法基础上判断，这一提议达不到提交官方审议的条件。在遭到断然拒绝后，1825年1月，12名成员决定成立独立的以色列改革协会。2月，又有43人接受了协会的章程。章程的内容比请愿书更加激进，宣告"人类之所以经常遭受灾难，源于盲目地遵循律法，并忽视了包含在律法和先知中启示宗教的根本精神"。[9]组织还在迈蒙尼德的十三信条基础上采纳了十点信条，信条与信仰的差异体现在四个方面：用神灵的不朽替代死者的复活；用十诫替代整个《托拉》的启示地位；介绍了"面向全人类的诚信"信条，内容颇具新意；提出取代传统个人弥赛亚信仰的宣言："我坚信造世主是唯一真正能够救赎孩子们的神灵，他将让全世界的人都崇拜他的名字。"与此同时，这一宣言还摒弃了基督教。[10]协会也许为了让他们的信条具有仪式地位，还用希伯来语阐释了英语原文，由犹太人和异邦人分别进行了释义工作。

　　这一组织自称为协会，而不是圣会，也许这是为了表明自己的目标更加远大。协会不仅努力创造新的集体礼拜机会，而且致力于宣传共同原则与期望，这些原则不同于犹太同胞所宣扬的内容。很多成员并不属于贝斯·埃洛希姆圣会，他们每个季度召开全体会议，每年都听取演说者讲解协会的目的。一部分成员家境较好，而另一部分情况则一般，其中包括主要的思想家。成员中有知识分子、专业人员、商人甚至是公务员。在章程上签字的43名成员中，至少有19位积极参与民政事务，国籍信息确凿的33名成员中有23名是美国本土人，他们当中的13名是查尔斯顿人，确认出生日期的33名成员中有21位是在1790年后出生，因此他们属于年龄较小的入会者。1826年，成员数量达到50名，将他们的家庭成员计算在内的话，数量能达到200名，协会的规模达到了犹太圣堂的三分之二。他们宣称其他本族犹太人认可礼拜仪式的思想，之所以没有加入协会，主要原因是"考虑到他们父母的意见和感情"。[11]

协会中最杰出的知识分子是艾萨克·哈比（Isaac Harby，1788—1828），他的祖先是西班牙裔，出生于查尔斯顿市，兼剧作家、文学和政治评论家、教育家和编辑于一身，成绩斐然。当国务卿詹姆斯·门罗（James Monroe）出于宗教原因罢免了摩迪凯·迈纽尔·诺亚（Mordecai Manual Noah）在突尼斯的美国领事职位时，哈比给门罗写了一封抗议信，信中明显暴露出他的犹太思想。1816年，哈比提醒门罗，美国的犹太人并不像欧洲的犹太人那样属于被接纳的宗派，他们是"美国民族的一部分"；犹太人是在平等、不能剥夺的宪章权利基础上被任命并当选就职。当然宗教联系在美国继续发挥作用，但是其重要性远不如把全国人民联系在一起的政治纽带时，他这样写道："我不仅是诺亚先生的宗教同人，还是他的同胞公民，在我心中，后者的关系远比前者要坚实。"然而，令人遗憾的是，如果美国人非常看重宗教差异的话，那么犹太人应该在"为数众多的其他教义信徒"面前示弱。为了保留自己的那份骄傲，犹太人应该永久地离开美国，"到异国海岸寻求庇护所，如果那里存在真正的自由，哪怕居住在岩石沙漠也是值得的"。简而言之，哈比的早期信仰和所有人的期望恰恰相反，如果美国不兑现诺言，犹太人别无选择，只能到以色列的荒漠中寻找这样的自由。[12]

门罗的偏狭举措并非个例，附近的马里兰州也有人提议了一

230

项"犹太法案",要求废除犹太人不能担任州选举职务的法令,这项提案从1818年着手努力,却屡遭挫败,最终在1825年和1826年获得两大立法机构的批准和通过。[13]这一偏见有悖于哈比的美国理想观,也许还使他相信平等实际上依靠的是一种内在模糊但外在鲜明的宗教差异。一位同时代的基督徒这样描述他:"他是一位'内心坚定的犹太人',但是愿意使'犹太的外部表现形式'适应当代的和解、补偿和牺牲精神。"[14]哈比的改革目的更多体现了希望和期待,但时常使人感到失望。

在1825年11月召开的第一届协会周年大会上,哈比做了重要演说。[15]他的讲话在很大程度上是对美国的神化,建立在神赐的自然和政治福祉之上,美国相当于"古代《圣经》上提到的应许之地"。因此当美国符合其理想标准时,犹太人既不需要去"处处荆石的沙漠"(以色列),也不需要到"沼泽遍布的岛屿"(摩迪凯·迈纽尔·诺亚在纽约格兰岛建立的犹太殖民地)。[16]他们只需要现在居住的"这片乐土"。

然而居住在美国海岸的基督徒和犹太人之间仍然存在着偏狭思想,正如哈比所看到的那样,新协会的目的是鼓励犹太人摆脱自身的宗教偏见以及有悖于理性思想或审美情感的所有宗教因素。在欧洲适宜的观念未必对融入美国文化、接受了美国价值观的犹太人具有吸引力。哈比和支持协会思想的人对进步或历史演变的犹太教毫无概念。1825年,欧洲的改革者也没有形成这样的观念,他们的目标是恢复原始的古典犹太教,删掉当前那些"异国、不适宜的仪式,去除糟粕,美化简朴的陶立克柱,歌颂在时间废墟和帝国荒原中屹立不倒的原始圣堂秩序"。

哈比认为古代信仰是圣经犹太教，同样能适应现代精神。相比而言，他和协会的其他思想家在谴责拉比犹太教时一直心怀恶意，在1824年的请愿书中可以发现签名者希望以开明的方式敬拜上帝，而不是把上帝视为"受控于偏狭思想和祭祀权术的奴隶"。231哈比和他的同胞把信奉塔木德的拉比等同于那些利用其权力和偏见阻止文明进步的中世纪修道士和牧师。拉比们不仅对启示权威所宣布的内容是错误的，而且使以色列陷入了"比埃及黑暗降临时期更严重的思想束缚"之中。欧洲犹太教仍然蜷缩在拉比的权威之下，不幸的是，欧洲犹太移民将这种畏惧的思想带到了美国，与美国开明、自由的环境格格不入，因此这种思想注定会消失的。哈比反对拉比教义的倾向无疑受到了18世纪自然神论者的影响，其中的相关著作我们在哈比的图书馆能找到，除此之外，哈比的思想还受到了法国新教学者雅克·巴斯纳日（Jacques Basnage）的影响，哈比演说中很多引用是出自巴斯纳日的《犹太历史》一书。17还有一个原因就是马拉诺社区，尤其是英国的西班牙裔犹太人对口传律法的争议所造成的反响也波及了哈比和他的同事。但是对于查尔斯顿的改革者来说，改革的最根本原因是拉比犹太教复制了中世纪欧洲的犹太教，他们完全没有自由，与欧洲的基督教一样，根本不适合在美国这一新的自由国度建立宗教多元化。

接下来的两年内，协会的演说者给哈比的观点增加了一条美国化要素：社会实用主义。1826年，亚伯拉罕·莫伊兹（Abraham Moise）说："我们不再把仪式中的古典因素作为遵循的标准，而是以实用性为准则，这种实用性要适应我们生活的时代和国家，要适应美国人的感情和观点。一年后，艾萨克·N. 卡多佐（Isaac

N. Cardozo）对这一思想做出了回应："因为所有的公民机构都是
建立在理性和平等的原则上寻求公共利益，那么宗教性质的机构
也要承接这种简单的目的，在对社会的影响上也要具有同样直接
和积极的作用。"[18] 因此犹太教中值得并能够留存下来的因素既不
能由犹太律法来决定，也不能依靠历史意义的裁决，而是由组织
决定哪些因素对作为个人的他们、哪些因素对他们生存的社会息
息相关并且有用处。

　　据我们的了解，协会的宗教礼拜仪式是在共济圣堂举行的，
包括合唱和器乐，男人们不戴帽子。[19] 也许礼拜仪式最早从1825
年开始，这些仪式源自西班牙裔的传统，并由哈比、莫伊兹和大
卫·努涅斯·卡瓦略（David Nunes Carvalho）汇编而成。卡瓦略
比前两个人更熟知希伯来语，因此主动担任诵经的职责。1830年
之前，协会没有印刷的祈祷书，只有个人准备的手写版本，难免
其中存在细微的差异。[20] 协会的手抄祈祷书是改革运动产生的第一
项激进的礼拜仪式，比欧洲早了整整20年，柏林改革圣会到1845
年才出台了祈祷书。礼拜仪式中的大部分内容用英语进行，但是
基础祷文和一些赞美诗仍保留希伯来语。在某些情况下，礼拜仪
式沿用了早期请愿书的提议，祷文首先使用希伯来语诵读，然后
用本地语进行复述。显然汇编者可以自由地重新安排章节，甚至
删除了像阿伯特①（avot）这样的基本内容。礼拜仪式保留了犹太
复兴的内容，继续引用动物献祭、回归锡安山和预期的弥赛亚降
临这样的内容，但删除了额外的安息日礼拜仪式，礼拜仪式持续

---

① 《密释纳》中有关伦理的准则。

的时间缩短到了正常的时间长度。此外，在周五晚上增加了先知诵读的环节，周六上午增加了有关《托拉》的英语布道。卡瓦略 [232] 根据希伯来文本或非犹太文献编写了一部分英语赞美诗。祈祷书包括了三次朝圣节日和新年假期的祷文，但是却不包括光明节和普林节这样的后圣经节日。

节日祷文明确地体现了协会的仪式思想，祷文的开端叙述了在耶路撒冷古代圣殿进行的"辉煌仪式"，但接下来的内容却是：

> 但是目前以色列的孩子处在新时代并且拥有新的命运，当他们思想开明的时候，没有必要过分关注形式，习俗和礼仪都已改变，只有耶和华的名字始终未变。我们呈交给上帝的不是羊羔的脂肪，而是奉献我们的双唇——*uneshalmah farim sefatenu*（《何西阿书》14：3）。我们将用节欲、刚毅、自制来取代献祭，我们将向恩典宝座献上我们的谦恭优点、良好行为、慈善举动来取代丰厚的礼品。[21]

协会的祈祷书还包含了个人的成人礼仪式，其中要背诵协会制定的迈蒙尼德信条；祈祷书的婚礼仪式允许新娘回答"我接受象征着婚姻纽带的这枚戒指"的内容；此外还包括有关割礼、埋葬、哀悼室和不同私人场合的祷文。如果这些仪式统统实行的话，协会就演变成为圣会，即使在名义上不是，至少对于一部分成员来说已经成为事实，关于这一点祈祷书没有做特别的说明。

1826年，协会开始筹集资金修建圣堂，但是力度不够，以至于1833年把筹集到的基金连本带息地归还给了捐赠者。就在这一年协会可能被解散，因为1833年后我们找不到任何的官员信息。协会的地位不断降低，再加上成立之初并没有经过正式的仪式过程，因此协会存在的时间不会长久。[22]

协会的兴起和衰落都不能简单地归为一个原因，美国改革的最早例子只是受到德国模范的一小部分影响。查尔斯顿改革者尽管知道欧洲的改革运动，但是参考国外的事件充其量作为自己案例的支撑而已。[23]此外，18世纪的英国犹太人反对口传律法，虽然没有明确地阐述自己的反对思想，但是对于查尔斯顿的改革也发挥了一定的影响。类似的影响因素还有很多，例如查尔斯顿有一位教士信奉一神论，而且思想非常开明，他和哈比的关系很密切，和其他人也很亲近。[24]我们必须还要考虑协会的政治期望和在当代遭受的挫折。但归根结底，造成美国改革运动不同于欧洲改革运动的原因在于一种自发的情感。这些改革者所写的内容中弥漫着这样一种观念：他们认为拉比犹太教相当于欧洲的中世纪精神，是来自异国的独裁主义，具有危害性；而只有古典的圣经犹太教适合美国的犹太生活。作为自由人，他们按照自己的信仰对礼拜仪式进行改动并不感到内疚。依照自己的理性和情感，他们会使得美国犹太教和他们居住的国家一样自由。

然而，协会并没有实现自己的美好憧憬，改革者没有建造起犹太圣堂，社区的大多数成员没有加入他们的组织。不久，南卡罗来纳州的经济情况恶化，人们不再向协会捐献。1828年，哈比和卡瓦略这两位最重要的协会领袖离开查尔斯顿到外地谋生，一个去了纽约，另一个则去了巴尔的摩。缺少了专业的领导，离开了两位最有天赋、最必需的志愿者，协会坍塌了。莫伊兹试图重整旗鼓，但是丧失了锐气。个人之间的纷争也使组织内部分裂并导致信仰改变。[25]一部分成员逐渐摆脱了犹太事务，其余人当中有的受家庭影响，又回到贝斯·埃洛希姆的阵地。1836年，贝斯·埃洛希姆传统派有了重新崛起的迹象。

实际上，协会的残余势力再次在旧圣会中扮演了改革者的角色。现在他们努力使贝斯·埃洛希姆派成为美国犹太教改革派圣会的先驱，首先确定了管风琴伴奏的做法，然后在圣堂实行改革并定期举行圣会。

以色列改革协会成立十年后，贝斯·埃洛希姆圣会始终由公开宣布其身份的传统派所掌控。1836年，领导人找到了一位新的合唱指挥者（*hazan*）——古斯塔夫斯·波兹南斯基（Gustavus Poznanski, 1805—1879），他们希望能够通过这个人支持并加强犹太教正统派的做法。但是波兹南斯基却让正统派教徒大失所望，从前他严格遵循仪式律法，而现在却支持改革思想和做法。[25]波兹南斯基出生于普鲁士领地波兰的一个小城镇，来到美国之前，他在汉堡和不来梅居住过一段时间，在纽约他担任舍瑞斯-（Shearith）以色列圣会的仪式屠宰者和指挥助理，后来当选为查尔斯顿的合唱指挥者。开始，波兹南斯基没有表现出任何异端邪说的迹象，因此得到正统派的真心支持。他娶了一位富人家的女儿，因此步入豪门，也奠定了他终生经济独立的基础。人们对他的看法非常好，1838年，圣会授予他终身任期。当时波兹南斯基的改革仅限于对仪式的恪守和尊重，这些改进没有引起圣会的强烈反对。然而在查尔斯顿的前几年，他的观点逐渐发生变化，也许是以色列改革协会的残余势力重新点燃了他在汉堡圣殿的记忆，或许他一直对改革怀有矛盾的感情，或者查尔斯顿的环境对他有着特定的影响。不管动机如何，1839年，在与正统派主席贝斯·埃洛希姆的一次私人谈话中，波兹南斯基建议增加管风琴演奏。[27]一年前，犹太圣堂被烧成平地，这种情况在19世纪的欧洲经常发生，因此二人在谈论新圣堂的修建事宜时，波兹南斯基便提出了安装管风琴的问题。显然，他对这一特殊的改革感兴趣，波兹南斯基因音乐天赋而著名，礼拜仪式中的音乐品质是他格外关注的事情。不知道是因为波兹南斯基的敦促，还是某个人的单独提议，一年后，圣会中有38名成员签署了一份请愿书，要求在新圣堂里安放一架管风琴。圣堂托管人坚决反对，但是波兹南斯基召开成员会议，通过投票的方式决定是否能批准通过，投票结果是46∶40，通过了这项决议。决议的通过导致一部分正统派成员离开圣会，着手成立自己的圣会舍瑞斯–以色列，而改革协会的前成员和一部分犹太人原本是保持中立的态度，不加入任何一个阵营，在看到决议结果时选择投靠了贝斯·埃洛希姆。[28]

234　　　1841年3月19日，贝斯·埃洛希姆的新圣堂庄严落成，建筑材料使用了时兴的陶立克石柱，华丽无比。一名圣会成员弹奏管风琴，还有一支训练有素的合唱团进行演唱。波兹南斯基发表演讲，据查尔斯顿的通讯员说，演讲主要通过参考圣经和理性来证明引进管风琴是正确的。波兹南斯基还为改革进行辩护："礼拜仪式的某些部分应该用本地语进行，而不是使用大部分人都听不懂的语言。"他还利用这一场合提到了去年发生在大马士革的血腥诽谤罪，对摩西·蒙蒂菲奥里代表叙利亚被压迫和受迫害的犹太人干涉此事的行为称赞不已。与美国犹太人享有的自由和平等相比，大马士革宗教同人的命运非常不幸，波兹南斯基的高贵而慷慨的激情点燃了圣会者的热情，他重复了一句经常引用的话："这座犹太圣堂就是我们的圣殿，这座城市就是耶路撒冷，这片乐土就是巴勒斯坦，我们的祖先用他们的生命捍卫了这座圣殿、这座城市和这片土地，因此我们的后代也要捍卫圣殿、城市和土地。"[29]他的陈述一方面饶有热情地肯定了美国不同于其他的犹太流散地，同时对传统的犹太弥赛亚主义予以否认。与15年前的哈比一样，在波兹南斯基看来，美国就是现代犹太人的应许之地。

最初，新圣堂的礼拜仪式完全保留了希伯来语，依然沿用传统的实践，不同之处就是增加了管风琴。[30]但是波兹南斯基让新圣堂再次凸显了改革的动力，包括理论和实践两方面，他将迈蒙尼德信条翻译成英语版本，并用金字刻在白碑上，永久地摆放在犹太圣堂内。第12条原则改为："我们知道先知们宣告的弥赛亚不会到来，与弥赛亚降临有关的先知理想也不会实现。"这一信条在本质上否认了基督教宣言，但由于没有直接肯定犹太教的弥赛亚思想而被视为异端邪说。但是第13条明显地用灵魂不朽替代了肉身复活，不久波兹南斯基的信条被谴责为偏离了正统派。[31]

1843年的逾越节第二天，波兹南斯基向圣会提出建议，停止第二天的节日活动，这一提议引发了新的分歧，并使双方陷入了长期的法庭审理中，最终以1846年改革派获胜而解决。接下来的时间，新圣堂逐渐实施一系列的礼仪改革，包括要更多地使用英语、废除第二天的庆祝活动、每三年诵读一次《托拉》、删除诵读《哈夫塔拉》这部分内容、为纪念死者只背诵《圣歌》。[32]

1841年以来，由改革派掌控的贝斯·埃洛希姆和舍瑞斯－以色列共同为正统派的宗教需要服务，查尔斯顿的犹太人在教派上分裂为两大圣会，这是第一个没有按照西班牙裔和德裔犹太标准划分的美国社区。以色列改革协会的曾任主席亚伯拉罕·莫伊兹回来担任贝斯·埃洛希姆的托管人。费城的传统派领袖艾萨克·里瑟（Isaac Leeser）召集大会，想在1841年成立一个全美圣会联盟，莫伊兹写了一份决议，贝斯·埃洛希姆的成员们一致拒绝参加这一联盟。成员们拒绝服从联盟的宗教权威，在他们看来，这种宗教权威"有悖于他们生活的时代精神，并且完全与美国自由原则不一致"。此外这样的组织无疑会"对开明理性的改革进步进程"存有敌意。[33]莫伊兹给里瑟的私人信件中还增加了这一内容：搞不明白贝斯·埃洛希姆为什么要派代表？"众所周知，我们是目前美国唯一公开宣布改革的组织。"[34]1841年，贝斯·埃洛希姆陷入了孤立无援的境地，与此前的改革以色列协会一样，但不久后这种孤立状态便结束了。

## 改革运动的美国化——艾萨克·迈耶·怀斯

查尔斯顿管风琴争议发生的时候，美国最著名的犹太宗教领袖是艾萨克·里瑟。[35]里瑟从德国来到美国时才18岁，当时他对犹太知识、世俗学科的了解非常有限，但是他广泛阅读，努力证明自己有表达的才华，五年后他被选为费城西班牙裔的米克瓦-以色列圣会（Mikveh Israel congregation）的指挥者，这一圣会在当时的美国最有影响力。他在1843年创办了《西方》（Occident）期刊，这份期刊成为美国第一份重要的犹太期刊，他的名字随之传到了其他社区。后来，他又将《圣经》和《祈祷书》翻译成英语，所出版的教科书能排满整个书架，他还建立了一所希伯来语学校，但持续的时间不长。里瑟希望实现美国犹太人的统一，并坚持不懈地为之努力。他是位正统派犹太人，但并不是老式的正统派。他率先在圣会中定期使用英语布道，谴责东欧犹太教出现了神秘主义思潮，赞同废除那些偏离犹太圣堂神圣性的因素。他工作非常热情，与丽贝卡·格拉茨（Rebecca Gratz）一起建立起第一所犹太儿童星期日学校，尽管他们也承认学校遵循了基督教的模式。里瑟还是一位犹太律法犹太人，他始终认为只有按照犹太律法传统进行的改革才是正当的，在他看来，不管是思维方式还是犹太处境方面的历史发展，对于宗教改革来说基础都不够坚实。他大力捍卫改革派摈弃的信仰：个人弥赛亚、口传律法的神圣性、肉身复活、由神发起的回归巴勒斯坦以及重新制定动物献祭。里瑟提倡纯粹从形式上适应美国，这是一种开明的正统派信仰和实践，只需披上美国的外衣，无需内心的改变。里瑟与德国的萨姆森·拉斐尔·赫希非常相像，他赞同犹太教在语言、文化和爱国方面适应美国环境，但是犹太教本身具有神性，因此是永恒不朽的。有的改革者认为里瑟有时是他们的同胞，会和他们共同致力于统一加强美国的犹太生活，但多数情况下大家都认为里瑟是对手，他以美国为根基，进行反对改革的辩论，他所反映的整体在改革者看来是肤浅的，并不完整。

在里瑟事业的前几年，改革基本上没有遭遇阻碍，让人感到遗憾的只是不乏放弃遵循仪式的情况，另外还要与强加的基督教传教任务相对抗。但是到19世纪40年代，宗教改革的推动力在美国蔓延开来，先是在现存的圣会内部兴起，然后把志同道合的新集团聚集起来。到1855年，查尔斯顿、巴尔的摩、纽约、奥尔巴尼、辛辛那提等城市都建立了圣会，对礼拜仪式进行了不同程度的改革。接下来的几年内，改革圣会的数量和规模快速增长，改革走向激进。

　　继查尔斯顿开端插曲之后，改革运动在美国的兴起要归因于德国化和美国化的趋势[36]，这两者中的任何一个都无法完整地解释改革运动。移民使犹太人口从1825年的5000激增到1875年的大约25万，绝大多数移民来自讲德语的国家。首先他们基本上都来自农村，还有很多来自德国南部的小城镇和乡村。他们没有接受过世俗教育，之所以来到美国，一方面想逃离立法的限制，同时想寻求经济上的改善。他们在新国家能否遵守律法，取决于他们在定居地——美国城镇或边疆——能够获得什么样的机会。到了四五十年代，大批有教养的、富裕的犹太人才纷纷来到美国，有的人在德国时就对温和的改革很熟悉——更高雅的犹太圣堂气氛、本地语布道和较少简化的礼仪。第二代德国移民在美国遇到了本国熟悉的相同礼仪，上一代人也在美国努力复制德国南部或北部特殊的习俗。第二代移民想要修改传统礼拜仪式的愿望，与上一代扎根于美国、希望通过改革来实现宗教美国化的移民愿望不谋而合。熟悉德国改革运动理论和实践的宗教领袖来到美国后，发现普通信徒对宗教改革非常拥护。他们希望改革者建立起思想基础来指导改革道路，这与改革者的想法相重合。

　　1842年4月，巴尔的摩的普通信徒成立了哈尔西奈联盟（Har Sinai Verein），这是德国犹太人的协会，从成立之初就致力于创建改革圣会。[37]成立者之一是来自汉堡的一位移民，受同事委任让美国人熟悉汉堡圣殿的祈祷书，然后在宗教礼拜仪式中使用。当时的汉堡圣殿因为新建筑和修订的祈祷书，引起了很多人的注意，如我们所见，这一切引发了激烈的争论。毫无疑问，汉堡改革者的胜利是巴尔的摩犹太人谈论的焦点，他们对汉堡圣殿的改革进行了认真思考，认为可以在自己的礼拜仪式中采用这一模式。巴尔的摩犹太人进行改革还有一个因素，1840年，亚伯拉罕·莱斯（Abraham Rice）来到巴尔的摩，他是第一位被任命来到美国的拉比，他坚持拥护正统派，莱斯成为巴尔的摩希伯来圣会（Stadt Schule）的拉比，结果导致那些不接受他观点和权威的人选择离开。

1842年的秋季，哈尔西奈联盟举行了新年假期的礼拜仪式，首次由普通信徒主持，我们知道圣会吟唱的赞美诗出自汉堡圣殿的赞美诗集，还有客厅的管风琴伴奏。与汉堡一样，男人戴帽子，与女人分开坐，礼拜仪式主要用希伯来语进行。12年后，出现了一个更激进的组织，他们首次在美国选择星期日举行每周一次的礼拜仪式，在1854年突然解散，但是不久后与哈尔西奈联盟合二为一，又邀请大卫·艾因霍恩担任他们的拉比。

1845年，哈尔西奈联盟成立后的第三年，纽约官方组织起伊曼纽尔圣会（Congregation Emanu-El）[38]，其前身是敬拜协会（Cultus-Verein），与巴尔的摩的联盟很相似，目的都是成立新圣会，并采用经过改革的礼拜仪式。伊曼纽尔圣会的成立者主要是具有一般性知识背景和自由观念的美国移民。与巴尔的摩的情况非常相似，伊曼纽尔圣会的成立者相对来说比较年轻，对他们城

237 市的传统德国礼拜仪式不满意。开始他们没有对是否戴帽子和男女分开坐席这些事宜进行改动，而是首先增加了德语赞美诗，在找到合适场所后又安装了管风琴。伊曼纽尔圣会前期使用的是传统祈祷书，但是不久后，他们开始实行每三年诵读《托拉》、成人礼和简单的礼拜仪式，删除了授予个人圣会者荣誉和祝福的仪式。到1855年秋天，又增添了家庭坐席和男女混声合唱团，取消披戴祷告巾和遵循节日第二天礼仪活动的做法。圣会还对一所白天制学校进行资助，一直到1854年，又资助了一所安息日和星期日宗教学校。1855年，犹太圣堂能够容纳1000多人，星期六上午有大约300人参加礼拜仪式，比起市内其他圣会的平均人数还要多。伊曼纽尔圣会位于美国最大的犹太社区内，十年后，圣会吸纳了本市经济势力最强的犹太人。

　　伊曼纽尔圣会与哈尔西奈联盟的不同之处在于，从最开始它就雇用了有知识、有能力的精神领袖里奥·莫兹巴切尔（Leo Merzbacher, 1809/1810—1856）。他是巴伐利亚犹太人，在19世纪40年代早期来到美国，师从伟大的传统派学者和反现代派正统派的拥护者摩西·索弗，对《塔木德》的研究造诣极深。他还曾就读于埃朗根大学和慕尼黑大学。莫兹巴切尔在纽约的两处圣会担任职务，但是不久这些圣会都和他断绝了关系，一部分原因是他公开支持温和改革。伊曼纽尔圣会能够成功的一个主要因素是能够把莫兹巴切尔争取进来，他担任拉比和讲师，直到1856年去世。[39]

　　1849年，伊曼纽尔委员会要求莫兹巴切尔特别为圣会策划一种礼仪。1855年他出版了《西都尔祈祷书：祭礼祈祷秩序》（*Seder Tefilah: The Order of Prayer for Divine Service*），印刷非常漂亮，装订成两册，这是首部由拉比编写的美国改革仪式祈祷书，其醒目之处在于尽管莫兹巴切尔只用德语进行宣教，但是对祈祷书的直译和前言部分使用的都是英语。[40]人们只能这样推断：使用英语也许是对美国化的妥协，也许是考虑到参观者是非犹太人。不管怎样，礼拜仪式几乎全部使用希伯来语，补充内容是节选自汉堡《赞美诗集》(*Gesangbuch*)的德语赞美诗。

从某些方面看，莫兹巴切尔的祈祷书保留着传统的风格，从右往左翻页，还提到了圣殿的复兴和重建。但是对礼拜仪式的简化则非常激进，不仅删去了一些重复的内容，而且去掉了礼拜仪式中很多不太重要的因素。[41]只有在赎罪日保留了附加礼拜仪式马萨福。在有关献祭、复仇和以色列优于其他民族的内容方面，参考了天使论观点，赎罪日前夕不再吟唱柯尔尼德，弥赛亚回归锡安山的祷文也基本被删去。在某种程度上，莫兹巴切尔有些前后不一致，还保留了一部分信仰表白书，译为："但是因为有罪，我们被当作俘虏抓获，离开了自己的土地、自己的国家。"为了特别提及死者，他把汉堡祈祷书中的阿拉姆语内容添加到犹太教祈祷书中。莫兹巴切尔的继承人塞缪尔·阿德勒在1850年对这部祈祷书进行了修订，为了让在哀悼室进行哀悼的人感到舒适，他在平日请愿中添加了希伯来祷文。[42]莫兹巴切尔的礼拜仪式书引起了轰动。当时在圣路易斯任职的正统派拉比伯纳德·伊洛艾(Bernard Illowy)，有几位普通信徒赞同莫兹巴切尔的祈祷书，他们找到伊洛艾并希望他能采用，得到的回复却是：这根本不是一部祈祷书，任何想使用它的人会"被所有的宗教团体排除在外"。[43]《西都尔祈祷书：祭礼祈祷秩序》也影响了今后美国

238　改革派的犹太教礼拜仪式，但作者在祈祷书出版几个月后就去世
了，因而无法宣传其美德，后来被大卫·艾因霍恩和艾萨克·迈
耶·怀斯的祈祷书压住了锋芒。只有在伊曼纽尔圣殿和其他几所
犹太圣堂才将莫兹巴切尔–阿德勒的祈祷书作为礼拜仪式的标准，
例如芝加哥的安舍梅瑞（Anshe Mayriv），这种情况一直持续到
19世纪末。

　　莫兹巴切尔身体状况堪忧、缺少活力，只能服从伊曼纽尔圣
会普通信徒领袖的意志，因此无法广泛宣传自己的改革思想。在
查尔斯顿，古斯塔夫斯·波兹南斯基想从职业宗教领袖的位置隐
退。马克斯·利连撒尔在纽约期间也不想继续从事现在的职务，
后来他成为主要的改革者，在改革方面时刻准备好要发挥积极作
用。1845年，利连撒尔到达美国，当时他才30岁，已经是小有
名气，持有拉比的任命资格，还获得了慕尼黑大学的博士学位。
1839年，他来到俄国的里加①（Riga），在犹太社区任教师和宣教
士，这里基本沿用德国的礼拜仪式，他定期在这里进行布道，并
给女孩子举行成人礼。后来在俄国教育部长的邀请下，又从事了
一项广为人知的事业，试图说服沙皇帝国内的犹太人相信教育改
革能够给他们带来好处，但是发现政府不守信用，令他感到灰心
失望，因此离开俄国去往环境更为自由的美国。到了美国，利连
撒尔没能立即担任改革的任务，作为纽约三处德国圣会的拉比，
这一职位名称使他完全受制于传统普通信徒领袖的意志，他只能
介绍成人礼和恪守礼仪的规则。当圣会联盟于1847年解散时，利

---

① 拉脱维亚共和国首都。

连撒尔开办了一所私人犹太教学校，1854年开始敦促联盟进行温和改革，改革的前提条件是以犹太律法为指导。在新闻界，他这样辩护：《塔木德》并不是一成不变的固定系统，而是不断进步和发展的。"[44] 1855年，利连撒尔来到辛辛那提，后来成为积极拥护改革的一员。

19世纪40年代，美国改革运动中仍然缺少像艾萨克·里瑟这样有影响力的领袖。有些圣会已经开始了温和的改革，越来越多的普通信徒为了跟上进步的美国人意识，力求发表对犹太教的看法，但是将当地首创精神发展成一项共同事业的人却寥寥无几。

在推动、统一并指导美国改革方面，艾萨克·迈耶·怀斯与其他人相比是最成功的。[45]虽然怀斯不是杰出的知识分子，也不是具有原创精神的思想家，但他绝对不是普通人。最开始他患有严重的抑郁和臆想症，甚至想自杀，后来终于克服了自我怀疑的弊病，并且树立起至高狂热的自信心，使他能够平静地面对敌人和个人挫败，始终坚信自己能够成功。最终他在心中坚定了两个信念："我有处理所有事情的天赋，我是命运之子。"[46]

怀斯的天赋的确与众不同，他能够轻松有效地在写作并在讲座和布道中表达自己的观点。尽管不具备学者的气质，但是通过几周的阅读，他能围绕不同的话题进行有力的讨论，提出富有批评性的观点。他的记忆力超强，熟知美国以及国外犹太生活的细节，他对犹太文献了解之多，足以使他面对比他水平高的学者。他饱读德国犹太科学的基础著作，紧跟犹太学术的发展。怀斯还懂得如何与人打交道，如何为自己的方案赢得朋友和支持者，他能有效地进行辩论，滔滔不绝之词经常让对手毫无还击之力，或

239

者把问题搞混，致使对方绝望地放弃辩论。争辩不但没有令他泄气，反而更胜一筹。好的论战能够激发兴趣，使犹太人思考。最重要的是，怀斯在心智方面获益匪浅：他为两份报纸做编辑和写作工作，领导一个大型圣会，周游全国为犹太圣堂的落成题献，还进行客座布道，并为新旧方案争取支持者。他撰写历史小说和古代以色列的历史，除了这些工作外，他还成立了第一座美国希伯来语学校，学校办学非常成功，怀斯成为该学校的校长和神学教授。他在美国犹太人中几乎家喻户晓，就像是一股强大的力量，有时沿着这个方向，有时又朝向另一个方向，但目标是明确的。

　　怀斯出生于波希米亚的斯坦格拉布（Steingrub）村庄，家境贫寒，他父亲在一所犹太教学校任校长，他在布拉格附近的犹太法典学校上学，后来在布拉格和维也纳读了大学课程，但是怀斯接受的正规教育并不多，他没有学过希腊语和拉丁语，也没有获得博士学位，甚至没有被授予合格的拉比学位。然而他接受的教育，足以胜任波希米亚瑞德尼茨村庄（Radnitz）的小学校长，这一点与他父亲一样。从1843年到1846年，共任职三年，怀斯并没有止步于此，学业打开了他的视野，在维也纳的时候，他还在宣教士艾萨克·诺亚·曼海姆和独唱者所罗门·苏尔则家里住过一段时间。1845年，作为听众他参加了法兰克福拉比大会，他读过德国犹太自由派学者加布里埃尔·瑞瑟的政治著作以及塞缪尔·赫希的宗教哲学。在瑞德尼茨犹太圣堂的教学和布道没有让他在欧洲获得更加显赫的地位，他感到希望渺茫。正如后来自己所说的那样，怀斯憧憬在美国能够获得更自由的氛围。1846年，他抛下妻儿，离开了欧洲，他从未后悔自己的这一举动，坚持认为自己是精神上的美国人，但也是波希米亚人。

怀斯认为自己的价值观和能力与美国的环境完全适合，他发现美国是不受传统羁绊的土地，个人能够畅所欲言，说服他人。几乎没有什么事物是固定的，大部分事物具有可塑性。宗教不受国家控制，信仰没有高低贵贱之分，美国犹太教可以平等地与其他教派竞争并证明自身的价值，唯一必要的是要证明祖先信仰与美国价值彼此相融。

怀斯支持美国犹太教，非常狂热，很少对犹太教提出批评。对于处在美国化进程中的犹太人来说，他的改革思想回答了他们提出的问题：犹太教是否与美国环境有关系，如果有，关系如何。他暗示：古代以色列是美国民主的原型，忠诚于犹太教是正确的美国主义。怀斯在介绍自己的第一部著作《以色列民族的历史》（*History of the Israelitish Nation*）时，提到摩西已经"在专制独裁的时代传播了民主自由和严厉公正的原则……摩西建立了一个极端，美国革命建立了另一个极端，围绕着轴心已经转动了3300年的历史"。后来，怀斯认为"神权与民主是相同的"，对于古代以色列和美国来说，在个人和上帝之间不存在一位尘世君主，除非美国偏离了自己的理想，制定了与个人宗教信仰相反的法律。"我首先是以色列人，认为我的国家与我作对……有效的格言是上帝第一，国家第二。"[47]有时怀斯也会做出妥协，但是他反对德裔移民在布道、祈祷和教育中永久使用德语的想法。他承认改革在很大程度上归功于欧洲的祖先，但相信只有在美国才能取得改革的全面成功。他的思想只有在美国才被更多的人认可，因为美国的犹太教能够参与国家命运。

　　一般来说，人们将怀斯视为温和的改革者，但私下也有人将他看作激进分子。[48]每一种观点都有其正确的一面，怀斯在一些问题上掩饰传统主义，在另一些问题上，他的做法堪称真正的保守主义。必须强调的是，怀斯对改革的最终进程并不是真正的关注，不管是温和的还是激进的，他的目标是在美国建立一个强大统一的犹太教。他灵活使用任何组织手段或统一哲学，以求在特殊时期最有效地达到这一目标。当然这种灵活性也存在一定的局限，怀斯从来不认可口传律法的神圣性，甚至连完整意义上的《托拉》也不具有神圣性，另一方面他也不拥护缺少神启、上帝和传统安息日的犹太教。在这些局限内，他愿意尝试并接受一种模糊的组合，此外，一致性并不是他的最高价值观。

　　怀斯踌躇不前，在某种程度上是出于私心的，他有机会主义思想并有自我扩张的嗜好，本来在他的庇护下能够获得统一，但是怀斯的观点有时前后不一致，原因有多方面：或许是出于诚实而再三斟酌，或许是由于辩护环境的改变所致，或许是为达到某种效果而特意使用一个短语。例如，怀斯有时想强调自己首先是位改革者，有一次写作时用了典型的夸张："改革精神已经渗透到我的内心，这是最重要的特点。"然而在其他场合下，他会称自己和同事们是正统派犹太人，其实他的意思是犹太教改革派并不是一种畸变，也不是犹太教这棵大树的分支，而是树干本身。[49]例如，怀斯关于塔木德权威的观点随着时间的流逝变得越来越激进，但不可能一开始就会执着这一观点，相反，由于缺少坚定的信念而在表达时更加开放，他的观点随着改革运动的进步和激进不断地发生改变，发展目标直指运动中心。

　　但是怀斯在最重要的一点信仰上始终没有动摇过，他坚信上帝直接把自己的意志对摩西进行启示，是摩西自己编写了所有的《摩西五经》，而不是后来的作者。怀斯是理性主义者，他不相信违反自然法则的奇迹发生。他认为红海分裂是自然原因所致，不可思议的神秘力量进入了圣经文本。但是西奈山是真实发生的事情，"从天而降的直接启示"，上帝通过这种方式把十诫——"契约律法"——逐字传给摩西和以色列。这一事件的真相可以通过圣经本身、目睹此事的以色列全体人民以及记忆传承的传统来证明。怀斯真的没有把这一事件称作超自然，但是他也摈弃仅是启示或者仅来自内部的启示这样的概念。他与其他思想激进的改革者不同，不相信"启示是进步的"，西奈山是独特、无法复制的，启示不是进化的产物，而是一蹴而就的，然后有了发展和实践上的应用，它不是一种新的或更高的宗教真理。"建立在西奈山上的真理是永恒的真理。"除《摩西十诫》外的摩西律法是西奈山原则的首次拓展应用，塔木德和以后的拉比文献延续了这一进程，西奈山之后的所有律法和诠释都是可以改变的，这种改变与所处的时代必须进行妥协，但妥协的程度是有限的。例如，《圣经》与奴隶制、重婚罪、血腥报复、包括献祭的原始礼拜方式以及牧师的等级制等时代特点做出了一定让步。西奈山启示是固定不变的，植根于神性。但是怀斯的改革立场中包含着原教旨主义的因素。如果没有西奈山这张岩床作为信仰的坚实基础，犹太教将成为相对主义的牺牲品，将被《圣经》批评者们肢解。对于个人来说，启示也提供了一种确定性，能够使他们避免"悲观主义、厌恶人类主义、绝望甚至自杀"。如果《摩西五经》像《圣

241

经》批评者们所说的那样是一种拼凑作品，由那些欺骗性的教士缝制而成，那么"我如何得知唯一、独特、永恒、仁慈、公正和真实的上帝在哪里？"对怀斯来说，先知书并不重要，最初，其他改革者常常提起先知犹太教，怀斯继续把自己的信仰固定在西奈山上。[50]

对于怀斯来说，后《圣经》时代的犹太历史是一部英雄故事：由马加比（Maccabees）发动的一场光荣的独立战争，革命者孤注一掷地反抗罗马，离散的犹太人具有无与伦比的毅力和非凡的创造力。怀斯认为拉比文献是离散区以色列生产力的集合，对此他非常崇敬，但是他特别将现代犹太教与中世纪的哲学传统联系在一起。怀斯认为，从十世纪的撒狄雅（Saadia）开始，拉比诠释学不再是解释《圣经》的唯一权威。文献学和哲学成为"《圣经》教学的最终裁决人"。根据怀斯的观点，"可以确凿地认为，现在被称作改革的学派就起源于那个时候和那个地方"。这一趋势从迈蒙尼德开始，又延续到了门德尔松和《犹太科学》，闪耀着理性注释的光芒，而不是拉什所进行的无关痛痒的批评。[51]相对而言，怀斯不太相信19世纪的德国改革者，因为他认为当时的改革运动前景在美国，犹太历史的新舞台在大西洋的西岸。晚期他曾这样写道："美国犹太教是受到政治自由和进步启蒙的慈善影响而进行犹太教的改革和重建，是以色列受人尊重的古代信仰的年轻后裔……是犹太教的美国阶段。"[52]

1846年夏天，怀斯到达纽约，当时才27岁，仰仗马克斯·利连撒尔的推荐，不久便当选为贝斯艾尔（Beth El）圣会的拉比，这一圣会在1838年成立于奥尔巴尼市。怀斯在这儿度过了动荡的四年，他的改革得到了圣会中一部分人的支持，增加了男女混声合唱、成人礼、德语和英语赞美诗等礼仪，并废除了《祈祷诗》和兜售荣誉这样的事情。但是也有人反对他，他警告过圣会的一位官员，如果在安息日继续做生意的话，根据圣会规定，他必须辞退领导职务，这件事情激起了对方的愤怒。另外一桩引发敌意的事件是他与一位犹太屠夫发生了争执，这位犹太屠夫还是圣会的独唱者，怀斯宣布他屠宰的肉不合格，大家都知道他是位赌徒，并且经常光顾沙龙。1850年，怀斯的反对者宣称怀斯公开承认自己是异教徒，因为有一次去查尔斯顿他否认犹太复兴和个人弥赛亚。[53]

242

在控告和反控告之间怀斯被迫下台，但是在纽约礼拜仪式中他仍然身穿教士装束，继续执行仪式任务，后来他回忆所发生的一切：

> 一切像坟墓般沉静，最后合唱团吟唱苏尔则的 "*En Komokho*" 曲子，在吟唱完毕之前我像往常一样走上约柜，想拿出律法经卷诵读祷文。斯帕尼尔（Spanier）主席挡住了我，重重地打了我一拳，帽子从头上掉了下去，我从未经历过如此可怕的骚动。[54]

随后发生了混战，州长治安团匆匆赶到现场后才得以平息。支持怀斯的那部分人离开了圣会，成立了新圣会——安什艾米斯（Anshe Emeth），留在贝斯艾尔的传统派分子则蓄意破坏怀斯的改革进程。

安什艾米斯圣会的人数很快就上升到了80个家庭，最初具有改革圣会的特点，因此怀斯的革新得到了拥护。他增加了管风琴演奏，1851年设置了家庭坐席，这在所有的犹太圣堂中是首例。混合坐席的改革措施源于欧洲改革的后期，现在美国也迅速传播开来。美国改革运动以及后来犹太教保守派采纳的这些做法反映了大部分美国圣堂的情况，既象征着妇女地位的提高，还体现了宗教和家庭生活价值的联系。[55]

从1846年到1854年，怀斯在奥尔巴尼期间经常表达这样的观点：自己是继承德国改革的做法。1849年他这样写道："犹太教承认并允许理性进步，会在现状的基础上进行最大可能的发展和诠释。"他坦诚地陈述了自己的看法：仪式律法行将就木，只剩下死气沉沉的刻板遵循。只有那些灌输对上帝爱戴和道德真理的仪式属于"犹太教的本质"。仪式是方法，不是目的，因此可以通过充分性加以判断。此外，并不是所有的犹太人对这些仪式有着同等的需求。怀斯也保守地把自己定义为："我是时代催生的改革者，没有人能使时间停滞，也没有人能够阻止时代飞速运转的车轮。但我以《哈拉卡》（Halacha，犹太教律法中补充《圣经》律法的部分）为基础，从来不会批准有悖于犹太律法的改革。"[56]从一开始，怀斯就态度鲜明地决定要建立一种转变的犹太教，但是他承认成功的基础必须建立在广泛接受的拉比权威之上。

1854年，怀斯离开奥尔巴尼去了辛辛那提的本耶舒朗（Bene Yeshurun）圣会任拉比，这是传统派圣会，内部的改革派正处于上升期，辛辛那提是当时阿利根尼山脉（Alleghenies）西部最大的都市，位于俄亥俄河流域，属于商业贸易中心，生意繁忙。

1854年，辛辛那提的犹太社区人口达到2500人，后来的十年内，人口增长了一倍多，犹太人虽然在国内战争爆发之后才发家致富，但当时家境也颇具规模。1840年组建的本耶舒朗圣会主要由巴伐利亚犹太人组成，其人员组成和仪式与以前的"英国圣会"本伊斯雷尔（Bene Israel）不同。怀斯在辛辛那提市度过了他的余生，这座城市的先驱精神与自己的生活观点相符，并且能激发他的战斗力，他发挥了自己的全部能量，希望得到拥护和热情的回应，他坚持取得一份人寿合同并且如愿以偿。但是考虑到奥尔巴尼经历的挫折，他处处小心，尽量不给自己树敌。在他的影响下，圣会逐渐进行了一系列改革，1859年，成员达到220名，使它成为美国的第二大圣会，仅次于纽约的伊曼纽尔圣会。1855年，马克斯·利连撒尔以本伊斯雷尔圣会拉比的身份来到辛辛那提市，怀斯又多了一名同事和支持者。本耶舒朗引进了本伊斯雷尔圣会的犹太圣堂改革，辛辛那提市共有四个圣会，这样一来最大的两个圣会踏上了相似的改革道路。[57]

　　怀斯终于如愿以偿，能够担任犹太民族的领袖职务。在接管辛辛那提新职位的三个月后，他创办了一份犹太周报《以色列人》（*Israelite*），不久之后，与费城里瑟创办的《西方》和罗伯特·里昂（Robert Lyon）在纽约创办的《阿斯摩尼亚》（*Asmonean*）共同成为美国犹太观点的共鸣板。怀斯对读者掩盖自己的顾忌并夸夸其谈："内心强大的动力战胜了恐惧和悲观的思想；我们以喜悦的姿态再次出现在朋友面前，对自己的事业充满了一贯的自信，并且下定决心不管遇到什么危险都会捍卫自己的事业。"目前他聚焦于"年迈可敬的母亲——犹太教"，为使犹太教注定成为"文明

243

世界宗教"的角色而书写祖先信仰。他自命不凡，信心十足地引用《以赛亚》上的原话："我听到主的声音了：我要派遣谁呢？谁来找我？我答道：看，我在这儿，派遣我吧。"[58]

早在1855年，怀斯开始在《以色列人》上煽动召开大会来联合美国的犹太人。他了解到早期尝试召集此类会议的做法都没有得到支持，如1841年瑞瑟以及1848年他本人所做的努力都是徒劳，即便如此，这也不能阻挡他的热情，他意识到只要正统派和改革圣会能参加大会，圣会才能成功。到8月，他已准备好了官方下发的会议邀请，10月在克利夫兰（Cleveland）召开会议，他收集到的文件签署不仅有来自志同道合的拉比，还有同事中的传统派成员。总之，有九位拉比签署了提议，号召对联盟做出进一步的考虑，提议定期举行宗教会议，制定共同的礼拜仪式，这些内容被称作《美国成俗》（*Minhag America*），此外应该规划犹太教育事宜。[59]

参加克利夫兰会议的有艾萨克·里瑟，还有来自八个城市的拉比和普通信徒代表，其中包括其他正统派的代表，但是犹太教正统派的三位签名人没有参会。因此，达成一致的可能性微乎其微，怀斯当选为主席时，各个派别的坐席划清界限，互相怒目而视，面带疑虑，丝毫没有缓解的迹象。在被迫妥协或失败之间做选择时，怀斯无奈选择了前者，他提议大会认可《圣经》的神性和《塔木德》的绝对权威，使里瑟失去了左膀右臂。莫兹巴切尔、怀斯和里瑟彻夜讨论了怀斯的提议，次日大会做出决定，要求成立圣会宗教会议，指导其思想的共同信仰包括下列内容：《圣经》具有"最直接的神圣起源"，《塔木德》包含了"对《圣经》律法进行的传统、合法以及符合逻辑的说明，而《圣经》律法必须根据《塔木德》的评论得以解释和实践"[60]。怀斯的这一立场也许 244
比自己当时的真实立场更加保守，但是后来他极力捍卫这一纲领。
他认为让正统派支持改革者的共同方案具有特别的价值，在规划
的宗教会议内部，改革派能成功地实现自己的目标。怀斯热情澎
湃地谱写了胜利的赞美诗，一种"自由、进步、开明、团结和受
人尊重的美国犹太教"胜利在望。[61]

## 美国的激进改革运动——大卫·艾因霍恩

对于怀斯来说曙光就在前方。艾萨克·里瑟刚回到费城就急
迫地加入了改革大业。[62]里瑟不久意识到怀斯和同事们不顾克利夫
兰原则暗含的保守主义思想，他们希望继续引进礼拜仪式和其他
方面的改革，由怀斯和里瑟在克利夫兰共同出面代表的温和改革
派和现代正统派联盟崩溃了，正统派倒向了改革派。

但是，强烈反对克利夫兰纲领的力量并不是来自正统派，而
是来自美国改革运动内部的派别，他们不愿意为了宗教统一而承
认《塔木德》的权威。巴尔的摩的哈尔西奈联盟和纽约的伊曼纽
尔圣会正式放弃这一纲领，几乎同时，各地的批评议论纷至沓
来，欧洲改革者利奥波德·斯坦和路德维希·菲利普森也批评了
这一做法。[63]怀斯的妥协被视为对改革思想的背叛，是言行不一、
违背良心的退步。因此怀斯永久地失去了正统派温和分子的支持， 245
同时还疏远了美国改革派以及国外的支持者，美国改革派虽然目
前的人数较少，但是其势力在不断地发展壮大。

艾萨克·迈耶·怀斯　　　　　　大卫·艾因霍恩

　　巧合的是，就在克利夫兰大会召开前的几个周，欧洲犹太教激进改革派的思想家大卫·艾因霍恩（1809—1879）到达美国，他接到了哈尔西奈联盟的邀请去巴尔的摩担任拉比，当时他已经46岁，在国外形成了自己的改革哲理，因此来到美国不会发生实质性的改变。[64]艾因霍恩立即对怀斯进行了严肃的批评，不仅因为同事们对他的看法不太好，还有他担任领袖时的亲和力也不够高。艾因霍恩和怀斯的性格截然不同，辛辛那提的拉比往往和蔼可亲、充满活力、表达随意；而艾因霍恩思想保守、学究气很浓、态度严肃，在阐述观点时仔细斟酌，尽量使用贴切、通常来说很复杂的德语句子进行表达。他得到了人们的尊重，但人们对他的热情一般，他有知识分子的天赋，但并不是受欢迎的领袖。他影响的是那些能明白并且欣赏他的人。然而，就是艾因霍恩毫不妥协的激进思想构成了19世纪末美国改革的特点，怀斯适应型的温和做法却没有成功。

大卫·艾因霍恩出生于巴伐利亚省菲尔特①（fürth）附近的迪斯拜克（Dispeck）村庄，是菲尔特犹太法典学校的学生，他在学习《塔木德》方面天赋极高，17岁时就获得了拉比文凭。后来在慕尼黑的维尔茨堡大学和埃朗根大学学习，不久后他脱离了正统派，成为一名可怕的"进步分子"，巴伐利亚没有任何机构愿意雇用他为拉比。1842年，他在奥尔登堡大公国（Grand Duchy of Oldenburg）获得了比肯费尔德县（Birkenfeld）的拉比职务，在这里任职五年后，他又继承了侯德海姆在梅克伦堡－什未林公国的旧职。1852年，他担任了佩斯激进改革圣会的拉比，数月后被政府关闭。艾因霍恩在比肯费尔德县工作时，与其他欧洲拉比共同支持亚伯拉罕·盖格的观点，要捍卫将自由学术探索与布雷斯劳的拉比职务结合在一起的权利。有一次，在犹太法学家对犹太律法等内容作出的答疑中，他表达了这样的观点：《塔木德》是"神圣的通道"，但它本身或内在并不是神圣的。此外，他和其他拉比同事共同谴责了法兰克福改革之友的激进做法，因为改革之友不承认《摩西教义》的神圣性，也不认可《塔木德》在时代中所扮演的进步角色。1845年和1846年，艾因霍恩参加了法兰克福和布雷斯劳召开的犹太拉比会议，他的积极性很高，属于激进分子的行列，希望礼拜仪式大部分用德裔犹太人的"母语"德语进行，

_____

① 德国巴伐利亚省的北部城市。

因为这足以表达他们的思想和感情。他看到法兰克福会议以《塔木德》为基础，于是号召圣会的拉比绝不能亦步亦趋地遵守《塔木德》的指示。在布雷斯劳他和塞缪尔·侯德海姆的观点一致，认为安息日的休息只是一个象征，因此可以灵活掌握，当然安息日的神圣化是绝对的。晚年，他赞同用星期日举行礼拜仪式作为补充选择，但是始终坚持保留历史上的星期六安息日。[65]

艾因霍恩离开欧洲不久，便出版了《摩西教义》第一部分内容，《摩西教义》计划出版系列丛书，旨在阐述理论，着手解释摩西律法工作，目的是明确律法的本质，追溯其唯一的原则，艾因霍恩将这一原则定义为统一和个体的微妙平衡。与斯坦海姆、福姆斯泰切尔和塞缪尔·赫希这几位哲学同事一样，艾因霍恩也继续着手将犹太教与异端的希腊哲学进行明确的区分。他反对门德尔松的观点，在遵循改革思想的同时，艾因霍恩坚持认为犹太教的确存在教条，构成犹太教基本特点的是这些教条，而不是律法。与其他改革派著作不同的是，艾因霍恩写作的重点是象征主义，试图揭示仪式行为背后的宗教现实，尤其是圣殿的献祭仪式。艾因霍恩发现犹太圣堂能够正确地"感知到礼拜仪式的重要性，但是没有真正的理解，没有掌握作为礼拜仪式基础的永恒真理思想，也没有将这一思想与具有象征性且短暂的外壳相区分"。[66]后来他将自己撰写的祈祷书命名为《欧莱特·塔米德》(*Olat Tamid*)，它象征着古代永久的献祭品。

也许早在读大学的时候，艾因霍恩受到了德国哲学家弗里德里希·谢林的影响，树立了人类共同拥有的前《圣经》原始的一神教观念。[67]这一观念一直对艾因霍恩宗教思想的形成与发展起着重要的作用，1857年他写道，犹太教改革派的"真正口号"如下：

> 从本质上说，犹太教比以色列的历史更久远；作为纯粹的人性，也作为内在神圣精神的散发，犹太教和人类一样古老。人类精神的起源和发展也是犹太教的起源和发展，起源于亚当，在救世主予以完美的人性中逐渐积累。犹太教并不是一种宗教，而是一个宗教民族，是在西奈山刚刚成立的一个宣教民族，首先他要牢牢记住这一神圣内容，然后再将它传到世界各地。[68]

其实这也是艾因霍恩改革犹太教的思想精髓，是他挑选出来进行强调的核心内容。他认为犹太教的起点和终点都是普世主义，从宇宙（而不是犹太）历史的开端，启示就存在于人类精神之中，绝不像圣经在西奈山上所刻画的那样是外在的。上帝没有在身体之外和人类交谈，而是只和具有特殊资质的人们进行内心的交流。甚至摩西也只能在自己的精神上感受到上帝，神的精神给人类精神带来光明，并且把上帝和人类联系在一起。对于基督教来说是肉体一词，而犹太教使用的精神一词，是对各个时代、各个民族的一种赐予。因此西奈山的启示并不是新内容，它"只是向人性揭示了最宝贵、最甜蜜的秘密"。用这种方式来理解的话，与其说启示是一个事件，不如说是一个过程；与其说是一种交流，不如说是重新发现并加深了认识。艾因霍恩在《圣经》内部追溯了从诺亚到亚伯拉罕和摩西的发展，但是对神圣的精神理解并没有止步于此。《托拉》的基本宗教和道德真理的确一成不变，但是对人类精神的神圣影响却一如既往。它还具有"更进一步的启示"，使《圣经》教义更加明确，使道德律法更严格。[69]那么启示是进步的，或者换句话说，历史进步中的人类精神再次向上帝打开。听闻1866年跨大西洋电缆完成，艾因霍恩满怀热情地对这一科学成就发表了自己的看法：

> 在知识进步和塑造历史的过程中，上帝不断地在进行启示！在人类子孙中启示的神圣源泉从未枯竭过。像现在人类研究出跨海洋巨人这样的时代，上帝启示不仅和古代一样丰富，而且在更大程度上比灰色古代更为富有。[70]

247　　西奈山启示最重要以及具有新意的方面既不是有关神学的内容，也不是道德的，是与上帝的观念有关。它提升了早期被誉为万物之上的创世者这一概念。但是在西奈山，以色列第一次接受了作为上帝选民的道德责任。艾因霍恩拥有普世思想，但是并不拒绝以色列选民这一看似矛盾的思想。他已经在法兰克福会议上觉察到这一思想在欧洲所具有的实际价值，它激发出人们的"善意自尊心来反抗教会的统治"。早在1844年，在遵照《圣经》原文"对我来说，你是一个教士王国、一个神圣的民族"（《出埃及记》19：6）的基础上，艾因霍恩把整个犹太民族的选民性和教士性联系在一起。在他看来，仪式和与世界其他宗教相分离的犹太特殊性就是犹太人的宣教服装，直到弥赛亚时代才能自由地将它脱下。[71]

艾因霍恩向全世界的民族强调：担负使命的教士民族所做的工作胜过任何其他民族所做的事情。他们工作应从重建被破坏的圣殿和政治机构开始，目前这一任务尚未完成。从这方面考虑，引起人们哀悼了近两千年的事件实际上是一件幸事，它不是对罪行的惩罚，而是教士共事的必要条件。纪念两所圣殿被摧毁的圣殿节在艾因霍恩的祈祷书中变成了一个悲喜交加的日子，艾因霍恩的礼拜仪式不是为了回避悲剧，而是要超越它，并看到新的光芒，"不是像第一个孩子那样被遗弃到了陌生的世界，而是要作为千家万户的信使"。就像亚伦祭司们在古代圣殿举行献祭仪式后，以色列的祭司们纷纷要求举行不同的礼拜仪式，爱上帝，爱人类，这些纯粹而圣洁的行为更容易让上帝接受。因此"悲伤和斋戒的日子变成了欢喜的日子"，还变成了为拥抱全人类的"新耶路撒冷"举行落成典礼的时刻。艾因霍恩不相信个人弥赛亚，整个以色列集体是弥赛亚民族。祈祷书《弥赛亚来吧》中关于节日的一段话——"纪念弥赛亚、大卫之子、你的仆人"在艾因霍恩的版本中变成了"纪念你的子民，以色列的圣殿，你的弥赛亚"。[72]

考虑到使命，不管其宗教信仰的普世性有多么宽泛，以色列应该保持其单独的身份。艾因霍恩通常把犹太人叫作部落，它比宗教社区规模要大，是一个拥有共同祖先的群体，他赋予了犹太人共同的历史目标。正是因为他对犹太使命的狂热信仰才使得自己终生反对通婚，拒绝主持这些仪式，即使遭到逼迫也不服从。在一次场合下，他把通婚称作"犹太少数民族棺材里的一枚钉子"[73]。

艾因霍恩个人如此严肃地对待以色列的道德使命，显然这种表现源于他对奴隶制问题的看法。还在德国的时候，他就严厉谴责政府对犹太人的奴役，对待他们就像是继子。[74]他也呼吁对妇女进行宗教解放。[75]到达美国的几个月内，他将黑人奴隶制视为"联盟的癌症"。他指出改革派的原则和律法不一致，并且予以辩论：《圣经》律法容忍奴隶制，这与全体人类在神圣面前制定的这一原则有矛盾。1861年，纽约的圣耶书仑（B'nai Jeshurun）正统派拉比莫里斯·拉夫尔（Morris Raphall）根据《圣经》来维护黑奴制，艾因霍恩受到刺激，写了一段很长的批评。对方要求他从神职人员的立场出发保持政治性，他反问道："难道奴隶制问题不是纯粹的宗教问题吗？"对奴隶制问题的公开立场迫使他于1861年4月离开巴尔的摩逃生。后来他宣称正是因为自己不愿意保持沉默，才导致《西奈》的订阅者减少了一半，这份期刊总共出版了7辑，1863年1月停刊。[76]

艾因霍恩对美国的感情很矛盾，一方面，对他来说，犹太教要发展就需要这样的自由环境，这是犹太教的未来之地，他高度评价华盛顿、杰斐逊、林肯等政治家。但是又不愿让宗教屈从于爱国主义，他不顾宪法规定，大肆批判美国，批判的力度不亚于对其崇拜的程度。美国人总是对学校和公共领域里的每个人偷偷灌输基督教思想，忽视了对年轻人的教育，年轻人只是一味地拜金。穷人偷面包屑会遭到严重惩罚，而腰缠万贯的资本家窃取数百万的资产却无人过问。艾因霍恩憎恶美国人喜欢炫耀、动辄暴力、崇尚行动胜过思想的做法。在19世纪的美国，成功意味着表演，而艾因霍恩既不会也不愿表演。他对美国大众文化最常使用的一个词就是"骗子"。他曾经发现在美国若被称为"教士"，你只需厚颜无耻，戴着白色围巾，身穿长袍，人手一册拿着印刷的布道集。[77]

与怀斯不同，艾因霍恩在德国和德国犹太教改革派中寻求的是启发，与实践活动相比，德国更加重视对宗教思想的严肃对待，这一点让他感到非常舒服。对艾因霍恩来说，德语始终是"我们精神和心灵的语言……能给改革思想带来生机并继续支持它的语言"。对于可预见的未来，德语会继续担任礼拜仪式和布道的工具，艾因霍恩个人在写作和讲坛上都会使用德语，最后一次布道中，他对自己这样说：

> 德国是我的家乡，我是一名犹太人，一个四处流浪的人，我与成千上万的弟兄从远处来到这个上帝祝福的共和国！我为自己获得公民资格感到无比的自豪……我永远也忘不了自己古老的家是思想家之地，目前最重要的是文化之地，除此之外还有门德尔松的国土，犹太教改革派的发源地……如果你与德国精神——改革或者与此相等的德国语言——断绝关系的话，就相当于将它从本族土壤中拔出来，那么美丽的花朵必将枯萎。[78]

艾因霍恩在美国并不适应，尽管他尊崇美国理想，捍卫最高原则，但并不擅长日常混战，其实他将自己定义为流浪的犹太人，为其未完成的犹太使命进行辩护。

不足为奇，艾因霍恩很瞧不起艾萨克·梅耶·怀斯，怀斯的祈祷书还在印刷时，他便想方设法贬低这位受欢迎的辛辛那提拉比，在他的言辞中经常出现"拍马屁""大骗子"和"犹太教皇"[79]
这样的字眼。当怀斯的祈祷书《美国成俗》于1857年出版后，往
巴尔的摩寄了一本，艾因霍恩根本就没有打开过。《西奈》没有
对祈祷书视而不见，而是对怀斯在奥尔巴尼的继承人埃尔肯·科
恩（Elkan Cohen）进行了批评性评论，科恩的思想更加激进。从
到美国的那一刻起，艾因霍恩就尽量避免自己的改革重蹈怀斯的
覆辙，他敦促自己的圣会者不要惧怕"激进改革"这一特别称呼。
他告诉他们"激进改革是想让犹太教具有王室弥赛亚的外罩，温
和改革则是裹着正统派和改革破布的犹太教"。激进改革在本质上
是毫不妥协的，其箴言是"真理第一，和平第二"。对于激进改革
者来说，"对上帝意味着和平的真理必须高于人类的和平真理，汹
涌湍急的海洋必定比只散发着被污染的蒸汽、死气沉沉的沼泽要
好得多"[80]。激进改革的性质就是果断、坚定和革命。但是在美国
的初期改革阶段，这一派别也是势单力薄。

　　艾因霍恩产生的直接影响非常有限，拥有70个家庭的哈尔西
奈联盟规模并不大，1861—1866年，艾因霍恩在费城的科尼瑟斯－
以色列（Keneseth Israel）圣会担任拉比，这一圣会的规模也没
有发展起来。艾因霍恩在哈尔西奈联盟时抱怨过：虽然来到美国
的有教养的德国犹太人越来越多，但是几乎没有来巴尔的摩定居
的。担任拉比之前，艾因霍恩时常被邀请到其他圣会中演讲，包
括纽约的伊曼纽尔圣殿和费城的科尼瑟斯－以色列，然而他精心
准备的德语演讲内容不如怀斯炫耀的英语演讲受欢迎。艾因霍恩
创办的月刊《西奈》并不景气，基础也不牢固，认可的人越来越
少，而怀斯创办的周报《以色列人》非常吸引人，拥有越来越多

的读者。[81] 50 年代，艾因霍恩只拥有两位重要的思想支持者，塞缪尔·阿德勒于 1857 年到纽约的伊曼纽尔圣殿担任拉比时，艾因霍恩对这样一位经验丰富、与他思想很契合的同事表示欢迎，同样在芝加哥西奈圣殿任宣教士和教师的伯恩哈德·费尔森塔尔也是一位有天赋、有思想深度的支持者，并且他还是艾因霍恩的知己。[82] 除此之外，艾因霍恩几乎没有其他的支持者，他来美国的十年期间，所倡导的激进改革一直处于边缘地带。

艾因霍恩在克利夫兰大会的当天晚上，来到了巴尔的摩，虽然接到了参会的邀请，但他没去，声称自己需要安顿一下。但是当他突然站在大会有关《塔木德》的立场上发行《西奈》时，大会却要散场。艾因霍恩认为《塔木德》是犹太教发展的一个重要阶段，从多方面丰富了"经过改革的"《摩西律法》，还提出了灵魂不朽的新观念，这一点受到了广泛的欢迎。但《塔木德》又与时代相脱节，在道德方面很狭隘，它只关注《圣经》犹太教的文字，不注重精神。它对《圣经》文本做了错误的诠释，还用一系列沉闷琐碎的宗教规定阻碍了犹太教的发展，《塔木德》在宗教方面取得的进步是在毫无意识的情况下发生的。当外界发生变化时，拉比才被迫为律法做出新的解释。[83]

但是令艾因霍恩恼火的原因不只是克利夫兰大会认可《塔木德》的权威这一件事情，大会还强行提议将宗教会议作为拉比犹太教的宗教权威，宗教自由和政治自由对他来说是无价之宝，他把犹太教称作"自由的宗教"，对任何侵犯圣会主权和个人良心的尝试都存有疑心，对任何设置等级高低的举措加以谴责。后来他支持激进分子自己制定章程，但是他本人从未向拉比宗教会议甚

至圣会联盟提出任何的计划。他最欣赏美国的一个方面就是激进

250　拉比无需像在德国一样要伪装自己，不用把自己假扮成正统派，避免冒犯为全体服务的宗教社区内部的保守分子。[84]

他认为克利夫兰人协商达成了一种"肮脏的和平"，旧时死去的人不仅能插手窒息活着的精神，而且集体的意志也会干涉个人的宗教思想。艾因霍恩警告："让自由的美国以色列抵制这些等级分化的做法。"他断言参会者已经在克利夫兰建造了一座"巴别塔"，成为怀斯的根据地，支持他提出倡议，为他在辛辛那提成立的锡安学院提供后盾，以及为他正在筹划的祈祷书奠定基础。艾因霍恩确定这座塔不会通向天堂，上帝会诅咒他们的言辞。[85]结果证明他的预测是正确的，这座塔的确失败了，但是怀斯并没有沮丧，他很勇敢，捡起砖头到其他地方继续修建新的建筑。

## 对抗和分裂

克利夫兰大会的风波刚刚平息不久，美国犹太人开始把注意力转向更为严重的分歧问题，这一分歧即将使美国分裂。对于犹太人和异邦人来说，奴隶制是个是非分明的问题。正统派拉比莫里斯·拉夫尔、伯纳德·伊洛艾从《圣经》出发来捍卫奴隶制，艾因霍恩对此强烈谴责，芝加哥的改革者伯恩哈德·费尔森塔尔和利布曼·阿德勒（Liebmann Adler）也加入了谴责的行列。但是艾萨克·迈耶·怀斯却站在维护国家权力的队伍中，辛辛那提市位于美国南北分界线的正北方，是地下铁路的一站，主要和南方从事贸易，怀斯的圣会者在南方有商业伙伴，当时怀斯的《以色

列人》周报有一半订阅者来自南方，他本人也周游了南方的各个
地区。尽管怀斯反对奴隶制，但是在道德问题上，他倾向于美国
联盟的统一，不喜欢为了原则而造成分裂，今后在涉及犹太信仰
和实践等具体事务上，他也是主张统一。因此当南北战争的问题
袭来时，他保持沉默或选择中立，直到卷入纷争，他才逐渐对亚
伯拉罕·林肯加以认可并尊重，从前他对林肯和废奴主义者都不
屑一顾。对于激进的解决方式，怀斯和巴尔的摩保守派的同事本
杰明·斯佐尔德（Benjamin Szold）表示不能接受。[86]

　　南北战争结束后的几年内，美国空前繁荣，美国犹太人的地
位也大大提高。实际上，一部分犹太人在战争期间已经开始设法
聚敛财富，他们在各个社区修建华丽的犹太圣堂，以此表达自己
的新地位。怀斯在辛辛那提市的圣会拥有220个家庭，到1859
年，已经成为美国的第二大圣会。1863年，他们开始动工修建一
座宏伟的会堂，战争期间也没有停工，新圣堂于1866年竣工，耗
资25万美元。在某种程度上，新圣堂模仿了当时德国流行的摩尔
建筑风格，多圆顶的顶部伫立着两座细长的尖塔像，后来又在内
部进行了豪华装饰，刻有希伯来诗和各种地理设计图案。在同一
时期或之后，圣弗朗西斯科、纽约、费城以及其他社区也修建了
类似宏伟的圣堂。据估计，1860年美国仅有77座犹太圣堂，能
容纳34412人，到1870年，圣堂的数量和容纳的人数都增长了
一倍多，圣堂数量达到152座，能容纳73265人，犹太圣堂的资
产价值更是激增了354%。为帮助支付新建筑的款项，圣堂对家
庭坐席进行公开拍卖，纽约伊曼纽尔圣殿最抢手的坐席售价达到
9300美元。[87]

竣工于1866年辛辛那提市的本耶舒朗（艾萨克·迈耶·怀斯）
圣殿的内部景象

　　随着新犹太圣堂的修建和旧圣堂的翻新，宗教改革的步伐加
快。[88]很多人认为豪华的新圣堂没有管风琴是不完整的，1860年，
怀斯宣称有12个圣会使用管风琴，八年后增加到了30多个。纽约
的伊曼纽尔圣殿自诩除了波士顿音乐大厅外，他们拥有全国最大
的管风琴，在辛辛那提市本耶舒朗圣会的管风琴被称为"西方最
好的"。甚至当时相对传统的犹太圣堂在70年代早期就使用管风琴
了，像费城的罗得夫-沙洛姆（Rodeph Shalom）圣会和巴尔的摩
的希伯来圣会，偶尔也会雇用非犹太的唱诗班歌手来帮忙，有时
会取代独唱者和自愿的犹太合唱团。

　　新圣堂不仅废除了节日第二天的庆祝活动，男女混坐也成为

司空见惯的事情，很多犹太圣堂通过采纳三年循环的方法而简化了《托拉》诵读，到19世纪70年代，诵读内容进一步缩减，例如，通过只诵读每周的节选内容而放弃全文诵读。越来越多的人把正统派祈祷书搁置一旁，而采用非正统派的版本。相对传统的犹太圣堂选择本杰明·斯佐尔德编辑并由马库斯·贾斯特罗修订的保守派祈祷书，这种做法是对怀斯《美国成俗》祈祷书的折中。倾向于激进改革的那部分人则选择艾因霍恩的《欧莱特·塔米德》祈祷书，他们允许在礼拜仪式中使用本地语，涉及希伯来语内容的那部分祷文由各个圣会自行斟酌。逐渐明显的改革圣会还废除了祈祷披巾的做法，后来男人也不戴帽子了。在制定脱帽法令之前的一段时期内，圣会委员会还允许对是否戴帽进行选择。20年代末期，成人礼仪式非常普遍，只有几个像纽约的伊曼纽尔和巴尔的摩的哈尔西奈联盟这样的圣会禁止传统的成人礼仪式。此外还出现了新的情况，普通信徒喜欢代表圣会者地位上升的一种礼拜仪式，因此要求进行改革，还有一些地方的拉比由于受限于原则规定而寻求改革。

美国犹太人迅速变富，改革意识越来越强烈。怀斯为此欢欣鼓舞："各地的以色列圣殿和进步犹太教的纪念碑好像被魔杖碰过似的拔地而起，其华丽程度令人无比自豪，像是要（对那些反对改革的人）大声宣布：我们是正确的，你们是错误的。"只有"我们宗教同人中的一小部分仍然保留一些古老的形式和陈旧的观念，他们是过去的残留势力，并无害处"。在怀斯看来，与正统派的斗争已经结束，它属于自然死亡，他反对激进改革派，坚持认为"改革不再是问题，继续唠叨陈腐的主题一点儿用处也没有，除了亚特兰大的几所圣会外，美国犹太社区是进步的，他们完全支持时代最先进的思想"。其余的人也认可怀斯的结论，驻纽约的德国《以色列世界报》(*Israelitische Wochenschrift*) 的通讯记者以相似的论调写道："美国（对塔木德犹太教）的攻击完全是多余的（尽管在德国是很必要的），国内的一小撮正统派残余势力根本无足挂齿。"[89] 对于怀斯和他的支持者来说，真正重要的目标是实现美国化和成立联盟，而实现这一目标的最佳时机就是现在。

这两个目标实现起来都没有那么简单，建立美国化的犹太教模式显然是怀斯的理想，但对这一目标进行最严厉批评的不是来自传统派阵营，而是激进派内部。当艾萨克·里瑟和怀斯热情宣传这一目标时，大卫·艾因霍恩以及和他有联系的拉比，还有一部分改革派普通信徒对此予以反对。[90]

19世纪上半期，迁移到美国去的大部分德国犹太人只是表面上被德国化而已。他们没有接受过德国的大学教育，讲的是犹太德语（Judeo-German），美国化是他们融入现代世界的第一个经历，然后就是与那些从40年代到内战期间晚些时候来到美国的人互相交流的经历。他们迁移到美国后，或多或少地背负着德国的文化包袱，到了美国他们发现讲德语的人组成的非犹太社区规模非常大，这些非犹太社区又分成了不同的组织和兄弟协会。犹太人想加入这些组织也很容易，实际上，比起加入原来国家的类似组织容易得多。德国犹太人常有思乡情怀，喜欢回忆自己年轻时的自然文化景观，他们还努力在新祖国保留这些记忆的一部分。在五六十年代，甚至是70年代，犹太教学校、犹太圣堂会议记录、礼拜仪式和布道中经常使用德语。甚至根据1874年的估计，德语还统治着美国的大部分犹太圣会。

　　对后来的许多移民来说，犹太教改革派是他们继承德国的遗产中不可或缺的一部分，德国自由派拉比告诉改革者：他们已经习惯了改革后的礼拜仪式，习惯德国犹太圣堂更新的旋律，也习惯了德国自由讲坛上阐述的改革思想。在商业和街道上他们必须学会使用英语，但是仍把德语和希伯来语视为犹太圣堂的神圣语言。我们可以看出艾因霍恩在宗教上保留德语必要性的立场非常明确，但也不是孤立无援，像纽约的塞缪尔·阿德勒、芝加哥的伯恩哈德·费尔森塔尔和艾萨克·罗布·克罗尼可，这些激进改革者与他的观点一致，他们都认为美国犹太人没有做好凸显自己的准备，其宗教和文化的未来取决于是否能够传播德国犹太教的宗教价值以及德国学术的成就等遗产，犹太教在德国所表现的每一个方面都很重要。巴尔的摩的哈尔西奈联盟中有一个激进改革派的先驱圣会，仍然实行男女坐席分开的做法，因为这是德国的习俗，这种传统一直持续到1873年。到60年代末，大部分坚持德国化的犹太人开始动摇，在美国出生的子女愿意使用英语，有的孩子听不懂德语布道。此外，拉比们注意到一种新变化：受当地统一社区的局限，德国改革已经停滞并进入保守主义的状态。到80年代他们更清楚地看到地方性反犹主义仍然在德国存在，因而更加欣赏美国的自由环境，犹太人能够在社会上、经济上崛起，并建造属于自己的华丽宗教和慈善机构。尽管下一代改革派犹太人仍然传承了德国意识，这种意识后来被定义为美国犹太人的特殊德国身份，这是一种来自海外同胞的宗教霸权。亚拉巴马州莫比亚市（Mobile）的阿道夫·摩西（Adolf Moses）拉比在1882

年用德语说过："从美国救赎开始，在这片土地上（不是德国）以色列宗教将庆祝所取得的最大胜利。"

　　德国化和美国化的对峙是造成艾因霍恩和怀斯分裂的主要原因，还有一个原因就是个人的声望，而不是思想差异。有关美国改革派圣会使用谁的祈祷书的问题，早在1847年怀斯就准备好了《美国成俗》的大纲，他拟定的美国仪式将取代犹太移民从不同地方带来的各种仪式。纽约拉比法庭委托他拟定大纲，但是这一机构存在的时间较短，没等这一方案出台就解体了。怀斯在克利夫兰大会上重新提起这项方案，大会指定委员会负责制定统一的礼拜仪式。1856年冬天和1857年冬天多次召开会议，委员会的其他两位成员当时在辛辛那提市主持讲坛，因此与怀斯碰面。怀斯提交了零散的提议材料，其他两位同事只负责校对，委员会提出"不能授权一个人制定圣会祈祷书"的原则。[91]这一阐述不仅表达了他们自己的立场，而且有可能是在针对大卫·艾因霍恩，因为他反对克利夫兰制定的原则，1856年大会召开数月后，由艾因霍恩制定的礼拜仪式第一部分出版，德语书名为《以色列改革圣会祈祷书》（*Prayerbook for Israelite Reform Congregations*）。[92]艾因霍恩认为美国所有的犹太圣堂不能也不应该只采用一种礼拜仪式，改革圣会应该从那些不违背自己原则的礼拜仪式中挑选然后再使用。在他看来，只要改革祈祷书，"孤注一掷"就能够实现这一目的。[93]

　　1858年，艾因霍恩的祈祷书以完整的形式问世，涵盖了整个礼仪年的内容，并且还添加了希伯来书名《欧莱特·塔米德》。这部祈祷书起源于欧洲，结构上与汉堡圣殿祈祷书和柏林改革圣会的礼拜仪式很相似，内容上还吸取了利奥波德·祖恩斯（Leopold Zunz）的科学研究成果。[94]但是《欧莱特·塔米德》这部著作不仅观点折中，还反映了编辑宗教思想的一致性，艾因霍恩修改了希伯来原文，自己进行翻译，有的地方并没有采取直译的方法。他精心编写了许多原版德语祷文，多次申明自己忠于以色列在各民族中的教士和弥赛亚角色，他将复活（使死者复生）的概念转变为灵魂的不朽（我们的生命是永恒的）。此外《欧莱特·塔米德》没有替代版本，参加礼拜仪式的人从左往右打开书，遵循包含着希伯来祷文和德语祷文的礼仪，不允许改变特定文本的既定语言，删除了像香橼果、棕树枝等住棚节的象征事物，艾因霍恩认为这些东西已经失去了其宗教意义。[95]

艾因霍恩的祈祷书中既有传统的内容，也体现了犹太精神，尽管缩减了很多内容，但保留了基本的祷文顺序，大约有一半的礼拜仪式保留了希伯来文。艾因霍恩给费尔森塔尔写信："有些传统宗教因素能够促进当今的改革，因此改革仪式在任何情况下都不能删除这些内容。"他批评了柏林改革祈祷书，因为它只符合礼拜者的理性要求。[96]艾因霍恩认为身体仪式的价值寥寥无几，应该致力于祷文的启迪作用，他觉得敬奉体现了《欧莱特·塔米德》的真正精神，犹太人通过永久的献祭来更新与上帝的神旨关系。

1857年，《美国成俗》出版，当时艾因霍恩祈祷书的部分丛书也已经出版，但是完整的版本还未问世。《美国成俗》的大部分思想观点与《欧莱特·塔米德》相似，书中删除了弥赛亚回归锡安山和复兴献祭崇拜等内容，同时简化了礼拜仪式，内容上不再那么激进。《美国成俗》在吸引读者的力度上与艾因霍恩的祈祷书存在根本差异，它不只是提倡改革，还成了美国的一部祈祷书。怀斯在书中没有提前说明希伯来语－本地语礼拜仪式的语言先后问题。书是从右往左翻页，内容全部是希伯来语，祷文题目和指示也是希伯来语。圣会愿意使用《美国成俗》进行单一的希伯来礼拜仪式。事实上，怀斯领导的本耶舒朗圣会长期以来使用这一版本。但是讲德语的圣会能够得到德国本地语的版本或者由怀斯翻译的英语版本，译文并不呆板，而且内容上进行了美国本土化的处理。通过在希伯来语版本和各种翻译版本之间来回比对参照，每个圣会都确定出自己喜欢的混合版本。[97]如果传统派男性礼拜者想披上祈祷披巾并手拿经匣，他们也能在"祈福列单"中找到与之适应的希伯来语祷文。怀斯和艾因霍恩不同，他不相信复活，《美国成俗》通过保留希伯来语原文而回避了这一有争议的问题，

255 只对本地语版本做了改动。思想上的一致和统一当然不如设计出一部让尽可能多的圣会使用的祈祷书重要。此外，一部单一的祈祷书，即使在使用上略有不同，也能为圣会和礼仪上的统一提供基础。

艾因霍恩和怀斯的祈祷书在竞争过程中表明后者更为成功，因此艾因霍恩的信徒要予以攻击。费尔森塔尔认为怀斯制定的礼拜仪式是在莫兹巴切尔的伊曼纽尔祈祷书的基础上删除而成，而且删除的内容极为不妥，属于一种相当低劣的模仿，并对怀斯的翻译错误吹毛求疵。他自己所在的芝加哥西奈圣会于1861年获得特许采用《欧莱特·塔米德》，作为与众不同的犹太改革派圣堂，这是西方第一个使用艾因霍恩祈祷书的圣会。[98]当费尔森塔尔在1864年迁到新锡安圣会时，他也使用了艾因霍恩的祈祷书。圣路

易斯的所罗门·索奈申（Solomon Sonneschein）圣会也非常激进，还有费城、匹兹堡、罗契斯特和堪萨斯城的犹太圣堂也是如此。《欧莱特·塔米德》进行过三次重印，后来艾因霍恩"为了启发讲英语兄弟的信仰"，于1872年发行了英语-希伯来语版本，这部祈祷书的影响力也非常深远。怀斯的礼拜仪式更受欢迎，甚至传播到了小城镇，那里只有一所圣会，当时正需要一种折中的礼拜仪式。怀斯周游全国时，极力讲解自己祈祷书的优点，他访问了巴尔的摩的欧赫布-沙洛姆（Oheb Shalom）圣会和底特律的贝斯艾尔圣会，在他走后，这两个圣会立即采用了他的祈祷书。怀斯的影响力主要集中在中西部和南部。不久，《美国成俗》成为这两大地区主导圣会的礼拜仪式用书。到1870年，他自夸有50多个圣会采用了他的祈祷书，四年后他宣称有100个，使之成为70年代美国使用最广泛的祈祷书。[99]与克利夫兰大会密切相关，其授权在扉页上明确显示，这是此次大会唯一看得到的成果。

随着怀斯美国化和自由主义势力的抬头，东部的激进改革派试图重整旗鼓。1863年1月，艾因霍恩的《西奈》期刊停止发行，激进派失去了发表观点、反对妥协运动的工具，而怀斯利用自己的报纸和访问圣会的机会继续宣传自己的统一运动，效果极佳。终于在1869年，激进派成功地创办了自己的周报——《犹太时报》（*Jewish Times*），由普通信徒莫里兹·艾瓴格（Moritz Ellinger）负责出版和编辑，艾瓴格语言刻薄，但颇有能力。报刊的主要目的是广泛吸引激进派，包括英语和德语板块。在纽约担任拉比的艾因霍恩是报刊的撰稿人之一，投稿的还包括伊曼纽尔圣殿的拉比塞缪尔·阿德勒、芝加哥的伯恩哈德·费尔森塔尔以及刚刚到达费城的塞缪尔·赫希。前几期《犹太时报》中，阿德勒和艾因霍恩一起发表文章呼吁组织召开新的拉比会议，要完全不同于克利夫兰大会。他们特意只邀请了"接受神学教育的同事，这些人会赞同已经决定的宗教进步事宜"。他们相信这些志同道合的人能够同意区分改革派和正统派的基本原则。召集到一起的拉比也会处理各种实践问题，尤其是婚姻问题，不幸的是，他们发现这些问题仍然根据《布就宴席》进行处理，而不是以改革原则为出发点。[100]

256　　拉比们提议要举行一次会议，并将会议的召开地点定在了塞缪尔·赫希费城的家中，他们没有对外声张。1869年11月，拉比们进行了四天的仔细商议，会议语言是他们熟悉的德语。共有13人参加了此次会议，基本上都属于激进派，有六位来自纽约和芝加哥，只有一位来自亚拉巴马州的塞尔玛（Selma）。怀斯担心自己会被组织排除在外，因而也参加了会议，但是晚到了一天。身为主人的赫希被选为主席，负责此次会议的是艾因霍恩，他将提议事先印刷好，作为商讨的主要内容，而其他的建议则延迟到后期的会议中进行商讨。尽管偶尔也出现了气氛紧张、意见不一、投票相近的情况，总的来说，此次会议进行得非常顺利与和谐，至少在表面上以及在共同掌权的精神层面上是这样的。[101]

会议采纳了七条原则来区分成员们对犹太教改革派的态度，来确认他们是支持还是反对。每项决议以反对票和赞成票的比例进行确定，决议如下：以色列的弥赛亚目标不是为了复兴，而是为了全人类的统一；第二犹太共和国的倒塌并不是对以色列罪行的惩罚，而是犹太人教士使命的开始；圣哲希望献祭是发自内心的虔诚和神圣化，而不是一种狂热；曾经有效区分亚伦派和非亚纶派的做法现在已经失效；以色列的选民特点应该继续进行强调，但同时还要强调普世的目标和上帝平等地爱所有子民的内容；身体复活的信仰必须被精神不朽来取代；最后一点是希伯来语的教育应该被视为神旨义务，即便这样也要让位于本地语，只有这样才能被绝大多数的犹太圣会者理解。

在讨论艾因霍恩的原则期间，拉比们只提出了几个实质性的问题，阿德勒和费尔森塔尔想谴责在巴勒斯坦建立"伪国家"（*Scheinstaat*）的提议，这一提议引发了欧洲的骚乱，但是他们的建议遭到拒绝，也许是因为组织不想特别提及这样的复国主义原型问题。来自莱比锡宗教会议的考夫曼·科勒（Kaufmann Kohler）来到底特律贝斯艾尔圣会担任拉比，他加入了阿德勒和赫希的行列，共同呼吁形成一条比艾因霍恩原建议更加倾向于希伯来语的原则。他们的确成功地迫使艾因霍恩修改了会造成误解的条例——希伯来语有时会完全让位于本地语。但是艾因霍恩做出的新解释仍然强调易懂性。

议程的第二部分是关于结婚、离婚和割礼的问题。大部分会议成员接受了艾因霍恩提出的草案，只是提议缩减一下内容，并做出一些小的修改。他们一致认为婚礼中新娘不能只被动地扮演角色，不仅要给新郎一枚戒指作为交换的礼物，还要用同样的希伯来语开场白讲话："你以神旨的名义赐给我这枚戒指。"费城的拉比不同意最后的这段套话。按传统来说应该是"根据摩西和以色列的律法"，艾因霍恩拒绝使用这样的套话，因为摩西和犹太律法都不提供双方的婚礼仪式，也没有禁止一夫多妻制。他想用这样的话表示"按照上帝的律法"，但是赫希认为提及律法，哪怕是

"上帝律法"这样相当模糊的思想，对于犹太教改革派来说都是不合适的。因此他提议使用"根据上帝的教导和以色列的风俗"这样的表述，但是当时巴尔的摩哈尔西奈联盟的拉比所罗门·德治（Solomon Deutsch）认为赫希的陈述排除了通婚，这违背了他的初衷。艾因霍恩保留了"律法"一词与传统相联系的陈述，赫希保留了以色列的特殊性，大会产生分歧，无法达成一致，艾因霍恩的版本难以通过。

拉比们还反对一夫多妻制（摩门教徒和东方犹太人仍然实行这一制度）、婚外情（好像在一些犹太男人和非犹太人中很普遍）、寡妇与亡夫兄弟结婚以及对有教士血统的犹太人婚姻的限制。他们还通过投票接受民事离婚的做法，不再使用犹太离婚法，尽管另两位参会者圣路易斯的所罗门·索奈申和纽约的摩西·米尔兹纳（Moses Mielziner）赞同以修改的形式保留这一提议，但大部分参会者不想在任何情况下接受民事离婚的提议。一些州法院在判决离婚时很简单，尤其是美国的边疆地区，离婚的理由在拉比们看来根本站不住脚。赫希认为人们必须无条件地接受国法，但大部分人坚持拉比们有权力审查离婚的法律基础，如果这个人在道德上没有充足的理由再婚，那么拉比可以拒绝授予他/她再婚的资格。相比而言，考虑到犹太律法规定下无夫之妻的可怜命运，拉比们一致接受州政府宣布的规定，丈夫失踪一段时间之后可以宣布其死亡，妻子可以有再婚的自由。

艾因霍恩的最后一条提议是关于割礼的问题，直到这一提议呈现给大家时，怀斯的参会才显得有意义。不管怎样，拉比们并没有反对这一礼仪，他们宣布母亲是犹太人的男孩儿和女孩儿是平等的，不管是否进行过割礼，都被视为犹太人。在此立场基础之上，再加上犹太律法的支持，怀斯并没有公开地提出反对意见。相反，他更进一步，提出改信犹太教的男性不需要接受割礼，这一建议使得怀斯和艾因霍恩在费城发生了争执，这是他们之间唯一的一次对抗，因为涉及了基本原则。艾因霍恩具有普世思想，他是一位杰出的犹太人，反对因通婚造成的多数人皈依犹太教，他这样说道：“接受改变信仰者，犹太教就会掺杂很多不纯洁的因素，因此必须让这一想法难以实现，割礼是能够阻挡这些不纯洁因素涌入的唯一屏障。”怀斯的观点恰恰相反：“让我们敞开大门吧，这样‘只有一位主的日子’将变成现实。”经过简短辩论后，怀斯的提议被搁置起来，同时还有其他的提议一起留到下届会议解决，这些提议并不全是由艾因霍恩提出的。

拉比们现在选出四个委员会处理剩下的决议，决定次年在辛辛那提召开下一届会议，指定怀斯和利连撒尔负责安排，怀斯建议同时召开一次圣会会议，但没有通过。艾因霍恩认为圣会“还没准备将自己提升到制定犹太教纲领的高度”，他还认为这样的普通信徒聚会需要一部祈祷书，一种会使得最先进圣会“倒退”的折中礼拜仪式。拒绝召开圣会会议对怀斯来说无疑是当头一棒，在他看来这一方案比起拉比们商讨的任何提议都重要。当然他也意识到在这些接受神学教育并被德国化的拉比中自己的影响力非常有限，在他们眼里，他只是一个教养很差的自命不凡者。真正追随他的人在民众中，在普通信徒中，他们看重的是领导能力，而不是正规教育，他们更注重继承传统，而不是一致性原则。

通过参加费城会议，怀斯证明自己也属于拉比精英。但是传

258

统派开始攻击费城会议通过的决议，怀斯选择与他们保持距离；而艾因霍恩却通过做讲座来为费城会议进行辩护和解释。怀斯抱怨会议演变为"明显的艾因霍恩主义"，在他到达之前应该更加肯定地表述这些原则。[102]否定这些原则只能引起敌意，例如，在表达灵魂不朽的信仰时完全不需要摈弃复活的信仰。大会忽略了一个事实：虽然多数与会者支持进步，但是他们憎恨激进思想。艾因霍恩指出费城拉比和普通信徒之间的差异，但是前者不愿意向后者妥协，妥协意味着削弱美国犹太人的力量。因此怀斯退出了激进分子的行列，接下来的几个月期间，他采取了单独的行动，想迅速击败对手来孤立费城的组织。

第二年夏天，来自10个城镇的13名拉比组成的大会在克利夫兰市会晤，他们大都来自中西部，只有怀斯和所罗门·索奈申出席过费城的会议。[103]他们的会晤只为一个目的：对怀斯的《美国成俗》进行修订以便有更多的追随者。令人惊讶的是，会议思想不是出自怀斯，而是纽约的拉比阿道夫·哈布什（Adolph Hübsch，1830—1884）。哈布什于1866年从布拉格来到美国，担任阿瓦斯－切斯德（Ahavath Chesed）圣会的首任拉比，当时这个圣会的规模并不是很大，主要由波希米亚犹太人组成，圣会里的有钱人很少。尽管哈布什拥有拉比学历，纽约的同事仍看不起这位思想保守的"波希米亚拉比"。但是怀斯却给他写了一封欢迎信，并安慰他"美国比纽约大"。哈布什没有去过费城，但加入了公共抗议费城决议的行列，他想为自己的圣会修建新圣堂，因此想寻找一种非正统教的仪式。他不喜欢现行的《美国成俗》，希望集体制定新的公共祈祷书。开始怀斯很犹豫，但是当他说服了哈布什将《美国成俗》作为新礼拜仪式的基础后，他们共同召集了此次会议。[104]
当时正值闷热的夏季，会议的前几天只对礼拜仪式进行了初步的
修改，艾因霍恩集团立即对他背信弃义的行为进行恶意攻击，艾
瓴格在《犹太时报》使用侮辱性词语，他宣称怀斯是"犹太讲坛
上的巴纳姆①（Barnum）"，一个"学会掩盖自己无知并极度肤浅的
人"，"擅自授予自己独裁者的角色"。怀斯的祈祷书既没有旧的优
点，也没有新的长处，简直相当于"夭折"。[105]东部的同事不想和
他继续交往，也不会接受他对中西部的开放，出席费城会议的9位
拉比指控怀斯为自己的《美国成俗》牟利，他的独自行动使联盟
产生了裂痕，他们公开宣布拒绝参加计划在辛辛那提召开的第二
届会议。[106]

　　也许怀斯只希望让世人明白他的领域是完全开放的。同年秋　259
天，克利夫兰市的会晤组织在纽约阿道夫·哈布什圣会的庇护下
再次召开会议，这里是敌人的地盘。他们想与拉比艾因霍恩和阿
德勒达成和解，但是有些敷衍了事，没有成功。大会的拉比们对
《美国成俗》的希伯来文本仔细阅读，每篇祷文都进行研究，对大
部分内容做了微小的修改。他们不仅对礼拜仪式进行修订，还试
图对其他事务管理，超出了大会拉比的权限。例如宣布新年第二
天的庆祝是没有圣经依据的，禁止男人不戴帽子祈祷的做法根本
就不存在。这些思想在十年前是激进的，但是到了19世纪70年代
被更多的人所接受。在纽约工作了六天，参会的拉比还是没有完
成礼拜仪式的修改工作，会议决定于1871年夏天在辛辛那提市召

---

①　爱炫耀的人。

开下一届会议。[107]

　　第三届大会比前两届规模都大，部分原因是怀斯对参会人员的条件放宽，也允许拉比教育一般程度的人士参会，出席会议的有27位"神职人员"，只有12位有拉比头衔，这些神职人员的一半是来自俄亥俄州，其余全部来自中西部。哈布什这位唯一的纽约人担任会议主持。长期以来，怀斯在《以色列人》上提议了一项方案，辛辛那提会议正式讨论并通过了这项方案：在辛辛那提成立拉比神学院并支持它的圣会联盟。委员会制定了拉比课程大纲，大会全体成员投票组建"美国以色列圣会联盟"，如果付费会员超过2000名，成立圣会达到20个，这些圣会都能加入联盟的话，还需要成立一个权威宗教会议。此次大会完成了祈祷书的修订工作，怀斯宣布可以付印了。[108]

　　但是在辛辛那提召开大会期间，事情并没有那么顺利，大会决定新祈祷书采用新的名称，不再称《美国成俗》，哈布什圣会不久决定他们的拉比应该制定自己的祈祷书。[109]但是对怀斯打击最大的是关于神学问题的辩论。在上届会议上，克利夫兰的雅各布·迈耶说过："我不信仰个人的上帝，也不会对这位个人的上帝进行祈祷。"因此怀斯提议进行辩论，圣经上帝按照斯宾诺莎的风格应该被理解为"无限、永恒、不定的物质"，实际上他的结论是个人上帝不是犹太人，是"一种能解释（基督）化身的哲学虚构"。此外，怀斯在大会上还对上帝是否在赎罪日积极地宽恕犯罪者表示怀疑，同事们马上予以回应，纷纷否定了他的观点。[110]怀斯的坦诚和思考不周暴露了他在神学上的非正统立场，但是也给敌人可乘之机。对于他的激进主义，艾因霍恩牢记上帝和个人内心总是相关的，科勒和赫希与他的观点一致，他们两人现在都围绕这一题目向《犹太时报》投稿。此外在这个问题上，左翼的怀斯和右翼的传统派能够联手共同对付他。由艾因霍恩、阿德勒以及巴尔的摩的保守派本杰明·斯佐尔德等共14位拉比签署了一份抗议书，抗议在辛辛那提表达的、为个人上帝信仰辩护而做出的"公然亵渎上帝"的行为。在费城的塞缪尔·赫希和马克斯·贾斯特罗尽管意见不同，但各自对此事都进行了谴责。怀斯的同事在辛辛那提工作的马克斯·利连撒尔也努力为此事进行调解，但无济于事。[111]最有声望的自由派拉比公开反对怀斯并且吓跑了他们的同事。艾因霍恩集团能够解散怀斯的拉比会议，就像怀斯使他们在费城的努力付之东流一样。实际上，决定怀斯方案成功的主要支持者来自中西部普通信徒领导的圣会，如果没有他们的支持，怀斯的圣会联盟和神学院这一宏大计划真的会化为泡影。

## 短暂的统一

普通信徒支持联盟的情感获得了阿利根尼山脉以西圣会的拥护，越来越多的人认为美国的犹太宗教生活不能由单个犹太圣堂支撑。拉比领袖分散在各地的人数并不多，尤其是西部更少。在本地出生、能够用英语准确传递犹太教信息的牧师或教师寥寥无几。安息日学校也没有合适的教材。在这种情况下，来自欧洲的父母觉察到一种危险：他们的遗产会在自由、充满诱惑的美国环境蒸发掉。怀斯多次要求建立国内机构培训美国拉比，这样的呼声得到了回应。普通信徒领袖乐意接受这一任务，他们修建了犹太圣堂、孤儿院和医院，有的圣会愿意合并起来，争取把一部分慈善基金用于拉比神学院的筹建中。怀斯感到普通信徒对他的方案非常拥护，因此制定了相应的计划。他给哈布什写信说：他无法再与拉比们"建立契约"了，因为他们的内心非常胆怯，有的充满野心，或者自以为是。他有一项新计划：允许普通信徒按照自己的意志行动。也许哈布什会嘲笑，随他吧，反正新策略将要实施。[112]

怀斯从1848年就敦促圣会联盟的成立，1869年，圣会会议成功召开，普通信徒在怀斯圣会里发出倡导，却把拉比们放在旁观者的位置。本耶舒朗圣会的主席莫里茨·洛斯（Moritz Loth）不仅有钱，还具有聪敏的商业意识，他是一位知识分子，写过几部小说，是思想保守的犹太人，在礼仪遵循方面，对激进改革派高度怀疑。他早就看出怀斯是位有争议的人物，或者因为他想以自己的方式做事，洛斯没有让他的拉比加入成立圣会联盟的事业中。1872年10月10日，洛斯向圣会大会提议它应该与辛辛那提市的其他四所犹太圣堂一起呼吁召开，大会的目的是成立拥有三方面目标的联盟：建立拉比神学院、出版合适的宗教学校教材以及"采纳一部不会在改革合理阶段受到侵犯的法典，也就是说不会废除割礼；安息日将在星期六举行，不会改到其他时间；仪式屠宰者和饮食律法不会被忽视，这样的健康和长寿做法会获得赞扬"。在这一基础之上，辛辛那提的两个正统派圣会参与了这一进程。"召开大会的呼吁"由联合辛辛那提犹太社区以及西部和南方闻名的圣会提出，它们没有提到改革，而是提及了义务和目标：义务是在美国必须"保留犹太身份"；目标是"用国语交流的一部分年轻人应该为犹太部门而接受教育，将来要担任神圣原则的传授者和解释者"。[113]

　　1873年7月8日至10日，在辛辛那提召开了美国希伯来圣会联盟大会。[114]来自13个州的34个圣会得到联盟认可，成员加在一起接近两千，人数最多的圣会是辛辛那提的本耶舒朗圣会和路易斯维尔（Louisville）的阿达斯－以色列圣会（Adas Israel），每个圣会由200个家庭组成。大部分代表来自一些小城镇，有俄亥俄州的朴次茅斯市和扬斯敦市、伊利诺伊州的昆西市和皮奥瑞亚市以及密西西比州的那切兹市和维克斯堡市，代表芝加哥的只有安什－梅西伍圣会。[115]辛辛那提负责会议议程的制定，莫里茨·洛斯被选为主席，另一个大型改革圣会的主席朱利斯·弗雷伯格（Julius Freiberg）和本·伊斯雷尔被选为副主席。选举进入执行委员会的20个成员中有11位是辛辛那提人。联盟的方案一旦启动并实施管理，来自西部和南方的代表们将联盟认定为国家组织，对国内地方的圣会开放。怀斯有关犹太宗教统一的梦想终于实现了，只有《以赛亚》（9：5）才能戏剧性地表达他的欣喜若狂："就像是我们的孩子出生了，儿子交给我们，统治主权落在他的肩上。"[116]

　　事实上，洛斯对新建联盟付出很多，因此联盟在早期能够健康地发展。第二年在克利夫兰召开了第一届美国希伯来圣会联盟（UAHC）委员会会议，圣会的数量增加到55个，1875年联盟的规模又增长了一倍，共计72个圣会，约4000名成员。当然，用怀斯的话说，也曾经有人想"卑鄙而暴力"地"将婴儿勒死在摇篮里"。但是阴谋策划这些攻击的人得不到东部有钱犹太人的经济支持，就无法阻止势力不断增强的新联盟的发展，他们一旦发现美国希伯来圣会联盟和神学院已经势不可挡，东部的圣会也无奈地纷纷加入其中。[117]

东部沿岸地区的大部分圣会由于协商成功而加入联盟。早在1859年摩塔拉事件①（Mortara Case）之后，来自美国24个圣会的代表聚在一起成立了美国以色列人代表委员会，这些圣会几乎全部来自东部，其主要目的是集体捍卫并支持世界各地犹太人的权利和利益。艾萨克·里瑟希望委员会也采纳了一个涵盖面广的宗教方案，但遭到了多数人的反对，他们担心会出现引起分歧的问题。改革者开始怀疑传统派的创始人，到1873年，议程仅限于如何捍卫犹太人，纽约的伊曼纽尔圣会也加入联盟。这样，圣会联盟就存在一些问题：加入联盟的圣会来自不同地域，而且怀有不同的目的。随着联盟的发展，委员会在能够共同接受的基础上可以进行合并，这一想法的合理性日趋明朗，单一的全国性组织能够更好地实现教育和政治的目的。到1876年，合并工作仍在进行，两年后正式统一。大家一致同意代表委员会成为联盟的常委会，继续在纽约为其政治目的而奋斗。代表委员会则对联盟宪章进行修订，扩大了宪章的目标，并将联盟执行委员会30个坐席的一部分分给了来自东部的代表。到1879年，联盟宣称拥有118个圣会，占美国知名圣会的一半以上。[118]其中有规模较大的、起决定性作用的犹太教改革派圣堂，例如纽约的伊曼纽尔和贝斯艾尔圣会，也包括一些相当传统的圣会。基础广泛的美国希伯来圣会联盟正发展成为美国犹太人的主导宗教组织，尽管代表人数不足犹太人

---

① 一名犹太儿童在意大利遭到绑架，后来被迫改变信仰的事件。

口总数的1/5。

但是前几年，犹太教改革派在宣传联盟的目的时总是用半公开半隐蔽式的方式，当时联盟的力量尚弱，有关教义和仪式问题的讨论会对联盟构成直接的威胁，几乎所有的美国犹太人都倾向于温和改革的方向。保守派圣会采用的是斯佐尔德·贾斯特罗编写的祈祷书《阿瓦达·伊斯雷尔》(*Avodat Yisrael*)。从教义上看，像作为惩罚手段的流放、重新制定献祭仪式这样的内容在保守程度上并没有超过《美国成俗》。当然正统派也有自己的领地，尤其是在东部，他们似乎抵抗不了多久。蒸汽机和电的发明这些科学成就打破了所有的障碍，引领人们走向世界大同主义和"具有宽容广泛精神"的时代。[119]实际上，现在的问题是犹太教正在逐渐消失。成千上万的犹太人出生于美国，仪式传统和"伊斯兰教徒、帕西人（Parsees）都令他们感到陌生"。[120]只有极少数的孩子接受正规的犹太教育。犹太人口大约25万，犹太协会吸引了大约4万人普通信徒，犹太圣堂成员不及它的1/3。[121]犹太社区普遍存在这样的恐惧：通婚会给犹太社区造成相当大的损失。大家感到只有选出一位民族宗教领袖，才能阻止被完全同化的趋势，对于联盟的成立者来说，讲授犹太教是问题的关键，而不是改革。

联盟将10%的基金用于代表委员会、资助安息日学校、支付里瑟翻译的《圣经》出版费等事务的开支，但是早期的主要任务是支持拉比神学院——希伯来联合学院（HUC）的开办。[122]这是美国第一所创办成功的犹太神学院，当时的条件极其艰苦，在举行了盛大的开幕仪式后，艾萨克·迈耶·怀斯任职，他是作为志愿者担任这里的兼职院长，曾经还自诩将是学院唯一能得到酬金的教师。希伯来联合学院很难招收合适的学生，怀斯说："犹太文献在富人看来是可鄙的、多余的学问，有钱人家的儿子认为拉比是卑劣的、没人喜欢的职业，因此家长不愿意让男孩子接受犹太讲坛的教育。"[123] 1875年秋季开课的时候，学院只有9位学生，他们的年龄在13岁到17岁之间，大部分属于贫困生，需要学院资助。这些学生的学制是八年，其间他们进行犹太学习，之后他们会继续读中学和大学。学院对他们提出了很高的要求：要广泛阅读犹太教的经典作品——《巴比伦》和巴勒斯坦《塔木德》《米德拉什》和法典，除此之外还有《圣经》。他们不需要熟知当代的犹太学术成果，也不需要关注《圣经》批评。学院特别回避有关教义的问题，怀斯不希望学院被称作改革派或者激进派，通过关注古典传统，课程旨在培养能够被美国圣会广泛认可的拉比。

263 　　希伯来联合学院逐渐发展壮大，并享有一定的地位，1879年，当时美国最有才能的现代拉比学者摩西·米尔兹纳作为塔木德教授加入了学院的教学队伍，其他学者也纷纷加入。由外来测试者组成的测评小组定期检查学生的进步情况，对此基本表示满意，测评小组中有激进分子，也有保守分子，同时他们还是联盟委员会的代表。参加联盟和学院工作的有大卫·艾因霍恩和塞缪尔·赫希，还有萨巴托·莫莱斯、弗雷德里克·苏拉·门德斯、本杰明·斯佐尔德和马克斯·贾斯特罗，这些人将成为美国犹太教保守派的中坚力量。怀斯作为神学院全体教职员工的主席，不论怎样的谦虚，已经成为有名无实的非正统派美国犹太人的精神领袖。他的宿敌伯恩哈德·费尔森塔尔感到有必要提及怀斯的成就：

怀斯博士现在不仅是学院的领导，还是所有美国犹太人的领导。是他为美国培养了拉比，也是他规划了美国犹太教的道路，另外他还尽心尽力地处理我们的犹太事务。他就是宇宙中心的太阳，其他星球和卫星以它为中心运转，离它或远或近。这是正确的，我们承认这一有力的事实。他的成功"史无前例"。[124]

1883年，第一批学生毕业，当时仅有四名毕业生，学院给他们举行授职仪式，来自一百多个联盟圣会的代表共同庆祝。宏伟、华丽的本耶舒朗圣殿里回荡着管风琴的演奏声，人群中流动着节日的演讲。男女聚在一起，共同见证美国犹太历史上这一前所未有的时刻。回顾这段历史，此次授职仪式标志着美国犹太宗教达到的最高统一程度，如此多的圣会分支能在这一组织的庇护下运行多年。当晚的宴席上出现了明显的分歧，当地的一位犹太人筹备此次盛宴，由于辛辛那提的普通信徒在点餐时很粗心，结果贝类食物成了宴席的特色。其实，令人愤慨的"不洁净宴会"只不过是对业已存在的紧张关系的一种曝光而已。地域、宗教、种族和社会的差异使这一新生的统一体昙花一现。保守派立即回归了自己的路线，而对于下一代人来说，美国犹太教改革派呈现出显著的激进特点。

# 7. 犹太教 "古典" 改革派

19世纪末20世纪初，改革派的钟摆最大幅度地偏离了传统的犹太信仰和实践。在此期间，美国运动对自己的身份有了更加清晰的了解，就像与正统派和保守派划清界限一样。犹太教的改革派逐渐成为德裔美国犹太人的特殊宗教联盟，包括第一代、第二代甚至是第三代的德国后裔。改革圣殿成为犹太教美国化的城堡，参加宗教实践的男男女女在社会经济地位和继承德国文化传统方面与从东欧迁来的多数宗教同人之间划清了界限。

这一时期的改革运动在走向激进主义的过程中一直试探犹太身份的外在极限。领袖负责解释改革运动与伦理文化运动和一位论基督教的差异，改革者尝试在星期日上午举行礼拜仪式，围绕拉比是否应该批准通婚的问题进行辩论。他们关注当前最重要的事情，拉比试图拓宽对成员的教育内容，不仅讲授犹太教，还包括达尔文主义、圣经批评和自然科学的最新发现。改革运动越来越关注社会公正的问题，社会公正是道德原则在实践中的应用，此时的道德原则已经超过了宗教仪式的重要性，而仪式又是改革派的宗教表达基础。教育的导向不再拘泥于犹太习俗和礼仪的学习，而是犹太伦理道德。改革运动的第一部共同礼拜仪式书反映了主导的普世主义思想。

这一代人还见证了两位拉比的辉煌成就：考夫曼·科勒和埃米尔·G. 赫希（Emil G. Hirsch），他们都是颇有影响力的学者和思想家，与艾萨克·迈耶·怀斯和大卫·艾因霍恩一样，科勒和赫希对敌对的宗教目标既不会猛烈反抗，也不会支持。但是他们与怀斯和艾因霍恩之间仍然有微小的差异，正是这些细微的差异确立了这一时代改革派的神学和实践范围。

这一时期以及之后的几年期间，大部分宗教辩论发生在新成立的美国拉比中央会议内部，他们的年会成为改变拉比观点的风向标。领导人仍然只有男性普通信徒，通常是拉比的追随者，但是一部分人认为他们过度偏向激进主义或个人主义，而另一些人在摈弃传统方面比起最激进的拉比来是有过之而无不及。

再晚些时期，犹太教改革派在历史上把它称为"古典"阶段，这种划分是为了和后来反对它的"新改革派"相区别。然而如我们所见，这两个时期的分界线并不那么清晰，即使在古典时期，反叛的迹象也很明显，一战之前，改革运动中最著名的一些领袖成为复国主义者，拉比发出了要求恢复传统的声音。

内战结束以来，美国犹太教改革派一直朝着激进主义的方向前进，早在1869年费城会议之前，一部分主要拉比宣布将教义从正统派中独立出来，但直到1885年，他们才对古典立场做出明确而具有决定性的承诺。改革派接纳了颇有影响力的《匹兹堡纲领》，并把它作为近半个世纪以来改革运动的指导原则，尽管《匹兹堡纲领》的原则受到了保守派的攻击，但这些保守分子有的转向了激进主义，有的与之偏离。改革运动的内部分歧逐渐减少，但是与其他派别犹太人的思想差距却逐渐增加。

## 《匹兹堡纲领》

1885年11月，19位拉比在匹兹堡会晤，尝试制定一套能发挥效力的制度，将犹太教改革派与完全无宗派性质的普世主义区别开来，另一方面希望这一制度能与传统的犹太教表达区分开来。

10年前，普世主义对犹太教的改革派提出了挑战，现在他们依然能感受到这种挑战。纽约伊曼纽尔圣殿拉比的儿子菲利克斯·阿德勒（Felix Adler）继承了父亲的职业，在柏林自由神学院完成拉比学业后回国，他承认自己无法接受老师亚伯拉罕·盖格提倡的宗教演变的渐进主义。年轻的阿德勒既不能接受有神论的上帝观念，也不认可以色列是上帝选民、因教士使命而注定要保持独立的概念，他认为以色列没有必要继续保持独立。如果将普世作为目标，那么放弃所有的特殊性、在多宗教传统的折中主义基础之上继续建立一个道德更加高尚的世界，难道不是实现这一目标的最佳方式吗？1866年至1877年期间，菲利克斯·阿德勒成立了纽约伦理文化协会，后来在其他各地又建立起分支机构。他是一位杰出的思想家和有号召力的演说者，每周的星期日上午他会主持讲座，能够吸引无数听众，尤其是那些犹太身份被边缘化的改革派犹太人。通过讲座，他们在伦理文化中找到了可以替代的宗教，这种宗教思想令他们心生敬意，礼拜仪式与自己的宗教传统也基本一致，而且道德层面上体现了极高的真诚度。[1]

阿德勒对犹太教改革派进行了批评，认为他们立场不稳，介于正统派和摆脱宗教权威的中间地带，他自己对这样的批评感到很痛苦，因为他也属于犹太教改革派，他希望自己提到犹太教或者犹太教改革派时，表现出欣赏的态度，而不是怨恨。他是一位对先知道德承诺进行反思的人，而不是气愤的叛乱者，否则会被改革派开除。他指出犹太教改革派仍然受缚于传统权威，因而应对不了当今的思想和伦理挑战。阿德勒认为在犹太教内部进行改革是没有出路的，如果采用死板的正统派标准衡量犹太教的话，改革派几乎不再是犹太人。他们只是拒绝接受这种衡量标准，摆脱这些特殊性的评判而背水一战。[2]

　　只有纽约的改革派对伦理文化感兴趣，但是涉及伦理文化的辩论对于其他地方的犹太教改革派来说也是一种挑战。领袖看到自己发起的运动变成了一座发射台，把拥护者们推离了犹太教的怀抱，他们不能坐视不管，必须着手攻击犹太文本舍弃神圣权威的伦理思想。芝加哥的埃米尔·G.赫希宣称：犹太教本身就是一场伦理文化运动，但是这场运动是建立在坚固的历史基础之上的。阿德勒参观辛辛那提时，艾萨克·迈耶·怀斯对他做出了这样的评价：这位"教授"的宣教基础是"上帝不存在，菲利克斯·阿德勒是他的先知"。怀斯试图通过把犹太的自由思想家等同于基督教的自由思想家罗伯特·英格索尔上校（Col. Robert Ingersoll，罗伯特因为广泛宣传不可知论而沦为公共丑闻）来诬蔑阿德勒。[3]

　　考夫曼·科勒的回复具有更强的煽动性，他在70年代末是芝加哥西奈圣殿的拉比。一部分年轻人成立了西奈文学协会，科勒原来希望自己能在宗教上影响到这些年轻人，然而当他得知协会邀请阿德勒成为客座演讲者时予以严厉拒绝。他谴责伦理文化协会的成立者是"抛弃犹太教旗帜的人，公开质疑上帝及其不朽性"。他不会允许自己的圣殿被"这样一位亵渎上帝和犹太教的人"所玷污。利布曼·阿德勒和伯恩哈德·费尔森塔尔是阿德勒在芝加哥的同事，他们的思想更加宽容，阿德勒与他们的观点不同，他清楚地划分了界限："美国国内外的拉比如果赞同纽约标准大厅讲演者对犹太教出言不逊并表达侮辱性、攻击性观点的话，就不能自称为犹太教士。"科勒承认，当别人问他自己的激进观点是不是没有引领同样的方向时，他予以否认。不管他的异端邪说是什么，他都是一位信仰启示的有神论者。[4]然而科勒无法轻易地把阿德勒的挑战抛之脑后，尤其是1879年，大卫·艾因霍恩在纽约伊曼纽尔圣殿主持了最后一届讲坛，之后由阿德勒接管，他对此事更是耿耿于怀。

　　阿德勒只为那些试图超越犹太教限度的一小部分美国犹太人代言，因而他的关注度很高。19世纪80年代早期，科勒不仅与伦理文化协会有来往，还和很多宗教保守分子和东欧移民打交道。从1879年开始，《美国希伯来》（American Hebrew）成为当地传统观点的宣传平台。纽约和其他地方的保守分子纷纷加入犹太教改革派，因为这一宗派代表着广大民众的一致意见，同时还为圣会联盟培训拉比领导提供了最佳组织基础。1883年的不洁净宴会事件发生后，一部分人已经再次思考这一问题的症候所在，但是没有形成一种清晰的意见：他们的分歧是什么，他们共有的不满之处在哪里。1885年，这两个问题得以解决，解答者是一位出生于匈牙利的拉比：亚历山大·科胡特（Alexander Kohut），他获得的学术证书令人钦佩，到达纽约后不久，开始了一系列内容是有关《塔木德》的论文《圣父的伦理》（Ethics of the Fathers），讲座颇受欢迎。在阐释文本时,科胡特明确了改革派和正统派之间的过渡地带。

邀请科胡特做讲座的是阿瓦斯-切斯德圣会,这一圣会也加入了改革运动,但更偏向保守主义。阿瓦斯-切斯德圣会隶属于美国希伯来圣会联盟,他们实行了仪式方面的改革,例如混合坐席、管风琴音乐以及其他方面。拉比阿道夫·哈布什和艾萨克·迈耶·怀斯关系密切。1884年哈布什去世后,委员会决定邀请科胡特,他们确信科胡特的地位和温和做事的方法会吸引新的成员,他也会继续推行圣会已经确定的一些做法。实际上科胡特是"健康黄金分割犹太教"的说明者,他自己也承认这一点。但不久,他感觉这一方法在改革运动中行不通了。

科胡特的讲座反映了改革派的主题,他断言美国独立宣言是基于"纯粹圣经思想"的原则,巩固美国的犹太教就相当于建立新的耶路撒冷和锡安山。与艾因霍恩相呼应,他也提到了犹太人的"教士职业"。但是他将现代化犹太教建立在旧基础之上,律法是其不能动摇的基础,而不是精神。他的立足点是摩西-拉比犹太教,体现的是上帝的言语,因此不能进行大的改动。随着时代的发展,圣会可以在形式上做一些改动。对于那些没有完全恪守律法的犹太人,只要他们承认自己违反的律法具有束缚性,科胡特愿意宽恕他们。但是对于原则上否认律法神圣性的改革者,他认为这些人根本不是犹太人,是"把自己从犹太阵营驱赶出去"的人。他经常引用的一段文字是:"不以摩西-拉比传统为基础的寻求进步的改革是一种畸形,是缺少肉和筋,没有精神和心脏的犹太教骨架。"[6]科胡特宣布改革派犹太人并非犹太人,从另一个方面，使用与菲利克斯·阿德勒从伦理文化的先锋观点出发这样一个相似的例子，他是在强调在没有意识也不愿承认的情况下，改革已经跨越了历史犹太教的界限。

针对科胡特的讲座内容，贝斯艾尔圣会的拉比科勒对他的观点提出异议。1885年夏天，科勒做了一系列讲座，为遭到科胡特明显攻击的犹太教改革派进行了英勇的辩护。他认为摩西思想和拉比犹太教对于早期比较适合，但是人类成熟的时代要求摆脱文字、摆脱盲目权威、"摆脱所有控制思想和侵占内心的限制"。当地的犹太人"已经长大，不需要学步带和婴儿的襁褓服"，他要自己走路。他需要的不是律法，而是一种"鲜活的犹太教"，既开明又虔诚，既具有理性，又不乏感性方面的吸引力。[7]

科胡特-科勒的辩论成为人们关注的焦点，他们两人所在的犹太圣堂座无虚席，关于原则的争议使人们不再冷漠，再次点燃了人们对宗教问题的兴趣。但是辩论也加剧了保守分子和激进分子之间的分歧，勾勒出了两个阵营的轮廓。[8]科勒也明白要想使保守分子逐渐融入艾因霍恩的改革传统是不现实的。界限不明确的时代已成为过去，犹太教改革派既不是延续伦理文化协会的传统，也不是仅为了回应现代性而做出形式上的妥协，他们当前的首要任务是要为改革派做出明确、简洁、正面的界定。

科勒在辛辛那提与艾萨克·迈耶·怀斯进行了协商，又在费城与塞缪尔·赫希进行了商讨，并受邀参加了会议，会议的议题是"提倡改革和进步的所有美国拉比赞同在有利于美国犹太教的事务上进行统一行动"。[9]那些来到匹兹堡或者写信表示遗憾的大部分人是来自中西部的拉比。尽管倡导此次会议的并不是怀斯，作为希伯来联合学院的领导，他不能缺席此次会议，虽然意识到出席会议会导致激进的结果，也许还会危及那些想继续加入联盟的传统圣会。

怀斯在大会上被选为主席，这令他感到荣幸之至，但是主持议程的是科勒，他宣读了事先准备好的一篇论文：改革受人欢迎，被视为一种脱离旧形式的自由，而不是一种积极肯定的计划，因此有必要制定一套原则，扩宽思维，接纳有关宗教、民族学和圣经批评对比研究的现代研究成果，同时还要"树立肯定的思想，制止对不可知论倾向以及过去威胁现在的历史怀疑思想和谴责言论"。对事实深表遗憾的同时，科勒呼吁各个领域共同努力，让人们不再认为改革者只是反对律法的"叛乱者和叛徒"。他的计划包括关心贫穷的犹太人，让这部分人也能进入犹太圣堂，出版有关犹太教的小册子，制定统一的宗教教育体系和共同的礼拜仪式，鼓励更多的家庭恪守礼仪和庆祝活动。经过一番努力，人们提议要制定纲领，以此作为实践方案的理论基础，这一纲领的制定者是委员会，他们根据需要可以改动内容，适当增减。最终的方案是在辩论中产生的，八个段落的陈述基本上是以科勒的文件为基础，大会全体一致接受了这一方案。

《匹兹堡纲领》与1869年费城原则不同，其本质上不是对某些内容的抛弃。[10]主要目的不是为了宣布改革派在什么地方偏离了正统派（尽管这样的不同的确存在），而是寻求肯定之处。纲领开始承认其他宗教也存在信仰上帝的思想，但随之却采纳与伦理文化协会观点不同的立场："犹太教表现的是上帝思想的最高观念，根据《圣经》的诠释，犹太教师按照他们各自时代的道德哲学发展来教授这一观念并使之内化。"后面的段落详述了犹太传统反对正统派的改革性观点，《圣经》得到人们的认可，但不能作为启示（开始科勒坚持在内化意义层面上使用这一术语），只是神旨化的记录，"上帝将教士使命唯一指派给了犹太民族"。《圣经》在某些方面很原始，这是公认的，摩西立法只不过是犹太人早期对宗教任务进行教育的一种方法，甚至对现在的道德律法仍然有约束力，"使我们生活得以提升和神圣化的"仪式得到了人们的肯定。第四段的口吻突然转为批评：有关饮食、教士纯洁性和着装的律法"不仅很难实现现代化的精神提升，而且容易遭受破坏"。

　　《匹兹堡纲领》体现了改革派对所处环境和时代的乐观主义态度。继美国内战的悲剧以来，全国上下首次重拾起希望，直到20世纪，拉比和其他美国人一样仍沉浸在喜悦之中，但不同之处在于他们把人类的光荣未来与自己宗教的弥赛亚思想联系在一起。匹兹堡的拉比声称"现代的普世思想"对他们来说只是剥离了具有特殊因素的古老的以色列希望。他们认为作为一个宗教社区，犹太人会保留自己的历史身份，但是通过宗教的不断进步，他们会积极担负起普世任务，引领犹太教进入更美好的时代。人类的灵魂源于神圣，是不朽的，将在正义中得到祈福，认识到这一点非常必要。最后一段内容是埃米尔·G. 赫希添加的，他很有策略地指出：大部分的痛苦在弥赛亚降临之前依旧存在，因此犹太人必须"参加现代的伟大任务，在公平和正义的基础上解决现代社会组织对比凸显出的问题和邪恶"。

　　《匹兹堡纲领》完成了预想的目标，除了对经济公平做出明确承诺之外，拉比们并没有制定新的教义，但是他们为讲英语的新一代人把近一个世纪以来欧美思想家对改革犹太思想所做的贡献进行了汇总。通过辩论,纲领肯定了犹太宗教是至高无上的,犹太教应继续独立存在。同时在上帝以及内化的道德观念基础之上要组建犹太教改革派,改革不以《圣经》或拉比律法为基础,但是可以在脱离文本的基础上反映《圣经》内容。怀斯将《匹兹堡纲领》称为"独立宣言",指出纲领的很多方面是正确的。很明显,犹太教改革派不仅是一个实体,其精神领袖还为所有人制定了原则,让他们都明白:自己长期认为不证自明、之前没有编辑成权威文本的原则到底是什么样子。

纲领制定结束后,接下来应对其进行宣传、阐释以及不断完善。美国和欧洲的普通刊物以及犹太报纸刊发了纲领的内容,并附有相关评论。南方拉比召开了一次会议,参会人员主要是改革者,全体成员一致签署赞同《匹兹堡纲领》的内容,其他像伯恩哈德·费尔森塔尔、塞缪尔·赫希等未出席的拉比也表示支持。得知这一喜讯后,克利夫兰的拉比也表示"高兴和尊敬"。怀斯在自己创办的《美国以色列人》刊物上定期重印这一部分内容。对于辛辛那提的拉比来说,这次会议终于弥合了与激进派之间的裂痕,激进派保证会继续支持他的圣会。几周后,科勒与芝加哥的拉比埃米尔·G.赫希和路易斯维尔市的阿道夫·摩西创办了一份名为《犹太改革者》(*Jewish Reformer*)的英德双语周报,把匹兹堡会议的全部议程分六期刊登在报纸上,并附有相应的阐释。他们的做法是效仿匹兹堡会议的《新周报》,《新周报》是继1879年《犹太时报》衰落之后在东部发行的第一份改革派报纸。点缀报头的三个肖像是对犹太教改革派历史谱系的说明:摩西·门德尔松（改革派的创始人）、亚伯拉罕·盖格（欧洲思想的建立者）和大卫·艾因霍恩（把欧洲思想不折不扣地引入美国的传播者）。《犹太改革者》的发行时间很短，其初衷是为了巩固犹太教改革派的内部团结，科勒认为这一做法非常必要。[11]

极具讽刺意味的是，匹兹堡会议引发的负面反应却产生了一股合力，菲利克斯·阿德勒利用这一机会谴责改革者明显带有"种族骄傲情绪"，他们忽略了在某些道德问题上犹太人应该向基督徒学习的方面。他还重申，犹太教不能进行根本性的变革，否则就背离了犹太教。[12]更麻烦的事情是匹兹堡会议对保守分子，尤其是那些在美国希伯来圣会联盟和希伯来联合学院工作的人所产生的影响。巴尔的摩的拉比本杰明·斯佐尔德曾经支持改革圣会，现在反过来谴责这一纲领，要求他的圣会退出联盟，但遭到拒绝。其他保守派拉比也纷纷把对匹兹堡的不满发泄到辛辛那提圣会上。1886年联盟召开大会，采纳了一项决议，宣布只对自己的行为负责，学院管理委员会主席被迫声明希伯来联合学院不讲授任何纲领的教义内容，只传授"纯粹和简单的犹太教"。[13]即便这样，改革派的工作依旧正常进行，身为希伯来联合学院的拉比领导怀斯主持了匹兹堡会议，后来又为会议的议程进行了辩护。匹兹堡会议召开之前，保守派人士酝酿在东部修建一所思想更传统的神学院，现在这一想法得到了一致同意。[14]保守派定期发行的周报《美国希伯来》不断努力促成这一计划的实现。他们筹集基金成立协会，1887年在纽约的犹太神学院首次授课。希伯来语的问题由来已久，撒迦利亚·弗兰克尔在1845年离开了法兰克福的拉比会议，这一事件导致了后来德国的改革运动发生了分裂。同样在20世纪，匹兹堡会议也出现了类似的情况，导致美国的改革运动也发生了分裂。右翼分离出了新组织，作为主要成立者之一的萨巴托·莫莱斯（Sabato Morais）向考夫曼·科勒声明新组织将脱离他们（自由、多元）的理论和（传统、循规蹈矩的）实践。[15]

1885年底，反对《匹兹堡纲领》的人们被称作保守分子（大写字母"C"），他们之间曾经出现过分裂的情况，现在已经融为一个宗派，他们将发展成为教派组织。[16]怀斯在美国建立统一犹太教自由派的梦想经常受挫，这一次也未逃劫难，最终失败。匹兹堡会议结束几周后，埃米尔·G. 赫希这样写道："改革派知道自己在人数上占劣势。"[17]因此我们只能作为美国犹太教的"分支"来把握自己狭隘的命运。

## 思想家：考夫曼·科勒和埃米尔·G. 赫希

随着犹太教改革派在美国拥有了独立的组织身份，这一派别也形成了具有古典时期特征的特殊信仰和态度。大卫·艾因霍恩的两位女婿成为这一代宗教思想的主要建筑师：考夫曼·科勒（1843—1926）和埃米尔·G. 赫希（1851—1923），他们二人的性格和激进程度各不相同，但是在原则问题上非常相近。几十年期间，他们在布道、文章和讲座中表达的思想很相近，在整个美国讲坛上的闪光点并不多。[18]但在当时，科勒和赫希在犹太教圈内都是了不起的人。

考夫曼·科勒终生对宗教非常狂热。[19]年轻时，他从严格的正统派过渡到了古典改革的激进神学，但并没有成为一名自由派分

271

子，他狂热地为"主的战役"而奋战（这一名称是科勒自己起的昵称）。在他看来，现代犹太教应该建立在有神论的基础之上，朝着东方化、普世化的道路前进，对于阻碍其道路的任何势力科勒都无法容忍，并坚决予以反击。科勒年轻时居住在德国，27岁时来到美国，他把自己的毕生精力贡献给了美国，但并没有加入美国国籍。欧洲的犹太法典学校和大学塑造了他的思想，欧洲的正统和真诚决定了他的个人风格。他出生于巴伐利亚的菲尔特市，从小生活在犹太传统的环境下，师从最有影响力的正统派拉比拉斐尔·赫希。但是他还涉猎高级世俗知识，两者之间的冲突对于一个无法容忍矛盾思想的人来说难以承受。此外，他还受到亚伯拉罕·盖格的神学以及莫里兹·拉扎勒斯和海曼·斯泰因塔尔伦理心理学的影响。

　　科勒在24岁发表了自己的博士论文《雅各布的祷告》，他认为在犹太信仰和犹太社区的环境下，获得个人思想自由是一个漫长的过程，自己为此付出了很大的代价。[20]博士论文只是代表他走了多远的距离。他在引言部分指出了德国改革家的思想：不能把犹太教理解为律法，而是"永恒的道德思想"；启示是内在的，不是外表的，并不是由启示《圣经》文本的真实性所决定。他的题目表明他所选择的学术研究是以犹太科学最激进的内容为起点——对《摩西五经》的文本批评。论文的结论是雅各布对儿子的祷告反映的并不是家长制时期，而是在征服迦南（Canaan）之后的部落分离时期。祷告只是"进入雅各布口中"。他的论文还具有犹太风格，人们应该将科勒的著作与对当代《新教旧约》的批评区分开来。依靠自己对拉比文献的广泛研究，科勒还引用《米德拉什》

和《中世纪犹太评注》对自己的研究加以充实。对于这位年轻学者来说,研究的重点不仅是文本,还包括犹太人如何去理解它。

《雅各布的祷告》把科勒推到了德国犹太社区的风口浪尖。他来到美国后,最早在底特律的贝斯艾尔圣殿临时任职,后来在芝加哥的西奈圣殿长期任职,1879年后在纽约的贝斯艾尔圣殿接替了大卫·艾因霍恩的职务。在艾萨克·迈耶·怀斯去世后的第三年,即1903年,他成为希伯来联合学院的校长,与学院的犹太神学主席一起占据了非常重要的位置,其影响力一直持续到1921年。总之,考夫曼·科勒是19世纪末20世纪初美国犹太教改革派的主要代言人。

与科勒不同,埃米尔·G. 赫希出生在改革派的环境中。[21]他的父亲塞缪尔·赫希是德国犹太教徒中最早接触德国哲学的系统神学家之一。埃米尔出生在欧洲的卢森堡,当时父亲在此任职,但他15岁时随全家搬到了费城,后来在费城大学就读。后来他又回到柏林攻读拉比学位,还进行了高级世俗课程的学习。在学习风格和内容上,与科勒相比,赫希更能体现出美国化的影响,他所受的影响主要来自芝加哥这座特别的城市。他在芝加哥大学多年担任犹太文献和哲学教授,会定期暂停教学任务,加入当地非犹太社会和经济改革者的方案制定中。他的全部拉比事业是在芝加哥的西奈圣殿度过的,这一圣会是美国最有影响力、最激进的圣会之一,会员以此为荣。他极富演讲天才,经常使西奈圣殿座无虚席,这座大型圣殿能够容纳两千名听众。从1891年至1921年,赫希担任激进改革派的旗舰期刊《改革倡导者》(*Reform Advocate*)的编辑。与科勒一样,赫希既是一位思想家,也是一位

272

学者，与姐夫一样，他也担任期刊的编辑，并且还是《犹太百科全书》（*Jewish Encyclopedia*）的主要撰稿人。但不同之处在于，他言辞犀利，极尽讽刺挖苦，科勒尽量避免使用这样的话语方式。在宗教激进主义的天平上，他比姐夫更偏向左侧，在对待犹太礼仪是否还具有价值这一问题上，两人的观点不一，这也是二人的主要差别。

科勒和赫希都不是原创的犹太思想家，二人均承认自己继承了欧洲思想，他们所取得的成就是将盖格和其他德国人的思想翻译成受人欢迎的美国改革思想，这一做法比艾因霍恩的做法更加有效。他们让第二、三代德裔美国犹太人感到放弃正统派思想是正确的，但不能忽视和放弃犹太教。科勒和赫希大多采用旧式的辩护理由，有时会使用新的辩术：先知遗产、以色列使命和普世的弥赛亚目标。由于聚焦于新的内容，他们的思想显得更加有趣。欧洲改革思想家必须要面对基督神学和世俗神学的攻击，它们把犹太教描述成过时的宗教形式。19世纪晚期，美国面临着新的思想挑战，这些挑战对基督教和犹太教都产生了极大的影响。位列新思想前茅的有高级《圣经》批评、比较宗教、达尔文主义和社会相关学。[22] 衡量现代宗教合理性和价值的标准不是哲学，而是科学；不是理论伦理学，而是实用道德。

科勒和赫希都是不折不扣的《圣经》批评者，但科勒认为《圣经》批评并不适合作为讲坛的题目，他刚任希伯来联合学院校长职务时，就将这部分内容纳入了学院的课程。对于赫希来说，《圣经》批评敲响了正统派的丧钟，尽管正统派也支持改革派，声称仪式并不是犹太教的本质：

考夫曼·科勒            埃米尔·G.赫希

现代学术已经谈到的问题，不能喝令其停止声音，它表明摩西不是《摩西五经》的作者，西奈山不是《圣经》犹太教中最高、最佳的发源地……神职制度的整套机构起源于"异邦人律法"，并非希伯来文化。亚伯拉罕仪式、饮食和《利未记》制定的律法、献祭仪式制度、节日周期等并不是犹太土壤上固有的。[23]

20世纪初，明确标明《摩西五经》文本出处的记录假设不再对恪守律法的犹太人产生影响，而是比较宗教和民俗学。传统犹太教的实践者根据原始宗教相关的迷信实践来分析《圣经》的诫令，而证实古典改革派地位的是科学。赫希写道："饮食律法是一种图腾崇拜的残留。"W. 罗伯逊·史密斯（W. Robertson Smith）的研究使得这方面内容浅显易懂。割礼最初是进入部落或族群的一种入门仪式。科勒把后来的经匣和门柱圣卷描绘成"护符"，这一说法源于原始的涂血，并把披着祈祷巾称作拜物主义。这些在实践中被改革派犹太人唾弃的律法，由于在古代的近东也发现了类似的做法，从而引起了人们的怀疑。[24]

犹太的独特性体现在先知宗教的方面，对于赫希来说，这是犹太教改革派的基础。与正统派不同，改革派毫不畏惧《圣经》批评，因为他们的真理不依靠神圣起源的文本。重要的是其来源的内在价值及其宗教意义，从这一方面讲，《圣经》比任何其他文学作品的内涵更丰富，地位更高贵。科勒在布道时曾指出："《圣经》是神圣的，并不是因为它是受启示的，而是具有启发性，迄今为止，这种作用一直没有改变。我们不能说因为上帝说过这样的内容而视其为真理，真理存在于上帝始终秉持的正确性，以及给人类带来的安慰、希望和最终取得正义之战的胜利之中，在灵魂的震撼中你听到上帝和你说话。"[25]在某种程度上，被视为全人类文献的《圣经》已成为传递必要宗教和道德信息的工具。将谷物和谷壳分开，不仅是《圣经》批评的任务，还是道德义务。权威并不是存在于文本中，而是读者的心中——或者更准确地说，是每个相信犹太的灵魂中对神旨道德律法的反思。

达尔文主义面临着更广泛的挑战，它不仅摧毁了《圣经》关于人类起源的观念，还用人类繁衍的机械过程取代了上帝的力量，神意指导好像在这一过程中没有发挥的空间。从19世纪70年代开始，达尔文主义在美国产生了巨大的影响，迫使教会人士摈弃教义，或者想办法与宗教和谐共处。选择后一条道路的基督徒不久都投靠了杰出的新英格兰思想家：约翰·菲斯克（John Fiske），他能够说明生物进化如何能被理解为造物主让所有的生物朝着更高目标发展的计划。[26]换句话说，进化论生物学并不一定要排除目的论。通过追随菲斯克和其他人的思想，在成为达尔文主义支持者的同时，人们还能继续保持有神论者的身份。

274

早期的美国改革派犹太人对达尔文主义嗤之以鼻。[27]他们认为这是一种"唯物主义"的形式，它对所有的宗教充满敌意，因而艾因霍恩排除了那些导致"我们物种野蛮化"的理论；怀斯谴责达尔文的理论剥夺了人类的卓越性，使大自然变成了战场。但是到19世纪80年代为止，想实现现代化的犹太人感到信仰达尔文的必要性，即使有的人根本没有读过他的著作也应该支持这一理论。[28]科勒、赫希和年轻一代的改革派拉比别无选择，只能认真对待达尔文主义。幸运的是，有基督徒同事做榜样，再加上他们自己对犹太教进步思想的理解，使得这一任务相对容易一些。

早在1874年，科勒认为达尔文主义是"理解大自然的基础和定点"。[29]但是他还注意到生物进化是人类发展的第一个阶段，一旦生物体完成了外部的发展，就该发展其内部的精神力量。事实上，主观影响下的精神进化是克服动物天性的道德命令。达尔文主义会传递这样的信息："努力向上、向前，战胜你本身的低级世界！"此外，精神进步从一开始就是改革者理解犹太教本身的关键，也是生存于世上的功能所在。完成进化也可以理解为实现以色列使命的另一种阐述。科勒认为"犹太教改革派是时代进化的必然结果"。因此精神进化是科勒最经常谈论的主题。[30]他从未放弃启示信仰，但是传统的概念已经转变，现在是用神圣的视角看待进化的问题。[31] 赫希的观点也很相似，1883年他宣布："宇宙进化论……就是进化的理论。"在应用这一理论时，赫希甚至深入到达尔文的物种，他认为"道德强大的会独自胜利"。因此如果不是具有道德"适应"和宗教的客观优秀标志的话，以色列在历史上会以怎样的面目生存？既然犹太人被上帝选中，如果不是一种"选择"的形式，选择以色列意味着什么？[32]

达尔文主义也使犹太教改革派避开了《圣经》思想，改革者继续将他们的信仰描述成先知思想，但是生物学中的进化思想，像早期的进化哲学，对关注犹太宗教的特定阶段产生了不好的影响。科勒认为，犹太教的进化源于与环境的不断适应，对以摩西主义为特点的献祭狂热就是与古代以色列邻居同化的结果，同样以色列敬拜的下一个阶段——祈祷——就是受波斯人影响的结果。犹太圣堂代表了圣殿在宗教方面的进步，因此拉比犹太教也是摩西思想发展的更高一级的形式。只有在拉比的带动下，旧的祭司制度差异才显得毫无意义，这样一来，所有以色列人都会着手建立"教士王国"这一使命。第一代人所吸收同化的内容，下一代人要对其进行净化，有所舍弃。例如，拉比犹太教也吸收了其迷信特点不适合现代犹太人的风俗实践。最近的演化进程已经超越了拉比教义，提升至犹太教改革派的现代信仰层面，这一发展是再次与环境相适应的结果。在每一种情况下，犹太教都吸收了新思想，并加以塑造，使之"与自己的精神相调和"。[33]

275　科勒和赫希在基本原则上是一致的，但两人也并不完全相同。我们最好把科勒理解为进步分子，而赫希是坚定的激进分子。

如同欧洲的盖格不断强调历史延续和宗教进步的重要性，而侯德海姆曾指出现代性所具有的明确界限，科勒和赫希这两个人在类似问题上也意见不一。科勒不再反对正统派，其宗教轨迹背道而驰。晚年时期，他认为改革与传统相分离并不代表进步。他只是说保守主义与改革派在程度上有所区别而已，原则上没有差异。与科勒不同，赫希有时喜欢使用"经过改革的犹太教"这一名称，因此暗示了一种独立的新形式，它绝不会倒退回原点，重新吸收已经抛弃的内容。他们之间的差异在宗教实践领域最为明显。科勒相信祈祷是有效的，上帝不会干扰自然的顺序，它会给祈祷者授予新的精神力量。赫希喜欢用纯粹人类的术语定义祈祷："祈祷是尝试从本性的情感方面将人类引领回家，并强化他们内心的责任感。"科勒是一位虚伪的改革派虔诚者，经常使用长篇大论来攻击无神论。作为希伯来联合学院的校长，他努力营造宗教氛围。要求学生们定期参加礼拜仪式，教学中要灌输给学生敬畏崇敬的态度。而另一方面，赫希却为西奈圣殿的祈祷次于布道的重要性而感到自豪。他认为礼拜仪式的庆祝远不如帮助疾患病人与无家可归者重要。[34]

科勒比较感性，在对正统派实践的批评中，时常透露出对宗教情感方面的欣赏，并不断强调象征和礼仪的重要性。[35]早期的改革者不断提到，需要把信仰的核心与包裹它的形式外壳相分离，而科勒要颠倒这一推动力量："我们绝不能忘记，如果没有这些外壳和叶子的保护，树上和土壤里将光秃贫瘠。"当然拉比的仪式制度在很大程度上不再起作用。因此现在需要做的事情就是筛出旧的风俗，产生新的能够对改革所强调的普世真理进行诗意表达的风俗。科勒非常关注家庭庆祝安息日和节日的仪式。[36]但是对于赫希这位顽固不化的激进分子来说，仪式代表着犹太教历史的早期进化阶段，目前的伦理行为已将这一象征性的行为驱赶出去。作为一位理性主义者，赫希几乎不考虑情感，他认为那是女性化的表现；作为宗教道德主义者，他对象征主义使犹太人偏离了宗教的主要目标而感到遗憾。他坚决反对犹太律法，坚信犹太教只在道德律法下生存。赫希多次引用英国诗人和文学批评家马修·阿诺德（Matthew Arnold）的话，他把上帝定义为"驶向正义的力量，而不是我们自己"，这种力量独立于人类之外，但是对整个人类起作用。犹太人通过肩负的世界任务来履行他的"道德一神论"。有关社会正义的主题在科勒的写作和实践工作中并不重要，但是对于赫希来说则是工作的核心内容。[37]

赫希的力作是《我的宗教》（*My Religion*），而科勒的代表作则是《犹太神学》（*Jewish Theology*）。赫希尝试着建立自己的信仰，不把传统犹太教作为直接的源头，主要内容是犹太元素，尤其是先知主义，但是也包括传统以外的思想。多年以来，赫希不断地对自己收集的文献进行权衡、提炼和改动，形成自己的模式，因此经过仔细推理的埃米尔·G. 赫希的宗教比历史犹太教更为妥当。[38]科勒的冒险性事业则是另一种类型，凭借着自己对犹太文本的博学研究，他确立了一种历史系统的犹太教神学，将犹太宗教思想从圣经时代到现代的发展历程逐一概念地进行追根溯源。书中近一半内容是探讨犹太教对上帝的思想，剩余内容是关于犹太教对人类、以色列和弥赛亚希望的观念。在其著作中，科勒试图扮演两个角色：历史学者和改革者，前者从文本上记录犹太信仰的发展，后者将这些信仰置于现代主义的批评和感性之下。《犹太神学》并不是一部犹太教思想的原创作品，而是通过构成元素的历史观点出发，对19世纪犹太教改革派的综述和辩护。[39]它更是一部散文式、侧重描述性、经过仔细阐述的理性思考著作，而不是以诗歌形式、通过召唤对存在主义的抒发作品。《犹太神学》并不是反映了科勒的个人宗教，所以这部著作具有非常大的影响力。总之，犹太教古典改革派的信义被看作是新出现的进化信仰。

## 有组织性的运动

科勒和赫希是美国改革派古典时期最重要的人物，但是在拉比的组织活动中并没有起到主要作用，他们二人没有担任美国拉比中央会议的主席，赫希几乎没有参加他们的例会。但二人的影响力非常大，到1903年担任希伯来联合学院校长之前，科勒和赫希一直保持局外人的立场，因为他们是艾因霍恩的女婿，没有在辛辛那提学习过。美国拉比中央会议和美国希伯来圣会联盟一样是在艾萨克·迈耶·怀斯领导下的机构，他去世以后由他的信徒接管。

美国拉比中央会议成立于1889年，它是美国犹太教改革派成立的最后一个全国性机构。希伯来联合学院给20位拉比举行完授职仪式，"他们可以根据自己的标准在有要求的时候召开圣会"，紧接着艾因霍恩着手成立美国拉比中央会议。中央会议"不顾强烈的抗议"马上选举艾因霍恩为主席，艾因霍恩连续任职了11年，1900年他去世以后，学生们开始实行两年一届的任期制。[40]协会的名称中使用"中央"一词，是因为在东部和南部已经出现了地方性的拉比组织，而实际上第一届成员主要来自中西部。但是怀斯组织的会议在召开不久后便呈现出了全国性的特点，从而取代了前面出现的组织。

美国拉比中央会议在早期阶段发展迅速，一年之内从最初的30名成员发展为90名，他们都在圣会中任职。1895年人数达到135名，后来的发展主要依靠希伯来联合学院每年授职拉比的人数。在一战爆发前夕，美国大约有200名改革派拉比。

1899年3月14日，美国拉比中央会议庆祝艾萨克·迈耶·怀斯的80岁生日

与美国希伯来圣会联盟和希伯来联合学院不同，美国拉比中央会议从一开始就是改革派机构，首部年鉴中印有德国拉比会议

和宗教会议通过的决议，此项决议被费城和匹兹堡改革者所采纳。怀斯指明美国拉比中央会议内部的所有成员要适当考虑"组织成立的时间、地点以及环境的要求"，因为中央会议是由各宗派的成员组成。[41]

美国拉比中央会议的年会有时在市中心召开，有时在度假胜地召开，主要处理职业关注的问题，听取学术讲座并且提出问题。作为一个职业机构，它要为那些"贫困的部长们"筹集资金，还要与那些普遍存在的有害做法进行斗争，例如要求拉比进行"试验布道"才有资格走上讲坛的做法。该组织还是学术协会，在讨论问题前，每次都会要求资深成员在调查历史和启蒙运动背景的基础上做学术报告。每年至少举行两次希伯来语讲座，希伯来联合学院的历史学家哥哈达·多伊奇对犹太世界每年发生的大事进行调查并进行汇报。从1916年开始，组织方案首次增加了古式的犹太传统课，拉比们在周六下午聚在一起，用传统的方式学习希伯来语文本。1924年，会议组织创办了《希伯来联合学院年鉴》，在此之前，美国拉比中央会议的年鉴一直是学院教职员工和其他拉比发表长篇学术论文与书评的渠道，年鉴还是一个学术团体，美国拉比中央会议指定了三位最有学问的成员与三名保守派学者加入编委会，在马克斯·马戈利斯（Max Margolis）的领导下，1917年出版了他们的《圣经》译本，由标准犹太出版协会出版。

1893年，世界宗教大会在芝加哥召开，会议指出陈述犹太教历史和信仰的任务由美国拉比中央会议承担。[42] 在大会三次晚间会议以及会前的宗教大会期间，有关犹太教的陈述总共有42个，美国拉比中央会议成员所做的陈述就占了将近四分之三。H.

佩雷拉·门德斯被指定作为传统分派的代表，亚历山大·科胡特由于生病无法出席，他的两篇论文在会议期间印发给大家，芝加哥主要改革者——怀斯、科勒、赫希和纽约伊曼纽尔圣殿的古斯塔夫·戈泰尔——还有很多年轻人利用这次宝贵的机会进行了公共演讲，演讲的内容围绕着一位基督徒提出"所有基督教派都应该追溯血缘上的母教会"这一话题展开。门德斯发表了一篇有关"正统派或历史犹太教"的论文，但是没有撰写与犹太教改革派相关的论文，也许当时不存在这样的必要。美国拉比中央会议中的多数成员代表了犹太教改革派，因此呈现出以改革派为特点的犹太教。当时没有任何保守派或正统派的拉比组织能够挑战美国拉比中央会议的特权。

　　把犹太教介绍给异邦人是一件轻松的差事，比起保护、巩固以及推动犹太教的进步来达成内部一致要容易得多。美国拉比中央会议成立之前的20年期间，关于信条和宗教会议的问题导致犹太教一分为二。每一部分代表了权威问题的不同形式——一部分是关于信仰，另一部分则关于实践。马克斯·马戈利斯是《圣经》学者，但没有成为犹太复国主义者，他在一篇学术论文中积极敦促美国拉比中央会议采用一则信义，这一信义能明确界定"经过改革的"犹太人信仰。考夫曼·科勒成为主要反对者，从两方面驳斥了马克斯的说法：犹太教改革派的性质是发展流动的，而这种做法会终止其发展；另外，这种做法还会导致分裂。到1905年，信义问题成为头等大事，《匹兹堡纲领》的原作者科勒对继续进行犹太教内部的改革运动更感兴趣，他不再关注制定有区别性的综合信仰原则。大部分改革派拉比与科勒的观点一致，因此在当时以及后来美国拉比中央会议没有采纳一项正式的信条。[43]

提议成立宗教法院这件事直接导致了分歧的产生，怀斯认为由拉比和普通信徒代表组成的宗教法院比成员单一的美国拉比中央会议或希伯来联合学院更有权威性，因此赞同成立宗教法院。在怀斯去世后不久，信徒们就积极推动这一计划，他们认为在宗教实践方面必须终止这种普遍存在的无政府主义状态，只有拉比和普通信徒一起努力，才能制定出对有关皈依和埋葬这些事情有约束力的标准。但是敦促建立宗教法院的内在动机根本不需要费力细想，这一方案本质上是阻止犹太复国主义，宗教会议将是犹太人的代表大会，对他们来说，宗教联系胜过民族纽带。尽管宗教法院仅限于美国，但是其成立的目的是反对犹太复国主义者每年召开的国际大会，这一国际会议始于1897年。1904年，美国拉比中央会议委员会负责宗教会议的主席海曼·恩娄（Hyman Enelow）在报道中坦率地说：“犹太人需要一个中央机构，如果以色列是一个国家，那么国家的中心一定是锡安山；如果以色列是一所圣堂，那么圣堂的核心一定是宗教会议。”但是，很多拉比反对这一方案，他们不是担心复国主义者，而是惧怕宗教独立。他们并不欢迎比现行美国拉比中央会议更强大的中央权威。赫希和科勒与坚持独立的伯恩哈德·费尔森塔尔一样都反对这一想法。不久，有影响力的改革派普通信徒对这一想法失去了热情。这一年的美国拉比中央会议投票后出现了僵局，导致方案不了了之。[44]教会和普通信徒在组织上各自独立，并没有建立起为美国改革运动代言的统一机构。

艾萨克·迈耶·怀斯为了让美国犹太人使用统一的礼拜仪式

279

始终坚持努力，尽管仍以失败告终，但对于美国拉比中央会议不失为一种启示，因此大会也立即着手编辑祈祷书，这部祈祷书不是为全体美国犹太人编写的，而是针对隶属于美国希伯来圣会联盟的犹太圣堂。到1890年，改革派圣会的礼拜仪式不仅使用怀斯的《美国成俗》和艾因霍恩的《欧莱特·塔米德》，还使用个别拉比编辑的自用版本。怀斯的保守礼拜仪式在上一代人中广受欢迎，到19世纪末，美国希伯来圣会联盟的大部分成员逐渐放弃了传统模式。艾因霍恩的祈祷书更适合古典时期犹太教改革派的气氛和神学。但是美国拉比中央会议如果使用《欧莱特·塔米德》简直等于公开侮辱自己的主席，解决办法是编写新祈祷书——《联盟祈祷书》，新祈祷书引用了艾因霍恩祈祷书中的很多内容，另外还有其他美国礼拜仪式的内容。

《联盟祈祷书》早期版本的第一卷是关于安息日、节日和日常祈祷等方面的内容，由芝加哥的拉比艾萨克·摩西为美国拉比中央会议编辑而成，并于1892年获得版权印刷。然而《联盟祈祷书》并没有被会议采用，赫希和科勒公开嘲讽摩西的祈祷书是在稀释艾因霍恩的作品，前后不一致，并且缺少原创力，他们又一起推出《欧莱特·塔米德》的新英语版本，后来赫希在自己的圣会以及那些继续"支持艾因霍恩的圣会"中使用这一版本。[46]针对这些批评，美国拉比中央会议指定了一个委员会，让他们负责重新修改摩西的祈祷书，并说服科勒加入了修订队伍，最终出版的祈祷书包括新年假期的礼拜仪式（1894）以及其余时间的礼拜仪式（1895），得到了改革派的认可与接受。

第一部集体制定的美国犹太教改革派礼拜仪式书创造了一种

新模式：在八年期间不断地对局部进行修改，但是基本原则保持不变。这两卷书的大部分内容为英语，为了适应这一特点，印刷时采用了从左往右翻页的样式。神学理论主要是艾因霍恩的观点，编辑提升了翻译的风格，有些内容充满了诗意。为了提高圣会的参与意识，编辑选择了回应式诵读，还增加了安息日的阅读内容，这些附加内容从《摩西五经》或先知的英语阅读或写作中摘选出来。古典改革时期强调阅读内容的重要性，为了保持一致性，新祈祷书的阅读内容并没有遵循传统的每周诵读分配模式。对于委员会来说，新祈祷书选择的阅读内容重在传递有意义的宗教或道德信息，而不是只符合安息日特定的阅读内容，例如有关动物献祭和在非改革派犹太圣堂出现的堕落现象。[47]祈祷书还必须反映美国19世纪末的乐观情绪，要求敬拜者充满热情地喊出："我们欢呼，在长时间昏暗的夜晚后，终于迎来了新的黎明。以色列启示的真理已经成为越来越多人的财产。"[48]这样的情感、通过选择左页或右页（双语的祷文）可以或多或少地阅读希伯来语内容以及拥有美国拉比中央会议颁发的批准印章，《联盟祈祷书》迅速取代了改革派圣会以前使用的各种版本。但仍有一些犹太圣堂拒绝使用《联盟祈祷书》，原因是过于传统或者他们还是喜欢使用自己的礼拜仪式，但是在《联盟祈祷书》出版20年之后，300多个圣会采纳了这一标准的改革礼拜仪式，其中有的圣会并不属于美国希伯来联盟圣会，《联盟祈祷书》出售了10万多册，大大丰富了美国拉比中央会议的财政资源。[49]

在《联盟祈祷书》的初期使用阶段，中央会议还继续编订其他的礼拜仪式著作。1897年，与美国独唱者协会联合出版了《联盟赞美诗集》一书，书中大部分内容是有关普世主题的英语赞美诗，也包括几首美国圣会教徒"提升肉体"的赞美诗。[50] 1907年，出版了《联盟哈加达》，这部祈祷书提供了逾越节前夕的家庭庆祝仪式，删除了有关残忍或报复的表达内容（上帝对不了解他的异邦人发泄愤怒而造成的十大灾难）或一些违反理性的奇异注解内容。尽管如此，《联盟哈加达》呼吁仪式要体现传统的象征因素，书中重新创作了几首熟悉的逾越节歌曲，还增加了一首希伯来语赞美诗。到20世纪初，犹太教改革派更加关注家庭礼拜仪式的遵循，哈加达以及包含安息日和家庭节日礼仪的特殊祈祷书（1911）证实了这一新的兴趣。

　　总的说来，古典改革派试图将象征和仪式的角色降低到最小，在绝大多数的改革派犹太圣堂中，拉比仍然诵读《托拉》经卷，但有的圣堂只是向圣会进行展示，芝加哥埃米尔·G. 赫希的西奈圣会甚至把经卷和约柜从犹太圣堂中撤离。[51] 很多改革派犹太圣堂用能控制音量的喇叭声替代了新年假期中羊角号的刺耳声音，或者干脆使用管风琴来模仿吹奏音，在当代的许多犹太圣堂中这些管风琴都放置在讲道坛上。希伯来语内容因为具有象征价值也被删除了，但大多数的改革派犹太圣堂仍然保留部分古老语言的章节，1906年进行了一项普查，结果显示有一百多所犹太圣堂已经删除了希伯来语的章节。[52] 古典改革派拉比劝告圣会者在赎罪日要斋戒，但是他们和随从们却不遵守饮食律法。埃米尔·G. 赫希嘲讽这一强调"琐事"的"厨房犹太教"，在圣会宴会上食用贝类食物并非罕见。[53] 大家普遍认为仪式主义相当于东方主义，废除礼仪表明犹太教信仰上帝以及内心爱护人类的纯粹性。

通过优先考虑个人意义和个体情感，犹太律法的问题得到了解决。1893年，美国拉比中央会议决定改变信仰者"无需任何入门仪式、礼仪或者遵循事项"就能被纳入以色列的契约。皈依者不需要割礼或浸礼，只要掌握宗教知识和做出承诺即可。大卫·菲利普森的观点非常有代表性："让年轻人接受完整的宗教课程，让他们承诺按照犹太人的方式生活，并且把子女培养成犹太人，我们别无所求。"[54]对待通婚子女的看法中央拉比会议也进行了相应调整，考夫曼·科勒认为"原始民族是根据母亲的血缘决定子女的种族特点，我们不应该再按照这一标准来看待后代"，也应该考虑父亲的犹太性和宗教训练的影响。[55]埋葬仪式摆脱了犹太习俗的约束，美国拉比中央会议允许火化。不久，异邦人也采纳了这一做法。[56]

古典改革派拉比在圣会中的首要角色是宣教士，决定其成败的标准始终是讲坛上的能力。[57]通常布道涉及当前关注的问题，与《圣经》文本无关。有的拉比选择有关启示的主题，也有的围绕热门学科进行学术讲座，讲座侧重信息的传递，而不是关注精神的提升。知名度高的宣教士不仅演说技巧高，而且通晓当代的学术问题。成功的布道能对听众进行时事教育，并且提供与犹太价值相关联的答案。古斯塔夫·戈特尔表达了对当代人的普遍看法：

> 今天的改革派拉比是一位公共教师，他在各种礼拜仪式中执教，圣殿就是他的学术……（宣教）不仅局限于宗教题目，严格地说，还包括公众关注的重要话题的讨论。[58]

担任领导的拉比喜欢被称作博士，或者先生，而不是拉比，他们希望得到强调的方面是学识而不是宗教执掌能力。一位崇拜者对赫希这样描述："后来，他不再关心社区的活动，例如教士的拜访，对圣会成员之间发生的琐事也不再亲自造访。"[59]尽管19世纪末形势已经发生改变，不再看重讲坛上的学术批评内容，而是强调教士作用的发挥，但是知名拉比还是喜欢将完美的演讲技巧和学术能力结合在一起，对当代问题提出有启发性的观点。

成功的拉比是普通信徒崇拜或敬重的对象。有的拉比收入丰厚，并且在圣会中发挥主导影响力。通常情况下，圣殿的生活能反映拉比的性格。但是在讲坛人数较少的地方，尤其是小城镇，拉比经常被看作董事会随意雇用或者解雇的员工。[60]作为犹太教的先知代言人，拉比认为自己值得普通信徒的尊敬和崇拜，但是某些颇有影响的普通信徒却否认拉比权威的预知性，这部分人通常是在美国社会获得财富的商人，他们认为财富是超高成就的标志，是行使权利所必须具备的特权。

在某些情况下，普通信徒敦促拉比进行改革，其激进程度甚至超出了拉比的想

282

名为"（改革派）逾越节礼拜仪式"的
当代素描（1895年）

象。圣会主席建议在最临近的周日庆祝犹太新年假期，这令赫希非常犹豫，不得已采取了保留意见。[61]有人对南北方的改革派普通信徒进行了观察：一般来说，北方是以激进主义和理智主义为特点，而南方受环境影响更加关注虔诚和外在的形式。[62]实际上，改革派犹太圣堂中也有保守主义的普通信徒，他们非常反感个别拉比行使专断特权。1894年，在美国希伯来圣会联盟的理事会上，一位来自得克萨斯州的著名犹太律师利奥·N.利维（Leo N. Levi）对改革派拉比进行了批评，指责他们喜欢新奇，看重理性，失去了对《摩西五经》权威的尊重。拉比的个人观点应该基于"对上帝律法的信仰之上，这些律法均记载于《托拉》中"。利维认为改革运动应该废除犹太教中的琐碎礼仪，前提是不能影响改革的教义和原则。他的发言激起了普通信徒的共鸣，当他讲话完毕，"大厅中掌声、欢呼声不绝于耳"。会后成立了一个组织，负责免费发行一万册发言稿。但是怀斯认为"这是攻击拉比的做法，毫无价值，并表示出极大的愤慨"，他的观点再次让忠诚的信徒回心转意，当天晚上，美国拉比中央会议的官员们拟定了一份正式的抗议文件：他们建议利维多学习一下最近在世界宗教大会上呈现的对犹太教的复杂观点。后来科勒给利维回复了一封信，内容非常详细，他承认犹太教改革派内部普遍存在独断专行的做法和无政府状态，让人感到很遗憾，但是他反对得克萨斯州普通信徒提出的原教旨主义神学理论以及利维提出的宗教统一的要求。[63]

改革派普通信徒没有把宗教权威赋予拉比，美国希伯来圣会联盟愿意为希伯来联合学院筹集资金并支持圣会联盟开展顺利的个别活动。不洁净宴会和匹兹堡会议导致了一系列鲁莽的攻击和辞职事件，但是美国希伯来圣会联盟在几年后就恢复了正常。在世纪之交，联盟恢复到了1883年的盛况，圣会数量达到102个，圣会的规模增长弥补了成员减少的损失，这种损失从1890年开始发生。20世纪初，成员数量急剧增长，1917年增长了一倍，圣会数量达到200个，成员数量超过了23000名。东部圣会的增长幅度不大，到一战期间增长了27%，美国希伯来圣会联盟的重心大部分在中西部。贡献最大的个人捐款者是纽约和芝加哥的德裔犹太贵族成员，最大数额的捐款几乎来自国内，很大一部分比例来自辛辛那提。当然，辛辛那提的犹太人负责提供美国希伯来圣会联盟主席以及领导层内部人士的所需。他们也负责将组织的主要目标放在犹太教神学院的建设上，因为犹太教神学院提升了社区气质，并使之闻名全国。进入20世纪，美国希伯来圣会联盟预算的绝大部分用在了学院的发展方面。[64]

　　1900年，怀斯去世，三年后考夫曼·科勒接替了希伯来联合学院的主席职务，从而终结了改革派拉比内部的旧党派之争。[65]新上任的主席立即把学院纳入他的犹太管理体系，《圣经》批评进入学院课程，《米德拉什》逐渐盖过了《塔木德》的光芒，人们在小礼拜堂中不再戴帽子，课堂上禁止宣扬犹太民族主义，因为科勒认为与犹太复国主义随之而来的会是不可知论的倾向。他认为希伯来联合学院和接受所有观点的大学并不相同，它的目的主要是培养神学理论与犹太教改革派教义一致的拉比，其个人虔诚要为圣会者树立榜样。随着学院的扩建，校址从原来的小市区搬至市郊山区宽敞的新校园内。图书馆可用作研究基地，教职员工在数量和学术成就上均有所突破，希伯来联合学院的毕业生不久便占据了所有的改革派讲坛。他们的机构是为不同选民服务的，因此科勒和同时代的犹太教保守派神学院主席所罗门·斯克彻特（Solomon Schechter）之间的关系非常和睦，能够做到真正的互相尊敬。[66]

联盟的其余职能由圣堂和学校分部、民权代表董事会掌握，前者负责出版宗教学校的教材，帮助组织新的圣会，为那些无法到达宗教学校的农场犹太家庭送去教学材料，往没有拉比领导的小型犹太社区派送拉比或印刷的布道，他们还在密歇根大学组织了一个学生圣会，在避暑胜地提供宗教礼拜仪式。在布朗克斯（Bronx）资助修建了一个新的犹太圣堂，直到他们能够自足自给。一般来说，分部承担了美国希伯来圣会联盟的"宣教"（外援）工作，对那些没有改革机构的地区进行援助，努力让年轻的一代人拥有更加系统的教育材料。另一方面，代表董事会的宗旨是保护美国犹太人的一般性利益，其中心位于华盛顿，与反犹主义、禁止周日工作的律法、公立学校诵读《圣经》、对自由移民限制等情况作斗争；此外，董事会还拥护东欧犹太人的权力。[67]

1898年，纽约成立了正统派犹太圣会联盟，与美国希伯来圣会联盟对抗，但是并没有对后者构成严重的威胁。1906年，美国犹太委员会成立，委员会的成立招致了更多的麻烦，它不是一个圣会机构，但是委员会的支持者大部分来自圣会的普通信徒选民。在维护犹太权力时，委员会重复了代表董事会的工作，这一机构的存在暗示了美国犹太人领导的最初缺乏组织性。首先委员会与犹太圣堂没有联系，其次委员会提倡宗教要注重民族团结，而不是强调犹太性标准。长期以来，犹太圣会和俱乐部是犹太圣

堂和美国希伯来圣会联盟的对手，尤其是布奈布里思协会（B'nai
B'rith）；来自纽约的德国精英、为美国犹太人代言的美国犹太委
284　员会被视为联盟内部的反叛者。1907年召开的美国希伯来圣会联
盟第20次理事会上，拉比亨利·伯科威茨（Henry Berkowitz）提
醒代表们是联盟的宗教纽带将犹太人联系在一起。克利夫兰的拉
比摩西·格利斯（Moses Gries）对代表们更加坦白：

> 我们现在没有美国犹太委员会吗？它是自己组建——自
> 己指定的——没有权利存在……领导的历史权力在联盟内部，
> 领导的任务仍然在我们身上……［联盟的］生命来自犹太圣
> 堂和圣殿，它们是犹太生命和力量的中心。[68]

尽管焦虑重重，美国希伯来圣会联盟在组建美国犹太委员会之后
仍继续存在，不久与委员会合作。其他的像美国犹太国会那样的
民族组织在一战期间纷纷出现，这一现象进一步改变了美国希伯
来圣会联盟短暂享有的中心地位。一直被怀斯视为犹太统一基础
的美国犹太生活圣会框架逐渐成为唯一的组织模式。

285　　　　在美国希伯来圣会联盟内部以及当地圣会领导层内部，犹太
女人一直扮演着从属的角色。改革运动期间，男人和女人都认为
女人的主要角色就是丈夫的助手和孩子的母亲。美国拉比中央会
议两次拒绝支持女人选举权的决议，最后于1907年通过，三年
后又采纳了宪法修正。[69]对于女人参与家庭以外领域的事务，拉
比们在思想上非常矛盾。例如埃米尔·G. 赫希否认男人和女人
在自然能力上具有平等性，但是作为政治上的自由分子，他赞同

1912年竣工的修建于辛辛那提市的希伯来联合学院的主建筑

女人拥有选举权，同意向芝加哥的社会改革者简·亚当斯（Jane Addams）提供西奈圣会纲领。考夫曼·科勒提出创建温柔女性的理想，对女人以"变为男人"为职业的想法表示质疑；但谴责传统犹太教中对女人的歧视。很久以前他宣布：长期以来由男人小气的营利主义统治的犹太圣堂，需要女人精神的理想主义。甚至他还这样说："是的，我们需要从女性中选出改革派犹太领导。"[70]

事实上，女人在改革运动中占据领导位置的现象是个缓慢的过程，最开始，圣会为了扩充成员，同意接纳寡妇和未婚女人，后来犹太圣堂允许女人有投票权。到20世纪20年代，女人可以进入宗教学校委员会任职，甚至在有的情况下，她们可以进入犹太圣堂董事会。[71]早在1896年，女人开始在两年一届的联盟理事会中担任代表，但在早期，女人仅限于以拉比的妻子或普通信徒代表的身份陪同自己的丈夫出席。

令改革派自豪的是犹太圣堂内部妇女地位的进一步平等还体现在家庭坐席和成人礼仪式方面。成人礼仪式期间，预备接受成人礼的女性会诵读《托拉》经卷中的十诫。女性的神职授任虽然还没有给予认真的考虑，在19世纪90年代，来自加利福尼亚的雷（雷切尔）·弗兰克［（Ray（Rachel）Frank）］曾给改革派和正统派圣会进行宣教，并给犹太人和异邦人做过精彩的讲座，曾多次在新年假期礼拜仪式上担任过主持，因此成了西海岸的名人。[72]

1893年，参加世界宗教大会的一个组织成立了自己的犹太妇女代表大会，并在此基础上组建了犹太妇女民族理事会，在此期间美国犹太妇女首次在全国范围内组织起来。[73]20年后，改革派犹太妇女创建了一个工作性质不同的全国性组织。1913年，在两年一届的美国希伯来圣会联盟理事会上，为了庆祝希伯来联合学院新大楼的落成，联盟理事会成立了全国圣殿妇女联合会，把当地已经存在的一些组织联合起来加入了妇女联合会，这项方案还包括为学院筹集学术基金，在希伯来联合学院建立一座仪式对象博物馆，并且出版一份描述以色列伟大女性的艺术日历。一年之内，有88个妇女团体加入了联邦，全国圣殿妇女联合会的发起者和首任主席是嘉莉·西蒙（Carrie Simon），她是华盛顿特区著名拉比的妻子。1915年，她受邀在美国希伯来圣会联盟理事会上就《妇女在美国犹太教发展中的影响》一题发表演讲，她的演讲清晰、有力地展示了广博的犹太知识。西蒙不是激进的女权主义者，她认为自己性别的首要任务是在家庭和生育方面。但是她告诉代表们妇女解放需要不再争论是否的问题，而是需要讨论如何处理发生的问题，犹太圣堂能够让妇女的才能得到最好的施展。[74]

　　妇女团体的成员在各自的犹太圣堂中积极参与犹太教育事务，她们为宗教学校筹集资金，经常给孩子上课，还帮助学校管理工作。改革派宗教学校已经普及了当地的犹太社区，被称作"安息日学校"，因为这种学校能够提供更好的公共教育，并且表达了社会统一的愿望，因此家长让子女们退出了全日制学校，而全日制学校在19世纪50年代曾是大型改革派圣会的骄傲。到19世纪70年代，象征着改革运动的"宗派学校"持续了近一个世纪，拉比们对此表示出强烈的反对，因为宗教学校每周只有几个小时的学习时间，因此不能承担全日制学校讲授的精读课程。大部分课程每周只有两个小时，希伯来语让学生苦不堪言，他们无法获得语言的实际能力。大部分学校开设了希伯来语课程，基本上是作为选修课，但有的学校根本不开设这门课程。在公共学校，学习好的学生不喜欢额外的周末上课。有人对两所学校的学生进行了观察，做出这样的评价："宗教学校的学生能够集中精力安静听讲，而全日制学校的学生态度冷漠、吵闹不已；前者的学生对老师非常尊重，而后者却恰恰相反。"在这样的情况下，超出《圣经》基本内容和犹太教信仰的知识传授是不可能的。犹太教义的传授是

286

借助教义问答法的方式进行的，通过机械记忆方法学会的答案，需要在成人礼仪式上复述出来。[75]

改革派宗教教育的提升成为美国希伯来圣会联盟常抓不懈的任务。[76]从1886年开始，安息日学校联盟以及后来的圣堂和分校部门首先出版了有关道德教训的《圣经》和拉比、中世纪文献中的节选内容，后来又出版了一些分级教科书。1907年，圣会创办了《年轻的以色列》（Young Israel）期刊，刊登的文章内容以犹太宗教学校的发展为中心，内容比较呆板。1893年，由改革派拉比亨利·伯科威茨成立了犹太肖托夸协会（Jewish Chautauqua Society），旨在模仿基督教的肖托夸复兴运动。协会组织了学习团体，并且每年召开大会，让宗教学校的老师受益匪浅。最后，美国希伯来圣会联盟承担了更多直接的任务，目的是提高教学能力。1909年，希伯来联合学院成立了一所小型的教师学院。一战前夕，改革派犹太教育仍比早期的全日制学校教育滞后，后来改革派学校拓宽了教学内容，增加了学习时间。当时，学生们只在每周一的上午学习一神论和道德的基本教义，他们的学习时间很充裕，还包括了犹太律法的学习内容。这一普世的教育目标非常契合古典时期的美国犹太教改革派的发展。

## 从先知的唯心主义到实用的社会公正

对于犹太教改革派而言，道德行为优先于宗教遵循，要想使人们拥护改革并作出承诺，必须要把具有特殊犹太意义的道德目标呈现出来，就像是礼仪对于传统派的意义一样重要。欧洲犹太教自由派的缺点之一是没有制定出应用型的社会公正方案。美国的政治环境宽松自由，犹太教能够与基督教并行发展，犹太改革派努力的方向是改变美国社会的不公平和残酷现象。[77] 287

　　美国内战结束后的20年期间，对犹太布道进行批评是徒劳的。当时拉比和基督教牧师们都认为无拘无束的资本主义会给所有人带来兴旺。如果不是埃米尔·G.赫希在匹兹堡指出当代社会存在不公正的现象，事情也不会如此。实际上此后又过了20年，由于工业滥用的问题才把改革议程提到重要的位置。19世纪90年代，达尔文主义宣传未来一定比过去美好，这一肯定的信念滋生了社会乐观主义，对严肃批评非常不利。如果美国社会存在问题的话，那么问题不在于制度本身，而是个人缺少特点。拉比宣教的内容是个人道德，不是公共行为，是社会服务而不是社会公正。当他们处理问题时，他们是社会向善论者，对社会主义前景的恐惧胜过对资本主义剩余的恐怖。例如拉比亨利·伯科威茨煞费苦心地告诉圣会者：劳动人民的情况比人类历史早期的情况更恶劣。他警告不要采用激进的解决方式，否则会导致人们绝望，这根本不是问题的答案。此外社会主义与犹太教正好相反，它"看不到健康的、鼓舞性的、能够让人欣慰的事物；相反，犹太教包围在光芒之中，把温暖的希望之光、欢呼和信任散发到每个人心中"。伯科威茨承认需要用"建设性的解决方法"来改进劳动者的命运，例如仲裁和利益分享，但是他宣教的内容不是呼吁人们采取社会行动，而是对两方面进行道德提升：让工人"打败懒惰"，让雇佣者检测自己有多贪婪。阶层高一级的个人行为能够化解阶级对立。[78] 早在八九十年代末的暴力罢工和暴乱之后，埃米尔·G.赫希驳斥了资本主义采取的不作为方法，但在这件事情上他是个例外。赫希对血汗工厂进行谴责，并且提倡六天工作制，提议工厂提供失业保险以及对老龄工人的供给。[79]

对于全体改革派拉比来说，从只提及个人行为的先知犹太教过渡到阐述特别社会问题的犹太教，有两方面的外部影响：美国进步运动和基督教社会福音。一战前影响全美的进步主义为乐观主义大潮增添了新的社会行动性，他们摈弃了社会主义分子的悲观主义和激进主义，拥护对资本主义的自我调节体系进行政治干预。改革派拉比全心全意地支持西奥多·罗斯福总统制定的社会方案，并从道德层面证明了这一方案的合理性。"进步"一词顺应了改革派提倡的结构进化和发展的宝贵原则，并将其应用到社会进步之中。[80]

基督教中与进步主义相对应的事件是同期进入自由派教堂的社会福音运动，华盛顿·格拉顿（Washington Gladden）和沃尔特·劳申布什（Walter Rauschenbusch）是主要的拥护者，他们认为道德行为是"至高的宗教行为"，而不是教条或礼仪。因为宗教需要一个社会目标，社会运动也需要宗教热情以及犹太和基督传统提供的先例。劳申布什把以色列的先知看作是"他们时代的革命者，他们梦想乌托邦的到来，描绘出理想的社会国度，穷人得到公平的判断，再也听不到被压迫者的哭声"。社会福音派的传教士把耶稣奉为社会改革者的主要典范，他们对待犹太人并不是一贯的友好，社会福音派关注《阿莫斯》《弥迦》《以赛亚》的内容，这让犹太改革者感到基督教自由派和基督教改革派都拥护美国事业的共同价值。在他们看来，社会福音派并不是基督教的产物，相反，基督教是社会福音派的产物。一位拉比指出，基督教"放弃了历史地位而投靠到了先知犹太教的麾下"[81]。

煽动社会行动主义的是改革派拉比，而不是普通信徒。狭隘的宗教主题对普通信徒逐渐失去了影响力，这时拉比像新教牧师一样指出了讲坛的社会相关性。另外一种可能是拉比强调自身的先知角色来反对统治圣会的富商们，这部分人的价值观反映了资本主义的社会思潮。[82]总之，在早期阶段，美国拉比中央会议将社会公正事务提到了改革的议程上来。[83]

1908年，美国拉比中央会议首次通过官方的力量支持反对童工运动。在第二年的大会上，听取了所罗门·福斯特（Solomon Foster）题名为《劳动者和犹太圣堂》的讲座，该讲座虽然带有社会进步的论调，但是在资本和劳动的对抗中，福斯特把拉比看作调解者，并非宗教的教派。该讲座激怒了史蒂芬·怀斯（Stephen Wise），迫使他介入了发生在纽约的犹太面包工人反对雇主的斗争中。一部分拉比，尤其是年轻人，敦促美国拉比中央会议在社会措施的全面议程背后施加道德砝码。接下来的十年期间，会议的中心议题围绕这一综合计划，早期会议关注礼拜仪式和宗教实践，现在的拉比们讨论白人奴隶、性病、工作条件、未成年犯罪等问题。直到1918年，美国拉比中央会议采纳了宣言，这是犹太教改革派的第一份社会正义纲领。宣言呼吁更加平等的工业利益分配、底薪、八小时工作制、安全卫生的工作环境，特别提到要考虑妇女的特殊需要、废除童工、给予工人足够的补偿、健康保险、合适的住房、母亲养老金等。坚持劳动者有参加集体组织和谈判的权利，赞同通过仲裁和调节解决工业争议，并且宣布"社会公正的理想一直以来是完整犹太教不可或缺的一部分"。[84]

美国拉比中央会议在1918年发布的宣言既不是美国环境下孤立发生的事件，也不是超前的行动。1912年，新教联邦教堂理事会制定了类似的纲领，天主教的主教们也要在下一年制定自己的纲领，他们提出的一部分推荐意见已经在国家或当地的法律中得以体现。但是在某些方面，这一方案已经超越了新教和天主教，提出的具体指令在1918年还没有完全被美国社会接受。换句话说，宣言具有很重要的现实意义，与乌托邦非常接近，但又不是乌托邦。[85]

美国拉比中央会议的道德意识并没有仅局限于美国社会的不公平现象，其自身内部也存在不公正的现象。犹太圣会把最炙手可热的坐席出售给那些愿意购买并支付得起的家庭，他们设定了最低价格，远远超出穷人们的支付能力。圣会会议中并不是每个人都有权投票。1911年，美国拉比中央会议开始敦促犹太圣堂的民主化建设，当时在全国各地仅有四五个圣会采取不限底价地出售未指定坐席的做法以及全体投票的方式。[86]六年后，在制定典范犹太圣堂宪章时，大会召集犹太圣堂制定出三条规定。但在有的圣会中，多年来一直存在不公平的现象，尽管拉比也做出了努力，但在劳动人民的眼中，20世纪初的犹太圣堂与压迫他们的资本家联盟"富人机构"如出一辙，并没有家的感觉。许多年以后，改革派圣殿才逐渐退去了这一阶级特点。[87]

## 触界反推

改革派拉比与基督教同人对工业制造的罪恶都非常关注，也广泛认同自由派教士的观点，认为他们的宗教哲学与自己的非常接近，尤其对美国基督教一神论派特别感兴趣，认为这一教派兼具理性与宽容。改革派拉比认为一神论教徒愿意接受耶稣是先知的观念，而不接受耶稣是救主的观念，尽管作为犹太人来说，他们一致宣布耶稣在自己的宗教中不起任何作用。[88]改革派拉比和一神论教派（或者其他的自由派新教）牧师经常交换讲坛，或者与圣会共同举行礼拜仪式。在六七十年代晚期，奥克塔维厄斯·B.弗洛森汉姆（Octavius B. Frothingham）创立了教派间自由宗教协会（Interdenominational Free Religious Association），艾萨克·迈耶·怀斯和他的同事积极加入这一协会。考虑到宗教哲学和社会关系的相似性，一部分犹太人和异邦人建议犹太教改革派应该与一神论教派联合起来。圣路易斯的改革派拉比所罗门·索奈申的做法更为激进，甚至考虑担任一神论教派的教士。波士顿的拉比所罗门·辛德勒（Solomon Schindler）把改革派引入新英格兰，与著名的一神论教牧师和思想家迈诺特·J.萨维奇（Minot J. Savage）关系非常密切。辛德勒对一神论派教徒在基督教内所做的事情极为崇尚，就像是改革者对犹太教所做的改变一样。他宣传理性主义和《圣经》批评，谴责仪式主义，并且宣布犹太教的核心是"人类的宗教"。最后他不仅超越了犹太教，还超越了所有的宗教，使自己成了社会主义者和不可知论者。他的继承人查尔斯·弗莱舍（Charles Fleischer）同样放弃了祖先的信仰而投靠了社会进步的非教派组织。[89]

　　对于大部分改革派拉比来说，一神论教派一方面对自己构成了威胁，另一方面却有助于通向宗教的自由主义道路。同伦理文化派一样，一神论教派暗示犹太教已经完成了使命，实际上，开明的基督教牧师坚信基督教已经替代了其母亲信仰。耶稣是最后一朵、也是最完美的花朵。艾萨克·迈耶·怀斯多次对基督教宣布反对言论，绝大多数改革者也予以回应；犹太教从本质上优于基督教，因此未来的宗教将是犹太教，而不是衍生的其他信仰。有的人不喜欢怀斯的胜利主义，他们便采用埃米尔·G. 赫希的吹嘘之词进行回应：一神论使用行为替代教条进行革新，犹太人只需要回归先知。[90]除了几个极端的观点外，古典改革派的拉比对其290 他信仰的态度力争做到适度的宽容和欣赏，同时强调两方面因素：犹太教的历史优先性和目的首要性。

古典改革派的大部分拉比反对通婚。[91]继艾因霍恩之后，科勒屡次警告这种做法的危险性，1912年，美国拉比中央会议做了一项调查，结果显示一百多个被采访者中，只有七位主持过通婚婚礼。直到1892年，怀斯圣会通过了宪章规定，与异邦人通婚的人不能加入圣会成为成员。但是1909年，纽约贝斯艾尔圣会的塞缪尔·舒尔曼（Samuel Schulman）和巴尔的摩欧赫布-沙洛姆圣会的威廉·罗西瑙（William Rosenau）提交了一份决议，宣布"拉比不应该主持"通婚仪式，因为犹太宗教禁止这样的婚礼，美国拉比中央会议对这样的决议有些犹豫。像早些年的信条和宗教会议一样，对有些人来说，这项决议成为侵犯个人道德意识的集体权威，人们必须要清除这项障碍。最后，美国拉比中央会议出台了共识声明："宣布通婚与犹太宗教的传统是相悖的，因此美国拉比不应该鼓励这样的做法。"[92]

在星期日礼拜仪式的问题上圣会会员之间产生了内部冲突：

一部分人出于安全考虑，想继续维护犹太信仰，还有一部分人迫于压力想偏离传统，甚至有皈依基督教的倾向。在德国，只有柏林的独立改革派圣会在基督教的安息日当天举行礼拜仪式。美国的星期日运动曾经波及大约36个犹太圣堂，包括规模较大的圣堂，一战以后他们又赢得了新的拥护者。[93]

拥护星期日举行礼拜仪式的人提议将犹太安息日的遵循与基督教的做法合并起来，并将必要性作为论证的基础：犹太人不愿意也不能够在周六旷工，因此很少能参加礼拜仪式，能够参加周六礼拜仪式的大部分是妇女、儿童以及退休人员。这种论证难以立足。芝加哥的西奈圣会以及其他个别圣会的做法比较彻底，他们放弃了周六上午，支持周日举行礼拜仪式的做法。但是赫希依旧支持周六做礼拜的传统，"今天、明天一直以来我都会做好准备在星期六传教，不是对着空空的坐席，也不是作为空旷荒野中的替罪羊"。[94]西奈圣会以及其他圣会在星期日举行礼拜仪式时，没有诵读特别提及安息日的传统祈祷文。这些圣会严格地限制了周日的礼拜内容，突出冗长的布道或讲座，并且使这一场合的说教化、学术化气氛盖过了节日氛围。越来越多的异邦人频繁参与礼拜仪式，从另外一方面解释了犹太特征减少的原因。星期日礼拜仪式的成功与否取决于拉比的演说技巧。如果圣会拥有像赫希这样天赋极高的讲演者，那么参会者就能超过1000人，例如费城的约瑟夫·克洛斯科普夫（Joseph Krauskopf）以及后来纽约的史蒂芬·怀斯；如果讲演者的能力平平，礼拜仪式会显得很萧条，甚至解散。

1874年，考夫曼·科勒在西奈圣会首次举行了星期日礼拜仪式，此后这一趋势波及美国各地。到1885年匹兹堡会议召开时，星期日礼拜仪式波及的地点还不算多，但是这一运动的影响力与日俱增。匹兹堡的拉比感到必须对这一问题进行处理，因此一致宣布：他们完全认可保留历史安息日的重要性，"这是联系我们伟大过去的纽带，也是全世界犹太教统一的象征……然而犹太教的精神或律法并没有阻止星期日礼拜仪式，如果这种仪式在当地非常必要的话，那么是允许举行的"。[95]继匹兹堡会议之后，在星期日举行礼拜仪式的比例有所提高，这种情况有时是迫于普通信徒的压力，有时是拉比主动发起的。有的地方只是短暂地进行一次实验，其他地方则将这种做法维系了好几十年。1905年估计有"13个"圣会在星期日举行礼拜仪式，1906年"约有20个"，1914年这一数字还在稳步增长。[96]到那时，主要的犹太社区都实行星期日礼拜。费城的拉比约瑟夫·克洛斯科普夫和匹兹堡的J.里奥纳多·利维出版了一部星期日礼拜仪式合集，合集包括一年之内在30多个场合下所进行的各种简要礼拜仪式。1907年，美国拉比中央会议临时发行了一部特殊的祈祷书，包括六种"上午礼拜仪式"，附有诵读《圣经》内容的题目，但是没有特别提到安息日。大约有六个圣会使用这一祈祷书。[97]

　　面对重重压力，绝大部分的美国改革派圣会并没有执行星期日礼拜仪式。怀斯从一开始就反对这一做法，并且一直利用自己的影响力来阻止星期日礼拜仪式的进行。在皮奥瑞亚（Peoria）和韦恩堡（Fort Wayne）这样的小城市，绝大多数的改革派圣会者赞同保留传统犹太安息日的主要礼拜仪式。[98]星期六礼拜仪式的问题解决方法是由怀斯介绍的，早在1869年，他规定自己的圣会在每

291

周五晚上的固定时间举行礼拜仪式，并且通过布道或讲座巩固这些内容。[99]这一做法很快被改革派采纳，甚至还传入了保守派圣会中。但在20世纪初期，某些颇具影响力的圣会制定了某种星期日礼拜仪式的形式，拉比大会不能予以谴责，否则会导致改革运动的分裂。从1902年开始后的连续三年，美国拉比中央会议讨论了安息日问题，最终重申了19年前在匹兹堡采取的平衡立场。[100]

当美国拉比中央会议处理星期日礼拜仪式的问题时，其中一位主要的支持者已经退出了阵营。在19世纪70年代中期，处在事业早期阶段的考夫曼·科勒希望能创造一种共同的安息日遵循做法，能够从宗教的角度统一全人类。然而到1879年，他赞同将星期日礼拜仪式作为一项权宜之计，并且他认为有必要维持这样一种平日的仪式。[101]十年后，也就是1891年，他宣布任何形式的革新从原则上讲都是一种错误。现在他的观点是"星期日礼拜仪式中的气氛令人心寒，人们只能感受到理性，冷漠、傲慢的理性决定了言语。灵魂已经不在"。促使科勒思想发生变化的还有一方面因素："世界对犹太人以及他所代表的原则发生了态度上的改变。"欧洲的反犹势力重新抬头，美国出现了新的排他主义，原本满怀希望偏离犹太特殊做法的意愿被现实击垮。这是一种早熟的乐观主义：

> 把我们从梦中惊醒是多么的粗鲁！19世纪初期的幻想被后来发生的事实所摧毁，这是多么的惊人！所谓的基督教文明最后竟然变成这个样子，这是怎样一种讽刺啊！宽容和开明的时代竟然如此丢人、骗人！……在这样巨大的失望面

292

前，我们还敢通过接受基督教星期日作为我们的休息日来取代古代安息日的做法，并以此认可基督教文化的主导地位吗？……我们今天的任务是保持自己的犹太身份，保护我们的犹太机构，不要让它蹒跚，不要让它屈服。我们必须团结一致，集聚在神圣安息日的左右。[102]

到19世纪末，科勒把注意力转移到犹太教内部的改革，不再考虑与外部的联系。

犹太教古典改革派发展的鼎盛时期也是东欧犹太人大批移民到美国的时期。他们的到来改变了德裔美国犹太人的相对比例，因为当时的改革派圣会大都是德裔犹太人，东欧人的增加削弱了改革机构的相对影响力。19世纪末20世纪初，美国希伯来圣会联盟宣称拥有代表4万人，当时美国的犹太人口是100万。犹太人口的一半住在纽约，但改革派圣会只有五个。1907年，美国估计有1700所犹太圣堂，属于美国希伯来圣会联盟的不足10%，甚至在中西部社区，改革派犹太人发现自己在人数上处于劣势。[103]德裔犹太人（即改革派犹太人）的霸权不仅从人口上而且在社区领导方面逐渐被东欧人占据。

如此多的犹太移民自身存在着巨大的差异，更加剧了德裔犹太血统与宗教同人之间的矛盾。东欧人就像是一盘大杂烩，有无神论者、社会主义者、犹太复国主义者以及坚决的正统派分子。他们讲意第绪语，坚持自己的亚文化，否定改革派提出的犹太人只在宗教上有区别的原则。德裔美国犹太人予以反击：把改革派犹太圣堂作为美国主义的堡垒，使之与定期到达纽约的客轮统舱中走出的笨拙、非美国化的新手区别开来。艾萨克·迈耶·怀斯把这些东欧思想家称作"晚期移民的特质"。大卫·菲利普森讽刺"这一公共和私人浴室的时代",对辛辛那提的正统派为仪式洗礼筹集基金而感到惊讶,他几乎发抖地说:"噢! 简直是耻辱。"后来他变得乐观,大胆地发表言论"隔都主义和反动主义是最近到达美国的同胞们在美国化进程中的必经阶段"。[104]

　　东欧犹太人要实现美国化,难道德裔犹太人没有责任帮他们加快进程吗? 接受这一任务不仅是保护他们在异邦人眼中形象的一种方式,而且还表达了他们对这些不幸姊妹兄弟的真切关怀。尽管东欧移民在思想、行为方式以及习俗上引起了德裔犹太人的反感,但改革派的机构一直为反对移民配额和限制作斗争,甚至连激进改革派拉比约瑟夫·克洛斯科普夫都称赞新移民的勇气。[105]美国希伯来圣会联盟的代表委员会采取措施,一方面帮助国外受迫害的犹太人,另一方面反对歧视那些来到美国的犹太人。1909年,美国希伯来圣会联盟在纽约会晤时,代表们参观了埃利斯岛(Ellis Island),观看了欢迎新进移民建成的设施。品格高尚的改革派犹太人以个人或集体的名义向活跃在纽约下东区的慈善机构捐献。伊曼纽尔圣会的主要成员在纽约重新组织并再次组建了犹太神学院,神学院对于那些意图寻求美国化犹太领导的东欧犹太人格外有吸引力,但是这一机构比改革派更加传统。[106]

　　早期,改革派甚至想把东欧犹太人直接纳入自己的队伍,这是一种犹太内部的使命。1904年,纽约组织起一座全基督教的"人民教堂",继这一典型例子之后,运动组织着手在费城的正统派区域建立一座"人民改革派犹太圣堂"。这一计划是由拉比乔治·泽

293

宾（George Zepin）发起，泽宾是美国希伯来圣会联盟全体成员选出的拉比，这一计划后来由毕业于希伯来联合学院、俄裔犹太出身的犹太复国主义者马科斯·雷森（Max Raisin）接管，雷森第一次主持礼拜仪式时，参加者可谓人山人海，然而此后参加者却急剧下降，最后这一事业以失败告终。管风琴、合唱和现代化的礼拜仪式能够引起新移民的好奇心，但是却不能长久地吸引他们。[107] 对于第一代东欧移民来说，改革几乎没有吸引力，第二代移民只是偶尔对此感兴趣。在一战以后，大量的移民后代才逐渐融入改革运动之中。

事已至此，仍然有个别的改革圣会竭力使东欧犹太人感受到他们的热情，不少人对此感到惋惜，拉比贺拉斯·J. 伍尔芙认为改革圣殿已经变成一所"类别机构"，建议他们把题词改为"这儿不会让犹太人感到陌生"。1904年，拉比威廉·罗西瑙强调影响等式的另一端，告诉他的同事们"犹太移民能够给予我们什么"。[108]

人们难以将美国化的德国改革派犹太人与众多的东欧人区分开来，这一阻力来自犹太复国主义。对于这两个阵营中的很多人来说，犹太教改革派和犹太民族主义是互不相容的。以色列的使命是让那些永远流亡的犹太人成为幸运者，而美国则是最佳执行其宗教和道德使命的土地。改革派犹太人把美国国旗安放在犹太圣堂内，还将《美丽的美利坚》（America the Beautiful）一诗收入赞美诗集，并且详述了犹太教和共和国政府形式之间的相似性。他们仅凭信仰把自己定义为犹太人，决定在美国建立自己精神上的锡安山。[109]他们认为犹太复国主义经常伴随着无神论，如果不信仰上帝的话，你就无法成为正统的犹太人。犹太复国主义来自正统派："如果犹太教本质上注重仪式而不是进步的话，只能被孤立。"[110]对于改革派犹太人来说，复国主义就是一种协商式的胜利，是对反犹势力的屈服，而不是英勇地打败他们；是用后退替代了前进，幻想美丽的美国梦，却变成了奇异的梦魇。

从制度上讲，犹太教古典改革派从根本上反对政治上的犹太复国主义。[111]第一届犹太复国大会在巴塞尔召开，会议召开的前几周，美国拉比中央会议举行了1897年例会，会上一致宣布："我们坚决反对建立犹太国度，这样的尝试是对以色列使命的误解。"一年后，美国希伯来圣会联盟也效仿并做出决议；"我们坚定不移地反对政治上的犹太复国主义，犹太人不是一个民族，而是宗教社区……美国是我们的锡安山，在这个宗教自由的家庭中，我们携手成立了新的锡安山，新的果实孕育在旧传统中。"1917年，英国从法律上批准犹太民族在巴勒斯坦建立家园，并发表了《贝尔福宣言》，这一宣言的传播促使了一系列决议的产生。此后，拉比的言论不再那么犀利，他们对"能够证明对犹太人表示善意"的文件表达了感激之情，并且表示会支持受迫害的犹太人移民至巴勒斯坦。但是他们不同意巴勒斯坦是犹太民族的国家这一说法。美国希伯来圣会联盟的代表们也因此做了重申："每一个自由的国家都是以色列的家，因此任何土地都应该是以色列的家。"[112]对于大部分改革派犹太人来说，这种情感一直持续到一战以后。

有趣的是，即使在古典时期，美国犹太教改革派也不是一致地反对犹太复国主义。[113]在世纪之交，一部分主要的改革派拉比已经成为犹太复国主义者，他们中的年长者伯恩哈德·费尔森塔尔曾经是一位军事激进分子，他是大卫·艾因霍恩的崇拜者，也

294

是自由宗教协会的一名官员。19世纪90年代，费尔森塔尔的态度转向锡安山，也许他意识到个人主义宗教的纽带非常松散，需要依附民族来加强联系。1896年，他协助成立了芝加哥犹太复国主义组织，如果再年轻几岁的话，他会参加第一届犹太复国大会。此后不久，他承认犹太复国主义运动是"本世纪犹太人所做出的最有意义、最深入的努力"。[114]其他的改革派犹太人也逐渐加入他的组织。到1918年，美国希伯来圣会联盟执行委员会的一部分成员被描述为"热情的犹太复国主义者"。[115]1920年之前，有12位美国改革派拉比积极支持犹太复国主义运动，其中有的成员和影响力较强的圣会关系很密切：纽约的古斯塔夫·戈特尔、伊曼纽尔圣殿的朱达·玛涅斯和自由犹太圣堂的史蒂夫·怀斯，费城凯尼塞思-伊斯雷尔圣会的约瑟夫·克洛斯科普夫。[116]1909年，美国拉比中央会议选举犹太复国主义者联邦官员新奥尔良的拉比马科斯·海勒为主席。其他四位美国拉比中央会议成员虽然身为犹太复国主义者，但在1920年继续担任会议主席。

　　犹太教改革派的复国化需要形成思想上的和解关系，在制定的犹太复国政纲条例中，最容易使人接受的是提倡巴勒斯坦的犹太殖民化。艾萨克·迈耶·怀斯以及他的信徒们曾经支持过这一提议。从这个起点通向美国的政治犹太复国主义，道路不会很漫长。当然政治犹太复国主义也提出了是否能长期忠诚于美国的问题，赫茨尔宣称犹太人在美国和在欧洲一样，都没有安全的未来，但是美国的犹太复国主义者毕竟不会拿他的话当真。法官路易斯·布兰代斯（Louis Brandeis）曾这样阐述过：美国的犹太复国主义比思想意识更具博爱性，在很大程度上是殖民化思想的延伸。

此外，到20世纪初，像科勒这样的反对犹太复国主义的改革派成员竟然把犹太人称作"宗教民族"，并指出"犹太教的宗教和民族性构成了不可分解的实体"。让科勒以及其他人特别烦恼的是大部分复国主义者都忽视宗教因素，侧重民族因素。

　　一部分改革派犹太人认为在文化上成为复国主义者比在政治上更容易，尽管也存在一些问题。犹太教改革派相信高层的犹太精神创造性在犹太流散区都是可能的，而不是像阿哈德·哈-姆（Ahad Ha-Am）所宣称的那样，只能在巴勒斯坦找到精神中心。但是费尔森塔尔很早就论证了阿哈德·哈-姆所说的，这种精神中心可以理解为给各民族带来光明的犹太使命的信号灯。作为改革派核心思想的先知犹太教发源于典型的犹太国度，这也是埃米尔·G. 赫希的观点。[117]此外，史蒂夫·怀斯还指出，至少在可预见的未来之中，流散地的犹太人能继续扮演自己在使命中的角色。

　　改革队列中的犹太复国分子划分为"犹太教官方改革派"和真正的犹太教改革派。前者只是"犹太教改革派中的一个特殊派别"，后者包含犹太复国主义。他们认为改革派的基本原则是宗教发展，这使之与正统派相对立，而不是与犹太复国主义相对立。1917年，圣弗朗西斯科的拉比马丁·迈耶把自己定义为"改革派犹太复国主义者"，他是在确认一种复合的犹太身份，包含互不冲突的两种因素。考夫曼·科勒虽然从来不信仰犹太复国主义，但在1919年临近晚年时却宣布：

　　　　让巴勒斯坦，我们古老的家园，在伟大国度、特殊英国宗主权的保护下，再次成为犹太文化的中心，成为无家可归者的安全避难所。我们都非常欢迎，并会帮助推动工作。让上百万的犹太公民在那里居住……授权并得到鼓励建立精神上广阔而自由的联邦，担任国际以及教派间的人道学校，我们将共同为这一事业欢呼，并祈祷繁荣昌盛。[118]

他只是认为犹太人在美国也有一个处所，也有一项任务。

到20世纪20年代，对于改革派犹太人来说，从思想上转变为犹太复国主义者，难度不亚于让美国其他的犹太人转变思想。大部分的改革派拉比和普通信徒是对立的，但是这一局势也在悄悄地发生转变。

在美国犹太教古典改革派的发展初期，支持者曾经要求进一步加大改革力度，"将犹太教发展为包罗万象的人类宗教"。[119]他们支持理性、诋毁仪式、强烈认同人类更大的社区并且调整犹太身份的界限。但是到了晚期，他们的观点发生变化。暴露出两方面的问题：前后不一致，而且缺少集体的力量。

回顾过去，从内部对过去的审视以及展望未来，人们都可以看到新趋势的迹象，这些迹象遍布在后来古典改革的风景图上。早在1905年，拉比马科斯·海勒感到《匹兹堡纲领》"不只是从一个方面代表了过时的观点"。[120]美国拉比中央会议教义问答委员会成立于1907年，这一组织负责回答仪式问题，处理有关婚礼、哀悼的事务，并追溯其在文本和实践中的历史发展。通过让孩子积极参与，把成果带到讲坛上来，或者为父母上演一次适当的盛会，委员会成功地复兴了被忽视的丰收节日——住棚节。不止一位拉比要求重新强调拉比路易斯·沃尔西（Louis Wolsey）提出的"我们宗教中特殊的犹太性"这一观点。[121]雅各布·希夫（Jacob Schiff）是改革派普通信徒中最富裕和最有影响力的一位，在美国希伯来圣会联盟的例会上解释他为什么还支持犹太宗教神学院，其中提到"健康的改革都会源于正统派"，如果不继续这一传统的话，改革派会面临灭亡的危险。[122]辛辛那提市艾萨克·迈耶·怀斯圣殿的拉比路易斯·格罗斯曼甚至暗示，如果不遵循正统派做法的话，改革派本身也需要重温正统派的精神。[123]科勒也对自己的教派失去了热情，1898年他曾说过："今天我们关心的唯一目标不是改革，而是犹太教。"[124]世纪之交，这样的情感越来越稳固，犹太教改革派的新推动力将在下一代人中成为主导。

# 8. 重新定位

对于美国宗教来说，两次世界大战期间并不是一段令人兴奋的时期，引起人们普遍关注的并不是基督教堂或者犹太圣堂，而是汽车、收音机和电影。当时几乎没有人去参加礼拜仪式，让孩子接受宗教教育的人更是少之又少，美国比起从前来对世俗事物的看法更加开放。在1925年的斯科普斯审判中，原教旨主义新教因反对讲授进化论而贻笑大方；禁酒令成为一种虔诚的虚伪。有财富保障的人组织宗教是因为能够论证伦理至上的正确性；而对于穷人来说，只能把宗教和资本剥削联系在一起。然而二三十年代之间还是差别很大的：20年代的乐观主义和享乐主义令人兴奋，30年代则发人深省，提醒人类兴奋是限度的，爵士时代的繁荣和大萧条时期的贫困都不能唤起人们对宗教的热情。[1]

不足为怪，美国犹太人当中也存在同样的情况。对待宗教的遵循和教育方面普遍存在懒散的作风，宗教是资产阶级文化的装饰，犹太人在某种程度上都持有这种观念。来自东欧的第二代移民大都抛弃了犹太教，只有少数人依附于保守派或改革派的圣会。1929年的一项研究结果显示：纽约市3/4以上的犹太儿童不认识希伯来字母，没有接受过犹太宗教方面的教育。[2]在新居住区以及高等教学机构的同化压力下，意第绪语和文化迅速被压垮。大学对于年轻的犹太人来说越来越具有吸引力，无神论或者不可知论是对待宗教的唯一明智的观点。对于一部分犹太人来说，政治激进主义是跨犹太身份的基础，这种犹太身份包含了更广泛的因素。

在这种情况下，犹太教改革派很难培养对事业的热情。尽管 297 拉比们做了相应的努力，发布有关社会正义的宣言，仍然不能撼动人们对犹太教的看法，在多数人眼中，犹太教是高雅的上层阶级信仰，几乎不需要依附力量，有的拥护者甚至不愿改变这种形象。一位大学教授放弃了自己曾经最爱的改革事业，在1922年的美国拉比中央会议上宣布："我不想见到犹太人，他们总使我感到我们是一个肩负着使命的民族。"早先改革派圣会曾热衷于仪式改革并为之进行激烈的斗争，然而这已经成为过去，激进改革的潮流已经逝去。犹太复国主义引起的冲突主要在民族竞技场上爆发，而不是在圣会领域。拉比们多次谈及人们的冷血、冷漠和麻痹无情。除了个别天赋高的拉比能吸引听众之外，大部分情况下拉比们是对着半壁空空的犹太圣堂在讲话。[3]

如果说20年代期间犹太意识没有完全休眠的话，那是因为来自外界的刺激令人感到不愉快。之前提到的这位大学教授还说："如果不是施加迫害的异邦世界强迫我们这些普通信徒认真对待犹太教的话，我们是不会主动这样做的。"随着世界大战的结束，美国不仅从肩负着国际责任转变为狭隘的自私自利，而且还向移民关闭大门，宣称外国影响非常危险。1921年，美国首次颁布移民配额制度，并于1924年将限制条件做了更加苛刻的调整，来自东欧的犹太移民大军现在已经不再反对这些障碍。美国只是为了美国人的利益才加以限制的，他们认为并不是所有的人都认可犹太人完全胜任并登上舞台。二战结束后的红色恐怖期间，惧怕外国人的一些美国人把犹太人和布尔什维克主义联系起来。20年代早期，亨利·福特（Henry Ford）大肆宣传一项被称作"犹太人贤士议定书"（Elders of Zion）的国际阴谋诽谤。复兴的3K党（Ku Klux Klan）鼓动上百万人传播憎恨天主教、黑人和犹太人的福音。基督教传教士加紧联络那些背弃信仰的犹太人，他们认为信仰基督教和实现美国化是一致的。华盛顿的内务部指定了"一位处理犹太裔美国人的特殊合作者和种族顾问"，其任务包括传播美国的思想、传统和标准。[4]

　　20年代初期，人口大迁移结束，社会纷纷对犹太美国化产生怀疑，在这样的背景下，犹太教改革派的方案诞生，这一方案的主要发起者和宣传者是希伯来联合学院的新校长朱利安·摩根斯坦（Julian Morgenstern, 1881—1976），他出生于美国，毕业于希伯来联合学院，是知名的《圣经》评论学者。和科勒一样，他希望在运动中发挥知识分子的作用。他不仅通晓神学知识，而且具有历史学家的洞察力，基于对美国犹太人当代历史处境的判断，他描绘出了改革的新方向。摩根斯坦的论证如下：美国犹太独特的历史时期已经结束。东欧移民大量涌入时，美国犹太人呈现出了异域面貌，德裔犹太人大搞慈善活动，以此改变了移民的命运，并加速文化一体化。社区发生了分化，一部分人已经熟悉了美国的环境，另一部分则相反。这两部分人互帮互助、乐此不疲，却忽略了对宗教应有的关注。但是现在身着现代装束的宗教复兴开始显现，犹太人之间的种族差异将会消失，这一迹象再次证实了艾萨克·迈耶·怀斯的确具有远见，他曾经预言美国犹太教将会

统一。德裔优越性的情绪逐渐在改革派犹太人中淡化，甚至在新　298
移民的后代中，东欧后裔的意识也渐渐衰退。改革派圣会发生了
改变，曾经象征德国人的日耳曼式宗教冷漠态度以及太过理性的
做法已经消失，而来自俄国和波兰的移民也放弃了不合时宜的正
统派做法。随着社会的逐渐统一，犹太社区的发展也趋向统一。
摩根斯坦告诉拉比同事们："美国是一个大熔炉，而美国犹太人则
代表了来自世界各地的犹太人和犹太教的小熔炉。"美国改革派犹
太人与其他教派犹太同人一样都反对移民配额，但是新的移民限
制提供了"统一美国犹太教的机会"。摩根斯坦认为这种犹太教不
会是只聚焦于外部行为的保守派。怀着与前辈艾萨克·迈耶·怀
斯一样的自信，他提出了自己的信仰：不久的世上只有"外国犹
太教和美国犹太教"，而美国犹太教就是改革派。[5]

　　摩根斯坦试图让听众从他的必胜信念中受到启发，实际上，
改革派并没有立即在犹太社区内获得广泛的支持，从比例上讲，
它的势力衰退，因为保守派在短时间内占据上风。[6]但是内战期间，
改革派犹太人和宗教同人们之间的差异在逐渐缩小。双方在诸多
问题上达成了和解，例如犹太身份的含义已经延伸、传统因素可
以适当地加以利用以及锡安山转向等问题。

## 改革派发动的犹太教育革命

　　1924年，有关部门在125所改革派宗教学校中进行了一项调
查，结果显示在一战之后还存在古典改革派的价值观。多数学校
的孩子们实际上课时间只有一个半小时，其中半个小时属于圣会

时间，平时只有为成人礼课会增加额外的上课时间，几乎没有例外。小学生主要学习《圣经》和犹太历史，目的是汲取日常生活的道德理念。开设希伯来语课程的学校占2/3（其中28所学校在1916年才增加了这门课程），但只有一半的学校将它设为必修课，因此只有27.7%的学生真正学习这门课程，圣会预算中直接拨给学校的经费不足10%。[7]

20多年后的1948年，犹太教育发生了可观的改变。[8]新的调查结果显示，85%的学校仍然每周参加一次圣会，现在的上课时间为两个小时，规模大一点的学校是两个半小时。约一半的学校把希伯来语作为选修课，几乎所有的学校都开设这门课，选课的学生比例比以前增加了一倍。[9]参加成人礼的孩子年龄不断上升，从13、14岁增长到15、16岁。实际上，孩子们待在改革派宗教学校的时间比正统派或保守派资助的全日制学校要长。约有一半的犹太圣堂提供成人学习课程，这其中并不包括由妇女团体或兄弟联谊组织赞助的犹太圣堂。内战期间，教育发展最显著的方面是对课程的丰富和重视。20多年期间，美国希伯来圣会联盟出版了300多种教科书、成人教育册子、戏剧集、教师指南、青年读物以及类似的文献。此外，教育目标

伊曼纽尔·加莫伦

发生改变，早期的教育旨在把犹太年轻人培养成更好的人，而现 299
在的教育宗旨转变为把他们培养成为犹太民族而献身的成员。

造成改革派犹太教育发生转变的因素有很多：东欧犹太人大
量涌入改革派圣会、纳粹的威胁、犹太复国主义的传播。美国改
革运动的教育之所以能够发生转变并实现重新定位，离不开一位
能力超群的普通信徒：伊曼纽尔·加莫伦（Emanuel Gamoran，
1895—1962），他起到了关键性的作用，没有加莫伦，一切只是空
谈。他在改革团队中既属于普通信徒又属于内部人士，1923年负
责教育规划，并且主导此项计划的实施长达35年。

加莫伦个头不高，但精力充沛，独断专行。[10]他的秘书曾回忆：
他是"拿破仑的缩版"，总是自己做决定，几乎不能容忍异议。他
的祖先不是德裔犹太人，也不是改革派拉比，但是加莫伦能从很
大程度上影响改革运动，因为他的"强硬"，他的自信，以及超群
的能力。

加莫伦出生于哈西德派世家，12岁就从比萨拉比亚（Bessarabia）
来到纽约。他希望自己能成为教育家，于是进入哥伦比亚大学教
师学院，师从约翰·杜威（John Dewey）的信徒威廉·赫尔德·基
尔帕特里克（William Heard Kilpatrick）。同期他还在犹太神学院
的教师学院拓展了自己的犹太知识，深受系主任摩迪凯·卡普兰
（Mordecai Kaplan）的影响。在哥伦比亚，加莫伦学习了行为主义
和功能主义的教育方法：孩子不能只是一味地听，需要动手体验；
活动和课题与吸收科目知识同等重要；教育就是社交，是为进入
民主社会生活做准备。从摩迪凯·卡普兰身上，他学到了犹太教
不仅是一种宗教。尽管加莫伦师从卡普兰时，卡普兰的《犹太教： 300

一种文明》(*Judaism as a Civilization*, 1934）还没有出版，但这位重建派成立者已经阐述了自己的犹太生活观点，犹太生活包括音乐、艺术和文学。加莫伦完全接受了卡普兰这一宽泛的观念，卡普兰还提出了使上帝成为客观道德力量的自然主义神学，以及犹太遵循仪式的社会风俗不是神的命令等观点，也得到了加莫伦的认可。加莫伦还在纽约的时候，就与一位名叫萨姆森·奔德利（Samson Benderly）的物理学家关系密切，他领导犹太社区的犹太教育局，引进了集中犹太教育作为公立学校补充的理念。作为"奔德利学员"之一，加莫伦开始为提高纽约的犹太教育质量而工作，对于犹太教改革派或辛辛那提的事宜，他几乎没有考虑过。

美国希伯来圣会联盟缺少一位教育领域的专家，迫于改革派拉比的压力，他们决定招募一位优秀的教育家。[11]拉比乔治·泽宾担任联盟秘书，他向杜威和基尔帕特里克咨询，并主动接近加莫伦，希望不会遭到拒绝。最后加莫伦同意了，条件是雇佣者要接受他对犹太复国主义的承诺，至少要严肃地听取他的意见。他刚到辛辛那提，改革运动的新教育主任按照卡普兰的行事风格成立了犹太家庭，初衷是想让所有的犹太人在这里吃饭，而不是因为饮食律法是犹太律法的信仰。1924年，加莫伦去巴勒斯坦旅行了九个月，之后开始在家里讲希伯来语，他们每年在门廊上建造一间苏克棚。正统派称之为家庭式改革，改革派犹太人则称他们为正统派。加莫伦喜欢自己是"没有标签的"犹太人，然而他的活动场地现在是犹太教改革派，不久便着手按照自己的方式进行改革。

加莫伦在哥伦比亚大学攻读博士学位，在博士论文中，他论证了犹太教育必须与环境相适应。[12]适合俄国、波兰的教育政策不一定适合美国，也许在美国不会奏效。美国的犹太教育应该培养人道主义的民主价值观，教育观念要与科学发展趋势的现代精神相一致。改革派犹太人在这些方面很容易达成共识。但是，加莫伦所做的还不止这些：除了道德价值外，宗教学派必须要强调"生存价值"，以保护犹太民族的特殊思想和仪式遵循，还要继续在巴勒斯坦建立一种规范而全面的犹太生活，在流散区发展具有广泛基础的文化。

20年代早期，在美国希伯来圣会联盟中的成员中，加莫伦是唯一公开承认自己身份的犹太复国主义分子，他向美国希伯来圣会联盟-美国拉比中央会员联合委员会就犹太教育问题做了汇报，而犹太教育是由辛辛那提顽固的反犹太复国主义拉比大卫·菲利普森领导的。在没有任何保护的时刻，也就是委员会没有举行会晤时，加莫伦曾承认他支持犹太复国。事实上，加莫伦把犹太复国主义的母题注入教育文献的做法引起了异议，但通常他们都做出妥协或者以加莫伦的胜利而告终。委员会成员在需要加强犹太教育（包括额外的平日课程）的问题上同意教育主任的观点，他们敬佩加莫伦充沛的精力和落实事情的能力。[13]尽管希伯来联合学院从未邀请他去讲课，美国拉比中央会议却多次邀请加莫伦在例会上讲话，最后还修改了宪章，使得加莫伦成了他们的会员。加莫伦告诉拉比们，如果把犹太教当作宗教来讲授的话，就等于误解了整个改革派的犹太教育方法，因而无法奏效："如果我们把神学传授给七八岁的小孩子，必将失败。"只有在更大的环境传授宗教才能发挥作用，在忠诚于人类的广泛培养中以及改变犹太民族的过程中，宗教和道德价值将会自然地得以显现。教育改革者应该特别减少教义和"道德化"的内容，即减少他们所说的"星期日学校气氛"，多关注风俗和礼仪、现代希伯来语以及犹太世界中的时事。孩子要承担"课题"，这会使他们接触犹太生活的实质，而不是仅拘泥于犹太信仰和行为原则。[14]

加莫伦之所以能被接受，他的思想之所以能得以贯彻，是因为他与其他的犹太复国主义分子并不相同，他反对宗教与教育分离的世俗论。尽管受阿哈德·哈－姆的文化犹太复国主义的影响，但加莫伦更偏向圣经学者、现代犹太思想家以西结·考夫曼（Yehezkel Kaufmann）的观点，考夫曼把宗教视为犹太生存的必要条件。加莫伦强调如果没有犹太民族性这一坚实的基础，从长远角度看，犹太宗教将无立足之处。但是在改革派犹太术语的使用问题上，他对考夫曼非常不满：考夫曼忽视了犹太宗教的现代性，没有给予离散区犹太生活充分的赞许。[15]加莫伦把向心性归为犹太教中的宗教因素之上，他的观点比自己的导师卡普兰更接近改革者的思想，而卡普兰到了后期才把犹太教定义为一种宗教文明。

加莫伦对待工作孜孜不倦，他接受了编辑新教科书以及制定宗教学校课程的委任，还与其他人用希伯来语共同编写了一系列的初级读本。他创办了一份季刊《犹太教师》并担任编辑。他到全国各地的学校参观并指导，希望能提高他们的水平。毫无疑问，教科书是他所做的最高成就。加莫伦出版了一系列围绕着节日、英雄、历史、文学和犹太社区等主题的教材。美国希伯来圣会联盟出版了希伯来联合学院教授们编写的成人书籍和儿童用书。

新出版的书籍带有注解，其排版方式非常有特色，纸张质量也是上乘的，可以与公共学校的书籍相媲美。内战期间，美国希伯来圣会联盟是全国唯一印刷这些教材的组织。到1930年，这些教材已经被保守派、正统派以及宗教学校所使用，甚至在大萧条期间，新课本继续出版。[16]这些文献不再局限于狭隘的教义方面，改革运动已经成为美国犹太教育的一股强大力量。

加莫伦的教学法以文化多元主义为基础，并没有抨击摩根斯坦提出的犹太内部熔炉的观念，新教材帮助缩小了德裔犹太人和东欧犹太人之间的差异，他们放弃了陈旧的古典改革，创造具有现代美国精神的教育。然而摩根斯坦还停留在传统观念之上，视犹太教为先知道德的宗教，加莫伦则努力扩大犹太教改革派的认同范围，因此他的观点在拉比和普通信徒之间具有越来越广泛的影响力。

美国内战期间，改革派实施的犹太教育实践反映了犹太身份观念之间的紧张关系，这些犹太身份的观念之间相互竞争。[17]在辛辛那提的希伯来联合学院，犹太教先知派继续保持自身在课程中的突出地位。在讲授先知文献这门课程时，摩西·巴顿威瑟（Moses Buttenwieser）表现出自己独特的批判能力和高度热情。在新成立的犹太社会研究机构中，学院任命亚伯拉罕·克伦巴赫（Abraham Cronbach）担任主席职位，学生们不仅有机会学习先知内容，还能考虑如何把先知道德应用到当前的社会问题中。克伦巴赫和巴顿威瑟一样都是古典改革模式下的普世主义者，与说教术的教授米德拉什·伊斯雷尔·拜顿（Midrash Israel Bettan）如出一辙。克伦巴赫认为宗教的本质是对人类品格的崇敬，应该更

302

加关注高级目标和高尚的目的，而不是教条或者仪式。作为宗教人文主义者，克伦巴赫对那些思想上不喜欢有神论的学生影响颇深。他是一位永不折中的和平主义者，给志同道合的同人树立了楷模。30年代晚期，克伦巴赫仍是不折不扣的普世主义者，并且不顾纳粹主义的威胁继续提倡绝对的和平主义，正因如此，他不再像从前那样受人拥护。

在摩根斯坦的任职期间（1922—1947），希伯来联合学院的犹太学术一片繁荣。1924年，第一部《希伯来联合学院年鉴》出版。当时在美国还发行了一部新的犹太学术期刊——《犹太评论季刊》（*Jewish Quarterly Review*），《希伯来联合学院年鉴》颇受欢迎，尤其是在《圣经》和后期的希伯来语研究领域中，年鉴更是赢得了良好的声誉。学院后来扩大了师资力量，包括杰出而经验丰富的塔木德学者雅各·Z. 劳特巴赫（Jacob Z. Lauterbach）、中世纪犹太历史学家雅各布·曼（Jacob Mann）以及在很多领域有发展前途的年轻人。30多岁的神学理论家塞缪尔·S. 柯亨（Samuel S. Cohon）崭露头角，在拉比中起到的作用相当于联盟中的加莫伦。

内战时期，希伯来联合学院的学生大部分是来自东欧贫穷移民家庭的孩子，他们出生在美国，在联合学院的学习是为将来担任拉比做好学术和实践上的准备，他们还接受了犹太教改革派的价值观和氛围的熏陶，同时还依然保留旧式圣会中的德裔犹太气氛。辛辛那提的学生为自己拥有新宿舍和体育馆而感到自豪，从1931年开始，一座现代化的、配备良好的图书馆开始投入使用。摩根斯坦任职期间与科勒当主席期间有所不同，学生和老师们都享有自我表达的机会，他们中有犹太复国主义者、社会主义者甚至还有对学院进行严肃批判的人士。实际上，1930年在学生当中进行了一次民意调查，结果显示有69%的人赞成犹太复国主义，22%的人保持中立，持反对意见的只有9%。但是在此期间，尤其是20年代，希伯来联合学院仍然笼罩在旧式犹太教古典改革派的阴影之下，并且受到了多数纽约犹太人的挤压，学院要想接触美国犹太生活新的现实情况，需要慢慢等待。

斯蒂芬·塞缪尔·怀斯（Stephen Samuel Wise, 1874—1949）出生在布达佩斯，在纽约长大。他猛烈攻击了犹太教改革派，认为希伯来联合学院是个时代错误。[18]他没有在学院就读，而是自学，私下里接受了授职仪式。然而在某些方面，他是古典改革派犹太人，他的神学理论绝不是正统派：没有严格地遵循仪式，星期日上午，他在卡内基音乐厅（Carnegie Hall）主持礼拜仪式，对众多犹太人和基督徒进行布道。在一次布道中，他宣称耶稣是犹太人的，这样的论调甚至连改革派拉比都无法原谅。怀斯积极倡导社会公正，他站在工人的立场上反对剥削他们的雇主，在这一方面他的激进程度仅次于非改革派拉比。但他还是一位早期的军事犹太复国主义者，比多数同事早加入了犹太复国主义分子行列，属于少数有势力的那部分改革派拉比。怀斯与美国拉比中央会议中的许多领导相处得不好，几乎不参加例会。他非常钦佩埃米尔·G. 赫希，一方面欣赏他对社会事业的承诺，另一方面却鄙视拉比这一群体。

斯蒂芬·怀斯不是他人剧本中的演员，他自己创作剧本并担任主角。他的自信、加上天生能打动人的外表形象、迷人的个性、雄辩有力的演讲、非凡的智力都使他有勇气多次自己出击。他想取得拉比的专权并摆脱纽约伊曼纽尔圣殿委员会的统治，遭到拒绝后，怀斯成立了自己的犹太圣堂，可以畅所欲言、为所欲为，没有人能够挑战他的权威。他对贵族统治的美国犹太委员会不满意，于是成立起美国犹太大会，与之抗衡。他还酝酿成立一所新的宗教神学院，取消带有教派的标签，原则上也是为整个美国犹太社区服务。1922年，怀斯在曼哈顿中心开办了犹太宗教学院，尽管缺少提供资金支持的圣会团体，他大胆地向希伯来联合学院发出挑战。认为辛辛那提培养改革派拉比的改革精神非常狭隘，在纽约他能培养出思路开阔的精神领袖：即代表全犹太民族以色列社团（*kelal yisrael*）的"自由派"拉比。

与希伯来联合学院不同，犹太宗教学院无法长久地把有影响力的学者留在教师队伍当中。来这里的都是像哈利·沃夫森（Harry Wolfson）、沙罗姆·斯皮格尔（Shalom Spiegel）、萨罗·拜伦（Salo Baron）这样的欧洲访问学者，如果其他地方提供更好的学术待遇，他们就会离开。长期待在学院的教师主要包括有天赋的教员或者像塔木德学者恰伊姆·茨诺维基（Chaim Tchernowitz）这样的普通学者，学生来学院就读主要是因为怀斯本人，他是学生心中的导师、典范和启迪，学生和他一样对犹太复国主义充满热情，同样坚信拉比的任务就是为所有犹太人服务的。然而犹太宗教学院的致命弱点是只关注怀斯本人、只依靠他独自筹集资金的能力。到了三四十年代学院状况堪忧，在大萧条期间收入几乎为零，怀斯为统一巴勒斯坦呼吁，组织世界犹太大会，敦促美国警惕纳粹的暴行，同时肩负着更为紧迫的资金筹集。

一战之后，怀斯步入晚年，身体每况愈下，因此加紧协商两个学院合并的事宜。但到那时，辛辛那提学院的发展方向和对立的纽约学院之间差异逐渐缩小。把加莫伦的理论运用于犹太儿童的教育中，把怀斯的思想运用到拉比的培育中，这一犹太民族中心哲学已成为美国改革运动的主导趋势。

## 两次世界大战期间的美国改革派犹太圣堂

内战期间，犹太圣堂处于防御状态，摩根斯坦预言，致力于犹太慈善事业的时代必定是致力于宗教的时代，然而这一预言根本没有兑现。相反，犹太人继续为自我保护进行组织工作、继续帮助犹太同胞、继续以宗教的目的从事社会活动。犹太社区中心不断增多，犹太联邦在一个个的城市中陆续出现，组织慈善活动并为当地犹太领导提供建立名声的机会。[19]这一时期拉比和普通信徒总是思考一个问题：如何实现犹太圣堂的外部扩展？

早期的解决方法是保护非宗教活动，新建的圣堂经常自诩拥有一所社交大厅，可以跳舞和进行娱乐活动，还有一间厨房，可以为庆祝活动准备食物。为建立自己的健身馆而召集的第一次圣会是在克利夫兰圣殿举行的，这一举措是为回应年轻人在1901年发起的请愿活动。后来芝加哥的西奈圣殿建造了埃米尔·G.赫希中心，还有健身馆和游泳池。这一工程非常成功，每星期多达一万人使用这一中心或圣殿。20年代期间，戏剧团体风靡一时，犹太圣殿资助了几个戏剧团体，为此倍感自豪。[20]在摩迪凯·卡普兰提出的重建思想兴起之前，"犹太圣堂中心"的趋势已经在改革

304

运动中蔓延，卡普兰提出犹太教是一种文明，这一观点在犹太教保守派当中反响强烈，后来逐渐被改革派所接受。卡普兰提出了犹太身份以民族为中心的观念并进行了详述，这一观念成为扩大犹太圣堂功能的理论基础。但是，并不是所有的改革派犹太人都赞同这一趋势。有人认为圣堂之所以存在主要是为了礼拜和教育，而引入不相关的活动只会导致精力分散，基本目的不再是人们关注的唯一焦点了。不足为怪，反对犹太圣堂成为犹太活动中心的还有那些拥护古典改革派的残余势力。但是其他人也攻击卡普兰，因为他没有充分体现犹太生活哲学的宗教显著性。此外他否认犹太的选民特性，使拉比们无法定期继续在改革派讲坛上宣教，而教士民族使命的教义是犹太教改革派普世目的论的基础。[21]

从全国范围来看，美国犹太人的主要决定权掌握在美国犹太委员会、美国犹太大会和圣约信徒反诽谤联盟（Anti-Defamation League of B'nai B'rith）的手中。将近半个世纪，美国希伯来圣会联盟一直支持犹太保护组织。但是1925年，联盟采纳了特殊委员会的推荐，废除了民权代表董事会，"只关注宗教目的，废除了会分散其精力的其他活动"。委员会最后决定代表董事会所做的工作将由其他机构完成。[22]

为弥补退出犹太世俗事务所造成的损失，改革派只能努力扩大犹太教对国家所产生的影响力。1924年，当时在华盛顿特区任美国拉比中央会议主席的亚伯兰·西蒙（Abram Simon）提议改革派犹太人可以通过联合其他教派来完成这一目标。他建议已经在慈善和自卫上达成一致的美国犹太人也应该统一其犹太圣堂。在这一思想的指导下，西蒙于1926年成立了美国犹太圣堂委员会

（Synagogue Council of America），将改革派、保守派和正统派的拉比和普通信徒的组织团体联合起来。美国犹太圣堂委员会成为美国犹太生活的永久性组织，从而成功地提高了美国犹太圣堂的形象。它支持全国范围内的文化活动，并代表犹太宗教参与基督教组织，遗憾的是，并没有实现使犹太圣堂重新占据美国犹太生活中心地位的理想。犹太圣堂委员会甚至不能处理极其特殊的宗教问题，因为这会决定选民的划分。1931年，美国拉比中央会议的代表们否决了所有犹太社区宴会应该遵循饮食律法的决议。然而三年后，他们又颠倒了这一立场，与绝大多数同事一致赞同这项提议。[23]

　　改革派普通信徒中对倡导恢复犹太圣堂中心地位最执着的是法官贺拉斯·斯坦（Horace Stern, 1879—1969），他是费城著名的法官，也是多项美国犹太事业中的领导人物。在1923年的联盟理事会上，斯坦指出当代的犹太圣堂不久会成为"一个神学理论外壳"。他当时提出了这样的解决方法：一方面加强其精神氛围，另一方面采取犹太圣堂中心的思想。1931年，他提出一项特别的计划，建议应该重新组织起犹太圣堂，效仿外界的各项活动，每一位成员至少加入一个犹太圣堂组织，致力于当地和全国的慈善工作、对外援助、巴勒斯坦、犹太权利保护或犹太教育事业。因此，犹太圣堂不仅是犹太机构，还负责其他机构的活动。美国拉比中央会议签署了这份"斯坦计划"，由美国希伯来圣会联盟指定一个委员会予以考虑。美国拉比中央会议要求摩迪凯·卡普兰在1932年的例会上讨论斯坦的观点，卡普兰说："通过取得犹太圣堂的中心和首要地位来达到恢复完整犹太生活的计划完全是堂吉诃德式

（不切实际）的思想。"实际上，这一方案没有效果，不管喜不喜欢，犹太圣堂领导——不管是改革派、保守派还是正统派——必须接受这一事实：有组织的犹太生活中心位于无组织、更广阔的社区，而不是礼拜场所。[24]

　　卡普兰的重建主义思想至少一部分是以宗教为基础的，而20世纪20年代的其他犹太思想则不是，当然还有世俗的犹太复国主义者和犹太社会主义者。此外，还有一部分犹太知识分子以《烛台期刊》为中心聚集到一起，这份期刊是1906年哈佛大学犹太学生组织的烛台运动的发声台。1925年和1926年，《烛台期刊》的编辑亨利·赫维茨（Henry Hurwitz）发表了多篇文章，批评有组织的犹太宗教。天赋极高的年轻作家艾略特·E. 柯恩（Elliot E. Cohen）对他所称的"铜管管风琴时代"的现代犹太圣堂和拉比进行了毁灭性的攻击，他认为犹太宗教领导就像是一个炫耀自我的军乐队，重在炫耀形式，而知识性较弱。它不断地敲响犹太使命的战鼓，想以此弥补内部力量的缺失，柯恩呼吁批判式的自我检查和更好的犹太教育，而不是宗教革新。同年，著名哲学家、犹太复国主义思想家以及多元主义文化的支持者贺拉斯·卡伦（Horace Kallen, 1882—1974）也发出了类似尖锐的反教权论调。他避开犹太教的宗教因素，曾经主张用犹太教文化替代以宗教为中心的"犹太教"。现在，他提倡让拉比成为光荣的工人，把犹太知识留给专业学者们。最后，赫维茨自己写了一篇文章，暗示美国犹太人的救赎不是来自犹太圣堂，而是烛台运动。[25]

　　克利夫兰的拉比阿巴·希勒尔·西尔沃（Abba Hillel Silver）对《烛台期刊》刊发的文章非常气愤，撰写了一篇题目为《为什

么异教徒会愤怒？》的文章予以反击。最初，赫维茨想把西尔沃
的文章录用到自己刊物上，但是他故意拖延不予发表，西尔沃不
得不在其他刊物上发表。作为一位学者型的犹太复国主义拉比，
西尔沃在反对犹太知识分子、捍卫现代拉比和犹太圣堂的立场上
非常坚决。西尔沃斥责了柯恩、卡伦和赫维茨，又极力拥护犹太
人采取高贵行动实现理想的使命思想以及犹太宗教的必要生存价
值。单独的犹太复国主义或犹太文化都不会保护犹太人。卡伦将
犹太宗教命名为"犹太民族全部生活的一小部分"，对于西尔沃来
说却是"心脏和生命血液"。[26]

　　尽管西尔沃的反击无法说服知识分子，但其他的犹太人被吸
引到改革派中。为扩大犹太圣堂的影响力，改革者进行了一番努
力，尽管遭遇了不少挫折以及局外人的批评，20世纪20年代期间，
运动不断得到发展壮大。1917年，具有圣会成员资格的还不到
23000人，到1930年就增长到了6万。同期美国希伯来圣会联盟
的数量也从200增加到了285，这一数字说明大约2/5的圣会属于
三个全国性组织的犹太教派。美国犹太人口的80%以上来自东欧，
新成员当中具有德裔犹太血统的非常少。在辛辛那提的罗克代尔
圣殿（Rockdale Temple），1927年进入宗教学校的孩子当中多数
是来自正统派家庭。有关部门在1931年对大城市的改革派圣会进
行了一次调查，结果显示：代表德国和东欧血统的比例已经持平，
东欧血统的比例增长非常迅速。有70%的成员已经超过40岁，经
济条件很好，隶属改革派圣殿是提高名望、提升美国化程度的象
征；与之取得联盟友好关系是地位的标志，在繁荣的20年代，对
于经济状况良好的家庭来说获得圣会成员的资格并不是难事。[27]

想在改革派圣会中发挥积极作用的那些成员拥有更多的机会。除了圣所的礼拜仪式和犹太圣堂中心的娱乐活动外，还有在内战期间扩建的圣殿辅助机构。现在每一个改革派圣会都有一个妇女团体，成员们在圣殿的教育规划中继续发挥重要作用。在全国范围内，全国圣殿妇女联合会仍然关注希伯来联合学院，为竣工于1925年的宿舍楼筹集资金，现在也积极支持成立犹太盲文研究所。[28]为了让男士在犹太圣堂生活中发挥更积极的作用，1923年，圣会打算组建全国圣殿兄弟联合会。1926年，在兄弟会正式成立之前，阿巴·希勒尔·西尔沃曾说，"自由派犹太圣堂的大部分重要工作掌握在女士和神职人员的手中"，使得整个规划显得"孤立和不相关"。男士只是偶尔参加礼拜仪式，也有的人管理圣殿的财政事务。兄弟会的成立改变了这一状况。到20世纪晚期，他们承担起成人教育、社会工程、年度兄弟会安息日以及宗教礼拜仪式中的接待工作。在全国范围内，他们接管了犹太肖托夸协会的支持工作，因为这一协会的工作重点现在发生了变化，主要通过对异邦大学生犹太教的教育来消除偏见。兄弟会承担的项目中，影响显著的是在主要城市中举行的大型光明节庆祝活动，在改革派组织中被忽视的节日由此得到复兴。尽管如此，改革派犹太圣堂中男士比女士的数量仍然少很多，女士不仅主导礼拜仪式，而且全国的妇女团体在分会和个体成员数量上都大大超过了兄弟会的相应数字，是它的三倍之多。[29]

在圣会发展的全国性圣殿辅助机构当中，最后一个是青年团体。早在20年代初期，当地的宗教学校校友协会偶尔在社会活动中聚在一起，有时也会在改革派圣会的学习中聚在一起，圣殿妇女团体在这些活动的组织中发挥了主要作用。但是直到30年代早期，美国希伯来圣会联盟才提供了全国性的指导，指定了第一位青年活动董事，提供方案材料并且发行了名为《青年领袖》(*The Youth Leader*)的期刊。30年代末，当地圣会和地区活动中已经成立了60多家俱乐部。类似的犹太和非犹太青年组织已经开始召开全国性会议，其中美国希伯来圣会联盟在1939年为内部的年轻人召集了一次。最后，全国圣殿青年联合会成立，成员主要是20多岁的男士和女士，到二战后年龄下降至十几岁。不久，全国圣殿青年联合会得到了蓬勃发展。[30]

美国希伯来圣会联盟试图将犹太教改革派引入大学校园的"大学福利工作"中，这一举措进展并不顺利。从1906年以来，联盟预算的资金能够保障拉比举行礼拜仪式，并为犹太学生举办讲座，但是这种拉比访问的效果有限。1923年，大约有两万名犹太男女学生在学院、大学以及专业学校学习，其中美国希伯来圣会联盟资助了20个学生圣会，但由于缺少常驻的专业指导而逐渐失去活力，只有在伊利诺伊州大学有一位全职的改革派拉比担任职务。当美国希伯来圣会联盟专注于为希伯来联合学院筹集几百万美元的捐款时，布奈布里思协会渐渐登上了犹太学院的舞台，之后不久希勒尔基金会使零星的改革派力量从中心退到了边缘。[31]

20年代期间，改革派犹太圣殿的领导经常抱怨犹太圣堂没有吸引很多独立的团体，导致在规模较大的犹太社区没有打出名气，但他们至少还能够组织甚至扩展活动。经济大萧条期间，如果还能应付这一切，可谓比较幸运，许多家庭发现自己无力承担圣殿的应付款，具备资格的圣会成员随之减少。纽约的伊曼纽尔圣殿

成员减少了44%，从1930年的1652个家庭和个人降低到1942年
的874个，直到二战后的第五年才恢复到1930年的水平。美国希
伯来圣会联盟向犹太圣堂主席提供信函样本，敦促并且劝说成员
们再三考虑自己的辞职。伊曼纽尔圣会免除了那些负担不起且应
付款的成员义务，其他的圣会则将最近比较贫穷的成员进行登记，
期望他们会在情况好转时补偿他们的欠债。受托管理委员会别无
选择，只有缩减圣殿的程序。有偿的合唱团和宗教学校教师现在
被视为一种奢侈，难以负担，因而由志愿者所取代；犹太圣堂公
报不再像以往那么翔实，公布的频率减少；圣会曾经能够支付客
座演讲者的费用，现在被迫依靠当地有天赋的拉比和成员。在小
型圣会中，这项决定更是让人痛苦，有的只能让拉比离开，出现
了大批失业者，令人焦虑；还有的通过投票来决定是否解散圣会。
希伯来联合学院的大部分学生在大萧条最不景气的时期虽然被授
予圣职，但是几乎没有希望进入圣会，美国拉比中央会议主席提
到了"一大群并非神圣的人争夺讲坛职位"。拉比布道开始关注个
人的日常生活问题来寻求安慰和希望，发生这种情况的犹太圣堂
不止一所。[32]

　　希伯来联合学院最近筹集到320万美元的捐款，在投资时非常
保守，除此之外，全国的改革运动机构依旧叫苦连天。美国拉比
中央会议的投资缩减了1/5，1/4的成员停止缴纳应付款，许多圣会
退出美国希伯来圣会联盟或者拒绝捐献。1930年，圣会成员高达
61609名，到1934年下降到52294名。圣会单位的数量之所以没有
随之下降，是因为没有上交应付款的犹太圣堂（1933年有95所）
依然保留在名单上。[33]

308

1935年，联盟的经济情况有所好转，但是"坏时期"的阴影依旧像大雾一样笼罩四周，30年代末，联盟缺少主动权，尤其是拉比，人们普遍对此现象产生不满。改革运动之初，成员们无比热情，负有较强的使命感，而随着时间的流逝，他们的热情和使命感慢慢消退，批评家们认为美国希伯来圣会联盟应该为早期改革运动的这些问题负责，他们现在应该关注改革运动的事业。拉比乔治·泽宾是薪酬最高的官员，他非常能干，为人谦和，但缺乏魅力和驱动力。[34] 30年代的改革运动似乎丧失了动力，陷入停滞状态。

1941年，联盟领导最终认为有必要进行自我评估，作为自我评估的一部分内容，邀请芝加哥西奈圣殿的拉比路易斯·曼恩（Louis Mann）就"联盟的失败以及如何走出失败"这一题目发表演讲。曼恩毫不留情地指出，如果改革运动的进展与犹太人口增长的比例不一致的话，那么主要错误在于联盟，因为它拒绝接受挑战。没有付出努力，因而没有筹集到资金，转过来这又成了更不努力的借口，于是形成恶性循环。曼恩对温斯顿·丘吉尔最近一部书的书名进行了重新释义，提醒代表们美国的犹太生活发生了很大改变，"然而联盟却在睡觉"。越来越多的年轻犹太人进入大学——但是美国希伯来圣会联盟却放弃了布奈布里思协会的希勒尔基金会这一硕果累累的领域。同样还放弃了反诽谤的活动，1925年，联盟关闭了代表董事会。一年后为了吸引资金，竟然允许希伯来联合学院独立，这就相当于剥夺了自身资产。只剩下提供能赚钱的教育和指导内容，这使得联盟更像是一种"宗教邮购商业"，忙于油印和邮件地址印刷，但并没有为宗教运动提供积极可见的领导作用。犹太教改革派还缺少一份合适的期刊和全国性的广播节目。让当地的拉比在小城镇组织起20个左右家庭组成的圣会，却没有在犹太人口密集的大城市扩展运动。底特律和匹兹堡仍然只有一个改革派圣会，全纽约市隶属改革派的家庭不超过6500家。总而言之，联盟饱受麻木之苦，改革运动也因而受到牵连，这种麻木使得联盟在美国犹太人中失去显赫地位。[35]

曼恩所说的话以及其他人所做的回应引起了极大的重视。乔治·泽宾退休后，接班人是巴尔的摩拉比爱德华·伊斯雷尔（Edward Israel），伊斯雷尔充满活力、受人爱戴；他去世后，接替他的是希伯来联合学院的纳尔森·格鲁克教授（Nelson Glueck）；下一任是拉比莫里斯·艾森德斯（Maurice Eisendrath），艾森德斯充满抱负、精力充沛。美国希伯来圣会联盟把圣会的应付款提高了三倍，从原来每家一美元增加到三美元，并通过开展新活动着手逆转恶性循环，现在把更多的精力投入到在大城市，组建新的改革派圣会。1942年，联盟成立了纽约改革派犹太圣堂联合会，开始从美国犹太人口的大型储备库中挖掘人才，让他们投身于组织完备的改革运动中。[36]

从1943年开始，联盟每月出版一期讲解型的杂志，20年期间，杂志发布时事通讯，包括列举联盟的成就、印刷捐赠者的名单并为犹太圣堂的管理提供实用建议。《犹太教自由派》则不同，不仅关注改革运动，还包括全世界的犹太人。刊名刻意回避"改革"一词，旨在减少教派主义、拓宽联盟范围，犹太教改革派不再以严格界定自身的教派形式出现。成年人的运动最终赶上了宗教学校的步伐，以宗教民族的关系对自身界定，而不是从纯粹宗教的角度。东欧犹太文化有史以来第一次在全国改革运动的范围内得到了认可。《犹太教自由派》将著名意第绪语作家约瑟夫·奥帕特舒（Joseph Opatoshu）的一篇文章翻译成英文并发表，为庆祝意第绪语评论家S.奈格（S. Niger）六十周岁生日，整个一页是他的照片。还有一篇文章是关于俄国的马斯基尔和曾经拥护宗教改革的摩西·莱布·利连不勒姆，甚至还有恰伊姆·芝特罗斯基（Chaim Zhitlowsky）的照片，他刚刚去世，是一位社会主义革命者，也是意第绪语至上的主要倡导者。杂志没有忽视希伯来语的复兴，刊载了有关诗人哈伊姆·纳曼·比亚利克（Hayyim Nahman Bialik）、索尔·车尼丘斯基（Saul Tchernichowsky）和I. L. 佩雷茨（I. L.Peretz）的鉴赏性文章。改革行列中的东欧犹太人能够觉察出他们的传统对犹太教改革派并不陌生，这些传统被合并到祖恩斯、科林和艾因霍恩的遗作中，他们的著作引起了人们的广泛关注，被称作"改革派奠基之父"的系列作品。犹太复国主义也成为书中的一部分内容，第一期就刊载了对摩西·舍特克（Moshe Shertok，后来改名为Sharett）的采访，他是犹太政治部门机构伊舒吾自由军队（The Yishuv's Army of Freedom）的领导。后来还有西奥多·赫茨尔、大卫·本－古里安（David Ben-Gurion）以及恰伊姆·威兹曼（Chaim Weizmann）的绘像。《犹太教自由派》还充当了成人教育的工具，从受人欢迎的犹太学者塞西尔·罗斯（Cecil Roth）的经典史料中节选内容并翻译出版。

《犹太教自由派》早期发行的刊物中明显缺少社会公正方面的文章，一方面原因是受到了犹太教改革派庆祝犹太民族性活动的冲击，另一方面，战争期间犹太人被迫要特别关注这些活动。然而这与几十年前的努力相比已经是了不起的进步，这份刊物曾是美国犹太教改革派的旗帜，然而现在却矛盾重重。

## 迈向社会主义的社会公正

20世纪二三十年代，美国犹太教改革派比以往更直接、激进地把先知伦理应用到社会问题中。《圣经》要求"公正地行事"，如何把握社会改革的力度成为拉比之间尤其是拉比和普通信徒之间争论的焦点。主持社会公正的美国拉比中央会议委员会力争让公众高度关注拉比的决议，尤其在爱德华·伊斯雷尔的领导期间更是对此进行强调，他精力充沛，能力极强，这一做法在劳动纠纷和立法过程中发挥了切实的作用。[37]

美国拉比中央会议广泛宣传自己制定的社会公正纲领，1918年的纲领以整页广告的形式刊登在反映美国民众意见的主要期刊上，1928年的纲领出版了意第绪语版本。[38] 20年代期间，委员会与新教、天主教组织共同完成了大部分的重要实践工作。社会运动是改革派拉比能够代表所有美国犹太人行动的竞技场。1922年，委员会首次与异邦人进行合作，联名给哈丁总统（President Harding）写信，要求政府出面干涉煤矿工人罢工一事，并对矿工及其家庭的疾苦给予特别关注，尤其强调了穷人的诸多凄惨境况：煤炭匮乏、物价上涨，难以支付日常开销、家中停暖。后来，委员会还参与了钢铁和铁路罢工的调查，为事情的解决起到了一定作用。30年代期间，以色列拉比在国会委员会上指证时，经常考虑社会立法的问题。1932年的总统竞选期间，一位候选人（引用文献中没有给出名字）还引用了美国拉比中央会议最新公布的社会公正纲领。[39]

1928年，委员会发行了新版纲领，虽然在总体框架上与十年前的版本基本一致，但在内容上涵盖的范围更广，而且在某些程度上更加激进。它把企业的道德责任从雇主延伸到了投资者，宣布后者也"有道德责任知晓自己取得分红的商业伦理支撑，有责任采取坚定的道德管理立场"。纲领虽然没有明确地赞同社会主义，但是基本表达了其拥护的立场。尽管社会纲领是在大萧条发生之前构思和制定的，但是制定者很早就预见性地提出过忠告："剥削导致贫困的产生，因而社会上的财富不平等是没有道德依据的。"还宣布"不顾及社会后果地滥用私人所有权在道德上是站不住脚的"。纲领还特别要求制定下列措施：保障病人和老年人的生活，给他们发放工资，失业期间提供公共工作，八小时工作日，每周五天工作制，女工应该"和男工同工同酬"等。[40]

纲领只是在谴责滥用私刑时提到了种族问题。五年后，委员会提到了黑人的困境，谴责"在我们的土地上，仍有部分地区不能保障黑人的经济和公民的公正权利"，但是并没有推荐具体的解决措施。二战期间，军队和国防工业中公然出现种族歧视，且屡见不鲜，这时委员会才呼吁取消工会组织中的种族障碍，在同样条件下招收黑人进入陆军和海军分队，废除南方针对黑人公民选举权的人头税。[41]

大萧条时期，失业人数从1930年的300万增至1933年的1200万，中央拉比会议在社会问题的立场更加激进。1932年，大会将矛头直接指向资本主义制度，严厉批判了当代资本主义没有树

立起令人满意的社会责任感并把"保障投资置于保障人类生活之上",大会决议进一步指出:

> 具有这种特点的体制不是经济上不健全就是道德上立足不稳,因此我们提倡立即采取立法行动调整改革的方向,这样社会将把生产和分配的工具以及利益系统逐渐纳入社会整体的掌控范围之内。我们感到只有这样才能对财产进行充分的分配,我们要引进这样的体制:机器时代的工作时长要根据时间和报酬进行调整,我们要遵循古代先知的授命,将人类对土地的管理建立在全人类的利益基础之上。[42]

311　　　　美国宗教团体中表达这样激进观点的并不只是改革派拉比。部分新教教派(这种称呼是按照他们自己的命名)也把耶稣置于资本主义之上。在保守派宗教同人中,也有相当一部分人拥护这样的观点。直到1931年,拉比大会才成立了社会公正委员会,比美国拉比中央会议成立的圣堂和劳工委员会整整晚了21年。但是在1934年他们发表的第一份声明中,保守派拉比谴责了经济上的个人主义,"导致少数人富裕而多数人贫穷"。他们赞同成立"合作经济",最终目的是取消利益制度,提倡社会对工业和农业进行控制。他们在声明中尤其呼吁银行和信贷、交通和通信以及煤炭和石油等能源部门实行公有制。[43]

　　并不是所有的改革派拉比都接受委员会在1932年发表的声明,这一决议在美国拉比中央会议的例会中以49∶16的投票结果得以通过,发表反对意见的成员中大部分是年长者,这部分拉比担心遭到普通信徒的反对。后来，来自纽约伊曼纽尔圣会的塞缪尔·舒尔曼公开批判委员会的"社会主义"观点，声称拉比使自己成为"社会主义政党风筝的尾巴"。大卫·菲利普森同意舒尔曼的观点，为年轻的激进派占据了美国犹太拉比会议中的多数而感到惋惜。他听到了这样的呼声："如果希伯来联合学院能让社会主义分子毕业，那么让他们支持学院吧！"[44]

对于拉比的激进言论，普通信徒领导如果不是感到气愤的话，也是感到非常尴尬。美国希伯来圣会联盟主席路德维希·沃格斯坦（Ludwig Vogelstein）虽然捍卫了拉比的个人权利，声称拉比享有讲坛的演讲自由，但是在发表集体声明时，拉比们却制造了危险，表现出对选民的"不信任"态度。沃格斯坦责备"最近的宣言是不成熟的表现"，并把它称作对激进立场的"鹦鹉学舌"。自由主义分子罗伯特·P. 戈德曼（Robert P. Goldman）即将接替沃格斯坦担任美国希伯来圣会联盟主席，他也认为美国拉比中央会议让普通信徒遵循其原则是愚蠢的做法。一年后，大会指责那些犹太血汗工厂的主人，认为他们不配成为以色列家庭的成员，这一举措激怒了这些罪人，他们会向反犹势力提供军火，从而引发社会动荡。[45]

普通信徒对于社会公正的立场很矛盾。一方面他们不能拒绝自己对先知犹太教启示所做的承诺；另一方面，对于背离自己所在商业、社会领域以及自我信仰的政治提议他们也不愿意接受。在联盟执行委员会中势力较强的是具有德裔犹太血统、年长的保守派人士，他们的背景和社会观点与年轻、激进的东欧拉比们针锋相对。1925年，双方进行了激烈的讨论，联盟理事会以其广泛的基础在投票中获胜，投票结果为94：58，通过了美国拉比中央会议制定的社会公正纲领，并成立了自己的社会公正委员会。来自匹兹堡的一位年轻人马库斯·莱斯特·亚伦（Marcus Lester Aaron）在1927年的理事会上发表意见：代表改革派普通信徒的年轻一代希望"根据具体的事实和情况"来定义社会公正，而不是给出抽象的定义，但是联盟内部的领袖当中几乎没有人同意他的观点。1928年，联盟解散了委员会，但几个月后又对其重新组建，并对其增设了许多限制条件。美国希伯来圣会联盟委员会的存在"不是为了解决具体宗派矛盾，而是向那些争取平等和公正生活条件的人群宣传支持犹太教的传统态度"。换句话说，委员会只负责教育和宣布原则，不会表明自己的立场。[46]

312　　联盟兑现了自己的承诺，与美国拉比中央会议一起资助了有关工业关系的会议，这些会议的倡导者是商业和工会的领导以及拉比们，并敦促当地的犹太圣堂组建社会行动委员会，但收效甚微。1935年，联盟宣布"对不涉及基本伦理和宗教原则的经济财政问题不再发表任何宣言"，这一声明导致其与拉比的关系异常紧张。美国拉比中央会议在行动上不再持续一贯的保守做法，一年后，美国希伯来圣会联盟提出建议将两个委员会进行合并，结果遭到了拉比中央会议的拒绝。[47]

个别拉比和圣会以不同的方式及程度将先知教义应用到实践中去。堪萨斯城的一位拉比积极投身于反对彭德格斯特（Pendergast）机器政党操控的腐败政府，还有一位拉比反对南方的黑奴歧视。在所有的圣会中，纽约的自由派犹太圣堂无疑占据领导位置，它下设了一个有效的社会服务部门，由拉比西德尼·戈尔茨坦（Sidney Goldstein）负责，他教导圣会者关注特别的社会问题，并积极参与帮助病人和穷人的志愿者工程。大萧条给人们造成了极大的伤害，其他的圣会也发起了类似的行动。辛辛那提有200个无家可归的穷人每晚睡在李子街圣殿（Plum Street Temple）的地下室里。[48]

贫穷、苦难处处可见，原因之一是父母负担不起子女的养育，致使大批孩子无家可归。1926年，计划生育问题首次摆在了美国拉比中央会议的面前，这一问题引起了社会的诸多争议。联邦通过了一则法律条文，禁止通过邮件传播避孕信息，国家天主教福利会议要求拉比反对这一法律的修订。拉比埃弗赖姆·弗里希（Ephraim Frisch）领导的美国拉比中央会议社会行动委员会对此做出了回应，通过了一项决议，但令人感到奇怪的是，这项决议既有进步的因素，也有反动的一面。一方面敦促讲坛、媒体和公共论坛更加积极大胆地讨论计划生育问题，并赞同改变当前将计划生育信息归类为"淫秽事情"的法律，对于禁止医生向病人传播此类信息的州法律予以取消，甚至要求政府出资，让社会义工向赤贫地区发放避孕手册。但另一方面，委员会并不赞同通过立法的方式确认邮件传播的合法性，因为这样会"鼓励不道德的做法"。这些不道德的做法中最显著的是借助优生学的理论，**据判断**，计划生育对于社会的底层尤为重要，因为"越来越多的人认为具有公民资格的人应该经过严格的优生学筛选"。相反，"政府鼓励具有健康体魄、精神、道德素质和经济能力的父母进行生育，要比目前已经有孩子的家庭增加生育更为必要"。[49]经过激辩之后，拉比对这一问题还没有做出恰当的考虑，美国拉比中央会议决定推迟这一问题。[50]第二年，雅各布·劳特巴赫教授发表了一篇塔木德拉比有关计划生育的论文，文章的观点比较复杂，他回顾了有关这一问题的犹太律法历史，并论证了自由主义阐释的空间。美国拉比中央会议一方面担心这会导致背信婚姻，另一方面也考虑到了穷人的利益，重新权衡了这些方面后，1929年，美国拉比中央会议做出一项笼统的决议：承认计划生育是"处理社会问题的一种方法"。1929年，美国拉比中央会议成为美国第一个提出赞成计划生育立场的全国性宗教团体。三大新教教派紧随其后。[51]

　　社会公正并不是美国犹太教改革派唯一认真对待的先知信息，还有《以赛亚》和《弥迦》提出的关于世界和平的观点。改革派犹太人非常看重这一理想，但是在世界和平带给人类的启示问题上，改革派并没有形成统一的意见。一战期间，美国拉比中央会议通过投票推翻了少数人的观点，因为这些人拒绝把犹太信仰作为反对参战的基础。[52]在当时的境况下，能够证明犹太人和其他人一样是爱国的这一点非常重要。但是在经历了战争恐惧之后，改革运动的情感突然转向和平主义，基督教宗教组织也不例外。1925年，普通信徒通过了一项决议，支持将战争宣布为"非法化"的做法，十年之后，他们仍然支持国际裁军，如果战争爆发的话，美国要避免卷入其中。[53]拉比的反战情感更加强烈，1932年，史蒂夫·怀斯对自己曾经支持战争的立场深表懊悔，并发誓自己再也不会祈祷或支持任何战争。现在，很多拉比成为绝对的和平主义者，拥护不抵抗的教义并且希望美国拉比中央会议敦促所有的犹太人远离武器。其他人也拥护和平主义，但是人们一致认为遇到侵略事件要进行自我防卫。几乎所有的人都反对美国教育机构开展义务军训这种作为国家宣战政策的非法工具。大部分人赞同以犹太宗教为基础作为拒绝参战的理由。[54]

二战前夕，拉比的集体立场开始发生变化。在1939年的例会上，针对禁止美国插手欧洲事务的中立法案（Neutrality Act），美国拉比中央会议通过决议对这一法案进行修改，并且宣布要制定区分无辜国和入侵国的政策。一年后，拉比亚伯拉·沃森·古德曼（Abram Vossen Goodman）发表了代表性言论："作为从前的一名和平主义者，我现在和许许多多的人一样，改变了观点。"当年的中央拉比会议拒绝和保守派拉比大会共同记录拒绝参战者名单，因为这种做法会鼓励人们加入反战者行列。大会只同意进行私下援助。但是当美国卷入二战纷争时，美国拉比中央会议表示"对战争时期的国家会全力支持"，虽然也有极个别的代表提出异议。[55]

30年代末，美国国内不再专注改革意识的问题，而是关注犹太问题。改革运动源于德国，得知德国宗教同人遭受的战争苦难，改革派犹太人表示出极大的同情。他们与美国其他的犹太社区一起谴责纳粹主义，对犹太受害者提供援助并帮助他们移民。美国拉比中央会议和美国希伯来圣会联盟共同向美国、英国政府请愿要求美国和巴勒斯坦接纳更多的难民。会议还向欧洲拉比提供经济援助，给小型圣会提供津贴，以便于从国外输送人选成为他们的拉比。1940年到1941年期间，欧洲的30位拉比在美国的改革派圣会中担任了正式的职位，其他人也找到了暂时职位。[56]希伯来联合学院也做出了相应的努力，从柏林自由神学院来的难民加入学生团体，占了学生队列的12%。美国国务院出台限制政策，并公然煽动反犹主义，希伯来联合学院与之进行了不懈的斗争，终于为8位欧洲学者获得了签证。摩根斯坦救了他们并给他们授课的机会，实际上当时希伯来联合学院根本不需要扩大师资。学院是美国唯一拯救战争犹太难民的犹太神学院。[57]在全世界犹太人最黑暗的时期，对于改革派犹太人来说，为所有人争取公正的事业必须退居其次，目前的重中之重是解救危险之中的犹太人。

## 心理学、神学和仪式

犹太教改革派的社会公正议程让拥护者们学会要走向外部世界，鼓励他们用先知价值来判断美国社会和国际关系。然而，即使拥护者在宗教承诺的基础上为社会进步做出集体宣言和行动，仍有个别的改革派犹太人较为关注个人宗教。因为犹太教改革派是围绕经济压迫和世界和平进行演说，他们必须考虑祷文产生的效果以及宗教信仰面临的新挑战。

犹太教古典改革派并不是只宣传冷酷的理性主义，祷文的意义也不仅仅在于集体对道德原则的忠诚，在阐释教义时要领悟情感在宗教中的作用。神学和礼拜仪式中存在各种异端邪说，像盖格和艾因霍恩这样的人也没有删除和改动提及上帝力量、治愈能力和拯救的祷文章节。但是到了后来，在20世纪的美国，一部分改革派犹太人开始关注上帝对个人需要做出回应的信仰。

一战之前，如同前一时代的伦理文化所起的作用，基督教科学使犹太人的注意力偏离了犹太教。1879年，玛丽·贝克·埃迪（Mary Baker Eddy）成立了科学家基督教会，再次把与耶稣相关的宗教治愈传统引入了基督教。基督教科学尽管具有明显的基督教特点，但是宗教疗法吸引了犹太人，他们感到隶属于基督教科学派不会受到犹太教的排斥。拥护基督科学的犹太人数最开始是以百估算的，但后来越来越多，美国拉比中央会议感到必须在这个问题上要表明自己的立场。在1912年的例会上，他们听取了一篇具有基督教性质的文章，文章对基督教科学派进行强调，中央会议因此宣布基督教科学派在根本上是与犹太教相矛盾的，犹太人在接受基督教科学的同时则意味着对犹太教的否定。即便如此，仍有大批的犹太人加入基督教科学派。[58]为阻止事态的进一步发展，三位改革派拉比在不同时期开始宣传"犹太教科学"，他们把《圣经》中宗教治愈的典范当作哈西德大师，并且使他们的宗教礼拜仪式更加个性化，能够使人得到安慰并找到希望，这一举措吸引了几百个已经退出犹太宗教生活的犹太人。犹太教科学一直持续到二战后的时期，但始终处于边缘状态。[59]

对犹太教改革派影响更深的是受到人格主义的冲击。20世纪中期，一部分改革派圣会成员认为犹太圣堂应该满足个人宗教的需求，许多拉比也赞同改革运动应该对人们提出的愿望做出回应。1925年，纽约基督教科学派中犹太人的数量已超过5万。拉比路易斯·维特（Louis Witt）向美国拉比中央会议提出了自己的观点：基督教科学中的正面内容是符合犹太教义的，应该还原其本来的面目。当代的一次调查显示：普通信徒对宗教思想问题的兴趣度远不及宗教给他们感情上造成的影响更强烈。还有人甚至寻

求神秘体验，会议还成立了一个特殊委员会，专门研究犹太圣堂
与精神和肉体的治愈关系。1927年，委员会建议美国拉比中央会
议宣布精神治愈与犹太教的原则和传统一致，应该出版犹太圣堂
祷文和安慰的小册子，希伯来联合学院应该设置宗教疗法和精神
治愈的课程。拉比莫里斯·利希滕斯坦（Morris Lichtenstein）是
犹太教科学的奠基人之一，他在报道中提到：圣会成员中有患病
的，而且疾病的形式各有不同，但令他惊讶的是，这些人均已治
愈，尤其是患有神经衰弱的成员。但是大部分拉比并不认可他的
说法。菲利克斯·利维（Felix Levy）反对"强调宗教中的神经质
因素"以及迎合非正常人的做法。当年的美国中央拉比大会并没
有接受委员会的建议。[60]

　　但是一年后，这一决议经过修改后被采纳。大会明确指出：
犹太圣堂能够使用宗教疗法，通过让病人思想上高兴、内心平静
并获得勇气来帮助或治愈他们的身体和精神疾病。同时还增加了
下列条件：医学科学对于治愈身心来说非常重要，不能仅依靠宗
教疗法。后来的几年中，仍然有拉比和普通信徒对犹太宗教的治
愈说法充满敌意，有些人即使赞同，也并不是完全接受。维特撰
写的有关宗教治愈主题的小册子被禁封了好多年，最后，在1947
年美国希伯来圣会联盟－美国拉比中央会议联合印发的系列手册中
再次出现这一内容。改革派拉比普遍赞同他们应该为圣会者的精
神需求进行有效地讲演。有的拉比在圣会中成立了个人宗教组织，
其他人开始为自己的咨询工作增加心理学方面的服务。1937年，
希伯来联合学院首次开设教士心理学这门选修课。实际上在20年
代末到30年代期间，心理学在改革派犹太人的思想领域占据了越

来越重要的地位，一方面因为它能提供给宗教所需的内容，另一方面因为具有思想上的挑战性。[61]

到20年代末，犹太教改革派已经将达尔文主义和《圣经》批评主义完全融合在一起。被量子机械学撼动的物理学更加受到宗教的青睐，比19世纪时更受欢迎。像基督教神学家一样，拉比菲利克斯·利维得出了这样的结论：通过打破物质和能量的障碍，量子力量比起牛顿的物理学留给自由和精神更多的空间。宗教和物理学并不冲突，而是给必须拥有宗教概念的宇宙提供了价值和目的。甚至像爱因斯坦这样的自然科学家也断言宇宙中存在这样的构想。[62]

生物或人类科学提出了实质性的问题。1925年，约翰·沃森（John Watson）出版了《行为主义》（*Behavorism*）一书，将人类定义为对外界刺激做出反应的机器，在操作过程中缺少实际思想、意识、意志或个性。与量子理论不同，行为主义完全是确定性的系统，没有自由意志的空间。在把"条件"替换为道德教育时，行为又抛弃了传统的道德命令；当然也没有信仰上帝的空间。行为主义在20年代主导了美国的心理学，近年来沃森的著作一直是公共讨论的话题。弗洛伊德心理学也进入了宗教领域，从20年代的一种疗法扩大为一种世界观。弗洛伊德完成了他对梦和神经症的研究工作，出版了《幻象之未来》（*The Future of an Illusion*, 1927年、1928年出版了英文版）。他确信科学和宗教是不可调和的。宗教教义是一种幻象，或者是错觉，它没有现实基础，只是信仰者的心理。他指出宗教就是"强迫性神经症，人类普遍患有这种症状"。这句话成了后来的经典名句。换句话说，宗教是精神

316

病的症状，是受压抑的病理结果。弗洛伊德仍然认同自己的犹太身份，犹太同胞仍然可以以自己的伟大成就而自豪。但是对于宗教领域的犹太人来说，这样一位成就卓越的犹太人所提出的简化论绝对是一种威胁，这种威胁比沃森的行为主义更为严重。

尽管如此，面对这些威胁主动发起挑战的拉比寥寥无几。[63] 1929年，美国希伯来圣会联盟召开两年一届的例会前夕，来自辛辛那提的詹姆斯·海勒（James Heller）向沃森和弗洛伊德同时开火。海勒认为需要对有关人类的科学观点进行驳斥，而不是反对有关自然的科学观点。沃森把人类变成了动物；弗洛伊德也剥夺了人类超越自己的能力。但是海勒的回应不够强硬，他只是声称：作为决定论者，沃森和弗洛伊德仍然生活在宣布科学已经过时的牛顿理论之中。此外，生活不能仅包含在科学范畴中。"理论是虚幻短暂的，会导致绝望"，而反省会摆脱理论的控制，揭示丰富的内心世界。[64]

在驳斥心理学理论方面，约书亚·洛思·利布曼（Joshua Loth Liebman, 1907—1948）的战绩超过了海勒，他实现了心理学与宗教的一体化。利布曼是改革派拉比中最聪明和最有创造力的一位。他享年42岁，在其短暂的一生中，他在哲学和心理学的专业领域取得了很高的造诣。利布曼在芝加哥担任拉比时学习了心理分析学的理论，此后在犹太教改革派中成为心理学思想的先驱阐述者。从1939年开始，他占据了波士顿著名的以色列圣殿讲坛，通过半个月的全国广播，吸引了很多听众。1941年，利布曼向同事介绍自己对弗洛伊德及其信徒理论的新的洞察见解，他是第一位挑战弗洛伊德的拉比。利布曼本身是一位宗教自然主义者，不愿意接受弗洛伊德的神学挑战，他对阐述心理学造福人类的潜力更感兴趣。与弗洛伊德主义者相比，他更是一位新弗洛伊德主义者，他看到了心理学理论中的乐观思想。与新正统派基督教神学家雷茵霍尔德·尼布尔（Reinhold Niebuhr）的观点不同，他否认了弗洛伊德心理学证实人类本性是悲观主义的结论。尼布尔在弗洛伊德教义中发现传统基督教确认人类是有罪的这一观点，而利布曼在心理分析理论中则发现人性是向善的，社会亦是如此。[65]

1946年，利布曼出版了《心境平和》（*Peace of Mind*）一书，这是一部洞察心理学、反思宗教以及提高实用建议的简短册子，销量很好，突破了100万册。书中他与一位痛苦焦虑且无法由社会改善得到缓解，因而需要心理学和宗教共同提供内心平静的人进行交流。在《心境平和》这部书中，弗洛伊德是一位医治者，而不是反传统者。精神病学成为宗教的助手，是"圣殿的钥匙，但不是圣殿本身"。这类医学通过根除强迫性的内疚、非理性的恐惧以及受压抑的情感为宗教服务，并在没有无神论的暗示下为宗教主张扫清了道路。利布曼颠倒了弗洛伊德的理论，宣布无神论是一种神经衰弱症，也是反映健康灵魂的信仰。在他看来，那些被精神分析标记为幻觉的上帝思想是天真或病态的思想。"健康成熟的宗教"是不会受到批判的。

对利布曼来说，心理分析学洞察到的健康宗教未受批判，最好的代表就是抛弃了传统神意全能思想的犹太教改革派。利布曼与埃米尔·G.赫希、摩迪凯·卡普兰和某些基督教自由派思想家一起谈论的上帝是客观的、自然的上帝，他具有"爱护和创造的力量，他是人类实现成就和得到拯救的源泉"。几千位基督徒如饥

317

似渴地阅读利布曼的书，但是书中的例子均来自犹太教，他认为犹太教古代的洞察力与心理学的新智慧相得益彰。

改革派拉比中放弃传统有神论、追求宗教自然主义的并不只有利布曼一人，从20年代末开始，宗教人文主义向有神论发起挑战，这是一个令人感到痛苦、引起分歧的问题。在某种程度上，考虑问题更周密的普通信徒在辩论中举棋不定，但这主要是拉比之间的冲突，这一冲突反映了自由派基督徒的倾向。无神论信徒H. L. 门肯（H .L. Mencken）言辞尖刻，是位极端的美国思想者，他极力反对传统，无独有偶，他还是犹太教的特殊敌人。拉比和其他犹太人并不支持门肯的思想，但是双方都不能忽视他对宗教的诡异攻击。在某种程度上，信仰宗教人文主义的基督徒和犹太人在辩论中要做出适度的让步来避免无神论的刀锋。与普通信徒不同，宗教人文主义者是为了保护宗教，他们强调人的方面，而不是神。对于有神论中卓越全能、代表天意的上帝这一角色，宗教人文主义用自然世界内部的人性替代了有限的神性斗争。

保守派和改革运动派中都有宗教人文主义的拥护者，因而每个教派内部在神学上都存在严重分裂。拉比中的宗教人文主义者通常是那些对当代思潮开放的年轻人。如果美国拉比中央会议中一部分人强调上帝的治愈力量，那么这一组织中的人文主义学派则认为祷文只不过是一首诗。30年代，拉比中央会议中宗教人文主义的主要代言人是克利夫兰的巴内特·R.布雷克纳（Barnett R. Brickner），他把上帝认同为人类的善良，并宣布祷文不是请愿，而是"对我们最了解的事情的思考"，或者换句话说，"我们是从心理学的角度看待礼拜，而不是神学角度"。[66]

改革派中支持宗教人文主义的只占少数，代表人物是来自希伯来联合学院的亚伯拉罕·克伦巴赫。学院和大会中的多数人信仰有神论，名气最大的有神论拥护者是塞缪尔·S.柯亨，他是希伯来联合学院的犹太神学教授，任职时间长达33年。[67]与美国改革派中的前任神学家考夫曼·科勒一样，柯亨展现了他的博学和个人虔诚，他坚信上帝拥有超越一切的神力。但是又与科勒不一样，他生于俄国，非常热爱现代希伯来语言和文学，思想上对后传统神学思想很开放，他倡导犹太仪式的复兴，对待神秘主义的态度更加肯定。作为一位神学家，柯亨追求的是折中，不是原创；他专注犹太文献的讲解，而不是创新思想。然而作为一位诠释传统教义的学者，柯亨也呈现出自己的独到之处，他对犹太神学进行了重塑，以便使之更好地适应当代思想，并与自己的精神相一致。

柯亨的神学并不是从一般原则开始，而是以个人的宗教意识，尤其是个人的神圣经历为起点。继鲁道夫·奥托（Rudolf Otto）出版了《神圣者的观念》（*The Idea of the Holy*, 1920年，英文版是1923年）一书之后，柯亨深受启发，把犹太教建立在所有宗教发源的普遍精神基础之上。像其他信仰一样，犹太教把最初的宗教体验铸造成自己的形式、象征和价值。通过恪守道德和仪式法令将神圣性变为生活的神圣化。柯亨批评犹太教古典改革派只强调道德命令，忽视了神秘因素和仪式律法。20世纪30年代，他是改革派中提倡对宗教进行重新定位的主要呼吁者。像课本文献中的加莫伦一样，柯亨在神学院课堂和美国拉比中央会议上宣传：要学会欣赏完整的犹太传统，要认同犹太民族的完整性。早期改革派把个人良知作为宗教决策的最终权威，柯亨的思想则倾向于在自由主义的大框架内重新评价集体权威，不仅在信仰上而且在实践上认真考虑犹太教改革派需要做什么样的事情。回想起比亚利克著名的文章，柯亨宣布犹太教改革派需要恢复犹太律法（恪守犹太教律法）和阿加达（Agadah）之间的平衡。柯亨以人文主义的角度指出祷文具有心理学价值，但对他来说，祷文基本上成为向个人上帝发出的请愿书。位于请愿书之上的是他所称作的"神秘祷文"，其中包括"上帝的直接经验和领悟"。

30年代中期，大多数改革派拉比与柯亨的观点一致，自从50年前《匹兹堡纲领》将原则刻在石头上以来，他们认为犹太教改革派发生了很大的变化。一部分人希望对这些原则做出新的一般性阐述。在1935年的美国拉比中央会议上，匹兹堡会议的大卫·菲利普森就此事做了一次基于史实的讲座，并且宣布纲领对于自己来说仍然具有吸引力。然而他却承认纲领不再代表大多数改革派拉比的观点。同年，来自芝加哥的大会主席菲利克斯·利维要求委员会草拟一份新的纲领，来反映改革派在半个世纪以来所经历的思想变化。但是新纲领的制定难度很大，远远超出了预期，曾经一段时期内，这项计划几乎失败。

委员会选择有声望的塞缪尔·舒尔曼担任主席，他曾是纽约伊曼纽尔圣殿的拉比，刚刚退休。舒尔曼是改革派拉比中最出色的思想家之一，精通犹太文献，对哲学有着广泛的兴趣。但是他属于古典派改革者，排斥复国主义思想，在信仰上离散犹太人的使命，并把犹太宗教置于犹太民族性之上。过去任美国拉比中央会议主席时，舒尔曼受到同事们的一致尊重，他争强好胜，坚决捍卫自己的信仰和荣誉。在委员会的首次会议上,舒尔曼接受了拟定首份草案的任务。但是令所有人气愤的是,他拟定的草案却是一份相当冗长、神学色彩极浓而呆板的文件,满篇都是论证和训词,缺乏集体阐述。没有对遵守宗教给予具体说明,也没有对犹太人是单一的宗教社区还是兼具民族这一问题给出答案。

与此同时,作为委员会成员的柯亨也准备了一份草案并且递交给舒尔曼,还写信告诉他有权利保留草案以便日后单独呈现。他还将副本递交给委员会的其他成员,其中有塞缪尔·戈德逊(Samuel Goldenson)和大卫·菲利普森这样的古典派改革者,但多数是修正主义者,包括阿巴·希勒尔·西尔沃、史蒂芬·怀斯、詹姆斯·海勒和巴奈特·布瑞克纳。舒尔曼因病不能参加委员会的第二届会议,利维决定讨论柯亨的书面阐述,而不是舒尔曼的声明。舒尔曼感到受到冒犯,因而提出辞职,后来利维任命柯亨为主席。1936年召开大会时,舒尔曼缺席,与会者对草案提出了不同程度的反对意见,柯亨所能想到的最佳方案就是推迟决议的确定时间。然后他继续请参会的所有成员提出建议,以此来减少可能出现的批评意见。

一年后,柯亨完成了新的修正草案,也赢得了委员会其他成员的支持,甚至包括大卫·菲利普森。但是舒尔曼并没有就此罢休,他自己拟定的草案版本已经在整个美国拉比中央会议中流通开来,并且获得了个别的支持,准备出席1937年的哥伦比亚大会,决心与柯亨进行正面交锋。参会人员发现自己必须在两份纲领之间和在两个决心已定、怒气冲冲的个人之间做出选择。对柯亨版本持反对意见以及那些反对这份权威纲领的人联合了自己的朋友

319

以及舒尔曼的拥护者拒绝采纳任何纲领。这一举动的结果是81票对81票，使大会陷入僵局。只有当主席利维投了具有决定性的否定票之后，讨论才得以继续进行。舒尔曼进而攻击柯亨的版本，指责其过于简单："相当于教义问答书，只有一系列定义，直奔主题，特别简短，任何人都能看懂。"他认为应该需要"一种就当今生活问题发起响亮的、富有挑战性的阐述"。柯亨反过来又贬低舒尔曼的文本，指责它是"冗长的布道，容易挑起论战"。利维的立场非常关键，他打破了平局，柯亨的版本胜利在望。大卫·菲利普森"为了历史的延续发展"最终决定采纳柯亨的版本，出席人员中仅有八人要求记录他们投的是反对票。[68]

《哥伦比亚纲领》的采纳标志着与《匹兹堡纲领》分道扬镳，按照官方的称呼，《哥伦比亚纲领》即犹太教改革派的总原则。[69]与其说这份纲领是具体改革教义的宣言，不如将其称为对犹太宗教进行的自由主义阐释，阐释的内容全面而简洁。纲领使用了上帝、托拉、以色列等传统范畴清晰地反映出新的改革运动对守教和犹太民族性的承诺。同时文本设计独具匠心，语言选择上体现了不同的立场，辩论之词极为丰富，肯定之处微妙地蕴含着拒绝的口吻。

从神学角度看，《哥伦比亚纲领》属于有神论的阵地，这一点无可争议，与柯亨提出的上帝"统治世界"的信念一致。而柯亨在其早期的草稿中删除了"神圣、独一无二、神秘的"以及"属于我们个人的上帝"这类的言辞，以表明自己在宗教方面是位理性主义者和人文主义者。与此相似，祷文不再是最初"虔诚灵魂登上上帝宝座的神秘阶梯"，已经变为"引领人类心灵和思想朝上帝方向前进"的"宗教声音",而且是唯一的声音。纲领有关《托拉》的章节主要借鉴了盖格和德国改革者的思想,在此基础上提出了进步启示和有回应的"犹太教天才"的观念。并且指出社会公正的内容是以美国为背景,目标是将所有人拥有适宜居住标准的权利置于财产权之前,但并不像早期大会委员会有关社会公正方面的宣言那样激进。与《匹兹堡纲领》相比,《哥伦比亚纲领》超越了个人和社会道德,目标指向家庭和犹太圣堂内部的宗教实践。为了维护犹太教的生活方式,安息日、节日、"具有启示价值的风俗、象征和礼仪"以及使用希伯来语等内容必不可少。

320

透过纲领的表象,读者可以觉察到莫迪凯·卡普兰的重建思想一方面对纲领产生了影响,另一方面却受到了纲领的抨击。纲领在以下方面反映了卡普兰的观点:拓宽了犹太身份的观念,培养特色鲜明的宗教艺术和音乐,回避了以色列选民性质的内容。但是纲领还宣布犹太圣堂是"主要的社区代理",上帝超越了时空,在开头的部分把犹太教定义为犹太民族的特殊宗教体验。

纲领中最显著的内容是关于以色列的段落。它重申了犹太人的使命和改革派的普世主义,同时还赞同政治和文化方面的犹太复国主义。纲领中使用的语言与《贝尔福宣言》中的语言风格非常接近,宣称所有犹太人有义务把巴勒斯坦建设成犹太人的祖国。根据阿哈德·哈-姆的说法,巴勒斯坦要成为犹太难民的避难所,这也是赫茨尔所坚持的观点,还要成为犹太文化和精神生活的中心。

经过重新定位的犹太教改革派不仅需要一份新的纲领,而且还需要一套新的礼拜仪式。柯亨在这方面发挥了积极作用,1928

年，他对《联盟祈祷书》进行了认真的批评。在此之前，改革派的礼拜仪式已经进行过修订。1918年，委员会发行了有关安息日、节日和平时礼拜仪式的新版本，1920年，发行了有关新年假期的版本。但是新版《联盟祈祷书》与前一版差异不大，有关《圣经》的篇章使用的是犹太出版协会的新《圣经》译本，还添加了一部分有关参加圣会和希伯来文的内容，但是没有明显的改进。十年之间，许多拉比和普通信徒出于各自的原因对礼拜仪式感到不满。委员会要求柯亨对《联盟祈祷书》的神学思想发表自己的观点，柯亨竟然把讲座变成了一场无情的批判。"《联盟祈祷书》在无意识的情况下反映了当前犹太人对祷文的冷漠态度和怀疑主义，这是和传统祈祷书的主要区别。"柯亨认为改革派祈祷书受到19世纪理性主义的影响而遭受挫折，为了避免思想上的尴尬，祈祷书缓和了请愿内容的语气。礼拜仪式不是"呼吁健康、生计以及减轻痛苦、悲伤和不幸"，而是"对道德主题的模糊思考"。通常情况下，祷文会规劝自己采取道德行为，而不是狂热地呼吁神的帮助，他们更多是通过独白和自言自语，而不是"有限的人与无限的上帝之间的交流"。柯亨得出了一个结论："《联盟祈祷书》给人的印象是特别为这样一个由退休慈善家和业余社会工作者组成的群体而撰写的。"[70] 这一结论带有一定的偏见。他希望出台新的《联盟祈祷书》，包含更加显著的有神论内容，凸显出全知全能、无所不在、无所不包、代表天意的上帝。他还希望祷文包含神秘的内容，而不是常识。所有这一切需要进行彻底的礼拜仪式改革，因此他踌躇满志，想要以自己的名字为大会编写一部新的祈祷书。[71]

但是柯亨没有想到成员们对《联盟祈祷书》的不满主要是由于自己有顾虑，而他们的顾虑与柯亨的担心恰恰相反。费迪南德·艾瑟曼（Ferdinand Isserman）代表众多拉比对柯亨当即回复："对我来说，无法提供请愿祈祷文。"早些时候，以埃弗赖姆·弗里希曾经抱怨："我们经常和上帝对话，但没有谈论上帝。"[72]对于柯亨来说，《联盟祈祷书》对个人上帝提及得不够；而对于大会中 321 的宗教人文主义者而言，《联盟祈祷书》对个人上帝又讲述得过多。其中一位成员是来自密尔沃基（Milwaukee）的约瑟夫·巴伦（Joseph Baron），针对正在修改中的礼拜仪式文献，他向美国拉比中央会议委员会提交了一份人文主义礼拜仪式方案，令人们惊愕不已。巴伦认为正在筹划过程中的五种平日礼拜仪式中至少有一项应该代表拉比和普通信徒的观点，他们来圣殿不是向上帝请愿，而是"为了增强我们民族的精神和道德理想"。巴伦所提议的礼拜仪式中从制度上将上帝的名字从英语文本中排除出去，只保留了希伯来文中的名字，但是委员会并没有接受巴伦提交的方案。[73]

对人文主义者持反对意见的是保守派的拉比。他们希望祈祷书以完全传统的礼拜仪式为开端，后面是自由派的礼拜仪式。除了上述对立的两派之外，还有第三派，那就是犹太复国主义分子，他们非常活跃，努力想恢复锡安山的宗教礼拜仪式。[74]面对怀揣各自想法的不同派别，来自匹兹堡的所罗门·弗瑞夫（Solomon Freehof）这位委员会主席感到力不从心，无法编写出一部既符合神学旨意又与美国犹太教改革派所表达的观点相一致的祈祷书。他建议编写反映不同神学的联盟祈祷书选集作为《联盟祈祷书》

的补充。其他人则希望将各种神学主张融为一体，坦帕（Tampa）的大卫·杰隆卡（David Zielonka）发表评论："我们的祈祷书将变得非常庞大，这项任务非常棘手。"[75]

　　以上的不同观点阻碍了礼拜仪式的修订工作。1930年美国拉比中央委员会召开大会时，一位与会者提议将赎罪日前夕吟唱的希伯来语版本柯尔尼德添加到正在审查的《联盟赞美诗》中，有关这一问题的看法出现了分歧。即使在现代正统派的萨姆森·拉斐尔·赫希看来，这部分礼拜仪式内容都是有问题的，因为反犹主义者长期以来一直宣称宣誓内容证实了犹太人口是心非的两面性。德国改革者对这部分内容的处理方式有两种，要么进行重写，要么以本地语的赞美诗替代，《联盟祈祷书》采取了后一种做法。然而在许多改革派圣会中，独唱者或合唱团吟唱的是原始的阿拉姆语版本。因犹太遭受迫害而请求赦罪的必行誓言仍然以其怪诞词语和诡异的旋律感动了每位礼拜者，但是拉比并不赞同这种做法。一部分人希望继续按照柯尔尼德的旋律吟唱英语赞美诗，另一些人则希望使用希伯来语的内容，还有一部分人想恢复原始的阿拉姆语版本。为顾全大局，大会决定新的赞美诗只包括柯尔尼德的旋律，删除歌词。修订后的赞美诗最明显的特点是：在涉及犹太起源的内容方面超过了之前的任何版本。删除了非犹太人谱写的177首赞美诗，增加了犹太人创作的200首诗，并且由犹太作曲家为其谱曲。[76]

　　新修订的祈祷书分别在1940年（包括安息日、节日和平时的礼拜仪式内容）和1945年（涉及新年假期的内容）问世。这五部分完整的星期五夜晚的礼拜仪式，尽管基本上都属于有神论，但其中一版（第3部）对那些相信祷文有必要强化道德承诺的人文主义者来说极具吸引力。这一部分礼拜仪式包含感谢那些"远离给予我们温暖的太阳而不断挖掘"的矿工们的内容；为"加入使他人摆脱饥饿而甘愿自我牺牲的行列"而寻求神的帮助；在人类正义行为中感知上帝的存在。第五部分星期五夜晚礼拜仪式是特别针对犹太复国主义者的，使上帝"也赞成那些努力重建锡安山的兄弟们的举动"，并且增加了这样的请求："赐予我们力量吧！你的帮助会使锡安山沐浴在新的光明之中。给生活在自由土地上的我们灌输以色列精神统一的意识吧，我们在救赎工作中会高兴地分享这种意识，以便我们从锡安山发布律法，从耶路撒冷传达上帝的旨意。"

　　总的说来，新卷本具有明显的回归传统的迹象。[77]有关新年假期的卷本介绍了从德裔犹太人到西班牙裔犹太人中世纪的诗篇，并且进一步增加了希伯来语的内容。最显著的革新不是与祷文有关，而是与仪式有关。有关住棚节上午礼拜仪式的章节明显提及了具有象征意义的香橼和枣椰树叶子，新年礼拜仪式包括吹响羊角号之前的祝福。星期五夜晚举行的礼拜仪式以点燃安息日蜡烛的仪式为开端，还包括祈福式（kiddush），祝福上帝获得了藤类植物的果实。从前的版本中有关最后两种礼拜仪式只是出现在"家庭礼拜仪式"祈祷书的末尾部分，而现在这些内容成为公共礼拜仪式的一部分，希望个人通过在犹太圣堂的体验而学习或者再次学习这些习俗。所有这一切都反映了犹太人对那些在改革运动中获得动力的仪式和传统的再度欣赏。只有极少数的改革派犹太人——主要是那些长期以来墨守改革传统以及最近反对正统派的反叛者——仍然将犹太教视为"严阵以待的竞技场，力争让成员们掌握伟大的真理以及业已过时的教规"。[78]

1928年和1930年，针对当时改革派犹太人所进行的犹太实践，大会粗略调查了其性质和程度。[79]结果显示：大约1/8到1/4的改革派犹太人星期五夜晚在家里点燃安息日蜡烛并且背诵祈福式。改革派家庭中有1/3举行逾越节家宴，有40%的家庭在光明节点亮蜡烛。大约一半的家庭在赎罪日斋戒。只有少数在饭前祷告，差不多还有一半的家庭让孩子在睡前祷告。此项调查没有涉及饮食律法，因为普通信徒几乎放弃了这一律法的遵循，改革派犹太人中只有极少数遵循饮食律法。遗憾的是，调查部门没有对一二十年之后改革派守教的情况继续跟踪。但是根据三四十年代普通信徒和拉比的思想状况进行观察，他们所实践的犹太教礼拜仪式及其象征意义较之前更加重要，至少对于领袖们来说是这样的。

1926年，拉比就仪式遵循的主题进行投票并表决，结果说明犹太圣堂和参加圣会的成员家中出现了忽视风俗和仪式的做法。李·K. 弗兰克尔（Lee K. Frankel）是社会健康保险领域的领头人，颇有名气，他也是改革派普通信徒的领袖。1927年，弗兰克尔在两年一届的美国希伯来圣会联盟委员会上发表讲话："如果我们想进步的话，必须回到过去的路上。在我们看来，进步意味着不仅要发现新事物，还要重新找回丢失的东西，特别是从前家庭中的宗教氛围。"[80]但是直到30年代晚期，对仪式宗教氛围的再次重视才进入了制度日程。1935年，国家圣殿兄弟联盟要求美国拉比中央会议再次在犹太生活中增加仪式内容。两年后，两年一届的联盟支持了将"传统象征、礼仪和风俗"等内容添加进改革

派安息日礼拜仪式的决议。现在，多所圣殿引进了传统礼拜仪式， 323
特别是由东欧犹太人成立的新圣会，还有由自由派犹太人成立的
大型圣会，这些人是从德国逃亡来的，大都秉承传统的思想。
其他的改革派圣殿则继续坚持其古典模式，像纽约的伊曼纽尔、
芝加哥的西奈和堪萨斯城的比奈耶乎达。持反对态度的改革派
犹太人对新趋势开始进行批判，改革派与保守派之间的区别正在
消失。[81]

　　1938年，大会和联盟成立了仪式联合委员会，目的是振兴旧
仪式、引进新仪式并且实验原始的仪式内容。在接下来的几年中，
委员会制定了独特的仪式目标，还印刷了宣传单页作为对时下流
行仪式的补充。在委员会的努力下，改革派拉比们放弃了古时候
的条形裤子装束，而用亚他拉①（atarah）点缀的"犹太教祭司礼
服"。到1945年，91位拉比同意这种做法，还有140个圣会购买了
委员会的一项发明：带有号手吹口的羊角号，这让人们很容易重
新拾起已经失传的技艺。还有的圣会规定在圣殿点燃光明节的蜡
烛时要使用大型铜烛台，这种烛台是委员会特制的。大多数犹太
圣堂购买了《以斯帖记》（megilah）供普林节使用，这本《以斯帖
记》是经过删减的英语版本，具有一定的启发意义，使用的材质
是真正的羊皮纸。当时阅读《以斯帖记》在美国改革派圣会中并
不多见，也许是因为里面含有报复性的内容，读起来让人觉得不
舒服。但是在40年代早期，希特勒成为新的哈曼（据《圣经》记
载，哈曼是波斯王亚哈随鲁的宰相，阴谋杀死了所有犹太人）和

---

　　① 女士披肩，像犹太教男人晨祷时的披巾。

查尔斯·柯林神父（Father Charles Coughlin），在美国散布反犹信息，普林节的故事不再显得不合时宜了。在这些新的宣传页中，最受人欢迎的是强调犹太人生存的普林节礼拜仪式。其他的册子是有关在犹太圣堂的苏克棚圣会、特殊的安息日以及拉比们和圣会官员就职等场合的内容。在逾越节宴席上为先知以利亚开启大门以及为新家献祭等圣殿外的场合应用方面，委员会也制定了相应的伴随仪式。[82]

　　30年代晚期，改革运动着手在仪式遵循方面对普通信徒进行教育。早在十年前，希伯来联合学院的犹太音乐和礼拜仪式教授亚伯拉罕·Z. 爱德逊（Abraham Z. Idelsohn）为兄弟会（the Brotherhoods）撰写了一系列文章，描写了传统犹太人的实践，这些内容非常受欢迎，信息性极强。显而易见，这些文章是针对不了解正统派的一代人而撰写的，主要是第二、三代改革派犹太人或者是祖辈不再守教的东欧人。爱德逊不仅没有嘲笑这些封建习俗，也没有向他们的读者推荐任何做法。他的文章主要是为了满足人们的好奇心，并不是提供一种遵循模式。[83]在动机和内容方面与之大相径庭的是1937年美国希伯来圣会联盟出版的一部书，作者是雅各布·D. 施瓦兹（Jacob D. Schwarz），书名为《现代犹太生活中的仪式》（*Ceremonies in Modern Jewish Life*），这部书没有窥视正统派的神秘世界，而是如实地描述了传统和“现代”世界如何守教。作为联盟理事的施瓦兹在参观犹太圣堂活动时，萌发了想在全国各地的改革派圣殿进行革新的想法，因而他向其他犹太圣堂的领袖提出建议以便丰富他们圣会的宗教生活。1942年，拉比塞缪尔·H. 马科维茨（Samuel H. Markowitz）出版了《现代

世界中的犹太生活》（*Leading a Jewish Life in the Modern World*）
一书，在内容上更接近改革，为那些想丰富犹太生活的个别改革 324
派犹太人提供了实践方面的指导，这部著作属于介绍性的一类，
告诉那些遗忘或者从未了解犹太实践的成年人如何操作。例如用
餐时的祷告、节日菜品的烹饪、样本席次牌以及指导节日期间如
何摆放桌子，但没有介绍饮食律法以及男人在祈祷时是否戴帽子。
这一系列内容得到了广泛的支持，用重建派的术语来说，这是犹
太人的社会习俗。

　　由于传统做法再度受到欢迎，美国拉比中央会议极有可能出
台一部改革派犹太人的实践法典。1937年，菲利克斯·利维在主
席就职的演说中首次提出提议。为填补改革派和犹太大众之间的
差别，利维提议制定一套改革派制度，"再次将犹太律法奉为犹太
生活的中心"。[84]大部分同事并没有接受利维的观点。有的人完全
反对这样一部法典，他们就像上一代人一样，将信义或教会法院
尊为权威；还有的人虽然赞同再次关注犹太律法，但是反对具有
约束性的制度。

　　持中间立场的人数最多，主要领导人物是所罗门·B.弗瑞夫
（出生于1892年），他是改革运动中最优秀的犹太律法学者之一，
在匹兹堡讲坛上进行布道，他的著作学术造诣高，受人欢迎，多
年以来，弗瑞夫被誉为最有影响力的改革派拉比之一。同时他还
善于调解，并指导了《联盟祈祷书》的修订工作。[85]弗瑞夫认为改
革派实践法典中存在危险，会导致一部分人反对，会使习俗上升
至神圣律法的地位。如果需要指导的话，个别拉比自行撰写法典
会更好，实际上犹太历史上一直延续这一做法，无需发动整个改

革派进行集体写作。弗瑞夫的确支持扩展改革派实践，并将这种
做法扎根于犹太传统之中。[86] 1944年，他提出了关于信仰和守教关
系的观念，对于犹太教改革派来说，无疑这是一种革命。从欧洲
的早期历史来看，改革运动始终宣传道德方面的一神论信仰占据
犹太宗教的首要位置，而仪式只是加强并保留这一信仰的手段而
已。在改革派看来，二者是内核和外壳的关系。而现在弗瑞夫颠
倒了这一关系，在其著作《改革派犹太实践及拉比背景》（*Reform
Jewish Practice and Its Rabbinic Background*）中，他予以了论证：
"犹太宗教生活的基础是犹太实践，在此基础上是思维习惯和对宇
宙的态度……。首先我们要遵从上帝的诫命，然后才能逐渐了解
上帝的本性。神学不是我们的起点，而是终点。"这一观念非常传
统，但在改革派的眼中却是异教。然而弗瑞夫并没有因此将犹太
律法置于改革派的首要地位，占首要地位的是成俗。他认为20世
纪的犹太律法过于死板，不能充分地应对新的挑战。只有按照传
统大众共同创造的习俗才能胜任这一挑战，这样的做法成为传统
适应现代生活的创造性工具："律法制定的基础来自这些原材料，
然后对此做出改动并重新安排，在律法实践中得以证实和体现。"[87]
他还认为改革能够发展自己的习俗，例如成人礼、星期五夜晚的
礼拜仪式以及男女在做礼拜时坐在一起等。按照这种习俗的范式，
在某种意义上，犹太教改革派得以重建。弗瑞夫开始了一项长达
十年之久的工程：将实际的改革派实践与传统习俗结合起来，找
到其历史根源，指出其异同之处，并且鼓励进行实验。弗瑞夫的
325 努力使实践不再像科勒神学那样只停留在思想外壳的层面，而是
进入了犹太教改革运动的实质阶段。

来自罗得岛州（Rhode Island）首府普罗维登斯（Providence）的威廉·G. 布劳德（William G. Braude，出生于1907年）在1942年美国中央拉比会议上提交了一篇论文，凡响非常，文中明显可以看出一部分年轻的改革派拉比对待犹太人的守教问题非常认真。[88]布劳德呼吁他的同事们遵循饮食律法，除了去犹太圣堂或者去看望病人等特殊情况之外，不能只在安息日遵守饮食律法，每天都要履行改革后的传统礼拜仪式。布劳德用希伯来语词汇毫不客气地屠宰了大家的圣牛①（sacred cow）：象征着民族崇拜的犹太民族主义、效仿沃尔特·劳申布什美国社会福音运动中的先驱者的社会公正方案以及遭受质疑的《圣经》批判理论，但是《圣经》批判理论被视为"获得希伯来联合学院出版许可的精品著作"。既然希伯来联合学院用犹太科学取代了传统的犹太知识，布劳德认为拉比学员在犹太法典学校学习一年会受益匪浅。

布劳德出生于立陶宛，这位学者与其他改革派拉比不同，是小众行列中的一员。他引用以西结·考夫曼、哈伊姆·纳曼·比亚利克以及在美国小有名气的德

所罗门·B. 弗瑞夫

---

① 毋庸置疑的信念。

国犹太思想家弗朗茨·罗森茨维格的著作，提出了一种传统思想，这一思想在战后获得了拥护。但在40年代早期，大部分听众对其夸大其词的批判和看似奇异的建议不予理睬。当时的改革派拉比和圣会者仍然在争论困扰他们几十年来的重要问题：犹太人是一个宗教社区，还是一个拥有期盼的民族。

## 犹太复国主义：爆炸性问题

一战之后的几年间，尽管在普通信徒的领导中和最有影响力的拉比之间都出现了极为活跃的犹太复国主义分子，但是改革运动的主旋律是反对政治上的犹太复国主义。[89]联盟两年一届的委员会和每年召开的美国拉比中央会议大会以所有人高歌"En Kelohenu"和"美国"而结束，前者是一首家喻户晓的犹太赞美诗，后者则象征着对美国的忠诚和热爱。但是从30年代早期开始，集体情感发生偏离，不再是明显的二分法立场。改革派复国主义分子更加勇敢，甚至反对者会自愿或不情愿地不断接受妥协。最终，在第二次世界大战期间，那些反对政治复国主义的人们竟把自己称作"非复国派"，他们感觉自己像是家园里的陌生人。一部分人成立了新组织：犹太教美国委员会。然而短时间内，几乎所有的拉比都放弃了"最后阵地"。一旦以色列国度成立，所有的改革派犹太人都会以友人的态度予以支持，即使不是完全意义上的犹太复国主义者。

1920年，英国接管了巴勒斯坦，根据《贝尔福宣言》，巴勒斯坦将成为犹太民族家园。美国拉比中央会议在早期并不接受宣言的内容，再次强调以色列是一个宗教社区，不是一个国家。但会议在其决议中还阐明了改革派拉比对宣言决议的拥护态度，他们认为这会为那些憧憬着在巴勒斯坦"过上充实、自由和幸福生活"的犹太人提供机会，并且表示人们已做好准备，帮助重建巴勒斯坦。塞缪尔·舒尔曼主持了当年的决议委员会，他指出尽管这份决议没有犹太复国主义者的签署，但绝不是"以往咄咄逼人的反犹太复国主义论调"。[90] 20年代，大部分改革派拉比对犹太复国主义的政治活动非常警惕，这种警惕性的产生有多方面的原因：一是因为完成世界使命和国家统计人口的集中性之间存在着思想上的冲突，二是因为拉比担心被指控为不忠诚，还有一个原因，他们认为犹太复国主义是犹太身份的争执焦点。在他们看来，犹太性首先意味着宗教，或者指的是民族身份，所谓民族身份指的是帮助巴勒斯坦犹太同胞重建家园，而宗教意味着与犹太圣堂的依附关系。他们认为犹太性是二选一的问题，不能兼具两方面特征，因此普遍信仰和民族期盼不可能同时成为犹太性的实质。那些不接受犹太复国主义的改革派拉比中，多数人担心自己的犹太性（宗教）会依附于跨宗教的民族性。因此，当他们与美国犹太复国主义组织一起工作时格外谨慎，甚至与普通信徒一起工作时也是小心翼翼，因为普通信徒支持巴勒斯坦紧急事务基金组织（Palestine Emergency Fund），他们与注重实践的巴勒斯坦发展理事会（Palestine Development Council）合作。如果犹太机构扩大成员，也将非复国派包括在内的话，那么普通信徒将在犹太机构中扮演非常重要的角色。[91]

随着改革派犹太人对犹太性观念的逐渐拓宽，作为普世宗教的犹太教和作为忠诚国家的美国主义之间的分界线越来越模糊，这种观念的混淆导致问题的发生，在1930年美国拉比中央会议召开之前出现了问题。拉比们正在讨论《联盟赞美诗》的修订问题时，史蒂芬·怀斯从座位上起来，故装天真地询问，《希望之歌》（Hatikvah）的诗词和音乐以及犹太复国主义运动的圣歌是否有意从提议的卷本中删除了。得到的答复如下：赞美诗只能包括"虔诚的音乐"。怀斯安静下来，直到次日他与自己的盟友发现新赞美诗给"美国"和"星条旗"留出了空间。反对派深陷矛盾之中，不知如何进行有效地回复。第二天，在犹太宗教学院毕业生的支持下，他们成立了一支以怀斯为中心、由年轻的犹太复国主义者为成员的坚固方阵，提议将《希望之歌》包括在赞美诗之内，并被勉强采纳。第二年，在怀斯缺席的情况下，大会出台了一项新的决议，将所有的五个诗篇全部包括在内！ 1932年，《联盟赞美诗》的修订版问世，《希望之歌》归在名为"民族"的诗集部分中，后面的章节名称是"星条旗"。尽管大会可以将《希望之歌》归入更为严格的宗教范畴内（怀斯本人也阐述其宗教信息），但却选择将其认可为犹太民族的国歌。大卫·菲利普森在日记里这样写道："如果20年前有人告诉我民族主义取得了巨大的成功，犹太复国主义的民族赞美诗《希望之歌》被收录到大会出版的赞美诗集，我会觉得这个人该去疯人院了。"[92]

犹太教改革派在其早期决议中表现了对政治犹太复国主义的反对立场。直到30年代中期，大会中的犹太复国分子认为自己有足够的力量推翻这一官方立场。1933年，美国拉比中央会议选举菲利克斯·利维任副主席，利维公开承认其犹太复国主义的身份。

1935年，他继任了主席的职位。在此之前，只有一届美国拉比中央会议的领导是由犹太复国主义者担任，从1909—1911年马克斯·海勒任主席期间到利维接管大会主席职务为止，改革派拉比中有一半的人数在某种程度上属于犹太复国主义者。[93]几个月之前，拉比爱德华·伊斯雷尔向他的全体同事传达了一项决议：让他们对巴勒斯坦劳动运动的方案和先知理想做出承诺。当时美国拉比中央会议共有401位成员，其中241位签署了决议。[94]反对者认为国外的犹太复国主义拉比不久将成为多数，因此他们竭力"按住盖子"。其中一人准备在1935年介绍一项决议，重申过去的反犹太复国主义思想。但是像费城的路易斯·沃尔西这样的反犹太复国主义者（他们仍然这样称呼自己）不再具备宣布自己立场的实力。他们只能妥协，从反对大会的立场改为中立。1935年，大会就对犹太复国主义的立场问题进行投票，结果是81∶25，改革派拉比采纳了这项决议，宣布"对犹太复国主义方案是接受还是拒绝，应该让大会的个别成员自己决定"，美国拉比中央会议"在犹太复国主义的问题上，不采取任何官方立场"。[95]主要的犹太复国主义组织为避免分歧，在宗教问题上保持中立，而改革派拉比现在认为在犹太复国主义问题上只有采取中立才能维持和谐的局面。

1935年召开的美国拉比中央会议例会上，宣读论文中有两篇是关于"以色列"的主题，以以色列为背景提议制定新的纲领。这两篇文章的作者分别是伊曼纽尔圣殿的塞缪尔·舒尔曼和克利夫兰圣殿的阿巴·希勒尔·西尔沃，舒尔曼当时71岁，既支持旧的古典改革派，也拥护新的犹太复国派，西尔沃当时42岁。[96]

在文章中舒尔曼像多数人一样对统一的人文主义加以认可，

328 其乐观前景激发了早期改革派的普世主义，但在1935年，人文主义受到严重的挫伤。自由和民主在世界范围内处于防御状态，整个西欧弥漫着咄咄逼人的民族主义。但是舒尔曼也看到，这种令人悲痛的局面并不能改变以色列的本质属性，它仍然是具有普遍取向意义的宗教社区，或者按照舒尔曼的喜好，用希伯来语命名这一属性为"以色列民族精神"。这就意味着以色列的普通信徒只是"潜在的犹太人"，并不是与生俱来的。舒尔曼回应了纳克曼·科罗赫马尔的观点：如果以色列是不朽的，那是因为它存在的基础是"取之不竭的上帝"。打破犹太历史延续性的关键因素不是犹太教改革派，而是犹太民族主义，因为以色列取代了上帝的位置成为世俗主义崇拜的对象。舒尔曼认为犹太教改革派已经偏离了犹太的特性，并与许多年轻人进行了辩论。他非常赞同重新介绍特别典仪律法中的内容。在文章结尾处，他在某种意义上介绍了犹太复国主义的论调：

> 让我们派六七个年轻人去往巴勒斯坦把犹太教进步派的信息带来……也许正如巴比伦的希勒尔把当时的重要知识交给巴勒斯坦人一样，我们也将有价值的内容传授给现代的巴勒斯坦独立民族主义者。我们的目标是不要分离，要承认巴勒斯坦对于以色列成千上万弟兄们的价值。让我们携手并肩，共同为定居在此而努力吧，让我们勇敢地坚持这一真理：以色列不会像其他的异族人那样成为亵犹分子，但无论过去，还是现在，或者未来，如果以色列存在的话，将永远是上帝的见证人。[97]

简言之，舒尔曼要改变犹太的使命：将犹太复国主义实践与改革精神合二为一。

阿巴·希勒尔·西尔沃提出了相反的意见，一方面，他是一位忠心耿耿的改革派拉比；另一方面，他还是一位军事主义的犹太复国者。[98] 他出生于立陶宛，来自东欧的穷人家庭，在辛辛那提市的希伯来联合学院接受大学和祝圣礼等方面的世俗教育。从希伯来联合学院毕业后两年，西尔沃成了克利夫兰圣殿的拉比，克利夫兰圣殿是主要的改革派圣会之一。他威风凛凛，颇具威望，成为名副其实的圣会领导人。普通信徒尊重他，以他为荣。西尔沃行为拘谨，端庄高贵，严于律己，与圣会成员保持一定的距离，几乎很少有人真正了解他。与所罗门·弗瑞夫一样，西尔沃并没有把大量的时间用于履行教士的职责，尤其是在最忙的年份里。然而在宣教时他几乎没有缺席过，而且还积极布道，他主持的星期日上午礼拜仪式，每次都能吸引上千名犹太人和异邦人。在这位第三代拉比的身上，宗教成了他的犹太身份，他"首先是拉比西尔沃"，舒尔曼也是如此。

阿巴·希勒尔·西尔沃还是一位犹太复国主义分子，11岁时，他和哥哥在纽约成立了赫茨尔锡安山俱乐部，他在希伯来语和意第绪语的环境下长大，30岁之前，他已经是一名犹太复国主义的演说家。西尔沃激进好斗，随着希特勒势力的崛起，他在美国积极组织抵抗纳粹货物的联合活动，引起了不少争议。后来作为美国犹太复国主义的主要领导者之一，他认为史蒂芬·S.怀斯对罗斯福总统的信任以及恰伊姆·威兹曼对英国善意的信任只是一种幻想。西尔沃坚信犹太人应该发挥他们自己的政治权利，否则会被敌人踏在脚下。

329

阿巴·希勒尔·西尔沃　　　　　　　　史蒂芬·S.怀斯

西尔沃在1935年发表的文章是对《匹兹堡纲领》和犹太教古典改革派进行的学术抨击。根据先知的理解，犹太人的离散并不是一种福祉，而是一种悲剧；以色列的使命并不是精神发展的更高阶段，只是"一种高贵的理想补偿"。改革派提出了普救论，期望能让全世界的人们改变信仰，与其说是先知的愿望，不如说是圣保罗的意图。西尔沃既没有完全摈弃使命的观点，也没有放弃普世的弥赛亚理想，他拒绝将任何一种观点看作是犹太民族主义的替代品。最后他得出结论："我们民族的宗教领袖今天应该强调犹太生活和命运的全部方案：宗教道德价值、普世概念、授职使命以及犹太民族自身和所有的民族期望。"[99]西尔沃认为，他们的

330

宗教是犹太人的"最高成就",如果剥离了形式上的模式,会使犹太人和犹太教几乎没有生存的可能性。两年后,在《哥伦比亚纲领》有关以色列的政策上,美国拉比中央会议按照西尔沃的意思,从总体上确认了犹太民族主义的理想。

改革派中的普通信徒也改变了立场,有数千人加入了犹太复国派拉比领导的圣会。1930年,大城市中的家庭有1/5拥有美国犹太复国主义组织或哈达莎①(Hadassah)的成员。[100] 无疑这种双重忠诚的谣传让一些人感到烦恼,对于另一些人来说,到30年代纳粹威胁的阴影已经掩盖了这种担心。有着德裔犹太背景的人们认为在美国拒绝德裔犹太移民的时期,非常有必要为他们在巴勒斯坦寻找避难所。19世纪界定的犹太教定义非常严格,因此成为改革运动的一部分内容,来自东欧的一部分改革派犹太人在二三十年代就参加了运动,但是他们并不接受对犹太教定义进行改革。1927年,大卫·菲利普森发现辛辛那提市其他圣会的拉比们都是民族主义者,但是"改革派中大部分人仍然和我站在一起"。1931年,路德维希·沃格斯坦在两年一届的联盟理事会上讲话:现在美国希伯来圣会联盟在犹太复国主义问题上存在严重的分歧,他恳求代表们不要提出此类问题,以免会产生有碍于执行联盟宗教和教育方案的纠纷。[101]

但是,像大会一样,联盟早期也对出书表示过反对。除非对改革派的普通信徒仍然反对犹太复国主义的事实加以强调,否则无法完全避免此类问题。在美国拉比中央会议采纳《哥伦比亚纲

---

① 美国妇女拥护犹太复国主义的组织。

领》之前，1937年冬天召开了两年一届的美国希伯来圣会联盟理
事会，会上提交了一份支持犹太复国主义的决议，呼吁成立犹太
国家。部分内容如下：

> 当大多数犹太人需要一个充满友善的庇护所和他们理想
> 中的精神文化中心家园时，我们看到了上帝之手为犹太民
> 族打开了巴勒斯坦大门。所有的犹太人抛开思想上的差异
> 团结在一起，共同在巴勒斯坦建立自己的家园，我们也应
> 该一如既往地对巴勒斯坦的重建工作给予经济上和道德上
> 的支持。[102]

这一决议在未经讨论也没有记录投票的情况下就被采纳了。同年
辛辛那提市的律师罗伯特·P.戈德曼成为领导美国希伯来圣会联
盟的首位犹太复国主义积极分子。

到30年代末期，反对犹太复国主义的拉比们感到受排挤。一
些年长者甚至不再参加美国拉比中央会议的例会。[103]双方进入了一
段休战时期，令人感到不安。联盟和大会都不赞成建立犹太国家，
因此在具有争议的政治犹太复国主义议程上都没有签署。在这一
问题上，联盟并没有改变最初的立场，美国拉比中央会议宣布中
立。但是当时詹姆斯·海勒是狂热的犹太复国主义分子，1941年，
他担任美国拉比中央会议的主席职务，坚决把犹太复国主义目标
置于大会的首位。同时军事犹太复国分子开始叫嚣成立独立的巴
勒斯坦犹太人战斗小组，将来会为盟军服役。

海勒的任职和犹太武装军队的骚动导致在1942年美国拉比中

央会议上爆发了激烈的辩论，迫使非犹太复国主义分子也采取了激进的行动。33位犹太复国主义拉比支持授予巴勒斯坦犹太人口建立军队的特权，以便他们做出为自己旗帜而战的决议。决议委员会提出一项替代决议，命名为"为保卫祖国而战的机会"。原始决议的通过意味着提议获得了支持：赋予巴勒斯坦犹太人一项政治主权——得到认可的军队可以挥动自己的旗帜以及增加战后进行讨价还价的筹码。替代决议本质上毫无意义，因为根本没有提及犹太军队事宜，15000名巴勒斯坦犹太人是以个人的身份加入了英国军队。

被推迟的政治犹太复国主义的战役最终在美国拉比中央会议上爆发了。大会采纳了最初的决议，就等于解除了1935年的中立协议，海勒说虽然时代改变了，也不会因此而做出违反常规的事情。讨论期间，反对原始决议的人们指出，很多普通信徒不会支持美国拉比中央会议提议的行动，这会"深深地伤害了我们圣会中良好的宗教精神"。所罗门·弗瑞夫曾经担任过调停者，他不希望发生这些事件。但是到投票的时候，原始决议却以64：38的结果通过。[104]因此会议对政治犹太复国主义的最高理想予以支持，那些坚决反对成立犹太国家的人士别无选择，只能脱离组织。

还有一部分改革派普通信徒对美国拉比中央会议的决议感到非常气愤，其中一位是来自纽约伊曼纽尔圣殿的刘易斯·L. 施特劳斯（Lewis L. Straus），他说服资深拉比塞缪尔·戈德逊采取行动。戈德逊是美国拉比中央会议的前任主席，当时在费城会见了罗德福·沙洛姆（Rodef Shalom）圣会的拉比路易斯·沃尔西（他是上一届大会的主席）和科尼瑟斯-以色列圣会的威廉·H. 凡士瑞泊（William H. Fineshriber）。[105]这三位领袖将在亚特兰大"与非犹太复国主义改革派拉比会晤讨论全世界紧急情况下犹太教和犹太人面临的问题"。[106]他们三位与20位同事一起向160位拉比呼吁，希望这些拉比能给予他们最大限度的支持。在了解了他们的意图后，詹姆斯·海勒千方百计地阻止他们参加会晤。他给美国拉比中央会议写信证明他在例会中采取的行动是正当的，并且还指出不采取行动会导致背负分裂教会罪这一可怕的后果。他与美国拉比中央会议的副主席所罗门·弗瑞夫一起会见了沃尔西和戈德逊，并商议解决事宜。海勒提议如果反对此事的拉比取消会晤，到时候他会提出一项次要法规，让犹太复国主义问题的中立立场成为永久性法规；不仅如此，他还认为采纳犹太人成立军队的决议是错误的。由于拒绝提议从会议记录中删除成立军队的决议，他提出的妥协方案也没有通过。

　　1942年5月，美国拉比中央会议结束后的两个月，世界各地的主要犹太复国主义领袖在纽约的比尔提默酒店（Biltmore Hotel）聚集一堂，他们通过了一项方案，有史以来这是首次共同致力于把巴勒斯坦转变为"犹太联邦"（这一名称比起"犹太国家"来，挑衅性较轻）的运动（犹太复国主义者在这一问题上都曾经产生过分歧！）。到非犹太复国主义拉比在6月初会晤时，比尔提默方案已经深入人心。现在犹太复国主义意味着犹太主权，但是美国政府并不支持这一立场，还有些异邦人认为这一立场会影响犹太人对美国的忠诚。

　　亚特兰大会议的与会人员有35位，会议出台了一份声明，后来又进行了修订，得到了中央会议1/5成员、近90位改革派拉比的签字。声明表达了准备为巴勒斯坦的"弟兄们在经济、文化和精神建设方面提供无私的援助"。但是却使签约人忽视了"犹太复国主义方案中最重要的政治重心"。声明还提到:"我们只能相信犹太民族主义会使我们的同胞迷惑了自己在社会中的地位和作用,而且还使我们的注意力从历史角色转移到我们所居住的宗教社区"。其中一位签名者,朱利安·摩根斯坦对这一声明非常满意,并把它送到希伯来联合学院的教职员工那里,建议他们根据自己的意愿进行签署。[107]

尽管声明语气很缓和,但还是引起了不少人的愤怒。三个教派中的700多名拉比签署了一份反对决议,其中包括美国拉比中央会议主席詹姆斯·海勒。随着普通信徒逐渐加入反对派拉比,一个被称作犹太教美国理事会(American Council for Judaism)的永久性组织成立了。现代拉比的奠基人逐渐退出这一组织,因为他们相信这些狂热的普通信徒支持者更多地关注展现美国性而不是坚守宗教理想。尽管如此,犹太教美国理事会在一段时间内对改革派机构来说构成了极大的挑战,其拉比成员不再支持美国拉比中央会议,普通信徒成员曾经是美国希伯来圣会联盟的主要捐献者,而如今将犹太教美国理事会当成捐献的对象。很多地方的改革派圣会分裂为对抗性的犹太复国派和犹太教美国理事会派,拉比有时是一方的党羽,有时竭力充当调停者。理事会在南部和西部势力特别强大,在得克萨斯州和加利福尼亚州最为成功。[108]领袖们宣称犹太教美国理事会代表了"美国最大多数改革派犹太人的主要信念"。事实上,理事会从未实现过大多数人的理想,但是早期它对改革派的团结构成了极大的威胁。

到1943年6月美国拉比中央会议召开大会时，派系之间的界限已经非常明确。海勒的主席就职演讲与之前的演说大不相同，他非常激进地支持犹太复国主义。他指控犹太教美国理事会的拉比在世纪之交再次提到了改革派的思想，还有在令人绝望的时刻搞乱了形势。大会重申了1935年的中立决议，明确地摈弃了犹太教美国理事会关于犹太教改革派和犹太复国主义在本质上互不相容的论点，并且呼吁"已经危及大会团结"的理事会成员解散这一组织。[109]

美国希伯来圣会联盟没有通过成立犹太军队的决议，但是1943年的确加入了处理欧裔犹太人和巴勒斯坦问题的美国犹太大会。在阿巴·希勒尔·西尔沃发表了说服性的演说后，大会通过了一项决议，号召建立犹太联邦，非犹太复国主义的美国犹太委员会（其主要成员是改革派犹太人）退出了联盟。美国拉比中央会议代表们支持了巴勒斯坦决议，美国希伯来圣会联盟的代表们则选择弃权，因为他们需要征求执行委员会的决定。美国希伯来圣会联盟受到的压力越来越大，想退出美国犹太委员会，但它仍然批准了大会的大部分声明，但是为了团结起见，在有关巴勒斯坦决议的问题上没有采取行动。这一妥协行径激怒了个别的支持者和整个圣会，他们抗议联盟没有与美国犹太大会断绝关系，这说明联盟虽然没有明确表示，但是心照不宣地默许了犹太复国主义的立场。路易斯安那州的巴吞鲁日圣殿（Baton Rouge）甚至威胁要在1885年《匹兹堡纲领》基础上成立改革派圣会的新联盟。但是现在由拉比莫里斯·艾森德斯领导的联盟不愿意与当时主要的美国犹太人决策机构脱离关系。再次出现的孤立状态将和当前犹太教改革派的推力背道而驰。[110]

在得克萨斯州的休斯敦，贝斯·伊斯雷尔（Beth Israel）圣会内部发生了拉比叛乱，该圣会曾经是休斯敦唯一的改革派圣殿，规模较大，领袖是受人尊敬的著名德裔犹太人，圣会最近吸纳了很多有犹太复国倾向并且喜欢传统做法的东欧犹太人。领袖们开始担心这些新生力量有朝一日会以多数票击败自己，然后改变犹太的基本特点。为了预防这一可能性，1943年11月23日领袖们召开了一次特殊的圣会会议，通过了一项决议，内容是划分新旧两类成员。想参加投票的新成员必须签署一系列原则，承诺自己要忠于古典改革派。部分内容如下：

> 我们不再认为自己是一个民族，我们是一个宗教社区，既不祈祷也不希望回归巴勒斯坦，也不会恢复任何有关犹太国度的律法……我们只认可摩西立法和先知知识的道德律法具有约束力……我们将保留并使用与我们宗教礼拜仪式有关的仪式，也许圣会有时会赞同这些内容，它们以其有效而美丽的形式象征着我们的信仰原则，与我们时代的进步和自由精神相适应。

圣会的领导也摈弃了犹太教改革派对种族正义的承诺，并且指责他们的副拉比罗伯特·卡恩（Robert Kahn）不应该批评美国红十字会区分白人和黑人的血缘。此后不久，他们为自己找到了一位新的资深拉比，他会积极支持他们的观点。贝斯伊斯雷尔对孤立的现象非常不满，因此鼓励其他圣会采取类似的原则。在抗议声四起的情况下，领导者们进行辩论：改革运动背叛了盖格、侯德海姆、艾因霍恩和怀斯的传统轨迹。他们抨击美国希伯来圣会联盟处于美国犹太大会的内部并且发行加莫伦的民族主义教材，还抨击美国拉比中央会议通过了成立犹太军队的决议以及在新修订的祈祷书中增加犹太复国主义的礼拜仪式，指责希伯来联合学院在招收学生时对希伯来语的要求太多，在课程中没有提供足够的改革派历史和思想方面的内容。[111]

　　美国拉比中央会议的现任主席所罗门·弗瑞夫指出贝斯伊斯雷尔圣会的成员没有真正地了解犹太教改革派的性质。美国希伯来圣会联盟站在自身立场上做出回复来捍卫自己的行动。但是这些答复相对来说比较温和。史蒂芬·怀斯发表了一篇名为《休斯敦耻辱》（The Shame of Houston）的社论，虽然不算典型，但是言辞极为严厉。他提到"犹太大调查"是"当地的精神病态现象"，是"反对犹太性的懦弱行为，非常可憎"。[112]休斯敦圣会和犹太教美国理事会引起了众怒，并不是因为他们支持一种过时的思想，而是因为他们是在进行破坏，对犹太民族构成了严重的威胁。[113]1944年，美国犹太领袖陷入绝望，几百万犹太人在欧洲惨遭屠杀，巴勒斯坦的大门几乎关闭。尽管美国犹太领袖竭尽全力，还是无法拯救自己兄弟姐妹。犹太教美国理事会反对圣会委员会中的犹太复国主义，并在媒体上发表了自己的观点，休斯敦圣会向全世界宣布真正的犹太教是排斥民族主义的，他们的这些做法相当于扼杀了那些试图寻找安全避难所来躲过希特勒屠刀的犹太人的梦想。他们的立场也导致对方因受挫而做出过度反应，弗瑞夫相信双方都非常绝望，1944年，他对美国拉比中央会议说：

我们知道数百万人死去，却无能为力。在兄弟们最需要我们的帮助时，我们令他们失望了。这一切让我们感到极大的挫伤，带给我们无比的痛苦，令自己也难以预料，也许这就是我们为什么互相怨恨的原因，我们在无助、愤怒中相互指责，我们必须承认这都是无济于事的。[114]

犹太教改革派内部爆发的犹太复国派和反对派之间的战争就源于这种不正当的愤怒。

战争结束了，面对不可挽回的损失，人们悲痛不已，不再相互揭丑，美国也认可了建立以色列国家的提议，一方面解决了犹太复国主义的基本问题，同时美国理事会的地位也随之降低，休斯敦圣会也不再提起自己的原则。显而易见，双方对犹太教古典改革派的现状做出了最后的评判：古典改革派的力量多年以来一直在衰退。从二战开始出现的改革运动在根本上和一战结束后的改革运动是不同的。最著名的拉比是美国犹太教最早的领导，他们重新整合了曾经抛弃的传统，并且教育年轻一代要把自己看作是完整民族的一部分。但从数量上看，美国改革运动的规模相对较小。改革运动在二战结束后才进入了蓬勃发展的阶段，尤其是在郊区，此外，改革运动的发展壮大也是对美国宗教复兴的一种回应。

# 9. 国际运动

## 犹太教进步派的世界联盟

第一次世界大战爆发前的20年间，欧洲改革运动中出现了新的生机。德国自由派在全国范围内成立组织，像赫尔曼·科恩、利奥·拜克和马克斯·维纳这些人成为新一届的思想领袖，这是自19世纪上半叶以来最有水准的一届领袖。英国和法国也成立了自己的自由派圣会，他们所采纳的宗教改革方案高度一致，大大超过了英国改革派的伦敦西部犹太圣堂或在审美方面受到同化的法国宗教法院犹太圣堂。将欧洲和美国的代表召集起来、组织国际运动的时机已经成熟。成立国际联盟不仅能够建立更广泛的团结战线加强改革派的力量，还能为那些没有成立自由派圣会的国家提供信息渠道。

就在一战前夕，1914年的秋天，德国自由派举行例会，邀请了法国、英国和美国的自由派代表参加，旨在为"成立永久性的自由派犹太人联盟"商量如何采取首要的步骤。[1]但是由于战争的爆发以及后续关系的紧张阻止了联盟的成立，又过了12年，直到1926年，以蒙蒂菲奥里、蒙塔古和马塔克为首的英国自由派在伦敦筹划大会，开始将改革运动酝酿成为一场世界性的国际组织运动。

首次会晤及以后的会议是为了让与会者感受宗教和思想的国际氛围。国际联盟领袖中选举一名思想见解周全的代表发表了演讲,针对犹太教自由派教义遭到的批判做出了回应,并阐述了犹太教自由派与现代思想和生活的关系以及对于个人的宗教意义。代表团有英国自由派(英国改革运动是后来加入的)、德国自由派和美国改革派以及来自其他地方的个人代表,这一切显示了国际联盟的强大阵容,给代表们留下了深刻的印象。他们汇报了各自国家的运动现状和历史,并且宣布支持莉莉·蒙塔古提出的反对犹太唯物主义和漠视宗教的战争。代表们拥有一致的目标,因而心中充满了欣喜和期望,但在一次分会上提出犹太复国主义这一有分歧性的问题,代表们的欣喜之情被一扫而光,但这种场面仅仅持续了几分钟。会议召开之前,拉比史蒂芬·S.怀斯就写信给莉莉·蒙塔古,告诫她不要在大会上攻击犹太复国主义。[2] 会议召开以后,克劳德·蒙蒂菲奥里真诚地建议代表们回避有争议的问题,绝大多数情况下代表们也是这么做的。但是英国的自由派部长莫里斯·L.匹兹维格(Maurice L. Perlzweig)是一位积极的犹太复国主义分子,尽管有约在先,他还是提出了这一问题,希望反对犹太复国主义的运动绝不要影响到东欧。怀斯本人加入了辩论,宣布犹太教自由派和犹太复国主义并不是互不相容的。但是大会的主席——拉比伊斯雷尔·马塔克宣布会议要求完全避开这一雷区,不要在犹太复国主义问题上发表官方的立场,他请求犹太复国主义分子和反对者们"不要谈论这些问题,以免搅坏了第一次国际会议"的气氛。[3] 尽管有的人对这项规定不满意,犹太复国主义自此以后成为一个避而不谈的问题。直到1937年国际大会通过了决议才终结了世界运动在犹太复国主义问题上的中立立场，大会承认巴勒斯坦是大多数德裔犹太人逃离纳粹压迫后抵达的家园，这一点极为重要，继而成立以色列国家。像蒙蒂菲奥里和蒙塔古这两位真正虔诚的个人所设想的那样，世界运动的目的是保持纯粹的宗教性。

1926年大会取得的最大成就在于组织性。例如20年前成立的犹太宗教联盟，这一组织是在莉莉·蒙塔古的督促下制定了实际的方案：建立永久性联盟为已经开展起来的运动以及有希望萌发运动的地方提供服务。来自不同国家和使用不同语言的代表们对"改革派""自由派"等术语的意义进行了激烈的讨论，经过投票，新组织被命名为"犹太教进步派世界联盟"（World Union for Progressive Judaism）。克劳德·蒙蒂菲奥里任第一届主席，莉莉·蒙塔古任荣誉秘书和主要组织者。

首次伦敦会晤后过了两年，1928年，世界联盟在柏林召开首届官方会议，这次会议在世界联盟的早期历史上影响重大。代表们身着正装参加会议，开幕式在装饰华丽的大厅内举行，这里曾经是普鲁士的上议院。然后在宏伟的旧式新犹太圣堂做礼拜，莉莉·蒙塔古走上柏林改革派圣会的讲坛，她是德国犹太圣堂历史上首位女布道者。会议最重要的部分是利奥·拜克所作的报告，题为《犹太教自由派给当代犹太人的启示》（The Message of Liberal Judaism for Today's Jew），非常精彩。[4]拜克告诉代表们启示不在任何布道中，而是存在于个人心中；不在于使犹太教与时俱进，而是为了帮助治理上帝国家的世界秩序而与时代逆行。19

世纪的犹太教过于关注一致性，关注在他人面前的形象而不是内 337
在的本质。现在应该扔掉这面镜子，关注自己的实质。真正的自
由主义是集中的犹太教，一种严肃对待自我虔诚的宗教。这样的
宗教总是会将精神上的弥赛亚与物质上的存在相对立、未来与现
在相对立、未实现的伟大理想与世间百态相对立。他敦促代表们
"着手创造未来"，而代表们也将永远记住这些话。

伊斯雷尔·马塔克、莉莉·蒙塔古和利奥·拜克

　　柏林会议结束后不久便发生了席卷全球的经济大萧条，随之
而来的是纳粹主义的崛起。世界联盟诞生不久，却面临着资金枯
竭、援助减少的困境，四面受困的德国成员无力支持。早期预
算中的1/4来自蒙蒂菲奥里的私人捐助，1/2来自美国希伯来圣
会联盟和美国拉比中央会议的捐助，所有加在一起不足1400英
镑。从一开始，犹太教进步派世界联盟就属于小本经营，是一
个"侏儒"组织，像后来主席所指出的那样，世界联盟的理想非
常远大，然而资金却非常匮乏。其资金主要用于扩大犹太教进步

派的影响力：将犹太教进步派势力延伸至那些根基不牢但又对此感兴趣的国家。如果前景看好的话，世界联盟会派代表去帮助组织当地的改革者并且向精神领袖提供启动资金。这种"说服改变信仰"的行径一开始就遭到了猛烈的抨击，抨击者包括正统派人士，因为世界联盟的做法让他们感到明显地受到了威胁；还包括改革派犹太人，因为改革派认为这种行为会损害他们与传统派犹太人的关系。犹太教进步派世界联盟的领导者们因此不得不忍痛割爱，只对那些已经存在的或者正处在组建过程中的组织提出的要求做出回复。[5]他们发展的重点对象是那些还没有加入联盟的犹太人。

对于美国犹太教改革派来说，世界联盟是一个遥远的实体，大部分圣会成员意识不到它的存在。而在德国、法国和英国，世界联盟作为一个重要的联系手段，将欧洲自由派中势力相对弱一些的力量联系在一起，向他们灌输统一目标的意识。德国的犹太教自由派尤其需要这样大型的、严格的宗教体系。世界联盟在一战期间成立，已经失去了战前的动力。1916年，反犹主义有所抬头，犹太人因为没有像其他民族一样参加前线的战事而受到怀疑，之后又成为德国战败的替罪羊。尽管魏玛共和国给犹太人更多可以参加公共生活的机会，但接下来的几年中反对歧视、诽谤的战争成为犹太人的头等大事。在这场持续的抵抗运动中，自由派犹太人指责犹太复国主义分子破坏了他们的事业。拥有37个地方政治集团的自由派国家组织决定首先要根除犹太复国主义，其次致力于自由派宗教的进步事业。自由派创办的周报《犹太自由报》（*Jüdisch-Liberale Zeitung*）就反映了这一优先意识。志愿者向犹太防御组织"中央联盟"(*Central-Verein*)捐款。美国自由派犹太人隶属于独立的改革派圣会,而德国的自由派犹太人只是社区的一部分,在整个社区中,自由主义者只是一个派别。他们的特别身份只在社区选举时出现,他们的依附关系不需要包含在实体的联盟中,也无需宣誓忠诚。自由主义者当中只有少数个人愿意为犹太教自由派的宗教价值牺牲时间和金钱,包括几位拉比和一小部分普通信徒。自由派犹太人只是在种族纽带上和犹太同胞有着模糊的联系,在德国学校开设的宗教课程中学了少量的犹太教知识,因此他们对宗教缺乏热情。自由派犹太圣堂一年到头几乎冷冷清清,通婚比例剧增,已经危及了群体的生存。[6]

汉堡圣殿的礼拜仪式在改革的过程中逐渐趋于传统和希伯来文化的特点,为了满足各种实用性的目的,它不再是严格意义上的自由派犹太圣堂;而柏林改革派圣会出于对其成立者的虔诚考虑,在改革过程中严格地遵循了激进主义做法。大约500名成员继续在星期日上午做礼拜(尽管周五晚上也做礼拜),使用的祷告文中整整含有39个希伯来语单词,全年使用的祈祷书只有63页内容。[7]对自由派犹太圣堂来说,他们继续使用各种各样的祈祷书,直到1929年出现了共同的礼拜仪式才固定了祈祷书的使用,这种礼拜仪式按照美国的标准仍旧很传统。[8]到20年代末,周五晚上做礼拜的习俗传到了柏林和其他的一些城市。但是在20世纪30年代,德国犹太教自由派在柏林仍然只有一座犹太圣堂,男士和女士的坐席是不分开的。[9]

"经济状况良好的老牌犹太中产阶级"是犹太教自由派的主要支柱,但是大萧条使他们遭受了经济塌陷。面对更加严峻的反犹主义，自由主义者对宗教的关注度减少，反而增强了自己的犹太防御意识。[10]具有讽刺意味的是，在希特勒时代，这种情况正好相反。自由派现在也不得不承认自己的政治方案已经破产。大部分自由派犹太人被否定了德国身份，于是着手强化自己的犹太性。坚持早期思想时间最长的是柏林改革派圣会，其宣教士始终坚信一切都没有改变，秉承"爱国主义是宗教"的观点。他们仍然反对犹太复国主义，对德裔犹太人发生的变化视而不见，仍然幻想着在自己的国家犹太教会拥有美好的未来。但是，自由派犹太人很快又改变了方向。他们的主要领导人利奥·拜克承担了一项苦恼的任务，引领代表所有德裔犹太人的联合组织反对纳粹政府。柏林神学院成为史无前例的成人教育规划中心，海因里希·斯特恩是自由派普通信徒中最重要的领袖，他呼吁在宗教实践中要更加严格，并与犹太复国派进行妥协，扩充了希伯来知识。[11]曾经废弃的自由派犹太圣堂逐渐恢复了定期满员的状况，因为受迫害的犹太人把它作为安全"避难"的场所并再次肯定了它们的价值。有才华的年轻拉比们也是犹太复国主义者，他们的宣教非常戏剧化，当敌人出现时，尤其是伪装成法老或腓力斯人的纳粹敌人，以色列会依然存在，但是这些思想无法愚弄那些定期出席的盖世太保[①]（Gestapo）。公共的逾越节家宴和普林节庆祝具有极为重要的意义，吸引了不计其数的犹太人，有的都找不到坐席。当独唱者唱到《以斯帖记》中恶棍哈曼的名字时，大家仿佛听到的是"希特勒"，嘈杂声震耳欲聋。[12]但在1938年11月9—10日的水

---

①　德国纳粹秘密警察。

晶之夜事件[①]（Night of Broken Glass: *Kristallnacht*）中，德国几乎所有的犹太圣堂都毁于一旦。德国犹太教气数已尽，曾经是改革运动最顶峰的国家现在却处处弥漫着毁灭的迹象，德国犹太教自由派竟然在自己的国土上被消灭了，只有那些从大火中逃出的难民才躲过了一劫。

法国和英国的犹太教进步派在两次世界大战期间取得了一定的进展。由拉比路易斯－耶门·利维领导的自由以色列联盟的成员数量有了一定的增长，包括一些俄国人、波兰人和东方犹太人。犹太圣堂的坐席也增加到了450个，他们还发动了一场小规模的青年运动。但在法国，大部分人对宗教的态度非常冷漠，就像二三十年代欧洲和美国的情况一样。[13]在英吉利海峡对岸的英国，犹太教自由派在伦敦有了长足发展（其主要的犹太圣堂现在是大不列颠岛上最大的圣堂），到1928年，其势力延伸到了英国首都之外。英国犹太教改革派的发展更为成功，最早在布拉德福德和曼彻斯特成立起自己的圣会，但伦敦的改革派势力发展不及自由派。1930年，改革派和自由派各自组织中的男性成员数量悬殊，改革派有750位，自由派有1250位，加在一起占犹太总人数的1/6。30年代末期，自由派拉比和来自德国的普通信徒开始大规模移民到英国，有的还成立了自己的圣会，这给两场运动带来了新的活力，尤其是改革运动。到1940年，两场运动所涉及的家庭成员数量已经达到6000。1923年改革派运动设置了男女混合坐席，1928年对礼拜仪式从思想上进行了更加激进的修订，英国犹太教改革派和

---

① 希特勒青年团、盖世太保和党卫军袭击德国和奥地利犹太人的事件。

自由派的差距缩小，为英国改革派1930年加入世界联盟打下了坚实的基础。[14]

　　改革派扩展势力的最大潜在区域是东部，即俄国和波兰犹太人之中。前面的章节中提到在19世纪中期，俄国有一部分马斯基尔坚决主张要对犹太律法进行改革，许多城市的圣会对宗教礼拜仪式进行了修改，然而并没有将思想改革坚持下来。19世纪末，东部犹太社区被分隔成几个激烈竞争的教派：正统派、民族派和社会派。两次世界大战期间，波兰的几座大城市的确拥有现代化的犹太圣堂，被称作"进步"或"德国"犹太圣堂。那里举行的礼拜仪式严格恪守犹太教规，具有启发意义的布道是用波兰语或者德语进行的。在伦贝格①（Lvov），有的犹太圣堂使用管风琴，女孩可以接受成人礼，采用简化的礼拜仪式。一战后德国割让给波兰一部分领土，居住在此的德裔犹太人仍然恪守自由主义思想，但是大部分有钱的、被同化的波兰进步人士并没有参加世界运动的意识。[15]

　　世界联盟成立不久便决定对波兰犹太人的宗教情况进行一次调查，在柏林大会上代表们听到了一位波兰与会者的呼声："我们需要一项真正的使命，我们需要能带给我们自由主义的外界人士。"1929年，犹太教进步派世界联盟将梅尔·拉斯克（Meir Lasker）这位精通希伯来语和意第绪语的年轻改革派拉比派到大城市中进行了数月的工作，让更多的当地人了解世界联盟并产生兴趣。尽管拉斯克的访问花费了当年世界联盟预算的1/3，但是没有

340

---

　　①　乌克兰的利沃夫城。

取得良好的效果。受启发的犹太人对犹太文化和现代犹太研究更感兴趣，他们并不喜欢宗教意义上的犹太身份。世界联盟虽然不愿放弃努力，但是这种资金支出的前景并不乐观。[16]此外，其他国家的机会看起来会更多。

　　在没有发动改革运动的欧洲国家中，荷兰成功的可能性似乎最大。联盟找到了几位感兴趣的人士，于1930年1月邀请莉莉·蒙塔古做讲座。将近年底时，拉比拉斯克在海牙安顿下来，开始定期举行礼拜仪式。拉斯克虽然只待了几个月的时间，荷兰进步党不顾正统派的强烈反对，于1931年成立起"由荷兰自由派犹太人组成的"联盟，到1932年，海牙和阿姆斯特丹已经确立了定期举行礼拜仪式的制度。当时总共有136名成员，其中一部分是犹太复国主义分子，还有一位成员是荷兰犹太复国主义报纸的编辑，海牙圣会甚至使用"巴勒斯坦式的"希伯来发音。德国犹太难民从1933年开始涌入荷兰，这大大加强了圣会的力量。到30年代末，阿姆斯特丹的175个圣会附属家庭中只有20%来自荷兰本土，圣会发展迅速，1937年世界联盟在阿姆斯特丹召开大会，此次大会是犹太教进步派在两次世界大战期间在欧洲扩展自己势力的表现，既是第一次也是唯一一次成功的实例。[17]

　　欧洲还有一个国家也成立了犹太教进步派，时间是在世界联盟成立之前。早在19世纪，瑞典的犹太人就效仿德国进行了宗教改革，19世纪50年代开始，哥德堡（Gothenburg）的主要犹太社区就引进了管风琴，其礼拜仪式是以德国自由派祈祷书为基础而制定的。改革派的礼拜仪式普及了瑞典的其他城市，成了整个社区的标准。因为这些社区必须要代表所有的犹太人，瑞典的进步派因其自由主义形式被排斥在世界联盟之外，但是在早期犹太教进步世界联盟大会上，有一位狂热的支持者就进步派的状况发表了一份报告，这份报告则代表了瑞典犹太教进步派和世界联盟之间的联系。[18]

## 国外的传播发展

毫无疑问，1926年世界联盟成立大会上有一位参会者非常瞩目，她就是利亚·杰拉德（Leah Jhirad）女士，代表"印度犹太教自由派"在大会上发言。她讲述了前一年孟买自由派建立的情况，孟买自由派以英国自由派为原型，所起的名字也相同：犹太宗教联盟。孟买联盟采用的也是英国自由派的祈祷书，定期举行安息日礼拜仪式，听英语或马拉蒂语（Maratti）的普通信徒布道。一些女人身穿白色的莎丽服，与男士们坐在一起，同唱旋律，其中一部分旋律在印度是没有听过的。圣会成员们共同学习，为孩子们举办希伯来语和宗教课程。圣会成员共有40位，分属17个家庭，大部分成员是来自欧洲的年轻专业人士，有些拥护者是古代本伊斯雷尔圣会中有教养的成员，尤其是后来的成员。从一开始，孟买的犹太教宗教联盟就是犹太教进步派世界联盟的固定部分，在没有拉比的领导下会尽可能地管理好自身，50年代末期和60年代初期建立起罗德福·沙洛姆圣会，圣殿在短时期发展迅速。60年代末期成员们纷纷移民到加拿大、澳大利亚和以色列，圣会随之衰落。[19]

不久，世界联盟的领导便看明白了形势，犹太教进步派最好的发展前景是在英帝国的其他部分——南非和澳大利亚。这两个地方都没有开展进步运动，而犹太人口却在不断地增长。1929年，希伯来联合学院的音乐教授亚伯拉罕·Z. 爱德逊（Abraham Z. Idelsohn）去约翰内斯堡探望兄弟，并利用这一机会做了一场关于犹太教改革派的讲座，南非犹太人开始对犹太教进步派感兴趣，并成立起临时委员会，向世界联盟寻求帮助，1933年，年轻的希伯来联合学院毕业生拉比摩西·赛勒斯·维勒（Moses Cyrus Weiler）被派往南非的首都。令人意外的是，维勒恰恰就是联盟适合的人选，面对正统派的敌意无所畏惧。他个性坚定，演讲天赋极高，组织能力强。这里的社区崇尚犹太复国主义和保守主义，但是维勒依然赢得了犹太复国主义者的信任，他非常明智地意识到激进的改革并不适合当地环境。南非犹太教进步派采用的是美国改革派的礼拜仪式和教育资料，带有犹太复国主义的倾向，并且侧重传统的内容。从一开始，男士和女士就座在一起，并不指定坐席，但是要求男士（女士）戴帽子，星期六上午大部分男士披着祷告巾。不久，这里每天都举行礼拜仪式，进步派的《实践指南》规定圣会没有禁用的食物，拉比不能在安息日的公共场合下吸烟。进步派不鼓励改变信仰的做法，否则越来越多的皈依者会成为"敲响南非改革运动的丧钟"。通婚情况下的孩子受过犹太教的教育，还需要改信犹太教，或者通过成人礼仪式，或者如果他们年龄稍长一些可以通过认证的方式，如果母亲是犹太人就符合条件，因为根据犹太律法的规定他们出生时即为犹太人。南非的犹太教进步派信仰宗教的传统思想，正统派也愿意进行改革，因此犹太教保守派在南非得不到发展。[20]

美国犹太教改革派孕育的社会正义热情在种族隔离程度严重的情况下常常遭遇挫折。1945年，为了缓和政府对圣会的排斥，维勒敦促圣会在约翰内斯堡的亚历山德拉镇为当地的孩子资助建立一所学校，亚历山德拉镇是一个贫困地区。就力所能及的范围而言，犹太社区和拉比只能进行这样的社会福利工作，或者与基督徒一起对特殊行为进行谴责并发表联合声明。1955年，另一位进步派拉比公开谴责政府政策，不久他在南非的地位就动摇了。[21]

1946年，约翰内斯堡进步派圣会自诩拥有3000名成员，20年之后，犹太教进步派南非联盟在南非的12座城市都拥有犹太圣堂，1955年，圣会拥有大约8000个成员家庭，占联盟犹太人的15%—20%。这一比例并没有继续增长，显而易见这与大不列颠的情况相似，有势力的正统派和首席拉比不需要正统派的实践就已经拥有社会名望。1956年，维勒离开南非去往以色列，白人和黑人之间紧张关系的加剧，继而造成犹太人不断移居他国，拉比难以长久定居于此，种种因素使得进步派社区开始衰败。到70年代中期，其未来的预期理想变得虚无缥缈。[22]

澳大利亚的犹太教进步派在很多方面和南非的发展情况非常相似，当地对进步主义滋生的萌芽感兴趣，世界联盟对此做出反应，通过确保有效的拉比领导推动了运动的发展，使运动生根。澳大利亚的犹太教进步派取得成功的原因之一是相对的保守。最初和艾达·菲利普斯（Ada Phillips）这个名字有关，这位年轻的澳大利亚女士在1928年去伦敦时会见过马塔克和蒙塔古。回到澳大利亚后，她在墨尔本宣传进步思想，激起了当地人对进步主义的兴趣，世界联盟做出回应，派美国拉比去支持，并提供首批薪水。但是艾达·菲利普斯这一首位拉比具有激进主义的倾向,墨尔本的大部分自由派核心人物并不希望完全脱离传统。后来世界联盟派去了德国自由派拉比赫尔曼·桑格(Herman Sanger),他曾是1936年逃往伦敦的一位难民,这时改革派开始取得真正的进步。桑格与维勒一样是一位极具人格魅力的领导,他的学术资质非常优秀,在讲坛上的口才极佳,主张犹太复国主义,更重要的是,他喜欢外部可见的实践形式保持传统的特点,就像是德国自由派的做法。随着德国难民的涌入,自由派的选民人数增加,墨尔本的贝斯伊斯雷尔圣殿实行了男女混合坐席的做法,并采纳了《联盟祈祷书》,但是和南非一样,还保留着戴卡巴①(*kipah*)和祈祷巾的习俗。许多圣会人员不吃《圣经》上禁止的食物。澳大利亚犹太教进步派在对改变信仰者的政策方面有所不同。与英国和南非一样,正统派并不鼓励改变信仰,与犹太律法规定一致,绝对排除以婚姻为目的的情况,澳大利亚的进步派欢迎皈依者的加入,尽管经验证明这部分人很少成为社区的积极分子。进步派拉比并不主持通婚仪式,但他们接受这种联姻所生的孩子为犹太人,即使非犹太一方是母亲,只要他们接受犹太教育即可。进步派和正统派的关系在三四十年代还能说得过去,但是到了50年代,关系恶化,原因是新极端主义放弃了早期的盎格鲁正统派的妥协做法,传统派拉比不再与进步派拥护同一纲领。同时在数量和比例上都有所增长的进步派,要求得到更加明确的公民认可。

澳大利亚的犹太教进步派从墨尔本发展到悉尼(1938),悉尼

---

① 犹太教帽子。

的伊曼纽尔圣殿不久在成员数量上赶超了墨尔本。二战后，这两
大圣会都在正统派忽视的郊区建立起宗教学校和分支机构。现在
珀斯（Perth）和阿德莱德（Adelaide）也成立了各自的圣会。在
塔斯曼海对面的新西兰，当地的进步党也在奥克兰和惠灵顿建立
起犹太圣堂，奥克兰的犹太圣堂拥有相当多的皈依者。这两处圣
会总共有200个家庭，没有全职的拉比主持礼拜仪式。到80年代，
澳大利亚和新西兰的犹太教进步派总共拥有11个圣会，成员大约
有8000名，依附联盟的犹太总人口是74000人，其中进步派约占
20%。墨尔本和悉尼的两所进步派走读学校大约有750名学生，学
生接受集中的犹太教育，并为改革派复国青年运动提供后备力量。
奈特则（NETZER, *Noar Tziyoni Reformi*）是澳大利亚规模最大的
犹太青年运动组织。他们面临着两大问题：一是如何适应新文化，
二是如何对付对宗教持冷漠态度的群众，但是弥漫在南非上空的
乌云并没有影响到澳大利亚的犹太教进步派。[23]

　　在所有新建立的进步派犹太社区中，只有南美建立的犹太社
区归功于受纳粹迫害的德国犹太离散人民。[24]大约有5万难民漂洋
过海来到阿根廷、巴西以及南美的其他国家。他们当中的许多人
都是德国的专业人士，而现在成了商人，迫于生计，他们必须学
会西班牙语和葡萄牙语，德语仍然是让他们觉得最舒服的母语。
相当多的犹太人到自由派犹太圣堂做礼拜，当犹太节日临近时，
他们渴望听到熟悉的声音。在这些难民中有几位自由派拉比，他
们决心将习惯的仪式移植到异国土壤上。几十年以来，南美进步
派圣会布道和公告的大部分内容都用德语表达，他们的礼拜仪式
对移民家庭特别有吸引力。礼拜仪式主要在《统一祈祷书》或其

他德国仪式的基础上延续原来国家的习惯做法，男女的坐席是分开的。随着本地出生的第二代人的加入，更具本土特点的犹太教进步派在南美逐渐崭露头角。

第一个圣会是1936年在巴西圣保罗成立的，名称是以色列保利斯塔圣会（Congregação Israelita Paulista）。他联合了柏林自由派神学院的新任教会执事——拉比弗里茨·品克斯［Fritz (Frederico) Pinkuss］。像德国联合社区（*Einheitsgemeinde*）一样，它包括保守区和自由区，每一个区域都有自己的宗教礼拜仪式，但是后者比前者规模上要大得多。因为成员不都是自由分子，另外还受到巴西法律的阻碍，以色列保利斯塔圣会与世界联盟没有直接联系，品克斯是世界联盟的成员。北部的里约热内卢在建立犹太教自由派的过程中，得到了犹太教进步派世界联盟的帮助。莉莉·蒙塔古将拉比海因里希·莱姆［Heinrich (Henrique) Lemle］从德国集中营中释放，在联合分会的授权下，让他移民巴西。1942年，他在巴西成立了以色列宗教协会（Associação Religiosa Israelita）。与品克斯一样，莱姆是来自高等学府的新任教会执事，希望建立德国统一社区，但在实际做法上偏离了传统，他更希望把自己和圣会与世界运动联系在一起。战争结束后，品克斯和莱姆为巴西圣会编辑了一部葡萄牙语和希伯来语的自由派礼拜仪式书。这两座犹太圣堂长期以来形成了自己的传统和德语氛围，在它们的影响下，圣保罗在60年代成立了一个小型分会，自称为沙洛姆社区（Comunidade Shalom），实行混合坐席的做法，礼拜仪式中使用葡萄牙语的情况更多，这一分会直接隶属于犹太教进步派世界联盟。

　　位于南美西南部的阿根廷，德裔犹太移民于1939年在布宜诺斯艾利斯成立了贝尔格拉诺－以色列圣会（Culto Israelita de Belgrano）。与巴西一样，他们也选举德国自由派拉比为领袖，并将他们熟悉的礼拜仪式进行了重新阐释。战争之后，在北部郊区组建了新圣会——拉姆罗特－哈考（Lamroth Hakol），圣会吸纳了一部分非德国家庭，它们偏离了贝尔格拉诺－以色列圣会的做法，实行混合坐席。1964年，随着伊曼纽尔圣会的成立，出现了极具本土化的改革派圣会，它们拥有自己的希伯来语和西班牙语礼拜仪式，对来自不同背景的阿根廷犹太人来说极具吸引力。尽管伊曼纽尔比圣保罗的沙洛姆社区规模大一些，但两者很相似，拥有大约300个家庭。与规模更大、思想更传统的自由派犹太圣堂相比，这两个新圣会相形见绌。在布宜诺斯艾利斯保守派神学院的影响下，犹太人的注意力逐渐转向温和的传统主义。拉丁美洲天主教营造的氛围对犹太教进步派毫无益处，直到最近，独裁主义和保守主义的堡垒依然坚不可摧，导致两极分化的出现：严格的政治反动宗教派和反叛的无神论派。尽管如此，到70年代中期，南美的进步派运动涵盖了巴西和阿根廷的六个圣会，他们与世界联盟有着或近或远的联系。隶属进步派的家庭约5000个，在对犹太教态度冷漠的社区内部这个数字非常有代表性。

　　犹太教进步派在拉美的其他国家发展也很明显，在智利的圣地亚哥和乌拉圭的蒙特维迪亚都成立了团体性组织。在北部，巴拿马的科尔舍瑞斯－以色列圣会（Kol Shearith Israel）将节选自美国《联盟歌曲集》的祷文翻译成西班牙语，目的是把年轻人吸引到讲英语的圣会中来。危地马拉连任的几届拉比都讲西班牙语，他们获得了希伯来联合学院的奖学金，提供奖学金的是全国圣殿妇女联合会资助的世界联盟，他们竭力想使对犹太教改革派的兴趣持续不减，在20世纪60年代取得了某种程度上的成功。库拉索（Curaçao）岛的西班牙裔犹太人圣会与改革派的伊曼纽尔圣殿都是由改革派的一位拉比主持礼拜仪式。1904年，古巴的改革派圣会成立，这个圣会讲英语，半个世纪以来在犹太社区一直占据主导地位，直至1959年卡斯特罗革命的爆发，古巴的犹太生活告一段落。[25]

　　德国犹太教自由派移植到了世界各地，最后一个例子是在以色列成立的改革派圣会。[26]世界联盟在犹太复国主义问题上采取的是中立立场，但是部分成员无视这一立场，于1934年成立了支持巴勒斯坦的敌对委员会，其宗旨具有"绝对唯一的宗教性质"。当时德国自由派犹太人已经开始大规模地向以色列移民，自由派拉比也考虑犹太人向以色列移居的问题。一年后，什切青市①（stettin）的自由派拉比马克斯（迈尔）·埃尔克［Max (Meir) Elk］在海法②（Haifa）定居，成立了贝特伊斯雷尔圣会，这个圣会主要由德国移民组成。此后在耶路撒冷和特拉维夫也相继成立了艾默特瓦木纳圣会和贝特伊斯雷尔圣会。他们的宗教礼拜仪式除了惯有的恪守教规特点之外，圣会者同唱熟悉的勒万多维斯基旋律。布道一部分使用德语，一部分使用希伯来语。像在德国一样，男士和女士是分开坐的，之间没有隔墙。与德国自由派圣会不同的是，巴勒斯坦圣会使用的是传统祈祷书（有删

---

① 波兰的城市。
② 以色列港口城市。

节内容），省去了所有的乐器。三位拉比希望将主持婚礼的权力从正统派官方手中取得。耶路撒冷的拉比库尔特（大卫）·威廉[Kurt (David) Wilhelm]完成了这一目标，他向巴勒斯坦的首席拉比亚伯拉罕·艾萨克·库克（Abraham Isaac Kook）保证，他的圣会不会实行男女混坐，不会使用管风琴，也不会使用修订过的祈祷书。拉比埃尔克在海法曾经一度也享有同样的特权，但是后来他拒绝签署声明，因为婚礼主持要严格遵循仪式的规定，而他被终止了特权。拉比曼弗雷德（迈尔）·罗森博格[Manfred (Meir) Rosenberg]在特拉维夫与当地的首席拉比也进行了较量，结果一败涂地。尽管面临着重重困难，圣会在节日庆祝时仍能吸引大批的人来参加，1938年的赎罪日前夕，前来做礼拜的人员超过了2000人。在拉比们的请求下，世界联盟答应从自己微薄的预算中以及得到的特殊捐献中定期给他们提供资助，但是拉比想获得犹太复国主义运动的资助却未能如愿。

所有的圣会都想发挥自己的影响，艾默特瓦木纳圣会制定了一项希伯来大学领军学者做讲座的文化方案。海法的贝特伊斯雷尔圣会开办了一家图书馆，成立了一个青年组织，三个圣会的拉比都在他们的圈外开展了有关犹太教自由派的讲座，甚至冒险去世俗农业拓居区去宣传他们的思想，当时这些地区的人们在思想上是反对宗教的，而圣会依然具有德国犹太社会的特征，以道德为社会基础。战后一部分成员及其子女逐渐融入了社会主导的世俗环境，因此他们很快便忘记了自己的自由派传统；而另外一部分继续坚守宗教阵地的成员思想上变得更加传统。特拉维夫的圣会不久便解体了，海法的犹太圣堂变为正统派的阵地；耶路撒冷圣会的现任领袖是威廉的接班人，因为世界联盟停止了资金支持，圣会退出联盟，然后加入了新建的保守派犹太圣堂世界理事会（Conservative World Council of Synagogues）。犹太教进步派尝试通过成立圣会的方式在巴勒斯坦确立自己的地位，但以失败告终。论及成就的话，当自由派德国难民在艰难岁月里寻找自己熟悉的环境时，圣会为他们提供了一处宗教家园。世界联盟提供的资金援助让圣会在一段时间内得以生存，但是来自世俗社会和正统派的双重压力让他们的理想落空。20年后，犹太教进步派在现在的以色列国家东山再起。

　　毕竟巴勒斯坦曾经成功地成立了一处犹太教进步机构，并且持续了一段时间。但是当拉比埃尔克来到巴勒斯坦后，不久便意识到犹太教进步派如果只建立犹太圣堂的话，是无法在犹太社会取得成功的。他们必须面对如何将宗教和现代生活融合在一起的挑战，犹太离散区的改革派经常提到这种挑战，但是他们居住在非犹太区的多数人当中，无法全面认识这种挑战。埃尔克指出，在巴勒斯坦只能通过教育来认识这种挑战。只有进步派运动组织起自己的学校，才有希望影响到下一代，使其能够创造出一种适合犹太人在自己土地上生存的综合体。世俗学校里的犹太宗教知识只是以历史和文学的内容传授给学生；在正统派学校，犹太宗教知识作为上帝的启示直接传授给学生。犹太教进步派在培养下一代人的过程中要避免这种极端的方式。最初，埃尔克每周抽出两个下午的时间从圣会中召集学生进行授课，到1939年学校初具规模，命名为利奥·拜克学校。到1961年学校拥有1000名学生，他们来自不同的经济和种族背景。一半的课程设置是关于进步派对犹太文献的解释，课程将犹太教和社会伦理与现代科学联系起来。所有的学生学习阿拉伯语言和文化，在阿拉伯人口占多数的城市，学校希望这种学习会改善犹太人和阿拉伯人之间的关系。利奥·拜克学校为以色列进步派拉比提供了第一批本土培养的候选人。[27]

346

## 战后世界

　　二战后世界联盟一边在欧洲重建犹太教进步派，同时在以色列也进行这样的重建工作。1938年克劳德·蒙蒂菲奥里去世，利奥·拜克成为第二任主席，但是接下来的七年中拜克难以发挥自己的领导作用。代表德裔犹太人的活动令他无法分身，1943年他被驱逐到了特莱西恩施塔特（Theresienstadt）集中营，竟然奇迹般地生存了下来，其后大部分时间居住在英格兰。战后拜克真正地担负起了领导的职责。1949年在世界联盟的第二次战后大会上拜克使用隐喻描述了全世界犹太人的新局势，后来很多人提到他的这一说法。拜克指出犹太生活几乎没有呈现过圆形的形式，通常是有两个焦点的椭圆形。古代的巴比伦尼亚（Babylonia）和以色列土地就属于这种情况，中世纪也是这种情况，目前再次出现了两个焦点的情形：以色列新国家和犹太离散区的犹太大众，前者具有民族性特点，后者拥有国际性目标。拜克认为世界联盟应该兼顾两方面的职责。[28]他所设想的联盟国际角色不久变为现实：作为非政府组织犹太教进步派世界联盟获得了与联合国经济及社会理事会（the United Nations Economic and Social Council）、联合国教科文组织（UNESCO）和联合国儿童基金会（UNICEF）

进行协商的地位，例如在制定人权宣言（Declaration on Humam Rigits）关于宗教自由条款的内容中犹太教进步派世界联盟偶尔能发挥一定的影响。[29]但在战后的最初几年犹太教进步世界联盟的目标是在欧洲重建犹太教进步派，而不是巴勒斯坦。

德裔犹太人的惨遭屠杀意味着世界联盟失去了1/3的成员。联盟曾经试图投入精力和资金重建战后的德国犹太教自由派，尽管这项任务极为艰巨，联盟希望以此能挽回一部分损失。几位德裔美国拉比被相继派往柏林进行重建工作。战后德国只剩下柏林这一座城市拥有数量相当的自由派犹太幸存者，但是几十年以来，进步派拉比中没有愿意在柏林定居。柏林只有一座犹太圣堂举行自由派礼拜仪式，而且仪式非常古老：有管风琴伴奏，人们要恪守教规，男女坐席要分开。[30]

与德国相比，世界联盟在荷兰的重建工作比较成功。战前的两位拉比在大屠杀中无一幸免。1949年，阿姆斯特丹自由派圣会的新任拉比也是荷兰籍人。50年代中期，圣会工作异常活跃，1957年，世界联盟再次在阿姆斯特丹召开大会，特意选择阿姆斯特丹出生的巴鲁赫·斯宾诺莎作为大会讨论的对象。海牙、鹿特丹和阿纳姆①（Arnhem）相继成立了小型圣会。[31]战后，瑞典再次成立了犹太教进步派，尤其是在拉比库尔特·威廉从耶路撒冷移居到斯德哥尔摩以后，重建工作进展加快。与德国一样，瑞典的自由派人士只是德国犹太协会的一部分。一段时间后，他们成立起自由论坛，讨论和宣传犹太教自由派的思想。[32]

---

① 荷兰东部城市。

到目前为止，犹太教进步派在欧洲的三个国家建立了落脚点，这三个国家在二战前没有自由派的基地。1957年，进步派犹太人在瑞士成立了民族组织，这一组织加入了世界联盟。他们定期召开大会，并且出版了刊物，到70年代，进步派犹太人在瑞士的许多城市举行宗教礼拜仪式。[33] 1965年，比利时的几十位犹太人成立了比利时以色列自由派联盟（the Union Israélite Libérale de Belgique），他们当中有的人讲英语，并在当年举行了第一次新年假期礼拜仪式。[34] 在意大利，有不少人对进步派感兴趣，他们成立起进步犹太教意大利联盟（Unione Italiana per l'Ebraismo Progressivo）。他们没有组织宗教礼拜仪式，主要负责出版季刊《声音》（La Voce-Ha-Kol），召开会议讨论宗教等问题。[35]

在世界联盟制定的欧洲计划中，规模最大的一项由法国负担。拉比路易斯·杰曼·利维曾隐居在里昂，现在已经70多岁，他于1945年返回巴黎，负责重建位于哥白尼街（rue Copernic）的犹太圣堂，这所圣堂在战争中受损严重。下一任拉比是安德烈·藻卫，在他的领导下，圣会兴盛起来。1948年，圣会达到300人，60年代早期，达到了600人。圣会吸引了很多法国知识分子，包括知名作家爱德蒙·弗莱格（Edmond Fleg）。犹太圣堂在拉丁区为犹太大学生成立了希勒尔中心（Hillel Center），他们放弃了星期日的礼拜，采用更加传统的礼拜仪式，还增加了的希伯来语内容。[36] 1955年，世界联盟在巴黎会晤，公布了藻卫提议的一项方案：在欧洲成立新的自由派宗教法院来取代那些被纳粹摧毁的圣堂。柏林失去了拉比的支持，以色列运动也暂时处于低迷时期，因此世界联盟决定集中精力对这一希望比较大的方案进行资助。在藻卫的领导下以及世界联盟的保护下，1955年10月，巴黎开办了希伯来国际研究所（Institut International d'Études Hébraïques），有七位学生希望成为拉比或者教师。研究所得到了各界的资助：世界联盟、联合救济委员会（Joint Distribution Committee）、德国赔款资金会（German reparations funds）以及个别的捐赠者。研究所聘用了五位教师以及若干访问教授，这些教授都是以色列知名的学者。希伯来国际研究所成功地出版了两辑学术期刊。1960年，学生入学之后，国外进步派拉比对研究所的学生进行了口头考试，随后研究所举行了首届神职授权仪式，后来陆续举行了几届神职授权仪式。但是到70年代末和70年代初，学校人员减少，最后演变成为一所成人教师教育机构。[37]接受法语课程学习的拉比学员数量不多，其中的大部分来自北非的国家，德国赔款资金会已经停止了对研究所的资助，藻卫本人也返回了以色列。最重要的是，讲英语的进步派犹太人大大超过了讲法语的进步派人士。后来的几年，法国犹太教进步派的确在巴黎成立了一所新的犹太圣堂，在尼斯和马赛成立了小型的自由派组织，但是无论战前还是战后，欧洲犹太教进步派的中心始终位于英国。[38]

　　战后英国的犹太教自由派和改革派发展迅速，1940年仅有6个圣会，到1977年已经发展到将近50个圣会，成员超过3万。尽管犹太教进步派几乎遍及了整个大不列颠岛，从南部的伯恩茅斯（Bournemouth）到格拉斯哥、苏格兰、都柏林以及爱尔兰都有进步派的成员，但是对进步思想最感兴趣的是那些刚刚定居在伦敦郊区的家庭，进步派犹太圣堂经常有新的依附家庭加入。犹太教进步派还吸引了不少英国正统派的成员，因为正统派在思想和实践上越来越局限，已经丧失了早期的吸引力。[39]两场进步运动都制定了新的礼拜仪式做法，自由派的《心灵礼拜仪式》(*Service of the Heart*, 1967)和新年假期的《忏悔之门》(*Gate of Repentance*, 1973)比起以前的礼拜仪式书来更为保守，尤其是增加了许多希伯来语内容，强调犹太教的特殊性，同时在格式和英语的使用方面具有现代特点。这两部书直接影响了美国的改革派礼拜仪式书。

348 英国改革派的《祈祷的形式》(*Forms of Prayer*, 1977)内容改动较少，但也反映了犹太人新时期生活的特点，大屠杀给他们造成的历史阴影以及如何处理自己与犹太国家的关系都是新历史时期的特点。1956年，英国改革派在伦敦成立了利奥·拜克学院，自由派于八年后也加入了这一事业。不同于巴黎的自由派神学院，利奥·拜克学院从长远角度来看的确取得了成功。尽管面临着严峻的经济困难，它是一所发展中的拉比神学院，并且还是欧洲进步犹太教的精神中心。学生们定期参加与基督徒和穆斯林的对话，尽管大部分教师是业余的，但其中也有不少杰出的学者，他们代表了广泛的神学观点。到80年代，学院的新任教会执事都在欧洲的进步派圣会中主持礼拜仪式，不分性别。[40]

1960年，英国一直是犹太教进步派世界联盟的中心。联盟的办公地点位于莉莉·蒙塔古的家中，几乎所有的会议都在这里召开。拜克的身体非常虚弱，无法继续任职，1955年，由莉莉·蒙塔古接替了他的主席职务，但是蒙塔古更适合担任秘书和组织者的角色。等找到合适的人选后，她准备把主席这一职位让出来。毕竟她已有80岁的高龄，工作能力开始衰退，但是在欧洲找不到合适的主席人选。在进行了深刻的自我反省之后，伦敦内部人士决定世界联盟的领导职位必须传给美国。美国犹太教改革派不仅从一开始就承担了犹太教进步派世界联盟90%的预算，而且还拥有拉比所罗门·弗瑞夫这样一位学识和经验非常丰富的领导，可以与蒙蒂菲奥里和拜克相提并论。1959年，弗瑞夫就任世界联盟主席，次年总部迁至纽约。[41]英国方面只保留了犹太教进步派世界联盟的欧洲委员会，主要负责《欧洲犹太教》(*European Judaism*)这一重要期刊的发行。[42]

## 以色列中心

　　犹太教进步派世界联盟的行政中心在美国设置的时间只有13年，世界运动的发展趋势有了新变化，犹太复国主义逐渐占据运动的中心位置，拜克所说的椭圆形中的以色列中心似乎更应该成为总部的地点。除此之外，1967年爆发的六日战争(Six-Day War)给人们带来了创伤，同时也有愉悦，整个犹太世界对以色列的拥护空前高涨。1968年，世界联盟首次在耶路撒冷召开了两年一届的大会，五年后，即1973年，中央行政地点迁至以色列，两年后，犹太教进步派世界联盟正式与世界犹太复国组织联合。长期在犹太复国主义问题上保持中立态度的国际改革运动也因此置身于犹太复国机构的保护之下。

　　运动和联盟不仅明确地承认以色列在全世界犹太人中具有中坚力量，还愿意帮助新以色列圣会推动犹太教进步派在敌对环境下的发展。早在1953年，美国希伯来圣会联盟的主席拉比莫里斯·艾森德斯敦促在本地通过发动一场真正自由的运动让以色列焕然一新。五年后，联盟在耶路撒冷成立了第一个圣会，成员主要是知识分子，规模不大，该圣会以"更新宗教生活"为目的，成员们制定了自己的希伯来语礼拜仪式书，从重建派的祈祷书中借鉴许多内容。他们删除了例如古典献祭方面的内容，强调犹太民族，增加了现代希伯来语诗歌。男士和女士坐在一起，女士被指名诵读《托拉》，男士佩戴帽子。第一年的赎罪日礼拜仪式就吸引了200多人参加。圣会成立者中最积极的一位是沙洛姆·本-科林（Shalom Ben-Chorin），他是一名德裔犹太出身的记者，同时代的人这样描述他："个子不高，沙色头发，胡须很长，俏皮微笑。"本-科林对耶路撒冷组织忠心耿耿，希望在其他城市建立相似的组织。这样的组织逐渐在各地出现，最早是在上拿撒勒（Upper Nazareth，巴勒斯坦地区北部古城，相传为耶稣的故乡）、赫兹利亚（Herzliyah）；然后又在葛夫·舍默瑞亚胡（Kefar Shemaryahu）、拉马特·甘（Ramat Gan）、特拉维夫、纳哈里亚（Nahariyah）和海法。早期成立的圣会中有的发展良好，其他的却不尽如人意，新圣会仍然在不断成立。1983年，有15个圣会能够主持新年假期的礼拜仪式。[44]以色列成立的圣会大都规模较小，成员总数有800个家庭。

1978年进行的一项调查显示了当年以色列圣会的人口分布情况。年长的成员占多数，这比犹太总人口的比例要高。几乎一半来自中欧和西欧的移民，11%出生于本地，还有一小部分西班牙裔人。成员们受教育的程度高于以色列国民的平均水平，有一半以上是专业人士。与普通的以色列人相比，他们在恪守饮食律法或者避免在安息日出行方面不是很严格，但是在遵守诸如逾越节禁食面包、赎罪日斋戒以及履行安息日仪式等标准方面却非常严格。

与普通的美国改革派犹太人相比，他们恪守律法的严格程度非常高（例如72%的成员在安息日前夕点燃蜡烛）。每周参加安息日礼拜仪式的比例远远超过以色列的保守派犹太人。[45]

最初，以色列的拉比领导来自犹太离散区，尤其是美国。但是随着时间的流逝，这一情况开始发生变化。在遭到正统派的强烈反对之后，1963年，希伯来联合学院致力于建设耶路撒冷的新校园，建成了一座犹太圣堂，执行自己的希伯来进步派仪式。新犹太圣堂位于耶路撒冷著名的国王大卫街（King David Street），在以色列的首都非常显眼。辛辛那提市的学院将多名以色列人培养成拉比，现在应该是他们在以色列为进步派拉比培养接班人的时候了。70年代，一部分年轻人着手这项艰巨的任务，1980年，为第一批毕业学员举行神职授权仪式。以色列圣会加入了著名的民族组织以色列犹太教进步运动（Tenuah Le-Yahadut Mitkademet Be-Yisrael）。从1965年开始，拉比和普通信徒在大会上讨论了神学和实践方面的问题，有时意见会产生分歧。1977年，他们同意制定这样一份纲领：强调犹太教进步派的特殊启示包含在对犹太教历史的理解之中，还包括犹太教必须包含社会道德的信念，犹太教的定义并不仅仅局限于仪式诫命的规定。以色列运动以不同的方式提到了以色列社会的问题。运动不仅通过了决议，而且让条件差的孩子参加夏令营，这项活动使来自阿拉伯和以色列家庭的孩子聚在一起，还有个别圣会承担起了社会工作的事业。全体成员一致承诺要坚持社会公正，但在犹太律法的角色问题上出现了分歧。参加以色列运动的一部分领袖对待犹太律法非常认真，他们的理想是建立具有明显权威标准的犹太教进步派。但是还有

350

一部分人，尤其是部分普通信徒，反对这样一种对个人自由侵犯的行为。极少数普通信徒坚持人道主义而不是有神论。这种意见不一的情况一方面反映了以色列运动的不确定性：他们不清楚应该吸纳哪些人群加入自己的运动：是有宗教守教倾向的反正统派男女？还是想依附宗教但排斥自由派犹太律法的普通信徒？纲领做出了妥协，代表传统观点的一方获得胜利。[46]

1982 年，神学保守派和激进派之间产生了很大矛盾，以色列进步派拉比理事会（MaRaM）为"心灵礼拜"（*Ha-Avodah She-Ba-Lev*）运动出台了一部统一的礼拜仪式书，删除重建圣殿、使死者复活、重建大卫之家的祷文，从而遵循了改革派的做法。因缩短了祷文，因此人们能够全神贯注地诵读或者吟唱祷文。增加了篇章和完整的礼拜仪式，让人们关注"影响 20 世纪的两大中心事件：大屠杀和回归锡安山"。编纂者设想礼拜仪式书会成为研究犹太祈祷书的文献，因此最大限度地保留了传统结构。为了符合犹太教礼拜仪式的开放式发展模式，礼拜仪式书还包括了当代犹太思想家和诗人的节选内容。[47]

从一开始，以色列的进步派运动就遭遇了顽固正统派的强烈反对，正统派拉比和政客们利用各种机会取消犹太教进步派的合法地位，并不断进行攻击。以色列的首席拉比用 19 世纪的德语警告忠诚的犹太人不要参加改革派或保守派的礼拜仪式。[48]进步派犹太圣堂很难租到房屋，礼拜仪式也受到入侵者的扰乱，从宗教部申请的基金难以到位，进步派拉比不能作为军队教士服役，他们没有合法主持婚礼仪式的权力，即使是按照犹太律法的规定改变信仰，也得不到首席拉比的认可。以色列政客在耶路撒冷希伯来联合学院或者在以色列召开世界联盟大会之前露面时，他们要避免冒犯正统派的联盟伙伴。[49]尽管世俗媒体经常对进步派运动受到宗教歧视予以同情，但真正了解其思想或目标的世俗以色列人几乎没有。以色列学校或课本以刻板的方式将改革派运动描写成主张社会同化者或反对犹太复国主义者。[50]大部分以色列人来自不受改革派影响的东欧或亚非家庭，因此他们对小规模的以色列运动知之甚少，然而到70年代末期，以色列正统派和世俗派之间的宗教差距令一些有思想的知识分子非常头疼。著名的希伯来作家A. B. 耶霍夏（A. B.Yehoshua）甚至建议首相本－古里安和劳工运动应该承认以色列犹太教进步派的合法地位，公开宣布与进步派的联系。[51]

到70年代，以色列运动的领袖清楚地意识到圣会也许不是传播思想的最佳途径，成员数量的增长并不明显，圣会的青年组织规模较小。进步派犹太圣堂只是忠诚者的领地，对以色列的生活几乎没有直接的影响。[52]运动领袖因此决定将进步运动延伸至集体农场：基布兹（kibbutzim）。1970年，两场运动的代表首次在Oranim的基布兹研讨会中心正式会晤。此次会议推动了改革派基布兹的建立，并向当地的以色列圣会灌输了犹太教进步派的思想。六年后，在埃拉特①（Eilat）北部的阿若瓦沙漠（Aravah）建立起亚海尔（Yahel）基布兹，1983年，在以南的几公里处又建立了罗坦（Lotan）基布兹。首批在亚海尔基布兹定居的年轻人当中，有2/3是以色列人，1/3是美国人。他们成功地建立起一种新的生活方式，将农业劳动与社会主义理念与安息日的礼拜仪式、洁净食物

351

352

———————

① 以色列南部港口城市。

的厨房以及犹太文献的学习融合在一起，并且为埃拉特的弱势犹太儿童制定援助方案。[53]领导亚海尔和罗坍基布兹的以色列先驱者大部分来自民族青年运动，这一运动的前景非常广阔。现在他们与以色列童子军运动的密切关系胜过与个别圣会的关系。

　　1976年，亚海尔基布兹举行落成典礼，在遮篷下左边戴白色帽子的是希伯来联合学院-犹太宗教学院的校长阿尔弗雷德·戈特沙尔克，手拿《托拉》经卷的是美国希伯来圣会联盟的主席亚历山大·辛德勒。

20世纪70年代末，以色列运动仍然缺少一位有效力的本地领袖，缺少像盖格或怀斯那样具有个人魅力和精力充沛的关键人物。进步派运动更多关注的是如何争取宗教平等，以色列保守派运动同样受到了这一问题的困扰并加以格外关注。领导们有时担心犹太教进步派即使成功地取得平等地位，是否能够不借助犹太圣堂的力量就能在犹太土壤上扎稳脚跟。然而他们也意识到只有实现真正的繁荣，以色列才能成为世界进步运动的真正中心，而不仅仅是一种象征。

# 353

# 10. 新美国犹太教改革派

二战之后出生的一代人见证了美国犹太教改革派在数量和规模上的巨大发展。一方面，犹太教改革派的内部酝酿了新的神学，萌发了前所未有的社会激进主义，对传统文化的欣赏更为全面，精神领袖阶层中首次出现了女性领导。但另一方面，在此期间的几年中，犹太教改革派出现了自我怀疑的现象，像早期围绕犹太复国主义问题导致的一系列冲突一样，内部再次发生了严重的分歧。各种阻力与挫折使得犹太教改革派筋疲力尽，甚至出现了分裂的危机。70年代晚期后，改革派努力克服顽疾，解决内部的分歧，重新建立起早期的信心。

## 惊人的增长时期

二战期间，人们对宗教的态度极其冷漠，这一现象困扰了美国近20年才逐渐散去。继珍珠港事件之后，宗教复兴开始。分散在社会各个角落的人们向牧师寻求精神上的安慰，战争结束后，信仰上帝的美国人以此为骄傲，与信仰无神论的共产主义者划清界限。越来越多的人加入教堂并且定期做礼拜。大萧条临近尾声，被推迟的教堂修建计划终于得以执行。长期与宗教分离的大学生对自己的信仰表现出新的兴趣。艾森豪威尔执政时期，美国国会在效忠誓言中增添了"在上帝的名义之下"这一内容，并且规定"我们信任上帝"是美国的正式校训。隶属教堂和信仰上帝成为美国主义的标志。[1]

有利的环境是推动战争期间和战后犹太宗教复兴的主要因素，当然这里面还有特殊的犹太因素。60年代，人们开始讨论大屠杀产生的神学影响，这种讨论增强了犹太意识，激发了美国犹太人维护犹太生存的责任感。曾经事不关己高高挂起的那些犹太人现在一改往日的态度，积极参与安置犹太难民的事务，并加入了建立以色列国度的斗争之中。50年代早期，大屠杀的阴影逐渐减弱。犹太国家的建立具有了可行性，以色列意识减弱，犹太复国主义组织的成员随之解散。早期的反犹主义推行排外政策，但是社会逐渐放弃了对犹太人的排斥做法，因此抵抗反犹主义的需求也随之消失。20世纪50年代，宗教基础非常稳固，犹太身份的表达方式逐渐从宗教层面过渡到了种族层面，但是现在这一过程发生了倒置。美国拉比中央会议的一位成员和同事说："我们的拉比在讨论宗教和文化时，将上帝奉为中心，而不是以人为本。"现在的犹太人喜欢把自己视为由新教徒－天主教徒－犹太教徒组成的"三方熔炉"中的一部分，他们和基督徒平分秋色，在宗教信仰和实践方面拥有各自的标准，这种自我评价与外界的看法一致。社区联邦对犹太人的影响不断上涨，因此宗教机构与之抗衡时不断失利，但在20世纪50年代，形势发生扭转。犹太人和异邦人看到宗教机构的地位上升，已经取代联邦成了犹太教的象征。[2]

郊区成为犹太圣堂的新前线。战后，犹太新富们纷纷开发大

354

城市的郊区，他们建立的第一个机构通常是犹太圣堂。城市里聚集的犹太圣堂维护了人们的犹太身份，没有必要对自己不参加圣会的情况予以解释。但在郊区，要想成为好公民并得到尊重，犹太人应该隶属于当地的礼拜场所，就像基督徒要从属于周围的基督教堂一样。对于刚刚定居的犹太家庭来说，寻求身份的认同并不是加入犹太圣堂的唯一动力，大部分移民是年轻夫妇，他们希望自己的孩子能接受犹太教育，由于社区的教育机构不足，因而转向犹太圣堂，除此之外，加入犹太圣堂还能为他们的生命节点（life-cycle events）提供个人仪式。在战后"生育高峰"的影响下，宗教学校逐渐发展起来，新成立的圣会无一例外都是以孩子为中心。新成立的犹太圣堂不存在任何竞争机构，还将慈善和社会活动纳入其中，成为包罗一切犹太生活的中心。[3]

保守派和改革派圣会在迁移到郊区的过程中受益颇多，但正统派却进展欠佳，尤其是在初期阶段。居住在旧区的一部分犹太人放弃了临近的犹太屠场和犹太圣堂等便利条件，他们选择到郊区生活。保守派或改革派在郊区成立新圣会的决议经常是依据当地的情况而定，而不是改革运动的思想。改革派的形象仍然带有过去的古典迹象，因而取得胜利的往往是保守思想，犹太教保守派推行温和政策，让人感觉舒适，他们具有明确的种族意识，更加重视传统的仪式形式。

改革派圣会不像从前那样与保守派圣会泾渭分明。与保守派圣堂一样，改革派圣堂也是由东欧犹太人成立的。尽管改革派圣会的内部人均收入仍然高于别的圣会，但是差距在缩小，任何阵营中都存在不同经济状况的成员。内部的经济异质性和相对变化的同质性逐渐成为一种规范。[4]新建立的改革派犹太圣堂缺少一位拥护古典改革派、具有德国血统并且掌控能力强的领导人。在郊区，改革派的成立者主要是第二、三代美国犹太人，他们不依附任何圣堂，已经遗忘了改革运动的悠久历史。他们并没有对古典改革派的做法进行修改，也没有延续过去的改革运动，而是创建了一种新的信仰和实践风格，没有参照过去的思想意识形态。对于郊区的改革派和保守派犹太人来说，节日和仪式过程具有重要意义，而不是饮食律法，更不是对犹太律法亦步亦趋地遵照。通常情况下，改革派犹太人参加犹太圣堂的比例高于保守派。[5]

郊区逐渐成为美国犹太教改革派的总体象征，当然还有个别古典圣会存在，尤其是在大城市。根据所罗门·弗瑞夫的观察，新的扩展使犹太教改革派发生了转变，原来的运动是在第二、三代改革派犹太人的领导下开展的，现在的团体是由新的拥护者组成，其成员是正统派教徒的后代或者是在恪守教规的家庭里长大的一代人。[6]犹太教改革派与传统派再次拥有了生理上的联系，这两大教派在诞生之初以及发展过程的重要节点上往往具有一定的联系。

犹太教保守派有其特定的内在优势，犹太教改革派如果没有强势的领袖，就无法像过去那样充分利用新的有利环境。1943年，拉比莫里斯·艾森德斯（1902—1973）当选为美国希伯来圣会联盟的执行理事，他所负责的组织在资金数量和地理位置上都处于劣势，组织位于辛辛那提市中心的一个拥挤的办公区域内。从制度上看，希伯来圣会联盟比希伯来联合学院逊色不少，普通信徒中只有领导才能在业余时间关注组织的事宜。改革派运动中最有影响力的宗教权威是著名的圣会拉比，尤其是那些通过犹太复国主义运动获得名望的人。改革派犹太人当中没有任何一个人能长期担任"犹太教改革派代言人"。从希伯来圣会联盟的首次会议开始，艾森德斯决心改变这一情况。他立志提高联盟的机构形象，并确保联盟在改革运动内部处于首要位置。对于犹太人和异邦人来说，艾森德斯成为最高领导后，他将成为犹太教改革派的代言人。[7]

艾森德斯来到美国希伯来圣会联盟之前担任多伦多的圣会拉比，当时他已经颇有名气，以活力四射、能言善辩、振奋人心而著称。艾森德斯绝不是一个逃避矛盾的人，他提倡绝对的和平主义，支持巴勒斯坦实行一国两制，崇尚犹太人对耶稣的感激。他最初的身份是古典派改革者，但随着运动的发展，他的立场逐渐发生改变：从反对犹太复国主义到支持，从反对仪式到欣赏。但是他信仰的是先知犹太教，所关心的是社会公正和世界和平。对于艾森德斯来说，闭关自守的犹太教就是对自己使命的不忠。

1941年，拉比路易斯·曼恩对联盟进行指责，在他的刺激下，联盟打算选举一位强势领导来脱离困境。艾森德斯果断地制定了两个目标：第一个目标是获得主席的职位，现任主席是由普通信徒担任，1946年现任联盟主席去世，艾森德斯被提拔为主席，并且能够得到薪水，联盟首次由拉比担任主席职位。尽管主持董事会的是普通信徒，但现在的联盟不再是严格意义上的普通信徒组织，其最高领导是拉比。艾森德斯成为新主席后，致力于提高联盟的地位，使其成为美国犹太教改革派三大国家机构中最为重要的一个。20世纪末，在他的任职期间，美国希伯来圣会联盟的影响力超过了希伯来联合学院以及美国拉比中央会议，尽管联合学院是犹太学术和专业的中心，而中央会议也在不断地更替领导，但二者都无法超越联盟的地位。

纽约第五大道的伊曼纽尔圣殿

艾森德斯的第二个目标是将美国希伯来圣会联盟从辛辛那提搬到纽约，这一目标引起了人们的公开反对。纽约是犹太人口最多的中心，而且几乎所有其他重要的犹太教和基督教组织总部都设在这里。艾森德斯在文章中这样劝说执行委员会："我们必须从组织内部走出来接受外部的挑战，不能由于我们的不作为，把自己的众多人民留给其他居住在附近的人。在犹太人活跃的今天，需要周围地区和内部充满活力的成员给我提供动力。"[8]

不久，反对这一方案的呼声如海啸般四起，反对者们担心这样会使犹太教改革派更加接近"人民"和"群众"。1948年，美国希伯来圣会联盟召开了两年一届的大会，大会将针对此事做出最终的决定，在此之前，设在辛辛那提的委员会给代表们的印象是：在辛辛那提建立一个新的总部花销要少得多。事实上，反对在纽约建立总部的原因不仅仅是出于经济的考虑，辛辛那提已经成为犹太教古典改革派的象征：德国血统、美国主义以及简化的仪式程序。辛辛那提的改革派植根于美国中部，不受东部大都市的"污染"。其拥护者都是素质较高的中产阶级，举止得当。一旦把中心迁至纽约，他们担心犹太教改革派很快会失去这一明显的特征，而这一特点对于第二、三代改革派犹太人来说弥足珍贵。反对者们的意思是如果要牺牲传统，不如放弃继续扩张的机会。不出所料，1948年大会是美国希伯来圣会联盟有史以来争议最激烈的一次。赞同在纽约建立总部的辛辛那提人与艾萨克·迈耶·怀斯的孙女这位支持在辛辛那提建立总部的纽约人之间进行了讨论，最后的投票结果很接近，3∶2，以支持这项方案的一方获胜而结束。方案虽然获得了通过，但在执行过程中遇到了资金上的困难，多亏了姐妹联谊筹集资金，一座气派的七层"犹太之家"在纽约第五大道65号街拔地而起，犹太教改革派因此与美国犹太生活的主流更加接近了。[9]

辛辛那提市只剩下了希伯来联合学院，支持学院的力量中有相当一部分人对联盟方案和艾森德斯的自由政治宣言感到不满。还有一部分普通信徒支持者试图寻找一位充满活力、具有领导能力、能跟上联盟前进步伐而扩大学院影响的领袖。拉比纳尔逊·格鲁克（1900—1971）就是他们理想的人选，他是希伯来联

莫里斯·N. 艾森德斯          纳尔逊·格鲁克

合学院的一位圣经考古学家。1947年，格鲁克接替摩根斯坦担任了学院的校长，因为他在东巴勒斯坦发现了古代遗址并且成功地将这一发现进行出版，著作的发行非常畅销，引起了很多人的关注，因而在国际上名声大振。格鲁克是一位出身卑微的东欧犹太人，但通过婚姻与辛辛那提市颇有影响力的德裔犹太家庭取得了联系。他的学术高度以及宗派和个人魅力使他成为这一职位最理想的人选。像艾森德斯一样，格鲁克实际上很内向、沉默寡言，这一点几乎无人知晓，但同时两人又很像，都具有相当的野心，艾森德斯努力扩大联盟的影响，格鲁克也想扩大学院的规模。接下来的几年中，他们在实现各自理想的过程中时常发生冲突，原因在于双方都想为自己的机构从改革派的收入中获取更大的份额。有时由于两人的敌对造成了不良后果，但大多数情况下两人的目标一致，在他们二人齐心协力的领导下，改革运动势力逐渐强大，超过了二战末期的状况。

艾森德斯认为，20世纪30年代的改革运动之所以停滞不前，一部分原因是他的错误。犹太教改革派远离犹太大众生活，圣会成员在缴纳会费时并不情急，缺乏感情上的温暖和炽热，导致圣会变成了阶级机构。此外，改革派并不太注重自身的发展："我们想在改革派圣殿的对面建立一座正统派犹太圣堂，甚至是保守派犹太圣堂，以此支持一二英里外成立新的改革派圣会。"[10]这一点显得有些匪夷所思。1946年，美国希伯来圣会联盟召开了两年一届的大会，会上做出这样的决议：联盟会自行调停内部事务，首先会成立新圣会，吸收没有加盟的犹太民众，再使用自己的资金，帮助启动新犹太圣堂的建设，并帮助度过前几年艰难的时期。一连串的地区机构将对当地建设者予以鼓励和帮助。为了激发民众对犹太教改革派的兴趣，联盟发起了名为"美国犹太队伍"的计划。在特定的周末，几位著名的拉比会游访社区，并就犹太教改革派进行鼓舞性的演讲，经常会听众如潮。1946年至1951年，联盟举行了一系列犹太"复兴"会议，利奥·拜克是最主要的参与者，"美国犹太队伍"给每一座城市的改革派讲坛带来了新的特点，并且吸纳了新的成员。除此之外，"队伍"计划加强了联盟隶属国家运动的归属感，大大提高了美国希伯来圣会联盟的意识。[11]

40年代末至50年代，社会环境和宗教氛围对联盟的发展非常有利，再加上艾森德斯能干和有效的组织手段，美国希伯来圣会联盟大受裨益。1943年到1964年的21年期间，联盟的数量超过了圣会的两倍之多，从300个扩大到656个，联盟的家庭数量超过了圣会的三倍之多，从6万增长到大约20万。同期改革派犹太教学校的招生人数增长迅速，到60年代早期已经超过15万。到那时，北美青年圣殿联邦（North American Federation of Temple Youth）也有了长足发展：全国有大约35500名青少年成员。[12]

联盟的预算当然也在急速增长，1943/1944年的预算为25万美元，十年期间几乎增长了三倍，并且还将继续攀升。美国希伯来圣会联盟为了应对上涨的开支，1953年将人均3至6美元的会费提高了一倍，几年后又制定了比例制度，将10%的圣会会费归入联盟。此外，还有一大部分收入来自每年一度的联盟学院自愿联合竞选。如果全部收入不足以支付联盟扩大的方案，还会从银行贷款。然而没有人认为这会引起恐慌，圣会在继续发展，竞选主席很清楚债务和金融赤字在允许范围内只能促使支持者增加他们捐献的数额。[13]

希伯来联合学院发现自身难以满足拉比的要求，在力所能及的范围内制定了一项积极的招募方案予以回应。史蒂芬·怀斯在晚年时已经无力维持犹太宗教学院的发展，因此决定让纳尔逊·格鲁克兼任希伯来联合学院和犹太宗教学院的校长，1950年两所学院完全合并，在辛辛那提和纽约都有校园。四年后，希伯来联合学院和犹太宗教学院在洛杉矶设立分校，主要目的是吸引南部加利福尼亚有潜质的学生。[14]同样在1954年，美国拉比中央会议首次指定了带薪的执行副校长，他在纽约建立了常驻总部。[15]1943年，美国拉比中央会议的拉比人数不足500名，到1964年已经发展至850名，此后增长的速度大大加快。

旧的改革派圣会经历了新的发展，新改革派圣会不断出现，建设犹太圣堂成为头等大事。1947年底，新旧合一的改革派圣会正在思考启动一项重大的建筑工程。在纽约和芝加哥召开的会议中，参会者提出了修建犹太圣堂的想法，联盟对这一创新思想做出了回应，将犹太建筑师珀西瓦尔·古德曼（Percival Goodman）、艺术家马克·夏卡尔（Marc Chagall）和雅克·利普兹（Jacques Lipchitz）以及改革派拉比和普通信徒领袖召集在一起谈论犹太圣堂的设计方案。讨论者认为殖民时期的柱子、拜占庭时期的圆屋顶、摩尔人的尖塔都已经过时。新时期需要的是一座具有现代功能的建筑，战后的改革派犹太圣堂通常是"仿拟管风琴折线"的样式建筑，圣堂可扩展可收缩，可以扩大成为容纳新年假期众多礼拜者聚集的交谊厅，也可以缩小成为少数安息日礼拜者的私密空间。在郊区，这些建筑与街道隔开，被乔木和灌木包围，只能透过窗子看到外面的风景。学校的教室从前是设在地下室，现在终于浮出地面，坐落在新犹太圣堂建筑两侧的醒目位置，这些变化反映了联盟对犹太教育的重视。[16]

这一时期美国和加拿大的犹太教改革派都有了不同程度的发展。特别值得注意的是，迄今为止改革运动在加拿大取得的成就极其有限，尽管早在1882年，改革派圣会在蒙特利尔就已成立，很多成立者来自美国，这一举措引起了当地的强烈反对，在汉密尔顿[①]（Hamilton）和多伦多成立的改革派圣会进行了一定程度的

———————

① 加拿大安大略省南部港口城市。

改革，但是总的来说，速度比美国要慢得多。19世纪移民到加拿大的德国人不是很多，东欧犹太人坚持自己的民族身份，在加拿大的多元文化环境下更容易被接纳。二战末期，美国希伯来圣会联盟在加拿大只有三个圣会，因此犹太教改革派属于少数群体，但是50年代晚期，加拿大的改革派随着人们纷纷迁往郊区而人数激增。圣会成员增长的比例虽然没有超过15%，但圣会的发展非常迅速，数量已经超过12个，成员家庭有5000多个。[17]

最有发展前景的地区是加利福尼亚南部，战后凭借着舒适的气候和诱人的经济机会每年都能吸引上千个犹太家庭来到美国西部。大部分人涌进了洛杉矶及其周围地区，他们缺少东部城市犹太圣会者那种根深蒂固的意识，但是随着自己定居以及孩子在犹太教学校接受教育，这部分人逐渐与新旧圣会联系到了一起。加利福尼亚南部的改革派运动从世纪之初的单一圣会逐渐发展到二战末期的五个，从40年代末期到50年代发展更加迅猛。到1961年，美国希伯来圣会联盟西南理事会在各个郊区总共拥有45个圣会，现在除了纽约外，洛杉矶的改革派拉比最多。加利福尼亚圣会南部的下属分支范围很广，威尔希尔大道圣殿（Wilshire Boulevard Temple）是一座"主教犹太圣堂"，古典而壮观，吸引了洛杉矶各个地区的人们；周边新成立的圣会规模较小，思想上更加传统。小型圣会成员家庭中的大多数在此之前和犹太教改革派没有联系，几乎没有任何的改革派背景，这种现象并不罕见。加利福尼亚南部的特点比其他地方更加明显，犹太教改革派虽然来源于外部，但这一新生事物从萌芽到发展壮大异常迅速。[18]

360

## 圣约神学

基督教和犹太教的批判家都质疑宗教复兴的思想深度。他们认为，加入基督教堂和犹太圣堂的多数人或者那些经常去教堂做礼拜的人主要受社会或其他外部动机的敦促，而不是出于纯粹的宗教原因。毫无疑问，每一个信仰社区都有一个核心人物，鞭策大家考虑更加严肃的宗教问题，或者再次考虑一些旧问题。在犹太教改革派的内部，宗教思想最重要的发展是新神学的出现，新神学的特点是关注"圣约"的《圣经》概念。

第二次世界大战摧毁了19世纪自由主义宗教的乐观思想，这一打击远远超过了第一次世界大战。在新教内部，卡尔·巴斯（Karl Barth）建立了新正统派，信仰具有超自然能力的无名上帝，站到了为人类而奋斗事业的对立面，这一信仰赢得了众多拥护者。极具影响力的还有雷茵霍尔德·尼布尔的基督教存在主义，他在纽约的联盟神学院教学。尼布尔勇于揭穿为改善社会而奋斗的乌托邦式虚伪性。历史证明人类的罪恶无处不在，单凭人类自己的能力难以实现道德上的进步。

自身经历了特殊悲剧的犹太人在二战中"遭遇挫败"。[19]原子弹对广岛和长崎的摧毁不仅让广大人民担心人类的未来，600万犹太同胞在战争中死亡，限制进入巴勒斯坦的禁令使大量犹太难民陷入了苦难，这一切将犹太人笼罩在绝望之中。到50年代早期，一部分改革派拉比对宗教存在主义的严肃神学进行了认真研究，威尔·赫勃格（Will Herberg）是一位普通信徒，与改革派没有任何联系。他对尼布尔有关人类潜力缺少卓越信念的模糊观念进行了阐释。他认为人类存在的困境需要"信仰上的跳跃"。[20]犹太思想家对于赫伯格的这种贬低人类理性的阐释不予接受，认为他的做法酷似神父保林诺（Paulinus），尽管基督神学家极为崇尚理性。[21]人们一致批判他的思想没有体现犹太性。尽管如此，赫勃格的作品代表了对理性的极端反对。

　　占据神学领域另一端的是乐观派的自由主义神学家，最重要的代表是利维·A. 奥兰（Levi A. Olan, 1903—1984），他是代表广义世俗文化的改革派拉比，讲坛设在得克萨斯州的达拉斯。奥兰从根源上认定这种反对是"勇气的丧失"，基督教的存在主义借助弗洛伊德的复杂心理学来攻击人类具有理性解决问题的能力，这一做法纯属"失策"，它想用一种天启式的危机意识来磨灭先知的希望。奥兰愿意承认旧的乐观主义需要与更强的现实主义相融合，但他还相信智力加想象力足以应对战后的任务。人类的能力不但没有减弱，反而"变得更强，足以控制周边世界、动物王国以及人类自身"。正如奥兰所理解的那样，人类对上帝的信仰体现在自己的信念之中：宇宙会对人类的道德努力做出回应。信仰的希望以及实现目标的动力掌握在"具有创造精神的宇宙领袖手中"。[22]

　　以奥兰为代表的自由派神学思想具有一定的推动力，其影响力甚至波及了战后一代的改革派犹太教徒。事实上，奥兰强调的重点是人类，而不是上帝，此外，他还突出了非人格神性的观念以及对未来的希望，认可奥兰思想的代表非常广泛，尤其是普通信徒。60年代，偏离传统的其他神学观点也得到了支持。受自然

361

科学和弗洛伊德心理学的挑战，他们将自然主义和神圣有限论的变异引入改革派的轨道中。改革派内部产生了一种新的人道主义，这种思想否认上帝，迅速突破了原有的界限。[23]

战后，越来越多的改革派拉比目睹了神学在传统道路上发生的改变，科勒和柯亨的影响不及上一代德国犹太教的重要人物：马丁·布伯和弗朗兹·罗森茨维格。布伯和罗森茨维格这两个人都信奉非正统派犹太信仰，但不能归为改革派犹太圣堂，因为其中一人拒绝加入有组织的宗教，而另一人始终恪守严格的教规，他们的影响不仅限于犹太教改革派。但是布伯和罗森茨维格让越来越多的年轻改革派拉比开阔了眼界，他们认为自由主义思想虽然已经失败，但如果新的信仰具有可行性则可以取而代之。

布伯尊奉上帝为"永恒的你"，这一基本观念的理解是通过对话的方式，使犹太历史和个人经验中的人格神再次得到了思想上的尊重，其形式完全不同于科学方法。布伯和罗森茨维格尤其受到犹太教改革派思想家的青睐，因为他们都认为任何神圣的文本无法完全反映神启，文本无一例外都是人类对事实做出的反应。二人的唯一区别在于启示是否应该负有仪式上的责任。布伯认为这样会侵犯了神－人对话的自发性，因而反对这一观点，罗森茨维格最开始坚持认为神的唯一要求是报答上帝的爱，后来这一观点逐渐发生改变，他开始信仰戒律生活并加以实践，还接受了表达自己思想的仪式诫命。

由于长期缺乏英语翻译，直到20世纪50年代，美国人才有机会接触布伯和罗森茨维格的思想。他们的存在神学摒弃了自由派存在主义的唯心内容以及基督教存在主义的反理性趋势，不久便

引起了人们的关注。[24]在很多人看来，当《圣经》批判推翻了原教
旨主义后，他们似乎重新建立起与古代渊源的联系；当心理学推
翻了宗教经历的早期观念后，他们似乎重新确定了个人的宗教观
念，而以上两种成就的取得都是通过本土的犹太方法。

　　50年代中期，十几位改革派拉比组织起来共同创建犹太教改
革派的新神学。一段时期以来，他们中的几位定期在威斯康星州
的夏令营碰面讨论，参加讨论的还有几位保守派和正统派的同事，
他们也支持建立新神学的事业。[25]这部分人因共同反对早期的改革
派神学而联合在一起，他们都认为早期的改革派神学很肤浅，与
古典渊源相脱节，并且对人格神发出的声音无动于衷。受基督教
存在主义的影响，他们对犹太传统内部复杂的人性评估进行了新
的思考，对自由派犹太神学把大部分罪恶和对上帝的恐惧归到赎
罪日的概念进行了详细阐述。他们接受了布伯和罗森茨维格的启
示概念：在实现神圣约束的道德理想过程中，不会出现神－人相遇
的事情，只会出现启示或者凭借人类的奋斗得以实现。他们还与
罗森茨维格一样认真对待犹太律法，犹太律法不仅是习俗和仪式，
也是神圣颁布的诫命。当代的一位观察家说他们关注的是上帝，
而不是人类。他们所关注的是传统文本和传统守教对他们提出的
权威性要求。[26]

　　这些新传统派在信仰以及实践上都不属于正统派。他们中的
一部分人在古典改革派家庭中长大，对犹太教进行了"重新审
视"，他们渴望从内部及其根源上直接体验启示，而不是通过外部
施加的哲学范畴。当他们以新的认真态度接触《圣经》和希伯来
文献时，他们并没有感觉到这是上帝的旨意；当他们承诺遵循上

帝旨意的时候，他们无法将传统珍藏的诫命作为戒律来接受。一方面他们渴望对启示上帝更加忠诚，另一方面却具有自由主义的思想。他们认为圣文也许没有完整地传达上帝的旨意，或者根本没有传达，因此想努力平衡传统和自由这两种思想，避免二者相互撞击而产生不良后果。27

不久，新传统派意识到传统观念比其他思想更能代表自己的立场。圣约是《圣经》中最关键的思想之一，尽管它具有普世意义，但对以色列尤其重要；圣约反映了上帝和以色列之间的相互关系，以色列是"盟约社区"，这种特殊性将犹太人与其他民族划分开来，同时又将他们联系到一起。对于犹太改革派教徒来说，圣约观念比玛坦律法①（matan torah）更加有益，后者意味着无条件接受一种固定传统，而不是一种伙伴关系。人们可以将圣约理解为一种持续的关系，而不是拘泥于一种观念：这一代人有没有资格伫立在西奈山上。任何一个时代、任何一个犹太人都要责无旁贷地进行更迭来维护圣约。按照自由派的说法，犹太人在认真对待这些文本的基础上，也能自由地重新商定这些条件。简而言之，圣约是上帝和以色列之间进行的历史和开放式对话的基础。28

圣约神学也不是无懈可击的，最根本的问题在于圣约具有终极权威。新神学家反对自由的人文主义观念，根据这种观念，个人从传统中选择自己认为有意义的内容，通过这种做法他们避免自己的观点或情感遭到神圣命令的践踏。因此他们决定不会让自己的信仰从属于任何外部原则或个人嗜好。犹太教不仅为世俗自

---

① 有关西奈山的律法或教诲。

由思想或感情提供证明文本，而且在自由派的信仰和行动结构上，宗教处于首要位置，而不是次要的。然而作为自由主义分子，他们绝对无法接受已经成形的形式。他们要求拥有对传统"提出异议"的权利，不是凭借先验，而是在广泛接触文献之后再提出异议。[29]这种异议的基础很模糊，也许无法得以解决。尽管现在把传统置于首位，但说不定也会放在最后。整个犹太教自由派或个别教徒仍然需要从历史中进行选择性地学习，他们要重新对圣约进行系统的论述。

六七十年代期间，圣约神学仍然对犹太教改革派发挥着主要的影响力，但是现在出现了新的挑战和问题，有的问题很容易处理，也有的非常棘手。当代美国新教中出现了"上帝死亡"学派，他们对犹太改革派教徒的影响不是很大，一方面因为新学派不需要摆脱压迫性的圣父，还有一部分原因是学派的内在论与异教很接近，因此对旧约信仰产生了敌意。"情境伦理学"会破坏道德范畴上的独立正义，因此犹太教改革派不再崇尚这一万能措施，而是让人们重新关注犹太伦理传统，例如，60年代的道德思想非常宽容，为犹太青年提供了以宗教为基础的性指南。[30]事实上，战后犹太神学中最重要的因素根本不是外部思想影响的结果，相反是与当代犹太历史有关。1961年发生了艾希曼①（Eichmann）审判，1967年爆发了六日战争，这些近期发生的反对犹太人的活动或者由犹太人发动的历史运动都受到了神学的影响，因此迫切需

---

① 德国纳粹高级军官，犹太大屠杀"最终方案"的主要负责人，1961年在耶路撒冷受审。

要人们对这些事件的发生做出神学上的解释。

二战刚刚结束后的几年内，人们关注大屠杀产生的宗教影响，但是关注度比较有限。早在1946年，伊利诺伊州埃文斯顿（Evanston）的拉比大卫·波利斯（David Polish）敦促犹太教改革派要恢复第九日的斋戒日，因为在这一天两座古代的圣殿惨遭摧毁，这一举措也是为了纪念"发生在二十世纪的灾难"。[31] 1953年，波利斯对他的同事说：

> 如果我们对启示的情感没有减少的话（也许将在我们后代人的心中恢复），那么向我们昭示其全部影响力的启示出现在1948年教历5月[①]（Iyar）的特拉维夫市政委员会室。这一天恰恰是以色列国家宣布独立的日期，而且在特雷布林卡[②]（Treblinka）和彼托（Pitom）、兰塞（Raamses）一样都是在模仿西奈山。[32]

20世纪50年代，波利斯就礼拜仪式提出了建议，并对神学进行了观点鲜明的阐述，但是没有得到任何回应。后来的十年中，人们逐渐意识到大屠杀没有得到明确的关注是神学上的疏忽，这一内容非常关键。1967年，美国希伯来圣会联盟举办了一场研讨会，参会者围绕各个杂志中提及的大屠杀启示为主题进行讨论，并且委托相关人员撰写了一部有关大屠杀的文集，文集收录的论文也

---

① 以珥月，犹太历法。
② 波兰东部一村庄。

包括有关神学影响方面的投稿。[33]来自德国的自由派拉比埃米尔·L.法肯海姆（Emil L. Fackenheim）在多伦多大学教授哲学，他开始认真思考一个问题：600万上帝选民奔赴黄泉时，上帝为什么缺席？他不想承认上帝死去了，或者很无能，也或者深不可测，他宁愿相信上帝在大屠杀发生过程中对以色列说过："尽管在奥斯维辛集中营没有听到救赎的声音，但是能听到一种居高临下的声音，而且非常清楚，犹太人不会让希特勒感到他们的死亡意味着纳粹的胜利。"这些话的意思是犹太人必须以自己的犹太身份活着，要记住那些牺牲者，不要对上帝或者世界感到绝望。法肯海姆在犹太命令的传统清单上又增加了一条，称其为第614条诫命。[34]

364

尽管改革派神学家认为大屠杀和建立犹太国家没有什么因果关系，在六日战争这一看似神奇的拯救之后，他们的确感到了上帝再次现身：上帝根本没有放弃以色列。[35]改革派运动中的一部分人不愿意承认当代发生的事件具有启示和拯救的意义，一部分人逐渐认为"大屠杀神学"是片面的。但是几乎所有人都相信奥斯维辛集中营和耶路撒冷包括在具有说服性的犹太神学内容之列。总之，70年代的神学家对古代上帝和以色列对话的关注越来越少，他们更多的是在思考上帝是否在自己的时代存在或是缺席。

## 公民自由、公民权利和越南

40年代，改革派运动聚焦于犹太人的命运，随着这种关注的告一段落，他们再次把目光投向宗教外部的美国社会。1948年，联盟和美国拉比中央会议成立了社会行动联合委员会。在经历了短暂的休眠期之后，委员会接受了一批专职带薪员工，犹太教改革派终于摆脱了美国希伯来圣会联盟和美国拉比中央会议大会决议的限制，拥有了扩大社会活动的能力。实际上，随着联盟委员会职员的确定，社会活动的领导权从大会传递到美国希伯来圣会联盟的手中，联盟现在着手一项加深圣会层面社会活动的方案。大多数改革派犹太圣堂不久成立了研究主要问题、制定声明并负责当地工程的社会行动委员会。美国希伯来圣会联盟的《正义和犹太教》(*Justice and Judaism*)一年之内重印了两次，进入了成千上万的改革派家庭当中，圣会社会行动委员会将它作为自己工作的主题指导。[36]一位观察者注意到当时拉比和普通信徒在对待社会问题的态度上差距非常大，他们之间因而也相互抱怨，但实际上并没有大到不可逾越的程度。[37]在社会问题上新出现的普通信徒激进主义极有可能是东欧人涌进犹太教改革派的另一种反映——在这种情况下等于引进了更加自由的社会观点。还有一种可能，由于无法忽视长期以来改革派关于先知犹太教的说教，运动中的德裔犹太人发现支持一项关注公民自由、公民权利和国际和平的方案更加容易，这种方案基本不涉及经济问题。

战争结束后不久，美国对自由言论的干涉越来越严重，这一点引起了犹太改革派教徒的担心。1947年，一位拉比注意到"'共产主义者'这个词语成为诋毁自由思想者名誉的一个绰号"，就像是杰斐逊时代的"无神论者"这一词语造成的不良影响一样。第二年，美国拉比中央会议采纳了一项决议，对普遍存在的归罪现象进行了谴责，协会在没有明确指控理由的情况下就将个人或组织冠以反动或与之有联系的罪名。20世纪50年代的改革派运动一方面承认存在着共产主义危险，同时谴责要求宣誓忠诚共产主义的做法，这种现象普遍存在；同时还谴责了众议院非美行动委员会（House Un-American Activities Committee）和在调查参议员约瑟夫·麦卡锡（Joseph McCarthy）过程中惯用的人格谋杀手段。同样在50年代，令人担忧的是教堂和国家的独立性受到侵犯。改革派中的普通信徒和拉比谴责政府对教区学校的援助行为，政府的做法使宗教侵入了公共教育领域，宗教礼拜仪式甚至在市政公园进行。1962年最高法院做出了明确指示，禁止在公立学校进行祈祷，为此普通信徒和拉比非常感激。[38]

五六十年代，犹太改革派教徒认为他们最重要的道德任务是为黑人争取民权。早在1946年，美国拉比中央会议发布了一项题名为《犹太教和种族关系》的综合声明，呼吁改善黑人的贫穷状况，停止不断发生的私刑，终结军队隔离以及职业歧视这样的祸端。在宣布与"黑人遭遇不公平现象进行长期斗争"的同时，美国拉比中央会议呼吁成立公平就业实施委员会（Fair Employment Practices Commission），实行开放式售房，取缔人头税，取消公共设施中的隔离设置。[39]对于犹太改革派教徒以及广大的美国人来说，民权的"起飞点"是在1954年最高法院取缔公立教育中的隔离决议之后。不久，全国人民在这个问题上产生了分歧，在十多年的时间内民权问题成了改革派运动的重中之重。

最高法院对布朗诉教育部案做出了决议，几个月后在美国希伯来圣会联盟两年一届的全体代表大会上，多数参会者投票敦促在全国范围内加速实施这一决议。[40]此后，拉比、犹太法学博士和普通信徒积极投身于争取种族平等的艰难斗争之中。他们加入了南方的自由之行示威者①（Freedom Riders）行列，参加了密西西比州的暑期项目来帮助黑人选民进行注册。他们与马丁·路德·金一起在亚拉巴马州的塞尔玛和蒙哥马利（Montgomery）游行。70位改革派拉比参加了1963年8月的华盛顿大游行，但是在佛罗里达州的圣奥古斯丁（St. Augustine），他们中的一部分人被捕入狱。来自克利夫兰的改革派拉比——阿瑟·莱利维尔德（Arthur Lelyveld）在密西西比州的哈蒂斯堡②（Hattiesburg）被两个白人恶棍用铁棍袭击，酿成了恶劣的流血事件。[41]

北部的犹太改革派教徒攻入了亚拉巴马州、密西西比州以及其他存在种族隔离主义的地区，然后马上退回到安全区域。对于那些生活在南方的犹太人来说，争取黑人民权斗争是一种梦魇，他们每天生活在焦虑恐惧的氛围中。美国南方腹地的改革派普通信徒不愿向黑人伸出援助之手（至少有一位改革派拉比是这样的）。他们认为如果在言语或者行动上采取自由主义的立场，白人公民理事会、三K党成员或者那些反对这一行动的邻居们会抵制与他们的贸易，甚至威胁他们的人身安全，他们这样考虑也有一部分道理。从道德上讲，南方的改革派普通信徒认为应该首先考虑自身安全问题。[42]其他人在基督教组织愿意接纳他们的地方也会竭尽全力，他们支持全国改革运动发出的声明。[43] 1963年，美国希伯来圣会联盟邀请马丁·路德·金作为全体代表大会晚宴的发言人，密西西比州的改革派拉比却提出抗议：全国普通信徒组

---

① 1961年美国南部黑人民权运动者为抗议长途汽车种族隔离而采取的抗议行动。
② 美国密西西比州东南部城市。

织在这件事上根本没有考虑他们的安全问题，邀请金讲话就等于采取了"与犹太责任教义不相符的边缘政策！"。[44]到60年代，这样的恐惧心理已是昭然若揭。1958年，犹太圣堂爆炸事件在美国南方接连发生，从迈阿密、杰克逊维尔①（Jacksonville）到纳什维尔②（Nashville）、亚特兰大，后来又到梅里迪恩③（Meridian）和杰克逊④（Jackson）接连不断。暴力威胁主要针对那些敢于充当先锋的南方拉比。尽管如此，南方的一部分改革派拉比继续坚持民权事业，在他们的帮助下，神职人员的跨种族委员会、幼儿园、唱诗班成立起来，他们还邀请黑人演讲者在圣殿讲坛上表达自己的观点。在当地建立废除种族隔离机制的过程中，改革派拉比即使没有发挥最关键的作用，其影响力也是切实可见的。但思想保守的拉比们几乎没有参与这方面的工作。[45]

　　与此同时，莫里斯·艾森德斯决定在华盛顿特区成立一个中心机构来提高改革派社会运动的影响力。提议成立这一中心具有两方面的目标：首先，犹太教改革派的国家机构在道德问题上具有自己的立场，通过成立中心机构可以对国会施加直接的影响；第二，通过研究、出版、会议以及实习，中心机构能够围绕目前公共讨论的问题对拉比、犹太法学博士学生以及普通信徒进行教育。基督教派也成立了类似的中心。著名的犹太改革派民权领袖基维·卡普兰许诺提供大额拨款，因此在1959年美国希伯来圣会

---

①　美国佛罗里达州东北部港口城市。

②　美国田纳西州的首府。

③　美国密西西比州东部城市。

④　美国密西西比州的首府。

联盟召开的两年一届的大会上，艾森德斯进行了说服工作，从而获得了此项计划的批准。此后，联盟购置了一栋宏伟的大楼，这座建筑此前曾是厄瓜多尔大使馆。然而，当联盟提出建议将机构搬迁至纽约时，受到了强烈的反对，反对者主要来自改革派运动中规模最大、最有影响力的两个圣会：纽约的伊曼纽尔圣殿和华盛顿希伯来圣会。联盟机构设立在65号大街上，位置过于显眼，导致圣殿领袖非常不满，此外，大会主席还站在犹太教改革派的立场上，更令他气愤不已；华盛顿圣会也担心联盟在首都的设立会降低自己的影响力。在强有力的竞选活动中，这两个圣会拉拢其他的圣会站在自己的立场上，尤其是南方的那些反对犹太教改革派民权立场的圣会，他们认为改革派的这一立场引起了全国范围内的关注。当然，反对者们所关注的内容闪耀着崇高原则的光辉：他们宣传内容适当的宗教思想，包括信仰、认知和个人良知，而不是集体的政治行动。他们召集了足够的势力迫使大会在这个问题上进行重新投票。但是在1961年的全体代表大会上，这种对抗发生了戏剧性的变化，支持宗教行动中心的代表以4∶1的投票结果获胜。[46]

到60年代中期，越南战争这一新问题成为民权方面的首要事宜。[47]在美国的主要犹太组织中，改革派运动组织首先表明态度，他们反对美国对东南亚采取军事行动。早在1964年，越南问题异常突出，当时美国拉比中央会议就呼吁协商解决争端。随着战争在次年的升级，大会坚信"'军事手段无法解决'越南人的基本社会经济问题"。领导联盟进行反战的领袖是艾森德斯。1965年11月，他在美国希伯来圣会联盟全体代表大会上发言："我们在他人土地上作战，烧焦他人心爱祖国的土地，屠杀无数无辜村民的生命，已经违背了自己信仰的信条。"大会做出回复，通过决议要求停火，协商如何和平解决。1965年，就美国公众的意见以及犹太人的观点而言，改革派在越南问题上的立场只是代表了少数人的观点，他们没有得到其他主要犹太组织的回应。犹太战争退伍军人（Jewish War Veterans）叫嚣捍卫美国政策，他们的呼声最高。但是正统派的普通信徒和拉比则支持美国"抵抗共产主义进攻"的决议，到1966年之前，保守派拉比集体对此事保持缄默，拉比亚伯拉罕·约书亚·赫施尔（Abraham Joshua Heschel）却畅所欲言，言辞雄辩有力。 367

　　1967年，改革派运动对越南战争的官方反对立场陷入了双重困境。第一，在早期宗教行动中心成立的问题上，纽约伊曼纽尔圣殿领袖发动了一场小规模的内部叛乱，由于美国希伯来圣会联盟主席在越南问题上的声明代表了所有改革派犹太圣堂的观点，伊曼纽尔圣殿圣会现在要退出联盟。后来在1966年，艾森德斯甚至给林登·约翰逊（Lyndon Johnson，第三十六任美国总统）写了一封信并加以公开，信中他把美国总统比作光明节中的暴君安条克·伊皮法尼（Antiochus Epiphanes）。[48]艾森德斯认为两千多年前的这位统治者也是容不下异己的意见，他的观点得到了人数较少的犹太分裂组织"叙利亚战争退伍军人"（Veterans of Syrian Wars）的支持。但是不久，25个改革派圣会（约4%）对离开联盟一年多的伊曼纽尔圣会表示支持。此外，国内还有一部分圣会者不同意对美国角色进行批判，美国拉比中央会议感到有必要联合那些发布反战言论的拉比们，因为他们的言论会危及改革派的讲坛自由。[49]

　　第二个困境源于六日战争。当时美国拉比中央会议的主席拉比雅各布·温斯坦（Jacob Weinstein）说："我们不必因为自己被指控为越南的鸽派人士和以色列的鹰派成员而感到尴尬。"[50]一旦以色列表示要完全支持美国的越南政策，继续维持这样的复杂面孔就会变得更加微妙。

　　随着美国在越南的增兵，确保有足够多的改革派专职教士成为很严肃的问题。如果在投票结果接近的情况下，出于道义美国拉比中央会议决定支持1967年一般草案异议的话，那么此后如果再否认拉比拥有同样的专职教士职务特权便不再那么容易。犹太专职教士的需求量增加，正统派和保守派运动已经改变政策，实行自愿担任教士职务的做法，而改革派运动仍然保留着从朝鲜战争开始制定的自我配额制度。一部分拉比继续强调维护道德是犹太士兵在部队服役时的最高原则，一段时期以来，专职教士或者所有的新拉比毕业生需要替换服役，1969年，改革派拉比最终解决了自愿担任专职教士职务的问题。[51]

　　在美越战争的最后阶段，改革派拉比和普通信徒参加了反对美军对越南进行再次轰炸的抗议示威活动。有几位信徒因为侵犯联邦财产而被逮捕，来自波士顿地区的一位年轻改革派拉比也在被捕之列，因为遭到逮捕，圣会者非常认真地思考了他的观点："我的行动比起我所做的任何布道更能清楚地表达我的观点。"总之，他做好充分的准备将自己的原则加以适用，这一切让他的犹太法学博士学位享有新的权威。当争端最终得以解决时，美国拉比中央会议敦促无条件赦免那些因受良心谴责而拒绝参战的人们。[52]

到这一时期为止，改革派犹太圣堂像普通的美国犹太人那样把目光再次转向了内部。发生转变的一部分原因在于犹太关注的问题再次成为首要内容或者成为首次显现的内容。1967年春天的几个月中，以色列受到严重威胁，国家命运落在变化无常、充满敌意的列强手中，美国犹太人感到焦虑不已，因而个个担负起了责任。6月，以色列在六日战争中获胜，美国犹太人肩负的沉重感一扫而空，人们长舒一口气，接下来的几年中，他们沉浸在欢乐之中。苏联犹太人始终处于困境之中，1967年后情况恶化，几乎同时，美国犹太人肩负起了新的责任。[53]

60年代晚期，犹太教改革派广泛发动的社会活动方案逐渐走向没落，原因不仅仅归于以色列和苏联犹太人的身上。基督教和黑人领袖也令人非常失望。二战期间，改革派运动推行了一项基督教牧师学院的方案，非常成功。1948年全国各地举行了90次讲座和讨论，受邀的学者在当地改革圣会的资助下围绕犹太主题进行了演讲，他们向有势力的异邦人讲解犹太教的知识，还帮助他们消除对犹太教的偏见。[54]60年代早期，入住白宫的总统信仰天主教，第二次梵蒂冈会议（Second Vatican Council）提出了一种新精神——普世教会主义，也称作泛基督教主义，跨信仰运动提到了改革派的日程之上。[55]犹太改革派教徒和基督徒亲密联手，共同致力于核裁军、采纳种族灭绝公约以及结束越南战争的事业。但是当1967年5月以色列面临危险处境时，基督教领导人却保持沉默，使整个美国犹太社区失望不已。这一事件之后，人们对普世教会主义的热情逐渐衰退。

几乎与此同时，犹太人和基督徒的关系恶化，黑人和犹太教徒的合作伙伴关系瓦解。黑人争取民权的努力转向了经济领域，并且经常发生暴力事件，他们也公开参加反犹活动，矛头不仅指向恶劣的犹太房东，还包括犹太教徒。犹太自由派始终支持黑人事业，就像对待自己的事业一样热情，但是黑人的军国主义和分裂主义让他们感到踌躇不前。像莫里斯·艾森德斯这样的改革派领袖在这种情况下依然敦促圣会者们接受新领导层提出的"赔款"要求，尽管犹太组织对黑人贫困不负有任何责任。1969年，美国希伯来圣会联盟全体代表大会通过一项决议，决议对"犹太命令"进行了重申，"我们应该对国内少数民族的期望和请求更加敏感"。艾森德斯提议在犹太社区发动一次类似于犹太联合募捐协会（United Jewish Appeal）的运动来偿付美国黑人的赔款。[56]但是大会拒绝承认犹太人有罪，更不认可自己负有任何债务，因此反对这一提议。在校车接送或反歧视行动等新出现的问题上，越来越多的犹太人提出强烈的反对意见，因此改革运动派采取了自由主义的立场，他们曾经认为黑人事业对于自己的道德操守非常重要，但这种意识已经越来越淡化。[57]

　　改革派犹太人曾经将以色列使命视若珍宝，但是现在这一完整概念受到攻击。一部分人已经不再相信犹太人的目标是为了启发和帮助异邦人。犹太教的价值应该根据赋予犹太个人的能量而衡量。一位拉比这样说过："犹太存在哲学的意义在于验证犹太个人的存在。'如果我与犹太教联系在一起的话，那么它在我的生命中将意味着什么？'"[58]继续从事社会活动的犹太改革派教徒更加努力地寻找犹太基础，再次将工作重心放在解救那些受压迫的苏联、叙利亚犹太人身上，除此之外，改革派还关注世界各地的贫苦农业工人以及受剥削的犹太人，以及核武器造成的威胁等问题。[59]

## 低迷时期

369

二战以来，美国犹太教改革派的发展态势良好，但是到20世纪60年代晚期，他们开始对未来产生了严重的自我怀疑和焦虑情绪。在运动过程中，改革派内部总是发生意见分歧以及态度不明确的情况，导致组织长期处于危机之中。

在美国宗教复兴大潮以及探求郊区的宗教身份过程中，美国改革派运动发展良好，这一态势持续了大约20年。1969年改革派领袖声称拥护者为100万，但是到60年代末，改革运动进入停滞状态，每年加入的新圣会数量非常少，现有圣会的成员列表要么保持不变，要么微微下降，还有几所圣殿为了生存只能与其他圣殿合并。随着"生育高峰"一代人进入大学后，宗教学校的规模也在缩减。人口不断下降，年轻人的思想发生叛逆，与父母产生了"代沟"，他们总想远离与父母有联系的机构，这使得圣殿青年组织蒙受损失。

为了进一步的发展，联盟不断从银行贷款。截至发展停滞期，债务成为沉重的负担。到1975年，债务累计达到100万美元，圣会领导要求平衡预算，并出台一项有序减少债务的方案，解决办法是通过紧缩支出。拉比职务的数量与改革派提供的拉比人员出现了供大于求的局面，导致一部分成员转到了保守派讲坛和学院机构，以此减少进入拉比行列的人数。[61]

加入犹太圣堂的会员人数不再增长，以致影响了保守派和改革派圣会的发展，导致这一现象的主要因素是犹太联邦的再度兴盛。以色列在六日战争中获胜，美国社会接纳文化和宗教上的多元主义，种族认同意识再度兴起，犹太人更加积极地参加带有社区-以色列倾向的组织。除去慈善活动之外，联邦开始承担教育和文化活动，他们的影响逐渐进入犹太圣堂的领域。50年代占据犹太中心地位的圣会生活再次退居边缘位置。美国犹太人逐渐与犹太整体相融合，而不再只认同某一特殊的宗教流派。联邦能够接受美国犹太人的包容与忠诚，而犹太圣堂却做不到。[62]

此外，美国犹太教改革派在争取联盟外人员的战绩方面似乎不是保守派的对手。50年代中期，无论在圣会规模还是圣会者人数上，犹太教改革派都超过了保守派。1972年进行了一项全国犹太人口研究，结果显示：犹太教保守派占美国犹太人的23%，加盟改革派圣会的只有14%，9%加入正统派。无圣会成员身份的犹太人不足53%，十年前这一比例为40%，通过比较，我们可以看出更多的犹太人脱离了联盟身份。当地部门对多个圣会进行了一项关于认同犹太教的调查，结果表明保守派犹太教通过使用更广泛的措施取得了主导地位。[63]

60年代晚期、70年代早期，犹太教改革派的发展处于低迷状态，拉比们为此感到痛苦不堪。至少在接下来的20年期间，拉比的角色始终处于转换之中，原来判断拉比成功或失败的主要标准是他的说教能力，他们会精心准备布道，布道时间往往持续半小时或更长，并且将布道内容刊登在圣殿的布告和当地社区的报纸上，以供后代使用。现在的布道变得非常简单，题目从宽泛的问题变为狭隘的主题，常常涉及人际关系的某些内容。圣殿委员会更加注重教士的咨询和行政管理技巧。他们不再期望拉比能使犹太圣堂座无虚席，也不会亲自去听拉比布道。50年代参加礼拜的人数呈上升趋势，而60年代则有所下降。受过大学教育的圣会者不再向拉比寻求处世能力，随着70年代犹太学术研究的繁荣，拉比几乎不会宣称自己在某一研究领域具有最高水平的专业知识。随着犹太领导权转移到联邦，拉比对社区事务的影响力也有所下降。黑人在争取自己权利的斗争中将白人排除在外，越南战争已经结束，改革派拉比在60年代美国生活中所承担的公共角色逐渐减弱。个别拉比仍然掌握着国家的领导权，尤其是在犹太复国主义的问题上，但是大部分同事在为个别圣会者行使教士职能时，不再对先知角色充满期望。新上任的拉比要想取得成功，必须保持低调，但这一点比较困难，此外，他们还需要具备领导内部成员的能力和愿望。[64]

1965年，美国拉比中央会议成立了一个特殊的委员会，负责考查拉比的社会地位，委员会确认在改革运动的长期发展过程中存在危机状况，危机表现的一方面就是拉比的权威在下降。改革派拉比的领导效力明显不足，启示文本失去了权威，不能够吸引思想保守的同事。拉比们发现即使自己得到组织成员的尊重，也无法阻止圣殿官员和委员会对自己圣会的入侵。普通信徒的领袖开始将拉比看作高层管理者，希望他们会按照自己的意愿行使职能。一位颇有名气的拉比感到"自己的身份被贬低，行事战战兢兢，极度崩溃"。60年代晚期，一部分改革派神职人员选择了非圣会职位的工作，与犹太组织和希勒尔基金会（犹太大学生组织）一起工作，或者干脆辞去了拉比的职位。美国拉比中央会议对拉比感到不满的程度及其准确原因并不确定，因此委托相关部门进行了一次全面调查，包括拉比、犹太法学博士学生的观点以及普通信徒的看法。调查完成后，领袖们的担心得到证实，2/5的拉比认为拉比职位的确处于危机中，71%的被调查者认为自己与圣会在对犹太的理解方面存在着"距离"，仅有勉强超过半数的被调查者表示如果可以重新开始职业的话，他们会选择做拉比。对传统神学知识掌握不足的拉比对自己的职业选择表示不满，他们不仅对神学方面的知识表示疑惑，同时对自己的职业选择也产生了疑虑。结果还显示几乎2/3的被调查者拥护犹太教保守派的思想，剩余的29%则选择相反的方向，以宗教人文主义为目标。显而易见，改革派拉比对这一调查结果非常不满，他们之间进行了激烈的争执。[65]

　　拉比把一部分责任推卸到学院方面，指责学院产生的危机，美国神学教育受到普遍抨击。由于缺乏社会和实践的相关性，很多拉比认为希伯来联合学院–犹太宗教学院课程关注古典文本的分析性学习，不能满足圣会拉比的精神和职业需求。那些穿牛仔裤的、出身卑微的学生和每隔一周参加学生圣会的拉比学员由于地位差距而导致关系紧张，学生们抱怨不已。他们抱怨教授们对他们重视传统实践和怀疑神学的思想倾向视而不见，受60年代校园叛乱和反对美国卷入越南战争的影响，学生们认为学校的课程缺少相关性，因而感到泄气，改革派犹太法学博士表达了自己的不满和痛苦，甚至比在任的拉比牢骚还多。骚乱过后，大学学院对此事做出了回应。在拉比、学生们以及在1968年重建派运动中新成立的敌对犹太神学院的激发下，希伯来联合学院和犹太宗教学院着手进行课程改革，决定让学生第一年在耶路撒冷学习，他们在课程选择上有更多的主动性，圣会拉比可以进入校园，学生在决定学校的宗教组织生活方面有更多的发言权。[66]

1973年是美国希伯来圣会联盟成立的一百周年，在这一盛事来临之际，联盟决定对1970—1971年的情况进行调查，从12个圣会中挑选成人、大学生和成人礼班级的学生作为受访者，调查结果一方面确认了多数成员放弃了自由激进主义的思想，另一方面还暴露了一个现象：年轻一代与老一代相比缺乏犹太特殊性。在支持以色列、给犹太慈善机构捐款、犹太圣堂成员以及信仰内部联姻等这类相对重要的事务上，父母和孩子之间在观念上存在着很大的差异。最令人难过的是大部分被调查者，无论年老还是年少，并没有把圣殿视为有意义的感情投资目标。他们并没有把犹太圣堂当作主要的参照群体，对圣堂的忠诚也只是阶段性的。因此对于目前犹太教改革派的状况，他们既没有表现出很大的热情，也不会过多地担心，只是漠然视之。唯一让人欣慰的是在每个圣会内部都有这样一部分成员，他们努力把自己的社区建设成更加团结的社区，让大家对犹太经历有着更加强烈的感受。但是对于大多数人来说，犹太教改革派处于自己生活的边缘，他们觉得维持现状即可。[67]

降低自己犹太身份的现象不仅出现在改革派运动内部，到60年代晚期，它成为美国犹太教徒与异邦人通婚比例上升的一个重要因素。基督徒对与犹太人结婚一向持有偏见，随着这一偏见的消失，年轻的犹太教徒和基督徒在大学校园建立了密切的联系，各类排他主义受到鄙视，不同犹太背景的家庭中出现的通婚事例越来越多，改革派拉比面临着这样的问题：对引起这种现象的因素是给予许可还是谴责？如何与内部有着通婚背景的个人打交道？事实上，所有的改革派拉比在原则上反对通婚，但是一旦双方决定结婚，在是否祝福他们的结合这一问题上就会产生分歧。这种分歧出现了两个极端，其中一个是少数拉比不管规定如何，会为通婚的双方举行婚礼，他们应该为不成比例的通婚仪式负责。另一个极端是绝大多数的改革派拉比拒绝在任何情况下主持婚礼。持中间立场的多数人提议制定双方都能接受的条件。拉比们各自提出自己的要求，内容不尽相同，但通常都包括建立犹太家庭、让孩子具有犹太身份、学习犹太教并且加入犹太圣堂的愿望。

反对拉比执行仪式的人们认为参加通婚仪式就是违反拉比的道德操守，这会使改革派运动从犹太宗教社区分离出去，拉比主持通婚仪式只是为了抚慰通婚者的父母或者祖父母，这会使那些想皈依犹太教的人望而却步。支持者们则认为拒绝给通婚者们主持仪式则会疏远这部分人，还意味着这将失去未来犹太子女的认可，同时还让人感到缺少人情味，非常冷酷无情。[68]拉比们早期进行的调查显示，有41%的改革派拉比在某些条件下会为通婚的夫妇主持婚礼。绝大多数的圣会者愿意让自己的孩子和犹太人结婚，也希望拉比至少在某些情况下为通婚的夫妇主持婚礼。拉比内部存在这一问题的并不仅限于这一代人，与30年前的比例相比差别并不大。发生改变的只是社会情况而已。目前请求的人数非常多，改革派拉比不断遇到圣会家庭恳请他们批准通婚。有的圣殿委员会不愿意雇用坚决反对通婚的拉比。[69]

1909年至1947年召开的美国拉比中央会议例会上并没有提及通婚的问题，后来所罗门·弗瑞夫仍然宣称改革派主持通婚仪式的情况并不多见，一般来说仅限于特殊的情况。尽管如此，在大屠杀和建立犹太国度这段犹太性非常明显的时期，相当一部分拉比希望将1909年提出的排斥通婚做法改为号召改革派拉比不要主持仪式的立场。投票结果为74：76，新的决议就在这样非常接近的结果下失败了，大会重申了旧的决议。15年后这一问题再次提出，这一次支持自由化的人们敦促认可拉比主持仪式的决议，但是他们也遭到了断然拒绝。[70] 1971年，反对主持仪式的人们看到拒绝此事的拉比面临着来自圣会内部越来越大的压力，他们决定东山再起，认为目前的形势需要做出一项强烈声明"来维护拉比团体的自尊"。两年之后，在1973年，双方进行了最后的摊牌。大会的内部领导人士仔细商议了对策，然后敦促美国拉比中央会议通过"反对成员参加通婚仪式"的决议。他们认为1909年作为"遮护人们行为"的声明已经过时，反对者们反驳大会"没有权利对良知进行立法"。双方进行了长时间的激烈辩论，反对拉比参加通婚仪式的第一部分决议以321：196的票数通过，结果接近3：2。对于失败的那部分人来说，大会认定改革派拉比"对犹太传统进行了不同的阐释"，但是对于这种差异大会并不赞同，这种判断使他们无法平复心情。最后一部分决议鼓励已经通婚的个人认定孩子的犹太身份，所有人都同意这一内容，但是那些信奉普救说的拉比认为自己的立场具有犹太性，而且从人性的角度考虑是正确的，然而最终决议却代表着这部分拉比的失败。[71]

　　70年代早期和中期出现的另一个主要矛盾是有关离散区的犹太人和以色列国家之间的关系问题。1967年的胜利狂潮让美国改革派犹太人在庆祝以色列成立的同时，忽略了夺得疆域后的潜在后果。美国拉比中央会议通过了一项决议，"将以色列独立日定为永久性

的节日，每年的以珥月5日庆祝，作为我们精神历史和宗教生活的
一部分"，中央会议还决定每年在耶路撒冷举行会议。但是到1970
年，以色列的公众在有关西岸和其他被占领地区的未来问题上明显
地开始出现分歧，而美国的犹太官方领导禁止离散区违反以色列政
策，改革派运动的一部分领袖拒绝合作。为普通信徒创办的改革派
杂志发表了以色列不同民众的观点，艾森德斯提议举行研讨会，谴
责那些"否认巴勒斯坦实体存在的鸵鸟式"以色列人，煽动民众考
虑重新解决被占领领土的问题，以及阿拉伯难民主动性不足的问
题。他呼吁就这些问题在美国犹太人之间进行与以色列同样的自由
公开讨论。70年代，越来越多的改革派拉比和普通信徒要求鼓励提
出异议，但前提是建立在忠诚和爱戴的基础之上。一部分人加入了
名为布雷拉（Breira）的组织，这一组织敦促以色列积极探索和平
的途径，与愿意认可其存在并放弃恐怖主义的组织进行协商，因而
组织的性质具有争议性。其他的改革派犹太人怀疑这些评论，因为
他们认为这会被以色列的敌人加以利用。他们认为布雷拉对国家构
成危险，改革派加入这一组织是一件尴尬的事情。这两个派别之间
的冲突有时很激烈，但是拉比和普通信徒不久便采纳了新的立场，
要求在美国犹太社区内部就有关以色列问题进行自由讨论。此外，
拉比最终赞同让巴勒斯坦阿拉伯人进行民族自决，普通信徒对于阿
拉伯－以色列的僵局没有提出具体的解决措施。[72]

## 复兴时期

　　改革运动由于内部分歧和方向不确定从而产生了焦虑情绪，

这种情绪在短期内很难消散。20世纪70年代，美国改革派运动经历了一段时期的复兴。改革运动很难影响到边缘区域，但是在中心地区确立了新的礼拜仪式和改革派犹太律法，为提高犹太教育提供了机会。拉比职位向女性开放，通过这一做法巩固了拉比的精神领袖地位，圣会结构得到了调整，鼓励更多的人加入。改革派甚至进入了犹太生活的主流，他们制定了能够表达共同承诺的新纲领。70年代末，改革派看到了希望，他们处处谨慎，终于从以前的低迷状态中走了出来。

几乎每一个改革派圣会内部都存在传统主义的趋势，而且愈演愈烈。在礼拜仪式中戴帽子的拉比和圣会者越来越多，礼拜仪式使用希伯来语进行的情况越来越多，当时的礼拜仪式总带有西班牙语发音的特点。原来隐蔽式的合唱团被显眼的独唱者所替代，合唱团的多数成员是神圣音乐学校（School of Sacred Music）的毕业生，这所学校是由运动派创建的。在犹太新年之前，星期六晚上举行的悔罪岁首（selihot）仪式也进入了礼拜仪式的环节。成人礼曾在一段时期内引起争端。作为高度个性化的仪式，反对者认为他们偏离了星期六上午礼拜仪式的圣会性质，后面的招待会经常是一道华丽的风景线。此外，他们还降低了成人礼的重要性，对于13岁之后继续学习犹太知识只会起反作用。这一仪式的举行从情感上证明是非常必要的。成人礼很快就成为联系三代人的有力象征，此外它还推动了希伯来预备教育的实施，成人礼吸引了很多人参加星期六上午的礼拜仪式，如果不是这种场合的话，几乎没有人来参加。1960年进行的一项调查表明，截至当时，96%以上的改革派圣会采纳了受众人欢迎的仪式。[73]

　　战后时期的犹太教礼拜仪式中，音乐从歌剧曲调变为基于内部犹太模式的旋律，尤其是《圣经》中的吟诵部分。现在的节奏与希伯来语流关系很密切，苏尔则和勒万多维斯基创作的空洞的旋律逐渐被当代作曲家的新作品所替代。引进的流行民歌和用希伯来语吟唱的圣会赞美诗比例增多，这一变化体现了以色列的影响。在很多圣会中，管风琴一旦成为改革派的标志后，它所包含的音乐意义就减少了很多，尤其是必须让位于非正式的吉他风格。只有在新年假期期间，管风琴的地位才无法撼动。哈西德派的曲调也逐渐进入了扩充的曲目之列。[74]

　　对于美国犹太教改革派来说，70年代是礼拜仪式创新的阶段。第一部问世的礼拜仪式书是针对逾越节新改革的哈加达内容编辑的。[75]这部新作比起之前的版本内容更多、解释更详细、思想上更加传统和激进。它摈弃了以前的启蒙主义，具有更加丰富、多重意义的象征主义。曾经摈弃的像十灾（Ten Plagues）这样的古典因素再次出现。然而哈加达偏离了普遍的做法，恢复了古代在吟诵开始时食用仪式规定的食物的习俗，摈弃了饭前食用的做法。通过选择性阅读，尤其是有关大屠杀和犹太国家重建方面的内容，新的礼拜仪式与从前的做法差异增大。随着新版哈加达的问世，改革派的逾越节家宴形式各异，有的具有古典和高度希伯来文化的特点，还有的经过大幅度删节后，在很大程度上体现了本地的风格，也有的改革派家庭中出现了与当代犹太时代相关的礼拜仪式。

　　将这部反映美国运动的新祈祷书进行出版是一项非常艰难的任务。尽管越来越多的普通信徒对《联盟祈祷书》非常满意，但是到60年代末，大部分拉比对此提出异议，很多人认为祈祷书的部分内容过于强调理论性，而强调上帝仁慈的其他内容在大屠杀之后演变为亵渎神明。他们在修订礼拜仪式书的观点上根本无法达成一致。一部分人希望能够延续传统化礼拜仪式书的趋势，而其他人则希望能为革新和非正统神学创造更大的空间。越来越多的拉比尝试制定自己的礼拜仪式书，这些实验性质的礼拜仪式书有时或定期取代《联盟祈祷书》。美国拉比中央会议的礼拜仪式委员会不久便发现无法取得一致性的妥协，因此选择了涵盖神学内容更广的文体种类——有关平时、安息日和节日的《祈祷之门》，这部祈祷书于1975年出版，将近800页，从表面上看它在各个方面都超越了之前的版本，虽然不是一部完整的祈祷书，但是是由多人联手编写的综合礼拜仪式纲领。传统派认为这部书含有手持经匣和披戴祈祷巾进行祝福的内容，再次用阿拉姆语介绍了半犹太教祈祷文式的礼拜仪式分裂因素，以及体现以色列有别于其他民族命运的《我的责任》这一传统内容。事实上，不管何种形式，也不管在何处，除了弥赛亚希望重新建立古代的献祭礼拜仪式外，新版的祈祷书几乎包含了所有的古典主题，有激进倾向的人对此也表示满意。一方面礼拜仪式具有高度创新性，还有一部分内容基本上用英语表达，改为周五晚上做礼拜，已经接近于宗教的人文主义。有批评家这样评论：只有技术较高的装订商才能在两个封面之间压缩进如此多的矛盾之处。然而只有在统一性比包容性更重要时，内部的不一致才成为棘手的问题。因为《祈祷之门》让每个人都有所受益，某些方面革新得到了多数人的认可，所以尽管遭到抵抗，依赖早期改革派祈祷书的圣殿和年龄较大的圣会者仍然能够接受新版祈祷书。不管怎样，它彰显了改革运动的多样性。[76]

继《祈祷之门》后，改革派又出版了家庭祈祷书《家庭之门》(*Gates of the House*, 1977年 )、《理解之门》(*Gates of Understanding*, 一部新的新年假期礼拜仪式书，1977年 )、《悔改之门》(*Gates of Repentance*, 关于犹太教改革派礼拜仪式的阅读书籍，1978年 )。20世纪70年代由美国希伯来圣会联盟资助的前两部书也相继问世：《托拉》和《现代评论》(*A Modern Commentary* )。首次代表各地改革派运动并受到高度赞扬的作品于1981年完成，著作对每周的《圣经》阅读进行了独到的阐释。

在个人实践方面发生变化最明显的事情是出现了更为稳固的中心。调查显示，到50年代中期，犹太改革派在仪式遵循方面的人数是上一代人的两倍：当代和上一代人在安息日点燃蜡烛的比例是59%：26%，周五晚上吟诵《祈福》的比例是26%：15%，光明节点燃蜡烛以及参加逾越节家宴的比例为40%：33%和81%：74%。当时接近1/4被调查的改革派犹太人在一定程度上还遵循着犹太教的饮食教规，尽管只是在家里避免食用猪肉而已。接下来的20年间，在家庭庆祝节日相关的仪式方面，遵循传统做法的比例继续增长。光明节蜡烛和逾越节家宴几乎成为普遍的现象。[77]

越来越多的改革派拉比在圣会中有关仪式的问题上表示对遵循犹太习俗感兴趣。他们渴望学习希伯来语文献中的思想。早年美国拉比中央会议的教义问答委员会每年收到的咨询事宜不足12件，而到了20世纪60年代，每年提问题的数量超过了200个。类似的情况还有很多，像早期历史中，改革派运动在实践上效仿传统的法律先例，在1960年到1980年这20年间，委员会主席所罗门·弗瑞夫出版了七部教义问答书，内容基本上是他认为大家普遍感兴趣的意见。教义问答中的绝大部分内容是关于从割礼到埋葬这些生命周期中涉及的特殊问题，剩下的内容包括犹太圣堂安排、节日的庆祝、医学伦理学以及像改变信仰、自杀和同性恋等方面的个人事情。教义问答与其他传统文类例子的差别在于对待犹太律法地位不确定的问题上。这部教义问答的编写旨在了解并认真对待犹太法律传统，并且确立密切的联系以及延续这一传统的意识。但是改革派的观点认为犹太律法是针对人类的，它的高贵之处在于它影响了个人道德的权威，但不足以强迫个人做出最终决定。除犹太律法在个人决策方面具有较大影响力外，改革派的主观性仍然占据主导地位。弗瑞夫经常指出，改革派的教义问答旨在提供"指导，而不是控制"。[78]

　　教义问答只在具体问题上提供这样的指导，并不能满足对改革派实践提供全面指导的愿望，实际上，教义问答就是一部改革派犹太律法。一般来说，那些身为契约神学家的拉比们也提倡在仪式实践领域内为上帝对犹太人的要求提供权威性的指导，他们希望把自己对上帝启示的观念与仪式行为联系在一起，可以作为戒律来理解。他们还彼此认为犹太生活体制能够加强契约关系的意识。[79]偏离传统观点的人们也加入了改革派犹太人的行列，他们认为这种指导是有价值的，能够使改革派犹太人更好地意识到传统赋予他们的东西，并鼓励他们丰富自己的宗教生活，守教并不意味着顺从神意。问题的另一方面是拉比和普通信徒担心改革派法典会具有一定的局限性。

早在1938年，美国希伯来圣会联盟的犹太圣堂和社区委员会推荐使用"改革派犹太仪式遵循法典"（Code of Reform Jewish Ceremonial Observance）。在艾森德斯担任联盟主席后不久，美国希伯来圣会联盟的全体代表大会指出"遵循最低限度的实践法典并且要求在仪式以及社会道德行为方面守教"，这一运动"一方面能限制权威，还能有效地抑制我们时代的精神错乱"。1953年，85%的改革派犹太人认为这种指导能够帮助他们自愿选择不同的实践，因而持赞成的态度，但是只有1/3的普通信徒和28%的拉比愿意接受一部权威性的法典。[80]尽管普通信徒和拉比委员会在四五十年代做出了努力，但是十年后才发行了带有集体签名的仪式指南。个别拉比编写自己的指南，因袭知名学者编写法典的传统先例，逐渐被所有人所接受。首部改革派作品是一部简要的册子，包括圣会拉比建议结婚夫妇成立家庭的建议。第二部作品很相似，其目的是让新圣会者熟悉犹太教改革派批准的守教规则。这两部作品都不能算作法典，因为都没有使用所要求的语言。[81]由拉比弗雷德里克·A. 多佩（Frederic A. Doppelt）和大卫·波利斯编写的第三部作品《改革派犹太人指南》（A Guide for Reform Jews）则实现了突破，书中将改革派犹太社区称作一个整体，使用戒律语言，从重新制定神学的角度来看，改革派犹太社区可以被理解成"犹太历史中犹太人与上帝相遇的精神时刻"；书中还介绍了犹太律法的范畴，将犹太律法定义为可以接受的具体生活情景中戒律发生作用的方式；以及补充戒律并不具备相等权威的民间习俗。多佩–波利斯指南书具有明显的改革派特点，作者不仅删除了许多传统的戒律，尤其是禁止事项，还大胆地介绍了新的戒律。成人礼被视为必须的仪式，就像是遵循纳粹主义殉教者的纪念日以及为庆祝以色列独立日而举行宗教仪式一样。[82]

改革运动首先共同制定了一部仅限于安息日守教的指南书，书名为《安息日手册》（*Tadrikh Le-Shabat—A Shabbat Manual*，1972），书中的部分语言令人感到痛苦，这是为博得美国拉比中央会议广泛赞同而达成的痛苦的妥协。安息日指南书为了避免教民将上帝视为发号施令的主人，也避免他们将戒律视为风俗习惯，在提及上帝时特别注意措辞的表达，"上帝向我们介绍了'应该做的事情'"，而没有仔细阐述神和人类的具体作用和重要性。安息日指南书也没有使用涵盖禁令和肯定安息日遵循命令的戒律语言。但是书中大部分内容涉及安息日的家庭仪式，从开始点蜡烛到结束仪式的祈祷文。改革派犹太人之间尽管在神学观念上存在着分歧，但是他们都一致认可将安息日知识传授给无知教民具有重要的价值。

七年之后，美国拉比中央会议拓宽指南涵盖的领域，将犹太生命周期的内容包括在内，编写并出版了《戒律之门》（*Gates of Mitzvah*，1979）。与先前的版本一样，新礼拜仪式书在神学方面也很模糊，在四篇不同的附加文章中都对"戒律"这个单词进行诠释。列举的大部分戒律属于传统方面的内容，其他方面例如夫妻在婚前要进行基因疾病的检测等内容只能依靠美国拉比中央会议的决议而定。指南敦促读者们学习和考虑犹太教饮食教规的价值，但并没有将饮食律法指定为戒律。

显然指南与正统派的《布就宴席》相去甚远，但是这些内容

377

代表了美国犹太教改革派所做的努力。指南的目标是描述改革派的实践，并不像1944年弗瑞夫所进行的简单描述那样，而是逐一规定并且在实践中督促犹太人遵守教规。当然大部分的改革派犹太人并没有达到为安息日和生命周期事件制定的守教标准。这些书在改革派社区内部的流通说明犹太教改革派拥有实践的标准，也许这些标准只是一种理想，但改革派领袖希望这些书能够指引改革派犹太人从信仰的边缘进入内部。[83]

从长远来看，要想实现理想的守教规范，改革派需要加强培养年轻一代的能力，丰富年轻人的知识，增强他们的事业忠诚感。在加莫伦之后的时代，犹太教改革派在教育事业的发展上逐步增强了专业化和多样化。1954年，全国圣殿教育者协会成立，这一机构的建立赋予了犹太改革派教育者以新的地位，希伯来联合学院和犹太宗教学院现在为宗教学校校长和教师提供职业培训。20世纪50年代，美国希伯来圣会联盟推行教育革新，新成立了视听系（Audio-Visual Department），为活跃宗教学校的教学着手制作了一系列的幻灯片。但是最有前景的宗教发展是野营活动的制定。二战后，宗教学校开始将他们的学生送到新购置或者租用的营地设施，在周末或假期，学校为学生创造了更加全面有益的教育环境，在学生们乐意的情况下，集中训练营会增加授课内容，往往超过了周日上午课程的累积内容。最初，美国希伯来圣会联盟的营地设在威斯康星州的奥科诺莫沃克和加利福尼亚州的萨拉托加（Saratoga），后来营地的设立地点几乎遍布全国各地。全国圣殿青年联合会在很大程度上通过营地活动的影响也发展成为主要的青年运动。领导机构每一年都会吸收一批优秀的犹太改革派青年，

并且提拔一部分人担任运动中的专业职务。全国圣殿青年联合会 378
学习肯尼迪时代的命名法，他们成立《托拉》团队进行集中学习，
还成立了城市戒律团队负责美国隔都的社会工作，以及帮助以色
列劣势家庭的海外戒律团队。多年来，他们一直专注支持海法的
利奥·拜克学校的特殊事业。[84]

　　改革派宗教学校继续进行课程改革，从传授宗教和道德原则
转型为讲述切实有形的犹太经历。犹太学生通过情感学习培养对
犹太教的态度，养成犹太生活习惯以及学会欣赏犹太价值，这些
内容与传播事实信息一样都是课程改革的重点。与从前相比，这
一时代的教科书更多地关注具体犹太事务，而不是宏观的知识；
教育目标也发生了改变，从前的教学是以建立改革派犹太身份为
目标，而现在转变为对所有犹太人的一种认同感，这种认同感的
建立具有包容性强的特点，不再考虑宗教运动。尽管神学依然存
在，70年代的改革派课程更加倾向社会学，偏重了解犹太人而不
是犹太教。到70年代的末期，大多数改革派宗教学校的招生已经
稳定下来，也有的学校招生人数呈现上升态势。[85]

　　受成人礼准备和以色列国家成立的影响，希伯来语言教育在
战后年代继续扩大规模。改革派宗教学校的绝大部分孩子开始接
受希伯来语的熏陶。[86]到1977年，几乎所有的学校把接受成人礼
的年龄提高到了十年级，规模大一些的学校还提供成人礼后期课
程。然而学校每周仅提供一至两天的学习时间，零星分散的犹太
知识显得极其不足，20世纪60年代早期，有的拉比和圣会者敦促
改革派做出提升犹太教育的决定。20世纪40年代，美国正统派创
办了数所全日制学校。十年后，保守派运动也着手创办这样的学

校，但在此之前的较短时期内，内部人员对成立学校的态度是反对的。改革派犹太人始终致力于公立学校事业，他们坚持圣堂和国家分开的原则，并且非常注重教育的完整性，因此对他们来说全日制学校是一个非常矛盾的问题。长期以来，拉比和普通信徒的观点相互对立。反对的一方认为犹太教改革派和全日制犹太教学校互不相容，这部分人实际上代表了逃避社会责任的一种观点。1968年，美国希伯来圣会联盟和美国拉比中央会议下属的犹太教育委员会以多数票通过决议：鼓励改革派成立全日制学校。1969年进行了一项调查，结果显示拉比也是持肯定态度，投票结果为4∶1，因此赞同成立全日制学校。但是广大的普通信徒领袖并不希望让美国希伯来圣会联盟资助成立全日制学校的计划，因此将发动权交给了当地的圣会，他们当中的一些成员把孩子送入了保守派或私立的学校。20世纪70年代早期，在排他主义的推动下，以及受公立教育的负面影响下，圣会创办了全日制学校，首先是在纽约和迈阿密，然后又在洛杉矶、菲尼克斯（Phoenix，美国亚利桑那州首府）和多伦多出现。到1981年，改革派全日制学校的数量已经达到了九所，招生数量也在上涨。[87]这些全日制学校虽然仅代表一小部分改革派的犹太教育实践，但暗示了改革活力的进一步复苏。

　　曾经有一段时间，代表改革派教育体系顶尖水平的希伯来联合学院和犹太宗教学院因为受拉比和普通信徒的批判而岌岌可危。20世纪70年代早期，改革派运动的许多成员认为在辛辛那提、纽约、洛杉矶和耶路撒冷的四所学校不仅教学效率不高，而且负担沉重。领导们被迫考虑关闭辛辛那提的校园，这所校园是1854年艾萨克·迈耶·怀斯搬到这座城市后建立起来的，现在坐落在一个犹太社区内，人们对这一社区的认可仅占美国犹太人的1%。经过长时间的深思熟虑，由于开支问题以及关闭校园会导致捐赠终止，理事会工作小组建议保留这四处校区。工作小组也认可多校区网络具有明显的优势，其教育的专业化能够超出普通和核心的拉比培训内容。辛辛那提成为硕士学习的中心，纽约成为宗教音乐和教育的中心，洛杉矶成为教育、本科学习和公共服务的中心，以色列成为考古挖掘的中心。辛辛那提还拥有美国犹太档案馆（American Jewish Archives），由著名的历史学家雅各布·瑞德·马库斯（Jacob Rader Marcus）于1947年建立。此外，辛辛那提校园还拥有编辑部和出版社，负责编辑学术性较强的《希伯来联合学院年鉴》，希伯来联合学院出版社就设置在这里。1971年，纳尔逊·格鲁克去世，拉比阿尔弗雷德·戈特沙尔克（Alfred Gottschalk）成为两所学院的校长。戈特沙尔克小时候逃离了纳粹德国来到美国，他擅长筹集基金，使学校能够在前辈建立的基础上继续扩充教学设施和教学人员的力量。

在这些年期间，学院历史上意义最重大的事件是在1972年选举了一位女拉比，因而成为第一所授予女士拉比职务的神学院。最早提议女士可以被授权担任拉比的事情发生在40年前，希伯来联合学院的一位教授的女儿名叫玛莎·纽马克（Martha Neumark），为了得到拉比授权，她展开一系列的辩论，以犹太律法的观点来反驳那些对她持有偏见的男士。最后，美国拉比中央会议支持了她的观点，并做出结论："认可妇女被授权的特权。"希伯来联合学院不顾犹太律法的立场，一致决定："鉴于犹太教改革派在很多情况下偏离了传统的做法，从逻辑上、从做法一致的角度上考虑都不能否决给妇女授权的提议。"但是学院理事会拥有对此事最终的处理权，他们对妇女授权的前景有些犹豫，担心犹太圣堂会成为"女人的事务"。多数人投票支持现在只授权男士的做法，因此这件事被搁置了下来。1958年，姐妹会的领导人再次提出这一问题，成员们仍然意见不一。当时有一位叫雷吉娜·乔纳斯（Regina Jonas）的女士就读于柏林自由派神学院，她毕业后得到了私人授权，犹太人遭到大屠杀灭顶之灾前，她在短期内担任过拉比。还有一位女士是一位改革派拉比的遗孀，从1951年到1954年，她接管了丈夫在密西西比州梅里迪恩市的讲坛工作。50年代中期，处于主导地位的美国新教打破传统，将妇女招入知名的神学院并且授权她们担任牧师。美国拉比中央委员会以此为先例，20世纪50年代末期再次提出了女性担任领导的问题，并且支持授权妇女任职拉比，此外还有一个原因，圣会在发展期间缺少拉比。由于缺少合适的候选人，这件事情仅限于在学术层面的讨论，直到十年后，莎莉·普瑞桑德（Sally Priesand）被辛辛那提的希伯来联合学院–犹太宗教学院录取。在授职仪式上，新拉比感到有的圣会不愿意接受她，根除这种根深蒂固的偏见是一项长期而艰难的斗争。最初，普瑞桑德担任男性拉比助理的职务，后来她取代了这位男性拉比的职位，但在此期间的每一个阶段，她必须要克服强大的心理障碍。随着女权主义运动在美国的再次掀起，出现了更多数量的女性拉比候选人。随着女性拉比数量的增长，美国妇女在各个行业扮演着越来越重要的角色，女性拉比不再是让人感到稀奇的事情。她们逐渐成为运动中有待于进一步发展的精神领袖资源。[88]

　　妇女在犹太教改革派中的影响在其他领域表现得也非常明显，从1956年到1970年，妇女选举进入圣会委员会的比例从72%增长到了96%。到20世纪50年代，有些改革派圣会已经选举妇女担任他们的主席，1973年女性任主席职务已是司空见惯，美国希伯来圣会联盟首次选举妇女担任副主席。受女权运动的影响，犹太教改革派支持平等权利修正案（Equal Rights Amendment）和妇女拥有流产的选择权。除了母亲和教师的角色之外，教科书开始树立女性的其他模范角色，妇女也会使自己的活动适应增长的劳动妇女比例。《祈祷之门》的英语部分删除了指代礼拜者的男性语言："所有男人"改为"所有人"，"兄弟情谊"改为"朋友情谊"。《伦理父亲》祷文英语版本中不仅提到父亲上帝，也提到母亲上帝。尽管改革派圣会尝试着使用无性别的名词和代词替代上帝，70年代的改革派标准礼拜仪式仍然将神称为"我们的父亲，我们的国王""他（主格）"和"他（宾格）"。除此之外，女性主义批评并没有涉及希伯来语祷文。[89]

　　犹太圣堂把女性纳入领导范围，实现了多元化的发展，圣会成员同样也呈现出多样化的格局，皈依犹太教的美国人越来越多。1953年的一项研究显示：当年约有2000个美国非犹太人皈依了犹太教，其中有一半的人得到了改革派的赞助。60年代末期，每年约有7000人改信犹太教，并且这一数字在继续增长。改变信仰的人当中女性多于男性，90%的人这样做是为了和犹太人联姻。1947年，美国拉比中央会议决定不管皈依者是否出于婚姻的目的，只要是诚心诚意，就应该被圣会接受。此后不久，大会积极鼓励接纳改变信仰者和没有加盟的犹太人。美国希伯来圣会联盟后来在某种程度上也出台了一项方案：在没有工作的基督徒中寻找潜在的皈依者。大城市中的圣会还对"犹太教入门"的课程提供赞助。[90]

皈依改革派信仰的候选人要具备犹太信仰的基本知识和实践，还要熟悉犹太社区的制度。未来的犹太配偶也要参加课程学习，这样的夫妻比一般人接受的成人犹太教育程度要高。改革派皈依仪式需要皈依者放弃从前的信仰，宣誓忠于犹太教和犹太人民，建立犹太家庭，积极参加犹太生活，教育孩子信仰犹太教。他们不需要进入净身池经历仪式浸礼，男性皈依者不必进行割礼，如果已经做过外科的割礼手术，只需象征性地画一滴血即可。改革派拉比认为这些相关的身体行为虽然是犹太律法所要求的，但作用会适得其反，不但不能加强过程的精神本质，反而会令其受到损害。1953年，保守派拉比中只有一小部分人继续这一做法。改革派拉比对这些做法嗤之以鼻。后来，为了联合思想传统的犹太人，也为了抵御犹太律法倾向的以色列运动，改革派拉比在态度上发生了大转变。20世纪70年代，改革派拉比几乎不再将仪式浸礼和画一滴血定为强制性行为，大多数拉比支持让皈依犹太教的候选人选择遵循犹太律法程序的做法。[91]

新皈依者的加入大大改变了改革派圣会的特点。在回顾大型圣殿成员的记录时，我们可以看到早在1964年，10%的入会家庭中至少有一家是皈依者，放弃从前的信仰而笃信犹太教改革派，而且这一比例呈上升趋势。到70年代，皈依者在犹太圣堂中起着重要的作用，有的人是圣会官员或是姐妹会主席，许多人接受过宗教学校的教育。然而，并不是所有的"犹太选民"对犹太事务的态度非常积极，那些积极参与犹太事务的皈依者比坚守信仰的犹太人往往表现出更高的宗教忠诚度，有的情况下他们还让自己的配偶参加圣会活动，即使配偶们并不情愿。针对以往残留的身份因素，皈依者只能通过抗拒并竭力克服来逐渐适应同胞圣会者将犹太教视为想当然的事实。也许由于是在基督教模式下成长起来的，皈依者认为犹太人的身份只涉及宗教方面，与道德无关。70年代，土生的犹太人认为社区和具有以色列倾向的犹太组织最重要，而皈依的犹太人则更加认同犹太圣堂。鉴于此，皈依者和女性领袖一起为圣会生活提供了新鲜的血液。[92]

　　20世纪70年代的改革派犹太圣堂内部，皈依犹太人与土生犹太人混在一起。德裔祖先的后代越来越少，大部分都是第三代和第四代的改革派犹太人，依然依附于犹太教古典改革派。这些人集中在大城市的圣会中，现在在改革运动成员中所占的比例不足20%。但是在一部分圣殿中，他们又代表了不合比例的富裕家庭。在改革派普通信徒的内部，他们作为一个特殊实体在思想上忠于改革派。古典派的人数并不多，与其直接对立的是传统派，他们大都是东欧祖先的后裔，经济上并不富裕。最近有许多人来自犹太教正统派和保守派，他们赞同繁琐的风俗和仪式实践，在更多情况下这种倾向是出于情感的影响，而不是对犹太律法的忠诚，犹太圣堂和仪式是他们表达与犹太人民和犹太传统团结一致的方式。[93]大部分的年轻拉比偏向传统主义的立场，其基础是对于神学和犹太律法的信仰。与上一代人不同，20世纪70年代的改革派犹太人具有鲜明的多样性：是融合先天犹太人和后天犹太人、德裔和东欧裔犹太人、富人与中产阶级、古典主义者和新改革派的群体。

20世纪70年代，犹太圣堂生活中出现了新的个人主义，加剧了多样化的分裂，导致人们抱怨不已。许多圣会者把犹太圣堂看作是私人需要的提供者。他们经常把它视为一种服务体制，提供与出生、青春期、婚姻和死亡有关的宗教仪式。他们认为拉比的能力取决于能否提升个人的生活品质而不是圣会的集体生活状况。对于大部分普通信徒来说，改革运动的宗教哲学不如犹太圣堂在个人生活中的心理重要。这种限制虽然并不仅仅针对犹太教或者犹太人，但是在改革派犹太圣堂感受得最为深刻，很多成员与圣堂的依附关系只是一种表象，他们对教规的遵守越来越松懈，往往只遵守新年假期的仪式或者与个人情感有关的重要生命周期事件。[94]

大型犹太圣堂从整体上难以保证圣会者拥有强烈的认同感，这一点愈加明显。因此越来越多的保守派和改革派拉比着手成立圣会和家庭之间的过渡性组织，作为隶属于圣殿的重要社区。犹太圣堂团体是犹太教的一种团体，它源于犹太年轻人崇尚的当代反主流文化，这些年轻人并没有加入犹太圣堂，他们共同学习和共同庆祝，并且会看望生病的人，为困难者提供法律咨询，并且分享个人的喜悦。比起那些繁忙的拉比领导所在的大型犹太圣堂来说，他们能够更有效地与异己战斗。在改革运动的文献中，犹太圣堂团体首先出现在1966年，与安息日守教有关。但是直到十年后，这一团体在改革派犹太圣堂中才成为普及现象。当代研究显示，这些半自发组织群体与普通的圣会者相比具有更强的宗教社区意识。尽管他们认同的宗教核心是犹太圣堂团体，作为一个整体，他们也会积极地参加犹太圣堂的活动。他们虽然由改革派犹太圣堂中的极少数人组成，但是却产生了一种具有广泛影响的参与意识。像《戒律之门》一样，70年代的犹太圣堂团体为那些努力让犹太教改革派在自己生活中占据中心地位的圣会者提供了一种途径。[95]

犹太教改革派的发展经历了一段时间的停滞，1973年圣殿管理者进行了一项调查，结果显示圣会成员再次增长，人数增长最多的是在佛罗里达州、得克萨斯州和加利福尼亚州。宗教学校扩大了招生的规模，70年代晚期的拉比职位要比参加拉比候选的人员还要多。数据显示，犹太教改革派特别青睐第三、四代美国犹太人，一位社会学家预测"犹太教改革派将成为美国最大的犹太教派"。波士顿进行了范围更广的调查，结果显示从1965年到1975年犹太圣堂对改革派的偏爱是以牺牲犹太教正统派和保守派的代价为基础的，保守派犹太人的后代偏爱改革派，但很少有改革派的后代转向保守派的情况。一部分美国犹太人从东北部城市迁移到了南部和西部的中等社区，因为原来的地方与改革派关系比较疏远，现在这些人大都选择加入了改革派圣殿。20世纪80年代末期，美国犹太人希望将犹太社区建设成为总体上接近改革派犹太圣堂的社会构成和思想轮廓的社区。一般来说，社区中的富人属于高层人物，他们接受过世俗教育，还有相当一部分通婚者和皈依者，他们坚信性别平等，植根于美国文化，并且具有自由主义的政治倾向。[96]

改革派之所以具有广泛的吸引力，还有第二个原因：他们继续努力发动圣会者全面参与大型犹太社区的事务。尽管在拉比主持通婚婚礼和皈依犹太教仪式的问题上，改革派运动的内部存在分歧，但在其他事务方面，他们隶属于以色列社团。1973年，莫里斯·艾森德斯去世，由美国希伯来圣会联盟副主席亚历山大·辛德勒接替了他的位置，新拉比与教育领域的联系非常密切。与上一任不同，辛德勒在很大程度上具备意第绪品质，即犹太道德情感。这种品质对他非常有益，作为美国希伯来圣会联盟主席，他成为美国犹太组织主席大会的首位改革派宗教领导，这一组织是美国犹太最具代表性的团体。在阿尔弗雷德·戈特沙尔克的领导下，希伯来联合学院－犹太宗教学院同样也得到了普通犹太社区的认可，尤其是通过培训专业社区领导和在洛杉矶建立犹太博物馆的方案得以实施后，学院得到了进一步的认可。

20世纪70年代晚期，美国犹太教改革派积极支持犹太复国主义的事业，尽管双方在以色列的政治问题上仍然有分歧，尤其是以色列在对待国内改革派犹太人的方式上致使两者之间关系越来越疏远。1977年，美国犹太教改革派为了加大支持以色列的力度以便更好地表达自己对此事的关注，他们成立了美国改革派犹太复国主义者协会，不久这一协会便成为世界犹太复国主义者组织的一部分，并且制定了自己的方案，呼吁出台自由的以色列政治政策，让所有以色列犹太人在宗教面前人人平等。在团结全世界犹太人为犹太复国主义大业奋斗的过程中，美国犹太教改革派拥有了自己独特的声音。最初在加入美国改革派犹太复国主义者协会时，只有一小部分改革派犹太人缴纳额外的会员费，但是这一人数在不断攀升。一些年轻的美国改革派犹太人在对待犹太复国主义的问题上非常认真，因而选择在以色列定居，尤其是在改革派的集体农场定居。1976年，美国希伯来圣会联盟态度更加坚定，认为自己应该担负起鼓励和帮助犹太复国者的"特殊职责"。[97]

新美国犹太教改革派能够保证自己出台的新纲领会与1937年的《哥伦比亚纲领》不同吗？不可否认，新旧纲领肯定具有差异性，但有没有可能存在一个共同立场？尽管在这两个问题的答案上意见不一，美国希伯来圣会联盟和希伯来联合学院分别在1973年和1975年举行了百年纪念，这样的方法至少能够推动新规划的产生。1971年，来自希伯来联合学院-犹太宗教学院的教职员工、圣会拉比和普通信徒的代表们秉承这一目的举行了会晤。他们撰写了很长的文件表述自己的宗教立场，并就最重要的问题展开激烈的讨论，但遗憾的是，代表们并没有在神学和犹太律法这些基本问题上达成一致。三年后，他们只好放弃此事。这些无疾而终的努力只不过再次证明了一个事实：改革派内部并不团结。[98]

官方委员会对此事进行了深思熟虑，同时在希伯来联合学院-犹太宗教学院的纽约校区组成了一个非正式的校友讨论会，他们在尤金·博罗维茨（Eugene Borowitz）教授的领导下拟定出一份"纲领"。这份文件在神学和肯定犹太律法的方面具有传统主义的倾向，因而也不可能在代表们之间形成一致的意见。官方事业失败后，美国拉比中央会议的主席罗伯特·卡恩将注意力转向博罗维茨和由大会成员组成的新委员会，并敦促他们形成一份统一的"声明"以帮助"治愈运动中的伤痛"。在大约一年的时间内，拥有广泛成员的新委员会出台了一份统一文件，被命名为《犹太教改革派：百年视角》（Reform Judaism: A Centenary Perspective）。

事实上，这是一份新纲领，1976年，美国拉比中央会议予以采纳，新纲领是改革运动的成果。[99]

新纲领反映了美国改革派的分裂状况，因而注重论述团结的重要性，但是在此之前，纲领展现了一种历史意识，对历史意识的阐述程度之深可谓史无前例。在100年期间，改革派教义涵盖的人群已经超出了改革派犹太人的范围，大部分犹太人逐渐认为宗教传统必须要与现代文化交流，宗教形式要满足审美感，批判性学术要应用到犹太文献中，人们应该认定改革是犹太生活中的基本事实。另一方面，改革派也得到了教训，因此在思想观念上发生了转变：大屠杀打碎了早期的乐观主义，以色列国家唤醒了犹太人的民族意识。早期纲领详述了宗教信仰和行为，而百年视角反复提及"生存"的重要性，这两方面内容都是人们所熟知的普世期望的一部分，从而实现了平衡。

为达成一致，新纲领避免表现出明显的神学立场。在没有提及契约的情况下确认了"上帝的现实"，在没有明确个人不朽的情况下确定了"上帝永恒中的人性因素，尽管死亡仍然是个奥秘"。它认为《托拉》是"上帝和犹太民族关系"的产物，以色列是"信仰和民族性的非凡结合"。戒律是"对我们提出的要求"，其中一部分是由上帝提出的，另一部分是过去或自己制定的。百年视角开端于历史，终结于历史，宣称"在上帝的帮助下，人们有能力影响自己的命运"，因为他们付出了努力，并且等待弥赛亚时代的到来。像传统文本一样，新纲领给个人提供了宽泛的诠释空间。

不管1976年的视角是多么模糊和模棱两可，其论述的辩证平衡是如何不确定，新纲领使改革运动产生了新的统一意识。在差异的背后，我们能够看到改革派犹太人集体说出和确认的共同知识和目标。新美国改革派虽然没有达到前辈的全面思想统一，并且在很多方面存在内部分歧，但是随着新鲜力量的加入、创造性的组建和团结意识的形成，他们在整个20世纪70年代表现出了更强的自信，并且对未来充满了希望。

# 结语：探寻延续性

最后，人们再次问道，经历了这段历史和当代分歧后，到底是什么将改革运动联系在一起？其共时和历时的延续性体现在何处？美洲、欧洲、澳大利亚、南非和以色列的当代改革派犹太人和19世纪的创始人之间有哪些共同之处？答案的开始只能说在某些方面几乎没有。早期改革者反对传统的犹太教，后来传统派又集结起来阻碍宗教改革的正统派，他们认为宗教改革不能适应现代世界的挑战。改革者坚信犹太教发展是犹太人融入大环境时生存的唯一希望，他们努力使整个犹太社区融入宗教现代性的阵营中。对于盖格和德国同时代的人以及怀斯和他的美国同事们来说，未来的犹太教是经过净化的宗教，并且是进步的，他们是自由意义上的改革者，是他们在努力重新塑造犹太信仰和实践，并展望未来。

现在犹太教改革派所进行的改革不再是针对所有的犹太人，他们的许多想法和实践需要从外界寻求支持。介于顽固的正统派和世俗派之间，犹太教改革派只能选择与占据一端的犹太世界和平共处，而世俗主义是用犹太民族或种族的身份取代了宗教。在这一领域内两极力量的张力下，改革派既不能过于偏离传统主义的方向，还要努力适应难以掌控的当代环境现状。这种对抗性的力量使人难以确定改革派的发展方向。

当今的改革派犹太人和最初的改革派成立者之所以能联系到 386
一起，既不是因为拥有共同的神学，也不是因为拥有完全相同的
宗教生活体制。一部分改革派犹太人愿意选择更加传统的观念和
实践，还有一部分愿意走自己的与众不同的路线，而其余的人则
无动于衷。有的人认为普世主义的信仰高于一切，而其他人则对
新的特殊神宠论充满了热情。他们之间缺少并肩前行的意识，更
多的人总是有一种紧张感，感到无所适从。这些矛盾因素和自身
产生的分歧问题仍然无法得到最终解决。

今天的运动代表着犹太教内部的一股急流，这股急流顺着边
缘渠道流淌，异常危险。与犹太教保守派不同，犹太教改革派没
有占据有利的中心位置；与正统派不同的是，它缺少安全的牢固
信仰。犹太教改革派的水流总是有溢出和流失的危险。然而对于
100多万改革派犹太人来说，缺少合适的课程将源自犹太传统的普
世道德期望和思想诚实与犹太宗教信仰和道德忠诚结合在一起。

今天的改革派犹太人生活在教义和目的不断发生变化的社区
内，这些内容在书中、布道和纲领中得以制定和修改然后加以肯
定，个别人不断将这些内容应用到日常生活中，试图使其成为永
久性的内容。这种情况对于所有的宗教自由主义来说很普遍，但
是我们不仅要受到成为改革派犹太人"条件"的束缚，还要担负
起不断前行的任务。德国改革者反复提到要整合两部分内容：《托
拉》教义和《现代世界生活》（*Lehre und Leben*）。个别改革者和
改革派社区在承担这些任务的分量程度上有所不同，并且这种差
异性会一直存在。那些接近传统观点的犹太人强调教义，偏离传

统观点的人则强调现代生活具有决定性影响。改革派始终在不断地确定每一代人、每一个个人的宗教道德以及集体生活中的天平支点。我们可以从广义上给改革运动下一个定义：对于改革派来说，长期而共同的任务就是重新创建《托拉》和现代性之间的平衡，因为二者总是在发生变化，这些变化非常微妙。

# 附录：美国犹太教改革派纲领

## 《匹兹堡纲领》（1885）

鉴于当今犹太教内部存在意见不一和思想冲突的情况，作为美国犹太教改革派的代表，在继续1869年开始的费城工作中，我们将团结在下列原则基础之上。

首先，我们承认所有的宗教都想接近上帝，上帝存在于人类的意识中，这一点在宗教体系奉为神圣的启示中有所阐明，不管启示的风格如何，或是出自何种文献。我们认为犹太教代表着上帝思想的最高观念，这一点在《圣经》中提到过，犹太教师对其加以发展并形成了精神内容。我们认为犹太教保护和捍卫了作为人类中心宗教真理的上帝思想，尽管斗争不断，历经反复试验，甚至遭受强制隔离。

第二，我们承认《圣经》中记载了这样的内容：犹太人民担任教士的使命并宣传一神思想，将这一使命视为最有力的宗教和道德教育工具。我们认为现代科学家在自然和历史领域的研究发现与犹太教的教义并不矛盾，《圣经》反映了所在时代的原始思想，有时在叙述中包含了神意和人类正义的观念，这些内容让人感到不可思议。

第三，我们承认在摩西立法中有一套体制，旨在培养犹太民族在巴勒斯坦民族生活中的使命感。今天我们只接受道德律法的约束力，只保留能提升生活并使生活神圣化的仪式，将摒弃那些不适应现代文明观点和习惯的仪式。

第四，我们认为像管理饮食、祭司纯粹性以及服装这样的摩西和拉比律法，它们起源的时代和受到的思想影响与我们现在的思想和精神状态格格不入。这些律法并不能让现代犹太人感受到祭司的神圣性。如果我们现在继续遵循这些律法的话，不但不能促进现代精神的提升，反而会适得其反。

第五，现代时期的文化具有普世性，包括心灵和思想方面的内容，我们承认伟大的弥赛亚希望即将实现，以色列将为全人类建立真理、正义、和平的王国。我们不再认为自己是一个民族，而是一个宗教社区，因此不再期望回归巴勒斯坦，不再希望在亚伦之子的领导下举行献祭礼拜仪式，更不会期冀恢复与犹太国度相关的任何律法。

第六，我们认为犹太教是进步的宗教，它会努力使自己符合理性的基本条件。我们坚信维护过去伟大的历史身份非常必要。基督教和伊斯兰教是犹太教的子教，我们感谢它们帮助犹太教传播一神论和道德真理的天佑使命。我们身处的时代具有广泛的人文精神，它能帮助我们完成自己的使命，因此我们将友谊之手伸向自己的同盟，共同建立人类真理和正义的王国。

第七，我们重申人类灵魂不朽的犹太教义，这一信仰建立在人类精神具有神性的基础之上，人类的正义会得到祈福，邪恶会遭受不幸，这是一条永恒的法则。有关肉身复活和地狱天堂作为永久惩罚和奖赏的信仰并不是犹太教的思想，因而我们应该予以摈弃。

　　第八，摩西立法致力于调整贫富之间的关系，秉承这一精神，我们认为自己有责任担负起时代的重任，在公平和正义的基础上，我们要努力解决贫富差距造成的问题，竭力消除目前社会组织中出现的罪恶现象。

## 《哥伦比亚纲领》："犹太教改革派的指导原则"（1937）

　　现代世界不断发生变化，因此需要对犹太教改革派的教义加以重申。鉴于此，美国拉比中央大会制定了以下原则并宣告，这些原则并不是固定的信义，而是作为犹太进步的指南。

### 一、犹太教及其基础

　　1. 犹太教的性质。犹太教是犹太民族的历史宗教体验。犹太教的启示虽然源于犹太生活，但却具有普世性，其宗旨是在上帝的领导下实现人类的团结和完善。犹太教改革派承认宗教进步发展 389 的原则，并有意识地把这一原则应用到精神、文化和社会生活中。

　　犹太教对真理是开放的，不管是写在《圣经》上的或是从自然记录中破译的。科学新发现取代了我们神圣文献中的旧科学观点，但是这些新观点与宗教的基本精神并不冲突。人类的意志、心灵和思想服务于上帝和人性，这一点恰恰是宗教的基本精神所在。

　　2. 上帝。犹太教的核心以及对宗教的主要贡献是一神教义，宇宙里有一位活着的上帝，他通过律法和爱主宰世界。在他看来，所有的存在都有其创造的渊源，人类也有其行为理想。尽管他超越了时间和空间，但他是世界的内在存在。我们崇拜他，把他视为宇宙之主和仁慈的父亲。

3. 人类。犹太教认为人类是按照神的形象被创造的，人类精神是永恒的，他与上帝积极共事。作为上帝之子，人类被赋予了道德自由，并担负着战胜邪恶和追求理想的责任。

4.《托拉》。上帝的启示不仅体现在自然界的威严、美丽和有序之上，而且还体现在人类精神的远见和道德努力之中。启示是一个连续的过程，并不局限于某一个群体或时代之内，然而，以色列人民通过先知和圣人在宗教真理领域获得了独特的洞察力。书面或口传的《托拉》将以色列对上帝的信仰和道德律法的遵循奉为神圣。《托拉》保存了犹太生活的历史面目、约束力和规范标准，并且努力塑造善良和神圣的犹太生活模式。作为历史进程的产物，一部分律法随着产生条件的消失逐渐失去了约束力。但是作为永久精神理想的存储地，《托拉》是以色列生活的动力源泉，任何时代都有义务使《托拉》的教义符合犹太教的基本需求。

5. 以色列。犹太教是精神，以色列是肉体，二者互为依托。以色列将居住在世界各地的犹太人联系到一起，源于他们有共同的历史，最重要的是他们对信仰的继承。我们承认偏离传统的犹太人对组织是忠诚的，有一条纽带将他们和我们联系在一起，我们认为犹太民族的生活离不开宗教，生活的目的就是宗教。接受我们信仰的非犹太人也将成为犹太社区的成员，我们欢迎他们的加入。

在我们民族居住的任何土地上，他们承担并忠实地分享所有的公民职责，并且努力创造犹太知识和宗教的所在地。巴勒斯坦因其记忆和希望而变得神圣，在恢复这片土地的过程中，我们看到巴勒斯坦对许多兄弟承诺新的生活，我们认为犹太人共同建立犹太祖国是义不容辞的职责，努力使之成为被压迫者的避难天堂，以及犹太文化和精神生活的中心。

从古到今，每当面对异教信仰和唯物主义时，以色列的使命是充当上帝的证人。在建立上帝王国以及遍及全球的情谊、正义、真理与和平的过程中，以色列要和所有的人合作，我们把它视为自己的历史任务，这就是我们的弥赛亚目标。

**二、伦理**

390

6. 伦理和宗教。在犹太教中，宗教和道德是一个不可分解的整体。寻求上帝，意味着追求神圣、正义和善良。如果缺少对同胞的爱，那么对上帝的爱是不完整的。犹太教强调的是人类的亲属关系，人类生活的圣洁和价值，个性以及个人对追求自由和追求所选择职业的权利。不管种族、宗派和阶级，正义对于所有人来说是不可剥夺的权利和不可避免的义务。国家和政府的存在就是为了更好地实现这些目的。

7. 社会正义。犹太教通过把教义适用于经济秩序、工业和商业、国家和国际事务来完成建立社会正义的目的。建立社会正义是为了消除人为的苦难、贫穷和堕落、暴政和奴役、社会不平等和偏见以及恶意和冲突；社会提倡在平等和正义基础上促进敌对阶级之间的和谐关系，并且创造人类个性绽放的条件；社会呼吁保护儿童，让他们不受剥削；支持所有劳动者的事业，呼吁他们有权利享有适宜的居住标准，其次是他们的财产权。犹太教强调社会负有慈善的责任，要搭建社会秩序，避免病、老、失业者的物资匮乏。

8. 和平。从先知时代开始，犹太教就向人类宣扬要实现普世和平的理想。其基本教义之一是对所有民族进行精神和身体上的裁军。犹太教憎恨暴力，依靠道德教育、爱心和同情来保证人类的进步。它将正义看作所有民族幸福的基础以及永久和平的条件。通过有组织的国际行动来敦促裁军以获得集体安全和世界和平。

**三、宗教实践**

9. 宗教生活。犹太生活的标志是全身心地投入到犹太教的理想之中，人们要参与到犹太社区的生活中。这种对宗教的忠诚应在家庭、犹太圣堂、学校以及其他机构得以体现，所有的机构设置是为了丰富犹太人的生活并提高他们的福利。

家庭因爱和尊敬、道德纪律、宗教遵循和礼拜而变得神圣，它是犹太生活的堡垒，将来也必然如此。

犹太圣堂是犹太生活中最古老、最民主的机构，是犹太教孕育和发展的重要社区机构，犹太圣堂把每个社区的犹太人联系在一起，再把他们和以色列联系在一起。

犹太教之所以充满活力且永恒不朽，取决于宗教知识以及对新一代人的教育，而这些知识和教育的资源则来自其丰富的文化和精神遗产之中。

祷文是宗教之声，是信仰和期望的语言。它指引人类的心灵和思想朝着上帝的方向发展，这一点反映了社区的需要和希望，并以追求具有崇高价值的生活为目标。为了深化民族的精神生活，我们必须养成在家里和犹太圣堂通过诵读祷文与上帝交流的传统习惯。

作为一种生活方式，犹太教不仅需要道德和精神需求，还需
要保护安息日、节日和圣日，保留并发展这些具有启发价值的风
俗、象征和仪式，在我们的礼拜和教育中培养具有区别性的宗教
艺术、音乐形式以及使用希伯来语和本地语的能力。

我们再次把自己信仰中的永恒目标和理想呈现给这个混乱的
世界。我们呼吁自己的同胞再次献身于这些理想，大家要步调一
致、满怀希望、勇敢前进，与以色列共同担负起追寻上帝和他所
在王国的永恒职责。

### 《圣弗朗西斯科纲领》："犹太教改革派——百年视角"（1976）

美国拉比中央大会曾在特殊的场合描述了犹太教改革派的精
神状态。值此美国希伯来圣会联盟和希伯来联合学院－犹太宗教学
院的百年纪念日之际，我们应该再次努力。因此我们记录了今天
运动的团结意识。

#### 百年：我们所想

我们庆祝犹太教改革派在北美所发挥的作用，改革派运动在
这片自由的土地上得到了发展，圣会成员们在美国社会的梦想和
成就中做出了伟大的贡献。当犹太教的先锋观念被以色列大家庭
所接受时，我们曾为此沾沾自喜。现在，我们的传统应该与现代
文化进行交流，其形式应该反映当代的美学，需要用现代的批判
方法进行学术研究，改革是犹太生活中的一个基本现实，将来亦
是如此，这些要求对于大部分犹太人来说都是不证自明的。除此
之外，尽管有人仍然不同意，但是相当一部分人已经接受了我
们的教义：传统犹太教隐含的普世主义伦理必须成为我们犹太职

责的明确部分；妇女完全有权利参与犹太实践；犹太义务始于个人的知情意志。在不同的宗教运动内部，绝大多数现代犹太人都认可犹太教改革派的视角。我们认为过去的世纪对我们运动的智慧是给予肯定的。

### 百年：我们所学

显然，过去的一个世纪中发生了很多变化，我们应该继续探究上一个时代所发生的重大事件，力争理解事件的意义并把这些价值融入我们的生活。大屠杀打碎了我们关于人性和进步的乐观主义。以色列国家通过其不朽的成就把犹太人的民族意识提高到期望和奉献的层面。普遍存在的对自由的威胁、新知识爆炸和技术强大后出现的内在问题以及西方文化的精神空虚使我们学会了不要依靠社会价值，而是重新确定犹太教教义中永久有效的因素。我们再次了解到犹太民族的生存具有最高优先权，在执行犹太责任过程中我们帮助人类完成弥赛亚的任务。

### 统一中的多样性，改革派的标志

犹太改革派教徒根据改革运动中的个人主动原则对发生的变化做出了形式各异的回应。犹太教改革派不仅包容了这种多样性，而且还主动地加以创造。在不确定的历史情况下，我们期望自己能够超出前辈所知的范围以了解更多的多样性。在维护多样性时如何能够不扼杀异议、不丧失积极行动的能力，这将检测我们的性格和原则。以改革派犹太信仰为精神基础所提出的立场问题，我们都会予以接受，因为这些立场是经过认真仔细的考虑之后才提出来的。也许我们在阐述和应用这些原则时存在差异，但我们非常珍惜这些差异，从这些差异中我们能够看到犹太教的未来和希望。在所有的差异中我们觉察到存在一种统一性，同时我们也不能让个别事件中的差异模糊了我们的统一性。

### I.上帝

对上帝的肯定是我们民族意志生存的必要条件，几个世纪以来，我们在保护信仰的斗争中，以多种方式体验和构想了上帝。时间的考验和现代文化的挑战让某些人感觉难以坚定并清楚地理解自己的信仰。尽管如此，个人和社区的生活都基于上帝存在的现实，我们乐于进行新的宗教体验，也会接受新的上帝观念。置身于神秘之中，我们称其为生活，我们确定被创造成上帝形象的人类具有上帝的永恒性，尽管人类要面对死亡的神秘。

### II. 以色列人民

我们无法给犹太人民和犹太教下一个精确的定义，因为两者都处于变化之中。不管是与生俱来的犹太人还是后来改变信仰的犹太人，他们形成了一种独特的信仰和民族意识。我们出生在古代近东，最初的身份是希伯来人，像所有民族一样，语言、土地、历史、文化和制度这些因素将我们联系起来。但是以色列人民是独特的，他们与上帝有着密切的关系，因此了解人类的处境。经过漫长的历史，我们的民族与宗教密不可分，我们坚信人类将得到救赎，会实现弥赛亚希望。

### III.《托拉》

《托拉》源于上帝和犹太民族的关系，有关我们民族最早与上帝接触的记录特别重要。立法者、先知们、历史学家和诗人给我们留下了一份遗产，研究这份遗产是一项宗教命令，而对这份遗产进行实践是实现我们民族神圣性的主要途径。每个时代的拉比、教师、哲学家、神秘主义者和有天赋的犹太人都极大地丰富了《托拉》的传统。1000年以来,《托拉》的创造并没有停止过,我们时代的犹太创造性也加入到这一传统的链条上。

### IV. 我们的义务:宗教实践

犹太教强调行动是宗教生活的主要表达形式,而不是信义,我们通过这种途径获得全世界的正义与和平。犹太教改革派也强调这一义务。其成立者指出犹太个人和社会的伦理责任没有得到上帝的许可。在过去的一个世纪,我们明白自己开始宣称的伦理责任会延伸至犹太生活的多个方面,包括以家庭奉献为中心创建犹太家庭;终身学习;私人祈祷和公共礼拜;每日的宗教遵守;参与犹太圣堂和社区以及其他的促进犹太民族生存和加强其存在的活动。在每个需要恪守犹太教规的地方,改革派犹太人要遵循犹太传统的要求,尽管每个人对传统的觉察程度不一,我们都要发挥个人的主动性,在承诺和知识的基础之上进行选择和创造。

### V. 我们的义务:以色列国家和犹太离散区

我们有幸生活在这样一个特殊的时代,在我们古代的土地上建立起新的犹太共和国。无数的宗教和伦理纽带把我们紧紧联系在新诞生的以色列国度的土地上。文化使我们充实,不气馁的精神让我们高贵。这为犹太的自我表达提供了独特的机会,建立犹太国度既和我们息息相关,又是我们的责任,我们要保证国家的安全并且明确其犹太特点。我们鼓励那些想在犹太复国事业中取得个人成就的犹太人移居以色列。我们要求犹太教改革派在以色列国度无条件地得到合法化。

同时,我们认为犹太国家对于各地的犹太教福利特别重要,不管我们身在何处，都要建立强大的犹太社区，我们再次将此确定为传统的授命。真正的犹太生活在任何土地上都是可能的，每一个社区按照自己的特点进行发展，并确定自己的犹太职责。犹太社区生活的基础是犹太圣堂，引导我们超越自我并与其他犹太人合作，分担他们的忧虑以及承担社区事务的领导权。因此我们承诺犹太社区全面实行民主，就犹太价值而言，使犹太社区具有神圣化。

以色列国度和犹太离散区之间进行的对话富有成效，证明了一个民族在肯定其民族主义的时候如何实现超越，这也为只关注狭隘目标的人类树立了好的榜样。

**VI. 我们的义务：生存和服务**

早期的改革派犹太人在被普通社会成员接纳时认为这是普世主义的体现，他们经常以犹太服务人类的说法提及犹太的目的。最近几年，我们刚刚意识到多元主义的优点和特殊主义的价值。犹太民族以其独特的生活方式证明自己价值的有效性，并朝着实现弥赛亚理想的方向努力。

直到最近，我们对犹太民族和全人类的义务达成了一致的观点。有时这两项义务互相冲突，我们知道解决这样的紧张局势并非易事。但是我们面对它们时，绝不能背弃自己的承诺。对人类的普遍关注如果缺乏对自己特殊民族的忠诚则相当于自我毁灭；只对我们自己的民族事业充满热情而远离全人类的事业与先知给我们的启示是互相矛盾的。犹太教要求我们同时承担普世和特殊的义务。

**VII. 希望：我们的犹太义务**

改革派犹太人的前辈对人类向善的潜能信心十足，我们经历过可怕的悲剧，被迫重新适应传统人类承受邪恶能力的现实。然而我们的民族并没有绝望，大屠杀的幸存者在逃生后，抓住了机会并好好利用。他们超越了灾难，向人类证明人类精神是不屈不挠的。犹太的生存意志使以色列国家得以建立并加以保存，以色列国度的成立展示了民族团结在历史上的成就。犹太人的存在是对绝望的反驳，犹太生存保证了人类的希望。

我们同意上帝的说法：历史并非毫无意义。我们确信在上帝的帮助下一定能掌控自己的命运。像犹太前辈们一样，我们全身心地努力工作，等待着那一天的到来："全世界都懂得上帝，如同水覆盖大海一样，他们不会伤害或毁灭圣山。"

# 注 释

## 文献缩写

*AH American Hebrew*《美国希伯来人》

*AI American Israelite*《美国以色列人》

*AIF Archives Israelites de France*《法国以色列人档案》

*AJ American Judaism*《美国犹太教》

*AJA American Jewish Archives* (the journal)《美国犹太档案》（期刊）

AJA *American Jewish Archives*, Cincinnati 辛辛那提市的《美国犹太档案》

*AJH American Jewish History*《美国犹太历史》

*AJHQ American Jewish Historical Quarterly*《美国犹太历史季刊》

*AJYB American Jewish Year Book*《美国犹太年鉴》

*AZJ Allgemeine Zeitung des Judentums*《犹太教汇报》

*BLBI Bulletin des Leo BaeckInstituts*《利奥拜克研究院公报》

B.T. Babylonian Talmud《巴比伦塔木德》

CAHJP Central Archives for the History of the Jewish People, Jerusalem 耶路撒冷犹太人民历史中央档案馆

*CCARJ Central Conference of American Rabbis Journal*《美国拉比中央会议期刊》

*CCARY Central Conference of American Rabbis Yearbook*《美国拉比中央会议年鉴》

*EJ European Judaism*《欧洲犹太教》

*HJ Historia Judaica*《犹太历史》

*HUCA Hebrew Union College Annual*《希伯来联合学院年鉴》

*IA Israelitische Annalen*《以色列年刊》

*INJ Der Israelit des nuenzehntenJahrhunderts*《步入新世纪的以色列》

*IPSM Israelitisches Predigt-und Schul-Magazin*《古以色列布道和学派杂志》

*JC Jewish Chronicle*《犹太编年史》

*JGGJCR Jahrbuch der Gesellschaft für Geschichte der Juden in der Cechoslovakischen Republik*《捷克斯洛伐克共和国犹太社区和历史年鉴》

396 *JJGL Jahrbuch für Jüdische Geschichte und Literatur*《犹太教历史和文学年鉴》

*JNUL* Jewish National and University Library, Jerusalem 耶路撒冷犹太国家和大学图书馆

*JQR Jewish Quarterly Review*《犹太评论季刊》

*JR The Jewish Reformer*《犹太教改革者》

*JRJ Journal of Reform Judaism*《犹太教改革派期刊》

*JSS Jewish Social Studies*《犹太社会研究》

*JT Jewish Times*《犹太时报》

*JZWL Jüdische Zeitschrift für Wissenschaft und Leben*《犹太教科学生活杂志》

*LBIA* Leo Baeck Institute Archives, New York 纽约利奥拜克研究院档案

*LBIYB Leo Baeck Institute Year Book*《利奥拜克研究院年鉴》

*LJ Liberales Judentum*《犹太教自由派》

*MGWJ Monatsschrift für Geschichte und Wissenschaft des Judentums*《犹太教历史和科学月刊》

*PAAJR Proceedings of the American Academy for Jewish Research*《美国犹太研究院议程》

*PAJHS Publications of the American Jewish Historical Society*《美国犹太历史协会出版物》

*PUAHC Proceedings of the Union of American Hebrew Congregations*《美国希伯来圣会联盟议程》

*P.T. Palestinian Talmud*《巴勒斯坦塔木德》

*REJ Revue des études juives*《犹太研究杂志》

*RJ Reform Judaism*《犹太教改革派》

*RW La Régénération——Die Wiedergeburt*《重生》

*SR The Synogogue Review*《犹太圣堂评论》

*TE Tradition und Erneuerung*《传统和更新》

*TJHSE Transactions of the Jewish Historical Society of England*《英国犹太历史协会交易》

*UB The Union Bulletin*《联盟公报》

*UI L'Univers Israélite*《以色列世界》

*VJ The Voice of Jacob*《雅各布之音》

*WZJT Wissenschaftliche Zeitschrift für jüdische Theologie*《犹太神学科学期刊》

*YIVO YIVO Annual of Jewish Social Science*《依浮犹太社会科学年刊》

*ZGJD Zeitschrift für die Geschichte der Juden in Deutschland*《德国犹太历史书刊》

*ZJD Zur Judenfrage in Deutschland*《德国犹太教》

*ZRG Zeitschrift für Religions-und Geistesgeschichte*《宗教历史书刊》

*ZRIJ Zeitschrift für die religiösen Interessen des Judentums*《犹太宗教兴趣书刊》

# 前言：先例问题

1. Samuel Holdheim, "Rabbi Jochanan ben Sakai, ein Retter und Reformator des Judenthums," *Predigten über die jüdische Religion,* 3 (Berlin, 1855): 289-310.

2. *CCARY*, 20 (1910): 197-245. 雅各布·J. 柏图畴斯基在《犹太观察家》(*The Jewish Spectator*, March 1957, 7-11) 再次提出"犹太教改革派的年龄"问题，他回答："犹太教改革派和犹太教一样久远！"

3. 参见：Robert Gordis, "A Dynamic Halakhah: Principles and Procedures of Jewish Law," *Judaism*, 28 (1979): 263-82. 回复见同上：29 (1980): 4-109.

4. P. T. *Peah* Ch. 2, Halakhah 4, Cf. B. T. *Megilah* 19b; *Sifra, Behukotai*, 8: 13.

5. Menachem Elon, *Ha-mishpat ha-ivri*, 1 (Jerusalem, 1973): 224.

6. 参见：Elliot W. Dorff, "The Interaction of Jewish Law with Morality," *Judaism*, 26 (1977): 455-66.

7. Mishnah *Gitin* 4:2-5, 5:8-9.

8. Mishnah *Sheviit* 10:3.

9. B. T. *Sanhedrin* 71a.

10. B. T. *Menahot* 29b.

11. B. T. *Eruvin* 13b.

12. B. T. *Baba metsia* 59b.

13. Elon, *Ha-mishpat ha-ivri*, 232-36.

397  14. Yitzhak Baer, *A History of the Jews in Christian Spain*, 1 (Philadelphia, 1961)：241; Shem Tov Falaquera, *Igeret ha-vikuah*, ed. Adolf Jellinek (Vienna, 1875), 19; Gershom Scholem, *Major Trends in Jewish Mysticism* (New York, 1946), 397-98; H. J. Zimmels, *Ashkenazim and Sephardim* (London, 1958), 258.

15. Eliyahu Ashtor, *The Jews of Moslem Spain*, 3 (Philadelphia, 1984): 137-40.

16. Naphtali Wieder, *Hashpa'ot islamiyot al ha-pulhan ha-yehudi* (Oxford: 1947); S. D. Goitein, *Jews and Arabs* (New York, 1955), 182-84.

17. 曾经一段时间这是著名异教徒尤里尔·阿科斯塔的立场，参见他写的《反对传统的论文》( Theses Against the Tradition )，载于卡尔·格布哈特编写的《尤里尔·阿科斯塔论文集》( *Die Schriften des Uriel da Costa*, Amsterdam, 1922, 3-32 )。

18. Jakob J. Petuchowski, *The Theology of Haham David Nieto*(2d edn., New York, 1970), xiv-xvii.

19. 有关中世纪晚期的情况，参见：Moritz Güdemann, *Geschichte des Erziehungswesens und der Cultur der Juden in Deutschland während des XIV. und XV. Jahrhunderts* (Vienna, 1888), 141-69.

20. Ze'ev W. Falk, *Jewish Matrimonial Law in the Middle Ages* (London, 1966), 1-34: Güdemann, *Geschichte des Erziehungswesens*, 132.

21. Zimmels, *Ashkenazim and Sephardim*, 247; Joseph Gutmann, "Christian Influences on Jewish Customs," in Leon Klenicki and Gabe Huck, eds., *Spirituality and Prayer: Jewish and Christian Understandings* (New York,

1983), 128-38.

22. Richard Krautheimer, *Mittelalterliche Synagogen* (Berlin, 1927), 12, 140-42.

23. Joseph Gutmann, "How Traditional Are Our Traditions?" *CCARJ*, April, p. 59.

24. Herman Pollack, *Jewish Folkways in Germanic Lands, 1648-1806* (Cambridge, Mass., 1971), 154, 317.

25. Solomon Lipschütz, *Te'udat shelomoh* (Offenbach, 1718), 16a-19b.

26. Isaac Rivkind, "A Responsum of Leo da Modena on Uncovering the Head," in *Louis Ginzberg Jubilee Volume*, Hebrew Section (New York, 1946), 416-17.

27. Azariah de' Rossi, *Me'or enayim*, ed. David Cassel (Vilna, 1866), 196. 还应该参考这样一份文件，虽然并不规范，但是经塞缪尔·瑞吉首次在《关于卡巴拉》（*Behinat ha-kabalah*）发表后，在改革派当中产生了相当大的影响（戈里齐亚市，1852），6—65页。这一文件值得一提的原因在于其对传统批判的彻底性，并给改革提供了建议，可以与19世纪的激进趋势相提并论。学者们在"愚人之声"的作者身份问题上存在分歧，这部书只有一个笔名，经常被看作是利昂·摩德纳（1571—1648）的作品。关于此方面的争执观点参见：Ellis Rivkin, *Leone da Modena and the Kol Sakhal*, Cincinnati, 1952; Issac E. Barzilay, "Finalizing an Issue: Modena's Authorship of the Qol Sakhal", *Salo Wittmayer Baron Jubilee Volume 1*, Jerusalem, 1974, 135-66; Howard Ernest Adelman, "Success and Failure in the Seventeenth Century Ghetto of Venice: The Life and Thought of Leon Modena, 1571-1648." (Ph. D. dissertation, Brandeis University, 1985), 166-182, 577-598. 这位理性主义者将《摩西五经》认定为上帝的直言，并且认定应该谨慎执行其训诫，他将后来所有的包括塔木德在内的犹太宗教文献看作人类独有的，因此应该进行批判。他特别详述了犹太的礼拜仪式，提议进行武断的改革，缩短祷文的传统内容，这一做法比较激进。与《托拉》不同，祈祷书并不是神圣不可侵犯的，可以对其内容进行改变。与后来的改革者一样，作者强调专注祷文内容的重要性，他认为需要缩减礼拜仪式，圣会者在聆听独唱者的歌声时应该保持安静，全身心地投入。"愚人之声"也反对在节日的第二天进行庆祝的做法，因为圣经诫令中并没有批准这一附注，另外这一要求给犹太人增加了经济上的困难，他们会劳而无功。"愚人之声"还进一步摈弃了《圣经》在饮食律法、仪式屠宰和割礼等内容上过多使用希伯来语的做法。作者对仪式主义的批评与两个世纪之后做出的批评非常相像："新年到赎罪日之间的日子比较适合忏悔，为第十天的赎罪做准备，因此（拉比）应该详述忏悔律法。他们应该进行有关忏悔内容的讲道词，没有必要讲解仪式上是否需要纵向裂开还是横向裂开的羊角号。他们应该要求与同胞达成和解，归还偷盗的东西，放弃嫖娼和禁食。还应该敦促人们坦白、祈祷并且多做慈善。对于这些最需要讲到的内容……他们只是简要地提及了哪些内容需要详述，哪些不需要。"（49—50页）"愚人之声"的作者格外重视异邦人的意见。他这样写道："将一段历史时期和另一段区别开来，并且允许偏离既定的犹太实践，这些是正确的做法，这样会阻止异邦人对我们的仇恨，因为这在我们被奴役的时期是非常重要的，我们必须尽力争取他们的支持，同时也不能违背我们的宗教。"（55—56页）到"愚人之声"付印时，对《摩西五经》权威的绝对信仰以及对后来传统引起全面的争辩及遭到损毁都不是改革运动的标志。但是两者的结合的确能够证明早在犹太面对现代性之前这些激进的思想在异国、至少是在小范围内已经出现。激进派改革者大卫·艾因霍恩对"愚人之声"翻译成德语非常感兴趣，并且在美国期刊《西奈》（*Sinai*）（1856年第1期，1857年第2期）上发表了系列文章。

28.《善良之心》的作者是波森市的艾萨克·本·伊莱基姆，1620年在布拉格首次出版。所引内容出自：Jacob Meitlis, "The Bodleian MS. 'Libesbriv', a Reform Text of the Pre-Haskalah Period" [Yiddish], *Yivo Bleter*, 2 (1931): 326. 参照《布就筵席－生活方式1》第4页（*Shulhan Arukh, Orah Hayim* 1:4）："与其祈祷万千，心不在焉；不如专心投入，祈祷一二。"与改革者有同样期盼心情的内容在1749年德国北部的艾萨克·威兹勒撰写的手稿中也出现过。参见：Morris M. Faierstein, "The Liebes Brief: A Critique of Jewish Society in Germany (1749)", *LBIYB*, 27 (1982): 219-41.

29. Güdemann, *Geschichte des Erziehungswesens*, 225-26; Pollack, *Jewish Folkways*, 162.

30. Cecil Roth, *The Jews in the Renaissance* (Philadelphia, 1959), 32.

31.Shmuel Dothan, "Rabbi Jacob Emden and his Generation," *HUCA*, 47 (1976):

HebrewSection, 121. 参照: Joseph Melkman, *David Franco Mendes* (Jerusalem and Amsterdam, 1951), 109-10. 对于这一观点，弥赛亚信仰到18世纪中期一直非常稳定，鲜有例外出现，参见: Barouh Mevorah, "The Messiah Question in the Disputes over Emancipation and Reform, 1781-1819" [Hebrew] (Ph. D. dissertation, Hebrew University, 1966), 21-25.

32. Dothan (Cited by), "Rabbi Jacob Emden," *loc. cit.*

## 1. 犹太教如何适应现代世界

1. 参见，例如: Gershom Scholem, *Major Trends in Jewish Mysticism* (3d edn., New York, 1954), 304; *idem, The Messianic Idea in Judaism* (New York, 1971), 84, 90, 140, 170.

2. Jacob Katz, "On the Question of the Relation of Sabbatianism to Haskalah and Reform," in Siegfried Stein and Raphael Loewe, eds., *Studies in Jewish Religious and Intellectual History Presented to Alexander Altmann*, Hebrew Section (University, Ala., 1979), 83-100.

3. Rudolf Glanz, *Geschichte des niederen jüdischen Volkes in Deutschland: Eine Studie über historisches Gaunertum, Bettelwesen und Vagantentum* (New York, 1968).

4. Selma Stern, *The Court Jew* (Philadelphia, 1950), 227-46.

5. Azriel Shohet, *Im hilufe tekufot: reshit ha-haskalah be-yahadut germaniyah* (Jerusalem, 1960), 49-173; Heinz Moshe Graupe, *The Rise of Modern Judaism*, trans. John Robinson (Huntington, N.Y., 1978), 13-70; I. M. Jost, *Geschichte des Judenthums und seiner Sekten*, 3 (Leipzig, 1859): 295.

6. *Ha-Measef*, 2 (1785): 28.

7. Moses Hirschel, *Kampf der jüdischen Hierarchie mil der Vernunft* (Breslau, 1788), 13, 34.　　399

8. Moritz Kalisch, *Berlins jüdische Reformatoren nach der Thronbesteigung Friedrich Wilhelms Ⅲ. und Ⅳ.* (Berlin, 1845), 65-66, 69. 参照: Gershom Scholem, "Zionism—Dialectic of Continuity and Rebellion," in Ehud ben Ezer, ed., *Unease in Zion* (New York and Jerusalem, 1974), 287.

9. Michael A. Meyer, "The Orthodox and the Enlightened—An Unpublished Contemporary Analysis of Berlin Jewry's Spiritual Condition in the Early Nineteenth Century," *LBIYB*, 25 (1980): 101-30.

10. 具体内容参见本人著作: *The Origins of the Modern Jew: Jewish Identity and European Culture in Germany, 1749-1824* (Detroit, 1967), 11-28.

11. Moses Mendelssohn, *Jerusalem and Other Jewish Writings*, trans. Alfred Jospe (New York, 1969), 104-105.

12. 文献来源于: Israel Zinberg, *A History of Jewish Literature*, trans. Bernard Martin, 8 (Cincinnati, 1976): 84-85. 康德的一位学生名叫马库斯·赫兹，他还是一名医生，15年后他提倡推迟埋葬，他对传统的态度与门德尔松的大相径庭。他坚持自己的立场，一部分原因在于他认为犹太人应该效仿"有教养而且开明的邻居们的做法"(*Mitvölker*)。他拒绝门德尔松的妥协做法，因为祖先在古巴勒斯坦的习俗对他来说与这个问题并不相关。他很巧妙地问道："既然与我们的精神幸福联系最小，为什么总是夸大这个与古代习俗的联系呢(*Glückseligkeit*)？"参见: Marcus Herz, *Über die frühe Beerdigung der Juden*, Berlin, 1788, 52-53. 1792年新成立的犹太兄弟协会决定把这一愿望授予任何愿意死后三天再埋葬的病人。Ludwig Lesser, *Chronik der Gesellschaft der Freunde in Berlin* (Berlin, 1842), 15.

13. B. T. *Sanhedrin* 46a, 根据《申命记》21:23。

14. 有关这一事件的一手资料载于: Moses Mendelssohn, *Gesammelte Schriften, Jubiläumsausgabe*, ed. I. Elbogen *et al.*, 16 (Berlin, 1929): 154-68 and in *ZGJD*, n.s., 1 (1929): 284-87. 完整的讨论载于: Alexander Altmann, *Moses Mendelssohn: A Biographical Study* (University, Ala., 1973), 288-94.

15. *Shulhan Arukh, Orah Hayim* 690:17.

16. 参见: [Elkan Henle], *Über die Verbesserung des Judenthums* (Frankfurt a/M, 1803), 30 and Altmann, *Moses Mendelssohn*, 292-93.

17. Moses Mendelssohn, *Gesammelte Schriften*, 7 (Berlin, 1930): 9.

18. Mendelssohn, *Jerusalem and Other Jewish Writings*, 34-35, 101-102.

19. *Works of Spinoza*, trans. R. H. M. Elwes, 1 (New York, 1951): 72.

20. 有关整体的处理参见: Bernard D. Weinryb, "Enlightenment and German-Jewish

Haskalah," *Studies on Voltaire and the Eighteenth Century*, 27 (1963): 1817-47.

21. Christian Wilhelm Dohm, *Über die bürgerliche Verbesserung der Juden* (Berlin and Stettin, 1781), 28, 87, 124-27, 142-44.

22. Immanuel Kant, "Der Streit der Facultäten," in Sämmtliche Werke, ed. K. Rosenkranz and F. W. Schubert, 10 (Leipzig, 1838): 307-308.

23. 一位自称为"世界主义者"的匿名作者认为如果犹太人想在汉堡市取得相同的权利，他们必须经历全面的"改良"。他还提到"每一宗教派别正在清除宗教中的迷信内容和人类律法，使之逐渐接近自然和理性的宗教——但是犹太人继续顽固地坚持他们古代的仪式律法……出于自豪的原因，拒绝做出任何改变"。[Julius Friedrich Knüppeln], *Über die politische, religiöse und moralische Verfassung der Juden* (Hamburg, 1798), 30.

24. 参见本人著作：*German Political Pressure and Jewish Religious Response in the Nineteenth Century*, The Leo Baeck Memorial Lecture 25 (New York, 1981).

25. Ernst Troeltsch, "Die Aufklärung," in *Gesammelte Schriften*, 4 (Tübingen, 1925): 371-72.

26. Gotthold Ephraim Lessing, *Die Erziehung des Menschengeschlechts* (Berlin, 1785), 13-53.

27. Hajo Holborn, *A History of Modern Germany 1648-1840* (New York, 1964), 134-35.

28. Johann Gottfried Herder, "Vom Geist der Ebräischen Poesie," in *Sämmtliche Werke*, 11 (Berlin, 1877): 221.

29. 资料转：Isaac Eisenstein-Barzilay, "The Treatment of the Jewish Religion in the Literature of the Berlin Haskalah," *PAAJR*, 24 (1955): 39-68.

30. Mendel Bresselau in *Ha-Measef*, 6 (1790): 310. 有关这一传唤参见：Zinberg, *A History of Jewish Literature*, 97-99; Moshe Pelli, "The First Call of a Hebrew Maskil to Convene a Rabbinic Assembly for Religious Reforms" [Hebrew], *Tarbiz*, 42 (1973): 484-91.

31. 参见：Mordecai Gumpel Schnaber, *Yesod ha-torah*, Hamburg, 1792, 2a-2b, 72a-72b. 有关施纳伯的资料参见下列文献：Zinberg, *A History of Jewish Literature*, 34-37; Heinz Mosche Graupe, "Mordechai Gumpel (levison)," *BLBI*, no. 17 (1962:1-

400

12). 莫舍·佩里的《启蒙时代：德国启蒙运动的希伯来文献研究》(*The Age of Haskalah: Studies in Hebrew Literature of the Enlightenment in Germany*, Leiden, 1979, 131-50) 在某种程度上夸大了施纳伯对改革运动的重要性。

32. 最近对索尔·博林的评价差别很大。参见拉斐尔·马勒的《最近几代人有关以色列时代的话语》(*Divre yeme yisrael dorot aharonim*, 2, Merhavya, 1954, 77-79, 336-342)；莫舍·撒迈发表在《书城》[*Kirjath Sepher*, 43 (1968): 429-441; 48 (1973): 509-523] 的两篇希伯来语文章以及莫舍·佩里在《启蒙时代》(*The Age of Haskalah*, 171-89) 中列出的几篇文章。

33. [Saul Berlin], *Ketav yosher* (Berlin, 1794), 3b.

34. 段落内容引自：[Saul Berlin], *She'elot u-teshuvot besamim rosh* (Berlin, 1793), 10a-10b, 77a, 108b-109a. 部分问答录的总结见：Louis Jacobs, *Theology in the Responsa* (London, 1975), 347-52.

35. Salomon Maimon, *Lebensgeschichte*, 2 (Berlin, 1793): 180-84.

36. 参见：Lazarus Bendavid, *Etwas zur Charackteristick der Juden*, Leipzig, 1793, 45, 51. 本大卫 (Bendavid) 逐渐放弃遵守犹太律法和定期到犹太圣堂参加礼拜的做法，却经常光顾基督教堂，因为欣赏他们的音乐和布道，直至彻底放弃了犹太圣堂。最终他因为违反仪式诫令而被剥夺领读祈祷的权利。Jacob Guttmann, "Lazarus Bendavid: Seine Stellung zum Judentum und seine literarische Wirksamkeit," *MGWJ*, 61 (1917): 32-33. 十年后仍有一批犹太人 "将自然宗教的基础定在摩西和先知的权威之上"。Aaron Wolfssohn, *Jeschurun, oder unparteyische Beleuchtung der dem Judenthume neuerdings gemachte Vorwürfe*, Breslau, 1804, 114。

37. 有关亚瑟的早期文献请参见下列两个最新的资料：Walter Grab, "Saul Ascher: Ein jüdisch-deutscher Spätaufklärer zwischen Revolution und Restauration," *Jahrbuch des Instituts für Deutsche Geschichte*, 6 (1977): 131-79; Michael Graetz, "The Formation of the New 'Jewish Consciousness' in the Time of Mendelssohn's Disciples—Saul Ascher" [Hebrew], *Mehkarim be-toledot am yisrael ve-erets yisrael*, 4 (1978): 219-37.

38. Saul Ascher, *Leviathan oder Über Religion in Rücksicht des Judenthums* (Berlin, 1792). 书中第2—3部分有希伯来语译文，并附有导言：Michael Graetz

(Jerusalem, 1982).

39. 同上书，237页。

40. 同上书，232页。

41. [Sabattia Joseph Wolff], *Freymüthige Gedanken über die vorgeschlagene Verbesserung der Juden in den Preussischen Staaten* (Halle, 1792), 25-33. 对德国犹太教育改革的全面分析请参见：Mordechai Eliav, *Ha-hinukh ha-yehudi be-germaniyah bime ha-haskalah ve-ha-emantsipatsyah* (Jerusalem, 1960).

42. Isaac Abraham Euchel, *Gebete der hochdeutschen und polnischen Juden* (Königsberg, 1786), iv-x. 前现代拉比机构也强调礼拜者主观状态和需要身心投入的重要性（*kavanah*），虽然祈祷者仍在专注完成上帝交给的任务。例子参见：Isaiah Horowitz, *Shene luhot ha-berit* (Fürth, 1762), 349b-51a. 后来有一位反对改革者的传统派拉比捍卫了旧的观点，他写了一部教义回答了使用希伯来语祈祷的礼拜者，即使他不懂自己所说的内容，但是却履行了自己的宗教义务。Abraham Löwenstamm, *Tseror ha-hayim* (Amsterdam, 1820), 28a-35b.　　401

43. A. A. Wolff, *Die Stimmen der ältesten glaubwürdigsten Rabbinen über die Pijutim* (Leipzig, 1857).

44. Euchel, *Gebete*, 433; *Ha-Measef*, 3 (1786): 205-206.

45. 同上书，72页。

46. Mendel Bresselau in *ibid.*, 6.2 (1790): 313-14; Wolff, *Freymuthige Gedanken*, 8.

47. Joel Loewe in *Ha-Measef*, 3 (1786): 139.

48. 尤切尔的译本已做过注释。弗里德兰德的著作命名为：*Gebete der Juden Auf das ganze Jahr* (Berlin, 1786).

49. 参见：Benno Gottschalk, "Die Anfänge der deutschen Gebetsübersetzungen," in *Festgabe für Claude G. Montefiore* (Berlin, 1928), 58-64; Ismar Elbogen, "David Friedländers Übersetzung des Gebetbuchs," *ZGJD*, n.s., 6 (1935): 130-33.

50. Euchel, *Gebete*, 420.

51. 同上书，xxii页。

52. 转引见：Gottschalk, "Die Anfänge der deutschen Gebetsübersetzungen," 62. 弗里德兰德对弗莱科勒斯的立场进行了讽击，有关内容刊于《选集》的特

别增刊，参见：*Ha-Measef*, 4 (1788).

53. 我在此处特别引用了下列文献：Mahler, *Divre yeme yisrael*, 1 (Merhavya, 1952): 211-251; D. M. Sluys, "Het reglment van de Adath Jeschurun (de 'Neie Killoh') te Amsterdam," *Nieuw Israëlietisch Weekblad*, June 12 and 19, 1931; S. E. Bloemgarten, "De Amsterdamse Joden gedurende de eerste jaren van de Bataafse Republiek", *Studia Rosenthaliana*, 1.1 (1967): 66-96, 1.2 (1967): 45-70, 2.1 (1968): 42-65; Dan Michman, "David Friedrichsfeld—A Fighter for Enlightenment and Emancipation of the Jews" [Hebrew], *Mehkarim al toledot yahadut holand*, 1 (1975): 170-173. 1977年、1983年在以色列与约瑟夫·密淇曼博士（Dr. Joseph Michman）的谈话让我受益匪浅。见《罗森塞列纳研究》，（18, 1983年，149—158页）中贬低阿道斯·耶舒朗（Adath Jeschurun）宗教改革的辩论；他还讨论宗教法院形式再统一的问题，同上，19（1985），127—158页；《阿姆斯特丹新旧圣会的讨论》（"The Diskursen of the Neie and the Alte Kille in Amsterdam, 1797-1798）"［希伯来语］，《犹太研究第九届世界大会议程》（*Proceedings of the Ninth World Congress of Jewish Studies*），B分册，第二卷（耶路撒冷，1986），9—16页；他撰写的文章《德国犹太现代化对荷兰犹太人的影响》（The Impact of German-Jewish Modernization on Dutch Jewry）载于雅各布·卡兹（Jacob Katz）编写的《走向现代性：欧洲犹太模式》（*Toward Modernity: The European Jewish Model*, New Brunswick, 1987），180页。当代有偏见但信息量大的论述参见：*Sulamith*, 2.1 (1808): 55-68, 90-97.

54. L. Fuks, "De Zweedse familie Graanboom," *Studia Rosenthaliana*, 1.2 (1967): 85-106.

55. *Hanukat ha-bayit bet ha-keneset adat yeshurun* (Amsterdam, 1797).

56. Israel Graanboom, *Melits yosher*（Amsterdam, 1809）. 拉比的儿子坚决捍卫犹太圣堂的习俗，其作品在伊扎克·格朗布姆死后以及解散阿道斯-耶舒朗圣会后得以问世。他对社区实践做法仍然兴趣不减，参见：Jaap Meijer, *Joodse Wetenschap in Nederland: Een referaat buiten-de-orde* (Heemstede, 1982), 16-19. 如果政府不允许单独社区存在的话，作者本人希望犹太圣堂会得到许可而继续存在。例子见《正义赞颂者》，8a。部分内容载于雅各布·J. 柏图畴斯基翻译的《欧洲祈祷书改革》(*Prayerbook Reform in Europe,* New York, 1968, 48-49 )。一位同时代人对此进行驳斥，其观点发表在伊萨克·马森的《生活宝库》[ *Otsar Ha-Hayim,* 9 (1933): 110-20 ].

57. 格雷茨宣称反对"屠杀者"（经常错误地被认为是基督徒）的祷文被删除了。但是伊斯雷尔·格朗布姆没有提及删除这一内容的事。参见：Heinrich Graetz, *Geschichte der Juden,* 11 (Leipzig, 1870): 232.

58. Andreas Riem, *Leviathan oder Rabbinen und Juden* (Leipzid, 1801), vi. 里姆指出荷兰的马斯基尔在宗教事务上比起阿道斯－耶舒朗圣会的做法更加激进，见325—336、446页。

59. 最近出版的档案资料表明在路易斯颁布命令之前，阿道斯－耶舒朗圣　402
会中的一些领导已经做好准备，再次实现统一。参见：Meijer, *Joodse Wetenschap,* 17-18.

60. 他们在犹太法院进行的讲演和其他与代表相关的资料参见：*Sulamith,* 1.2 (1807): 15-27, 95-110.

61. Frances Malino, *The Sephardic Jews of Bordeaux* (University, Ala., 1978).

62. *Pétition des Juifs établis en France, addressée à l'Assemblée Nationale* (Paris, 1790), 73-74. 这份请愿书也许对索尔·亚瑟两年后出版的《利维坦》产生过影响。

63. Zosa Szajkowski, "Jewish Religious Observance During the French Revolution of 1789," *YIVO,* 12 (1958/59): 211-34.

64. Diogene Tama, ed., *Organisation civile et religieuse des Israélites de France et du royaume d'Italie* (Paris, 1808), 146.

65. 最近对名人大会和犹太法院所做过的最全面的分析出自：Simon Schwarzfuchs, *Napoleon, the Jews and the Sanhedrin* (London, 1979). 也参见：Bernard Blumenkranz and Albert Soboul, eds., *Le Grand Sanhedrin de Napoléon* (Toulouse, 1979), and Gil Graff, *Separation of Church and State: Dina de-Malkhuta Dina in Jewish Law,* 1750-1848 (University, Ala., 1985), 71-94.

66. Tama, *Organisation,* 141.

67. 参照：Barouh Mevorah, *Napoleon u-tekufato* (Jerusalem, 1968), 83.

68. *Sulamith,* 3.1 (1810): 348.

69. 同上书，2.2 (1809): 418—419页；3.1 (1810): 181—182页。

70. 参照：Ismar Elbogen, "Die Bezeichnung 'judische Nation'," *MGWJ*, 63 (1919): 200-208.

71. *Sulamith*, 1.2 (1807): 4.

72. 其他人也很失望。参见：S. Lax, "Reform der judischen Nation," *Allgemeiner Anzeiger der Deutschen*, June 29, 1807, pp. 1775-76.

73. *Sulamith*, 1.2 (1807): 8-9.

74. 对于雅各布逊犹太身份所做的最全面的自传研究出自：Jacob R. Marcus, *The Founder of the Reform Movement in Judaism* (Cincinnati, 1972). 他所进行的经济活动详见：Heinrich Schnee, *Die Hoffinanz und der moderne Staat*, 2 (Berlin, 1954): 109-154. 对雅各布逊的早期评价，比较均衡的看法出自：Isaac Marcus Jost, *IA*, 1 (1839): 225-227, 234-235, 242-244. 约斯特个人对雅各布逊比较了解。

75. B. H. Auerbach, *Geschichte der israelitischen Gemeinde Halberstadt* (Halberstadt, 1866), 140.

76. 除了约斯特之外，见雅各布逊参观威斯特伐利亚农村小城镇的记叙：Monika Richarz, *Jüdisches Leben in Deutschland: Selbstzeugnisse zur Sozialgeschichte 1780-1871* (Stuttgart, 1976), 73-74. 雅各布逊去世前两年听说有人在赎罪日吟唱约拿书上的内容，他非常生气，甚至鲁莽地从座位上站起来，并大声宣读文本：我是犹太人，"我害怕主，我害怕上帝"。Gotthold Salomon, *Der wahrhaft Fromme stirbt nicht* (Altona, 1828), 15.

77. 雅各布逊对法国的一贯崇拜促使歌德把私人财政部长伊斯雷尔·雅各布逊比作财务司长般的雅各布逊式犹太人！文章由施尼引用自《王室财政预算》(*Die Hoffinanz*)，133页。

78. 同上书，131—132页。

79. Israel Jakobsohn, *Unterthänigste Vorstellung an Seine Hoheit den Fürst Primas* (Brunswick, 1808).

80. 参见：Herbert A. L. Fisher, *Studies in Napoleonic Statesmanship: Germany* (Oxford, 1903), 224-55. 费舍注意到了在杰罗姆领导的国务议会成员中有支持犹太解放运动的克里斯汀·威廉·多姆。

81. 代表们的汇报和有关宗教法院的早期文件由耶利米·海恩曼发表在《犹太教全宗》(*Allgemeines Archiv des Judenthums*), 3 (1843), 1—70、97—132页。附加的文件包含在各期《苏拉密女》以及在路德维希·霍维兹所著的《威斯特伐利亚王国的犹太人》(*Die Israeliten unter dem Königreich Westfalen*, Cassel, 1900)。最全面的学术研究来自菲力克斯·拉扎勒斯(Felix Lazarus)的《威斯特伐利亚王国的犹太人》(*Das königlich westphälische Konsistorium der Israeliten*, Pressburg, 1914)。宗教法院的记录记载于东德马格德堡的国家档案中。阿瑟·布鲁姆收录的相关文件存放在纽约的利奥拜克档案馆中，我能够对其中的一小部分加以利用。

82. 1808年，斯各特兰德给犹太同胞写了一封公开信，总结了他对宗教法院的希望，同时提出了自己具备候选资格的意愿。参见：Bendet Schottlaender, *Sendschreiben an meine Brüder die Israeliten in Westfalen die Errichtung eines Jüdischen Consistoriums betreffend* (Brunswick, 1808). 再版是希伯来语译本：*Ha-Measef*, 9.1 (1809): 9-21.

83. 1812年，博林自己决定卡塞尔的犹太埋葬协会应该尊重其中一位成员的意愿，他想在死后第二天被埋葬。*Sulamith*, 4.2 (1815): 162n.

84. 重点参见：*Allgemeines Archiv des Judenthums*, 119-22, and the items in the Bluhm Collection.

85. 首次发表于：*Sulamith*, 2.2 (1809): 300-305.

86. 有趣的是文章将布道称为《崇圣辞》(*Gottesdienstliche Reden*)。显而易见，布道的名称越通俗，讲道这一名称仍被认为基督教特征过于明显。

87. 布道本身和背景知识请参见：Markus Brann, "Zur Centenarfeier der deutschen Predigt in der Synagogue," *Jahr-Buch zur Belehrung und Unterhaltung*, 45 (1897): 89-104.

88. 拉扎勒斯的《威斯特伐利亚王国的犹太人》，25页。在雅各布逊的德语布道之前是柏林拉比所做的希伯来语布道。

89. 文本内容载于：*Sulamith*, 2.1 (1808): 15-30.

90. 参见：Phoebus Philippson, *Biographische Skizzen*, 1-2 (Leipzig, 1864): 185. 他的第一次布道印在《苏拉密女》, 2.1 (1808): 276—285页，也载有公爵五十周年特别的礼拜场合。公爵进入犹太圣堂，合唱团吟唱"一个稳固的

403

城堡就是我们的上帝（有家就有上帝）"（"Eine feste Burg ist unser Gott"）。

91. 他在1811年8月30日的备忘录，节选自：the Bluhm Collection in Bernhard Brilling, "Briefe des Königlich Westfälischen Konsistoriums der Israeliten in Kassel an die Rab-biner Abraham Sutro und Marcus Baer Adler (1809-1812)," *Udim*, 4 (1974): 53.

92. 相关文件载于：*Sulamith*, 3.1 (1810): 90-96, 145-48, 294-97；部分也见：Horwitz, *Die Israeliten*. 59-62.

93. *Bekanntmachung wegen besserer Einrichtung des Gottesdienstes in den Synagogen des Königreichs Westphalen* (Kassel, 1810). 这部分内容还印在《苏拉密女》，3.1 (1810), 366—380页。宗教法院的五位成员签署了文件，但是没有发现雅各布逊的名字，也许他当时不在场。从文中和后来犹太圣堂规定中节选的英语翻译在柏图畴斯基的《欧洲祈祷书改革》（*Prayerbook Reform in Europe*, 105-27）中的"命令与守教"（Order and Decorum）一章中出现。

94. *Allgemeines Archiv des Judenthums*, 32.

95. Horwitz, *Die Israeliten*, 68-70; Auerbach, *Geschichte der israelitischen Gemeinde Halberstadt*, 140.

96. 所做的决定印在《苏拉密女》，3.1 (1810)，15—17页，后面还有类似的内容，允许使用在欧洲提炼的逾越节白糖。1868年的大饥荒期间，东欧出现了有关这一问题的新矛盾。西蒙·谢盖尔的《蔬菜战争》，载于亚瑟·A.切尔（Arthur A. Chiel）编写的《犹太人和犹太教的视角》（*Perspectives on Jews and Judaism*, New York, 1978, 383-393）。

97. Auerbach, *Geschichte der israelitischen Gemeinde Halberstadt*, 216-19, 225-26; *Ha-Measef*, 9.2 (1810): 59n.

98. Heinrich Graetz, *Geschichte der Juden*, 309.

99. Menahem Mendel Steinhardt, *Divre menahem* (Offenbach, 1804), 4b.

100. 参照：B. T. *Hulin* 7a.

101. Mendel Steinhardt, *Divre igeret* (Rödelheim, 1812), 8a.

404  102. 同上书，10b。斯坦哈德在引言和第五部教义问答中也提到了某种"神秘的理性"（*te'amim kemusim*），他本人也不懂得如何启示。既然这些理性如此隐讳，我也不知道如何解释他为什么要提到这些内容。人们只能对此进行推测：也许雅各布逊给斯坦哈德造成了压力，也许是他想打破传统主义的枷锁，甚至是出于政治动机。但是这三种可能性都没有记载。

103. 例如，被删除的新年心愿永存（*yehi ratson*）祈祷提到了上帝由22个字母构成的神秘名字，也提到《托拉》的"秘密"。从周一和周四礼拜仪式中删除的一篇祈祷中包含有下列内容："从天堂俯视，看到我们如何成为各个国家之间被嘲笑的对象。我们被视为屠宰场的羊——将被杀戮和毁灭，遭殴打和羞辱。"

104. 参见《苏拉密女》，3.1 (1810), 9—10页；拉扎勒斯的《威斯特伐利亚王国的犹太人》，45—50页；伊利亚夫（Eliav）的《犹太教育》（*Ha-hinukhha-yehudi*），119—129页。学校犹太圣堂在新区的奠基仪式上，提交了一份德语赞美诗的方案。男高音、男低音、高音和中音分别进行独唱，中间还有合唱。我没有找到有关唱歌者身份的资料。参见：*Gesänge bey Einweihung der Konsistorial-Schul-Synagoge zu Cassel* (Cassel, 1813). 定期吟唱的赞美诗被出版，而且还标有音符：*Hebräische und Deutsche Gesänge zur Andacht und Erbauung* (Cassel, 1810).

105. 埃格的希伯来语原版信件和德语译件载于：Auerbach, *Ge-schichte der israelitischen Gemeinde Halberstadt*, 219-22. 希伯来语版本参见：Mevorah, *Napoleon u-tekufato*, 151-54. 斯坦哈德证明在《书信集》中使用本地语是正确的（*Divre igeret*, 9b-10a）.

106. 主要资料源于：Sulamith, 3.1 (1810): 383-84. 布鲁姆收录集中1810年10月11日的宣布内容。参见：Horwitz, *Die Israeliten*, 54-56.

107. Leopold Zunz, *Gesammelte Schriften*, 2 (Berlin, 1876): 215; *Sulamith*, 5.2 (1819): 398.

108. *JJGL*, 30 (1937): 138; *Literaturblatt des Orients*, 5 (1844): 121-22.

109. 有关成人礼仪式的发展及其教育背景下的问答教学法参见：Eliav, *Ha-hinukh ha-yehudi*, 257-70. 不同教义问答法的讨论参见：Jakob J. Petuchowski, "Manuals and Catechisms of the Jewish Religion in the Early Period of Emancipation," in *Studies in Nineteenth-Century Jewish Intellectual History*, ed. Alexander Altmann (Cambridge, Mass., 1964), 47-64.

110. *Sulamith*, 4.1 (1812): 247-49; *Jedidja*, 2.1 (1818-19): 207-16. Cf. *Sulamith*, 1.2 (1807), 51-52.

111. 同上书，3.1 (1810): 11—12页；5.2 (1819): 398页。

112. 为犹太女孩子举行的第一次成人礼是由伯克于1814年在他的柏林私立学校进行的。参见伊利亚夫的《犹太教育》，268页。

113. *Sulamith*, 4.2 (1815): 399-401; Horwitz, *Die Israeliten*, 62-64.

114. Lazarus, *Das...Konsistorium*, 69-71; Gerhard Ballin, *Geschichte der Juden in Seesen* (Seesen, 1979), 36-38.

115. 有关这一建筑的历史和特点，参见：*Jüdisches Litteratur-Blatt*, 18 (1889): 183-84; N. Friedland, *Zur Geschichte des Tempels der Jacobsonschule* (Seesen, 1910); Rachel Wischnitzer, *The Architecture of the European Synagogue* (Philadelphia, 1964), 174-76; Ballin, *Geschichte der Juden in Seesen*, 30-31; Harold Hammer-Schenk, *Synagogen in Deutschland* (Hamburger, 1981), 150-52; Carole Herselle Krinsky, *Synagogues of Europe* (Cambridge, Mass., 1985), 316-18. 其他的唯一一座顶上建塔和钟（许多建有尖塔，但没有钟）的德国犹太圣堂位于布彻市，于1839年竣工。

116. Paul Christian Kirchner, *Jüdisches Ceremoniel, D. i. Allerhand Jüdische Gebräuche, Welche Die Juden in und ausser dem Tempel...pflegen in acht zu nehmen* (Erfurt, 1717). 此书后于1724年的细伦堡出版，含有"圣殿外的新月祷告"的镌刻名称。

405　117. Mendel Levin Broese [i.e., Mendel Bresselau], *Gebeth der Gesellschaft der Brüder am Einweihungs-Tag des Tempels* (Breslau, 1802).

118. Wischnitzer, *The Architecture of the European Synagogue*, 176; *Sulamith*, 6.1 (1820/21):225.

119. *Sulamith*, 3.1 (1810): 311-12.

120. "他所建的上帝殿堂对于以色列人来说其重要性就相当于耶路撒冷的圣殿。" Gotthold Salomon, *Predigten in dem neuen Israelitischen Tempel zu Hamburg*, 1 (Hamburg, 1820): xi.

121. 有关这一场合的唯一主要来源并且载有雅各布逊演讲的文本见：*Sulamith*, 3.1 (1810): 298-317. 节选的英文译本见：W. Gunther Plaut, *The*

*Rise of Reform Judaism* (New York, 1963), 27-31.继雅各布逊之后，耶利米·海恩曼发表了一篇演讲，对偏见予以谴责，并赞扬了宗教自由，后来被印刷出版：*Rede bei der Einweihung des Jakobs-Tempels zu Seesen* (Cassel, 1810).

122. J. Maenss, "Die Juden im Königreich Westfalen," *Geschichts-Blätter für Stadt und Land Magdeburg*, 42 (1907): 63, 65; Arno Herzig, *Judentum und Emanzipation in Westfalen* (Münster, 1973), 13-14, 44-45; Jost, *Geschichte des Judenthums*, 326n; Jacobson to Abraham Sutro, December 22, 1811, in Brilling, "Briefe des Königlich Westfälischen Konsistoriums," 53.

123. *Sulamith*, 4.2 (1815): 251, 400-401n3. 亚伯拉罕·苏特罗要求得到宗教法院下属机构的一个位置，后来却加入了反对威斯特伐利亚改革的行列。

124. 有关柏林犹太沙龙参见本人作品：*The Origins of the Modern Jew*, 90-114.

125. 有关术语使用参见，例如：I. M. Jost to S. M. Ehrenberg, March 14, 1816, Jost Letters, LBIA, AR 4294; I. N. Mannheimer to L. Zunz, October 6, 1822, *MGWJ*, 61 (1917): 100.

126. 有关弗里德兰德的内容意见：*The Origins of the Modern Jew*, 57-84.所引文献也出自此处弗里德兰德写给普罗沃斯特·特勒的信被译为希伯来语，叶拉克米尔·科亨对此作了介绍：*Igeret lehod ma'alato ha-adon teler* (Jerusalem, 1975), iii-xii.

127. *MGWJ*, 41 (1897): 375-76.

128. [David Friedländer] *Über die, durch die neue Organisation der Judenschaften in den Preussischen Staaten nothwendig gewordene Umbildung 1) ihres Gottesdienstes in den Synagogen, 2) ihrer Unterrichts-Anstalten, und deren Lehrgegenstände, und 3) ihres Erziehungs-Wesensüberhaupt* (Berlin, 1812).
节选的英文翻译见：*Petuchowski, Prayerbook Reform in Europe*, 131-133.

129. 有关即时的反应参见：Moritz Stern, *Beiträge zur Geschichte der jüdischen Gemeinde zu Berlin*, 6 (Berlin, 1934): 18-25.

130. Nahum N. Glatzer, ed., *Leopold Zunz: Jude—Deutscher—Europäer* (Tübingen, 1964), 77-78.

131. Josef Fischer, "Et Rejsebrev fra I. N. Mannheimer," *Tidsskrift for Jodisk Historie*

*og Literatur*, 1 (1917-19): 296-97. 我很感激辛辛那提大学的汉斯-乔治·理切特（Hans-Georg Richert）教授帮助我翻译这封丹麦语的信件。

132. 有关这一事件和接下来发生的政治斗争过程的档案资料记载，参见我的文章《柏林犹太社区中的宗教改革矛盾，1814—1832》，《利奥拜克研究院年鉴》(*LBIYB*)，24（1979），139—155页。

133. *Sulamith*, 4.2 (1815): 66-70; Nahum N. Glatzer, ed., *Leopold and Adelheid Zunz: An Account in Letters, 1815-1885* (London, 1958), 4-5; Jost, *Geschichte des Judenthums*, 332-33; *idem, Geschichte der Israeliten*, 10.3 (Berlin, 1847): 14-16. 这三位宣传士是艾萨克·莱文·奥尔巴赫、爱德华·科雷和卡尔·齐格弗里德·冈斯伯格.

134. Hugo Rachel and Paul Wallich, *Berliner Grosskaufleute und Kapitalisten*, 3 (Berlin, 1967): 130-31, 296; Maurice Bloch, "La Mère de Meyerbeer," *UI*, 51 (1896): 507 ff. Giacomo Meyerbeer, *Briefwechsel und Tagebücher*, ed. Heinz Becker, 1 (Berlin, 1960): 31-45, 62, 280-81, 294-95.

135. Rachel and Wallich, *Berliner Grosskaufleute und Kapitalisten*, 2 (Berlin, 1938): 62-64; R. S. Gumpertz to L. Zunz, October 5, 1820, Zunz Archives, JNUL; Fischer, "Et Rejsebrev," 294. 约瑟夫·穆尔后来成为保守派拉比撒迦利亚·弗兰克尔的拥护者，参见: Marus Brann, "Der älteste jüdische Gemeindeverband in Preussen," in *Beiträge zur Geschichte der deutschen Juden. Festschrift zum siezigsten Geburstage Martin Philippsons* (Leipzig, 1916), 344-45.

136. C. S. Günsburg to Aaron Wolfssohn, December 7, 1911, Leopold Stein Collection, LBIA, 3265/12.

137. Fischer, Et Rejebrev, 293. 富人对犹太大学生的支持可以被视为是传统责任的转化，为的是让年轻人继续在犹太法典学校学习塔木德。

138. 有关《犹太人文化与科学协会》(*Verein für Cultur und Wissenschaft der Juden*) 的最新材料，参见: Hanns Günther Reissner, *Eduard Gans, Ein Leben im Vormärz* (Tübingen, 1965); Meyer, *The Origins of the Modern Jew*, 162-81.

139. *MGWJ*, 61(1917): 97-98.

406

140. Nahum N. Glatzer, "On an Unpublished Letter of Isaak Markus Jost," *LBIYB*, 22(1977): 129-37.

141. 早期布道参见：J. Wolf, *Sechs deutsche Reden, gehalten in der Synagoge zu Dessau*, 2 vols. (Dessau, 1812-13); Isaac Levin Auerbach, *Predigt am Freudenfeste der Tora gehalten in einem Privat-Tempel zu Berlin* (Berlin, 1815); Leopold Zunz, *Predigten. Gehalten in der neuen Synagoge zu Berlin* (Berlin, 1823); M. Kayserling, *Bibliothek jüdischer Kanzelredner*, 1 (Berlin, 1870): 1-220. 有关影响分析参见：Alexander Altmann, "Zur Frühgeschichte der jüdischen Predigt in Deutschland: Leopold Zunz als Prediger," *LBIYB*, 6 (1961): 3-57 and his "The New Style of Preaching in Nineteenth-Century German Jewry," in *Studies in Nineteenth-Century Jewish Intellectual History*, 65-116.

142. *MGWJ*, 61 (1917): 100-101; Leopold Zunz, *Die gottesdienstlichen Vorträge der Juden* (Berlin, 1832), 458.

143. 参见：Moses Lemans, *Imrah tserufah* Amsterdam, 1808, 3a,14a; *Ha-Measef*, 8 (1809): 218-30. 相反的内容参见：Dan Michman, "David Friedrichsfeld", 159-60. 法兰克福的传统拉比内森・阿德勒在早期祈祷时使用西班牙语式的发音方法。H. J. Zimmels, *Ashkenazim and Sephardim* London, 1958, 308-11.艾萨克・尤塞尔在1786年祈祷书的译本中，音译标题时使用了西班牙语风格的希伯来语。

144. Ludwig Gerger，*Geschichte der Juden in Berlin*, 2 vols. (Berlin, 1871), 2:225; Meyerbeer, *Briefwechsel*, 31-32.

145. 匿名出版的祈祷书包括单独出版的几个部分，后来又装订在一起。第一期被称作《安息日晨祷和新年二日祷告》(*Gebete am Sabbath Morgens und an den beiden Neujahrs-Tagen*)。没有标明出版地点和时间。显然这种祈祷书只有一册作为柏林犹太社区图书馆的部分藏书。路德维希・盖格(Ludwig Geiger)在撰写柏林犹太人的历史时见过这本书，他撰写的书出版于1871年，书中内容概括得很详细，还有科雷-冈斯伯格祈祷书，出现在西蒙・贝恩菲尔德编写的《以色列宗教改革史》(*Toledot ha-reformatsyon ha-datit be-yisrael Cracow*, 1900 )，240—247页的附录中。我非常幸运地在耶路撒冷的犹太国家和大学图书馆发现了这本书，由科雷-冈斯伯格编辑的祈祷书称作《德国犹太圣堂》(*Die deutsche Synagoge*, 2 Vols., Berlin, 1817—18)。匿名祈祷书的分册也许早在1815年发行,因为当年的12月份雅各布逊将祷文和赞美诗的复印本送到内务部。这似乎是两册祈祷书中较早的一册,因为这里没有出版过德语赞美诗的文本。但是参考的数字和海涅曼的《犹太人的宗教歌曲》(*Religiöse Gesänge für Israeliten*)一致,在1810年出版的简易版本基础上于1816年在卡塞尔再次发行。因此,最初的礼拜者在科雷-冈斯伯格祈祷书将赞美诗融入文本内容之前只能使用之前的祈祷书和歌集。

146. 不确定是否在安息日省略了附加祷文。在科雷-冈斯伯格祈祷书中没有这一内容,但是匿名祈祷书提到要用希伯来语背诵全部内容,然后再说出题目(30页)。

407

147. 其中一位名叫艾萨克·莱文·奥尔巴赫的宣教士出版了一部捍卫使用本地语的著作:《犹太人是否有义务用希伯来语做祷告?》(*Sind die Israeliten verpflichtet ihre Gebete durchaus in der hebräischen Sprache zu verrichiten?* Berlin, 1818)。

148. Glatzer, *Leopold Zunz*, 87-88; Zunz, *Die gottesdienstlichen Vorträge*, 457.

149. Fischer, "Et Rejsebrev," 296.

150. *Ibid.*, 295-96; Glatzer, *Leopold Zunz*, 118; Siegmund Maybaum, *Aus dem Leben von Leopold Zunz* (Berlin, 1894), 8; *Sulamith*, 6.1 (1820/21): 227-30.

151. 关于利伯曼最准确的资料,是耶库提尔·格林沃尔德的《匈牙利摩西五经和犹太信仰发展史》(*Korot ha-torah ve-ha-emunah be-hungaryah* Budapest, 1921, 41-42),尽管内容带有一定的偏见。还可以参见《苏拉密女》,5.2(1819),141页中的宣言。从一开始这两卷书就被当作一部完整的书进行出售,我所发现的所有的册子都有装订到一起的痕迹。也许在利伯曼介入之前,柏林组织要求意大利给出教义问答。有关其中所使用论证的分类,参见摩西·贝利的《启蒙运动时代》(*The Age of Haskalah*),91—108页。支持或反对改革的希伯来语辩论术中所选文章的英文翻译见亚历山大·古特曼的《最后一个半世纪期间拉比文献中有关改革的斗争》(*The Struggle over Reform in Rabbinic Literature During the Last Century and a Half*, New York, 1977)。

152. 关于利伯曼和东欧马斯基尔修辞术的显著相似性，参见：Zinberg, *A History of Jewish Literature*, 9: 251.

153. 参见：Saul Ascher, *Die Germanomanie* (Berlin, 1815), 61-63. 有关内容参见他本人所著的《瓦尔堡的庆祝》(*Die Warburgs-Feier* Leipzig, 1818, 28 )；I. M. 约斯特到 S. M. 埃伦伯格 (I. M. Jost to S. M. Ehrenberg)，1818 年 12 月 30 日，约斯特信件，纽约利奥拜克研究院档案（*LBIA*），AR 4294；《美国以色列人》(*IA*)，1（1839），243 页；格拉泽的《关于一封未发表的信件》，137 页；作者同上，《利奥波德和阿德尔赫德·祖恩斯》(*Leopold and Adelheid Zunz*)，13、34 页。约斯特宣称祖恩斯受"年轻人建议"的影响（《年轻人的建议》，*atsat hane'arim; cf.* I Kings 12 )。1822 年 8 月 21 日，爱德华·科雷站在祖恩斯的立场上在汉堡给他写信："宣教士是圣会的雇用者还是消息的免费服务者？他是奉承强势者的可怜之人还是真理上帝的喉舌？在宣教士机构准备就绪时就已经开始了吗？他们还想再次扼杀教士和先知们吗？"祖恩斯档案，耶路撒冷犹太国家和大学图书馆（JNUL）。

154. Fischer, "Et Rejsebrev," 295.

155. 除了本人在《宗教改革争议》("The Religious Reform Controversy")中所引用的资料外还可参见：B. Weinryb, "Zur Geschichte der Aufklärung bei den Juden," *MGWJ*, 76 (1932): 150-52.

156. *Gabriel Riesser's Gesammelte Schriften*, ed. Meyer Isler, 3 (Frankfurt and Leipzig, 1867): 149.

157. Helga Krohn, *Die Juden in Hamburg 1800-1850* (Frankfurt a/M, 1967), 5-35.

158. L. J. Riesser, *Send-Schreiben an meine Glaubens-Genossen in Hamburg, oder eine Abhandlung über den Israelitischen Cultus* (Altona, 1819), 8-9.

159. Eduard Duckesz, *Iwoh Lemoschaw* (Cracow, 1903), xxv-xxvi.

160. Salomon Jacob Cohen, *Historisch-kritische Darstellung des jüdischen Gottesdienstes* (Leipzig, 1819), vii-ix.

161. Protokolle des Vorsteherkollegiums, May 25, 1820, CAHJP, AHW 273a/l; *cf. Die Juden in Hamburg*, 18-19.

162. Glatzer, *Leopold and Adelheid Zunz*, 4-5; *Sulamith*, 5.1 (1817/18): 420-21;

Hermann Jonas, *Lebensskizze des Herrn Doctor Eduard Kley* (Hamburg, 1859), 10-13.

163. David Leimdörfer, ed., *Festschrift zum hundertjährigen Bestehen des Israelitischen Tempels in Hamburg 1818-1918* (Hamburg, 1918), 11-17; *Sulamith*, 5.2(1819): 196-97; Caesar Seligmann, "Zur Entstehungsgeschichte des Hamburger Tempels," *LJ*, 10 (1918): 70-73.

164. Michael A. Meyer, "The Establishment of the Hamburg Temple" [Hebrew], in *Studies in the History of Jewish Society in the Middle Ages and the Modern Period Presented to Professor Jacob Katz* (Jerusalem, 1980), 219-20.

165. *Jeschurun*, 5 (1866): 171-75; Menahem Mibashan, *Kitve menahem mibashan*, 1 (1937) 145-58.

166.《犹太教汇报》(*AZJ*)，4（1840）;《以色列年刊》(*IA*)，2（1840）；18—19页。布雷斯劳与祖恩斯以信件的方式进行了广泛的学术和个人交流，一部分内容使用希伯来字体。但是在布雷斯劳死后，他的孩子们并没有利用父亲精心收集的希伯来语把布雷斯劳的信件存放在祖恩斯档案中，耶路撒冷犹太国家和大学图书馆。

167. 参见海默-斯钦克的《德国的犹太圣堂》(*Synagogen in Deutschland*)，154页以及第109个图解；爱德华·科雷到亚伦·沃尔夫逊（Eduard Kley to Aaron Wolfssohn），1819年3月1日，利奥伯德·斯坦收录集，纽约利奥拜克研究院档案（LBIA）;《苏拉密女》，5.2（1819），402页；费舍的《旅游信件》(Et Rejsebrev)，289页。但是，海因里希·格雷茨在1840年参观圣殿时对"女士与男士挨着坐"感到非常惊讶。马库斯·布兰:《源自H. 格拉森的教学经历和游历》(Aus H. Graetzens Lehr-und Wanderjahren),《犹太教历史和科学月刊》(*MGWJ*), 64（1920），145页。

168. Zunz, *Die gottesdienslichen Vorträge*, 459. Aaron Chorin, *Ein Wort zu seiner Zeit*, Vienna, 1820, 47. Seckel Isaac Fränkel, Schutzschrift des zu Hamburg *erschienenen Israelitischen Gebebuchs* (Hamburger, 1819), 8-9. Jost, *Geschichte der Israeliten*, 10.3:12. 尽管汉堡圣殿仅有43%的席位是为女士保留的，但比起那些对未婚女性未留丝毫空间的传统犹太圣堂来说这是一个很高的比例。Samuel Echt, *Die Geschichte der Juden in Danzig,*

Leer/Ostfriesland, 1972, 45, 49.

169. 有关科雷的情况参见: Jonas, *Lebensskizze* and David Leimdörfer, "Der Hamburger Tempel und seine ersten Prediger," *LJ*, 10 (1918): 75. 其他资料参见: Kiev's *Predigten in dem neuen Israelitischen Tempel zu Hamburg*, 2 vols. (Hamburg, 1819-20).

170. Gotthold Salomon, *Selbst-Biographie* (Leipzig, 1863); Kayserling, *Bibliothek jüdischer Kanzelredner*, 142-55; Phoebus Philippson, *Biographische Skizzen*, 3 (1866). Salomon published numerous sermons, both individually and in collections.

171. *Ordnung der öffentlichen Andacht für die Sabbath-und Festtage des ganzen Jahres. Nach dem Gebrauche des Neuen-Tempel-Vereins in Hamburg*, ed. S. I. Fränkel and M. I. Bresselau [Hamburg, 5579 (1819)]. 有关安息日礼拜仪式与传统礼拜仪式相比较的概要参见: Petuchowski, *Prayerbook Reform in Europe*, 49-53. See also Ismar Elbogen, *Der jüdische Gottesdienst in seiner geschichtlichen Entwicklung* (3d edn., Frankfurt a/M, 1931), 402-11.

172. 前15年圣殿使用的是由爱德华·科雷收集的赞美诗，最早在1818年出版。我只见过第二版: *Religiöse Lieder und Gesänge für Israeliten zum Gebrauche häuslicher und öffentlicher Gottesverehrung* (Hamburg, 1821). 后来协会出版了自己的歌集: *Allgemeines Israelitisches Gesangbuch eingeführt in dem Neuen Israelitischen Tempel zu Hamburg* (Hamburg, 1833). 这一出版和科雷存在争议，这也许是导致科雷于1840年（51岁时）辞职的原因之一，参见E. 科雷博士匿名作品: *Das neue Tempelgesangbuch und Hen Dr. E. Kley* (Leipzig, 1845).

173. 参见: Leimdorfer, *Festschrift*, 25, 70. 圣殿直到1909年一直保留着希伯来语的西班牙语式发音。圣殿建立伊始，一些富有的德裔犹太人想离开他们自己的社区，加入西班牙裔社区。1821年，汉堡议院禁止这样的改动。参见: Hartwig Levy, *Die Entwicklung der Rechtsstellung der Hamburg Juden* (Hamburger, 1933), 30.

174. Cohen, *Historisch-kritische Darstellung*, xx; Moritz Henle, "Bemerkungen zum Gesang im Hamburger Tempel," *LJ*, 10 (1918): 76-79; A. Z. Idelsohn, *Jewish Music in Its Historical Development* (New York, 1929), 238-42.

175. *Sulamith*, 6.1 (1820/21): 225-27; Glatzer, *Leopold and Adelheid Zunz*, 18-19; *idem, Leopold Zunz*, 113-14.

176. 巴登政府坚持认为礼拜的场所既不应该被称作犹太圣堂，也不能被称作圣殿。卡尔斯鲁厄（Karlsruhe）组织之所以解体，就是因为像柏林的改革者那样共同使用社区的犹太圣堂而导致的。因此，政府决定禁止犹太社区内部进行任何的宗教分歧。参见：Adolf Lewin, *Geschichte der badischen Juden* (Karlsruhe, 1909), 202-203. 也可以参见："Beyspiel eines für Andacht und Unterricht durch die teutsche Landessprache sich bildenden Mosaischen Tempelvereins zu Carlsruhe," *Sophronizon*, 2 (1820): 51-67. *Sulamith*, 4.2 (1815): 252; 5.2 (1819): 339-41. *RW*, 1 (1836/37): 101-103. Zunz, *Die gottesdienslichen Vorträge*, 461-68. 1820 年 11 月 3 日 和 1822 年 1 月 1 日，克雷给祖恩斯写信说他希望宣教士在不同的圣会之间会建立定期交流的习惯，这是一种精神统一的程度，甚至是礼拜仪式的统一。但是实际上却没有做到。祖恩斯档案，耶路撒冷犹太国家和大学图书馆。

177. 社区内部发生的政治斗争过程记载于我的文章《汉堡圣殿的建立》（"The Estabishment of the Hamburg Temple"），220—224 页。

178. 埃利泽在第二封信中的自我批判和和解的口吻（87—96 页）与早期在书中进行谩骂的情形简直是大相径庭（22—24 页）。

179. 博林首先出版了（*Kadur katan*, 出版社和日期不详）然后将它作为自己撰写的长篇著作（*Et ledaber*）的引言，1819 年在布雷斯劳或戴亨霍夫出版。有关博兰的资料参见：Louis Lewin, *Geschichte der Juden in Lissa* (Pinne, 1904), 238-39; Moshe Samet, "The Social and Historical Doctrine of R. Nachman Berlin" [Hebrew], *Hevrah ve-historyah* (Jerusalem, 1980): 125-35.

180. *Tseror ha-hayim*, Amsterdam, 1820. 作者宣称这部作品早在 1819 年《圣约之言》（*Eleh divre ha-berit*）的出版之前就已完成。

181. 参见：Barouh Mevorah, *Zion*, 34 (1969): 189-218. 历史学家艾萨克·马库斯·约斯特有时被认为是主张社会同化的激进主义者，他认为传统派证实谴责删除内容的做法是正确的。约斯特的《犹太教的历史》（*Geschichte des Judenthums*），338 页。

182. Fränkel, *Schutzschrift des zu Hamburg erschienenen Israelitischen*

*Gebetbuchs*; [Meyer Israel Bresselau], *Über die Gebete der Israeliten in der Landessprache* (n.p., 1819).

183. 1819年匿名出版，没有注明地点，西蒙·贝恩菲尔德对其重新编辑，作为自己所著的《以色列宗教改革史》（*Toledot ha-reformatsyon ha-datit be-yisrael*）的附录（253—266页）。带注释的英文译本是唐纳尔德·罗斯瓦夫（Donald Rossoif）的拉比论文（希伯来联合学院－犹太宗教学院，辛辛那提市，1981年）。学者们对其文学品质津津乐道，耶胡达·弗里德兰德还提供了带注释的希伯来文本《讽刺的奥秘》（*Be-mistere ha-satirah*, Israel, 1984, 77-142）。另外一部捍卫柏林和汉堡改革者的希伯来著作——《真正的圣约》[ *Berit emet*, Constantinople (in fact Dessau), 1820 ]由波森的马斯基尔大卫·卡罗以 Amitai ben Avida Ahitsedek 的名义出版。亚伦·乔瑞对宗教改革做出的新辩护——《正当其时》（*Davar be-ito*, Vienna,1820）以希伯来和哥特字体出版了德语版本。

184. 布雷斯劳的小册子引起了摩拉维亚拉比的恶性驳斥，他指出世界各国在弥赛亚到来之时无所畏惧，只有那些反对《托拉》并辱骂其学生的以色列邪恶之人（明显指的是改革者）将毁灭。L. Reinitz, Lahat ha-herev ha-mithapekhet (n.p., 1820), 32a.

185. L. J. Riesser, *Send-Schreiben an meine Glaubens-Genossen in Hamburg, oder eine Abhandlung über den Israelitischen Cultus* (Altona, 1819). 瑞瑟的儿子加布里埃尔加入了汉堡圣殿并于1840年加入了领导者的行列。

186. 有关这一方案的具体讨论参见：Stephen M. Poppel, "The Politics of Religious Leadership: The Rabbinate in Nineteenth-Century Hamburg," *LBIYB*, 28 (1983): 439-57.

187. Moses Moser to Immanuel Wohlwill, May 3/4, 1824, *LBIYB*, 11 (1966): 296.

188. *Theologisiche Gutachten über das Gebetbuch nach dem Gebrauche des Neuen Israeli-tischen Tempelvereins in Hamburg* (Hamburg, 1842), 25.

## 2.思想动荡

1. 埃利泽·施韦德特别强调了斯宾诺莎面临的挑战以及他对现代犹太思想的影响，参见：*Toledot ha-hagut ha-yehudit ba-et ha-hadashah* (Jerusalem,

1977).

2. *The Chief Works of Benedict de Spinoza*, trans. R. H. M. Elwes, 1 (New York, 1951): 19, 49, 55-56, 68, 199. 其他资料参见：Paul R. Mendes-Flohr, "Spinoza: Renegade or Meta-Rabbi," *Forum*, 27 (1977): 54-63; Isaac Franck, "Spinoza's Onslaught on Judaism," *Judaism*, 28 (1979): 177-93 and *idem*, "Was Spinoza a 'Jewish' Philosopher?" *ibid.*, 345—352页。

3. *The Chief Works of Benedict de Spinoza*, 72, 120-22.

4. 同上书，165页。

5. Gotthold Ephraim Lessing, *Die Erziehung des Menschengeschlechts* (Berlin, 1785). *Cf.* Michael Graetz, *"Die Erziehung des Menschengeschlechts* und jüdisches Selbstbewusstsein im 19. Jahrhundert," Wolfenbütteler Studien zur Aufklärung, 4 (1977): 273-95.

6. 关于康德和黑格尔对于犹太教的概念参见：Nathan Rotenstreich, *The Recurring Pattern: Studies in Anti-Judaism in Modern Thought* (London, 1963), 23-75. 不同的观点载于：David Charles Smith, "Protestant Attitudes toward Jewish Emancipation in Prussia" (Ph.D. dissertation, Yale University, 1971).

7. Immanuel Kant, *Religion within the Limits of Reason Alone*, trans. Theodore M. Greene and Hoyt H. Hudson (Chicago, 1934), 116-20.

8. 同上书，115页。

9. 同上书，97页。

10. 同上书，100—114页。

11. 根据康德的观点，这对于犹太教来说特别正确。他写道："纯粹的道德宗教是犹太教的安乐死。" Immanuel Kant, "Der Streit der Facultäten", in *Sämmtliche Werke*, 10 (Leipzig, 1838): 308.

12. Friedrich Schleiermacher, *On Religion: Speeches to Its Cultured Despisers*, trans. John Oman (New York, 1958), 238. *Cf.* Joseph W. Pickle, "Schleiermacher on Judaism," *The Journal of Religion*, 60 (1980): 115-37.

13. Friedrich Schleiermacher, *The Christian Faith*, trans. H. R. Mackintosh and J. S. Stewart (Edinburgh, 1928), 37-38.

14. 同上书，44—62页。

15. Rotenstreich, *The Recurring Pattern*, 67. 也 可 参 见: Hans Liebeschütz, *Das Judentum im deutschen Geschichtsbild von Hegel bis Max Weber* (Tübingen, 1967), 24-42; Emil L. Fackenheim, *Encounters between Judaism and Modern Philosophy* (New York, 1973), 81-134.

16. 下列是有关三位思想家的二手文献: Max Wiener, *Jüdische Religion im Zeitalter der Emanzipation* (Berlin, 1933), 120-65; Albert Lewkowitz, *Das Judentum und die geistigen Strömungen des 19. Jahrhunderts* (Breslau, 1935), 385-418; Hans Joachim Schoeps, *Geschichte der jüdischen Religionsphilosophie in der Neuzeit* (Berlin, 1935), 65-132; Julius Guttmann, *Philosophies of Judaism*, trans. David W. Silverman (New York, 1964), 308-21, 344-49; Nathan Rotenstreich, *Jewish Philosophy in Modern Times* (New York, 1968), 106-36, 149-74; Jacob Fleischmann, *Be'ayat ha-natsrut ba-mahshavah ha-yehudit mi-mendelson ad rosentsveig* (Jerusalem, 1964), 68-105; Schweid, *Toledot ha-hagut ha-yehudit*, 219-63; 281-91; and Heinz Moshe Graupe, *The Rise of Modern Judaism*, trans. John Robinson (Huntington, N.Y., 1978), 224-35. 我所诠释的内容与摩西·施瓦茨 (Moshe Schwarcz) 所暗示的内容很接近, 参见: "Religious Currents and General Culture," *LBIYB*, 16 (1971): 9-11.

17. 人们再次对斯坦海姆产生兴趣, 参见: Hans-Joachim Schoeps et al., eds., *Salomon Ludwig Steinheim zum Gedenken* (Leiden, 1966); Salomon Ludwig Steinheim, 100. Todestag, Gedenkfeier im Christianeum am 23. Mai 1966 (Hamburg, 1966); Joshua O. Haberman, "Salomon Steinheim's Doctrine of Revelation," Judaism, 17 (1968): 22-41; Aharon Shear-Yashuv, *The Theology of Salomon Ludwig Steinheim* (Leiden, 1986); Moshe Schwarcz, *Hagut yehudit nokhah ha-tarbut ha-kelalit* (Jerusalem, 1976), 37-71; Gary Lease, "Salomon Ludwig Steinheim's Influence: Hans Joachim Schoeps, A Case Study," *LBIYB*, 29 (1984): 383-402.

18. S. L. Steinheim, *Die Offenbarung nach dem Lehrbegriffe der Synagoge*, 1 (Frankfurt a/ M, 1835); 2 (Leipzig, 1856); 3 (Leipzig, 1863); 4 (Altona, 1865).

19. *Ibid.*, 1: vii-xii, 5-12, 360-61; Abraham Geiger, "Salomon Ludwig Steinheim," *JZWL*, 10 (1872): 285-92.

20. Steinheim, *Die Offenbarung*, 1: 358-64, 2: 465-66.

411  21. 同上书，1：185—187页；4：357页。

22. Heinz Moshe Graupe, "Steinheim und Kant," *LBIYB*, 5 (1960): 140-75.

23. S. L. *Steinheim, Moses Mendelssohn und seine Schule* (Hamburg, 1840), 37; *idem, Die Offenbarung*, 1: xvii, 2: vii-viii, 3: 318-22; *idem*, "Synagoge und Tempel, ein modernes Schisma," *AZJ*, 6 (1842): 564, 567-68.

24. S. Formstecher, *Die Religion des Geistes, eine wissenschaftliche Darstellung des Judenthums nach seinem Charakter, Entwicklungsgange und Berufe in der Menschheit* (Frankfurt a / M, 1841), v, 4-7. Reprinted: New York, 1980.

25. 同上书，4、11、33页。

26. 同上书，63—72页。

27. 参见：Bernard J. Bamberger, "Formstecher's History of Judaism," *HUCA*, 23.2 (1950/51): 1-35.

28. Formstecher, *Die Religion des Geistes*, 74-82, 196, 393-95.

29. *Ibid.*, 358-59; cf. Lewkowitz, *Das Judentum*, 411-12.

30. Formstecher, *Die Religion des Geistes*, 353-57, 413-52.

31. 有关赫希思想发展的不同阶段参见：Jacob Katz, "Samuel Hirsch— Rabbi, Philosopher and Freemason," *REJ*, 125 (1966): 113-26; Gershon Greenberg, "Samuel Hirsch: Jewish Hegelian," *REJ*, 129 (1970), 205-15; *idem*, "The Historical Origins of God and Man: Samuel Hirsch's Luxembourg Writings," *LBIYB*, 20 (1975): 129-48 (where reference is made to Greenberg's remaining articles on Hirsch); Michael A. Meyer, "Ob Schrift? Ob Geist? Die Offenbarungsfrage im deutschen Judentum des neunzehnten Jahrhunderts," in Jakob J. Petuchowski and Walter Strolz, eds., *Offenbarung im judischen und christlichen Glaubensverstandnis* (Freiburg, 1981), 162-79. A bibliography is in *CCARY*, 25 (1915): 184-90.

32. Letter of April 16, 1841, Zunz Archives, JNUL, 40792-gl4.

33. Samuel Hirsch, *Die Religionsphilosophie der Juden oder das Prinzip der judischen Reli-gionsanschauung und sein Verhältniss zum Heidenthum, Christenthum und zur absoluten Philosophic* (Leipzig, 1842).

34. 参见：Greenberg, "The Historical Origins of God and Man," 129-30. 犹太文献学家和哲学家海曼·斯坦因塔尔宣称赫希永久性地塑造了其对犹太教的观念，年轻时就为自己提供了"反对者——黑格尔作战的盔甲，这位反对者是自己大学时的相识"。H. Steinthal, *Über Juden und Judentum*, Berlin, 1910, 197.

35. 有关赫希对拉比文献的辩护，参见：Hirsch, *Die Religionsphilosophie der Juden*, 460, 593n.

36. 参见埃利泽·施韦德的赫希"成功地从根据他所处环境的标准衡量犹太教渡到了根据他心目中的犹太教标准衡量他所处的环境"。Schweid, *Toledot ha-hagut ha-yehudit*, 261.

37. Hirsch, *Die Religionsphilosophie der Juden*, v, ix.

38. 除了犹太思想发展的一般历史之外，读者还可参见：Emil L. Fackenheim, "Samuel Hirsch and Hegel," in Alexander Altmann, ed., *Studies in Nineteenth-Century Jewish Intellectual History* (Cambridge, Mass., 1964), 171-201. 有关赫希与左翼黑格尔主义哲学家费尔巴哈相关的思想参见：Manfred H. Vogel, "Does Samuel Hirsch Anthropologize Relgion?" *Modern Judaism*, 1 (1981): 298-322.

39. Hirsch, *Die Religionsphilosophie der Juden*, xxvi, 43-46, 98n, 438, 445.

40. 同上书，xxx、457—528、545、545页。

41. 同上书，621—839页。

42. 同上书，537—620页。

43. 同上书，viii、868—882页。Samuel Hirsch, *Die Messiaslehre der Juden in Kanzelvorträgen* (Leipzig, 1843), 372-93.

44. *Zeitschrift für die Wissenschaft des Judenthums*, 1 (1822/23): 197.

45. 有关《犹太科学》的内容参见：Ismar Schorsch in *LBIYB*, 22 (1977): 109-28; 25 (1980): 3-19; 28 (1983): 413-37; Paul Mendes-Flohr, *Hokhmat yisrael* (Jerusalem,1979); 以及维纳的早期文献：*Jüdische Religion im Zeitalter der Emanzipation*, 175-257.

46. *Die gottesdienstlichen Vorträge der Juden* (Berlin, 1832), 450.

47. 同上书，475页。

412

48. *Zeitschrift für die Wissenschaft des Judenthums*, 1 (1822/23): 117-18.

49. 最近关于赫希引用早期文献的一般性研究包括：Noah H. Rosenbloonij *Tradition in an Age of Reform: The Religious Philosophy of Samson Raphael Hirsch* (Philadelphia, 1976); Pinchas E. Rosenblüth, "Samson Raphael Hirsch—Sein Denken und Wirken," in Hans Liebeschutz and Arnold Paucker, eds., *Das Judentum in der Deutschen Umwelt 1800-1850* (Tübingen, 1977), 293-324; Schweid, *Toledot ha-hagut ha-yehudit*, 291-309; and Mordechai Breuer, *Jüdische Orthodoxie im Deutschen Reich 1871-1918* (Frankfurt a/M, 1986), 61-82.

50. Isaac Heinemann, "Studies on R. Samson Raphael Hirsch" [Hebrew], *Sinai*, 12 (1948/49): 251.

51. 他刚刚来到法兰克福时，一位很苛刻的批评家是这样描述赫希的："他的长相很像查理五世，是位英俊青年。他的布道纯粹、响亮、极富感情，他的动作非常戏剧化，让人难以忍受。（布道的）内容具有纯粹的道德性，满篇的陈词滥调，没有严格的组织性，只有在他讲述习俗时人们才注意到他是正统派教徒。传统派对他很满意，女士们像被施了魔法一样。"参见艾萨克·马库斯·约斯特到 S. M. 埃伦贝格（Isaac Marcus Jost to S. M. Ehrenberg），1851年11月21日，纽约利奥拜克研究院档案（LBIA），AR 4294。

52. Heinemann, "Studies on R. Samson Raphael Hirsch," 252-60; *idem*, "Supplementary Remarks on the Secession from the Frankfurt Jewish Community under Samson Raphael Hirsch," *HJ*, 10 (1948): 126-27.

53. （汉堡市的）摩西·门德尔松主动要将《关于犹太教的19封信件》（Nineteen Letters on Judaism）翻译成希伯来语，遭到了赫希的反对，因为他认为"毫无意义"。参见：Eduard Duckesz, *Hakhme Ahu* (Hamburger, 1908), 121.

54. Ben Usiel [S. R. Hirsch], *Igrot Tsafon: Neunzehn Briefe über Judenthum* (Altona, 1836), 79.

55. Saemy Japhet, "The Secession from the Frankfurt Jewish Community under Samson Raphael Hirsch," *HJ*, 10 (1948): 106.

56. Rosenbloom, *Tradition in an Age of Reform*, 109-10.

57. 例如，*Igrot Tsafon*, 35-36, 41-43, 52；参见：*Zion*, 46 (1981): 57-58.

58. *Igrot Tsafon*, 25; *Horev: Versuche über Jissroels Pflichten in der Zerstreuung* (Altona, 1837), viii, xiv, 28; *Gesammelte Schriften*, 6 vols. (Frankfurt a/M, 1902-12), 1: 84-85, 91, 158, 160-67; 3: 165-66.

59. *Gesammelte Schriften*, 3: 489-504.

60. 同上书，1：431页；3：491页；6：393页。

61. 同上书，1：81—85页；5：318—509页；6：384—418页。Der Pentateuch, übersetzt und erläutert, 1 (Frank-furt a/M, 1920): 149; *Naftule Naftali: Erste Mittheilungen aus Naphtali's Briefwechsel* (Altona, 1838), 66.

62. 有关他对孤独的先知以利亚的认同参见：Robert Liberles, "Champion of Orthodoxy: The Emergence of Samson Raphael Hirsch as Religious Leader," *AJS Review*, 6 (1981): 43-60.

63. 塞缪尔·侯德海姆自传是唯一未经删节的自传，对于他的信徒伊曼纽尔·海因里希·里特来说仍很有价值：*Samuel Holdheim. Sein Leben und seine Werke* (Berlin, 1865).

64. David Einhorn in *Sinai*, 5 (I860): 289-97; Abraham Geiger in *JZWL*, 3 (1864/65): 216-18.

65. 侯德海姆总是坚持使用拉比的头衔，认为宣教士的名称贬低了宣教职业的本质。他还强调犹太教与基督教不同，缺少"精神牧师团"的概念。Samuel Holdheim, *Geschichte der Entstehung und Entwickelung der jüdischen Reformgemeinde in Berlin* (Berlin, 1857), 173.　413

66. 史学家海因里希·格雷茨对侯德海姆充满了敌意，他是撒迦利亚·弗兰克尔的同事和信徒，弗兰克尔是侯德海姆的死对头。Heinrich Graetz, *Geschichte der Juden*, 11 (Leipzig, 1870): 561-67.

67. *Geschichte der...Reformgemeinde*, 11n.

68. Immanuel H. Ritter, "Samuel Holdheim: The Jewish Reformer," *JQR*, 1 (1889): 202-15.

69. *Die Religionsprincipien des reformirten Judenthums* (Berlin, 1847), 15-16.

70. 康德对侯德海姆的影响在这些布道词中特别明显："道德就是犹太教赋予教义而产生的启示，这一点毋庸置疑。每一种启示必须得到内心良知呼唤的验证，理性不仅在宗教（个人）事务方面有重要的发言权，还是检验以宗教名义所教授内容的试金石。" *Antrittspredigt bei dessen Einführung in sein Amt als Rabbiner und Prediger der Genossenschaft für Reform im Judenthum zu Berlin*, Berlin, 1847, 8.

71. "生命本身不受律法背后的原则约束，实际上它已将犹太婚姻变为一棵华丽的生命之树。它将拉比文献中所有有关婚姻美好而可敬的内容编制成一束装饰犹太妻子的花环。" *Über die Autonomie der Rabbinen und das Princip der jüdischen Ehe* (Schwerin, 1843), 260.

72. 同上书，vii、14—17页。

73. *Das Ceremonialgesetz im Messiasreich* (Schwerin, 1845), 3-8, 40-42, 55, 70.

74. Wiener, *Jüdische Religion im Zeitalter der Emanzipation*, 97.

75. *Gemischte Ehen zwischen Juden und Christen* (Berlin, 1850), 64; *Einsegnung einer gemischten Ehe zwischen einem Juden und einer Christin in Leipzig* (Berlin, 1849), 3.

76. *Das Ceremonialgesetz*, 88; *Die Religionsprincipien*, 23-25.

77. *Die Religionsprincipien*, 27.

78. "……我们时代的因素和条件与拉比犹太教的内容完全不同，犹太人只有一种选择：要么成为拉比犹太人，与时代脱节；要么与时代同步，放弃拉比犹太人的身份。"《仪式律法》(*Das Ceremonialgesetz*)，122—123页。

79. 侯德海姆与他的同事不同，他主张严格地区分值得生存（lebenswurdig）和能够生存（lebensfahig）这两种不同的宗教因素。"Offene Briefe über die dritte Rabbiner-Versammlung," *INJ*, 7 (1846): 363.

80. *Der religiose Fortschritt im deutschen Judenthume* (Leipzig, 1840), 9.

81. *Das Ceremonialgesetz*, 50.

82. *Voträge über die mosaische Religion* (Schwerin, 1844), xiv; *Die erste Rabbinerversammlung und Herr Dr. Frankel* (Schwerin, 1845), 18; *Das Ceremonialgesetz*, 135-36n. 侯德海姆对任何情况下为了解放运动而对犹太教做出改革的思想予以反对。他承认自己对塔木德的批判会被敌人加以利用，这些敌对者主张犹太平等主义，即便如此他也不会让道歉的想法来阻止自己的行动。*Das Religiöse und Politische im Judenthum* (Schwerin, 1845), iv-viii; *INJ*, 9 (1948):

118.

83. *Über die Autonomie der Rabbinen*, ix; Michael A. Meyer, "German-Jewish Social Thought in the Mid-Nineteenth Century—A Comment," in Werner E. Mosse *et al*, eds., *Revolution and Evolution: 1848 in German-Jewish History* (Tübingen, 1981), 332-35.

84. *Ma'amar ha-ishut* (Berlin, 1861), 1. 即使那些充满敌意的作者在研究侯德海姆时也认为此书具有较高的学术价值。Bernfeld, *Toledot ha-reformatsyon*, 181.

85. *Programm zur öffentlichen Prüfung der Zöglinge der Religionsschule* (Berlin, 1860), 9-10. 对于这一矛盾趋势的其他例子参见：Jakob J. Petuchowski, "Abraham Geiger and Samuel Holdheim: Their Differences in Germany and Repercussions in America," *LBIYB*, 22 (1977): 147-49.

86. 对撒迦利亚·弗兰克尔的自传未经删节的只有一部，但遗憾的是无人对此做过批评：Saul Phinehas Rabbinowitz, *R. Zechariah Frankel*, 3 vols. (Warsaw, 1898-1902). 对弗兰克尔进行的简明生平研究参见：*MGWJ*, 25 (1876): 12-26; 45 (1901): 193-278（也包括弗兰克尔著作中的参考书目）; *The Menorah*, November 1901, pp. 329-66. 有关弗兰克尔担任拉比的早期情况参见：Marcus Brann, *Wie Zacharias Frankel nach Teplitz kam* (Berlin, 1917); Brann's earlier article in *Jahrbuch zur Belehrung and Unterhaltung*, 46 (1898): 100-26. 有关弗兰克尔著作中希伯来语译本的选择参见：Rivka Horwitz, ed., *Zechariah Frankel ve-reshit ha-yahadut ha-pozitivit historit* (Jerusalem, 1984).　414

87. Frankel to Solomon Herxheimer in Bernburg, June 30, 1836, CAHJP, P46/3.

88. 我断定只有一位作家提到弗兰克尔思想中信仰产生的决定性作用。Ismar Elbogen, "Der Streit um die 'positiv-historische Reform,'" in *Festgabe für Claude G. Montefiore* (Berlin, 1928), 24-29.

89. *Vorstudien zu der Septuaginta* (Leipzig, 1841), xi; *ZRIJ*, Anzeige und Prospectus (1843): 4,8; 1 (1844): 14-15,18,101; 2 (1845): 10,180; "Über palästinische und alexandrinische Schriftforschung," in *Programm zur Eröffnung des jüdisch-theologischen Seminars zu Breslau* (Breslau, 1854), 42.

90. *ZRIJ*, 2(1845): 177.

91. *MGWJ*, 4 (1855): 45-55; *ZRIJ*, 1 (1844): 14, 93; 2 (1845); 173. 但是要注意到弗兰克尔与门德尔松不同，但与侯德海姆相同，他也将犹太教的神学教义归属为启示。他把一神教看作是犹太教的本质。参见上一文献，1（1844）：7—8页。有关弗兰克尔限制圣经研究的佐证材料参见：Michael A. Meyer, "Jewish Religious Reform and Wissenschaft des Judentums," *LBIYB*, 16 (1971): 35-37.

92. 弗兰克尔至迈尔·维纳期间的情况，汉诺威，1855年4月23日，希伯来联合学院图书馆档案，辛辛那提市；*MGWJ*, 1 (1852): 444; Michael A. Meyer, "A Division of Opinion on the Modern Education of Rabbis in Germany in the Nineteenth Century" [Hebrew], *Proceedings of the Sixth World Congrers of Jewish Studies*, 2 (Jerusa lem, 1975): 195-200. 弗兰克尔与布雷斯劳神学院的众多毕业生讲话时，他满怀希望，做出这样的结论：他们的神学协会将进一步发展"信仰和信仰科学"，也许这是19世纪模仿中世纪"寻求理解的信仰"的产物。Z. Frankel, "Das Talmudstudium", in *Vorträge gehalten im jüdisch-theologischen Verein in Breslau* (Leipzig,1869), 11.

93. *ZRIJ*, Anzeige und Prospectus (1843): 5.

94. 同上书，2 (1845): 16—17页；cf. 1 (1844): 105、291、293页；2 (1845): 174页。犹太背景下与正面宗教启示相关的早期例子参见：Salomon Maimon, *Lebensgeschichte,* 2 (Berlin, 1793): 179.

95. *Der religiöse Fortschritt im deutschen Judenthume* (Leipzig, 1840), 28.

96. *ZRIJ*, 2 (1845): 8-9. 伊斯玛·绍尔施在分析弗兰克尔思想的关键术语时，特别强调了弗兰克尔使用法律意义上的"正面、积极：一词。参见他所著的："Zacharias Frankel and the European Origins of Conservative Judaism," *Judaism*, 30 (1981): 343-354.

97. 弗兰克尔对神学在社会中所占据的地位不是很清楚，将之归因于口传律法，学者们对此意见不一。艾萨克·海恩曼认为弗兰克尔把塔木德的创造性看作是受神圣精神的直接影响，不亚于圣人生活的时代。伊斯玛·绍尔施觉察到弗兰克尔事业的内部具有"激进的世俗化"，还注意到对于弗兰克尔来说，"在很大程度上古代已经变为神圣的替代品"。参见海恩曼的著作：*Ta'ame ha-mitsvot be-sifrut yisrael*, 2 (Jerusalem, 1956): 165, 175-76;

Schorsch, Zacharias Frankel, 352, 354. 事实上，人们很难想象弗兰克尔会将启示的内容完全从口传律法中删除，然而在努力使塔木德从古代拉比模式向当代犹太律法创造性的方向发展时，他的确强调他们事业中有人性的一面。他试图掩盖圣人和当今拉比的差距，与此同时却拉开了圣经和塔木德的神学差距。

98. 然而弗兰克尔的学术受传统主义的限制，创新性不是很强。一位历史学家这样评论弗兰克尔："他的学术著作很有价值，但不能被称作像祖恩施或盖格那样的先锋人物。"参见：Simon Bernfeld, *Juden und Judentum im neunzehnten Jahrhundert* (Berlin, 1898), 131. 有关路易斯·金斯堡的情况请参见《犹太教灯台》(*The Menorah*)，1901年11月，363页。他认为难以辨别弗兰克尔是传统的斋戒者还是现代的学者。弗兰克尔不同于那些激进的作者，他一直赞同《圣经》的马所拉文本（《圣经》抄本），不喜欢《旧约圣经》。有关这方面的情况可以参见以下资料：*ZRIJ*, 1 (1844): 120-128; *Verhandlungen der ersten Versammlung deutscher und ausländischer Orientalisten in Dresden 1844* (Leipzig, 1845): 10-16; L. Treitel, *MGWJ*, 45 (1901): 257. 学者们都致力于研究对弗兰克尔思想产生影响力的外部因素。半个世纪前，阿尔伯特·卢克威兹已经指出弗兰克尔对《犹太科学》观念与强调法律有机发展的保守派法律学者弗里德里希·卡尔·冯·萨维尼和德国"历史学派"的方法完全一致。从那时以来，这方面的影响得到反复强调，然而在其现存的著作中没有提到萨维尼（曾是反犹分子），他的直系信徒也对这样的影响只字未提。Albert Lewkowitz, *Das Judentum und die geistigen Strömungen des 19. Jahruhunderts*, 368, 373-374. 我唯一能找到的当代有关弗兰克尔与历史学派相关联的参考资料是萨姆森·拉斐尔·赫希对弗兰克尔的抨击，载于《现时论刊》(*Vorläufige Abrechnung*, Frankfurt a/M, 1861, 23）。激进改革者对弗兰克尔宗教思想中的犹太性进行了诽谤，尤其针对他强调人民集体意志的方面，暗示这些内容来自基督的浪漫主义神学，尤其是施莱尔马赫学派。例证可参见：*INJ*, 1844 December 29, 416; Gotthold Salomon, *Die Rabbiner-Versammlung und ihre Tendenz* (Hamburger, 1845), 80-81. 肯定的评价参见：Rivka Horwitz, "The Influence of Romanticism on Jewish Scholarship" [Hebrew], Proceedings of the Eighth

World Congress of Jewish Studies, Division B (Jerusalem, 1982), 107-14. 弗兰克尔实际上肯定读过自己时代的文献，但是他希望自己的学术、神学和改革动机是犹太教自身固有的。因此他要尽力避免谈及非犹太的影响，尽可能地减少这些内容对自己造成的不良影响。

99. *Darkhe ha-mishnah* (Leipzig, 1859), 21. 参照: "Über palästinische und alexandrinische Schriftforschung," 41-42.

100. *Der Orient*, 3 (1842): 54; *ZRIJ*, 1 (1844): 19-22, 92-93, 104; 2 (1845): 15, 180.

101. *Der Orient*, 3 (1842): 56, 64, 72; *ZRIJ*, 1 (1844): 26; *AZJ*, 62 (1898): 607; *Jahrbuch zur Belehrung und Unterhaltung*, 46 (1898), 113; 参照: Ismar Schorsch, "The Emergence of the Modern Rabbinate," in Mosse, *Revolution and Evolution*, 231-32. The terms *Gemüt* and *gemütlich* are among Frankel's favorites.

102. *Der Orient*, 3 (1842): 63, 359-60, 362-63; *AZJ*, 62 (1848): 438; *Rede bei der Grundsteinlegung der neuen Syngagoge zu Dresden* (Dresden, 1838). 利夫卡·霍维茨最近再次认为弗兰克尔在某些方面就是犹太复国主义分子的原型。 "Zacharias Frankel's 1842 Idea of Jewish Independence in the land of Israel" [Hebrew], *Kivunim*, 6 (February 1980): 5-25.

103. "Sendschreiben an den ehrwürdigen Ober-Rabbiner Herrn Moses Sopher, zu Pressburg," *AZJ*, 3 (1839): Beilage to no. 96.

104. *Der Orient*, 3 (1842): 384; *ZRIJ*, 2 (1845): 16; *MGWJ*, 12 (1863): 153-55; Leopold Löw, *Gesammelte Schriften*, 5 (Szegedin, 1900): 134. 弗兰克尔成为柏林拉比的候选人时，一位传统主义分子别有用心地指控他将管风琴引入了特普利茨。S. E. Zeller to Prussian Minister Eichhorn, August 31, 1842, CAHJP, PI 7/549.

105. *Der Orient*, 3 (1842): 71-72. 有关他在德累斯顿进行的礼拜仪式改革参见下一章。

106. 在20世纪弗兰克尔的思想再次对改革运动产生了影响，例如美国改革运动出现了明显的传统倾向。Samuel S. Cohon, *Day Book of Service at the Altar* (Los Angeles, 1978), 283.

107. 盖格之子撰写的有关父亲的传记、对他的作品各个方面的评价以及他所著作品的参考文献参见：Ludwig Geiger, ed., *Abraham Geiger: Leben undLebenswerk* (Berlin, 1910). 盖格作品的英译部分载于下列文献的引言 416 部分中：Max Wiener, *Abraham Geiger and Liberal Judaism: The Challenge of the Nineteenth Century* (Philadelphia, 1962; 2d edn.: Cincinnati, 1981). 希伯来语译文部分载于：M. A. Meyer, ed., *Avraham Geiger: mivhar ketavav al ha-tikunim be-dat* (Jerusalem, 1979). 有关盖格的二手文献目录载于：Jakob J. Petuchowski, ed., *New Perspectives on Abraham Geiger: An HUC-JIR Symposium* (Cincinnati, 1975), 55-58.

108. 有关盖格的早期生活情况参见他本人的日记条目和早期信件：*Nachgelassene Schriften (NS)*, 5 vols. (Berlin, 1875-78), 5: 3-63. 我研究过赫尔德对盖格的影响，参见本人文章："Jewish Religious Reform and *Wissenschaft des Judentums*," *LBIYB*, 16 (1971):27.

109. 盖格任犹太法学博士的早期，有关其情感最具启迪作用的资料是他写给自己最亲密朋友约瑟夫·德瑞布格的信。*AZJ*, 60 (1896): 52ff.有关分裂教会罪情况参见：*NS*, 5: 55, 103, 161, 169, 179.

110. *AZJ*, 60 (1896): 165-66, 283.

111. *NS*, 1: 307; 5: 54, 79, 147; *WZJT*, 1 (1835): 2-3; *AZJ*, 60 (1896): 141, 165, 236.

112. *WZJT*, 4(1839): 321-33; *NS*, 1: 17-18.

113. *AZJ*, 60(1896): 189,321.

114. *NS*, 5: 27; *WZJT*, 2 (1836): 1-21; 4 (1839): 309-12; *JZWL*, 3 (1864/65): 254.

115. *WJZT*, 5 (1844): 21.

116. 有关施特劳斯参见：Horton Harris, *David Friedrich Strauss and His Theology* (Cambridge, 1973). 盖格参考过施特劳斯的内容，参见：*NS*, 2: 268; 5: 89; *WZJT*, 3 (1837): 295-302. 他们两位晚期有过会晤（1868），但双方都不甚满意，参见：*AZJ*, 60 (1896):165. 盖格在附录中批评过施特劳斯，参见：*Das Judenthum und seine Geschichte* (Breslau, 1864), 159-81. 汉斯曾两次论证过图宾根学派对盖格的影响，施特劳斯也有一段时间与这一学派有联系，参见：Hans Liebeschütz, *Das Judentum im deutschen Geschichtsbild von Hegel bis Max Weber* (Tübingen, 1967), 123-24, and Liebeschütz and Paucker, eds., *Das Judentum in der Deutschen Umwelt*, 44-49. 盖格对图宾根

学派的追随表现在与其成立者费迪南德·克里斯蒂安·鲍尔（Ferdinand Christian Baur）一样，他也总结出历史决定文本这一结论。根据《犹太教科学生活杂志》（*JZWL*, 2, 1863: 232-233）的记载，他摒弃了这一学派对法利赛人犹太教（Pharisaic Judaism）的否定观点。有关鲍尔和他的同事们的情况参见：Horton Harris, *The Tübingen School* (Oxford, 1975).

117. *NS*, 1: 302-303. 相类似的情况还有，当盖格撰写后来帮助他获得博士学位的获奖论文《穆罕默德从犹太教中得到了什么？》（*Was hat Mohammed aus dem Judenthume aufgenommen?* Bonn, 1833）时，为了不受后来评论者的影响，前面的部分只使用了古兰经的文本。

118. *Lehr-und Lesebuch zur Sprache der Mischnah*, 2 vols. (Breslau, 1845).

119. 盖格与海因里希·格雷茨在论证各自意见时表明了自己的立场，参见：Literatur-Blatt to *INJ*, December 14, 1845, pp. 25-26.

120. *Urschrift und Übersetzungen der Bibel in ihrer Abhängigkeit von der innern Entwickelung des Judenthums* (Breslau, 1857). 此书后来得以重印，由保罗·卡利撰写引言，内容近乎奉承（Frankfurt a/M, 1928），其希伯来语翻译的引言由约瑟夫·克劳斯纳撰写（Jerusalem, 1949）。

121. *NS*, 5: 103, 188; *WZJT*, 6 (1847): 114; *AZJ*, 60 (1896): 165, 188; *JZWL*, 9 (1871): 274; Ludwig Geiger, *Abraham Geiger*, 19. 将盖格看作《圣经》学者的最新研究参见：Nahum M. Sarna, "Abraham Geiger and Biblical Scholarship," in Petuchowski, ed., *New Per-spectives on Abraham Geiger*, 17-30.

122. *JZWL*, 3 (1864/65): 178-84; 7 (1869): 96-111.

123. *WZJT*, 1 (1835): 11; 4 (1839): 321-22. 参考我的著作："Abraham Geiger's Historical Judaism," in Petuchowski, ed., *New Perspectives on Abraham Geiger*, 3-16.

124. *WZJT*, 2 (1836): 222-23; 5 (1844): 22; *NS*, 2: 266; Ismar Elbogen, "Abraham Geiger," *JJGL*, 14 (1911): 75.

417  125. *Nothwendigkeit und Mass einer Reform des jüdischen Gottesdienstes* (Breslau, 1861), 4, 6. Emphasis Geiger's.

126. *WZJT*, 3 (1837): 90; *NS*, 1: 301. 谈起基督教的学者来，盖格抱怨他们疏忽了记载"身在祖国的同胞们这一重要精神历史组成部分的拉比文献，"参见：Verhandlungen der ersten Versammlung deutscher und ausldndischer Orientalisten, 8-9.

127. Elbogen, "Abraham Geiger," 81.

128. "Proben jüdischer Vertheidigung gegen christliche AngriffFe im Mittelalter." 这一系列文章共分五部分，始于：M. Breslauer, ed., *Deutscher Volks-Kalender undJahrbuch*, 1 (1851): 33-66. 有关伊萨克·特罗基最重要的研究载于：*NS*, 3: 178-223.

129. "Die nordfranzosische Exegeten-Schule im 12. Jahrhundert," in S. L. Heilberg, ed., *Nit'e Na'amanim* (Breslau, 1847), 1-44; *Parschandatha. Die nordfranzösische Exegetenschule* (Leipzig, 1855).

130. *Salomo Gabirol und seine Dichtungen* (Leipzig, 1867); *Jüdische Dichtungen der spanischen und italienischen Schule* (Leipzig, 1856). 参见盖格对犹太民族诗人犹大·哈列维富有情感的研究：*NS*, 3: 97-177. 针对哈列维完全认同非正统派威尼斯的拉比利昂·摩德纳的观点，盖格批评他缺少能使自己换置于《塔木德》时代、认可保护中世纪受压迫的犹太教法令的历史意识，这部分内容参见：*Leon da Modena, Rabbiner zu Venedig* (Breslau, 1856), 43-44.

131. Ludwig Geiger, *Abraham Geiger*, 15, 28, 115, 225; *NS*, 5: 82; *AZJ*, 60 (1896): 55, 320; Joseph Derenbourg, *Abraham Geiger. Esquisse de sa vie* (Paris, 1875), 4.

132. *AZJ*, 60 (1896): 79, 80, 91, 104.

133. *NS*, 1:371.

134. *NS*, 1:355-69, 434-44.

135. *NS*, 1: 34-37; 5: 180-84, 202-203, 279; *WZJT*, 4 (1839): 10.

136. *NS*, 1:259-60.

137. *WZJT*, 4(1839): 161-65.

138. *Der Hamburger Tempelstreit, eine Zeitfrage* (Breslau, 1842), 15-16; *Israelitisches Gebetbuch* (Breslau, 1854); *JZWL*, 6 (1868): 1-21; *Plan zu einem neuen Gebetbuche nebst Begrün-dungen* (Breslau, 1870).

139. *WZJT*, 5 (1844): 385; *NS*, 2: 286-87.

140. *NS*, 1: 210-15; 5: Hebrew Section, iii; *Otsar nehmad*, 1 (1856): 52. 盖格写的希伯来语选集参见：Samuel Poznanski, ed., *Kvutsat ma'amarim me'etAvraham Geiger* (Warsaw, 1910).

141. *AZJ*, 60 (1896): 259-60, 284, 319, 346.

142. *JZWL*, 6 (1868): 85.

143. *JZWL*, 8 (1870): 88-89; *NS*, 1: 230-82; *WZJT*, 1 (1835): 290.

144. *WZJT*, 1 (1835): 9-10; 5 (1844): 150; *AZJ*, 60 (1896): 91; *NS*, 1: 306; 5: 89.

145. *WZJT*, 3 (1837): 313-14, 330; *JZWL*, 9 (1871): 273; *NS*, 1: 306.

146. *JZWL*, 1 (1862): 2; 9 (1871): 84, 161; 10 (1872): 1-4; *NS*, 5: 226, 291, 329-30, 333-34, 346-48. 参照我的著作："Universalism and Jewish Unity in the Thought of Abraham Geiger," in Jacob Katz, ed., *The Role of Religion in Modern Jewish History* (Cambridge, Mass., 1975), 91-104.

147. *NS*, 5: 348-49. Emphasis Geiger's.

148. *NS*, 5: 167-70, 229-30; *WZJT*, 2 (1836): 539; 4 (1839): 9-12.

149. *Das Judentum und seine Geschichte* (2d edn., Breslau, 1910), 32-37, 74-76; 载于英语译文的第一部分：Maurice Mayer, *Judaism and Its History* (New York, 1866), 54-64, 134-37. 盖格在表达了这些思想的核心内容时以更加人性化的方式呈现，载于：*NS* , 2 (1849): 5-6. 其他参考资料见：*JZWL*, 9 (1871): 264; "Ob Schrift? Ob Geist?" 175-79.

## 3. 德国境内的发展与冲突

418

1. 详细研究参见：Ismar Schorsch, "Emancipation and the Crisis of Religious Authority: The Emergence of the Modern Rabbinate," in Werner E. Mosse *et al*, eds., *Revolution and Evolution: 1848 in German-Jewish History* (Tübingen, 1981), 205-47.

2. *ZJD*, 1(1843): 213-16.

3. 汉堡圣殿的戈特霍尔德·萨罗门一直担任"宣教士"，从不渴望与传统职务相关的头衔或职能。相比而言，路德维希·菲利普森从1833年到1840年担任马格德堡社区的宣教士，然后又担任了两年的"精神领袖"，继而担任拉比。

4. 这部分内容是他用笔名出版的：Amitai Ben Avida Ahitsedek, *Berit emet* (Constantinople [in fact Dessau], 1820). 二手文献包括：Robert L. Katz, "David Caro's Analysis of the Rabbi's Role," *CCARJ*, April 1966, pp. 41-46 and Israel Zinberg, *A History of Jewish Literature*, trans. Bernard Martin, 9 (Cincinnati, 1976): 258-61.

5. 社区内部不同派系对拉比有着不同的期待，他们不仅无法提出思想和实践上的要求，而且想成为伪君子、变色龙也压力重重。参见一位拉比学生的抱怨：Sulamith, 8.2 (1838-43): 303-307.

6. Leopold Zunz, *Die gottesdienstlichen Vortrdge der Juden* (Berlin, 1832), 456; Steven M. Lowenstein, "The 1840s and the Creation of the German-Jewish Religious Reform Movement," in Mosse et al, eds., *Revolution and Evolution*, 265-66, 276-83. 在正统派抗议大会的人员中，拉比的数量在10%以下，甚至还包括居住在德国的那一部分。有关内容参见：Schorsch, "Emancipation and the Crisis of Religious Authority," 214-17. 文中指出相当一部分保守派拉比也拥有拉比的称谓。绍尔施统计过到1847年为止德国具有本科学历的拉比和宣教士共67名——尽管这个数字在总数中是个很小的数字。1844年克雷费尔德犹太社区想找人替换获得拉比称谓的拉比利翁·乌尔曼（Lion Ullmann），四到五位主要的候选人都具有大学学历。要求的资格和卡罗在25年前提出的没什么差别，只增加了"信仰温和的进步思想"这一条内容。Moritz Veit Collection, CAHJP, P47/1. 尽管30年代具有博士学位的人士在竞选某些省的拉比职位时具有一定的优势，在某些情况下取得文凭所要付出的高成本会使得那些家境贫困的学生只满足于完成大学学业，无心考虑博士学位的攻读事项。参见：the Samuel Adler memoir in Stanley Chyet, *Lives and Voices* (Philadelphia, 1972), 13-14.

7. 有关罗森菲尔德的情况参见：Adolf Eckstein, "Die Israelitische Kultusgemeinde Bamberg von 1803-1853," in *Festschrift zur Einweihung der neuen Synagoge in Bamberg* (Bamberg, 1910), 61-84; Hilmar Bruce Ehrmann, "The Struggle for Civil and Religious Emancipation in Bavaria in the First Half of the Nineteenth Century, as Reflected in the Writings of Rabbi Samson Wolf Rosen-Feld" (Rabbinical thesis, Hebrew Union College, 1948).

8. Samson Wolf Rosenfeld, *Die Israelitische Tempelhalle* (Markt Uhlfeld, 1819), 80-81.

9. 有关埃格尔的信息参见: *Allgemeines Archiv des Judenthums*, 2 (1842): 314-36; *AZJ*, 6 (1842): 405, 411-18,460-62,762-64.

10. Adolf Lewin, *Geschichte der badischen Juden seit der Regierung Karl Friedrichs, 1738-1909* (Karlsruhe, 1909), 211-21; Reinhard Rürup, *Emanzipation und Antisemitismus* (Göttingen, 1975), 54.

11. F. F. Mayer, *Sammlung der wurttembergischen Gesetze in Betreffder Israeliten* (Tübingen, 1847), 105. 独唱者拥有官方指定的相似的服装（同上书，104—105页）。

12. *Sulamith*, 8.2 (1838-43): 307; Isaac Marcus Jost, *Geschichte der Israeliten*, 10.3 (Berlin, 1847): 226, 234-35; Eckstein, "Die Israelitische Kultusgemeinde Bamberg," 80.

13. Fritz Fischer, "Der deutsche Protestantismus und die Politik im 19. Jahrhundert," *Historische Zeitschrift*, 171 (1951): 475-76; Robert M. Bigler, "The Social Status and Political Role of the Protestant Clergy in Pre-March Prussia," in Hans-Ulrich Wehler, ed., *Sozialgeschichte Heute: Festschrift für Hans Rosenberg zum 70. Geburtstag* (Göttingen, 1974), 175-90.

14. Michael A. Meyer, *German Political Pressure and Jewish Religious Response in the Nineteenth Century*, The Leo Baeck Memorial Lecture 25 (New York, 1981). 对于这一规则例外的是符腾堡斯图加特的拉比约瑟夫·迈尔，有一次他对自己的圣会这样宣教："只有当我们完全解决宗教事务、我们的礼拜仪式呈现出与时代更加适宜的形式，只有当我们在宗教上获得解放，我们的国民解放运动才能或多或少地扫除这些无法克服的障碍。" *Welche Hindernisse haben wir aus dem Wege zu rdumen?* (Stuttgart, 1835), 32. 1838年迈尔由于改革事宜而受到死亡的威胁。Jacob Toury, *Der Eintritt der Juden ins deutsche Bürgertum: Eine Dokumentation* (Tel-Aviv, 1972), 325-26.

15. *Sulamith*, 6.2 (1822-25): 363-65; *AZJ*, 1 (1837): 25-27; 17 (1853): 474; Jakob J. Petuchowski, *Prayerbook Reform in Europe* (New York, 1968), 124-27.

16. 记住犹太人口增长被迫受制约这一点是很重要的。对于其他不利的社

419

会因素也采用类似的措施。参见：Klaus-Jürgen Matz, *Pauperismus und Bevölkerung: Die gestetzlichen Ehebeschränkungen in den süddeutschen Staaten während des 19. Jahrhunderts* (Stuttgart, 1980).

17. J. B. Graser, *Das Judenthum und seine Reform als Vorbedingung der vollständigen Aufnahme der Nation in den Staats-Verband* (Bayreuth, 1828).

18. 参见利奥伯德收录集中格拉泽尔于1828年7月写给一位无名朋友的信件：LBIA, 3265/11.

19. Adolf Eckstein, "Die Stellungsnahme der bayerischen Staatsregierung zu den Reformrabbinerversammlungen (1837-46)," *ZGJD*, n.s., 6 (1935): 51-54; Ehrmann, "The Struggle for Civil and Religious Emancipation in Bavaria," 79.

20. Joseph Aub, *Betrachtungen und Widerlegungen*, Erstes Heft: *Betrachtungen über den Mosaismus und die Neologie der Rabbinen betreffende Königl Bayer. Ministerial-Entschliessung* (Nürnberg, 1839).

21. 参见十三条规则对比表：Lowenstein, "The 1840s and the Creation of the German-Jewish Religious Reform Movement," 286-97. 柏图畴斯基翻译并分析了部分内容，载于：*Prayerbook Reform in Europe*, 105-27.

22. 1824年巴登犹太圣堂规定颁布后，又根据当地的环境和愿望制定了一些具体的例外规定。Lewin, *Geschichte der badischen Juden*, 216.但是1843年在梅克伦堡－什未林公国，塞缪尔·侯德海姆在符腾堡规定基础之上制定了一套规则，显然没有考虑传统主义分子的感情。Heinrich Graetz, *Geschichte der Juden*, 11 (Leipzig, 1870): 564-65.

23. *AZJ*, 4 (1840): 376-77, 518-19.

24. *Der Orient*, 4 (1843): 109.

25. 有关犹太圣堂规定和后来社区祈祷书中处理祷文的方式，参见：Petuchowski, *Prayerbook Reform in Europe*, 119, 121, 223-25.同年受弗兰克尔校订的影响，侯德海姆在制定梅克伦堡－什未林公国规定中更进一步，将祷文的开头改成了《致诽谤》，并将诽谤替换成了诽谤者。显然，弗兰克尔希望前一部分的文字保留不动，尽管他引入文中的内容导致内部出现了矛盾。

26. 对路德维希·菲利普森研究最为全面的资料是：Johanna Philippson,

"Ludwig Philippson und die Allgemeine Zeitung des Judentums," in Hans Liebeschütz and Arnold Paucker, eds., *Das Judentum in der Deutschen Umwelt, 1800-1850* (Tübingen, 1977), 243-91. 还可以参见以下颂词：Ismar Elbogen, *Ludwig Philippson: Vortrag gehalten in der Gesellschaft zur Förderung der Wissenschaft des Judentums zu Berlin* (Leipzig, 1912).

27. *IPSM*, 1 (1834): 15.

28. 1837年底人口普查数字显示：有公民权利的犹太人是102917名，没有公民权利的犹太人（尤其是指在波森大公国）是80662名。*AZJ*, 2 (1838): 407.

29. *AZJ*, 5 (1841): 754; Ludwig von Rönne and Heinrich Simon, *Die früheren und gegen-wärtigen Verhältnisse der Juden in den sämmtlichen Landestheilen des Preussischen Staates* (Breslau, 1843), 83-94; Leopold Auerbach, *Das Judenthum und seine Bekenner in Preussen und in den anderen deutschen Bundesstaaten* (Berlin, 1890), 289.

30. Rönne and Simon, *Verhältnisse der Juden*, 146-49; Schorsch, "Emancipation and the Crisis of Religious Authority," 236-37; Heimann Jolowicz, *Geschichte der Juden in Königsberg i. Pr.* (Posen, 1867), 130-33.

31. Meyer Isler, ed., *Gabriel Riesser's Gesammelte Schriften*, 3 (Frankfurt a/M, 1867): 155-56; Monika Richarz, ed., *Jüdisches Leben in Deutschland: Selbstzeugnisse zur Sozialgeschichte, 1780-1871* (Stuttgart, 1976), 223-26; *Der Orient*, 3 (1842): 322.

32. Phoebus Philippson, *Biographische Skizzen* (Leipzig, 1864), 189n. 1836年女孩的成人礼在哥尼斯堡开始实行，没有遭到人们的反对。Jolowicz, *Geschichte der Juden in Königsberg*, 139. 但是在普鲁士的威斯特伐利亚，中央政府赞同明斯特拉比亚伯拉罕·苏特罗的抱怨，从而禁止成人礼和其他方面的改革。Ronne and Simon, *Verhdltnisse der Juden*, 94.

33. 1841年2月23日写给莫里茨·法伊特的信件，载于莫里茨·法伊特收录集，耶路撒冷犹太人人民历史中央档案馆，第47页。波森市迁到波兰的犹太人和迁到德国的一样多，改革迹象处处可见。1843年，社区选萨罗门·普莱斯纳任宣教士。但是普莱斯纳积极反对礼拜仪式改革，其布道的风格以基督说教术为模式，多处引用歌德和席勒的观点，同时还坚决捍卫正统派。有关情况参见纳坦·利普曼到利奥伯德·祖恩斯，1841年4月1日，祖恩斯档案，耶路撒冷犹太国家和大学图书馆；*AZJ*, 7 (1843): 406; *Der Orient*, 5 (1844): 266.

34. *Der Orient*, 2 (1841): 230-32.

35. 参见报刊上刊登的广告：*AZJ*, 2 (1838): 173.

36. 有关威廉·弗洛伊德到萨罗门·赫克斯海默尔的参考资料，1838年2月23日，载于威廉·弗洛伊德收录集，耶路撒冷犹太人民历史中央档案馆，P46/4. 弗洛伊德（1806—1894）是古典语言学家，在布雷斯劳社区极具影响力，积极支持宗教改革，同时还极力诽谤迪克金。他是盖格的朋友，因此将盖格介绍到布雷斯劳，尽管开始他支持盖格的候选资格，但并不相信盖格会在选举中获胜。参见他于1836年11月29日和1838年5月16日写给利奥伯德·祖恩斯的信件，祖恩斯档案，耶路撒冷犹太国家和大学图书馆，以及盖格写给一位不知名者（也许是伯恩哈德·贝尔）的信件，1838年8月10日，盖格文件，耶路撒冷犹太国家和大学图书馆。

37. 有关改革派冲突的观点载于：Abraham Geiger, *Nachgelassene Schriften* (*NS*) 1 (1875): 1-112; *Bericht des Ober-Vorsteher-Collegii an die Mitglieder der hiesigen Israeliten-Gemeinde,* 2 vols. (Breslau, 1842). The Orthodox side is presented in S. A. Tictin [*sic*], *Darstellung des Sachverhdltnisses in seiner hiesigen Rabbinats-Angelegenheit* (Breslau, 1842); anon., *Entgegnung aufden Bericht des Ober-Vorsteher-Collegiums* (Breslau, 1842).

38. 在盖格成为布雷斯劳社区候选拉比之前他已经表达过这样的愿望。1837年，他给朋友约瑟夫·德伦堡写信："我们需要一位大型社区的拉比，他要有威望、精力充沛，懂得如何赢得社区的智者，并且与他们一起勇敢地推翻大众。"*AZJ*, 60 (1896): 214.

39. *AZJ*, 4 (1840): 403. 一位通信记者这样描写盖格："年轻一代人对其非常崇拜，因而依附于他——尤其是女孩子们，因为盖格懂得如何触动女性的内心世界，因而给她们留下了很深的印象。"*Der Orient*, 1 (1840): 348；参照：2 (1841): 149. 有关盖格在布雷斯劳进行的首次、程度较小的犹太圣堂改革，参照：3 (1842): 145. 我们不能忽视盖格所具有的危险性影响。迪克金写道："人们告诉我，如果你忽视反对你原则的任何做法，只要不是因你而起的，这会对你有何伤害呢？我的答案是如果我的同胞有溺水的危险，如果我不跳水营救的话，他一定会被溺死的。因此我必须提供救援，即使他不接受或者摈弃。"《事实的呈现》(*Darstellung des Sachverhältnisses,* 20)强调了迪克金的部分。

40. 有关描述不一致的内容参见：Geiger, *NS*, 1: 72-74; *Entgegnung*, 7; *Der Orient*, 3 (1842): 129-30.

41. Michael A. Meyer, "Rabbi Gedaliah Tiktin and the Orthodox Segment of the Breslau Community, 1845-1854," *Michael* 2 (1973): 92-107.

42. Isaac B.Lowositz, *Rabbinenwahl* (Breslau, 1839), 13-17; Wolf Davidsohn, *Über die Rabbinenwahl in Breslau* (Goldberg, 1840), 16.

43. Israel Deutsch and David Deutsch, *Rücksprache mit alien Gläubigen des rabbinischen Judenthums* (Breslau, 1843), 14.

44. 参见上西里西亚小型社区的九位拉比对迪克金的陈述：*Darstellung*, 30. 其他支持迪克金的人有所罗门·埃格尔、波森省的首席拉比和莱什诺省的拉比，有关他们的观点见本书第25—31页。

45. Geiger, *NS*, 1: 14-18, 92-112.

46. *Rabbinische Gutachten über die Verträglichkeit derfreien Forschung mit dem Rabbineramte*, 2 vols. (Breslau, 1842-43). 理事会向拉比所罗门·赫克斯海默尔发出的一封邀请信，日期为1842年7月11日，现存于耶路撒冷犹太人民历史中央档案馆，P46/3。教义问答中的摘录参见：David Philipson, *The Reform Movement in Judaism* (3d edn., New York, 1967), 61-72, and in W. Gunther Plaut, *The Rise of Reform Judaism: A Sourcebook of its European Origins* (New York, 1963), 64-70. 来自摩拉维亚市普罗斯尼茨地区的拉比赫希·B.法塞尔又写了一部教义问答书，其观点更加保守，但是赞同自由咨询和宗教进步，载于：*Literaturblatt des Orients*, 4 (1843): 5-8.

47. Schorsch, "Emancipation and the Crisis of Religious Authority," 225. 对于这一规定的显著例外是拉比约瑟夫·亚伯拉罕·弗里德兰德，他写的教义问答置于收录集的首位。争议发生时，弗里德兰德已年近九十，自1784年以来一直担任布里隆城镇的拉比，于1832年成为普鲁士威斯特伐利亚地区的首席拉比。他是大卫·弗里德兰德的侄子，是教义应答者中最激进的一位。早些时候，他写过一本希伯来语小册子，反对法律上必须遵守犹太节日第二天的做法，在其教义问答中，他明确声明《密释纳》和《塔木德》并没有在西奈山向摩西做出启示。参见他的著作《约瑟夫的根源》（*Shoresh yosef*, Hannover, 1834），有关他本人的信息参见：*Der Israelitische Volkslehrer*, 2 (1852): 295-300. 在此期间威斯特伐利亚地区发生了宗教改革斗争，有关的细节以及解释参见：Arno Herzig, *Judentum und Emanzipation in Westfalen* (Münster, 1973), 41-52.

48. 对于改革立场最具破坏性的《塔木德》原文由犹太最高法院（B. T. *Sanhedrin*, 99a）执掌。上西里西亚拉比反对盖格的抗议中特别提到了这一点。

49. 如委员会所说："具有真正洞察力的人在关于犹太教最重要的问题方面会直言不讳、颇有见解。我们以及那些感兴趣的圣会者相信伊斯雷尔不是一位鳏夫（*ki lo alman yisrael*），我们当中有一批英勇的拉比，他们追求真理，教导我们的宗教要保持纯洁，当战争不可避免时不要躲避。"参见1842年10月28日写给萨罗门·赫克斯海默尔的信，赫克斯海默尔收录集，耶路撒冷犹太人民历史中央档案馆，P46/3。

50. *Der Orient*, 3 (1842): 345-46; Bonaventura Mayer, *Die Juden unserer Zeit* (Regensburg, 1842), 79-83; Helga Krohn, *Die Juden in Hamburg 1800-1850* (Hamburg, 1974).

51. *AZJ*, 5 (1841): 668, 733. 科雷没有遵循饮食或安息日的限制。

52. *AZJ*, 2 (1838): 186-88; 6 (1942): 177-79.

53. *AZJ*, 6 (1842): 232. Gotthold Salomon, *Sendschreiben an den Herrn Dr. Z. Frankel* (Hamburg, 1842), 50. 社区祷文似乎是最有希望的，也许不守教的人认为宗教更新的唯一焦点在利奥伯德·斯坦的声明中有过诠释："礼拜仪式……现在对于众多的［圣殿］成员，对于那些认为宗教活动几乎已经灭绝的人们、对于那些对这些事情越来越冷漠的人们来说，改革是唯一的、不可抗拒的复兴方式，通过这种方式注入新生命和新温暖。"*Theologische Gutachten über das Gebetbuch nach dem Gebrauche des Neuen Israelitischen Tempelvereins in Hamburg* (Hamburg, 1842), 109. 宗教的基督教模式在此非常明显。

422 54. *AZJ*, 2 (1838): 211; 6 (1842): 48; Gotthold Salomon, *Kurzgefasste Geschichte des Neuen Israelitischen Tempels in Hamburg* (Hamburg, 1844), 26-27. 有关实际礼拜仪式的详细描述，参见：*AZJ*, 2 (1838): 198-99, 210.

55. 请愿的日期是1840年3月11日，载于：CAHJP, AHW/571.

56. 圣殿的领导后来公开宣布要接济穷人，参见：*Theologische Gutachten*, 8. 正统派想把圣殿的相对保守主义看作是吸引群众的一种策略，参见：J. Bonn, *Festhalten am Gesetze, Fortschritt im Geiste* (Hamburg, 1842), 19.

57. *Der Orient*, 3 (1842): 101. 反对圣殿的传统派似乎已经得到社区一部分人的支持，他们反对宗教的态度非常强硬，但是由于个人与圣殿成员争吵不休而对其诅咒。圣殿主管到社区委员会的有关情况参见下列资料，1841年10月22日，耶路撒冷犹太人民历史中央档案馆，AHW/571。

58. 改革者自己认为最近几个世纪犹太教过多地关注过去和将来，他们需要将重心返回到现在。*Theologische Gutachten*, 1-2.

59. 参见从伯奈斯到社区委员会，1841年8月29日，载于：*Der Orient*, 3 (1842): 102-104. 12天前在写给委员会的一封信中，圣殿主管尽力说服委员会使伯奈斯提交的书面意见无效，但是无济于事。从理事会到委员会的有关情况参见下列资料，1841年8月17日，耶路撒冷犹太人民历史中央档案馆，AHW/571。

60. 有640个坐席的建筑于1844年举行落成典礼。妇女仍然在楼上就座，但是与往常的布局相比，仅有一个入口，供男士女士共同使用。Harold Hammer-Schenk, *Synagogen in Seutschland* (Hamburger, 1981), 157页以及相应的图解。

61. *Seder ha-avodah. Gebetbuch für die öffentliche und häusliche Andacht, nach dem Gebrauche des Neuen Israelitischen Tempels in Hamburg* (Hamburg, 1841), vi.

62. 事实上，仅有波恩附近的三个小城镇采纳了新版的祈祷书，参见：Petuchowski, *Prayerbook Reform in Europe*, 356.

63. 同上书，54—55页. Ismar Elbogen, *Der jüdische Gottesdienst in seiner geschichtlichen Entwicklung* (Frankfurt a/M, 1931), 413-14.

64. 这三份文件载于：*Theologische Gutachten*, 14-18. 对争端的讨论参见：Stephen M. Poppel, "The Politics of Religious Leadership: The Rabbinate in Nineteenth-Century Hamburg," *LBIYB*, 28 (1983): 457-61.

65. 埃特林格声明以及对其所做的批评参见：*AZJ*, 6 (1842): 2-6. 有关对埃特林格事业的支持参见：Judith Bleich, "Jacob Ettlinger, His Life and Works: The Emergence of Modern Orthodoxy in Germany" (Ph.D. dissertation, New York University, 1974).

66. David Leimdörfer, ed., *Festschrift zum hundertjährigen Bestehen des Israelitischen Tempels in Hamburg, 1818-1918* (Hamburg, 1918), 90. 1840年瑞瑟（Riesser）入选圣殿理事会。

67. 《神学意见》（*Theologische Gutachten*）中的翻译节选参见：Plaut, *The Rise of Reform Judaism*, 39-42. 由争议引起的一系列文献载于：*Der Orient*, 3 (1842): 231-32.

68. 冲突还使得正统派内部的差异浮出水面。第一次争端期间，圣殿造成的威胁使得受过世俗教育的伯纳斯得以任命，同时也鼓舞了传统派中的进步人士敦促犹太圣堂进行改革。他们组织起一个委员会，需要一组唱赞美诗的人和一位合适的宣教士，能够吸引到圣殿来的女士和年轻人。这一请求遭到了伯纳斯的反对，参见：*AZJ*, 6 (1842): 139-140; *Der Orient*, 3 (1842): 75, 354; Moses Mendelson, *Die Synagogue zu Hamburg, wie sie war und wie sie sein soll* (Kjöbenhavn, 1842).

69. 弗兰克尔要求的教义问答遭到《神学意见》编辑的拒绝，原因在于"教义问答中包含有不适合文学评论攻击的内容"（18页），载于：*Der Orient*, 3 (1842): 53-56, 61-64, 71-72.

70. 《神学意见》包括盖格撰写的一份简明的教义问答（63—65页），但是对其做出的评论单独进行出版，载于盖格得以重印的著作：*NS*, 1: 113-96.　423

71. 参照：Salomon, *Sendschreiben*, 49.

72. *AZJ*, 6 (1842): 232-38. 迈蒙·弗伦克尔博士在很大程度上与他的观点相一致。弗伦克尔博士是编委会的理事代表，并且撰写了《神学意见》的简介部分，从世俗角度阐释了自己的观点。

73. *AZJ*, 2 (1838): 347; *Der Orient*, 3 (1842): 6, 36.

74. *WZJT*, 2 (1836): 147-53; *RW*, 1 (1836/37): 107-14; Mayer, *Die Juden unserer Zeit*, 69-70; *JJGL*, 22 (1919): 93. H. Baerwald and S. Adler, "Geschichte der Realschule der israelitischen Gemeinde," *Festschrift zur Jahrhundertfeier der Realschule der israelitischen Gemeinde (Philanthropin) zu Frankfurt am Main, 1804-1904* (Frankfurt a/M, 1904), 50-54; Hammer-Schenk, *Synagogen in Deutschland*, 58—61页以及相应的图解。有关男女混合坐席的资料不是非常清楚，可能起初是分开的，后来又混坐的。史学家艾萨克·马库斯·约斯特曾任学校的老师，到达法兰克福后，私自对礼拜仪式的性质加以评论："与学校相连的是祈祷厅，有教养的圣会者每周六10点到11点聚集于此，一起唱歌，聆听布道。许多基督徒定期前来参观……圣会者不戴帽子，去掉了各种宗教性质的犹太色彩。因为我对这些内容并不感兴趣，我只负责谈话内容限于圣经并且和宗教教义密切相关的事宜。我的同事与我观点一致，公众们非常满意。"约斯特到S. M.埃伦贝格的有关情况参见下列资料，1835年11月20日，纽约利奥拜克研究院档案，AR 4294。

75. 有关科瑞兹纳克的肯定及批判性的传记由约斯特刊载于：*Kalender und Jahrbuch für Israeliten*, 2 (1843/44): 81-111. 他的一系列数学著作载于：*MGWJ*, 51 (1907): 230-31.

76. *AZJ*, 2 (1838): 4.

77. M. Creizenach, *Schulchan Aruch, oder encyclopädische Darstellung des Mosaischen Gesetzes, wie es durch die rabbinischen Satzungen sich ausgebildet hat, mit Hinweisung auf die Reformen, welche durch die Zeit niltzlich und möglich geworden sind*, 4 vols. (Frankfurt a/M, 1833-40). 每一卷都有希伯来语和德语的题目。

78. 重点参见这四卷的序言部分以及下列部分：2: 2, 12-15, 68-72, 108-10; 3: 69, 111-21. 这三段翻译的摘录载于：Plaut, *The Rise of Reform Judaism*, 117-19, 212-13, 225-27.

79. 尽管约斯特在官方上是《锡安山》期刊的合编者，但他承认这是科瑞兹纳克的想法，并且他的同事也参与过编辑工作。参见：*Kalender und Jahrbuch*, 107-108. 学校的另一位教师兹恩道弗发表了一份慷慨激昂的请辞，要求保留礼拜仪式中的希伯来文。*Sulamith*, 8.1 (1835-38): 351-55.

80. 还可以参见路德维希·菲利普森为完全撤销塔木德针对这一煽动所做的评论。*AZJ*, 2 (1838): 332.

81. *AZJ*, 5 (1841): 47-48.

82. *ZGJA*, o.s., 2 (1888): 67.

83. 有关法兰克福的犹太共济会参见：Jacob Katz, *Jews and Freemasons in Europe, 1723-1939* (Cambridge, Mass., 1970), 54-72, 91-95.

84. 有关介绍《改革之友》的文件证明见本人文章中的详细陈述："Alienated Intellectuals in the Camp of Religious Reform: The Frankfurt Reformfreunde, 1842-1845," *AJS Review*, 6 (1981): 61-86. 有关组织的情况参见整章内容：David Philipson, *The Reform Movement*, 107-39.

85. 路德维希·菲利普森将他们的立场授以"非基督教"的称号，参见：*AZJ*, 1 (1843): 502. 一位局外人表示对此真正地感兴趣，他就是后来著名的社会主义者费迪南德·拉萨尔。参见：Edmund Silberner, "Ferdinand Lassalle: From Maccabeism to Jewish Anti-Semitism," *HUCA*, 24 (1952/53): 160-62. 424

86. Bar Amithai [Joseph Johlson], *Über die Beschneidung in historischer und dogmatischer Hinsicht* (Frankfurt a/M, 1843). 第八天的仪式使用希伯来语名称《第八日的神圣仪式》(*Kedushah leyom* (sic) *hashemini*)。书中强调以色列是从各个民族中选出来的，并且因上帝的诫令而得以神圣化。参见：Jost, *Geschichte der Israeliten*, 10.3: 218-25. 有关割礼争议的政治背景参见：*MGWJ*, 69 (1925): 41-46; Robert Liberles, *Religious Conflict in Social Context: The Resurgence of Orthodox Judaism in Frankfurt am Main, 1838-1877* (Westport, Conn., 1985), 23-65. 当地的一位犹太银行家没有让儿子接受割礼，却想注册为犹太人，这一事件将这一问题推向前台。

87. Salomon Abraham Trier, *Rabbinische Gutachten uber die Beschneidung* (Frankfurt a/M, 1844).

88. *Der Orient*, 5 (1844): 321-25; *INJ*, 5 (1844): 275; Jost to S. M. and Ph. Enrenberg, June 2, 1844, LBIA, AR 4294. 有关斯坦在法兰克福的拉比工作，参见：Robert Liberles, "Leopold Stein and the Paradox of Reform Clericalism, 1844-1862," *LBIYB*, 27 (1982): 261-79.

89. 有关这一时期柏林犹太人的情况，参见：*AZJ*, 2 (1838): 324; 9 (1845): 58-

59; *Volks-Kalender für Israeliten*, 3 (1843): 49-64; *ZJD*, 2 (1844): 123-36, 413-34; Ludwig Geiger, *Geschichte der Juden in Berlin*, 2 vols. (Berlin, 1871), 1: 185-93, 2: 259-61; Eugen Wolbe, *Geschichte der Juden in Berlin und in der Mark Brandenburg* (Berlin, 1937), 248-76.

90. *AZJ*, 9 (1845): 634-38, 657-58; Arthur Galliner, *Sigismund Stern: Der Reformator und der Pddagoge* (Frankfurt a/M, 1930), 37-38. 有关传统派在30年代晚期将恪守礼仪和更好的音乐引进社区犹太圣堂所进行的艰苦斗争参见莫里茨·斯坦收录集中的文件：CAHJP, PI7/549, and Aron Hirsch Heymann, *Lebenserinnerungen*, ed. Heinrich Loewe (Berlin, 1909), 239-51. 有关萨克斯1844年进行的改革努力以及遭到的反对参见斯坦收录集。

91. *Der Orient*, 6 (1845): 142, 305; *INJ*, 6 (1845): 88; *AZJ*, 10 (1846): 637-40; Jost to Ph. Ehrenberg, October 13, 1845, LBIA, AR 4294; M. S. Krüger, *Bedenken gegen die neuesten Reformbestrebungen im Judenthume* (Berlin, 1845), 13-14; Eduard Kley, *Noch ein Wort zur israelitischen Reformfrage* (Hamburg, 1845), 11, 17, 21; *JJGL*, 7(1904): 179; Heymann, *Lebenserinnerungen*, 280-81; Jost, *Geschichte der Israeliten*, 10.3: 241; Graetz, *Geschichte der Juden*, 11: 567-68; Meyer, "Alienated Intellectuals in the Camp of Religious Reform," 83-86.

92. *INJ*, 6 (1845): 87; *JJGL*, 1 (1904): 178-79; Galliner, *Sigismund Stern*, 1-3, 170-72.

93. "Das Judenthum als Element des Staats-Organismus," *ZJD*, 1 (1843): 125-66; "Die Aufgabe der jüdischen Gemeinde zu Berlin für die Gegenwart," *ZJD*, 2 (1844): 26-41, 123-36, 413-34; *DieAufgabe des Judenthums und des Juden in der Gegenwart* (Berlin, 1845).

94. *JJGL*，7（1904）：166. 勃兰登堡州长给精神事务部长艾希霍恩（Eichhorn）颁奖，1846年7月26日，耶路撒冷犹太人民历史中央档案馆，P14/431。自由派不再那么一帆风顺，一位反对黑格尔的人，从前是位天主教徒，当时这样写道："与天主教义一样，摩西主义也已过时……，不再拥有世界历史方面的永恒正当解释。"参见：F. W. Carove, *Über Emanzipation der Juden, Philosophie des Judenthums und Jüdische Reformprojekte zu Berlin und Frankfurt a.M.*(Siegen and Wiesbaden, 1845), 160. 有关这位作者的内容参见：

*JSS*, 25（1963）: 150-51.

95. 有关伯恩斯坦的情况参见：*JZWL*, 11 (1869): 223-26; *JJGL*, 1 (1904): 174-77; Julius H. Schoeps, "Aron Bernstein—ein liberaler Volksaufklärer, Schriftsteller und Religionsreformer," *ZRG*, 28 (1976): 223-44; *idem*, "Liberalismus, Emanzipation und jüdische Reform: Aaron Bernstein und die Berliner Reformgemeinde," in J. H. Schoeps, ed., *Religion und Zeitgeist im 19. Jahrhundert* (Stuttgart and Bonn, 1982), 59-80; and Michael A. Meyer, "Aron Bernstein—The Enigma of a Radical Religious Reformer," *Proceedings of the Ninth World Congress of Jewish Studies*, Division B, Vol. 3 (Jerusalem, 1986), 9-16. 他的侄子是著名的社会主义分子爱德华·伯恩斯坦。

96. A. Bernstein, *Ursprung der Sagen von Abraham, Isaak und Jacob. Kritische Untersuchung* (Berlin, 1871).

97. A. Rebenstein, "Unsere Gegenwart," *ZJD*, 2 (1844): 7-25, 65-108. 所引文章见第25页，强调伯恩斯坦的内容。

98. 演讲的大部分内容包括这些文章，参见：Samuel Holdheim, *Geschichte der Entstehung und Entwickelung der judischen Reformgemeinde in Berlin* (Berlin, 1857), 31-34. Emphasis in original.

99. "Unsere Gegenwart", 23. 伯恩斯坦并不是一位直言不讳的人，五年前他给一位朋友写信讲述拉比虚伪的事情："实际上我并不是一位犹太教的狂热者，因此不会在公共场合下谈论此事。但有时会用这样的问题难为一位新拉比：你相信圣经中所说的内容吗？若非恶棍无赖，他必将回答不。问他关于上帝、世界和生命的信仰是否与真正的犹太信仰完全不同，他必将这样回答：是的！我应该仍看见同胞们十指紧扣、眼睛转动、祈祷，祈求他心中神圣的内容是异教邪说。对于我来说，一个诚实的笨蛋要比无赖恶棍强十倍。所有的掩盖又有何用！如果必须在这两个迷惑之处做选择的话，我们至少应该选择没有害处的一个。"参见致莫里茨·威特的信：Moritz Veit, October 21, 1839, CAHJP, P47.

100. 例如1844年讲座的内容进行了发表：Gustav Adolph Wislicenus, *Ob Schrift? Ob Geist? Verantwortung gegen meine Ankläger* (2d edn., Leipzig, 1845).

101. "Unsere Gegenwart", 98. 塞缪尔·侯德海姆当时并不是那么激进，在给

**425**

伯恩斯坦的回信中，他写道：自己的个人信仰是"摩西五经和先知中上帝直接的神圣启示……我们不能放弃摩西主义和先知中的超自然观念。" *ZJD*, 2 (1844): 334-35.

102. Holdheim, *Geschichte*, 25-26, 54; Stern, "Die Aufgabe der jüdischen Gemeinde zu Berlin," 130-31; Moritz Kalisch, *Berlins jüdische Reformatoren nach der Thronbesteigung Friedrich Wilhelms HI. und IV.* (Berlin, 1845), 151. 1845年6月4日的全体代表大会上，九位发言人中的八位冠以"博士"的称谓，第九位是位书商。*AZJ*, 9 (1845): 371-74.

103. *AZJ*, 9 (1845): 234-36. It is reprinted in Holdheim, *Geschichte*, 49-52. 全译本见：Philipson, *The Reform Movement*, 231-34.

104. S. Stein, *Die gegenwärtige Bewegung im Judenthum* (Berlin, 1845), 27, 30-31. 伯恩斯坦对上诉事宜进行了详述参见：Rebenstain, *Prizipien-Entwurf für die Genossenschaft für Reform im Judenthum* (Berlin, 1847)。第三位作者摩西·西蒙也以保守诠释的方法进行了评论。以《犹太宗教兴趣书刊》（*Zeitschrift für die religiösen Interessen des Judentums*）编辑的身份，他在致撒迦利亚·弗兰克尔的公开信中，通过引用弗兰克尔在《书刊》中的数篇文章，竭力证明协会的立场和编辑的立场并无差异。例如弗兰克尔也写信赞同要遵循集体的意志和人民的信仰。在回复西蒙的信中，弗兰克尔说看出西蒙信中"对犹太教的炽爱"，如果协会的成立者和支持者也是如此的话，他们的愿望"绝不会受到谴责"。但是接下来他又对上诉中的许多观点进行了批判。参见：*ZRIJ*, (1845): 219-32. 西蒙·伯恩菲尔德记录了一个口头传说：西蒙是一位书商、柏林著名的犹太人，对计划中的宗教会议信仰有加，他希望对此进行修改，但是不能删除犹太律法和习俗。在召开宗教会议之前，西蒙一直严格地恪守犹太律法。*Toledot ha-reformatsyon ha-daitit be-yisrael*, 207n.

105. 有关协会成立前几个月的最佳一手资料是：*Erster Bericht der Genossenschaft für Reform im Judenthum abgestattet von der en Bevollmäch-tigten* (Berlin, 1845) and the subsequent *Zweiter Bericht...*(Berlin, 1846).

106. 我所使用的目击者陈述是一位匿名通信者和路德维希·菲利普森的阐述，载于：*AZJ*, 9 (1845): 647-49, 658-59. 由第一位作者撰写的两份匿名报告，其中一份见：*JC*, 2 (1846): 49-51, 70-71, 78-79；另一份得以出版，名为：*Der Festgottesdienst bei der Berliner Genossenschaft für Reform im Judenthum und die daselbst gehaltenen Predigten von dem Rabbiner Doctor Philippson in Magdeburg. Beurtheilt von einem der Mitglieder* (Altona, 1846). 筹划者的思想以及他们给圣会的指示见：*Zweiter Bericht*, 9-11. 第一部有关犹太历年中各种场合的祈祷书，出版名为：*Gebete und Gesänge zu dem von der Genossenschaft für Reform im Judenthum eingerichteten Gottesdienst in Berlin, für das Neujahrsfest des Weltjahres 5606* (Berlin, 1845).

426

107. 几年后，圣会成立了自己的圣殿，男女仍然分开坐席。有评论者这样解释："德国的家庭坐席总的说来是一种异常现象，大家对此都不熟悉，也不可能……男女分开是司空见惯的事情。柏林的犹太教改革派中的建立模式不是别的，正是基督教堂的模式。大家都不会考虑家庭坐席。" Samuel Hirsch, *Dr. Jastrow und sein Gebaren in Philadelphia* (Philadelphia, 1868), 9.

108. 几年后，威斯特伐利亚的一位激进世俗领导与柏林协会有联系，为犹太圣堂中可以不戴帽子事宜发表了一篇全面的辩论辞。他宣称戴帽子是东方人表示尊敬的一种方式，并不是西方或德国的做法。Levi Lazarus Hellwitz, *Das Unbedeckte Haupt. Predigt* (Soest, 1847).有关赫尔维兹在威斯特伐利亚的改革行为，参见：Herzig, *Judentum und Emanzipation in Westfalen*, 49-51.

109. 菲利普森的布道在形式和内容上都很传统，引用了希伯来语的圣经文章，多次参考犹太历史。出版名为《柏林犹太教改革协会首次圣会的布道》（*Predigten, gehalten bei dem ersten Gottesdienste der Genossenschaft für Reform im Judenthum zu Berlin*, Berlin, 1845）。《节日礼拜仪式》（*Der Festgottesdienst*）的匿名作者认为宣教士对《圣经》文本的诠释极不恰当（20页）。

110. 详细解释总结在侯德海姆的《历史》（*Geschichte*, 149-55）中。《节日礼拜仪式》（*Der Festgottesdienst*, 29-32）的匿名作者对在周日举行礼拜仪式而感到震惊，他认为这是"基督教堂的节日"。他和其他成员认为历史上的安息日才配得上财力上的献祭，因此对此提出抗议，然而无效。

111. 关于协会将这些原则运用到犹太教育上的内容，参见：S. Stern, *Prinzipien zur Abfassung eines Religionslehrbuchs der Genossenschaft für Reform im Judenthum* (Berlin, 1847).

112. *Die Reform im Judenthume. Aufruf an die denkenden Israeliten Königsbergs zum Anschluss an die deutsch-jüdische Kirche* (Königsberg, 1845). 关于卡姆（Culm）和波森的信息参见：*Der Orient*, 6 (1845): 158-59, 164-65. 其他资料参见：Lowenstein, "The 1840s and the Creation of the German-Jewish Reform Movement," 267, note 27.

113. 参见布雷斯劳宣言载于：*AZJ*, 9 (1845): 237-239; *Der Orient*, 6 (1845): 129-30.后面的内容是盖格的回应：虽然支持其观点，但是作者的愿望是继续其"逐渐进步"的道路。参见盖格的第二次回应，同上，142—143页。一年后，盖格进行了一次公共讲座，呼吁世俗组织加快采纳拉比会议的决议，他的老朋友威廉·弗洛伊德对他进行了恶毒的攻击。*AZJ*, 10 (1846): 234-37.有关后来他们之间的激烈持久的争端参见：Philipson, *The Reform Movement*, 264-68.在布雷斯劳，弗洛伊德不仅是盖格忠诚的支持者（同上，注释36），而且还担任期刊的编辑，斯特恩和伯恩斯坦经常在这一期刊上发表文章，在他居住在普鲁士首都时，还当选为柏林协会第一届委员会的成员。但是弗洛伊德减少了选举比例，走上了更加保守的道路。后来他帮助撒迦利亚·弗兰克尔来到布雷斯劳，1854年当选为新成立的拉比神学院的院长。

114. Moriz Turk, "Das erste Gemeindestatut und die Genossenschaft fur Reform im Judentum," in *Festschrift zum 70. Geburtstage von Moritz Schaefer* (Berlin, 1927), 241-57; Galliner, *Sigismund Stern*, 78-83; and the documents in CAHJP, PI7/431.

115. 有关会议的全部记录载于：*Berathungen der vom 14. bis 16. April 1846 in Berlin versammelten Deputirten der Genossenschaft für Reform im Judenthum* (Berlin, 1846).

116. *Reform-Zeitung. Organ für den Fortschritt im Judenthum*. 从1847年的1月到12月出版了96张对开页。

117. 利奥伯德·祖恩斯不愿意和组织有联系，这非常令人失望。祖恩斯像柏

林协会的大部分成立者一样，是犹太文化协会的一名成员，早在1834
年他就为伯恩斯坦翻译的《雅歌》德语译文提供注释和参考书目。他是
应邀参加新组织第一届会议的人员之一，但是他竟然不予理会。他参加　427
完斯坦的首次讲座后，对他的精彩演讲和高贵情感赞美有加，但是对其
总体的可疑趋势不无担心。一个月后，他收到了一封来信，信件来自伊
诺弗罗茨瓦夫县的一位有志青年，他听说祖恩斯支持激进的改革，就仿
照基督天主教的模式写了一份极端的声明，提交给祖恩斯请求批准，信
中强调了犹太学者关于柏林运动方向的担忧。尽管如此，伯恩斯坦敦促
"那些沉默者"以及其他像德累斯顿的伯恩哈德·比尔这样的犹太学者
来支持协会。参见：Nahum N. Glatzer, *Leopold Zunz: Jude—Deutscher—
Europäer* (Tübingen, 1964), 232；F. 翰伯格博士到祖恩斯的有关情况参见
下列材料，1845年2月23日，祖恩斯档案，耶路撒冷犹太国家和大学图
书馆，G14 40792; *Reform-Zeitung*, 41-43；A. 里本斯坦到比尔的有关情
况参见1847年7月/8月的里本斯坦文件，耶路撒冷犹太国家和大学图书
馆，ARC. Ms. Var. 236。

118. 有关协会与侯德海姆协商的文件以及最终的合同参见：Holdheim
Archives, CAHJP, P43.

119. 这是首次让改革这一术语有了新的用途，像在《犹太教改革联合会》中
那样没有作为类属的用途，而是用于机构的命名，《柏林犹太教改革协
会》。柏林组织因此成为欧洲第一个自我命名的改革圣会，其成员成为狭
隘机构意义上的"改革派犹太人"。早在1846年，某观察者说协会"已
经陷入当地政府机构分支的管辖"，这只是柏林众多此类机构中的一个。
*Der Orient*, 7 (1846): 319.

120. Holdheim, Geschichte, 251. 参照：A. Menes, "The Conversion Movement in
Prussia dur-ing the First Half of the 19th Century," *YIVO*, 6 (1951): 187-205.

121. *IPSM*, 2 (1835): 10. Emphasis Philippson's. 参照：Jost, *Geschichte der Israelites*
10.3: 17-19, 162-64; *Literaturblatt des Orients*, 1 (1840): 557.

122. 例如将载于伊莱亚斯·伯肯斯坦（Elias Birkenstein）的《对1817年11
月8日在巴滕菲尔德犹太圣堂公开其信仰的年轻犹太人成人仪式上的
讲话》（*Rede bey der Confirmation eines jungen Israeliten welcher in der*

*Synagoge zu Battenfeld den 8ten November 1817 sein Glaubensbekenntniss öffentlich abgelegt hat*, Frankfurt and Leipzig, 1818）的纯粹普世主义与萨罗门·赫克斯海默的《安息日（1829年5月9日）在埃施韦格圣堂举行的成人礼》[*Bar mizwa; oder, Confirmations-Feier gehalten in der Synagoge zu Eschwege am Sabbathe der Parascha Kedoschim 5589 (den 9 Mai 1829), Eschwege, 1829*] 相比较。还可以参见赫克斯海默有关成人礼的文章：WZJT, 1 (1835): 68-96. 我在下面我写的这篇文章中讨论了19世纪30年代重申特殊神宠论的总趋势与类似的德国基督教特殊神宠论的趋势之间的关系："Christian Influence on Early German Reform Judaism," in Charles Berlin, ed., *Studies in Jewish Bibliography, History and Literature in Honor of I. Edward Kiev* (New York, 1971), 289-303.

123. 一位年轻的宣教士告诉圣会者要把他当作给他们传授神圣启示的圣徒，几个月后他调换担任了另一个职位。Heimann Jolowicz, *Der segenvolle Beruf israelitischer Geistlichen und die Pflichten der Gemeinden gegen sie. Antrittspredigt* (Mariewerder, 1843). 副本在海曼·杰洛维兹（Heimann Jolowicz）收录集中，耶路撒冷犹太人民历史中央档案馆，P2。

124. 威斯巴登讨论的详细资料载于约瑟夫·奥布递交给巴伐利亚政府的报告。那些圣会者决定在集体决议形成之前，为了建立支持，个别拉比应该提交有关盖格改革的学术论文。这一报告载于：*ZGJD*, n.s., 6 (1935): 51-52. 还可以参见：Philipson, *The Reform Movement*, 457；以及盖格1837年4月30日回复拉比古特曼和斯坦参加成人礼的信件，利奥伯德·斯坦收录集，纽约利奥拜克研究院档案，3264/9。

125. 除了世俗竞争和改革意图外，召开拉比会议还有一个动机。来自不同行业的代表纷纷着手召开国家会议，表达了对职业的忧虑以及广泛的文化和政治自由主义。不伦瑞克大会召开的那一年，律师、经济学家、基督神学家和书商们召开了全国性的会议。像这些组织一样，拉比也希望能一一会晤或者与老朋友们重温旧情。但是显而易见他们的目的绝对超出了同志之间的友情。*INJ*, 5 (1844): 213.

428　126. 从印刷草案中节选的译文载于菲利普森提交的会议议程详细记录中：*The Reform Movement*, 143-224 and in Plaut, *The Rise of Reform Judaism, passim*.

我对希伯来语译文编译了一部分节选，其中包含与这儿所做分析相似的
前言，*Ve'idot ha-rabanim be-germaniyah ba-shanim 1844-1846* (Jerusalem,
1984). The complete texts appeared as *Protocolle der ersten Rabbiner-
Versammlung abgehalten zu Braunschweig* (Brunswick, 1844); *Protokolle und
Aktenstucke der zweiten Rabbiner-Versammlung, abgehalten zu Frankfurt am
Main* (Frankfurt a/M, 1845); *Protokolle der dritten Versammlung deutscher
Rabbiner, abgehalten zu Breslau* (Breslau, 1847).

127. 有关参加者的个人和职业资料表格载于：Lowenstein, "The 1840s and the
Creation of the German-Jewish Religious Reform Movement," 276-79.

128. *AZJ*, 9 (1845): 450; *Sinai*, 1 (1846): 94.

129. Stein to Zunz, June 22, 1846, Zunz Archives, JNUL, 923-407-92.

130. *AZJ*, 8 (1844): 27.

131. *INJ*, 5 (1844): 289, 338.

132. *Protocolle der ersten Rabbiner-Versammlung*, 73.

133. Joseph Maier, *Die ersteRabbiner-Versammlung und ihre Gegner* (Stuttgart,
1845), 40-45; Gotthold Salomon, *Die Rabbiner-Versammlung und ihre
Tendenz* (Hamburg, 1845), 33-38; *AZJ*, 8 (1844): 374; *ZRIJ*, 1 (1844): 307n;
*Literaturblatt des Orients*, 6 (1845): 116.

134. 有关积极效仿不伦瑞克大会以及处理事情的方式而需要重申正统派的地
位，参见：Bleich, "Jacob Ettlinger," 186-96.

135. *Torat ha-kena'ot* (Amsterdam, 1845), *Sefer kin'at tsiyon* (Amsterdam, 1846).
记载116位抗议者中德国拉比背景信息的表格以及他们与大会参加者
的比较，参见：Lowenstein, "The 1840s and the Creation of the German-
Jewish Religious Reform Movement," 280-85.

136. R. Bellson, *Blatter fur Israels Gegenwart und Zukunft*, 1 (1845): 1-6, 16-20,
261-63, 354; W. B. Frankel, *Die Rabbiner-Versammlung und der Reform-
Verein* (Elberfeld, 1844); *INJ*, 6 (1845): 384.

137. *Tokhahat megulah* (Frankfurt a/M, 1845), 3, 26-27.

138. *ZRIJ*, 1 (1844): 89-106, 289-308.

139. *ZRIJ*, Prospectus (1843): 5.

140. 法兰克福大会召开前，菲利普森已经指出真正的改革者不应钻塔木德允许其他语言祈祷的空子，而应牢记保留希伯来语言的情感和历史缘由。Petuchowski, *Prayerbook Reform in Europe*, 99; *AZJ*, 8 (1844): 461-63.

141. 也许正如某些人的观点，他已经计划要退席，或者根据某资料的暗示，他听从了法兰克福主人的劝说。*INJ*, 6 (1845): 268-69; Gotthold Salomon to Bernhard Beer, February 18, 1846, Salomon file, JNUL,Arc. Ms. Var. 236; Jost, *Geschichte der Israelites*, 10.3: 251; *AZJ*, 9 (1845): 519. 还有一位保守分子也跟随弗兰克尔一同辞职，巴登州兰德格市的拉比——利奥伯德·肖特，他也可以在其他地方寻得一份新工作。*AZJ*, 9 (1845): 518-519. 肖特首先竭尽全力争取政府的许可，可以找人接替他的职责，一位富裕的表亲资助他的行程，使他参加了第一届大会。他效仿贝恩堡的赫克斯海默和卢森堡的塞缪尔·赫希，计划在兰德格废除柯尔尼德，已经形成决定了。*Der Orient*, 5 (1844): 305, 370. 他把自己看作是正统改革派的一位成员，并且希望保守派在法兰克福会比不伦瑞克势力强大一些，弗兰克尔宣布要参会让他觉得这一希望可能会实现。参见肖特收录集，耶路撒冷犹太人民历史中央档案馆，尤其是1844年8月14日肖特写给菲利普森的信。

142. *E.g., Der Orient*, 6 (1845): 282-83, 290, 351-52.

429 143. *Protokolle und Aktenstücke*, 106.

144. 有关传统派中出现的观念参见本人的引用内容：*Zion*, 46 (1981): 57-58;Bleich, "Jacob Ettlinger," 259-60. 有关当时在改革派布道中的典型用途见：H. Jolowicz, *Israel's Beruf* (Cöslin, 1846). 有关使命的思想还得到了历史学家海因里希·格雷茨衷心的支持，参见：Heinrich Graetz, "The Significance of Judaism for the Present and Future," *JQR*, 1 (1889): 4-13; 2 (1890): 257-69. 其他资料参见：Barouh Mevorah, "The Messiah Question in the Disputes over Emancipation and Reform, 1781-1819" [Hebrew] (Ph.D. dissertation, Hebrew University, 1966), 189-95.

145. *Protocolle der ersten Rabbiner-Versammlung*, 61; *Protokolle und Aktenstucke*, 74.

146. 重点参见：Aira Kemiläinen, *Auffassungen über die Sendung des deutschen*

*Volkes um die Wendedes 18. und 19. Jahrhunderts* (Helsinki, 1956); *idem, Die historische Sendung der Deutschen in Leopold von Ranke's Geschichtsdenken* (Helsinki, 1968).

147. [Caro], *Berit emet*, 124.

148. Geiger in *WZJT*, 3 (1837): 1-14; *Protokolle und Aktenstücke*, 334-48; *Protokolle der dritten Versammlung*, 253-66. 阿德勒试图表明塔木德提高了妇女的地位，导致塞缪尔·侯德海姆对此进行驳斥，书名为：*Die religiöse Stellungdes weiblichen Geschlechts im talmudischen Judenthum* (Schwerin, 1846). 在这一问题上以及其他方面，侯德海姆认为改革派无法弥补与传统派观念上的沟壑。还可以参见：Wolfgang Hamburger, "Die Stellung des Reform udentums zur Frau," *Emuna*, 10, Sup-plementheft 1 (1975): 11-22.

149. *INJ*, 1 (1846): 289, 301; *Der Orient*, 1 (1846): 238, 261-62; 279-81, 312; *Sinai*, 1 (1846): 280-83; Abraham Geiger, *Vorläufiger Bericht über die Thätigkeit der dritten Versammlung deutscher Rabbiner* (Breslau, 1846), 3.

150. *ZRIJ*, 3 (1846): 201-204, 339-40, 387; *Sinai*, 1 (1846): 341-46; *Der Orient*, 8 (1847): 13, 51, 72, 297.

151. *Der Orient*, 8 (1847): 320; *AZJ*, 12 (1848): 470, 48 (1884): 247-248; Jacob Toury, *Soziale und politische Geschichte der Juden in Deutschland 1847-1871* (Düsseldorf, 1977), 245-252. 早在1848年1月19日，艾萨克·马库斯·约斯特给他的朋友厄伦伯格一家人写信道："没有人再谈论宗教改革了……我们的拉比（利奥伯德·斯坦）已经对抱怨厌烦透了；只有空空的席位听他说话，毫无反应。"纽约利奥拜克研究院档案，AR 4294。

152. 从广义上讲，绝大多数德国犹太人纷纷支持改革派运动，或者说大部分德国犹太人不再完全守教，要准确地对其衡量当然是不可能的。（当然后一类人并不支持宗教改革。）比较明显的事是到中世纪为止，有限程度的改革比较普遍（自称为正统派的一些人，当然不是所有，对此也予以支持）。有资料报道"好的德语布道、成人礼、允许德语祈祷、犹太圣堂音乐等内容几乎深入人心，很少有城市没有进行某种程度上的改革。"*Der Orient*, 7 (1846): 63. 当然在柏林自我指定的"改革派"犹太圣会一直是德国的少数群体，他们处于中间地位，在某种程度上由拉比会议所代表，他们很快就赢得了支持者。有关数量的问题参见：Jacob Toury, *Die politischen Orientierungen der Juden in Deutschland von Jena bis Weimar* (Tübingen, 1966), 2; Steven M. Lowenstein, "The Pace of Modernisation of German Jewry in the Nineteenth Century", *LBIYB*, 21 (1976): 42.

## 4. 欧洲传播

1. 译文参见：Ib Nathan Bamberger, *The Viking Jews: A History of the Jews of Denmark* (New York, 1983), 50-57.

2. 有关丹麦犹太人的宗教改革参见：Gotthold Weil, "A Copenhagen Report concerning 'Reform' addressed to Rabbi Meir Simha Weil," *Journal of Jewish Studies*, 8 (1957):91-101 and Kurt Wilhelm, "The Influence of German Jewry on Jewish Communities in Scandinavia," *LBIYB*, 3 (1958): 313-22.

430

3. 正统派宣布上帝的名字应该按照其书写来发音。他们还确认第147首圣歌要进行简化，删除提到耶路撒冷的第2和12节诗段。但是他们对坐席情况并不抱怨。参见：Weil, "A Copenhagen Report", 98.

4. *AZJ*, 3 (1839): 228-29; *MGWJ*, 20 (1871): 277, 332.

5. Josef Fischer, "Et Rejsebrev fra I. N. Mannheimer," *Tidsskrift for Jødisk Historic og Liter atur*, 1 (1917-19) 298n.

6. *IPSM*, 2 (1835): 100-104, 107-15; Abraham Alexander Wolff, *Predigt beim Antritte seines Amtes als Priester der mosaischen Gemeinde zu Kopenhagen* (Kopenhagen, 1829), 7. 几年前日德兰半岛的奥尔胡斯市也制定了类似的礼拜仪式，使用的是"仁慈的父"祷文，参见：*Sulamith*, 6.2 (1822-25): 282-83; 7.1 (1826-29): 65-72. 尽管曼海姆与沃尔夫友好地通信，但他认为对方资质不足以胜任柏林空缺的拉比位置。参见：Mannheimer to Moritz Veit, March 11, 1840, Veit Collection, CAHJP, P47.

7. *MGWJ*, 20 (1871): 277, 333; Fischer, "Et Rejsebrev," 292.

8. Moses Rosenmann, *Isak Noa Mannheimer: Sein Leben und Wirken* (Vienna and Berlin, 1922), 44-53; Hilde Spiel, *Fanny Arnstein oder die Emanzipation: Ein Frauenleben an der Zeitenwende, 1758-1818* (Frankfurt a/M, 1962), 89, 179,

272, 435.

9. Sigmund Husserl, *Grundungsgeschichte des Stadt-Tempels der .Israel. Kultusgemeinde Wien* (Vienna and Leipzig, 1906), 62, 77; Rosenmann, *Isak Noa Mannheimer, 59; 150 Jahre Wiener Stadttempel* (Vienna, 1976), 52.

10. Alfred Francis Pribram, *Urkunden undAkten zur Geschichte der Juden in Wien* (Vienna and Leipzig, 1918), 305-27; Husserl, *Gründungsgeschichte*, 80-115, Gerson Wolf, *Geschichte der israelitischen Cultusgemeinde in Wien (1156-1876)* (Vienna, 1876), 132-34.

11. *Sulamith*, 7.1 (1826-29): 267-76, 290-97; *Menorah*, 4 (1926): 150-57, 165; Nikolaus Vielmetti, "150 Jahre Stadttempel. Bilder und Dokumente," in *Der Wiener Stadttempel 1826-1976* (Eisenstadt, 1978), 92-99; Husserl, *Gründungsgeschichte*, 131-32.

12. *MGWJ*, 20 (1871): 334-35; 61 (1917): 298; *Jeschurun*, 8 (1921): 222-31; *JZWL*, 3 (1864/65): 167-74; *Die ersten Statuten des Bethauses in der inneren Stadt* (Vienna, 1926).

13. Joshua O. Haberman, "Isak Noa Mannheimer as Preacher" (Rabbinical thesis, Hebrew Union College, 1945).

14. *MGWJ*, 20 (1871): 281; Rosenmann, *Isak Noa Mannheimer*, 106-20.

15. *Die Erlösung* (Vienna, 1847), 14.

16. Rosenmann, *Isak Noa Mannheimer*, 77-85, 91 note 3, 137-215.

17. Salomon Sulzer, *Denkschrift an die hochgeehrte Wiener israelitische Cultus-Gemeind* (Vienna, 1876); Maximilian Steiner, *Salomon Sulzer und die Wiener Judengemeinde* (Vienna,1904); *CCARY*, 14 (1904): 227-43; Eric Werner, *A Voice Still Heard...The Sacred Songs of the Ashkenazic Jews* (University Park, Pa. and London, 1976), 209-19; Hanoch Avenary *et al*, eds., *Kantor Salomon Sulzer und seine Zeit: Eine Dokumentation* (Sigmaringen, 1985).

18. 有关洪伯格的事业和观点，参见：*Sulamith*, 3.1 (1810): 258-64; Gerson Wolf, Studien zur Jubelfeier der Wiener Universitdt (Vienna, 1865), 111-19; Majer BaJaban, "Herz Homberg in Galizien," *JJGL*, 19(1916): 189-221; Joseph Walk, "Herz Homberg's Bne-Zion" [Hebrew], *Annual of Bar-Ilan University—*

*Studies in Judaica and the Humanities*, 14/15 (1977): 218-32; Homberg's *Imre shefer* (Vienna, 1808); his *Bne-Zion* (Augsburg, 1812); and his *Rede bey Eröffnung der religiös-moralischen Vorlesungen für Israeliten in Prag* (Prague, 1818).

19. 这与天主教夫妇教义问答的测试非常相似，参见：Ludwig Singer, "Die Entstehung des Juden-Systempatentes von 1797," *JGGJCR*, 1 (1935): 216.

20. 有关比尔的生平参见其本人著作：*Lebensgeschichte* (Prague, 1839) and Vladimir Sadek and Jiřina Sedinova, "Peter Beer (1758-1838)—Penseur eclaire de la vieille ville juive de Prague," *Judaica Bohemiae*, 13 (1977): 7-28. 有关对洪伯格和比尔的支持，参考他们赞同妇女平等的观点，这部分内容参见：Wilma Iggers, ed., *Die Juden in Böhmen und Mäh-ren: Bin historisches Lesebuch* (Munich, 1986), 62-69.

21. *Geschichte, Lehren und Meinungen aller bestandenen und noch bestehenden religiösen Sekten der Juden*, 2 vols. (Brünn, 1822-23), 1: 5, 125-27, 375; 2: 412-39.

22. *Kos yeshuot oder Kelch des Heils* (Prague, 1802), 70n.

23. 1819年，比尔在提交给皇帝的备忘录中提议进行犹太圣堂改革，开始了旷日持久的政府审议。Frankiek Roubík, "Die Verhandlungen über die Revision des jüdischen Systemalpatents vom Jahre 1797," *JGGJCR*, 5 (1933): 316-24。

24. 重点参见：Ruth Kestenberg-Gladstein, *Neuere Geschichte der Juden in den böhmischen Ländern*. Erster Teil: *Das Zeitalter der Aujklärung, 1780-1830* (Tübingen, 1969). 她引用了第31页和第134条注释对犹太圣堂音乐的描述以及下列文献：A. Z. Idelsohn, *Jewish Music* (New York, 1929), 205.

25. 文章得以重印，载于：Siegmund Maybaum, "Aus dem Leben Leopold Zunz," *Zwölfter Bericht uber die Lehranstalt fur die Wissenschaft des Judenthums in Berlin* (Berlin, 1894), 34-36.

26. 我对协会的叙述是根据路德维希·波拉克于1835年3月10日写给利奥伯德·祖恩斯的一封未经出版的长信（祖恩斯档案，耶路撒冷犹太国家和大学图书馆，40792—g19）以及其他信件和印刷资料。"Aus dem Leben Leopold Zunz," 34-58；*MGWJ*, 61 (1917): 309-17.另外一个主要资料参见：Peter Beer, *Reminiscenzen* (Prague,1837);Wilhelm Klein, *100 Jahre Verein fur geregelten Gottesdienst der Israeliten an der Altschule in Prag* (Prague, 1937) ;Frantisek Roubik, "Von den Anfangen des Vereines fur Verbesserung des israelitischen Kultus in Bohmen," *JGGJCR*, 9 (1938): 411-47.

27. Nahum N. Glatzer, ed., *Leopold Zunz: Jude—Deutscher—Europaer* (Tübingen, 1964), 182, 185.

28. Vladimír Sadek, "La synagogue réformée de Prague (la 'Vieille école') et les études juives au cours due 19e siecle," *Judaica Bohemiae*, 16 (1980): 122-23.

29. 下列波希米亚社区采纳了经过修订的礼拜仪式：Gitschin, Teplitz, Brandeis, Neubidschow, Schwarzkosteletz, and Böhmisch-Leipa. *AZJ*, 6 (1842): 637; Roubík, "Von den Anfängen," 445 note 35. 在特普利茨的安息日和各个节日也有管风琴演奏，是由撒迦利亚·弗兰克尔的继承人大卫·皮克引进的，他是奥地利帝国参加德国拉比会议的唯一一位拉比，参见：Beer, *Reminiscenzen*, 26; Friedrich Weihs, *Aus Geschichte und Leben der Teplitzer Judengemeinde* (Brünn and Prague, 1932), 36-37. 摩拉维亚有早期资料证明普罗斯尼茨和伦登伯格地区采纳了经过修订的礼拜仪式，参见：Bonaventura Mayer, *Die Juden unserer Zeit* (Regensburg, 1842), 44; *Der Orient*, 5 (1844): 357.

30. *AZJ*, 9 (1845): 103-104; Hillel Kieval, "Caution's Progress: The Modernization of Jewish Life in Prague, 1780-1830," in Jacob Katz, ed., *Toward Modernity: The European Jewish Model* (New Brunswick, N.J., 1987), 71-105.

31. 参见：Simon Rawidowicz, ed., *Kitve rabi Nachman Krochmal* (2d edn., London and Wal-tham, Mass., 1961). 一部分译文节选载于本人著作：*Ideas of Jewish History* (New York, 1974), 189-214.

32. *Kalender und Jahrbuch für Israeliten*, 5 (1847): 217-27; Isaac Marcus Jost, *Geschichte der Israeliten*, 10.3 (Berlin, 1847), 77-80; Idelsohn, *Jewish Music*, 245. 佩尔（Perl）死后，任命新的独唱者并授权他身着维也纳的神职服装，参见：*Der Orient*, 5 (1841): 210, 213.

33. Eliezer Liebermann, *Or nogah* (Dessau, 1818), 21-22. 1844年，亚伯拉罕·科恩初次来到伦贝格，他首次宣教是在沃施塔特犹太圣堂。

34. 有关犹太圣堂的早期历史以及由此而产生的冲突，我参考了下列文献：
*Österreichisches Central-Organ fur Glaubensfreiheit, Cultur, Geschichte und Literatur der Juden*, 1 (1848): 190, 238, 276, 295-96, 335-36; Gotthilf Kohn, *Abraham Kohn im Lichteder Geschichtsforschung* (Zamarstynow near Lemberg, 1898); M. Weissberg, "Die neuhebräische Aufklärungs-literatur in Galizien," *MGWJ*, 57 (1913): 513-24; Majer Bałaban, *Historia LwowskiejSynagogi Postepowej* (Lwow, 1937), 14-61; N. M. Gelber, ed., *Lvov*, volume 4.1 of *Entsiklopedyah shel galuyot* (Jerusalem and Tel-Aviv, 1956), 230-68,429-37. 由衷感谢伊丽莎白·克鲁考斯基教授为我准备了波兰巴拉班卷册的综述。

35. 自从所罗门·朱达·拉波波特（Solomon Judah Rapoport）的亲戚卷入此事以来，自然他支持这一组织，参见：Raphael Mahler, *Divre yeme yisrael*, 6 (Tel-Aviv, 1976): 278.

36. [Abraha]m [Koh]n, "Briefe aus Galizien," Kalender und Jahrbuch fur Israeliten, 5 (1847): 197-202; Israel Zinberg, *A History of Jewish Literature*, trans. Bernard Martin, 10 (Cincinnati, 1977): 101-108.

37. 科恩不仅获得了来自布拉格的传统分子塞缪尔·兰道批准他为拉比的荣誉，而且还获得了由激进派赫兹·洪伯格签名的教育家证书。还在奥地利的霍恩埃姆斯市（Hohenems）时，他已经在盖格主办的《犹太神学科学期刊》（*WZJT*）上发表了两篇学术文章，论证了废除哀悼习俗和取消在逾越节穿皮鞋这一禁令的合理性。盖格帮助科恩发表文章的过程让他步入了学术圈。

38. 就在几天前，科恩就《你不会谋杀》的题目做了一次布道。当受到警方质疑时，据说他这样回答的："尽管我被毒死，但绝不是出于犹太人之手。"他被埋葬在雅各布·米舒兰·奥恩斯坦的旁边，据说正统派通过掘出科恩的遗体，然后重新将其埋葬在墓地的其他地方而进行报复、令其受辱。

39. *AZJ*, 10 (1846): 353; Ignaz Reich, *Beth-El Ehrentempel verdienter ungarischer Israeliten*, 3 vols. (Pest, 1867-82), 2: 258; Wolfgang Hausler, "Assimilation und Emanzipation des ungarischen Judentums um die Mitte des 19. Jahrhunderts," *Studia Judaica Austriaca*, 3 (1976): 38. 有关这一时期匈牙利犹太人的社会和思想发展之间的关系，参见：Michael Silber, "Shorshe ha-pilug be-yahadut

432（左侧边码）

hungaryah" (Ph.D. dissertation, Hebrew University, 1985); 有关匈牙利改革的总体情况，参见他撰写的文章："The Historical Experience of German Jewry and Its Impact on Haskalah and Reform in Hungary," in Katz, ed., *Toward Modernity*, 117-57.

40. 有关亚伦·科林的二手文献包括以下：Leopold Löw, "Aron Chorin. Eine bio-graphische Skizze," in *Gesammelte Schriften*, 5 vols. (Szegedin, 1889-1900), 2: 251-420; Paul Lazarus, "Aron Chorin," in Minhat todah Max Dienemann zum 60. Geburtstag gewidmet (Frankfurt a/M, 1935), 56-65; Moshe Pelli, "The Ideological and Legal Struggle of Rabbi Aaron Chorin for Religious Reform in Judaism" [Hebrew], *HUCA*, 39 (1968): Hebrew Section, 63-79. 参见娄（Löw）和贝利（Pelli）对科林发表作品的参考。

41. 宣布放弃比尔圣殿的教义问答印在《圣约之言》（*Eleh divre ha-berit*, Altona, 1818, 98）。仔细阅读你就会发觉缺少真正的悔改之情，也能体会到科林沦为献祭牺牲者的心情，早些时候，他曾受到威胁：必须对自己出版的著作加以谴责，否则就把他的胡子剃光。

42. Löw, "Aron Chorin," 388.

43. *Igerreth Elassaph, oder Sendschreiben eines afrikanischen Rabbi an seinen Collegen in Europa*, German Section (Prague, 1826), 76-94.

44. 同上书，Hebrew Section, 32a。

45. 1832年，科林给祖恩斯写信，两年后他批准了祖恩斯的拉比称号，他发现"一方面我们拥有犹太国籍，但缺少世界意识和文化；另一方面我们拥有相当成熟的文化，却没有国籍"，因而感到难过。参见祖恩斯档案，耶路撒冷犹太国家和大学图书馆，g1040792—119。

46. *Yeled zekunim, oder Kind des hohen Alters*, Hebrew Section (Vienna, 1839).

47. Löw, "Aron Chorin," 400.

48. *AZJ*, 1 (1837): 240; Reich, *Beth-El*, 1: 46-55, 126-27, 2: 265, 267-68; Leopold Löw, *Zur neueren Geschichte der Juden in Ungarn* (2d edn., Budapest, 1874), 106-11.

49. Leopold Zunz, *Die gottesdienstlichen Vorträge der Juden* (Berlin, 1832), 468; *AZJ*, 6 (1842): 97; Maybaum, "Aus dem Leben Leopold Zunz," 35.

433　50. *AZJ*, 1 (1837): 452; 9 (1845): 330; 10 (1846): 589, 617-18; 11 (1847): 347-48; *Der Orient*, 8 (1847): 220-21; Ignaz Einhorn, *Die Revolution und Die Juden in Ungarn* (Leipzig, 1851), 48; Reich, *Beth-El* 2: 16-18; Secretary of the Papa progressive party to Löw Schwab, October 13, 1845, Leopold Löw Collection, JNUL; *Zulässigkeit und Dringlichkeit der Synagogen-Reformen begutachtet von vorzüglichen in-und ausländischen Rabbinen* (Vienna, 1845).

51. Löw, *Zur neueren Geschichte der Juden in Ungarn*, x-xi. 很多资料显示他成为来卢戈的宣教士。例如：Einhorn, *Die Revolution und Die Juden in Ungarn*, 136. 但是，这一职位好像已经被一位叫科恩的男子占据了，参见：ZJ, 11 (1847): 347-48.

52. *Rabinische Ceremonialgebrduche in ihrer Entstehung und geschichtlichen Entwickelung* (Breslau, 1837); *Pharisäische Volkssitten undRitualien in ihrer Entstehung und geschichtlichen Entwickelung* (Frankfurt a/M, 1840); *Der mosaische Gesetzcodex* (Ofen, 1847); *Reform des Judenthums* (Nagy-Becskerek, 1848).

53. *Ibid.*, 4. 重点在文本内。不久勃拉克成为匈牙利国民军的官员，要么死于战场，要么死于流行霍乱。

54. *AZJ*, 11 (1847): 42, 625, 694; *INJ*, 8 (1847): 38, 142. 有关艾因霍恩参见：Reich, *Beth-El*, 1: 194-203. 有关艾因霍恩作为宣教士的非凡天赋参见他于1848年1月22日在奥芬的犹太圣堂社区所做的戏剧性布道，题目为：*Zur That!* (Ofen, 1848)；包括很多米德拉什，将当代犹太人比作出身于奴隶制、蒙上帝的帮助、靠自身努力的以色列人，还把当代的犹太解放运动中针对的敌人比作埃及的工头。

55. *Der Orient*, 9 (1848): 279, 316; L. Schwab, *Gutachten an den Israelitischen Gemeinde-Vorstand zu Pesth* (Pest, 1848); Einhorn, *Die Revolution und Die Juden in Ungarn*, 107-13. 艾因霍恩向柏林改革协会提交了一篇布道，题目为：*Mund und Herz* (Berlin, 1848).

56. Löw, *Gesammelte Schriften*, 5: 127. 1846年，盖格和弗兰克尔都努力拉拢匈牙利的温和改革者参加各自的大会。同上书，135—137页。

57. *AZJ*, 10 (1846): 352; *Der Orient*, 10 (1849): 167; Salo W. Baron, "The

Revolution of 1848 and Jewish Scholarship," *PAAJR*, 20 (1951): 83-100; Istvan Deak, The Lawful Revolution: Louis Kossuth and the Hungarians, 1848-1849 (New York, 1979), 51, 86, 102, 113-16, 314. 娄在其作品中非常深刻地表达了长期希望和反复失望而导致的内心冲突：Löw Schwab, *Ein Wort zur Zeit* (Pest, 1848).

58. Deak, *The Lawful Revolution*, 114.

59. Ignaz Einhorn, *Grundprinzipien einer gelduterten Reform im Judenthum* (Pest, 1848), 32, emphasis in text.

60. 同上书，43页。

61. Reich, *Beth-El*, 195-96; *CCARY*, 19 (1909): 241-44. 关于最后一段时期参见：Gerson Wolf, *Joseph Wertheimer* (Vienna, 1868), 217-28.

62. Zunz, *Die gottesdienstlichen Vorträge der Juden*, 472-74; Nikolaus Vielmetti, "Die Gründungsgeschichte des Collegio Rabbinico in Padua," *Kairos*, 12 (1970): 1-30; 13 (1971): 38-66.

63. Morris B. Margolies, *Samuel David Luzzatto: Traditionalist Scholar* (New York, 1979). 卢扎托仍然确信犹太律法的灵活性，对迈蒙尼德（Maimonides）编纂法典时的拘泥原文而感到惋惜。1845年8月20日，他给梅尔·维纳写信："（与迈蒙尼德）相比之下，塔木德呈现了我们律法在改革时期所经历的修订以及古代圣人的不同意见。如果只有迈蒙尼德法典的话，我们就该相信几乎所有的律法都是在西奈山传授给摩西的。"欧洲信件，希伯来联合大学图书馆档案，辛辛那提市。

64. Menachem Emanuele Artom, "On the Reform Movement in Italy: The Dispute over Reduction of the Period of Mourning in 1865" [Hebrew], in *Scritti in memoria di Sally Mayer* (Jerusalem, 1956), 110-14. 意大利北部城市曼图亚（Mantua）的拉比马克·摩塔拉属于例外。在其事业早期，他就指出古代礼拜仪式的易变性可以作为现在的一种楷模。后来他倡导某种仪式改革，但是并没有取得实际成功。参见他的文章："Kritische Studien," *IA*, 2 (1840): 202-203, 209, 216-17, 224-25, 233-34. 1844年，继法国犹太实践后，拉比雅各布·利维将意大利南部雷焦市的成人礼仪式引入摩德纳公国。参见：*AI*, 5 (1844): 343-44.

65. Cecil Roth, *The History of the Jews of Italy* (Philadelphia, 1946), 444-45, 492-93; Yomtov Ludwig Bato, "Italian Jewry," *LBIYB*, 3 (1958): 338; Attilio Milano, *Storia degli ebrei in Italia* (Torino, 1963), 374.

66. 引文出自：Barrie M. Ratcliffe, "Some Jewish Problems in the Early Careers of Emile and Isaac Pereire," *JSS*, 34 (1972): 196.

67. *WZJT*, 5 (1844): 449.

68. Isidore Loeb, *Biographic d'Albert Cohn* (Paris, 1878), 153; Ismar Schorsch, "Emancipation and the Crisis of Religious Authority: The Emergence of the Modern Rabbinate," in Werner E. Mosse *et al*, eds., *Revolution and Evolution: 1848 in German-Jewish History* (Tübingen, 1981), 243-44; Samuel Cahen in *AIF*, 3 (1842): 129.

69. Simon Schwarzfuchs, *Napoleon, the Jews and the Sanhedrin* (London, 1979), 134-36, 138, 181, 189.

70. 最近法国出版来越来越多的有关犹太宗教改革的文献。包括：Phyllis Cohen Albert, *The Modernization of French Jewry: Consistory and Community in the Nineteenth Century* (Hanover, 1977); *idem*, "Nonorthodox Attitudes in Nineteenth-Century French Judaism," in Frances Malino and Phyllis Cohen Albert, eds., *Essays in Modern Jewish History: A Tribute to Ben Halpern* (Rutherford, N.J., 1982), 121-41; Patrick Girard, *Les Juifs de France de 1789 à 1860* (Paris, 1976); Jonathan I. Helfand, "French Jewry during the Second Republic and Second Empire (1848-1870)" (Ph.D. dissertation, Yeshiva University, 1979); Sharon Muller, "The Evolution of French Judaism: The Reform-Orthodox Controversy and the Rise of Consistorial Judaism" (M.A. thesis, Columbia University, 1979); and Jay R. Berkovitz, "French Jewry and the Ideology of *Régénération* to 1848" (Ph.D. dissertation, Brandeis University, 1982). 阿尔伯特博士（Dr. Albert）阅读了此部分的手稿。

71. 有关泰尔凯的情况参见：*AIF*, 3 (1842): 56; 23 (1862): 313-17; and Richard Menkis, "Les frères Elie, Olry et Lazare Terquem," *Archives juives*, 15 (1979): 58-61.

72. 本人非常感激巴尔宜兰大学的西蒙·施瓦兹福克斯教授把作为"以色列

通信"（"Correspondence israélite"）问世的萨法缇信件缩印版寄给我，第 13—27封信，载于：Courrier de la Moselle, published in Metz (issues dated from April 20, 1839 to September 16, 1841). Letters 18 and 19 are signed "A. T., de Metz israelite Frangais" and may be by another writer. 例如，第18封信的参考文献中注明作者来自工人家庭，但是信中抒发的情感与泰尔凯一致。还可以参见：Loeb, *Biographie d'Albert Cohn*, 155-56, and Berkovitz, "French Jewry and the Ideology of *Régénération*," 144-56.

73. Letters 15 and 27; *AIF*, 2 (1841): 235; 5 (1844): 684.

74. 参见：Letters 15, 17, 21, and 23.

75. 重点参见：Letter 23. 其他资料参见：*AIF*, 1 (1840): 275-83, 325-32; *AZJ*, 3 (1839): 261.

76. 在第23封信件中他怒斥那些对祷文夸大其词的人（*panégyristes jurés*），认为这应该作为下列信件的证据：*AIF*, 1 (1840): 165-71.

77. Simon Debre, "The Jews of France," *JQR*, 3 (1891): 387.

78. *AIF*, 23 (1862): 317. 显然只有一次由泰尔凯提交给期刊的一封信被拒出版。*RW*, 2 (1837): 89-90. 泰尔凯看到哥哥临终前皈依基督教而感到震惊，明确表示死后自己要遵循犹太人的葬礼。巴黎的大拉比拉扎尔·伊斯多尔主持了他的葬礼。

79. *AIF*, 1 (1840): 276. 其他资料参见：Samuel Cahen, *Coup d'oeil sur les dernieres lettres tsarphatiques* (Paris, 1839).

80. 参见：例如，*AIF*, 2 (1841): 715-19; 3 (1842): 128-32; 7 (1846): 273-88.

81. *RW*, 1 (1836/37): 320.

82. *AIF*, 1 (1840): 32, 235, 693-94; 3 (1842): 308-12, 427-36, 453-54; 7 (1846): 461, 537-40. 早期从1836年到1837年这一年半的时间内在斯特拉斯堡出版 435 的双语版《再生》（*La Régénération—Die Wiedergeburt*），书中尽是德裔犹太人撰写的文章或者是有关德国犹太发展的内容。法兰克福的迈克尔·科瑞兹纳克经常为其撰稿。还可以参见：Jonathan I. Helfand, "The Symbiotic Relationship between French and German Jewry in the Age of Emancipation," *LBIYB*, 29 (1984): 331-50.

83. *AIF*, 5 (1844): 231-32.

84. Albert, *The Modernization of French Jewry*, 198; Helfand, "The Symbiotic Relationship," 344.

85. *AIF*, 2 (1841): 468-70, 531-35; 5 (1844): 229-44. 但是实行经过改革的礼拜仪式的祈祷组织设在兰斯（Reims, 1838）和尼斯（Nice, 1867）。Albert, *The Moderniza-tion of French Jewry*, 197-98.

86. 同上书，169—172、240—259页。*AIF*, 1 (1846): 285; 8 (1847): 183.

87. Albert, *The Modernization of French Jewry*, 298-302, 385-86; *idem*, "Nonorthodox Attitudes," 128-32; Jonathan Helfand, "Entre tradition et réforme: Une lettre de Marchand Ennery," *Archives juives*, 16 (1980): 31-35; and Girard, *Les Juifs de France*, 231-36.

88. Lazare Wogue, *L'avenir dans lejudaisme* (Paris, 1844), 15; Gerson-Lévy, *Orgue et pioutim* (Paris and Metz, 1859), 121; Cahen in *AIF*, 10 (1849): 11, cited by Helfand, "French Jewry during the Second Republic," 104 (emphases in the original); Michael Graetz, *Ha-Periferyah hayetah le-merkaz: perakim betoledot yahadut tsorfat be-me'ah ha-19* (Jerusalem, 1982), 56-65.

89. Letter to the editor of the *Gazette de France*, August 27, 1838. 转引自：Georges Rivals, *Notes sur le Judaïsme Libéral* (Paris, 1913), 89-90. 有关对萨尔瓦多思想的两种不同的诠释，参见：Paula E. Hyman, "Joseph Salvador: Proto-Zionist or Apologist for Assimi-lation?" *JSS*, 34 (1972): 1-22;Michael Graetz, "Joseph Salvador's Place in the Emergence of Jewish Consciousness" [Hebrew], *Zion*, 37 (1972): 41-65.

90. *AIF*, 2 (1841): 666-67, 721; 4 (1843): 407-10. *AZJ*, 5 (1841): 417; 7 (1843): 375. Debré, "The Jews of France," 411-12, 416. 19世纪40年代前布鲁塞尔就已经引进了成人礼和新诞生的仪式。*AZJ*, 6 (1842): 765-76; *AIF*, 4 (1843): 324-25.

91. *AZJ*, 2 (1838): 350; *AIF*, 2 (1841): 646-48; 5 (1844): 13, 377-79; Werner, *A Voice Still Heard*, 202.

92. *AZJ*, 1 (1843): 331, 375; *AIF*, 5 (1844): 12.

93. *AIF*, 3 (1842): 132; 4 (1843): 538; *AZJ*, 1 (1843): 345-46, 374; Albert, *The Modernization of French Jewry*, 103,214.

94. Muller, "The Evolution of French Judaism," 77-79.

95. 在某种程度上，宗教法院本身应该受到谴责，虽然各部门功能执行得很顺利，但是没有注入激情。1858年佩斯的威斯利教授给柏林的拉比迈克尔·萨克斯写信："法国的中央集权制也应用到犹太圣堂中了……这使得法国犹太教像一台机器一样运转，但是缺乏内在的生命力。"参见迈克尔·萨克斯文件，耶路撒冷犹太人民历史中央档案馆，P41。

96. 最近对此事的讨论参见：Michael Leigh, "Reform Judaism in Britain (1840-1970)," in Dow Marmur, ed., *Reform Judaism: Essays on Reform Judaism in Britain* (Oxford,1973), 15-40. 对政治背景的关注参见：Robert Liberles, "The Origins of the Reform Movement in England," *AJS Review*, 1 (1976): 121-50. 关注社会背景的内容参见：Stephen Sharot, "Reform and Liberal Judaism in London: 1840-1940," *JSS*, 41 (1979): 211-14. 英国和欧洲大陆改革派的区别参见：Steven Singer, "Orthodox Judaism in Early Victorian London, 1840-1858" (Ph.D. dissertation, Yeshiva University, 1981); *idem*, "Jewish Religious Thought in Early Victorian London," *AJS Review*, 10 (1985): 181-210; Todd M. Endelman, "The Englishness of Jewish Modernity in England," in Katz, ed., *Toward Modernity*, 225-67.

97. Todd M. Endelman, *The Jews of Georgian England 1740-1830* (Philadelphia, 1979), 132-36, 164; V. D. Lipman, *Social History of the Jews in England 1850-1950* (London, 1954), 36-37.

98. [Isaac D'Israeli], *The Genius of Judaism* (London, 1833), 265-66.

99. 参见下列文献中所列的手册：David Philipson, *The Reform Movement in Judaism* (2d edn., New York, 1931), 449-50. 有关《圣经》在英国思想和政治中的重要性详见：Barbara Tuchman, *Bible and Sword: England and Palestine from the Bronze Age to Balfour* (New York, 1956). 重点参见：pp. 52, 85, 95, 116, 有关两者之间的联系还可以参见：Singer, "Orthodox Judaism in Early Victorian England," 74-78. 436

100. Isaac Marcus Jost, *Geschichte der Israeliten*, 10.2 (Berlin, 1847): 70-71; David W. Marks to John Simon, October 29, 1840, published in Leonard G. Montefiore, "Reminiscences of Upper Berkeley Street," *SR*, 34 (1960): 253.

也可以参见匿名者反对伦敦协会的攻击，对口传律法进行的辩护，题目为《一位以色列人对同胞弟兄们及时的劝告》(*A Word in Season from an Israelite to His Brethen*, London, 1839 )。犹太人对英国口传律法的批判由来已久，早在改革派出现不和之前的好几代人就对此议论纷纷。很可能源于早期西班牙裔犹太人中的马拉诺，他们不会轻易接受拉比犹太教的传统。Jakob J. Petuchowski, *The Theology of Haham David Nieto: An Eighteenth Century Defense of the Jewish Tradition* (New York, 1954), 4-13; 还可以参见他的文章："Karaite Tendencies in an Early Reform Haggadah," *HUCA*, 31 (1960): 225.

101. 这些表述出自匿名作品：*A Peep into the Synagogue or a Letter to the Jews* (London, n.d. but apparently late eighteenth century). 塞西尔·罗斯认为作者是位犹太人，但是我不这么认为，参见：Cecil Roth, "An Early Voice for Synagogue Reform in England," in his *Essays and Portraits in Anglo-Jewish History* (Philadelphia, 1962), 211-18.

102. Cecil Roth, *The Great Synagogue London, 1690-1940* (London, 1950), 250-63; James Picciotto, *Sketches of Anglo-Jewish History* (London, 1875), 367-73; Albert M. Hyamson, *The Sephardim of England* (London, 1951), 269-95.

103. Louis Loewe, ed., *Diaries of Sir Moses and Lady Montefiore*, 1 (London, 1890): 83. 关于其政治动机的详述，参见：Israel Finestein, "Anglo-Jewish Opinion During the Struggle for Emancipation (1828-58)," *TJHSE*, 20 (1964): 137-40, and Liberles, "The Origins of the Reform Movement in England," 124-35.

104. Moses Gaster, *History of the Ancient Synagogue of the Spanish and Portuguese Jews* (London, 1901), 171.

105. Vivian D. Lipman, "The Development of London Jewry," in Salmond S. Levin, ed., *A Century of Anglo-Jewish Life 1870-1970* (London, 1970), 46; Hyamson, *The Sephardim of England*, 280; *AZJ*, 5 (1841): 477. "It must be pointed out that this designation of 'British' had no more significance of 'non-foreign' than it has in the title of the 'Board of Deputies of British Jews'." Arthur Barnett, *The Western Synagogue Through Two Centuries (1761-1961)* (London, 1961),

179. Cf. D. W. Marks, ed., *Seder Ha-Tefilot—Forms of Prayer Used in the West London Synagogue of British Jews*, 1 (London, 1841): xi-xii.

106. *Der Orient*, 1 (1840): 379; *JC*, Supplement to January 29, 1892, p. 17.

107. *IA*，2（1840）: 245-246.约斯特对英国犹太人异常感兴趣，1841年他亲自游历英国，并报道了对犹太社区的印象。他虽然愿意并也有能力用英语做布道，但首席拉比没有同意别人邀请他在伦敦主持成人礼的做法。*IA*, 3 (1841): 281-282, 297-298, 314-315, 331-333.

108. 有关马科斯的情况参见：Montefiore, "Reminiscences," 251-58；"David Woolf Marks (1811-1910): The First English Reform Minister," *SR*, 36 (1961): 67-72. (马科斯去世的准确时间是1909年。)

109. Hyman Hurwitz, *Essay on the Still Existing Remains of the Hebrew Sages ... and on the Character and Merit of the Uninspired Ancient Hebrew Literature Generally* (London, 1826); Siegfried Stein, *The Beginnings of Hebrew Studies at University College* (London, 1952), 8.

110. 下列文献逐条列出了这些变化：*AZJ*, 6 (1842): 69-70. 其他参见：Petuchowski, "Karaite Tendencies," 230-32. 1841年经过修订的汉堡圣殿祈祷书，虽然没有删除拉比规定的祈福，但是将这些内容印刷在括号内，字体更小，没有相应的译文。参见：Jakob J. Petuchowski, "Reform Benedictions for Rabbinic Ordinances," *HUCA*, 37 (1966): 177-78.

111. *Seder Ha-Tefilot—Forms of Prayer*, 1: xi.

112. D. W. Marks, *Sermons Preached on Various Occasions at the West London Synagogue of British Jews* (London, 1851), 205.

113. *VJ*, 4 (1844-45): 8.

114. *Discourse Delivered in the West London Synagogue of British Jews...on the Day of Its Consecration* (London, 1842), 8.

115. *JC*, 1 (1844-45): 121; Liberles, "The Origins of the Reform Movement in England," 143.

116. 这两部文件有时在二手文献中被混淆，均刊印在：*JC*, 2 (1845-46): 85-86. 希伯来语版本的警告载于：*AZJ*, 6 (1842): 29.

117. *JC*, 2 (1845-46): 82-85; Supplement to January 29, 1892, p. 19.

437

118. Sharot, "Reform and Liberal Judaism," 213; *JC*, 1 (1844-45): 121.

119. Alan Mocatta, "Frederic David Mocatta, 1828-1905," *TJHSE*, 23 (1971): 2-3; Albert M. Hyamson, "An Anglo-Jewish Family," *TJHSE*, 17 (1953): 8.

120. *JC*, Supplement to January 29, 1892, p. 20; Montefiore, "Reminiscences," 256; Jakob J. Petuchowski, *Prayerbook Reform in Europe* (New York, 1968), 67-68.

121. Stein, *The Beginnings of Hebrew Studies at University College*, 5.

122. Gotthold Salomon, *Twelve Sermons Delivered in the New Temple of the Israelites at Hamburgh*, trans. Anna Maria Goldsmid (London, 1839), iv. 艾萨克·诺亚·曼海姆姆访问伦敦后，戈特霍尔德·萨罗门在1854年9月27日的信中，要求他撰写有关西部伦敦犹太圣堂的内容，称这是"我们关注的事情"之一（重点见原著）。参见：Salomon File, JNUL, Arc. Ms. Var. 236.

123. *JC*, 2 (1845/46): 81.

124. Marks, *Discourse*, 7; Benjamin Elkin, *VJ*, 3 (1843/44): 215; Jost, *Geschichte der Israeliten*, 10.2: 70.

125. 有关曼彻斯特宗教改革的详细记录参见：Bill Williams, *The Making of Manchester Jewry* (Manchester and New York, 1976), 100-110, 191-204, 240-65.

126. V. D. Lipman, "The Age of Emancipation, 1815-1880," Lipman, ed., *Three Centu-ries of Anglo-Jewish History* (Cambridge, 1961), 100.

127. *VJ*, 2 (1842/43): 29; Arthur Barnett, *The Western Synagogue through Two Centuries (1761-1961)* (London, 1961), 176-78, 182-85; Singer, "Orthodox Judaism in Early Victorian England," 128-65.

128. Roth, *The Great Synagogue*, 258-63; Finestein, "Anglo-Jewish Opinion," 124-25; Endelman, *The Jews of Georgian England*, 160.

129. Singer, "Orthodox Judaism in Early Victorian England," 310-12; *VJ*, 2 (1842/43): 68; *JC*, 1(1844/45): 49.

130. *VJ*, 1 (1841/42): 97; 4 (1844/45): 49; *JC*, 2 (1845/46): 81; *AIF*, 3 (1842): 64-65.

131. Lucien Wolf, *Essays in Jewish History* (London, 1934), 325; Raymond Apple, "United Synagogue: Religious Founders and Leaders," in Levin, ed., *A Century of Anglo-Jewish Life*, 13-16.

132. Wolf, *Essays in Jewish History*, 321-23; Montefiore, "Reminiscences," 256; *JC*, Supplement to January 29, 1892, p. 19.

133. *JC*, 1 (1844/45): 122, 2 (1845/46): 80; Supplement to January 29, 1892, p. 21.

134. 有关向德国犹太人解释英国改革运动所作出的努力，参见：*AZJ*, 6 (1842): 675-76. 有关盖格对于伦敦西部圣堂的观点，参见：*WZJT*, 5 (1844); 450-52.

# 5. 巩固与进步

1. Hajo Holborn, *A History of Modern Germany 1840-1945* (New York, 1969), 99-130; Robert M. Bigler, *The Politics of German Protestantism* (Berkeley and Los Angeles, 1972), 262-67; Jonathan Sperber, *Popular Catholicism in Nineteenth-Century Germany* (Princeton, N.J., 1984), 91-98, 290.

2. Jacob Toury, *Soziale und polit ische Geschichte der Juden in Deutschland 1847-1871* (Düsseldorf, 1977), 50-51, 161, 299.　　438

3. *JZWL*, 1 (1862): 1. 1861年10月3日盖格给法兰克福的同事利奥伯德·斯坦写信："时代不利于争取理性改革的拉比，他们希望改革运动从有损人格的情况过渡到符合历史潮流和现代需求的状态。不仅是犹太教在这种境况下遭受磨难，就连基督教福音派——更不用说是天主教——也苦不堪言。只有后者找到医治之方，前者才能有出路。"参见斯坦收录集，纽约利奥拜克研究院档案，3264/10。

4. *AZJ*, 17 (1853): 306-307; Samuel Holdheim Collection, CAHJP, P43; Leopold **Donath**, *Geschichte der Juden in Mecklenburg* (Leipzig 1874), 244-57; Toury, *Soziale undpolitische* Geschichte, 146-48.

5. Steven M. Lowenstein, "The Rural Community and the Urbanization of German Jewry," *Central European History*, 13 (1980): 218-36.

6. 例如，1849年的柏林社区选举中产生了一批非常保守的领导，1854年的选举结果喜忧参半，导致传统派阻止了此后九年的重要改革。但是从60年代中期开始，自由派明显地处于优势地位。A. H. Heymann, *Lebenserinnerungen* (Berlin, 1909), 313-314, 329-330, 378.

7. Toury, *Soziale und politische Geschichte*, 151.

8. Harold Hammer-Schenk, *Synagogen in Deutschland*, 2 vols. (Hamburg, 1981), 1: 251-309, 2: 610.

9. 社区委员会向柏林的犹太学者莫里茨·斯坦施耐德（Moritz Steinschneider）征求了一份概要，内容十分有趣，参见：Ismar Schorsch, "Moritz Steinschneider on Liturgical Reform," *HUCA*, 53 (1982): 241-64.

10. *Todah Wsimrah*, 2 (Leipzig, 1882): Vorwort (emphasis in original); A. Z. Idelsohn, *Jewish Music in Its Historical Development* (New York, 1929), 269-84; Eric Werner, *A Voice Still Heard...The Sacred Songs of the Ashkenazic Jews* (University Park, Pa. and London, 1976), 225-29.

11. 一部分教义问答得以出版，其他部分存于：CAHJP, KGe2/26.

12. *JZWL*, 1 (1862): 97.

13. Steven M. Lowenstein, "The 1840s and the Creation of the German-Jewish Religious Reform Movement," in Werner E. Mosse *et al*, eds., *Revolution and Evolution: 1848 in German-Jewish History* (Tübingen, 1981), 270-71; Adolf Berliner, *Zur Lehr' und zur Wehr tiber und gegen die Orgel im jildischen Gottesdienste* (Berlin, 1904), iii; Ismar Elbogen, "Von den Anfangen der gottesdienstlichen Reform im deutschen Judentum," in *Minhat todah Max Dienemann zum 60. Geburtstag gewidmet* (Frankfurt a/M, 1935), 37; David Ellenson, "The Role of Reform in Selected German-Jewish Orthodox Responsa: A Sociological Analysis," *HUCA*, 53 (1982): 368-80.

14. 题目为《出自仪式》（"Vom Kultus"）的文章仅仅表明作者来自萨勒（Saale）地区，参见：*AZJ*, 13 (1849): 520-22.

15. 我这里讨论的祈祷书参见：Jakob J. Petuchowski, *Prayerbook Reform in Europe: The Liturgy of European Liberal and Reform Judaism* (New York, 1968), 3-8. 按时间顺序排列的参考书名中一一列出。柏图畴斯基在第141—176页也讨论了祈祷书和翻译的重要前言部分。

16. 1855年拉比利维·赫茨菲尔德出版的不伦瑞克祈祷书《犹太人祈祷书》与

迈尔的祈祷书很相似，基本上也是德语，从左往右翻页，供私人使用，礼拜仪式的举行方式很简短，在传统祈祷书的基础上进行了微小的文本改动。赫茨菲尔德与迈尔一样，也期望在公共礼拜仪式上将这些内容和旧的祈祷书一起付诸实践。参见他的前言第 iv 页。类似这一种类还有约瑟夫·萨尔苏兹为哥尼斯堡制定的德语祈祷书，于1859年出版，路德维希·菲利普森为普通社区制定的祈祷书，于1864年由促进犹太文学（zur Förderung der israelitischen Literatur）学院以特殊版本出版。

17. Jakob J. Petuchowski, "Abraham Geiger the Reform Jewish Liturgist," in Petuchowski, ed., *New Perspectives on Abraham Geiger* (Cincinnati, 1975), 42-54.

18. Robert Liberles, "The Rabbinical Conferences of the 1850's and the Quest for Liturgical Unity," *Modern Judaism*, 3 (1983): 309-17.　439

19. 例如，182页中记载了在新的自愿礼物（*ve-nidvot*）后括号中烧毁的供品（*ve-ishe*），226、228页有关回归锡安山和重新制定献祭礼拜仪式的文本，内容较长。

20. 例如，在第一版224页中，盖格仍然保留了希伯来祷文，开始部分是"由于自己的罪行，我们被流放，离开了自己的土地"。在第二版的254页中，作者删除了祷文的起始部分，替代了"愿意接受我们的语言表达"的内容（而不是所要求的献祭）。

21. Adolf Eckstein, "Die Entstehungsgeschichte des JoeFschen Gebetbuchs," *MGWJ*, 63 (1919): 210-26.

22. *JZWL*, 6(1868): 167.

23. 纽约犹太神学院的斯坦施耐德收录集中1853年12月11日的信件。我非常感激伊斯玛·绍尔施教授让我关注这些信件。

24. *JZWL*, 3 (1864/65): 141.

25. 一位改革派领导人认为在中世纪前违反这样的法令不会受到惩罚，这人便是戈特霍尔德·所罗门——汉堡圣殿的宣教士。参见他所著的《自传》（*Selbst-Biographie*, Leipzig, 1863, 52）。德国的拉比几乎不会主持通婚仪式，仅有极少数最极端的改革派拉比会这样做。盖格对于通婚的立场模棱两可，他尊重通婚夫妇想获得宗教批准的愿望，道德上不反对拉比主持这样的仪式。但是他也注意到犹太教是一个人数较少、濒临危险的宗教，反对批准主持这样的仪式也是迫不得已。他希望简化改变信仰的过程。
*JZWL*, 8 (1870): 88-89.

26. E.g., *JZWL*, 3 (1864/65): 256-57; 6 (1868): 169; *Ben Chananja*, 10 (1867): 637-39.

27. Emil Lehmann, *Höre Israel! Aufruf an die deutschen Glaubensgenossen* (Dresden, 1869), 12-13.

28. 在莱比锡和奥格斯堡宗教会议上进行的讨论，其详细记录参见：David Philipson, *The Reform Movement in Judaism* (3d edn., New York, 1967), 284-328. 有关宗教会议的背景、构成、复杂情况以及效果等全面分析，参见本人的文章："The Jewish Synods in Germany in the Second Half of the Nineteenth Century" [Hebrew], *Studies in the History of the Jewish People and the Land of Israel*, 3 (1974): 239-74. 文中引用了相关的主要资料。

29. 犹太世俗领导人竭尽全力阻止律法的通过，有关情况参见下列资料：the letters of Moritz Kohner, head of the Deutsch-Israelitischer Gemeindebund, to Ludwig Philippson, November 2, 1873 and March 10, 1874, JNUL, Arc. Ms. Var. 460/20. 威斯巴登建立起一个独立组织，当地的拉比是改革派分子，竭力地说服他们这一组织和大社区并没有很大差异，绝不是他们想象中的样子，但是无济于事。参见：Samuel Süskind, *Ansprache an die Männer und Frauen der isr. Religionsge-sellschaftn* (Wiesbaden, 1876). 关于同期德国正统派的社会历史参见：Mordechai Breuer, *Jüdische Orthodoxie im Deutschen Reich 1871-1918* (Frankfurt a/M, 1986).

30. *JZWL*, 1 (1862): 165-74; Joseph Aub, *Predigt...bei der Feier des hundertjährigen Geburtstages Israel Jacobson's* (Berlin, 1868), 7.

31. Robert A. Kann, *A History of the Habsburg Empire 1526-1918* (Berkeley and Los Angeles, 1974), 321-22; Gerson Wolf, *Geschichte der Juden in Wien (1156-1876)* (Vienna, 1876), 164-66, 209; Moses Rosenmann, *Dr. Adolf Jellinek: Sein Leben und Schaffen* (Vienna, 1931), 73-74; N. M. Gelber, *Aus Zwei Jahrhunderten* (Vienna and Leipzig, 1924), 162-69.

32. Wolf, *Geschichte der Juden in Wien*, 226; Hammer-Schenk, *Synagogen in Deutschland*, 1: 302-307.

33. Rosenmann, *Dr. Adolf Jellinek*, 81,121.

34. 耶利内克出版的200篇布道中，我最关注的是：*Schir Ha-Schirim* (Vienna, 1861); *Das Judenthum unserer Zeit* (Vienna, 1861); *Predigten* (Vienna, 1863); *Israel's Sprache* (Vienna, 1859); *Die hebräische Sprache* (Vienna,1878); *Die* 440 *hebrdische Sprache: Bin Ehrenzeugnis desjiidischen Geistes* (Vienna, 1881); 对耶利内克作为宣教士的具体评价参见：Rosenmann, *Dr. Adolf Jellinek*, 196-215.

35. Wolf, *Geschichte der Juden in Wien*, 200-204; Rosenmann, *Dr. Adolf Jellinek*, 124-29; Wolfgang Häusler, "'Orthodoxie' und 'Reform' im Wiener Judentum in der Epoche des Hochliberalismus," in *Der Wiener Stadttempel 1826-1976* (Eisenstadt, 1978), 50-53.

36. Wolf, *Geschichte der israelitischen Cultusgemeinde in Wien (1820-1860)* (Vienna, 1861); *idem, Geschichte der Juden in Wien*, 227; Ismar Schorsch, "Moritz Güdemann: Rabbi, Historian and Apologist," *LBIYB*, 11 (1966): 42-66; Mordechai Eliav, "Herzl und der Zionismus aus der Sicht Moritz Güdemanns," *BLBI*, no. 56/57 (1980): 138.

37. Hugo Stransky, "The Religious Life in the Historic Lands," in The Jews of Czechoslovakia, 1 (Philadelphia and New York, 1968): 330-42.

38. 关于这一时期匈牙利犹太人的宗教状况，参见：Nathaniel Katzburg, "Assimilation in Hungary During the Nineteenth Century: Orthodox Positions," in Bela Vago, ed., *Jewish Assimilation in Modern Times* (Boulder, Colo., 1981), 49-55.

39. *Ben Chananja*, 8 (1865): 681-88; 9 (1866): 274-75; Yekutiel Greenwald, *Letoledot hareformatsyon ha-datit be-germanyah u-ve-ungaryah* (Columbus, Ohio, 1948), 64-80.

40. Harriet Pass Freidenreich, *The Jews of Yugoslavia* (Philadelphia, 1979), 45-46.

41. Greenwald, *Letoledot ha-reformatsyon ha-datit*, 80-86. 完整的希伯来文本法令载于：Jacob Katz, "Sources of Orthodox Trends," in Jacob Katz, ed., *The Role of Religion in Modern Jewish History* (Cambridge, Mass., 1975), 51-53.

42. Robert A. Kann, "Hungarian Jewry during Austria-Hungary's Constitutional Period (1867-1918)," *JSS*, 1 (1945): 357-86; Jacob Katz, "The Uniqueness of

Hungarian Jewry," *Forum*, no. 27 (1977): 47-48; Katzburg, "Assimilation in Hungary," 54.

43. Leo Jeiteles，*Die Emancipation des jüdischen Kultus. Ein dringender Mahnruf an die israelitischen Cultus-Gemeinden Ungarns* (Arad, 1868).同年，亚伯拉罕·洛文斯塔姆所著的《生命永恒》于1820年首次在阿姆斯特丹出版，矛头指向汉堡圣殿，新印刷的版本在匈牙利的乌叶利发行，前言描述了当代的匈牙利改革者如何将早期德国人制造的祸害进一步延伸。

44. Yekutiel Greenwald, *Liflagot yisrael be-ungaryah* (Deva, Romania, 1929), 63-64.

45. 对大会的全面评论见：Leopold Löw, *Zur neueren Geschichte der Juden in Ungarn* (2d edn., Budapest, 1874), 274-322; Greenwald, *Liflagot yisrael*, 69-82; Nathaniel Katzburg, "The Jewish Congress of Hungary, 1868-1869," in Randolph L. Braham, ed., *Hungarian-Jewish Studies*, 2 (New York, 1969): 1-33; Thomas Domjan, "Der Kongress der ungarischen Israeliten 1868-1869," *Ungarn-Jahrbuch*, 1 (1969): 139-62. 下面的文献中列出了300多部一手资料：Nathaniel Katzburg, "The Jewish Congress in Hungary in 1868/69" [Hebrew], *Aresheth*, 4 (1966): 322-67.

46. 斯基克撰写的大会报告载于：Katz, "Sources of Orthodox Trends," 59-63.

47. 1930年，信奉新教义的人数占据了犹太人口的65.5%，信奉正统派的人占29.2%。一小部分"维持原状"的社区和国会成立之前一样，仍然拒绝加入任何一个组织。Katzburg, "Hungarian Jewry in Modern Times," 163.

48. 参见新教社区秘书易戈纳兹·高德兹哈尔对布达佩斯犹太事务精细而带有偏见的看法，载于亚历山大·斯彻伯编写的《日记》（*Tagebuch*, Leiden, 1978, 81-86, 163）。根据《犹太百科全书》（*Encyclopaedia Judaica*, 12: 765）的记载，E.诺伊曼从1883年到1918年在纳吉卡尼扎任职，他赞同亚伯拉罕·盖格提议（很有可能是意识形态方面的）的仪式改革，诺伊曼是唯一一位实施部分改革内容的匈牙利拉比。

49. 约瑟夫·克劳斯纳著作中专辟章节对赫施尔进行了最全面的评述：Joseph Klausner, *Historyah she! ha-sifrut ha-ivrit ha-hadashah*, 4 (2d edn., Jerusalem, 1953): 58-77. 其著作编辑的一部分内容由埃兹拉·斯皮斯翰德勒撰写了

导言，参见：Joshua Heschel Schorr, *Ma'amarim* (Jerusalem, 1972). 斯皮斯　441
翰德勒在三篇文章中对这一主题进行过阐述，参见：*HUCA*, 28 (1957):
Hebrew Section, 1-26; 31 (1960): 181-222; 40/41 (1969/70): 503-28.

50. Schorr, *Ma'amarim*, 29.

51. 有关亚伯拉罕·科罗赫马尔的情况，参见他本人著作：*Theologie der
Zukunft* (Lemberg, 1872), Part One, 82-83. 讲述他的章节载于：Klausner,
*Historyah shel ha-sifrut ha-ivrit*, 78-104. 关于加利西亚人和德国人的差异在
下列著作中尤其明显：Eliezer Schweid, *Toledot ha-hagut ha-yehudit ba-et
ha-hadashah* (Jerusalem, 1977), 339-48.

52. 有关沙皇从实践和理论两方面在改革中所做的努力较为具体和记录全
面的评述，参见本人的文章："The German Model of Religious Reform
and Russian Jewry," in Isadore Twersky, ed., *Danzig: Between East and West*
(Cambridge, Mass., 1985), 65-91. 我引用了这篇论文的后半部分，只添加了
没有出现的参考文献。

53. M. G. Geshuri, "Synagogues and Cantoral Music" [Hebrew], in Itzhak
Gruenbaum, ed., Warsaw, volume 1 of *Entsiklopedyah shel galuyot* (Jerusalem
and Tel-Aviv, 1953), 309.

54. 关于宗教改革者戈登的情况参见：Klausner, *Historyah shel ha-sifrut ha-ivrit*,
334-49.

55. Uriel Tal, *Germany: Religion, Politics, and Ideology in the Second Reich*,
trans. Noah Jonathan Jacobs (Ithaca, 1969). 也可以参见本人的文章："Great
Debate on Antisemitism—Jewish Reaction to New Hostility in Germany 1879-
1881," *LBIYB*, 11 (1966):137-70. 德国哲学家爱德华·冯·哈特曼视角较
广，当时这样写道：既然犹太教的核心是"律法宗教"，一旦犹太改革者
不再全部接受律法的话，他们也就不再是犹太人了。只认可道德律法的
神圣性并不合理，这样一来他们信奉的犹太教只是一种虚构。此外，作
为律法宗教，犹太教从本质上讲不具备发展性，他总结出这样一段话：
"任何律法宗教从本质上是不能改革的。"参见哈特曼著作：*Das religiöse
Bewusstsein der Menschheit im Stufengang seiner Entwickelung* (Berlin, 1882),
499, 537-41.

56. Julius Wellhausen, *Prolegomena to the History of Ancient Israel* (1883) (New York, 1957), 1, 509, 542-48; *idem*, "Israelitisch-jiidische Religion," in *Die Christliche Religion* (Berlin and Leipzig, 1906), 37-39.

57. Friedrich Delitzsch, *Babel and Bible* (New York, 1903), 149-50.

58. Adolf Harnack, *Das Wesendes Christentums* (Leipzig, 1900); *idem, Die Aufgabe der theologischen Facultäten und die allgbmeine Religionsgeschichte* (Berlin, 1901); G. Wayne Glick, *The Reality of Christianity: A Study of Adolf von Harnack as Historian and Theologian* (New York, 1967). 具有同等重要性的神学家恩斯特·特勒尔奇也认可哈纳克的基本立场。他认为"不仅要把基督教看作一种极点，而且还是宗教各种认可发展方向的集合点"。*Die Absolutheit des Christentums* (1902) (Munich and Hamburg, 1929), 11, 90. 关于特勒尔奇在书中赋予基督教优越性，而不愿认可犹太人"不合比例的影响力"，参见：Robert J. Rubanowice, *Crisis in Consciousness: The Thought of Ernst Troeltsch* (Tallahassee, 1982),31-34, 126. 有关论战的全部情况参见：Uriel Tal, "Theologische Debatte um das 'Wesen' des Judentums," in Werner E. Mosse, ed., Juden im Wilhelminischen Deutschland 1890-1914 (Tübingen, 1976), 599-632.

59. 有关本书的历史，参见由因格瑞德·贝尔克撰写编辑导言的作品：*Moritz Laz-arus und Heymann Steinthal: Die Begriinder der Volkerpsychologie in ihren Brief en*, 1 (Tübing-en, 1971): Ixxiii-lxxiv. 1885年出版的原则载于下列著作的第一卷：*Die Ethik des Judenthums* (Frankfurt a/M, 1898), 409-12. 第二卷在作者去世后于1911年在法兰克福出版。

60. 有关拉扎勒斯的立场引用了本人的文章："Problematics of Jewish Ethics," in Daniel Jeremy Silver, ed., *Judaism and Ethics* (New York, 1970), 111-29.

61. 在第二卷中，拉扎勒斯这样陈述："曾经的犹太律法是文明的、具有扩展性的、很难理解；现在我们对律法的需求减少，因为我们的伦理行动更加直接。"（109页）还可以参见在作者死后出版的《犹太教的革新》(*Die Erneuerung des Judentums*, Berlin, 1909）。

62. 这是美国犹太出版协会出版的早期作品之一，在费城分两部分出版（1900/1901）。

442

63. 关于赫尔曼·科恩的文献非常多，我认为下列文献非常有帮助：Franz Rosen-Zweig's introduction to *Hermann Cohens Jüdische Schriften*, 3 vols. (Berlin, 1924), 1: xiii-lxiv; Steven Schwarzschild, "The Democratic Socialism of Hermann Cohen," *HUCA*, 27 (1956): 417-38; Nathan Rotenstreich, *Jewish Philosophy in Modern Times* (New York, 1968), 52-105; Emil L. Fackenheim, *Hermann Cohen—After Fifty Years*, The Leo Baeck Memorial Lecture 12 (New York, 1969); and Eliezer Schweid, "Foundations of Hermann Cohen's Religious Philos-ophy" [Hebrew], *Jerusalem Studies in Jewish Thought*, 2 (1982/83): 255-306. 讨论拉扎勒斯和拜克的同时，也对科恩进行了讨论，参见：Pinchas E. Rosenbliith, "Die geistigen und reli-giosen Strömungen in der deutschen Judenheit," in Mosse, ed., *Juden im Wilhelminischen Deutschland*, 559-80.

64. Hermann Cohen, *Briefe*, ed. Bertha Strauss and Benno Strauss (Berlin, 1939), 74.

65. *Jüdische Schriften*, 2: 66-94.

66. "Uber die literarische Behandlung unserer Gegner," *AZJ*, 66 (1902): 412.

67. 科恩的《从犹太教的起源看理性宗教》（*Religion der Vernunft aus den Quellen des Judentums*）由西蒙·卡普兰翻译成了英语 (New York, 1972)。艾娃·约斯普从科恩的三卷德语短篇犹太著作中节选部分内容进行英译，载于：*Reason and Hope* (New York, 1971).

68. 参见：例如, *Judische Schriften*, 3: 135.

69. 同上书，1：8。

70. Schwarzschild, "The Democratic Socialism of Hermann Cohen," 435.

71. *Jüdische Schrifte*n, 3: 41.

72. *Religion der Vernunft aus den Quellen des Judentums* (2d edn., Frankfurt a/M, 1929), 239, 303; *Jüdische Schriften*, 3: 174.

73. 有关强调拜克（Baeck）生平中其思想发展的内容，参见：Albert H. Friedlander, *Leo Baeck: Teacher of Theresienstadt* (New York, 1968); 关于详述拜克任社区领袖的情况，参见：Leonard Baker, *Days of Sorrow and Pain: Leo Baeck and the Berlin Jews* (New York, 1978). 还可以参见：Alexander Altmann, *Leo Baeck and the Jewish Mystical Tradition*, The Leo Baeck

Memorial Lecture 17 (New York, 1973).

74. "Harnack's Vorlesungen Uber das Wesen des Christenthums," *MGWJ*, 45 (1901): 97-120.

75. "Romantic Religion," in *Judaism and Christianity*, ed. Walter Kaufmann (Philadelphia, 1958), 189-292.

76. *This People Israel: The Meaning of Jewish Existence*, trans. Albert H. Friedlander (Philadelphia, 1965), 397.

77. "Lebensgrund und Lebensgehalt," *Der Jude*, 2 (1917/18): 78-86.

78. *Rome and Jerusalem: A Study in Jewish Nationalism*, trans. Meyer Waxman (New York, 1918), 77, 94-105.

79. *JZWL*, 1 (1862): 252; *AZJ*, 26 (1862): 610-11. Leopold Löw, *Gesammelte Schriften*, 1 (Szegedin, 1889): 333-55. Gershon Greenberg, "The Reformers' First Attack upon Hess' Rome and Jerusalem: An Unpublished Manuscript of Samuel Hirsch," *JSS*, 35 (1973): 175-97. Shlomo Na'aman, *Emanzipation und Messianismus: Leben und Werk des Moses Hess* (Frankfurt a/M, 1982), 320-23, 504, 507-508.

80. *AZJ*, 61 (1897): 277.

81. 同上书，t 338。在下列著作中对两项抗议进行了翻译：Paul R. Mendes-Flohr and Jehuda Reinharz, eds., *The Jew in the Modern World* (New York and Oxford, 1980), 427-29.

82. *AZJ*, 62 (1898): 268. 拒绝签字的两个人当中就有利奥·拜克，参见：Hermann Levin Goldschmidt, "Der junge Leo Baeck," *Tradition und Erneuerung*, no. 14 (December 1962): 202-203. 纽约改革派拉比古斯塔夫·戈塞尔与沃格斯坦进行交易，采取支持犹太复国主义的立场。*AZJ*, 61 (1897): 421-23.

83. "Zionismus und Deutschtum," *Die Stimme der Wahrheit*, 1 (1905): 165-69.

84. 关于联盟历史更具体的阐述参见本人的文章："Caesar Seligmann and the Development of Liberal Judaism in Germany at the Beginning of the Twentieth Century," *HUCA*, 40-41 (1969/70): 529-54.此处我引用了这篇文章进行陈述。还可以参见：Roberto D. Graetz, "The 1912 Richtlinien Historically and

Theologically Considered" (Rabbinical thesis, Hebrew Union College-Jewish Institute of Religion, Cincinnati, 1972).

85. 联盟管理委员会中至少有一位女性成员，来自柏林的罗莎·萨克斯。Dritte Sitzung der 15er Kommission, Braun-Vogelstein Collection, LBIA, AR 7163/V.

86. 英语译文载于：W. Gunther Plaut, ed., *The Growth of Reform Judaism* (New York, 1965), 68-73.

87. 鉴于犹太妇女在恪守礼仪方面比男士更加严格，如果大会中的女性代表人数增加的话，反对的人应该不会占据大多数的。有关这一时期犹太妇女和宗教的状况，参见：Marion Kaplan, *The Jewish Feminist Movement in Germany: The Campaigns of the Jüdischer Frauenbund, 1904-1938* (Westport, Conn., 1979), 19-20.

88. 一份日期不详的传单为柏林自由犹太青年俱乐部（*Jüdisch-liberaler Jugendverein Berlin*）招募成员，这样写道："我们要为饱受鞭笞的名称同化恢复其原有的光芒……J. L. J.必须收回从前——我们是属于犹太宗教和犹太祖先的德国人——的宣言，我们只是德国人。"柏林收录集，耶路撒冷犹太人民历史中央档案馆，KGe 2/64。还可以参考首先强调要和犹太复国分子作战的同一文档中的其他资料。大部分尊重同化的柏林犹太人不会选择加入激进的改革派圣会，也许因为入会的成员们除了缴纳社区税之外，还要缴纳一份特殊的圣会评估费用。此外，加入改革联合会意味着自己将卷入被广泛认可的宗派主义组织。身处自由分子行列是最容易的事情。见塞格利曼恩对德国犹太教自由派极具摧毁性的内部批判，载于普劳特编写的《犹太教改革派的发展》（*The Growth of Reform Judaism*, 106-109）。

89. Wiener, *LJ*, 5 (1913): 121-22; 9 (1917): 33-37. 有关魏纳的情况参见：Hans Liebeschutz, "Max Wiener's Reinterpretation of Liberal Judaism," *LBIYB*, 5 (1960): 35-57. 耶书亚·埃米尔对魏纳的重要学术著作的希伯来语译本撰写了导言：*Ha-dat ha-yehudit bi-tekufat ha-emantsipatsyah* (Jerusalem, 1974), 7-32; and Ehud Luz, "Max Wiener as a Historian of Jewish Religion in the Emancipation Period," *HUCA*, 56 (1985): Hebrew Section, 29-46.

90. Michael Leigh, "Reform Judaism in Britain (1840-1970)," in Dow Marmur, ed.,

Reform Judaism: Essays on Reform Judaism in Britain (Oxford, 1973), 26, 33-40; Stephen Sharot, "Reform and Liberal Judaism in London: 1840-1940," JSS, 41 (1979): 215-18.

91. Morris Joseph, Judaism as Creed and Life (London, 1903), viii, 14-36, 184-85; idem, "Biblical Criticism and the Pulpit," JQR, 18 (1906): 291-301; Michael J. Goulston, "The Theology of Reform Judaism in Great Britain: A Survey," in Marmur, ed., Reform Judaism, 62-67.

92. 有关这一态度最好的例证参见: Alfred G. Henriques, "Why I Do Not Go to Synagogue," JQR, 13 (1901): 63-85. 对神学和思想问题关注较少的其他人仍然坚持自己令人尊敬的正统派立场，参见: Todd M. Endelman, "Communal Solidarity among the Jewish Elite of Victorian England," Victorian Studies, 28 (1984/85): 491-526.

93. C. G. Montefiore, "Judaism, Unitarianism, and Theism," Papers for Jewish People, no. 4 (May 1908).

94. 有关蒙蒂菲奥里的情况参见: Lucy Cohen, Some Recollections of Claude Goldsmid Montefiore 1858-1938 (London, 1940), which contains valuable material from letters; also Victor E.Reichert, "The Contribution of Claude G. Montefiore to the Advancement of Judaism," CCARY, 38 (1928): 499-520; Lily H. Montagu, Notes on the Life and Work of Claude G. Montefiore (Cincinnati, 1938); Chaim Bermant, The Cousinhood: The Anglo-Jewish Gentry (London,1971), 313-27; and Steven Bayme, "Claude Montefiore, Lily Montagu and the Origins of the Jewish Religious Union," TJHSE, 27 (1982): 61-71.

95. 有关这一影响的详述载于: Frederick C. Schwartz, "Anglo-Jewish Theology at the Turn of the Twentieth Century" (DHL dissertation, Hebrew Union College-Jewish Insti-tute of Religion, Cincinnati, 1959), 23-35.

96. 引用内容出自: C. G. Montefiore, "The Religious Teaching of Jowett," JQR, 12 (1900): 320, 374-76; Cohen, Some Recollections, 54. 教师和学生的一个重要差别在于乔伊特赞成通婚，而蒙蒂菲奥里却相反。同上书，35—36页。Montefiore's Hibbert Lectures were entitled Lectures on the Origin and Growth of Reli-gion as Illustrated by the Religion of the Ancient Hebrews (London and

444

Edinburgh, 1892).

97. Claude Montefiore, "Is Judaism a Tribal Religion?" *The Contemporary Review*, September 1882, pp.9-16. 他的文章参考了所罗门·福姆斯泰切尔的《精神宗教》："A Justification of Judaism," *JC*, September 18, 1885, p. 11. 稍晚些时期蒙蒂菲奥里这样写道：他感到与德国的犹太教激进改革派运动的"关系最深远、最密切"。*JQR*, 1 (1889): 278.

98. *JC*, September 25, 1885, p. 3; *The Jewish Religious Union, Its Principles and Its Future* (London, 1909), 14. Cf. "Some Notes on the Effect of Biblical Criticism upon the Jewish Religion," *JQR*, 4 (1892): 293-306. 蒙蒂菲奥里在自己为拉比文献撰写的引言中使用了同样的个人判断标准：C. G. Montefiore and H. Loewe, *A Rabbinic Anthology* (London, 1938).

99. *Liberal Judaism: An Essay* (London, 1903), 98-99, 125.

100. *Jewish Religious Union Bulletin*, November 1914, p. 5; *Liberal Judaism*, 174, 181. 有关蒙蒂菲奥里对基督教观点更广泛的评述，参见：Walter Jacob, *Christianity Through Jewish Eyes* (Cincinnati, 1974), 93-110.

101. *Jewish Addresses Delivered at the Services of the Jewish Religious Union during the First Session 1902-3* (London and Edinburgh, 1904), 63-75.

102. *JQR*, 4 (1892): 302; *JC*, September 18, 1885, p.11; Cohen, Some Recollections, 218.

103. "Judaism, Unitarianism, and Theism," 5. 早些时候他这样写道："除宗教外，在所有的体验、感情和思想中，与保加利亚犹太人相比，我更加熟悉信仰基督教的英国人。" "Liberal Judaism in England: Its Difficulties and Its. Duties," *JQR*, 12 (1900): 643.

104. 参见他的文章："Nation or Religious Community," *TJHSE*, 4 (1903): 1-15; "Has Judaism a Future?" Hibbert Journal, 19 (1920/21): 38-39; "The Liberal Movement in English Jewry," *CCARY*, 20 (1910): 188-90; Cohen, *Some Recollections*, 227. 有关蒙蒂菲奥里和犹太复国主义总的情况参见：Stuart A. Cohen, *English Zionists and British Jews: The Communal Politics of Anglo-Jewry, 1895-1920* (Princeton, N.J., 1982), 163-84.

105. *JQR*, 12 (1900): 632-33; *Liberal Judaism*, 49-50, 84-85; Cohen, *Some*

Recollections,175. 蒙蒂菲奥里的宗教观点有可能受他及其崇拜的天主教神秘主义者拜伦·冯·休格尔的影响。同上书，118—120页。

106. "What Would You Have Us Do?" *Papers for Jewish People*, no. 7 (1913): 14; W. R. Matthews, *Claude Montefiore: The Man and His Thought* (Southampton, 1956), 6-7; Hugh W. Montefiore, *Sir Moses Montefiore and His Great Nephew: A Study in Contrasts* (Southampton,1979), 9.

107. 有关莉莉·H.蒙塔古，参见：Ellen M. Umansky, *Lily Montagu and the Advancement of Liberal Judaism: From Vision to Vocation* (New York, 1983). 还可以参见自传：*The Faith of a Jewish Woman* (London, 1943)；以及有关孝敬的传记：Eric Conrad, *Lily H. Montagu: Prophet of a. Living Judaism* (New York, 1953).

108. 乌曼斯基提出的这一建议，参见：Umansky, *Lily Montagu*, 4-10.

109. 参见她的著作：*Thoughts on Judaism* (London, 1904), 40-41, 115; Eric Conrad, ed., *In Memory of Lily H. Montagu: Some Extracts from Her Letters and Addresses* (Amsterdam, 1967); and Lily Montagu, *Sermons, Addresses, Letters and Prayers*, ed. Ellen M. Umansky (New York, 1985).

110. "Liberal Judaism in Its Relation to Women," *Jewish Religious Union Bulletin*, June 1914, p. 5.

111. "Spiritual Possibilities of Judaism To-Day," *JQR*, 11 (1899): 216-31.

112. "Three Major Documents in the History of Liberal Judaism in England," *Liberal Jewish Monthly*, 27 (1956): 4.

113. Umansky, *Lily Montagu*, 37-40.

114. 详细内容载于：Ellen H. Umansky, "The Origins of Liberal Judaism in England: The Contribution of Lily H. Montagu," *HUCA*, 45 (1984): 309-22. 还可以参见：Lily H. Montagu, "The Jewish Religious Union and Its Beginnings," *Papers for Jewish People*, no. 27 (1927).

115. 参见文献中的宣告：*JC*, October 17, 1902, p. 2.

116. 有关亚伯拉罕的情况参见：Albert M. Hyamson, *Israel Abrahams: A Memoir* (London, 1940); Herbert Loewe, *Israel Abrahams: A Biographical Sketch* (Cambridge, 1944); David G. Dalin, "Israel Abrahams: Leader of Liturgical

Reform in England," *JRJ*, Winter 1985, pp. 68-83.

117. David Yellin, "Israel Abrahams and the Revival of the Hebrew Language" [Hebrew], *Jewish Institute Quarterly*, November 1925, pp. 17-18. 相比之下，蒙蒂菲奥里把希伯来语视为一种"死的语言"，无法有效地传授给犹太孩子。参见他的著作：*Liberal Judaism*, 144-46.

118. Israel Abrahams, *The Union and the Festivals* (London, 1909).

119. Claude G. Montefiore, "Israel Abrahams and Liberal Judaism," in *Jewish Studies in Memory of Israel Abrahams* (New York, 1927), lxii-lxvi. 但是洛伊 (Loewe)这样描述亚伯拉罕："要把他看作自由主义者或者正统派犹太人都是错的，因为他有可能二者兼有，也或者都不是。如果能够创造出一个新名称，他就是超犹太人。" Loewe, *Israel Abrahams*, 65.

120. *JC*, January 9, 1903, pp. 11-12.

121. 详细内容载于：David Philipson, *The Reform Movement in Judaism*, 403-407.

122. 扩展报告载于：*JC*, October 24, 1902, pp. 9-12.

123. 首部祈祷书仅使用了一年的时间，书名为：*A Selection of Prayers, Psalms and Other Scriptural Passages and Hymns for Use at the Services of the Jewish Religious Union, London* (London, 1902). 1903年出版了新卷，内容是其三倍，名称仍然沿用旧的。有关礼拜仪式更加全面的讨论，参见：Petuchowski, *Prayerbook Reform in Europe*, 71-72.

124. *Jewish Addresses*, 258-59.

125. Sharot, "Reform and Liberal Judaism," 220-21.

126. *Jewish Addresses*, 251.

127. Sharot, "Reform and Liberal Judaism," 221-22; *Jewish Religious Union Bulletin*, June 1924, p. 6.

128. "Three Major Documents," 6-9.

129. Petuchowski, *Prayerbook Reform in Europe*, 72-75.

130. Montagu, "The Jewish Religious Union," 27. 英国犹太教自由派中其他妇女也占据领导的位置。

131. Simon Debré, "The Jews of France," *JQR*, 3 (1891): 390-425; *AIF*, 61 (1900): 889-90; 64 (1903): 3-4; *AH*, 81 (1907): 637; George Rivals, *Notes sur le*

*Judaïsme Libéral* (Paris, 1913), 98. 有关这一时期法国犹太人的大体情况，参见：Michael R. Marrus, *The Politics of Assimilation* (Oxford, 1971) and Paula Hyman, *From Dreyfus to Vichy* (New York, 1979).

132. 据我所知，法国犹太教自由派并没有属于自己的历史，部分信息载于：Philipson, *The Reform Movement in Judaism*, 423-28, and in J. Bricout, "Chez les Israélites Français," *Revue du Clergé Français*, 40 (1908): 282-300.

133. 参见下列著作中的文章：James Darmesteter, *Les Prophètes d'Israël* (Paris, 1892). *Selected Essays of James Darmesteter*, edited by Morris Jastrow, Jr. and translated by Helen B. Jastrow, appeared in the United States (Boston and New York, 1895) shortly after Darmesteter's death. Citations are from the latter volume, pp. 10, 104.

134. Théodore Reinach, "Ce que nous sommes," Dixième anniversaire de la fondation de l'Union Libérale Israélite (Paris, 1917), 8.

135. Aime Pallière, *The Unknown Sanctuary*, trans. Louise Waterman Wise (New York, 1929), 209-12.

136. *Actes du III$^{me}$ Congrès international du Christianisme libérale et progressif, Genève 1905* (Geneva, 1906), 126-27.

137. 同上书，121页。On Lévy see *AH*, 81 (1907): 637; *JC*, November 1, 1907, p. 11.

138. 此卷于1904年首次在法国第戎出版，我使用的是经过扩展的第三版(Paris, 1908)。除达姆斯特外，利维或许也受加布里埃尔·斯埃乐的影响，他是巴黎大学的教授，著有《现代道德良心的肯定》(*Les Affirmations de la conscience moderne*, Paris, 1903)，后来还为《波兰的犹太问题》(*La Question Juive en Pologne*, Paris, 1915)撰写了爱犹倾向的引言。除了他的书能帮助理解利维的观点之外，他的论文《现代宗教》(*La Religion Moderne*, Paris, 1913)以及布道《我思故我想》(Je pense, donc je crois.)，载于《三次面谈》(*Trois Entretiens*, Paris, 1910)，也很有益处。利维还撰写了有关古典以色列家庭以及蒙蒂菲奥里等内容的文章。

139. *AIF*, 61 (1900): 891-92.后来的版本中增加了一篇文章："To Leave Full Liberty to Individual Conscience Regarding Observance of Practices and

Ceremonies," *UI*, May 24, 1907, pp. 300-301.

140. 宗教法院档案中的详细内容载于：Paula Hyman, "The Jews in Post-Dreyfus France (1906-1939)" (Ph.D. dissertation, Columbia University, 1975), 51-57.

141. *UI*, November 29, 1907, pp. 325-31; *AH*, 81 (1907): 637.

142. *A travers les Moissons* (Paris, 1903). 后来由联盟出售这部书，一同出售的还有祈祷书、利维的长篇著作、西奥多·雷纳克的《以色列人的历史》（*Histoire des Israélites*）。布兰登–萨尔瓦多成为联盟的副主席，联盟副主席共有两位。

143. *UI*, April 5, 1907, pp. 83-84.

144. Hippolyte Prague, "Le Feminisme dans la Communaute," *AIF*, 67 (1906): 265-67. 作为宗教法院犹太教机构的法国犹太教出版社，在联盟的成立阶段对其不断地进行攻击，在联盟开始行使犹太圣堂的职能时，故意对其避而不谈。联盟主席萨尔瓦多·利维抱怨《以色列世界》（*Univers israélite*）没有报道联盟的就职礼拜仪式，编辑的回答非常直率："我们知道这样的投诉等于宣布这一事件就此结束。"（1907年12月13日，407页）

145. *Office d'inauguration du Temple de I'Union libérale Israelite* (Paris, 1907), 6-22.

146. 联盟的祈祷书名为《地球之翼》（*Des Ailes à la Terre*），1908年布里顾在《法国以色列人之家》（Chez les Israélites Français, 299-300）已经提到过此书。1902年联盟开始出版自己的期刊《光线》（*Le Rayon*），当时联盟祈祷书已经出版过两卷了，希伯来联合学院图书馆唯一的一卷没有注明日期，有关礼拜仪式的讨论，参见：Petuchowski, *Prayerbook Reform in Europe*, 77-80, 236-237.

147. 参见联盟在著作封底内页对办刊目的的声明：*Le Rayon*, October 15, 1912.

148. Selected Essays, 270. 利维谈到要将全人类提升至"神圣的民族，使其具有神圣组织的尊严"，载于：*Trois Entretiens*, 23. 雷纳克将犹太人称作"精神社区"，参见：*Race, Nation, Religion?* (Paris, 1925), 6.

149. Louis-Germain Lévy, "La raison de'etre de I'Union liberate," *Le Rayon*, January 15, 1913, p.5. 联盟的职位还对非犹太人开放，这些人当中最有趣的是埃米·巴里埃尔，一位出身为天主教的教徒后来加入犹太教。在意

大利拉比埃利佳·伯纳莫兹的影响下，他成为拥护诺亚律法的人，积极参加犹太事务，同时还保留原来的信仰。他尽管是犹太复国主义分子，曾经一段时期担任联盟兼职的宣教士，定期向《光线》投稿。巴里埃尔对其精神历程的描述载于《无名圣所：我"皈依"犹太教的历程》（*Le sanctuaire incommu, ma "conversion" au judaïsme*, Paris, 1926），其英文版书名为《无名圣所：从罗马到以色列的朝圣之旅》（*The Unknown Sanctuary: A Pilgrimage from Rome to Israel*, New York, 1929）。

447　150. Abraham Eliezer Beresniak (AV"K) in *Ha-Shiloah*, 20 (1909): 80.

151. 利维自己也认可指控联盟新教化对其是一种伤害。参见他的报告：*First Conference of the World Union for Progressive Judaism* (Berlin, 1928), 40.

# 6. 美国：改革运动的应许之地

1. 引文出自：Sydney E. Ahlstrom, ed., *Theology in America* (Indianapolis, 1967), 311-12.

2. 引文出自：Sydney E. Ahlstrom, *A Religious History of the American People* (New Haven, 1972), 603-604.

3. Robert D. Cross, *The Emergence of Liberal Catholicism in America* (Cambridge, Mass., 1958).

4. Edward McNall Burns, *The American Idea of Mission* (New Brunswick, N.J., 1957); Conrad Cherry, ed., *God's New Israel: Religious Interpretations of American Destiny* (Englewood Cliffs, 1971).

5. 内容出自1869年1月7日对神学和宗教图书馆协会所做的一次讲座，载于：Cherry, *God's New Israel*, 224, 227.

6. 引文载于：Leon A. Jick, *The Americanization of the Synagogue 1820-1870* (Hanover,1976), 7.

7. Lou H. Silberman, *American Impact: Judaism in the United States in the Early Nineteenth Century* (Syracuse, 1964).

8. Hannah Adams, *The History of the Jews from the Destruction of Jerusalem to the Nineteenth Century*, 2 (Boston, 1812): 217; *Sulamith*, 7.2 (1830-33): 360; Maurice Mayer, "Geschichte des religiösen Umschwunges unter den

Israeliten Nordamerika's," *Sinai*, 1 (1856): 104; Barnett A. Elzas, *The Jews of South Carolina* (Philadelphia, 1905), 147-51; Charles Reznikoff and Uriah Z. Engelman, *The Jews of Charleston* (Philadelphia, 1950), 124; Allan Tarshish, "The Charleston Organ Case," *AJHQ*, 54 (1965): 412.

9. 请愿的全部文本命名为《纪念》, 宪章载于: Barnett A. Elzas, *The Reformed Society of Israelites* (New York, 1916), 31-53; L. C. Moise, *Biography of Isaac Harby*(Macon, Ga., 1931), 52-72. 1825年6月1日, 来自弗吉尼亚首府里士满市颇有名气的犹太人雅各布·莫迪凯递交给协会通信委员会一封14页的信件, 信中他肯定了废除荣誉的需要、背诵祷文需要和谐一致, 也包括英文部分。但是这位温和的自由主义者、相对知识渊博的西班牙裔犹太人认为协会的做法有些过分, 会引起分裂主义。费城的麦克斯韦·惠特曼先生非常友好地给我提供一封没有发表的信件, 信中莫迪凯建议协会应该放弃诵读《托拉》经卷。有关莫迪凯的相关情况, 参见: Caroline Cohen, *Records of the Myers, Hays and Mordecai Families from 1707 to 1913* (Washington, D.C., 1913), 40-41.

10. 原则的全部文本参见: David Philipson, *The Reform Movement in Judaism* (3d edn., New York, 1967), 332.

11. *North American Review*, 23 (1826): 74; *Occident*, 1 (1843): 438; Lee M. Friedman, *Pilgrims in a New Land* (New York, 1958), 156-57; Reznikoff and Engelman, *The Jews of Charleston*, 132; Malcolm Stern, "America's First Reform Jews," *AJHQ*, 63 (1973): 118-19; Robert Liberles, "Conflict over Reforms: The Case of Congregation Beth Elohim, Charleston, South Carolina," in Jack Wertheimer, ed., *The American Synagogue: A Sanctuary Transformed* (Cambridge and New York, 1987), 274-96.

12. 雅各布·R.马库斯发表了信件文本: *AJA*, 7 (1955): 68-72.尽管并没有很明确地提及巴勒斯坦, 但我使用了他后来使用的类似短语加以诠释, 相当于明确地指代以色列的土地。

13. Edward Eiches, "Maryland's 'Jew Bill'," *AJHQ*, 60 (1970/71): 258-79; Liberles, "Conflict over Reforms."

14. *North American Review*, 23 (1826): 75.

448 15. Henry L. Pinckney and Abraham Moise, eds., *A Selection from the Miscellaneous Writings of the Late Isaac Harby, Esq.* (Charleston, 1829), 57-87 and L. C. Moise, *Biography of Isaac Harby*, 99-121.

16. 有关哈比对挪亚方案的批判以及挪亚自己在宗教各个方面的矛盾和前后不一致，参见：Jonathan D. Sarna, *Jacksonian Jew: The Two Worlds of Mordecai Noah* (New York, 1981), 67, 72-73, 137-42.

17. Isaac Harby booklist, AJA, Misc. Silberman, *American Impact*; Lester A. Segal, "Jacques Basnage de Beauval's *l'Histoiredes Juifs*," *HUCA*, 54 (1983): 312-16.

18. 莫伊兹和卡多佐的演讲载于：L. C. Moise, *Biography of Isaac Harby*, 122-40.

19. Mayer, "Geschichte," 171-72; Elzas, *The Jews of South Carolina*, 161.

20. 印刷版本《以色列改革派协会采纳的安息日礼拜仪式和各种祷文》(*The Sabbath Service and Miscellaneous Prayersm Adopted by the Reformed Society of Israelite*, Charleston, 1830）重印后，添加了巴尔奈·埃尔扎撰写的引言内容（New York, 1916）。没有希伯来语的排版，也许因为缺少现成和廉价的设备。人们思考如何制定"一种扩大的具有完整形式祷文的新版本"，包括希伯来文本内容。早期的一版手稿祷文，原文属于利奇菲尔德·哈比·卡洛琳，将原稿用平版印刷术印刷，爱德华·L. 科恩为其写序，然后出版，书名为《艾萨克·哈比祈祷书》(*The Isaac Harby Prayerbook*, Charleston, 1974）。另一版手稿，原属于大卫·努涅斯·卡瓦略，存放于《美国犹太档案》馆。也许还有另外一种手写版本：Raphael Mahler, *Divre yeme yisrael: dorot aharonim*, 1 (Tel-Aviv, 1980), 203-204. 此书引用过此版本，但是这一版本在用希伯来语释义某一教义时存在缺陷，这在前两个版本中是没有的。马勒版本在其去世后得以出版，但是没有手稿的资料。有关哈比、卡瓦略和印刷版的祈祷书之间的详细比较，参见《美国犹太档案》馆存放的兰斯·J. 萨斯曼的两份学期论文。任何一种版本所使用的独特术语大部分情况下都添加到了主要的礼拜仪式中。对于印刷版祈祷书礼拜仪式的分析，参见：Eric Lewis Friedland, "The Historical and Theological Development of the Non-Orthodox Prayerbooks in the United States" (Ph.D. dissertation, Brandeis University, 1967), 8-18.

21. 出自卡瓦略版本，112—113页。

22. 如果我们除去那些被标为死亡、辞职或从宪章签字名单中删除的个人，那么从原来的43人中只剩下18位成员。但是这些人当中至少有一位在1828年后就离开了查尔斯顿市，他就是大卫·努内斯·卡瓦略。参见：Stern, "America's First Reform Jews," 118 note 4.

23. 埃尔扎斯在其之前引用的作品中都强调了来自德国的影响。近来也有类似的研究，参见：Bertram Wallace Korn, *German-Jewish Intellectual Influences on American Jewish Life, 1824-1972* (Syracuse, 1972), 17 note 7.

24. 西尔贝曼在《美国影响》(*American Impact*) 一书中特别强调了这一影响，在此之前，弗里德曼在《新大陆的朝圣者》(*Pilgrims in a New Land*, 154-55) 一书中也说明了这一现象。

25. 根据迈尔的《历史》("Geschichte," 173)，其中一个原因属于"其他情况，不适合公开揭发"。

26. 有关波兹南斯基的情况，参见最近研究：Solomon Breibart, *The Rev. Mr. Gustavus Poznanski, First American Jewish Reform Minister* (Charleston, 1979).

27. *Occident*, 9 (1852): 212.

28. 关于这一冲突最完整的研究，参见：Tarshish, "The Charleston Organ Case," 420-46.

29. 波兹南斯基的演讲内容没有印刷，大部分报道参见：*Charleston Courier*, March 20, 1841; *AZJ*, 5 (1841): 307-309. 查尔斯顿的异邦人和犹太人于1840年夏天召开会议，谴责对大马士革犹太人的指控，并对受害者表示同情。犹太人非常感激基督徒对他们的支持。参见约瑟夫·L. 布劳和萨罗·W. 拜伦有关会议的决议和思考记载：*The Jews of the United States 1790-1840, A Documentary History*, 3 (New York and Philadelphia, 1963): 942-50. 还可以参见：Jick, *The Americanization of the Synagogue*, 83-84.   449

30. Moise, *Biography of Isaac Harby*, 89.

31. 教义载于：Jacob C. Levy, "The Reformed Israelites," *Southern Quarterly Review*, 5 (1844): 348. 反对教义的内容参见：*Occident*, 9 (1852): 214-15.

32. Mayer, "Geschichte," 178; *Orient*, 5 (1844): 174. 现在与欧洲改革、尤其是与汉堡圣殿的关系发展更为密切。戈特霍尔德·所罗门布道的英语译版，1839年首次在英国出版，1841年在查尔斯顿再版。贝斯·埃洛希姆圣会采用了汉堡圣殿的部分赞美诗，汉堡圣殿的纪念礼拜仪式由逾越节之夜所取代。伦敦西部犹太圣堂和第二汉堡圣殿在同一时间建造，因而会引发争议，这一消息传到了查尔斯顿圣会，也许给改革者们增加了勇气。Mayer, "Geschichte," 176; Levy, "The Reformed Israelites," 333-34.

33. K. K. Beth Elohim Minutes, August 8 and 10, 1841, AJA.

34. Moise, *Biography of Isaac Harby*, 84.

35. 有关李瑟的情况，参见: Henry Englander, "Isaac Leeser," *CCARY*, 28 (1918): 213-52; Maxwell Whiteman, "Isaac Leeser and the Jews of Philadelphia," *PAJHS*, 48 (1958/59): 207-44; Moshe Davis, *The Emergence of Conservative Judaism* (Philadelphia, 1965), *passim*; Bertram W. Korn, "Isaac Leeser: Centennial Reflections," *AJA*, 19 (1967): 127-41; Lawrence Grossman, "Tradi-tion under Fire: Isaac Leeser and Reform," *Gesher*, 8 (1981): 73-89; Naomi W. Cohen, *Encounter with Emancipation: The German Jews in the United States 1830-1914* (Philadelphia, 1984), *passim*; Lance J. Sussman, "Isaac Leeser and the Protestantization of American Judaism," *AJA*, 38 (1986): 1-21; and *idem*, "The Life and Career of Isaac Leeser (1806-1868): A Study of American Judaism in its Formative Period" (Ph.D. dissertation, HUC-JIR, Cincinnati, 1987).

36. 吉克在《犹太圣堂的美国化》( *The Americanization of the Synagogue* ) 中反复强调美国化和向社会上层的移动性。科恩在《遭遇解放运动》( *Encounter with Emancipation,* 164-65 ) 中暗示要采取更加平衡的观点。

37. *Sinai*, 1 (1855/56): 198-201; Isidor Blum, *The Jews of Baltimore* (Baltimore and Washington, 1910), 11-12; Charles A. Rubenstein, *History of Har Sinai Congregation* (Baltimore,1918), 4-16.

38. *Sinai*, 1 (1855/56): 201-203; *Israelite*, January 5, 1855, p. 206; Myer Stern, *The Rise and Progress of Reform Judaism...Temple Emanu-El of New York* (New York, 1895), 13-39; Hyman B. Grinstein, *The Rise of the Jewish Community of New York 1654-1860* (Philadelphia,1945), 353-63, 501-507.

39. Bernhard N. Cohn, "Leo Merzbacher," *AJA*, 6 (1954): 21-24.

40. 与早期李瑟的译本相比较，发现默茨巴赫的译本在英文陈述方面偶尔有同一性。例如，将默茨巴赫 1:21 的我们祈求上帝祷文与李瑟的《日常祷文书》( *The Book of Daily Prayers*, Philadelphia, 1848, 86 )。

41. Friedland, "The Historical and Theological Development of the Non-Orthodox Prayerbooks in the United States," 19-39; *idem*, "Hebrew Liturgical Creativity in Nineteenth-Century America," *Modern Judaism*, 1 (1981): 324-25.

42. 阿德勒通过将"使死人复生"改为"使万物获得生机"以及将弥赛亚指代的"救世主"改为抽象的"救赎"这些方式使得祈祷书在内容上更为激进。第二处改动是在阿德勒 1863 年出版的对新年假期礼拜仪式的修订版中出现的。

43. *Asmonean*, November 9, 1855, p. 28. 利奥伯德·斯坦发表了一篇支持性的评论，但是具有批判内容。*Der Israelitische Volkslehrer*, 6 (1856): 97-102, 204-208.

44. *Israelite*, September 15, 1854, p. 77. 有关纽约的利连撒尔参见：Sefton D. Temkin, "Rabbi Max Lilienthal Views American Jewry in 1847," in Bertram Wallace Korn, ed., *A Bicen-tennial Festscrift for Jacob Rader Marcus* (Waltham, Mass., 1976), 589-608.

45. 最为详细的传记资料载于：James G. Heller, *Isaac M. Wise: His Life, Work and Thought* (New York, 1965). 其他最新的资料参见：Sefton Temkin, "Isaac Mayer Wise: ABiographical Sketch," in Doris C. Sturzenberger, ed., *A Guide to the Writings of Isaac Mayer Wise* (Cincinnati, 1981), 5-53. 记载全面的心理传记对我们了解一个人非常有益。 450

46. *Reminiscences* (Cincinnati, 1901), 257.

47. Issac M. Wise, *History of the Israelitish Nation, from Abraham to the Present Time*, 1 (Albany, 1854): iv (only one volume appeared); David Philipson and Louis Grossman, eds., *Selected Writings of Isaac Mayer Wise* (Cincinnati, 1900), 173; Joseph H. Gumbiner, "Lost Leader of a Winning Cause: The Founder of American Reform Judaism Reconsidered," *Judaism*, 1 (1952): 171.

48. 正统派拉比伯纳德·伊洛维之子亨利·伊洛维和一位当代年轻的辛辛那提人宣称：怀斯本人"绝不等同于艾因霍恩的激进主义，也不是后来的所谓改革者。"他认为怀斯随着年龄的变老,思想愈发保守;相比而言,利连撒尔变得更加激进。参见:Henry Illoway, ed., *The Controversial Letters and the Casuistic Decisions of the Late Rabbi Bernard Illowy* (Berlin, 1914), 3-5. The notion that Wise's "real views" were radical is the thesis of Aryeh Rubinstein, "Isaac Mayer Wise: A New Appraisal," *JSS*, 39 (1977): 53-74. 有关这一点还可以参见鲁宾斯坦对同一时期整个美国改革运动进行的全面评析:"Reshitah shel tenuat ha-reformah be-yahadut artsot ha-berit ve-ha-pulmus sevivah ba-shanim 1840-1869" (Ph.D. dissertation, Hebrew University, 1973).

49. *Reminiscences*, 49; *American Israelite*, December 4, 1885, p. 4.

50. 参见他的著作: *History of the Israelitish Nation*, 79; *Selected Writings*, 133-40, 197-220; *Judaism and Christianity: Their Agreements and Disagreements* (Cincinnati, 1883), 33-34, 77-79, 105-106; "The World of My Books," trans, in *AJA*, 6 (1954): 143. 怀斯似乎非常认同摩西,其属性与他自己"充满热情但鲁莽冲动"的个性非常适合。摩西对"自由和正义的炽爱"正是怀斯本人的理想,因此怀斯将摩西称为"改革者"也不足为怪。*Selected Writings*, 163-69.

51. 同上书, 265—351页。

52. Cited in James G. Heller, *As Yesterday When It Is Past* (Cincinnati, 1942), 3.

53. Naphtali J. Rubinger, "Dismissal in Albany," *AJA*, 24 (1972): 160-83.

54. *Reminiscences*, 165.

55. 怀斯最初的动机不应该被夸大。安什艾米斯统治教堂时就已经设置了家庭坐席,怀斯的圣会只不过保留了这些坐席。关于这一主题参见:Jonathan D. Sarna, "The Debate over Mixed Seating in the American Synagogue," in Wertheimer, ed., *The American Synagogue*, 363-94.

56. *Israels Herold*, 1 (1849): 73-74, 91; *Occident*, 6 (1848/49): 616.

57. Heller, *As Yesterday When It Is Past*, 19-96.

58. *Israelite*, July 15, 1854, p. 4.

59. 同上书, 1855年8月10日, 39页。

60. 同上书, 1855年12月26日, 132页; 1855年11月9日, 148页。*Occident*, 13

(1855/56): 407-14; *Reminiscences*, 313. 怀斯和李瑟的分析并不完全一致。

61. *Reminiscences*, 316-17.

62. *Occident*, 13 (1855/56): 421-30; 14 (1856/57): 72-81.

63. *Sinai*, 1 (1856/57): 27-29; *Israelitische Volkslehrer*, 5 (1855): 409-19; *AZJ*, 19 (1855): 622-23, 634-35.

64. 有关艾因霍恩的情况参见：J. Alexander Patten, *Lives of the Clergy of New York and Brooklyn* (New York, 1874), 168-70; the supplement to the American Israelite, November 21, 1879; Kaufmann Kohler, "David Einhorn, the Uncompromising Champion of Reform Judaism," *CCARY*, 19 (1909): 215-67; and more recently Bernhard N. Cohn, "David Einhorn: Some Aspects of His Thinking," in *Essays in American Jewish History to Commemorate the Tenth Anniversary of the Founding of the American Jewish Archives* (Cincinnati, 1958), 315-24; Gershon Greenberg, "The Significance of America in David Einhorn's Conception of History," *AJHQ*, 63 (1973): 160-84; *idem*, "The Messianic Foundations of American Jewish Thought: David Einhorn and Samuel Hirsch," *Proceedings of the Sixth World Congress of Jewish Studies*, 2 (Jerusalem, 1975): 215-26; and *idem*, "Mendelssohn in America: David Einhorn's Radical Reform Judaism," *LBIYB*, 21 (1982): 281-93.

65. *Rabbinische Gutachten über die Verträglichkeit der freien Forschung mit dem Rabbineramte*, 1 (Breslau, 1842): 125-139; *AZJ*, 8 (1844): 87-89; *Protokolle und Aktenstücke der zweiten Rabbiner-Versammlung* (Frankfurt a/M, 1845), 27, 49,186; *Protokolle der dritten Versammlung deutscherRabbiner* (Breslau, 1847), 57, 198; *Sinai*, 4 (1859/60): 289; Kaufmann Kohler, ed., *Dr. David Einhorn's Ausgewahlte Predigten undReden* (New York, 1881), 89, 312-13. 尽管艾因霍恩喜欢用本地语举行礼拜仪式，但是在美国他主张让犹太孩子接受希伯来语学习，赞成全日制的犹太教育。*Sinai*, 1 (1856/57): 391; *Predigten undReden*, 67.

66. *Das Princip des Mosaismus und dessen Verhältniss zum Heidenthum und rabbinischen Judenthum* (Leipzig, 1854), 66. 艾因霍恩对象征主义感兴趣是受卡尔·巴尔作品的影响：Karl Bähr, *Symbolik des Mosaischen Cultus*, 2 vols. (Heidelberg, 1837-39). 艾因霍恩在方法上以巴尔为依托，进行反复、

基础性的批判诠释。

67. Kohler, "David Einhorn," 219-20, 这项研究指出艾因霍恩是受谢林的影响。

68. *Sinai*, 2 (1857/58): 539. 艾因霍恩宣称他是第一个说 "犹太教和人类一样的古老" 的人。*Sinai*, 3 (1858/59): 1093n. 早在1730年，英国的自然神论者马修·廷德尔在其著作《基督教与宇宙同龄》(*Christianity as Old as Creation*) 就宣称基督教是自然宗教。

69. *Ner Tamid: Die Lehre des Judenthums, dargestellt für Schule und Haus* (Philadelphia, 1866), 18, 31; *Sinai*, 2 (1857/58): 401, 410; *Predigten und Reden*, 24.

70. 同上书，111页。

71. *Ner Tamid*, 27, 33-38; *Protokolle und Aktenstücke*, 75; *AZJ*, 8 (1844): 88.

72. *Olat Tamid. Gebetbuch für Israelitische Reform-Gemeinden* (Baltimore, 1858), 61, 396-97.

73. 引文见：Kohler, "David Einhorn," 265. 其他资料参见：*Predigten und Reden*, 91; *Ner Tamid*, 51; Einhorn to Kohler, January 7, 1870, AJA, MSS Col. 155.

74. *Das vom Judenthum gebotene Verhalten des Israeliten gegenüber seiner stiefväterlichen Behandlung von Seiten des Vaterlandes* (Schwerin, 1847).

75. 在法兰克福大会上，艾因霍恩进行了辩论：男人接受被点名诵读《托拉》的宗教偏爱是不公平的，他被选入负责撰写争取妇女宗教平等提议的委员会。*Protokolle und Aktenstücke*, 144, 169. 在布雷斯劳他提交了委员会的报告。*Protokolle der dritten Versammlung*, 252-66. 在美国，艾因霍恩赞同家庭坐席（尽管他信奉德意志精神），并且还创建了新郎和新娘平等参加的婚礼仪式。*Sinai*, 3 (1858/59): 1020; 6 (1861/62): 205-207.

76. *Sinai*, 1 (1856/57): 259; 6 (1861/62): 2-22, 45-50, 171; 7 (1862/63): 319.

77. *Predigten undReden*, 85, 109-12, 169-70; *Sinai*, 2 (1857/58): 604. 艾因霍恩批判了当代犹太人对拥有精致墓地纪念馆的幻想。他赞同传统的犹太习俗，死后没有贫富的区分。*Ner Tamid*, 85.

78. *Predigten und Reden*, 65, 90.

79. Einhorn to Bernhard Felsenthal, May 25, 1862, AJA, MSS Col. 155.

80. *Sinai*, 3 (1858/59): 837ff. *Predigten und Reden*, 17, 70.

81. *Sinai*, 1 (1856/57): 19, 190, 362; 2 (1857/58): 668-69. 1861年11月14日写给

芬森萨尔（Felsenthal）的信中，艾因霍恩抱怨《西奈》在纽约只有60位订户。AJA, MSS Col. 155.

82. *Sinai*, 1 (1856/57): 359; 3 (1858/59): 1083.

83. *Predigten und Reden*, 29, 83; *Sinai*, 1 (1856/57): 1-3, 28, 65; 2 (1857/58): 411.

84. *Predigten und Reden*, 41; *Sinai*, 6 (1861/62): 244.艾因霍恩同情他的女婿考夫曼·科勒，科勒在底特律讲坛上被迫遵循饮食律法，因此"不能过着教义和实践一致的生活。美国不是欧洲，这种强迫的做法越来越严重"。1870年7月4日的信件，《美国犹太档案》，手稿第155栏。艾因霍恩在犹太饮食教规的问题上认为只有关于食用自然死亡动物的血和肉的律法才是有效的。其他的属于《利未记》有关纯净的律法和神职献祭律法。*Sinai*, 4 (1859/ 60): 193ff. 452

85. *Israelite*, November 10, 1855, p. 157; *Sinai*, 1 (1856/57): 10, 28.

86. Bertram W. Korn, *American Jewry and the Civil War* (Philadelphia, 1951), 17-27, 40-41; Heller, *Isaac M. Wise*, 321-73; Sefton D. Temkin, "Isaac Mayer Wise and the Civil War," *AJA*, 15 (1963): 12-42; Liebman Adler, *His Life through His Letters*, ed. Joan Weil Saltzstein (n.p., 1975), ix, 108.

87. Heller, *Isaac M. Wise*, 375-83; Malcolm Stern, "National Leaders of Their Time: Phil-Adelphia's Reform Rabbis," in Murray Friedman, ed., *Jewish Life in Philadelphia 1830-1940* (Philadelphia, 1983), 183; Uriah Zvi Engelman, "Jewish Statistics in the U.S. Census of Religious Bodies (1850-1936)," *JSS*, 9 (1947): 130-32; *New Era*, 4 (1874): 131.

88. 有关犹太圣堂改革的进展情况，我引用了圣会和社区历史的交叉部分。见改革派圣会历史的广泛目录：Malcolm Stern, *AJHQ*, 63 (1973): 126-37.

89. *Israelite*, April 29, 1870, p. 8; July 15, 1870, p. 8; January 13, 1871, p. 8; JT, 1 (1875/76): 158. 不管剩余的人数是否较少，或者是多么的少，也是值得研究的。

90. 关于美国犹太人围绕德国忠诚进行的广泛评析以及对原始资料的参考，参见本人文章："German-Jewish Identity in Nineteenth-Century America," in Jacob Katz, ed., *Toward Modernity: The European Jewish Model* (New Brunswick, N.J, 1987), 247-67.

91. Wise, *Reminiscences*, 343-46; Heller, *Isaac M. Wise*, 302-305.

92. *Gebetbuch für Israelitische Reform-Gemeinden* (New York, 1856).

93. Einhorn to Felsenthal, June 24, 1870, AJA, MSS Col. 155.

94. Eric L. Friedland, "*Olath Tamid* by David Einhorn," *HUCA*, 45 (1974): 313-18.

95. 艾因霍恩将基本原理应用于他的礼拜仪式中，参见：*Sinai*, 1 (1856/57): 97-100, 129-39.

96. Letter of June 24, 1862, AJA, MSS Col. 155; Kohler, "David Einhorn," 253-54.

97. "我们必须拥有一部希伯来语祈祷书，还有一本本地语祈祷书，让每个圣会自行选择使用哪一本，或者每一本挑选多少内容。我们就是这样利用《美国成俗》。要适合所有圣会的话，必须阅读每一种礼拜仪式中的内容，这简直是一种愚蠢的专制。应该给他们提供合适的材料，让每一个圣会自己逐渐适应。" *Israelite*, April 29, 1870, p. 8. 本地语的内容和相应的希伯来语内容恰恰相反，因此后来的版本能够使读者更顺利地进行选择。

98. *JT*, 2 (1870/71): 378; Bernhard Felsenthal, *The Beginnings of Chicago Sinai Congregation* (Chicago, 1898), 35.

99. *Israelite*, July 29, 1870, 8; *Reminiscences*, 346; Heller, *Isaac M. Wise*, 304.

100. *JT*, June 4, 1869, p. 8.

101. *Protokolle der Rabbiner-Conferenz abgehalten zu Philadelphia, vom 3. bis zum 6. November 1869* (New York, 1870). 有一本带引言和注释的译本：Sefton D. Temkin, *The New World of Reform* (Bridgeport, 1974). 关于废除离婚的犹太法令这一决议所受的环境影响，参见：Shlomith Yahalom, "Radical Trends in the Reform Movement of the U.S.A.—Philadelphia Conference" [Hebrew], *Proceedings of the Ninth World Congress of Jewish Studies*, Division B, Vol. 2 (Jerusalem, 1986), 35-40.

102. *JT*, December 17, 1869, pp. 11-12; *Israelite*, April 22, 1870, p. 8; April 29, 1870, p. 8; May 6, 1870, pp. 8-9; May 13, 1870, pp. 8-9.

103. *Israelite*, June 17, 1870, p. 8; July 22, 1870, p. 8; July 29, 1870, p. 8. 圣路易斯的一位激进分子索奈申在圣会中使用艾因霍恩的祈祷书，还会见西方的同事。这一情况参见：*JT*, 2 (1870/71): 358.

104. Julia Hübsch, ed., *Rev. Dr. Adolph Hübsch, Late Rabbi of The Ahawath Chesed*

*Congregation New York* (New York, 1885), viii-ix; *Israelite*, December 23, 453
1870, p. 8; Wise to Hübsch, November 28, 1866, July 30, 1868, March 4,
1870, March 23, 1870, AJA, Box 2333.

105. *JT*, 2 (1870/71): 408-409.索奈申在费城会议上提议将现存的祈祷书相融
合，并且在辛辛那提召开的第二届会议之前由指定的其中一个委员会负
责此事。因此，克利夫兰会议会先发制人。

106. *JT*, 2 (1870/71): 521.

107. *Israelite*, November 4, 1870, p. 8; November 11, 1870, p. 8; November 18,
1870, p. 8.

108. *Israelite*, June 9, 1871, pp. 8-9; June 16, 1871, pp. 8-9; June 23, 1871, p. 8. 修
改版的祈祷书是否能在辛辛那提会议之前完成还不确定。后来怀斯宣称
"完成了还不足一半"。Julia Hübsch, *Rev. Dr. Adolph Hübsch*, ix-x. 无论如
何，怀斯于1872年再次印刷《美国成俗》，在题目页面上还印有"在会
议上修订"的字样。

109. Wise to Hübsch, July 20, 1873, AJA, Box 2333. Hübsch's prayerbook
was called *Seder Tefilah, Gebete für den öffentlichen Gottesdienst der
Tempelgemeinde Ahawath Chesed*, 2 vols. (New York, 1872).

110. *Israelite*, July 21, 1871, pp. 8-9; August 4, 1871, pp. 8-9.

111. *JT*, 3 (1871/72): 280-83, 297-99, 309, 393-94.赫希认为14人的抗议太过于
教条。Hirsch to Adler, June 26, 1871, AJA, Correspondence File.

112. Joseph Krauskopf, "Haifa Century of Judaism in the United States," *American
Jews' Annual*, 4 (1888): 86; *PUAHC*, 1 (1873-79): 3, 28-29, 119; Wise to
Hübsch, July 20, 1873, AJA, Box 2333.

113. *PUAHC*, 1 (1873-79): i-xiii, 3; Sefton D. Temkin, "A Century of Reform
Judaism in America," *AJYB*, 74 (1973): 25-28.

114. 出版的详细议程为研究联盟的早期历史提供了最佳的一手资料。还可
以参见：Steven A. Fox, "On the Road to Unity: The Union of American
Hebrew Congregations and American Jewry, 1873-1903," *AJA*, 32(1980):
145-93.

115. 犹太复国圣会将自己为什么不派送代表的原因发表在：*JT*, 5 (1873-

84):309.

116. *Israelite*, July 18, 1873, p. 4.

117. *AI*, August 5, 1887, p. 4; March 27, 1919, p. 16.

118. Allan Tarshish, "The Board of Delegates of American Israelites (1859-1878)," *PAJHS*, 49(1959/60): 16-32.

119. *JT*, December 31, 1869.

120. Ezra Spicehandler and Theodore Wiener, "Bernhard FelsenthaFs Letters to Osias Schorr," *Essays in American Jewish History* (Cincinnati, 1958), 394-96.

121. *Statistics of the Jews of the United States, Compiled under the Authority of the Board of Delegates of American Israelites and the Union of American Hebrew Congregations* (Philadelphia, 1880), 55-56.

122. *PUAHC*, 2 (1879-85): 1456.在本人的文章《百年历史》中，我对希伯来联合学院的历史进行了详细的研究。"A Centennial History," in Samuel E. Karff, ed., *Hebrew Union College-Jewish Institute of Religion At One Hundred Years* (Cincinnati, 1976): 3-283.

123. *AI*, Augusts, 1887, p. 4.

124. 引文出自：the *Occident* (Chicago), July 20, 1883, p. 4, in Victor Ludlow, "Bernhard Felsenthal: Quest for Zion" (Ph.D. dissertation, Brandeis University, 1984), 203.

# 7. 犹太教"古典"改革派

1. 关于阿德勒的信息参见：Benny Kraut, *From Reform Judaism to Ethical Culture: The Religious Evolution of Felix Adler* (Cincinnati, 1979); also Michael A. Meyer, "Beyond Particularism," *Commentary*, March 1971, pp. 71-76.

454　　2. Felix Adler, *Creed and Deed* (New York, 1877), 203, 214, 242; *JC*, February 20, 1903, p. 18.

3. *JR*, January 1, 1886, p. 4; *Zeitgeist*, I (1880): 1; *Reform Advocate*, 41 (1911): 451; *AI*, 28 (1881/82): 252.

4. *Reformer and Jewish Times*, March 29, 1878, p. 5.

5. Beryl Harold Levy, *Reform Judaism in America* (New York, 1933), 57-60; Moshe

Davis, *The Emergence of Conservative Judaism* (Philadelphia, 1965), 222-25.

6. Alexander Kohut, *The Ethics of the Fathers* (New York, 1885), 11-13, 80-81, 111-13, 164-70.

7. Kaufmann Kohler, *Backwards or Forwards?* (New York, 1885), 10-13.

8. *Österreichische Wochenschrift*, August 14, 1885, pp. 2-3; David Phlipson, "The Pittsburgh Rabbinical Conference," *CCARY*, 45 (1935): 193-96.

9. 1886年首次出版在《犹太改革者》中的礼仪礼节，由美国拉比中央会议以小册子的形式发行，名为：*Proceedings of the Pittsburg Rabbinical Conference* (n.p., 1923). 最近这些册子得以重印，美国拉比中央会议还举办了解释性的讲座，载于：Walter Jacob, ed., *The Changing World of Reform Judaism: The Pittsburgh Platform in Retrospect* (Pittsburgh, 1985). See also Sefton D. Temkin, "The Pittsburgh Platform: A Cen-tenary Assessment," *JRJ*, Fall 1985, pp. 1-12, and Jonathan D. Sarna, "New Light on the Pitts-burgh Platform of 1885," *AJH*, 76 (1986/87): 358-68.

10. 全文见附录。

11. See *JR*, January 1, 1886, pp. 4, 9; January 8, 1886, pp. 1, 10; *AI*, November 27, 1885, p. 4.

12. *AH*, 25 (1885/86): 52-54. 在回应阿德勒时，怀斯和纽约伊曼纽尔圣殿的拉比古斯塔夫·戈塞尔都认可阿德勒对犹太教的改革没有改变律法，与摩西·门德尔松的非常近似。*AI*, December 4, 1885, p. 6; *AH*, 25 (1885/86): 195.

13. *AH*, 25 (1885/86): 50, 98; *PUAHC*, 3 (1886-91): 2005-2006.

14. 匹兹堡圣会的其中一位参加者，来自宾夕法尼亚州阿勒格尼市的塞缪尔·诺姆伯格于1886年4月6日给亨利·伯科威茨写信道："修建虔诚的神学院是（大会的）首项成果，我认为能够取得预期的场面。" AJA, Box 1071.

15. *AH*, 32 (1887): 69.

16. *AH*, 25 (1885/86): 18; *JR*, February 5, 1886, p. 1; March 26, 1886, p. 8; *Neuzeit*, 26 (1886):207. 但是后来的几年中，犹太神学院组织也被称作正统派。只有当立场坚定的传统派攻击神学院后，保守派和正统派的界限才被划清。

17. *JR*, January 8, 1886, p. 10.

18. 例如旧金山伊曼纽尔圣殿的拉比雅各布·沃桑格，他写作的内容使下列著作的时期成为典型代表：Marc Lee Raphael, *Profiles in American Judaism* (San Francisco, 1984), 20-32.

19. 对科勒个性最有洞察力的分析参见：Adolph S. Oko, "Kaufmann Kohler," *Menorah Journal*, 12 (1926): 513-21. 塞夫顿·特姆金对科勒的研究成果载于《犹太百科全书》，他撰写的文章最后列出了一些二手资料，其中也应该包括：Samuel S. Cohon, "Kaufmann Kohler the Reformer," *Mordecai M. Kaplan Jubilee Volume* (New York, 1953), 137-55; the first three articles in the Kohler Festschrift, *Studies in Jewish Literature* (Ber-lin, 1913), 1-38; and Ellen Messer, "Franz Boas and Kaufmann Kohler: Anthropology and Reform Judaism," *JSS*, 48 (1986): 127-40.

20. *Der Segen Jacobs mil besonderer Berücksichtigung der alien Versionen und des Midrasch* (Berlin, 1867), iv.

21. 有关赫希在犹太教改革派内部表现出的个性特点和立场的情况最有启发性的文章是科勒在1923年美国拉比中央会议召开前所做的纪念性演讲，参见作者死后出版的作品：Kohler, *Studies, Addresses, and Personal Papers* (New York, 1931), 544-54. 关于其他人对他的印象还可以参见：*JC*, June 3, 1910, p. 14 and *AZJ*, 76 (1912): 538. 有关传记最全面的资料是：David Einhorn Hirsch, *Rabbi Emil G. Hirsch: The Reform Advocate* (North-brook, 111., 1968) and Gerson B. Levi's introduction to Emil G. Hirsch, *My Religion* (New York, 1925), 11-23. 伯纳德·马丁发表了两篇研究赫希思想的文章："The Religious Philosophy of Emil G. Hirsch," *AJA*, 4 (1952): 66-82 and "The Social Philosophy of Emil G. Hirsch," *AJA*, 6 (1954): 151-65.

22. Hirsch, *My Religion*, 131, 225.

23. *JR*, April 9, 1886, p. 9.

24. *CCARY*, 2 (1892): 126-28; 17(1907): 205-29; Kohler, *Hebrew Union College and Other Addresses* (Cincinnati, 1916), 306.

25. 同上书，179页。Emphasis Kohler's.

26. 关于菲斯克的情况可以参见：Vernon Louis Parrington, *Main Currents in American*

455

*Thought*, 3 (1930): 203-11.

27. 改革派犹太人对达尔文主义最广泛的回应参见：Joseph Krauskopf, *Evolution and Judaism* (Cincinnati, 1887). 约瑟夫L. 布劳对这部书进行了详细分析，参见他的文章："An American-Jewish View of the Evolution Controversy," *HUCA*, 20 (1947): 617-34. 关注性更广的研究参见：Naomi W. Cohen, "The Challenges of Darwinism and Biblical Criticism to American Judaism," *Modern Judaism*, 4 (1984): 121-57.芝加哥大学研讨会上提交的一篇论文令我受益匪浅，该论文篇幅较长，内容很有深度：Marc Swetlitz, "Responses to Darwin and Darwinism in the Reform Jewish Community in Nineteenth Century America" (1985).

28. *Der Zeitgeist* (Milwaukee), 1 (1880): 73. 怀斯对达尔文主义大肆批判，参见他的文章：*The Cosmic God* (Cincinnati, 1876).

29. Das neue Wissen und Der alte Glaube (Chicago, 1874), 11.

30. Kohler, *Studies*, 327; *Hebrew Union College and Other Addresses*, 19, 25, 178-79; *CCARY*, 17 (1907): 223.

31. 对于人类来说这一直是个"不解之谜"。Kaufmann Kohler, *A Living Faith*, ed. Samuel S. Cohon (Cincinnati, 1948), 125.

32. *Der Zeitgeist*, 3 (1882): 204; E. G. Hirsch, *Reformed Judaism* (Chicago, 1883), 8; *idem*, "Why I am a Jew?" Part Two, in *Twenty Discourses* (New York, 1906), 10-13; *idem*, *My Religion*, 243-62.

33. *CCARY*, 17 (1907): 210, 217-18, 223; *JT*, July 9, 1869, p. 12; Kaufmann Kohler, *Jewish Theology Systematically and Historically Considered* (New York, 1918), 12. 在追溯祷文在拉比犹太教的中心地位到波斯的影响方面，科勒紧随肖尔·约书亚·赫施尔其后。

34. Oko, "Kaufmann Kohler," 515; *CCARY*, 3 (1893): 104; 15 (1905): 83; Kohler, *Jewish Theology*, 271, 274; *PUAHC*, 6 (1904-1906): 4993; Hirsch, *Reformed Judaism*, 9; *idem*, *My Religion*, 114-30.

35. 他为美国拉比中央会议所做的讲座参见："The Spiritual Forces of Judaism," *CCARY*, 4/5(1895): 131-45.

36. *CCARY*, 17 (1907): 221-29; Kohler, *A Living Faith*, 40, 72-73, 76.

37. Hirsch, *My Religion*, 176, 262, 273, 334-37; *idem, Reformed Judaism*, 10-11.

38. 尽管该译版是在赫希死后出版，从格尔松·B.利维撰写的前言中很明显地可以看出赫希已经将自己的系列讲座成为"我的宗教"。

39. 最初以德语的形式出现: *Grundriss einer systematischen Theologie des Judentums auf geschichtlicher Grundlage* (Leipzig, 1910). 1918年的英语译本于1968年再次发行，由约瑟夫·L.布劳为其撰写的引言。

40. David Philipson, *My Life as an American Jew* (Cincinnati, 1941), 69; *CCARY*, 1 (1891): 6.继怀斯之后的前五位主席都是跟随他学习的人。他们尽管很年轻就获得了主席的职务，但就职的年龄不等：从39岁到49岁都有。非希伯来联合学院毕业生的人有时会感到他们在美国拉比中央会议上遭受歧视。J. 摩根斯坦 A. P. 德鲁克的有关情况参见1908年12月4日的美国拉比中央会议记录4/9，美国犹太档案。

41. *CCARY*, 1 (1891): 16; 2 (1892): 9.

42. 美国希伯来圣会联盟出版了有关犹太的陈述内容: *Judaism at the World's Parliament of Religions* (Cincinnati, 1894). 还可以参见: John H. Barrows, ed., *The World's Parliament of Religions*, 2 (Chicago, 1893): 1461-67.

43. *CCARY*, 13 (1903): 185-338; 15 (1905): 83-110.

44. *CCARY*, 14 (1904): 116, 146-61; *Views on the Synod* (Baltimore, 1905); Levy, *Reform Judaism in America*, 109-30.

45. Lou H. Silberman, "The Union Prayer Book: A Study in Liturgical Development," in Bertram W. Korn, ed., *Retrospect and Prospect: Essays in Commemoration of the Seventy-Fifth Anniversary of the Founding of the Central Conference of American Rabbis 1889-1964* (New York, 1965), 46-61; Eric Lewis Friedland, "The Historical and Theological Development of the Non-Orthodox Prayerbooks in the United States" (Ph.D. dissertation, Brandeis University,1967), 67, 115-24; 有关修正主义的观点参见：Lawrence A. Hoffman, "The Language of Survival in American Reform Liturgy," *CCARJ*, Summer 1977, pp. 87-106.

46. *AH*, 52 (1892/93): 649; Emil G. Hirsch, trans., *Dr. David Einhorn's Book of Prayers for Jewish Congregations* (Chicago, 1896), v.

47. 保守派拉比马库斯·贾斯特罗武断地对每周的《托拉》诵读进行选择，挑

456

出自己感兴趣的部分。Moshe Davis, *The Emergence of Conservative Judaism* (Philadelphia, 1963), 143. 1918年修订的联盟祈祷书删除了特殊诵读的部分，并且还提供了与传统年历相一致的《托拉》部分时间表。

48. 引文载于：Levy, *Reform Judaism in America*, 39. 利维还提供了一份正统派祈祷书中安息日上午礼拜仪式和联盟祈祷书中的详细对比（14—37页）。

49. *CCARY*, 21 (1911): 106; 24 (1914): 186,217.

50. CCAR Records, 5/8, AJA; Gustav Gottheil, "The Jewish Reformation," *American Journal of Theology*, 6 (1902): 278.大城市里的改革派犹太圣堂仍然有独唱者，但是作为合唱团的一个辅助而已，通常情况下一部分是异邦人。1910年美国拉比中央会议通过了一项决议："可行的话，犹太唱歌者可以在合唱团工作。" Henry Berkowitz, *Intimate Glimpses of the Rabbi's Career* (Cincinnati, 1921), 100; *CCARY*, 20 (1910): 156.

51. *CCARY*, 6 (1895): 68; Lloyd P. Gartner, *History of the Jews of Cleveland* (Cleveland,1978), 155; Morris A. Gutstein, *A Priceless Heritage: The Epic Growth of Nineteenth Century Chicago Jewry* (New York, 1953), 163-64.

52. Uriah Zvi Engelman, "Jewish Statistics in the U.S. Census of Religious Bodies (1850-1936)," *JSS*, 9 (1947): 142.一位拉比的个人观点是："当众人对其讲坛上诵读的内容一窍不通时，期待他们虔诚是极其荒谬的事情。对于理解希伯来语言之美并能欣赏的学生和学者来说，希伯来语自然是很合适不过的；但是对于讲英语的人们来说应当将其免除。可以只保留几个重要的短语，例如受祝福（the Borchu）、请听好（the Sh'ma）以及神圣的（the K'dusha）的三句话。" Philipson Diary, September 15, 1890, AJA.

53. Gotthard Deutsch to Joseph Stolz, December 9, 1906, CCAR Records, 3/10, AJA. 参见下列文献中1895年的菜单选项：Frank J. Adler, *Roots in a Moving Stream* (Kansas City, Mo., 1972), 101.

54. *CCARY*, 3 (1893): 36; Philipson Diary, January 25, 1888. 还可以参见接受改变信仰者的条件，载于：*CCARY*, 6 (1895): 55-58.

55. *Proceedings of the Pittsburg Rabbinical Conference*, 16.

56. *CCARY*, 3 (1893): 41.

57. *UB*, July 1915, p. 5; Clifton Harby Levy, "The American Rabbi as He Is," 457

*Godey's Magazine*, May 1898, pp. 563-66; CCAR, *Sermons by American Rabbis* (Chicago, 1896).

58. *AH*, 25(1885/86): 182.

59. *Reform Advocate*, 61 (1921): 393.

60. Max Raisin, "Autobiography," 16, AJA, Biographies File; Philipson Diary, November 1, 1891.

61. *AH*, 22 (1885): 132; *AZJ*, 49 (1885): 497-98.

62. *CCARY*, 14 (1904): 214-15.

63. *Leo N. Levi Memorial Volume* (Chicago, 1907), 63-89, 150-58; Philipson, *My Life*, 96-97; UAHC Records 69/5, AJA; *AH*, 56 (1894/95): 271-75.

64. *PUAHC*, 3 (1886-91): 2647; 9 (1916-20): 8335; *UB*, January 1917, p. 9; October 1917, p. 9; Steven A. Fox, "On the Road to Unity: The Union of American Hebrew Congregations and American Jewry, 1873-1903," *AJA*, 32(1980): 145-93.

65. Joseph Krauskopf to Geroge Zepin, March 21, 1903, UAHC Records 19/9, AJA.

66. Michael A.Meyer, "A Centennial History," in Samuel E. KarfF, ed., *Hebrew Union College-Jewish Institute of Religion at One Hundred Years* (Cincinnati, 1976), 49-83.

67. 追溯所有活动的最佳资料是联盟制定的《议程》(*Proceedings*) 以及始于1911年的《联盟公报》(*Union Bulletin*)。

68. Henry Berkowitz, *The Primacy of the Congregation* (Atlanta, 1907), 4; Moses J. Gries, *The Union: Its Past and Its Future* (Atlanta, 1907), 8-10.

69. Jacob R. Marcus, *The American Jewish Woman*, 2 vols. (New York, 1981), 2: 389-92.

70. Hirsch, *My Religion*, 179, 359-71; D. E. Hirsch, *Rabbi Emil G. Hirsch*, 23; Kohler Papers 13/5, AJA; *JR*, February 5, 1886, p. 13.

71. *CCARY*, 22 (1912): 99; 24 (1914): 210; Marcus, *The American Jewish Woman*, 2: 295-98.

72. 同上书, 1: 78—79页; 2: 293—294、380—383页。Reva Clar and William M. Kramer, "The Girl Rabbi of the Golden West: The Adventurous Life of

Ray Frank in Nevada, California and the North-west," *Western States Jewish History*, 18 (1986): 99-111, 223-36, 336-51.

73. *Papers of the Jewish Women's Congress* (Philadelphia, 1894).

74. *UB*, March 1915, pp. 3-11.

75. *Israelite*, June 9, 1871, p. 8; *Proceedings of the First Conference of the Hebrew Sabbath-School Union* (Cincinnati, 1889), 6; *Zeitgeist*, 1 (1880): 23.

76. 有关早期改革派的犹太教育情况，参见：Max A. Shapiro, "An Historical Analysis and Evaluation of Jewish Religious School Textbooks Published in the United States, 1817-1903" (Ed.D. dissertation, University of Cincinnati, 1960) and Max Newman, "Basic Principles of American Reform Judaism and their Reflection in the Movement's Program of Religious Education from 1848 to the Present" (Ph.D. dissertation, HUC-JIR, 1963), 7-94.

77. 重点参见：Leonard J. Mervis, "The Social Justice Movement and the American Reform Rabbi," *AJA*, 1 (1955): 171-230.

78. Henry Berkowitz, *Judaism on the Social Question* (New York, 1888), 113, 128. 还可以参见科勒在下列文献中表达的相近立场：*JR*, February 19, 1886, pp. 11-13.

79. Hirsch, *My Religion*, 131-49; Mervis, "The Social Justice Movement," 197-202.

80. Jerrold Goldstein, "Reform Rabbis and the Progressive Movement" (M.A. thesis, University of Minnesota, 1967).

81. Sydney E. Ahlstrom, *Theology in America* (Indianapolis, 1967), 531-86; *idem*, *A Religious History of the American People* (New Haven, 1972), 785-804; Ronald C. White, Jr. and C. Howard Hopkins, *The Social Gospel* (Philadelphia, 1976), 37; Egal Feldman, "The Social Gospel and the Jews," *AJHQ*, 58 (1968/69): 308-22; Rabbi Horace J. Wolf, reviewing Graham Taylor's *Religion in Social Action*, in *CCARY*, 24 (1914): 367.

82. Richard Hofstadter, *The Age of Reform* (New York, 1956), 150-52; Goldstein, "Reform Rabbis and the Progressive Movement," 54-57.

83. 这不是暗示个人圣会不会进入社会竞技场。事实上，纽约自由犹太圣堂 458 的拉比西德尼·戈尔茨坦认为："几乎这个国家的每一个圣会都在从事某种形式上的社会公正事业，但在直接性和系统性方面或多或少地存在差异。" *CCARY*, 24 (1914): 364.

84. *CCARY*, 28 (1918): 101-103. 纲领重印载于：W. Gunther Plaut, *The Growth of Reform Judaism* (New York, 1965), 123-24.

85. Mervis, "The Social Justice Movement," 176, 179; Goldstein, "Reform Rabbis and the Progressive Movement," 92-94.

86. *CCARY*, 21 (1911): 113, 115-17, 193-212. 底特律的贝斯艾尔圣殿在1904年采纳了未经分配坐席的做法，显然是第一个采取这种做法的犹太圣堂。Robert A. Rockaway, "The Progress of Reform Judaism in Late 19th and Early 20th Century Detroit," *Michigan Jewish History*, January 1974, p. 11.

87. *CCARY*, 23 (1913): 104; 27 (1917): 125; *UB*, November 1919, pp. 3, 6.

88. *CCARY*, 11 (1901): 86.

89. Benny Kraut, "The Ambivalent Relations of American Reform Judaism with Unitarianism in the Last Third of the Nineteenth Century," *Journal of Ecumenical Studies*, 23 (1986): 58-68; *idem*, "A Unitarian Rabbi? The Case of Solomon H. Sonneschein," in Todd M. Endelman, ed., *Jewish Apostasy in the Modern World* (New York, 1987), 272-308; Arthur Mann, "Solomon Schindler: Boston Radical," *New England Quarterly*, 23 (1950): 453-76; *idem, Growth and Achievement: Temple Israel 1854-1954* (Cambridge, Mass., 1954), 45-83; Solomon Schindler, *Messianic Expectations and Modern Judaism* (Boston, 1886). Schindler later repented and presented a syllabus of his errors. *AH*, 88 (1911): 666-67.

90. Benny Kraut, "Francis Abbot: Perceptions of a Nineteenth Century Religious Radical on Jews and Judaism," in Jacob R. Marcus and Abraham J. Peck, eds., *Studies in the American Jewish Experience*, 1 (Cincinnati, 1981): 90-113; *idem*, "Judaism Triumphant: Isaac Mayer Wise on Unitarianism and Liberal Christianity," *AJS Review*, 7/8 (1982/83): 179-230; Emil G. Hirsch, *Reform Judaism and Unitarianism* (n.p., 1905); *idem, My Religion*, 45-46, 63.

91. 美国19世纪因执行通婚而出名的拉比有：塞缪尔·赫希、埃米尔·G.赫希、艾萨克·S.摩西、马科斯·兰茨贝格和雅各布·沃桑格。

92. James G. Heller, *As Yesterday When It Is Past: A History of Isaac M. Wise Temple* (Cincinnati, 1942), 165; *CCARY*, 22 (1912): 98; 19 (1909): 119, 170, 174-84.

93. 有关犹太教改革派中星期日礼拜仪式的问题，参见：Sidney L. Regner, "The Rise and Decline of the Sunday Service," *JRJ*, Fall 1980, pp. 30-38, 以及下列文献中的文章：Kerry M. Olitzky in *AJA*, 34 (1982): 75-88; *JRJ*, Summer 1984, pp. 66-71; and *AJH*, 74 (1984/85): 356-68.

94. *Reform Advocate*, 41 (1911): 452.

95. *Proceedings of the Pittsburg Rabbinical Conference*, 38.

96. *CCARY*, 15 (1905): 114; 16 (1906): 90; 24 (1914): 88. 保守派犹太神学院的教授摩迪凯·卡普兰在1918年和一位同事说过："如果犹太教要在离散区存活的话，就必须放弃有关安息日绝不妥协的态度，根据意志行为采纳星期日为第七日的做法。"引文见Mel Scult, "Halakhah and Authority in the Early Kaplan," in Ronald Brauner, ed., *Jewish Civilization: Essays and Studies*, 2 (Philadelphia, 1981): 105. 类似的例子我还发现一例：俄亥俄州一个小城镇的保守派圣会将每周礼拜仪式举行的时间定在"基督教安息日，因为很多人周六都有事。"*Daily Signal*, Middletown, Ohio, May 1, 1902.

97. Joseph Krauskopf, *The Service-Ritual* (Philadelphia, 1888); J. Leonard Levy, *A Book of Prayer* (2d edn., Pittsburgh, 1902); *The Union Prayer-Book for Jewish Worship: Morning Services* (New York, 1907). 大会绝不会完全接受美国拉比中央会议的版本。六种上午礼拜仪式的做法分别针对每周的六天。*CCARY*, 16 (1906): 116-22; 23 (1913): 93-94.

98. *CCARY*, 13 (1903): 84, 86.

99. 关于怀斯的圣会何时首次制定周五晚礼拜仪式的问题上意见不一。我遵循了下列文献中的观点：Aryeh Rubinstein, "Reshitah shel tenuat ha-reformah beyahadut artsot ha-berit ve-ha-pulmus sevivah ba-shanim 1840-1869" (Ph.D. dissertation, Hebrew University, 1973), 261-62.

100. *CCARY*, 14 (1904): 119-20. 对美国拉比中央会议讨论的具体分析参见：Levy, *Reform Judaism in America*, 92-108.

101. *Studies in Jewish Literature Issued in Honor of Professor Kaufmann Kohler*

(Berlin,1913), 25-26; Kohler, *Studies*, 520-21; *idem*, *A Living Faith*, 19-30.

102. 同上书，35—39页。Emphasis Kohler's.

103. *PUAHC*, 5 (1898-1903): 4529; 6 (1903-1907): 5833; *AJYB*, 31 (1929): 109; Adler, *Roots in a Moving Stream*, 82, 86.

104. *CCARY*, 8 (1898): xii; 18 (1908): 144; Philipson Diary, January 2, 1888. *Cf.* Rabbi Joseph Silverman in *JC*, February 20, 1903, p. 18.

105. Joseph J. Krauskopf, "Native against Foreigner," Lecture VI in his *10 Lectures* (Cincinnati, 1890).

106. 但是，拉比约瑟夫·施托尔茨认为得到神学院的改革派支持是种耻辱。 *CCARY*, 12 (1902): 234.

107. CCAR Records 2/12, AJA; *CCARY*, 14 (1904): 33-34; 15 (1905): 198-99; Max Raisin, "Autobiography," 16.

108. *AH*, 96 (1914/15): 391-92; *CCARY*, 14 (1904): 68.

109. *CCARY*, 2 (1892): 48-56; 12 (1902): 236.

110. Philipson, *My Life*, 123; *CCARY*, 15 (1905): 172.

111. Naomi Wiener Cohen, "The Reaction of Reform Judaism in America to Political Zionism (1897-1922)," *PAJHS*, 40 (1950/51): 361-94; David Polish, *Renew Our Days: The Zionist Issue in Reform Judaism* (Jerusalem, 1976), 48-114.

112. *CCARY*, 8 (1898): xli; 28 (1918): 133-34; *PUAHC*, 5 (1898-1903): 4002; 9 (1916-20): 8520-21.

113. 后面是根据本人的文章："American Reform Judaism and Zionism: Early Efforts at Ideological Rapproachement," *Studies in Zionism*, 1 (Spring 1983): 49-64. Hebrew version in *Ha-Tsiyonut*, 9 (1984): 95-110. 文章中给出了完整的证明文件。

114. *PAJHS*, 45 (1955/56): 122.

115. J. R. Morse to Charles Shohl, December 4, 1918, UAHC Records 43/1, AJA.

116. Martin P. Beifeld, "Joseph Krauskopf and Zionism: Partners in Change," *AJH*, 75 (1985/86): 48-60.

117. Hirsch, *My Religion*, 290.

118. *CCARY*, 29 (1919): 287.

119. *Der Zeitgeist*, 1 (1880): 104.

120. 引文载于：Levy, *Reform Judaism in America*, 69.

121. Gartner, *The Jews of Cleveland*, 160. *Cf.* Rabbi Samuel Schulman in *CCARY*, 22 (1912): 245.

122. *UB*, January 1917, p. 11.

123. *CCARY*, 7(1897): 128.

124. Kohler, *A Living Faith*, 16.

# 8. 重新定位

1. Sydney E. Ahlstrom, *A Religious History of the American People* (New Haven, 1972),895-931; Robert T. Handy, *A History of the Churches in the United States and Canada* (Oxford,1976), 378-89.

2. Uriah Zevi Engelman, "The Jewish Synagogue in the United States," *The American Journal of Sociology*, 41 (1935/36): 50-51.

3. *CCARY*, 32 (1922): 246; 33 (1923): 103, 286.

4. 有关基督教的使命，参见文献中的通信：CCAR Records 11/21, AJA, and on the racial advisor I. Spectorsky to Central Conference of American Rabbis, December 16, 1918, *ibid.*, 11/16.

5. *CCARY*, 29 (1919): 224-48; 32 (1922): 178-82; 34 (1924): 308-11; *PUAHC*, 53rd Annual Report (1927): 238. 有关相似的世俗观点参见：*Union Tidings*, November 1924, pp. 6-8.

6. *CCARY*, 52 (1942): 251.

7. Emanuel Gamoran, *A Survey of 125 Religious Schools Affiliated with the Union of American Hebrew Congregations* (Cincinnati, 1925).

8. Richard C. Hertz, *The Education of the Jewish Child: A Study of 200 Reform Jewish Religious Schools* (New York, 1953).

9. 尽管不可能在所有地方执行，1937年美国希伯来圣会联盟要求课程从二级开始，课时的三分之一用于希伯来语的学习。Emanuel Gamoran, *A Curriculum for the Jewish Religious School* (Cincinnati, 1937).加莫伦提议的第一种课程完全不现实，每周两次课，要求从四年级开始就翻译《创世记》中节选的内容。

10. 有关加莫伦的情况，参见：Robert J. Wechman, "Emanuel Gamoran: Pioneer in Jewish Religious Education" (Ph.D. dissertation, Syracuse University, 1970); Samuel Grand and Mamie G. Gamoran, eds., *Emanuel Gamoran: His Life and His Work* (New York, 1979); and Kerry M. Olitzky, "A History of Reform Jewish Education During EmanueFs Gamoran's Tenure as Educational Director of the Commission on Jewish Education of the Union of American Hebrew Congregations 1923-1958" (DHL dissertation, HUC-JIR, 1984).

11. Leon Fram, "The Conference and Jewish Religious Education," in Bertram Wallace Korn, ed., *Retrospect and Prospect: Essays in Commemoration of the Seventy-Fifth Anniversary of the Founding of the Central Conference of American Rabbis 1889-1964* (New York, 1965), 181-85.

12. Emanuel Gamoran, *Changing Conceptions in Jewish Education* (New York, 1924).

13. *Liberal Judaism*, June 1944, p. 38; *Catalog of Pupils' Text Books and Teachers' Manuals* (Cincinnati, 1928), 5.

14. *CCARY*, 33 (1923): 343; 34 (1924): 363-64; 36 (1926): 322-36.

15. Grand and Gamoran, eds., *Emanuel Gamoran*, 98-109.

16. *CCARY*, 40 (1930): 384; *Liberal Judaism*, June 1944, p. 41; July 1944, p. 49; *PUAHC*, 61st Annual Report (1935): 67, 72-74.

17. 下列希伯来联合学院-犹太宗教学院的叙述引自本人的文章："A Centennial History," in Samuel E. Karff, ed., *Hebrew Union College-Jewish Institute of Religion at One Hundred Years* (Cincinnati, 1976), 85-169.

18. 有关怀斯的情况参见：Melvin I. Urofsky, *A Voice That Spoke for Justice: The Life and Times of Stephen S. Wise* (Albany, 1982).

19. Jacob D. Schwarz, *The Synagogue in Modern Jewish Life* (Cincinnati, 1939), 10-11, 20-21; *CCARY*, 50 (1940): 319-21.

20. *CCARY*, 30 (1920): 276; 35 (1925): 291-92; Milton Richman, "A Study of Three American Reform Temples Between the Two World Wars" (Rabbinical

thesis, HUC-JIR, 1952), 12, 31; Fred Rosenbaum, *Architects of Reform: Congregational and Community Leadership— Emanu-El of San Francisco, 1849-1980* (Berkeley, 1980), 89-101.

21. *CCARY*, 34 (1924): 140; 45 (1935): 135-48, 214, 229, 295-99; 46 (1936): 146-52.

22. *PUAHC*, 10 (1921-25): 9620, 9767-88. 当时的一次采访中，联盟执行委员会新当选的主席路德维西·沃格斯坦说，美国希伯来圣会联盟是 "一个宗教机构联盟，为了犹太宗教进步而工作，仅此而已"。*Union Tidings*, March 1925, p. 1.

23. *CCARY*, 34 (1924): 154; 35 (1925): 225-27; 41 (1931): 58-59; 44 (1934): 52.

24. *PUAHC*, 10 (1921-25): 9300-9308; 57th Annual Report (1931): 216; *The Synagogue: Its Relation to Modern Thought and Life. Papers Delivered at the 32nd Council, Union of American Hebrew Congregations* (Philadelphia, 1931), 72-82; *CCARY*, 42 (1932): 255; 43 (1933): 108. 1943年改革派和保守派拉比协会全国大会召开时，他们讨论的题目无疑是 "美国犹太生活中犹太圣堂的中心地位以及为达到这一目的的合作方式"。*CARY*, 53 (1943): 70.

25. *Menorah Journal*, 11 (1925): 101-13, 425-47, 544-59; 12 (1926): 1-21.

26. 西尔沃的文章分四期出版在《犹太人论坛》上，1926年7月23日、7月30日、8月6日、8月13日。他所在的圣会将这一内容印刷成册，还附加了出版历史的说明。西尔沃自己是学院内部烛台协会委员会成员，但是现在他已辞去这一职务。

27. *AJYB*, 31 (1929): 119; *CCARY*, 34 (1924): 275; David Philipson, *My Life as an American Jew* (Cincinnati, 1941), 377-78; *Reform Judaism in the Large Cities: A Survey* (Cincinnati, 1931), 10, 47-48. 美国希伯来圣会联盟成员的实用图表参见：Marc Lee Raphael, *Profiles in American Judaism: The Reform, Conservative, Orthodox, and Reconstructionist Traditions in Historical Perspective* (San Francisco, 1984), 197-98. 到1926年，美国希伯来圣会联盟与美国保守派联合犹太圣堂的圣会数量之比是280：211。正统派犹太圣会联盟宣布有200个下属机构，但这仅代表正统派圣会实际数量的一小部分，大部分都是独立的、小规模的、非正式的圣会。*AJYB*, 29 (1927): 27.

1940年，美国希伯来圣会联盟登记有302家圣会，275所联合犹太圣堂，其中80所位于大都市纽约。*CCARY*, 50 (1940): 324-25.

28. 这一时期的姐妹情谊活动载于：*Proceedings of the National Federation of Temple Sisterhoods*, 始于1934年的九、十月份的活动载于《主题和趋势》（*Topics and Trends*）的新闻通讯。还可以参见：Jenna Weissman Joselitt, "The Special Sphere of the Middle-Class American Jewish Woman: The Synagogue Sisterhood, 1890-1940," in Jack Wertheimer, ed., *The American Synagogue: A Sanctuary Transformed* (Cambridge and New York, 1987), 206-30.

29. 这一时期的兄弟会活动载于：*Proceedings of the National Federation of Temple Brotherhoods.* 始于1926年11月的活动载于：*Temple Brotherhood Monthly* (later called *The Jewish Layman*). 西尔沃引文载于1926年12月刊。还可以参见：*Reform Judaism in the Large Cities, 48; The Union of American Hebrew Congregations: What It Is...What It Does...What It Means to You...* (Cincinnati, 1938).

30. *UAHC, Catalog of Publications for Jewish Youth* (Cincinnati, 1937); *PUAHC,* 65th Annual Report (1939): 30-33.

31. UAHC, *Jewish Students: A Survey Dealing with the Religious, Educational Social and Fraternal Activities among Jewish Students at Universities and Colleges* (Cincinnati, 1915); *UB*, November 1922, pp. 12-13; *CCARY*. 33 (1923): 163-98; 34 (1924): 45, 345-51; 40 (1930): 370-71,411.

32. Ronald B. Sobel, "A History of New York's Temple Emanu-El: The Second Half CenTury" (Ph.D. dissertation, New York University, 1980), 385-86, 439; *Synagogue Service Bulletin*, October 1933, pp. 12-14; *CCARY*, 41 (1931): 147, 188-89; Samuel H. Goldenson (CCAR Vice President) to congregational presidents, September 22, 1931, CCAR Records, 14/29, AJA; Richman, "A Study of Three American Reform Temples," 56-57, 76.

33. Meyer, "A Centennial History," 119-20; *CCARY*, 42 (1932): 36-37; 43 (1933): 30-31; *PUAHC*, 61st Annual Report (1935): 18; 65th Annual Report (1939): 84.

34. Robert P. Goldman transcript, Biographies File, AJA.

35. *PUAHC*, 67th Annual Report (1941): 188-202. *Cf.* the earlier critiques by Rabbi

Morton Berman and B. Benedict Glazer in *CCARY*, 41 (1931): 404-13; and 50 (1940): 324-30.

36. *PUAHC*, 65th Annual Report (1939): 37-39; 68th-70th Annual Reports (1943): 16-19, 27, 72, 98.

37. 爱德华·伊斯雷尔是两次世界大战期间美国犹太教改革派中最积极倡导社会正义的人。社会正义工作是由拉比认定与神学不协调且不愿意支持犹太复国主义进行改革的行为，伊斯雷尔揭示这一结论过于简单。他本人既是欣赏神秘主义的一神论者，同时还积极支持犹太复国主义。Leonard J. Mervis, "The Social Justice Movement and the American Reform Rabbi," *AJA*, 1 (1955): 217-20. 462

38. *CCARY*, 31 (1921): 44; 41 (1931): 87.

39. *CCARY*, 32 (1922): 64-67; 37 (1927): 40-43; 42 (1932): 95-96.

40. *CCARY*, 38 (1928): 81-86.

41. *CCARY*, 43 (1933): 59-60; 52 (1942): 99-101. 有关早期犹太教改革派对隔离的谴责以及请求获得平等的教育和经济机会，参见：Joseph Krauskopf, "The American Negro," *Our Pulpit*, April 16, 1916, pp. 145-54.

42. *CCARY*, 42 (1932): 97-98.

43. Ahlstrom, *A Religious History*, 922; *Proceedings of the Rabbinical Assembly of America*, 4 (1930-32): 359; 5 (1933-38): 156-64. 1937年的调查显示保守派拉比比起改革派的同事们更加青睐社会主义，而正统派拉比坚决拥护资本主义。Joseph Zeitlin, *Disciples of the Wise: The Religious and Social Opinions of American Rabbis* (New York, 1945), 107-30.

44. Philipson Diary, November 17, 1932 AJA.

45. Vogelstein to Goldman, December 5,1932, Goldman to Vogelstein, November 25, 1932, Goldman Papers, 7/4, AJA; News Release, June 30, 1933, *ibid.*, 15/3.

46. *PUAHC*, 10 (1921-25): 9809; *Union Tidings*, February 1925, pp. 4-5; *Conference on Perpetuation of Judaism* [at] *30th Council, Union of American Hebrew Congregations* (Cleveland, 1927), 47; *PUAHC*, 55th Annual Report (1929): 10-11, 19, 171.

47. *Some Aspects of Industrial Relations: Proceedings of a Seminar* (Cincinnati,

1931); CCAR Records, 16/16, 16/18, AJA; *PUAHC*, 62nd Annual Report (1936): 10-11, 17; *CCARY*, 46 (1936): 20, 81-85.

48. Mervis, "The Social Justice Movement," 195-96, 214; Frank J. Adler, *Roots in a Moving Stream* (Kansas City, Mo., 1972), 165-71; Urofsky, *A Voice That Spoke for Justice*, 68-69; James G. Heller, *As Yesterday When It Is Past* (Cincinnati, 1942), 197.

49. *CCARY*, 36 (1926): 102-105.

50. 在辩论期间，弗里希支持通过社会工作者来宣传控制生育的信息，让"那些本不该生育却生育的人们"了解这一信息。1926年大会手抄本，美国拉比中央会议记录，34，美国犹太档案。

51. *CCARY*, 37 (1927): 369-84; 39 (1929): 85-86; 40 (1930): 78; Mervis, "The Social Justice Movement," 183.

52. *CCARY*, 27 (1917): 173-76.

53. *PUAHC*, 10 (1921-25): 9816; 61st Annual Report (1935): 124.

54. Mervis, "The Social Justice Movement," 189; *CCARY*, 34 (1924): 91-93; 38 (1928): 85-86; 45 (1935): 60-76; 46 (1936): 62-74.

55. *CCARY*, 49 (1939): 147-54; 50 (1940): 124-33; 51 (1941): 130-32; 52 (1942): 106.由宗教引起的犹太人责任心方面的异议在美国犹太圣堂理事会上可见一斑，正统派对此的立场是完全的批判。战争期间，个别改革派拉比和美国拉比中央会议全体成员为那些在国内从西海岸转移到拘留所的美籍日本人代言。Rosenbaum, *Architects of Reform*, 129; *CCARY*, 54 (1944): 96.

56. 始于1933年的美国拉比中央会议主席就职演讲反映了对德国犹太人的担心。有关联盟和大会的行动参见：*PUAHC*, 59th Annual Report (1933): 143-44; 61st Annual Report (1935): 121-23; 68th-70th Annual Report (1943): 267-68; *CCARY*, 47 (1937): 165-66; 48 (1938): 156-57; 49 (1939): 213-14; 51 (1941): 184-85; 52 (1942): 105; 53 (1943): 54-55,71-72.

57. Michael A. Meyer, "The Refugee Scholars Project of the Hebrew Union College," in Bertram Wallace Korn, ed., *A Bicentennial Festschrift for Jacob Rader Marcus* (Waltham, Mass., 1976), 359-75.

58. *CCARY*, 22 (1912): 229, 233-36, 253-55, 300-21; 29 (1919): 230.

59. Rebecca Trachtenberg Alpert, "From Jewish Science to Rabbinical Counseling:　463
The Evaluation of the Relationship between Religion and Health by the
American Reform Rabbinate, 1916-1954" (Ph.D. dissertation, Temple
University, 1978).

60. *CCARY*, 35 (1925): 152, 157-67, 237; 36 (1926): 312-14; 37 (1927): 165-93,
352-68.

61. *CCARY*, 38 (1928): 101-10; Louis Witt, *Judaism and Healing* [Cincinnati,
(1947)]; Philipson, *My Life*, 342.

62. *CCARY*, 41 (1931): 353-54, 357-60; Samuel S. Cohon, *What We Jews Believe*
(Cincinnati, 1931), 142-52; Milford Stern, "Alleged Substitutes for Religion,"
in *The Synagogue: Its Relation to Modern Thought and Life*, 32-34.

63. 圣弗朗西斯科的拉比路易斯·纽曼斥责弗洛伊德会造成"道德败坏"。亚
伯拉罕·克伦巴赫熟知心理学的文献，但其学术研究却致力于评述对犹
太文本和礼仪的观点。Rosenbaum, *Architects of Reform*, 101; *HUCA*, 8/9
(1931/32): 605-740; 19 (1945/46): 205-73.

64. James G. Heller, "Two Psychologists Versus Religion," in *Judaism and the
Modern World: Papers Delivered at the 31st Council, Union of American
Hebrew Congregations* (San Francisco, 1929), 62-70.

65. *CCARY*, 51 (1941): 256-74, 283-88; Joshua Loth Liebman, "Morality and
Immorality" (Recording of speech delivered at Hebrew Union College in 1948,
Hebrew Union College Library). 有关利布曼的情况参见：Alpert, "From
Jewish Science to Rabbinical Counseling," 118-54; Arthur Mann, *Growth and
Achievement: Temple Israel, 1854-1954* (Cambridge, Mass., 1954), 100-14;
Donald Meyer, *The Positive Thinkers* (New York, 1965), 327-30.

66. *CCARY*, 35 (1925): 217-18; 40 (1930): 163, 304-57; 41 (1931): 148, 151-60; 42
(1932): 176-78. 有关人文主义对新教徒的影响参见：Handy, *A History of the
Churches in the United States and Canada*, 382.

67. 下列引用了我的记录文章："Samuel S. Cohon: Reformer of Reform Judaism,"
*Judaism*, 15 (1966): 319-28. 有关科恩和这一时期改革派拉比之间选民和
使命等特殊问题，还可以参见：Arnold M. Eisen, *The Chosen People in*

*America: A Study of Jewish Religious Ideology* (Bloomington, Ind., 1983), 53-72.

68. 哥伦布纲领的具体历史发展情况参见：Samuel S. Cohon Papers, 2/6-2/7, and in the Samuel Schulman Papers 7/9-7/11, AJA. 关于这一主题的舒尔曼信件刊登在：*CCARJ*, Summer 1973, pp. 51-54. 公共记录载于：*CCARY*, 46 (1936): 88-107; 47 (1937): 94-114. 舒尔曼文本的简易版在其作者施加了极端的压力后才得以出版，载于：*CCARY*, 47 (1937): 418-26. 这一严酷的考验几乎在体力上摧垮了科恩。*Day Book of Service at the Altar* (Los Angeles, 1978), 192-93. 史蒂芬·S.怀斯提名舒尔曼为主席，显然是受菲利克斯·利维的指示而为，希望舒尔曼作为作者在反对犹太复国主义方面不会惹出太多的麻烦，并希望他不会沦为言辞批判的委员会成员。

69. 见附录中的文本内容。

70. *CCARY*, 38 (1928): 246-70. 科恩的讲座得以再版，载于：Joseph L. Blau, ed., *Reform Judaism: A Historical Perspective* (New York, 1973), 257-84.

71. *Day Book of Service*, 154-55.

72. *CCARY*, 38 (1928): 277; 30 (1920): 94.

73. *CCARY*, 43 (1933): 87-88; CCAR Records, 15/4, AJA.

74. *CCARY*, 43 (1933): 89; 44 (1934): 66.

75. *CCARY*, 40 (1930): 251-59; 43 (1933): 92.

76. *CCARY*, 40 (1930): 101-108; 41 (1931): 102; *AJYB*, 33 (1931): 45; *Union Hymnal* (Cincinnati, 1932), 383-88. 后来新修订的《联盟祈祷书》只印有阿拉姆语柯尔尼德（*kolnidre*），并在括号中印有："柯尔尼德吟唱。"

77. 详细内容参见：Eric Friedland, "The Historical and Theological Development of the Non-Orthodox Prayerbooks in the United States" (Ph.D. dissertation, Brandeis University, 1967), 127-37.

464　78. *AJYB*, 44 (1942): 106-107; Louis I. Newman, *A New Reform Judaism and the New Union Prayer Book: A Personal Statement* (n.p., 1943); Israel Bettan's Foreword to Jacob D. Schwarz, *Ceremonies in Modern Jewish Life* (Cincinnati, 1937), v.

79. Arthur L. Reinhart, *The Voice of the Jewish Laity: A Survey of the Jewish*

*Layman's Religious Attitudes and Practices* (Cincinnati, 1928); *Reform Judaism in the Large Cities*. 由于接受问卷调查者都是对这一主题感兴趣的人，因此应该将调查结果视为上限。

80. *CCARY*, 36 (1926): 314; *Conference on Perpetuation of Judaism* [Held at] Thirtieth Council, Union of American Hebrew Congregations (Cleveland, 1927), 34.

81. *CCARY*, 45 (1935): 23-24; 46 (1936): 163; *PUAHC*, 63rd Annual Report (1937): 153-54.

82. *CCARY*, 49 (1939): 185-89; 55 (1945): 142-47; *The Synagogue*, September 1940, pp. 15,19.

83. 最初载于：*Temple Brotherhood Monthly*, 1928-29. 爱德逊的文章得以重印，书名为：*The Ceremonies of Judaism* (Cincinnati, 1929).

84. *CCARY*, 47 (1937): 183-86.

85. 有关弗瑞夫的情况参见研究其生平和作品的著作：Walter Jacob *et al.*, eds., *Essays in Honor of Solomon B. Freehof* (Pittsburgh, 1964).

86. *CCARY*, 51 (1941): 289-98.

87. 引用内容出自4、7页，强调弗瑞夫的内容。还可以参见：*CCARY*, 56 (1946): 276-317.

88. *CCARY*, 52 (1942): 276-96, 312-25. 重印内容载于：Blau, ed., *Reform Judaism*, 104-25.

89. 发表在两次世界大战期间的有关犹太教改革派和犹太复国主义的评析包括：Irving Levitas, "Reform Jews and Zionism—1919-1921," *AJA*, 14 (1962): 3-19; Arthur J. Lelyveld, "The Conference View of the Position of the Jew in the Modern World," in Korn, ed., *Retrospect and Prospect*, 139-67; David Polish, *Renew Our Days: The Zionist Issue in Reform Judaism* (Jerusalem, 1976), 115-235; Stuart E. Knee, "From Controversy to Conversion: Liberal Judaism in America and the Zionist Movement, 1917-1941," *YIVO*, 17 (1978): 260-89; Howard R. Greenstein, *Turning Point: Zionism and Reform Judaism* (Chico, Calif., 1981); and Cyrus Arfa, *Reforming Reform Judaism: Zionism and the Reform Rabbinate 1885-1948* (Tel-Aviv, 1985).

90. *CCARY*, 30(1920): 141-42, 154.

91. *CCARY*, 31 (1921): 85-88; 32 (1922): 70; 34 (1924): 106; 40 (1930): 22-25, 156; 41 (1931):310.

92. Transcript of 1930 convention, CCAR Records, 36. *CCARY*, 40 (1930): 98, 106; 41(1931): 102-104. David Philipson, *My Life* (Cincinnati, 1941), 423-24.

93. 保守派运动在比例上更倾向于犹太复国主义，改革的力度相对较小，领导者是塞勒斯·阿德勒，他反对政治上的犹太复国主义。极端正统派的以色列正教党在传统宗教方面也反对政治上的犹太复国主义。

94. CCAR Records, 4/7; Greenstein, *Turning Point*, 24-25, 140.

95. Louis Wolsey to Samuel Goldenson, May 31, 1935, CCAR Records, 17/7; *CCARY*, 45 (1935): 102-103, 110-12.

96. 演讲内容重印载于：Blau, ed., *Reform Judaism*, 393-436. 舒尔曼由于身体有病不能出席会议，他撰写的论文在会议上找人代读。

97. *CCARY*, 45 (1935): 310-11. 颇具讽刺意味的是，非犹太复国主义分子极力支持在巴勒斯坦建立犹太教进步派，而像西尔沃和怀斯这样的犹太复国主义者却根本不提倡此事。

98. 有关西尔沃的资料参见：Harold P. Manson, "Abba Hillel Silver—An Appreciation," in Daniel Jeremy Silver, ed., *In the Time of Harvest: Essays in Honor of Abba Hillel Silver on the Occasion of His 70th Birthday* (New York, 1963), 1-27; Leon I. Feuer, "Abba Hillel Silver: A Personal Memoir," *AJA*, 19 (1967): 107-26; and Solomon B. Freehof, "Recollections of Abba Hillel Silver," in Herbert Weiner, ed., *Therefore Choose Life: Selected Sermons, Addresses, and Writings of Abba Hillel Silver*, 1 (Cleveland, 1967): xi-xix.

99. *CCARY*, 45 (1935): 342.

465　100. *Reform Judaism in the Large Cities*, 13.

101. Philipson, *My Life*, 361; *PUAHC*, 57th Annual Report (1931): 190-91.

102. *PUAHC*, 63rd Annual Report (1937): 158. This Palestine resolution goes considerably beyond its predecessor of two years earlier: *PUAHC*, 61st Annual Report (1935): 123.

103. Philipson Diary, July 3, 1936.

104. *CCARY*, 52 (1942): 169-82; Samuel S. Cohon to James G. Heller, May 3, 1942, Cohon Papers, 2/3.

105. Elmer Berger, *Memoirs of an Anti-Zionist Jew* (Beirut, 1978), 8.

106. 有关犹太教美国理事会的组建，我引用了下列文献：ACJ Records, 2/1, 5/4, the Cohon Papers, 2/3, and the Louis Wolsey Papers, 4/8-4/10, AJA. 详细内容还可以参见不同档案记录的部分引用：Greenstein, *Turning Point* 33-50; David Polish, "The Changing and the Constant in the Reform Rabbinate," *AJA*, 35 (1983): 286-98; Menahem Kaufman, *Lo-tsiyonim be-amer-ikah be-ma'avak al ha-medinah* (Jerusalem, 1984), 69-73; and Thomas A. Kolsky, "Jews Against Zionism: The American Council for Judaism, 1942-1948" (Ph. D. dissertation, George Washington University, 1986), 100-226.

107. 只有2/7这样做了。

108. Berger, *Memoirs*, 15-16; Rosenbaum, *Architects of Reform*, 136-39.

109. *CCARY*, 53 (1943): 91-99; 183-94.

110. *Liberal Judaism*, September 1943, pp. 4-7, 33-43; Adolph Rosenberg *et al.*, *Statement of the Union of American Hebrew Congregations on the American Jewish Conference* (n.p., 1945); *CCARY*, 54 (1944): 145-46; *PUAHC*, 68th-70th Annual Reports (1943): 107-108, 110-11, 116-18; 71st-73rd Annual Reports (1947): 19-20, 26-31, 45-46, 90; Abraham Shusterman to Samuel S. Cohon, November 8 and 17, 1943, Lou H. Silberman to Cohon, December 2, 1943, Cohon Papers, 2/3; Maurice N. Eisendrath, *Can Faith Survive?* (New York, 1964), 276-82; Greenstein, *Turning Point*, 101-25.

111. 有关贝斯·伊斯雷尔的叛乱，我引用了得克萨斯州休斯敦市的贝斯伊斯雷尔圣会收录集，美国犹太档案。还可以参见格林斯坦的《转折点》（*Turning Point*, 51-57）中更详细的记载。

112. *Liberal Judaism*, April 1944, pp. 20-25, 54-58; *Opinion*, February 1944, p. 5.

113. *Liberal Judaism*, September 1943, p. 38; *Reconstructionist*, October 16, 1942, pp. 9, 15, 17.

114. *CCARY*, 54 (1944): 171. 海勒的想法也是如此。James G. Heller, *Reform*

*Judaism and Zionism* (Cincinnati, 1944), 6-7.弗瑞夫描述的气愤在美国拉
比中央大会的统一会议上显而易见，会议布道中，雅各布·J.温斯坦
（Jacob J. Weinstein）把反对犹太复国主义比作圣经中的反叛势力可拉
（Korah）。*CCARY*, 54 (1944): 174-81.

## 9. 国际运动

1. B. Breslauer *et al*., to I. Mattuck, June 11, 1914, WUPJ Correspondence File,
   AJA. For much of the following see also Michael S. Datz, "Poor Cousin or
   Parent Body? The World Union for Progressive Judaism During Its First 50
   Years, 1926-1976" (Rabbinical thesis, HUC-JIR, Cincinnati, 1987).
2. Wise to Montagu, April 2, 1926, Stephen S. Wise Collection, 4/4, AJA.
3. *International Conference of Liberal Jews* (London, 1926), 109.
4. "Die Botschaft des liberalen Judentums an den Juden von Heute," *First
   Conference of the World Union for Progressive Judaism* (Berlin, 1928), 60-68,
   148-50.
5. *CCARY*, 37 (1927): 17-40; *First Conference*, 95; Julian Morgenstern to Solomon
   B. Freehof, December 10, 1930, AJA, Box 1554, File F.
6. *International Conference*, 43-47; *First Conference*, 21-30; Max Dienemann,
   *Liberates Judentum* (Berlin, 1935), 39-40; Caesar Seligmann, *Erinnerungen*
   (Frankfurt a/M, 1975), 159; Max P. Birnbaum, *Staat und Synagoge 1918-1938*
   (Tübingen, 1981), 124-27, 287.
7. Bruno Italiener, ed., *Festschrift zum hundertzwanzigjahrigen Bestehen des
   IsraelitischenTempels in Hamburg 1817-1937* (Hamburg, 1937), 13; *Mitteilungen
   der Judischen Reformge-meinde zu Berlin*, April 1, 1920, January 1, 1921;
   Wolfgang Hamburger, "Aus alten Blättern der Judischen Reformgemeinde
   zu Berlin," *TE*, 27 (May 1969): 542-51; Gebetbuch [der Jüdischen Reform-
   Gemeinde zu Berlin] (Berlin, 193?).
8. *Gebetbuch für das ganze Jahr* (Frankfurt a/M, 1929). 前言的译文载于：Jakob J.
   Petuchowski, *Prayerbook Reform in Europe* (New York, 1968), 206-13.
9. *First Bulletin of the World Union for Progressive Judaism*, December 1929, pp.

466

6-7. On women and religious reform in Germany see Marion Kaplan, *The Jewish Feminist Movement in Germany* (Westport, Conn., 1979), 162-64. 犹太复国主义分子由于与正统派的联合而反对男女混合坐席。

10. *Second Conference of the World Union for Progressive Judaism* (London, 1930), 169-73.

11. Wolfgang Hamburger, "The Reactions of Reform Jews to the Nazi Rule," in Herbert A. Strauss and Kurt R. Grossman, eds., Gegenwart im Ruckblick: Festgabe fur die Judische Gemeinde zu Berlin 25 Jahre nach dem Neubeginn (Heidelberg, 1970), 150-64; Heinrich Stern, Ernst Machen! Bin Wort an die religios-liberalen Juden (Berlin, 1935).

12. Joachim Prinz, "A Rabbi under the Hitler Regime," and Max Nussbaum, "Ministry under Stress: A Rabbi's Recollections of Nazi Berlin 1935-1940," both in Strauss and Grossmann, eds., *Gegenwart im Rückblick* 231-47.

13. *First Conference*, 38-41.

14. *International Conference*, 59-65; *First Conference*, 30-37; *Second Conference*, 174-79; Michael Leigh, "Reform Judaism in Britain (1840-1970)," in Dow Marmur, ed., *Reform Judaism: Essays on Reform Judaism in Britain* (Oxford, 1973), 41-43; Stephen Sharot, *Judaism: A Sociology* (New York, 1976), 156, 160; *idem*, "Reform and Liberal Judaism in London: 1840-1940," *JSS*, 46 (1979): 221-23.

15. Celia S. Heller, *On the Edge of Destruction: Jews of Poland between the Two World Wars* (New York, 1977), 234-35; Zevi Karl, "The Religious Life of the Jews of Lvov" [Hebrew], in N. M. Gelber, ed., *Lvov*, volume 4.1 of *Entsiklopedyah shel galuyot* (Jerusalem and Tel-Aviv, 1956), 441-50; *First Conference*, 47-51.

16. *Ibid.*, 103; *Second Conference*, 138, 141, 147; Joseph Regensburg, "On Liberal Judaism and Liberal Nationalism" [Hebrew], *Galim*, March 16,1930.世界联盟在不同时期与东方其他国家有进步倾向的犹太人联系来往。三四十年代来自维也纳的客人也参加会议。蒙塔古与捷克斯洛伐克和匈牙利感兴趣的人士或小型组织进行通信联系，但是东欧并没有成立起世界联盟。

17. Dan Michman, "The Beginnings of the Liberal (Reform) Jewish Community in Holland" [Hebrew], *Yahadut Zemanenu*, 3 (1986): 75-91; *idem*, "The Public Furor Surrounding the Beginning of the Liberal Jewish Community in the Netherlands (1929-1931)" [Hebrew], *Proceedings of the Ninth World Congress of Jewish Studies*, Division B, Vol. 2 (Jerusalem, 1986): 41-48; WUPJ, *Report of the Fourth Conference* (Holland, 1937), 25-27.

18. Kurt Wilhelm, "The Influence of German Jewry on Jewish Communities in Scandinavia," *LBIYB*, 3 (1958): 325-31; Petuchowski, *Prayerbook Reform in Europe*, 153-55; *International Conference*, 68-70; *First Conference*, 43-46.

19. *International Conference*, 66-67; *First Conference*, 41-43; Hugo Gryn, "Als Rabbiner in Indien," *TE*, 4 (December 1958): 57-60; *Ammi*, 6 (Shavuot 1977): 3-4.

20. Temple Israel, *Facts and Data Regarding the First Jewish Reform Congregation in South Africa* (Johannesburg, n.d.); Gideon Shimoni, *Jews and Zionism: The South African Experience (1910-1967)* (Cape Town, 1980), 50-51; Jocelyn Hellig, "Religious Expressions," in Marcus Arkin, ed., *South African Jewry: A Contemporary Survey* (Cape Town, 1984), 104-107; David Sherman, *Pioneering for Reform Judaism in South Africa* (n.p., n.d.); South African Union for Progressive Judaism, *The Guide of Practice* (Johannesburg, 1956).

21. Shimoni, *Jews and Zionism*, 278-81.

22. WUPJ, *Report of the Fifth International Conference* (London, 1946), 75-77; *Report of the Twelfth International Conference* (London, 1961), 116-21; *Annual Report* (1977/78): 3; *Ammi*, 8 (Winter 1978): 8-11; Jocelyn Hellig, "South African Judaism: An Expression of Conservative Traditionalism," *Judaism*, 35 (1986): 233-42.

23. Jerome Mark, "Judaism in Australia," *The Westralian Judean*, April 1, 1932, pp. 4-7, and "Practical Reform in Australia," *ibid.*, June 1,1932, pp. 5-7; Max Schenk, "*Liberal Judaism in Australia*," LiberalJudaism, June 1943, pp. 48-51; Meir Ydit, "Liberales Judentum in Australien," *TE*, 30 (November 1970): 558-59; Peter Y. Medding, *From Assimilation to Group Survival: A Political and*

467

*Sociological Study of an Australian Jewish Community* (Melbourne, 1968), 79-92; *idem*, "Orthodoxy, Liberalism and Secularism in Melbourne Jewry," in Peter Y. Medding, ed., *Jews in Australian Society* (Melbourne, 1973), 41-60; Rudolph Brasch, "Letter from Australia," *Pointer*, Winter 1972, pp. 10-11; Richard G. Hirsch, "Letter from Jerusalem,"November 13, 1984 (mimeo); and especially Eliot Baskin, "Dinkum Liberal: The Development of Progressive Judaism in Australia" (Rabbinical thesis, HUC-JIR, Cincinnati, 1985). 根据 A. 艾萨克斯的《19世纪墨尔本的犹太教改革派》，小型收录集（AJA）。早在1871年圣基尔达希伯来圣会就引进了部分仪式改革，但是他们与后来的澳大利亚犹太教改革派的建立没有直接的关系。

24. 我从下列文献中引用了较多内容：Clifford M. Kulwin, "The Emergence of Progressive Judaism in South America" (Rabbinical thesis, HUC-JIR, Cincinnati, 1983). 其他资料参见：WUPJ, *Bulletin*, 15 (December 1943): 9-13; Judith Laikin Elkin, *Jews of the Latin American Republics* (Chapel Hill, N.C., 1980), 165-70; *Ammi*, 18 (Summer 1982).

25. 巴拿马的情况参见：On Panama: Jacobo Sasso to Stanley F. Chyet, October 23, 1964, Misc. File, AJA. *On Guatemala: Mordecai Schreiber, Congregacion Bet-El of Guatemala and the Future of Reform in Latin America* (Guatemala City, 1965); Hanita Schreiber to Anna Klenicki [1965], Corre-spondence File, AJA. On Curacao: *PAJHS*, 26 (1918): 239-41. 古巴的情况参见：Jeffrey A. Kahn, "The History of the Jewish Colony in Cuba" (Rabbinical thesis, HUC-JIR, Cincinnati, 1981).

26. 有趣的是，推动成立巴勒斯坦改革机构的人多半是非犹太复国主义分子，也许他们想借此弥补摈弃犹太民族主义的遗憾。1926年拉比路易斯·沃尔西在主席就职演讲中就提出这一建议，但是后来不了了之。*CCARY*, 36 (1926): 143-44; 37.2 (1927): 74, 157-60.

27. M. Elk, "The Religious Building Up of Palestine" [1936] (mimeo), WUPJ Collection, 7/ 9, and other items in 7/9 and 7/10, AJA; WUPJ, *Bulletin*, November 1938, pp. 8-11; May 1939, pp. 11-13; November 1940, pp. 11-12; *Report of the Tenth International Conference* (Amsterdam, 1957), 35-

37; *Twelfth International Conference*, 157-64; M. Elk, "Liberal Education in Palestine," *Liberal Judaism*, February 1949, pp. 30-37; Ze'ev Harari, "Chapters in the History of the Progressive Jewish Movement in Israel" [Hebrew] (Expanded seminar paper, HUC-JIR, Jerusalem, 1974), 2-5.

28. WUPJ, *Report of the Sixth International Conference* (London, 1949), 26, 74. 拜克在《以色列国度：社会特点和历史状况》（"The State of Israel: The Social Character and the Historical Situation"）中就特别提到美国犹太人这一椭圆比喻进行阐述，载于：*Two Series of Lectures* (New York, [1950]), 43-44.

29. WUPJ, *Report of the Eighth International Conference* (London, 1953), 87-112.

30. 同上书，12—13、122页。*World Union News*, Fall 1984, p. 4. 战后布达佩斯再次出现了新教犹太教，也有类似的礼拜仪式和拉比神学院，这里是东欧犹太社区的唯一精神领导来源地。WUPJ, *Bulletin*, January 1948, p. 31; *EJ*, Spring 1978, pp. 28-32.

31. *Tenth International Conference, passim*; WUPJ, *News and Views*, Passover 1967, p. 1.

32. WUPJ, *Bulletin*, July 1949, pp. 23-27; *Report of the Ninth International Conference* (Paris, 1955), 153.

33. *TE*, 1 (September 1957): 3; 6 (1959): 81-82; 38 (November 1974): 18; 43 (September 1977): 17-28. 1965年，瑞士进步派出版了他们自己的安息日夜晚礼拜仪式德语版和希伯来语版。有关情况参见：Petuchowski, *Prayerbook Reform in Europe*, 20, 239.

34. 从1965年后的几年间，比利时的进步派圣会发行了法语版和英语版的新闻通讯，名为《羊角号》。

35. *La Voce—Ha-Kol*, September-November 1954.

36. WUPJ, *Bulletin*, March 1946, pp. 29-30; April 1947, pp. 46-47; September 1948, pp. 20-21; *Sixth International Conference*, 114; *Report of the Seventh International and Twenty-Fifth Anniversary Conference* (London, 1951), 144; Rabi [Wladimir Rabinovitch], *Anatomic du Judaïsme Français* (Paris, 1962), 158-59.

37. *Tenth International Conference*, 30, 55-59; *Report of the Eleventh International*

468

*Conference* (London, 1959), 27-28, 32, 39, 58-63; *Twelfth International Conference*, 22, 29, 37, 42-45; *Mélanges de Philosophic et de Littérature Juives*, 1-2 (1957): 9-39; 3-5 (1962): 3-5.

38. WUPJ, *News and Views*, Passover 1967, p. 3; *Annual Report*, 1977-78, p. 2; *Ammi*, Spring 1981, p. 14.

39. Ernst J. Cohn, "Auflösung und Aufbau im englischen Judentum," *TE*, 19 (March 1965): 299-306; Leigh, "Reform Judaism in Britain," 43-49; Sharot, *Judaism*, 156-62.

40. Ellen Littmann, "The First Ten Years of the Leo Baeck College," in Marmur, ed., *Reform Judaism*, 160-78; Jonathan Magonet, "The Empty Pulpit: Rabbinic Needs and Training for European Jewry," *EJ*, Winter 1984/85, pp. 13-22; 数篇与历史相关的文章载于：*EJ*, Winter 1985/Summer 1986, pp. 2-39.

41. *Ninth International Conference*, 32-33; *Eleventh International Conference*, 185; Jacob K. Shankman,"Dr. Solomon Freehof s Role in the World Union for Progressive Judaism," in Walter Jacob *et al*, eds., *Essays in Honor of Solomon B. Freehof* (Pittsburgh, 1964), 128-49.

42. 英国还是1951年成立的世界联盟青年分会的中心，青年分会通过"笔友"方案将世界各地的进步年轻犹太人联系在一起，定期举行国际夏令营。

43. *Eighth International Conference*, 38-42; Schalom Ben-Chorin, "Die erste progressive Gemeinde in Jerusalem," *TE*, 4 (December 1958): 62-64; WUPJ, *News and Views*, October 1958, p. 4; 有趣的目击报道载于：Maariv, May 16, 1958, p. 2; 新闻论文载于：*Devar Ha-Shavua*, February 18, 1966, pp. 15ff.

44. *The Movement for Progressive Judaism in Israel* (anonymous pamphlet), Box 582, HUC-JIR Library, Cincinnati; *Haaretz*, August 26, 1983, p. 12.

45. Ephraim Tabori, "Reform and Conservative Judaism in Israel: A Social and Religious Profile," *AJYB*, 83 (1983): 41-61. 还可以参见他发表的文章：*JRJ*, Spring 1982, pp. 10-15 and *Mid-stream*, May 1983, pp. 31-35. 以及不同作者发表的共16篇文章，共同标题为："Reform and Conservative Judaism in Israel Today and Tomorrow," in *Judaism*, 31 (1982): 390-458.

46. 有关思想方面的问题参见始于1969年的以色列运动期刊《火焰》

（*Shalhevet*），关于组织发展的情况参见始于1975年的新闻通讯《特莱姆》（*Telem*）。1977年纲领刊登在：*Telem*, 15 (Tammuz 5737): 1-2.

47. 有关的详细分析参见评论文章：Eric L. Friedland in *Judaism*, 33 (1984): 114-21.

48. 1984年广泛发布的声明使用希伯来语宣言："坚决禁止在改革派或保守派犹太圣堂祈祷，因为男女老少使用不同的仪式共同祈祷。任何在这种地方祈祷的人没有履行听到羊角号声音或者诵读《托拉》、祷文的义务。"

49. 有关以色列犹太宗教状况的政治和律法情况参见：S. Zalman Abramov, *Perpetual Dilemma: Jewish Religion in the Jewish State* (Rutherford, N.J., 1976). 有关改革派赞助婚姻有效的特殊问题参见：Uri Regev, "Nisuin reformiyim" (Rabbinical thesis, HUC-JIR, Jerusalem, 1984).

50. Bennett H. Greenspon, "The Presentation of Reform Judaism in the Israeli Educational System" (Rabbinical thesis, HUC-JIR, Cincinnati, 1977); Eric H. Yoffie, "Israeli Textbooks on Reform Judaism and Orthodoxy," *JRJ*, Spring 1983, pp. 94-101.

51. "需要宗教改革……如果高高居于权力、知识和权威之上的本-古里安（Ben-Gurion）在以色列风格的改革派犹太圣堂进行赎罪日祈祷，而不是将自己关在屋子里研读斯宾诺莎或亚里士多德，他将会使改革思想具有决定性的合法措施。改革思想当然会经历一个激进的'以色列化'过程。"A. B. Yehoshua, "The Golah—As a Neurotic Solution," *Forum on the Jewish People, Zionism, and Israel*, 35 (Spring/Summer 1979): 32.

52. 参见：Shalom Ben-Chorin, "Progressive Judaism in Israel—A Balance Sheet," *CCARJ*, October 1968, pp. 99-104.

53. 有关亚海尔的成立情况参见下列文献中的报告：*Davar*, November 13, 1976. 有关其基本原理参见：Matthew Sperber, "Some Preliminary Thoughts on the Approach to Halacha for the Reform Kibbutz" with comments by Michael Langer (mimeo), SC Box A-84:90, HUC-JIR Library, Cincinnati. 还可以参见1978年4月在亚海尔集体农场举行的基布兹运动和以色列进步派运动队伍之间谈话的册子：*Tikun bemasoret yisrael* (n.p., n.d.).

469

# 10. 新美国犹太教改革派

1. Sydney E. Ahlstrom, *A Religious History of the American People* (New Haven, 1972), 949-63.

2. *CCARY*, 63 (1953): 291; Will Herberg, *Protestant—Catholic—Jew* (New York, 1956), 35, 211; Nathan Glazer, American Judaism (Chicago, 1957), 108; Maurice N. Eisendrath, *Can Faith Survive?* (New York, 1964), 256-57; Daniel J. Elazar, *Community and Polity: The Organizational Dynamics of American Jewry* (Philadelphia, 1976), 177-79. 有关改革派拉比观点的例子和20世纪40年代晚期他们的优先地位，参见：*Reform Judaism: Essays by Hebrew Union College Alumni* (Cincinnati, 1949).

3. *Liberal Judaism*, June-July 1949, pp. 62-65; *CCARJ*, April 1955, pp. 4-7, 47: Jacob Sodden, "The Impact of Suburbanization on the Synagogue" (Ph.D. dissertation, New York University, 1962).

4. Charles Liebman, "Changing Social Characteristics of Orthodox, Conservative and Reform Jews," *Sociological Analysis*, 27 (1966): 210-22.

5. Sodden, "The Impact of Suburbanization on the Synagogue," 295; Marshall Sklare and Joseph Greenblum, *Jewish Identity on the Suburban Frontier* (2d edn., Chicago, 1979), 45-213.

6. *CCARY*, 73(1963): 165.

7. 有关艾森德斯的情况，参见：Avi M. Schulman, "Visionary and Activist: A Biography of Maurice N. Eisendrath" (Rabbinical thesis, HUC-JIR, Cincinnati, 1984); 其他资料参见：*CCARY*, 84 (1974): 205-206; Daniel B. Syme, "Interview with Maurice Eisendrath," May 10, 1972, AJA; and Eisendrath's intellectual autobiography *Can Faith Survive?*

8. *PUAHC*, 71st-73rd Annual Reports (1947): 164; *cf. Liberal Judaism*, April-May 1948, pp. 8-13, 41-44.

9. 有关争议的资料参见：*AI*, November 11, 1948; its UAHC Biennial Special Edition, November 15, 1948; and November 18, 1948; Morton M. Berman Collection, AJA; *PUAHC*, 74th-76th Annual Reports (1950): 316-21; *Liberal*

*Judaism*, August-September 1948, pp. 42-45; January 1949, pp. 34-36.

10. *Liberal Judaism*, August 1946, pp. 60-62.

11. *Liberal Judaism*, January 1947, pp. 3-7, 32-33; February 1947, pp. 6-9; January 1948, pp. 2-4; March 1948, pp. 16-19; March 1951, pp. 41-42.

12. *AJ*, Spring 1964, p. 12; "UAHC Congregational Surveys" (mimeo), 1958-1962. 尽管大部分的新圣会位于郊区，在50年代晚期有四分之三的联盟成员居住在中心城市，这个比例呈下降的趋势，到1959年每20个家庭成员仅有一个居住在孤立的小城镇。

13. *PUAHC*, 71st-73rd Annual Reports (1947): 67; 77th-80th Annual Reports (1955): 355, 378-79, 527.

14. 关于格鲁克执政期间学院的具体历史发展，参见本人的文章："A Centennial History," in Samuel E. Karff, ed., *Hebrew Union College-Jewish Institute of Religion At One Hundred Years* (Cincinnati, 1976), 171-243.

15. Sidney L. Regner, "The History of the Conference," in Bertram W. Korn, ed., *Retrospect and Prospect: Essays in Commemoration of the Seventy-Fifth Anniversary of the Founding of the Central Conference of American Rabbis 1889-1964* (New York, 1965), 16.

16. *Liberal Judaism*, August-September 1947, pp. 38-42; November 1947, pp. 49-52; Lance J. Sussman, "The Suburbanization of American Judaism as Reflected in Synagogue Building and Architecture, 1945-1975," *AJH*, 75 (1985/86): 31-47. 所罗门·弗瑞夫用较多篇幅讨论了犹太圣堂建设中的犹太律法问题：*Reform Jewish Practice*, 2 (Cincinnati, 1952) .

17. *Liberal Judaism*, June-July 1947, pp. 8-19; Michael Brown, "The Beginnings of Reform Judaism in Canada," *JSS*, 34 (1972): 322-42; Stuart Schoenfeld, "Canadian Judaism Today," in M. Weinfeld el al, eds., *The Canadian Jewish Mosaic* (Toronto, 1981): 133-34.

18. Max Vorspan and Lloyd P. Gartner, *History of the Jews of Los Angeles* (Philadelphia, 1970), 256-62; Norman T. Mendel, "The Rise and Growth of Reform Judaism in Los Angeles" (Rabbinical thesis, HUC-JIR, Cincinnati, 1968).

470

19. *CCARY*, 56 (1946): 231.

20. Will Herberg, *Judaism and Modern Man* (New York, 1951).

21. 与赫伯格观点最接近的是埃米尔·L.法肯海姆早期撰写的论文，参见埃米尔的文章：*Quest for Past and Future* (Bloomington, Ind., 1968), 45-47; *AJ*, Chanuko 1953, pp. 4-5. 塞缪尔·S.柯亨严厉地批判了存在主义倾向的极端形式，载于：*CCARY*, 63 (1953): 348-85.

22. 参见奥兰的论文，载于：*CCARY*, 58 (1948): 255-84; 66 (1956): 197-215; 72 (1962): 226-39; Bernard Martin, ed., *Contemporary Reform Jewish Thought* (Chicago, 1968), 21-38; Jack Bemporad, ed., *A Rational Faith* (New York, 1977), 185-208. 奥兰并不是自然主义者，这一点在他回复罗兰·吉特逊时已经非常明显，载于：*CCARY*, 74 (1964): 204-208.

23. 参见：Roland B. Gittelsohn, *Man's Best Hope* (New York, 1961) and his "No Retreat from Reason!" in *CCARY*, 74 (1964): 191-203; Alvin J. Reines, "God and Jewish Theology," in Martin, ed., *Contemporary Reform Jewish Thought*, 62-87; Sherwin T. Wine, *Humanistic Judaism* (New York, 1978); Norman B. Mirsky, *Unorthodox Judaism* (Columbus, 1978), 112-25.

24. 关于对他们影响的讨论，参见：Lou H. Silberman, "Concerning Jewish Theology in North America: Some Notes on a Decade," *AJYB*, 70 (1969): 41-45. 美国改革派拉比早期撰写的有关布伯和罗森茨魏希的论文，载于：*CCARY*, 44 (1934): 203-219; 62 (1952): 410-434; *Liberal Judaism*, April-May 1948, pp. 45-48, 65.

25. 名字列在：W. Gunther Plaut, *Unfinished Business* (Toronto, 1981), 182.

26. *Judaism*, 12 (1963): 479-86.

27. Arnold Jacob Wolf, "Introduction," in A. J. Wolf, ed., *Rediscovering Judaism: Reflections on a New Theology* (Chicago, 1965), 7-11.

28. *CCARJ*, October 1957, pp. 13-18; June 1966, pp. 12-23; Fackenheim, *Quest for Past and Future*, 8,131; Eugene B. Borowitz, *A New Jewish Theology in the Making* (Philadelphia, 1968), 63-68; Jakob J. Petuchowski, *Ever Since Sinai* (3d edn., Milwaukee, 1979), 64-65, 123.

29. Borowitz, *A New Theology*, 189-95; *idem*, "Faith and Method in Modern Jewish

Theology," in Martin, ed., *Contemporary Reform Jewish Thought*, 3-20; Jakob J. Petuchowski, "The Dialectics of Reason and Revelation," in Wolf, ed., *Rediscovering Judaism*, 29-50; Fackenheim, *Quest for Past and Future*, 146-47.

30. Daniel Jeremy Silver, ed., *Judaism and Ethics* (New York, 1970); Eugene B. Borowitz, *Choosing a Sex Ethic: A Jewish Inquiry* (New York, 1969).

31. *Liberal Judaism*, July 1946, p. 42. 更早使用"大屠杀"这一术语的参见: *Liberal Judaism*, June-July 1948, p. 53.

32. *CCARY*, 63 (1953): 429.

33. Dimension, Spring 1967, pp. 3-32; Albert H. Friedlander, ed., *Out of the Whirlwind* (New York, 1968).

34. *Judaism*, 16 (1967): 272; Fackenheim, *Quest for Past and Future*, 20; *idem*, *God's Presence in History* (New York, 1970), 67-104; Silberman, "Concerning Jewish Theology," 56-58; Michael A. Meyer, "Judaism after Auschwitz," *Commentary*, June 1972, pp. 59-61.

35. Eugene B. Borowitz, *The Masks Jews Wear: The Self-Deceptions of American Jewry* (New York, 1973), 204-205.

36. Albert Vorspan, *Justice and Judaism* (New York, 1956)。作者是位普通信徒, 后来成为委员会的执行秘书, 委员会的主任是拉比尤金·J.利布曼。

37. *CCRAY*, 67 (1957): 88.

38. *CCRAY*, 57 (1947): 65; 58 (1948): 163-64; 60 (1950): 137-50; 62 (1952): 147-62; 70 (1960): 39-42; *Resolutions of the Central Conference Passed by the Central Conference of American Rabbis, 1889-1974* (rev. edn., New York, 1975), 8-9, 23, 25, 47-48; *Where We Stand: Social Action Resolutions Adopted by the Union of American Hebrew Congregations* (rev. edn., New York, 1980), 33-36, 38-39, 57-59, 64; Fred Rosenbaum, *Architects of Reform* (Berkeley, 1980), 159-61.

39. *CCARY*, 56 (1946): 362-68; 58 (1948): 118-26.

40. *AJ*, Rosh Ha-Shono 1956, p. 20.

41. *CCARY*, 71 (1961): 7; 74 (1964): 5, 86; 75 (1965): 103; A7, Winter 1964/65, p. 25.

471

42. *CCARY*, 74 (1964): 242-53; A/, Winter 1962/63, pp. 8-9, 51.

43. *CCARY*, June 1956, pp. 1-3.

44. Perry E. Nussbaum to Solomon K. Kaplan, October 28, 1963, Nussbaum Collection, AJA. King nonetheless did speak.

45. *CCARY*, 78 (1968): 138; P. Allen Krause, "Rabbis and Negro Rights in the South, 1954-1967," AJA, 21 (1969): 20-47; Janice Rothschild Blumberg, *One Voice: Rabbi Jacob M. Rothschild and the Troubled South* (Atlanta, 1985), 55-96.

46. Emily R. and Kivie Kaplan, " Religious Action Center Scrapbook, " AJA.

47. 下文的大部分内容参考这一文献: Irwin A. Zeplowitz, "Jewish Attitudes Toward the Vietnam War" (Rabbinical thesis, HUC-JIR, Cincinnati, 1984).

48. *AJ*, Winter 1966/67, p. 25.

49. *CCARY*, 76 (1966): 19; 77 (1967): 104.

50. *CCARY*, 9.

51. *CCARY*, 76 (1966): 37-41; 77 (1967): 53; 78 (1968): 38-65; 79 (1969): 42-72.

52. *CCARY*, 82 (1972): 21-24; 83 (1973): 48-49.

53. 改革派拉比早在1956年对苏联犹太人所处的困境一致表示关心。同上书, 66 (1956): 138—139页。

54. *PUAHC*, 74th-76th Annual Reports (1950): 305.

55. Eugene J. Lipman and Albert Vorspan, eds., *A Tale of Ten Cities: The Triple Ghetto in American Religious Life* (New York, 1962).

56. Leon Fram to Maurice N. Eisendrath, November 11, 1969, Eisendrath Collection, 4/2, AJA.

57. *RJ*, October 1972, pp. 6-7.

58. Daniel Jeremy Silver, "A Lover's Quarrel with the Mission of Israel," *CCARJ*, June 1967, p. 16.

59. Richard G. Hirsch, "Toward a Theology for Social Action," *CCARJ*, January 1968, pp. 67-74; *RJ*, November 1973, p. 9. 1972年到1977年期间，美国希伯来圣会联盟社会行动决议中约有40%与犹太问题相关。50年前，与此相关的比例不足20%。Simeon J. Maslin, "The Language of Survival: Social Action," *CCARJ*, Summer 1977, pp. 20-21.

60. AJ, Purim 1960, p. 4; UAHC, *Statistical and Financial Data, 1970/71* (New York, 1971); *CCARJ*, October 1971, p. 28; "Mergers, Congregational" File, AJA; *RJ*, March 1974, p. 4.

472  61. UAHC, *Statistical and Financial Data, 1975/76* (New York, 1976); CCARY, 85 (1975): 47-59.

62. *CCARY*, 79 (1969): 241; 86 (1976): 127-43; Elazar, *Community and Polity*, 341-77; Jonathan S. Woocher, *Sacred Survival: The Civil Religion of American Jews* (Bloomington, Ind., 1986). 有关当地的例子参见：Rosenbaum, *Architects of Reform*, 188-90.

63. Glazer, *American Judaism*, 108; *AJYB*, 59 (1958): 114-17; 74 (1973): 282; Marshall Sklare, *Conservative Judaism* (aug. ed., New York, 1972), 253-55.

64. Bernard J. Bamberger, "The American Rabbi—His Changing Role," *Judaism*, 3 (1954): 488-97; Walter Jacob, "The Decline of the Sermon," *CCARJ*, January 1964, pp. 48-51; Arthur Hertzberg, "The Changing American Rabbinate," *Midstream*, January 1966, pp. 16-29; Morris Lieberman, "The Role and Functions of the Modern Rabbi," *CCARY*, 79 (1969): 211-24; Eugene B. Borowitz, "Tzimtzum: A Mystic Model for Contemporary Leadership," *Religious Education*, November-December 1974, pp. 687-700; Robert L. Katz, "Changing Self-Concepts of Reform Rabbis: 1976," *CCARJ*, Summer 1976, pp. 51-56.

65. *CCARY*, 75 (1965): 89-92; Theodore I. Lenn and Associates, *Rabbi and Synagogue in Reform Judaism* (West Hartford, Conn., 1972), 75, 91, 102, 138, 187, 195.

66. *CCARY*, 78 (1968): 6-7; CCARJ, Winter 1973, pp. 3-21; Meyer, "A Centennial History," 233-35, 242. 有关的比较分析参见：Charles S. Liebman, "The Training of American Rabbis," *AJYB*, 69 (1968): 3-112.

67. Leonard J. Fein *et al*, *Reform Is a Verb: Notes on Reform and Reforming Jews* (New York, 1972), 37, 74, 140-52. 此时保守派正在经历类似的道德危机，一方面是因为正统派的死灰复燃，另一方面则是保守派普通信徒中对教规的不断腐蚀而造成的相应后果。罗得岛州普罗维登斯市仅有12%的犹太保守派每周参加一次宗教礼拜仪式，下一代人参加礼拜仪式的仅有2%。大部分犹太保守派并不遵守犹太饮食教规，只有一小部分人按照运动的犹太律法标准生活。参见：Sklare, *Conservative Judaism*, 261-82.

68. Allen S. Mailer and Marc Lee Raphael, "The Cost of Mixed Marriages," *CCARJ*, April 1971, pp. 83-85.有关执行职务事件极具争辩性且具有价值的陈述，参见：David Max Eichhorn, *Jewish Intermarriages: Fact and Fiction* ( Satellite Beach, FL, 1974 ).还可以参见艾科恩1972年11月1日给雅各布·R.马库斯的信件（Miscellaneous Files, AJA ）。支持拉比主持仪式的人会指出女方是犹太人的夫妇请求拉比主持婚礼的事例越来越多，他们许诺将来孩子要接受犹太教育的可能性也有数据得以证明。

69. Lenn, Rabbi and Synagogue in *Reform Judaism*, 128,134; Irwin H. Fishbein, "Marrying 'in', Not 'out'," *CCARJ*, Spring 1973, pp. 31-34; Allen S. Mailer, "Mixed Marriage and Reform Rabbis," *Judaism*, 24 (1975): 39-48. 1937年进行的一项调查显示，当时几乎有1/3的拉比主持过通婚，其中的7%不具备主持的条件，只有26%具备这样的资格。*CCARY*, 47 (1937): 314-23.

70. *CCARY*, 57 (1947): 158-72; 72 (1962): 94.

71. *CCARY*, 81 (1971): 15-16; 83 (1973): 59-97.美国拉比中央会议的历届11位主席都签署了声明，支持反对拉比主持婚礼的决议。反对1973年决议的约一百位改革派拉比加入了美国拉比中央会议的核心会议，名称为进步改革派犹太教协会，他们宣誓支持更多的个人进行自治，给予普通信徒更大的决策权。*RJ*, November 1974, p. 7.

72. *Dimensions in American Judaism*, Fall 1970, pp. 4-16; *CCARY*, 79 (1969): 143; 85 (1975): 61-64; 87 (1977): 92; *Where We Stand*, 120-21.

73. *Liberal Judaism*, May 1946, pp. 90-93. *CCARJ*, October 1953, pp. 19-28; June 1954, pp. 26-27, 46; October 1960, pp. 31-33. *CCARY*, 72 (1962): 157-65.芝加哥的南部海岸圣殿早在1931年就开始实行犹太女孩的成人仪式。到1953年，举行这一仪式的改革派圣会比例已达到35%，举行犹太男孩成人仪式的比例更高。

74. Abraham W. Binder, "New Trends in Synagogue Music," *CCARJ*, January 1955; Bennett F. Miller, "A Time to Sing: Reform Synagogue Music Today"

(Rabbinical thesis, HUC-JIR, Cincinnati, 1974); *Shirim U-Zemirot—Songs and Hymns, A Musical Supplement to Gates of Prayer* (New York, 1977).

75. *Hagadah Shel Pesah—A Passover Haggadah* (New York, 1974).

76. *CCARJ*, October 1959, pp. 8-21; April 1965, pp. 3-42; October 1967, pp. 11-49; Spring 1973, pp. 73-91. Jakob J. Petuchowski, "Bookbinder to the Rescue!" *Conservative Judaism*, Fall 1975, pp. 7-15. 有关礼拜仪式差异的理论基础参见：Jack Bemporad, ed.,*The Theological Foundations of Prayer: A Reform Jewish Perspective* (New York, 1967). 订购的新祈祷书像希伯来语或英语书那样打开的版本。开始这样的版本更受人喜欢，但后来两种版本的销售基本一致。

77. *AJ*, Purim 1954, p. 22; Stephen Sharot, *Judaism*: A Sociology (New York, 1976), 165. 由于必须确定被调查者是忠诚的改革派犹太人，因此构成了遵守教规百分比的上限。

78. *CCARY*, 73 (1963): 163-64.

79. 早期发挥重要影响力的是一位保守派神学家所做的讲座：Abraham J. Heschel, "Toward an Understanding of Halacha," *CCARY*, 63 (1953): 386-409. 然后参见：Frederic A. Doppelt, "Criteria for a Guide of Practices in Reform Judaism" and Jakob J. Petuchowski, "Problems of Reform Halakhah," *Judaism*, 4 (1955): 254-62, 339-51; and David Polish, "Opportunities for Reform Judaism," *CCARJ*, October 1957, pp. 13-18.

80. William B. Silverman, "A Code of Practice," Liberal Judaism, December 1949, pp. 1-5; Eisendrath in *PUAHC*, 74th-76th Annual Reports (1950): 315; "The Survey of Current Reform Practice" (mimeo), April 21, 1953, Morton M. Berman file, AJA.

81. Jerome D. Folkman, *Design for Jewish Living: A Guide for the Bride and Groom* (New York, 1955); Abraham J. Feldman, *Reform Judaism: A Guide for Reform Jews* (New York, 1956). 后来的例子包括：Stanley R. Brav, *A Guide to Religious Practice* (Cincinnati, 1962) and Morrison David Bial, *Liberal Judaism at Home: The Practices of Modern Reform Judaism* (Summit, N.J., 1967).

82. 参见保守派拉比马科斯·阿茨特的评论：*Judaism*, 6 (1957): 372-74.

83. 同期犹太教保守派的宗教改革程度越来越大。1950年已经允许在安息日和节日骑自行车去犹太圣堂，1969年节日第二天的教规可以自行选择遵守或否，1973年赋予妇女平等的宗教地位（除神职授任外）。*Judaism*, 25 (1976): 300n. 保守派运动到1985年最近的历史参见：Abraham J. Karp, "A Century of Conservative Judaism in the United States," *AJYB*, 86 (1986): 3-61.

84. *AJ*, Winter 1966/67, pp. 19, 24; *RJ*, November 1973, p. 4.

85. Stuart A. Gertman, "The Language of Survival: Curriculum and Textbook," *CCARJ*, Summer 1977, pp. 37-47; *idem, "And You Shall Teach Them Diligently"—A Study of the Current State of Religious Education in the Reform Movement* (New York, 1977); Jeffrey Schein, "Changes in the Reform Curriculum," *JRJ*, Spring 1982, pp. 58-68.

86. *CCARY*, 86 (1976): 76-91.

87. Sylvan D. Schwartzman, "Who Wants Reform All-Day Schools?" *CCARJ*, April 1964, pp. 3-10, 13; Samuel Glasner and Elliot D. Rosenstock, "The Case For/Against a Reform Jewish Day School," *Dimensions in American Judaism*, Summer 1969, pp. 36-39; Daniel B. Syme, "Reform Judaism and Day Schools: The Great Historical Dilemma," *Religious Education*, 78 (1983): 153-81.

88. *AJ*, January 1958, pp. 20-21; *CCARY*, 65 (1955): 13-14; 66 (1956): 3, 90-93; Meyer, "A Centennial History," 98-99; Ellen M. Umansky, "Women in Judaism: From the Reform Movement to Contemporary Jewish Religious Feminism," in Rosemary Ruether and Eleanor McLaughlin, eds., *Women of Spirit: Female Leadership in the Jewish and Christian Traditions* (New York, 1979), 333-54; Garry Allan Loeb, "The Changing Religious Role of the Reform Jewish Woman" (Rabbinical thesis, HUC-JIR, Cincinnati, 1981); Jacob R. Marcus, *The American Jewish Woman: A Documentary History* (New York, 1981), 739-44, 887-93; Alexander Guttmann, "The Woman Rabbi: An Historical Perspective," 474 *CCARJ*, Summer 1982, pp. 21-25.

89. *UAHC*, Synagogue Research Survey No. 11, September 1971, pp. 10-11; *CCARY*, 85 (1975): 70-71; *RJ*, November 1976, pp. 5, 7.

90. David Max Eichhorn, "Conversions to Judaism by Reform and Conservative Rabbis," *JSS*, 16 (1954): 299-318; Joseph R. Rosenbloom, "Intermarriage and Conversion in the United States," in Bertram Wallace Korn, ed., *A Bicentennial Festschrift for Jacob Rader Marcus* (Waltham, Mass., 1976), 495-99; Freehof, *Reform Jewish Practice*, 2: 128-29; *AJA*, 25 (1973): 105-108; *CCARY*, 67 (1957): 97-100; *AJ*, Winter 1965/66, p. 9.

91. CCAR, *Rabbi's Manual* (rev. edn., New York, 1961), 17-22, 116-17; Herbert Weiner, "Conversion: Is Reform Judaism So Right?" *Dimensions in American Judaism*, Winter 1971, pp. 4-7. 1953年改革派和保守派拉比信仰改变所需仪式的统计，载于：*JSS*, 16 (1954): 309.

92. Frank J. Adler, *Roots in a Moving Stream* (Kansas City, Mo., 1972), 291; Steven Huberman, *New Jews: The Dynamics of Religious Conversion* (New York, 1979); Lydia Kukoff, *Choosing Judaism* (New York, 1981). 因为正统派犹太人并不认可他们的信仰改革，皈依者与原本就属于改革派的犹太人相比，更加强调他们自身的改革意识，而不是一般的犹太身份。

93. Peter J. Rubinstein and Sheldon Zimmerman, "Congregational Perceptions: The Tale of the Tapes," *CCARJ*, Summer 1977, pp. 3-17.

94. Harold Schulweis, "Changing Models of the Synagogue and the Rabbi's Role," *CCARY*, 85(1975): 136-43.

95. *CCARY*, 76 (1966): 81-82; *CCARJ*, Winter 1975, pp. 31-40; Spring 1975, pp. 45-55; Bernard Reisman, *The Chavurah: A Contemporary Jewish Experience* (New York, 1977); Gerald B. Bubis et al, *Synagogue Havurot: A Comparative Study* (Washington, D.C., 1983).

96. *RJ*, March 1974, p. 4; November 1975, p. 11; *CCARY*, 87 (1977): 75; Bernard Lazerwitz, "Past and Future Trends in the Size of American Jewish Denominations," *CCARJ*, Summer 1979, pp. 77-82; Floyd J. Fowler, *1975 Community Survey: A Study of the Jewish Population of Greater Boston* (Boston, 1977); Mark L. Winer, "Jewish Demography and the Challenges to Reform Jewry," *CCARJ*, Winter 1984, pp. 1-27. 地理位置在运动相对规模中的作用如果使用表格呈现会更加清晰，载于：*AJYB*, 85 (1985): 171.

97. *CCARY*, 87 (1977): 20-22; *UAHC, Report of the Ad Hoc Committee on Zionist Affiliation* (mimeo, New York, 1977); *Where We Stand*, 119.

98. CCAR Records, 25/16, 26/1-2, 26/8, 27/2, AJA.

99. *CCARJ*, Summer 1973, pp. 55-62; *CCARY*, 85 (1975): 5-9; Transcript of 1976 CCAR Convention, 143-46, CCAR Records. 关于纲领的文本参见附录。集体的评论形成了《美国拉比中央会议期刊》(*CCARJ*, Spring 1977)。还可以参见博罗维茨进行的深度个人诠释: *Reform Judaism Today*, 3 vols. (New York, 1977-78).

# 书目文章 477

1. Immanuel Heinrich Ritter, *Geschichte der jüdischen Reformation*, 4 vols. (Berlin, 1858-1902).

2. 有关影响的范围参见: Michael Graetz, "*Die Erziehung des Menschengeschlechts und jüdisches Selbstbewusstsein im 19. Jahrhundert,*" *Wolfenbütteler Studien zur Aufklärung*, 4 (1977):273-95.

3. Emanuel Schreiber, *Reformed Judaism and Its Pioneers: A Contribution to Its History* (Spokane, Wash., 1892).

4. Simon Bernfeld, *Toledot ha-reformatsyon ha-datit be-yirael* (Cracow, 1900).

5. Y. Zvi Zehavi, *Tenuat ha-hitbolelut be-yisrael* (Tel-Aviv, 1943). 这部作品不如贝恩菲尔德的卷本重要，而且带有一定的偏见。泽哈威暗示改革运动的唯一目的是推动犹太教的同化进程。他将犹太复国主义视为改革运动的"对立面"，能够把犹太人民从改革运动的"巨大危险"中拯救出来。(23、65页)

6. 最新的重印版（New York, 1967）中包括萨罗门·B.弗瑞夫（Solomon B. Freehof）撰写的引言。参见本人的评论: *AJHQ*, 57 (1968): 439-440. 大卫·纽马克对贝恩菲尔德和菲利普森早期所做的对比型批判，载于: *Ha-Shiloah*, 19 (1908): 566-73.

7. Caesar Seligmann, *Geschichte der jüdischen Reformbewegung* (Frankfurt a/M, 1922).

8. Max Wiener, *Jüdische Religion im Zeitalter der Emanzipation* (Berlin, 1933). 1974年耶路撒冷出版了希伯来语的翻译版。

9. W. Gunther Plaut, *The Rise of Reform Judaism: A Sourcebook of Its European Origins* (New York, 1963); *The Growth of Reform Judaism: American and European Source until 1948* (New York, 1965); Jakob J. Petuchowski, *Prayerbook Reform in Europe: The Liturgy of European Liberal and Reform Judaism* (New York, 1968).

10. 例如，Sylvan D. Schwartzman, *Reform Judaism in the Making* (New York, 1955). 还可以参见关于这一题目的教科书：*Reform Judaism Then and Now* (New York, 1971), and the text by Nugene B. Borowitz and Naomi Patz, *Explaining Reform Judaism* (New York, 1985).

11. Raphael Mahler, *Divre yeme yisrael dorot aharonim*, 2 (Merhavya, 1954): 160-71; 7 (Tel-Aviv, 1980): 115-86.

# 关于文献

犹太教改革派的历史编纂可以追溯到任柏林改革派圣会宣教 士职务的以马内利·海因里希·里特的著作，他的著作共分四卷，书名为《犹太改革的历史》，于1858年出版。[1]从书名和篇幅来看，这似乎是一部全面的历史著作，但实际上是对挑选出的人物进行传记式的评述，后面附上关于里特圣会的历史专著。除此之外，作者的个人承诺大大削弱了该书的说服力。里特提倡激进的改革，对温和派丝毫没有耐心，更不理解传统犹太教的观点。他的思想有些偏激，认为像大卫·弗里德兰德和塞缪尔·侯德海姆这样的激进人士应当成为中心人物。但是里特的洞察力也做出了极有价值的判断：基督教作家戈特霍尔德·埃夫莱姆·莱辛提出的宗教发展概念对改革运动的思想具有决定性的影响力；相比之下，他的犹太朋友摩西·门德尔松将犹太教建立在永恒真实性和固定启示基础之上的观点，对改革运动的影响力要逊色得多。[2]

19世纪末，美国出现了与里特相似的作品，这部作品也以传记因素为重点。[3]作者是华盛顿州斯波坎市的改革派拉比——伊曼纽尔·施赖伯，他曾在柏林师从亚伯拉罕·盖格。他的著作分九个章节，每一章讲述了一位推动改革事业的欧洲改革者。笔调中透露出好争论的语气，该作品在今天的阅读群体几乎为零，但是它做出了两方面重要贡献：将欧洲运动历史的完整意识首次呈现给英国读者，并且对其早期发展阶段进行了显著的划分。施赖伯将这些阶段称为"人文的""审美说教的"和"历史批判的"。尽管需要进一步的精炼和修改，他做出的总体时期划分仍具有相当的效度。

西蒙·贝恩菲尔德（Simon Bemfeld）是一位批判改革运动的多产学者，他率先摆脱了传记的风格，对犹太教改革派历史尝试了新的写法。身为犹太民族主义者，他认为犹太改革运动对犹太民族的统一和民族期望会构成威胁。他所著的《以色列宗教改革的历史》在1900年首次印刷，当时贝恩菲尔德住在柏林，使用希伯来语进行写作，与里特或施赖伯的研究几乎没有相同之处，除了书名和里特的很相近，这一点暗示了是与新教改革平行的内容。[4]贝恩菲尔德承认所研究的主题在自己看来"很可恶"，他更赞同对犹太教进行保守的诠释，这样就不会危及犹太的民族统一。他认为改革运动的根本是希望能"减轻宗教的束缚"，对此他进行了求证，忽视犹太律法并不是没有先例，但并没有构成一种思想，按照贝恩菲尔德的观点，他所进行的其他尝试也是合情合理的。纵观改革运动历史上改革派和传统派之间的一系列矛盾，贝恩菲尔德让自己成为历史审判者，在回顾过去的基础上他总结出每一教派所从事事业的优点。但是也坦白自己没有能力做到完全的客观。贝恩菲尔德的著作在1908年再版，1923年发行了扩展版，到20世纪80年代，以色列读者仍然把《以色列宗教改革的历史》视为权威性的研究，在所有希伯来语作品中，这部著作对改革主题所做的评述最为全面。[5]

如果说贝恩菲尔德的史书是局外人的作品，没有得到广大的支持和理解，那么俄亥俄州辛辛那提市的改革派拉比大卫·菲利普森在1907年出版的《犹太教的改革运动》，则是美国改革运动中心人物的定鼎之作。1931年这部著作经过修订，于1967年再版，成为自出版以来80年间有关这一主题的英语权威性作品。[6]后来写作的任何作品都不及它的全面性和具体性，但是作品中的瑕疵也不少。菲利普森不断地为世纪之交在美国流行的犹太教改革派的普世观念进行辩护。和贝恩菲尔德一样，他也把自己视为历史审判者，只是他在证明自己观点时使用的内容却让自己的前辈受到了谴责，因为他在思想和实践上的改革非常激进。菲利普森对实践行动进行了特别的详述，例如对拉比会议、宗教会议、新圣会和协会以及与正统派的矛盾等方面尤为关注。他将这些材料按照时间顺序排列，旁征博引，但是对运动命运波动的原因没有进行探究。他更像是一位虔诚的信徒，非常理解改革派内部存在的不确定性因素。菲利普森只引用了与运动思想和活动直接相关的书面材料，忽视了社会基础和与欧洲哲学、现代基督教的关系。他还忽略了传记因素，改革运动中主要的领导人物仅仅充当了特别观点的代言人。从他的作品中我们几乎看不到个人的动机。现代犹太神学不在菲利普森的讨论之中，因为它没有产生直接的实践效果，对东欧也只字未提，因为那里的宗教改革也没有发生"任何有组织地脱离拉比对犹太教进行独立诠释"的事情。根据菲利普森的观点，改革运动的未来在美国，因而他单独辟出一章"美国的改革"，但从现在的观点来看，这部著作似乎有些狭隘、肤浅、重点不明确。

两次世界大战期间出版了两部直接讨论改革主题的著作，这两部都是德语书，只关注德国。法兰克福的自由派拉比凯撒·塞格利曼恩出版了一部简明易读的运动史书，这部史书既没有像里特和施赖伯那样过分地关注个人，又摆脱了菲利普森关注事件的写法。[7]他致力于发掘思想和情感上潜移默化的变化、转化和精神联系。1933年，德国犹太教自由派晚期最重要的学者和思想家之一——马克斯·维纳出版了一部现代犹太思想史，1/4的内容与改革运动直接相关。[8]维纳在这一主题上的评析实现了重要的突破。有史以来，作者的倾向不再是重要因素。维纳没有站在现代犹太人中的任何派别的立场上进行写作，因此能够看清楚在相互竞争的立场上各自的长处和弱点。他也是第一个能完全理解外部思想和环境的影响力以及内部延续性的学者。

戦后出版了一部有益的选读性简易资料，由W.冈瑟·普劳特编辑，还有一部有价值的现代欧洲犹太人礼拜仪式改革历史书，作者是雅各布·J.柏图畴斯基。[9]这两部著作旨在强调目前流行的改革派犹太身份的说教类型仍会继续这一趋势。[10]另一方面，在19世纪的保守派犹太人海因里希·格雷茨以及20世纪早期犹太民族主义者和世俗主义者西蒙·杜布诺撰写的普通犹太历史著作中，表现出了另一种趋势：对历史编纂完全反对，并呈现出新的表达方式。在拉斐尔·马勒撰写的有关现代犹太历史的著作中，首次呈现出将马克思主义与犹太复国主义相结合的意识形态观点。[11]

通过新闻通讯Kolot和美国改革派犹太复国主义者协会，人们能够很好地了解以色列运动的现状；《欧洲犹太教》能够提供欧洲的运动发展情况。由美国希伯来圣会联盟出版的《犹太教改革派》对当代的美国运动进行了详细记录。美国拉比中央会议的具体内容载于其出版的年鉴中，季刊《犹太教改革派期刊》关注了更多的情况。

# 索　引

（条目后数字为英文原著页码，即本书边码）

338; mixed marriages in 在德国的通婚情况：135; Reform in 改革运动在德国：100—142, 181—191, 200—212; Reform in, post-World War II 二战后的改革运动：346（参见"Berlin; Frankfurt; Hamburg; Holocaust; Nazism; Prussia; Westphalia"条）

Gershom of Mainz 美因茨市的革舜：7

Gladden, Washington 华盛顿·格拉顿：287

Glueck, Nelson 纳尔森·格鲁克：308, 357 页插图, 357—358, 359, 379

*Glückseligkeit* 幸福感：17, 399n.12

God: as Absolute Spirit 作为绝对精神的上帝：155; Buber's concept of 布伯对上帝的认识：361; in Columbus Platform《哥伦比亚纲领》中的上帝：389; and the Holocaust 大屠杀：363; nongendernames for 上帝无性别的名字：380; personal 个人上帝：259; in Reform Sabbath guide 改革派安息日指南中的上帝：377; in San Francisco Platform《圣弗朗西斯科纲领》：392

Goethe, Johann Wolfgang von 约翰·沃尔夫冈·冯·歌德：72,

402n.77, 420n.33

Goldenson, Samuel 塞缪尔·戈德逊：318

Goldman, Robert P. 罗伯特·P. 戈德曼：311, 330

Goldsmid, Anna Maria 安娜·玛利亚·戈尔德斯米德：177

Goldsmid, Benjamin 本杰明·戈尔德米德：177

Goldsmid, Francis Henry 弗朗西斯·亨利·戈尔德斯米德：176

Goldsmid, Isaac Lyon 艾萨克·里昂·戈尔德斯米德：173, 174, 213

Goldstein, Sidney 西德尼·戈尔茨坦：312

Goodman, Abram Vossen 亚伯拉·沃森·古德曼：313

Goodman, Percival 珀西瓦尔·古德曼：359

Gordon, Judah Leib 朱达·莱布·戈登：200

Gottheil, Gustav 古斯塔夫·戈塞尔：178, 278, 281, 294, 443n.82, 453n.12

Gottschalk, Alfred 阿尔弗雷德·戈特沙尔克：351 页插图, 379, 383

Graanboom, Israel 伊扎克·伊斯雷尔：401n.56, 401n.57

Graanboom, Izak 伊扎克·格朗布姆：26, 27, 401n.56

## T

**图书在版编目（CIP）数据**

回应现代性：犹太教改革运动史 /（美）迈克尔·A.迈耶
著；于杰译.—北京：商务印书馆，2023
（宗教文化译丛）
ISBN 978-7-100-22192-4

Ⅰ.①回…　Ⅱ.①迈…②于…　Ⅲ.①犹太教—研究
Ⅳ.① B985

中国国家版本馆 CIP 数据核字（2023）第 191628 号

宗教文化译丛
犹太教系列　主编　傅有德

## 回应现代性
——犹太教改革运动史

〔美〕迈克尔·A.迈耶　著
于　杰　译

商 务 印 书 馆 出 版
（北京王府井大街36号　邮政编码100710）
商 务 印 书 馆 发 行
北京新华印刷有限公司印刷
ISBN 978－7－100－22192－4

2023 年 12 月第 1 版　　　开本 880×1230　1/32
2023 年 12 月北京第 1 次印刷　　印张 28⅝

定价：138.00 元

# "宗教文化译丛"已出书目

## 犹太教系列

《密释纳·第1部:种子》
《密释纳·第2部:节期》
《犹太教的本质》〔德〕利奥·拜克
《大众塔木德》〔英〕亚伯拉罕·柯恩
《犹太教审判:中世纪犹太–基督两教大
　论争》〔英〕海姆·马克比
《源于犹太教的理性宗教》〔德〕赫尔
　曼·柯恩
《救赎之星》〔德〕弗朗茨·罗森茨维格
《耶路撒冷:论宗教权力与犹太教》〔德〕
　摩西·门德尔松
《论知识》〔埃及〕摩西·迈蒙尼德
《迷途指津》〔埃及〕摩西·迈蒙尼德
《简明犹太民族史》〔英〕塞西尔·罗斯
《犹太战争》〔古罗马〕弗拉维斯·约瑟
　福斯
《论犹太教》〔德〕马丁·布伯
《回应现代性:犹太教改革运动史》〔美〕
　迈克尔·A.迈耶

## 佛教系列

《印度佛教史》〔日〕马田行啟
《日本佛教史纲》〔日〕村上专精
《印度文献史——佛教文献》〔奥〕莫里
　斯·温特尼茨

## 基督教系列

## 伊斯兰教系列

## 其他系列

《印度古代宗教哲学文献选编》
《印度六派哲学》〔日〕木村泰贤
《吠陀哲学宗教史》〔日〕高楠顺次郎
　木村泰贤